河北大学历史学强势特色学科学术出版基金资助
河北大学中国史学科“双一流”建设经费资助
河北大学燕赵文化高等研究院资助出版
国家社科基金项目“新中国海河流域水环境变迁与经济发展关系研究”（15BZS022）阶段成果
河北省社会科学基金重大项目“雄安新区三县历史文化挖掘与保护研究”（HB19ZD11）成果之一

海河流域历代水利碑文选

杨学新　杨昊　李希源　编著

科学出版社
北　京

内 容 简 介

水利碑刻是一种非常有价值的宝贵的文物资料。本书主要以历代编写的各种地方志和相关书籍中刊印的水利方面的相关碑文为依据，对照原文逐字进行校勘，并加上标点符号，配以适量注释，按照行政区划和时间先后顺序，对海河流域各个时期、各个地域的重要水利碑文进行收集和整理，以便对整个流域水利事业发展、演变进行系统研究，以期推动我国水利事业的长期可持续发展。

本书可供中国古代史、历史文献学等相关专业的师生阅读和参考。

图书在版编目（CIP）数据

海河流域历代水利碑文选 / 杨学新，杨昊，李希源编著. —北京：科学出版社，2020.6

ISBN 978-7-03-058222-5

Ⅰ. ①海… Ⅱ. ①杨… ②杨… ③李… Ⅲ. ①水利工程-碑文-汇编-中国 Ⅳ. ①K877.423

中国版本图书馆 CIP 数据核字（2018）第 141743 号

责任编辑：任晓刚 / 责任校对：韩　杨

责任印制：张　伟 / 封面设计：楠竹文化

科学出版社出版

北京东黄城根北街 16 号

邮政编码：100717

http://www.sciencep.com

北京中石油彩色印刷有限责任公司 印刷

科学出版社发行　各地新华书店经销

*

2020 年 6 月第　一　版　开本：787×1092　1/16

2020 年 6 月第一次印刷　印张：35

字数：750 000

定价：198.00 元

（如有印装质量问题，我社负责调换）

《华北学研究丛书》出版说明

华北区域（京、津、冀、晋、内蒙古五省市区）是黄河文明与海河文明起源地，是历史上农耕文明、草原文明、海洋文明等多元文化交往、冲突、融合的典型地区。古往今来，该地区曾为众多仁人志士不懈奋斗的中心舞台之一，许多重大历史事件在此发生。近年来，随着国家京津冀一体化战略的实施，作为围绕京津的华北区域，其基础功能、辐射功能更加凸显。

河北大学位于素有"京畿重地""首都南大门"之称的河北省保定市，具有毗邻京津的区位优势，又是河北省内唯一与教育部共建的综合性大学和中西部高校综合实力提升工程入选高校。多年前，河北大学历史学科围绕华北区域开展了相关研究，在全国产生了积极影响。经过充分的酝酿与筹备，河北大学历史学科于2012年正式发起成立华北学研究所，在国内较早提出"华北学"这一概念，目前已取得一批标志性研究成果。华北学研究所以"古今贯通，文理交叉，区域联合，服务华北"为宗旨，参照教育部重点研究基地的模式运作，重点研究领域和拟出版《丛书》规划包括：

（1）《华北学・华北五省市区综合研究丛书》。

（2）《华北学・京津冀一体化研究丛书》。

（3）《华北学・人类文明起源与华北地区考古文物研究丛书》。

（4）《华北学・华北自然环境研究丛书》。

（5）《华北学・华北地区文化传承与发展研究丛书》。

（6）《华北学・华北红色根据地研究丛书》。

（7）《华北学・华北乡村研究丛书》。

（8）《华北学・华北城镇研究丛书》。

（9）《华北学・河北省研究丛书》……（华北各省市区）。

（10）《华北学・保定研究丛书》……（华北各市县）。

华北学研究为河北大学历史学科致力打造的研究特色和重点建设领域。正是基于此，河北大学华北学研究所推出《华北学研究丛书》，其旨趣在于，从纵向上，贯通古今，古为今用，发掘历史文化遗产，服务于华北区域的崛起与振兴；从横向上，积极应对京津冀一体化战略，加强区域协同研究，服务于地方经济建设与文化发展。该《丛书》将不断推出海内外同仁有关华北学研究的重要成果，贡献社会。

未来的华北学研究，目标明确，形式多样，力求实现校内与校外资源互补，强势与特色扬长补短。我们热切期盼更多的同仁关注、襄助华北学研究。

河北大学华北学研究所

前　言

海河流域东临渤海，西倚太行，南界黄河，北接蒙古高原，流域总面积达 32.06 万平方千米，占全国总面积的 3.3%。海河水系包括五大支流（潮白河、永定河、大清河、子牙河、南运河）、一个小支流（北运河）和冀东、鲁北几条独立入海的河流（滦河、徒骇河、马颊河等）。流域地跨京、津、冀、晋、鲁、豫、蒙、辽 8 个省（自治区、直辖市）。其中，北京、天津全部属于海河流域，河北省91%、山西省38%、山东省20%、河南省9.2%的面积属于海河流域，内蒙古自治区1.36万平方千米和辽宁省0.17万平方千米也属于海河流域。该流域历史上水旱灾害频发，生活在这里的人们治理河道、开挖沟渠、修筑桥梁、引水灌溉，与自然灾害进行不懈的抗争。许多帝王、官员、地方士绅、水利专家、普通百姓都为海河流域的水利事业做出了积极的贡献。流域内自古以来，水利矛盾和纠纷时有发生。在排水与蓄水、行洪与抗洪、河流沟渠的上游与下游、府州县乡村之间矛盾经常出现，有的表现为诉讼，有的为械斗、筑堤或掘堤。这些矛盾的化解也考验了各界人士的智慧。在当代，海河流域是中国洪、涝、旱、碱灾害严重地区之一，水资源严重匮乏，但发生洪涝的可能性依然存在，水利纠纷也时有发生。

水利碑刻是一种非常有价值的文物资料。海河流域历代碑刻资料可谓数量巨大、内容丰富，是难得的历史资料宝库。随着时间的推移，一些碑刻资料自然消失，一些碑刻遭到人为破坏，只有少量碑仍然存在。部分已经消失或遭到破坏的水利碑刻，记载在地方史志等历史文献中，还有相当一部分则没有记录下来。历代方志等文献中收录的水利碑文，多来自于各地的碑刻或典籍，基本为原文实录，不加润饰，只有少数进行了缩写或改写，也有少数为原文节选。这些水利碑文记载了行洪、排涝、修河、开渠、凿井、筑堤、建桥等水利建设事业，记载了祈雨、建庙、祭祀等风俗行为，还记载了地方水规、水法、水利纠纷的解决过程及处理办法。人们把这些治水事业镌刻在碑石上，以示后人，以存永久。这些碑刻不仅是水利历史的刻录，还起着档案和民间契约的作用，有助于缓和基层社会因水权争夺而引起的矛盾，也起到团结、教育、警示当地民众和维护基层水利社会秩序的作用，促进了历代社会水利管理和正常运行。这些记录，除专门的碑文外，还在大量的去思碑、功德碑、遗爱碑、墓志铭、神道碑、庙宇碑、学校碑、楼阁桥碑中有记载。

本书是笔者所主持国家社科基金项目的阶段性成果，目的是希望把海河流域各个时期、各个地域的重要水利碑文收集起来，以便于对整个流域水利事业发展、演变进行系统研究，进一步推动我国水利事业的可持续发展。在编写过程中坚持做到：一是坚持唯物主义史学观，认真选择每一篇碑文。二是所选篇目按行政区划加时间先后顺序排列。以省级行政区划设编，各省按设区市为目，每个设区市内按县级行政区划排列。行政区划以 2018 年 7 月之前的现行区划为准。同一县级行政区划内的碑文，按照历史先后顺序排列。对于无法考证形成年代的碑文，凡出自艺文志、碑文志等文献，均按照其在文献中顺序进行排列。三是部分碑文的原有注释。文前、文后的注释，一般收录于本书的脚注中。原碑文中的注释收录在文中，用括号提示，并在脚注中说明。四是所选碑文采用简化汉字，个别未采用简化汉字，对这种字在脚注中予以注明。五是所选碑文全部对照地方志原文逐字进行校勘，并加上标点符号，配以适量注释。对于在历代文献中无法查找到出处的碑文，则不予收录。

编写中遇到的问题主要有以下几点：

一是资料收集的困难。本书主要以历代编写的各种地方志和相关书籍中刊印的水利方面的碑文为依据，这就需要查阅大量的民国及以前的方志等历史文献。这些历史文献分散保存在各地的图书馆、档案馆、博物馆及个人手中，查找起来难度较大。

二是碑文中讹误脱衍等问题。本着实事求是的态度，我们参照现存的诸多版本加以对比分析，尽量推找出最真实的版本。对能够互相参照的同一碑文，以最全的一篇为主，参照其他材料进行补充。

三是同一碑文的取舍。有的同一篇碑文在多部方志和其他历史文献中出现，我们尽量选用最早的版本。由于同一碑文在不同的文献中标题不一，甚至标题相去甚远，有的碑文在两个不同的县志中存在，还有的碑文虽然出现在海河流域的方志中，但并非海河流域的碑文，我们都做了认真取舍。

四是文字辨识的困难。历代方志印刷大多为雕版印刷，少量为手抄。有的印刷精美，字迹优美，保存完好。但有的印刷粗劣，字迹模糊，保存不全，再加上这些碑文的原文都是竖排繁体字，这些都对文字的辨识提出了新要求。有些异体字、无法辨识的字，经过请教一些专家学者或查阅相关图书资料后得到解决。有的文字虽然能够查找到，但现有的计算机系统不支持这些汉字。有的个别文字经过努力仍然无法辨识的，我们就把文字的原型加入碑文。

本书收录碑文共 700 多篇，行政区划包括北京市、天津市、河北省、河南省、山东省、山西省。编写工作耗时两年。在本书编写过程中，我们深入到有关的图书馆、档案馆、博物馆，查阅了中华人民共和国成立前的旧方志 470 多种，中华人民共和国成立后各种地方志 310 多种，其他文献 70 多种。在编写过程中，我们还参考和借鉴了其他学者的部分已有研究成果，在此一并致谢！

水利史的研究，不仅需要一批脚踏实地的水利史研究人员，也需要各级政府的大力支持，更离不开社会各界的帮助。我们希望本书的出版，对海河流域水利史的研究能够起到抛砖引玉的作用。

本书所选碑文涉及历代文献资料种类繁多，在选录、整理、校堪过程中，参考了大量的前人研究成果。编著者虽力求做准、做精，难免有疏漏不妥之处，敬请各位专家批评指正。

杨学新

2019 年 11 月

目　　录

第三编　河北省

第四编　河南省

第五编　山东省

第六编　山西省

凡　　例

一、本书共选取海河流域内的北京、天津、河北、河南、山东、山西等 6 个省市的 700 多篇历代水利碑文。

二、本书所选碑文，按不同省分编。所涉及的现行行政区划时间截至2018年7月。北京、天津两直辖市以下直接按区分别排列；河北、河南、山东、山西四省，在省以下再分为设区市，设区市以下再按区县分别排列。

三、本书所选碑文上自西晋下至中华民国时期。

四、本书所用文字为规范简化汉字，对于原文中的古体字、繁体字、异体字、讹体字均改为现代规范字，如现代规范字中没有，则保留其原字。

五、凡常风笔画舛讹或刻写混同文字，如己已巳、日曰之类，一律直改，不再标出。凡避圣讳、清讳的字，一般均从原文。

六、本书所选碑文原有分段者，一般保持原样。原无分段的长篇文字，则按文意酌予分段。原有顶格、退格等行文方式，改为现代通行版式。原用小字偏右以表谦卑者，改用与正文相同的文字。原双行或单行夹注文字，一律改用单行，并加括号，亦在脚注中注明。

七、对于原碑文中脱落或漫漶不清的字，经核实补齐，不能补齐的用“□”表示；确实过多或无法计数，则用省略号“……”表示。

八、本书所选碑文除特殊情况外，一律依照原书实录。有的碑文在多部文献中都有记载，选其中时间出版较早或文字最齐全的收录。

九、本书所选碑文中的人名、地名与今不同者均保持原状，不做改动。

十、本书所选碑文名称依照原名称。有的在不同书籍中有不同的名称，在脚注中予以注明；有的碑文没有名称，由本书编者酌加，并在脚注中注明。

绪　论

碑刻纪事是我国特有的历史文化传统之一，自春秋战国时期开始盛行，一直延续至今。碑刻作为一种珍贵的历史文物，是研究我国历史、政治、经济、社会、民俗等重要的原始史料。水利碑刻作为我国碑刻文献的一种，不仅数量众多、分布广泛，而且碑文所载内容丰富，不仅涉及水旱灾害、水权分配、水利纠纷、乡规民约等方面的内容，还有一些水利工程建设、皇帝的御制诗文、官员的文章等反映了历代政府不同阶层的治河态度和方略等。而且其所载内容可以与史书进行相互印证，这对于社会史、乡村史、农业史、文化史等研究尤为重要。以碑刻为主要文献史料研究区域史、地方史是近几十年史学研究的重要内容，对碑刻文献史料进行系统的搜集、整理显得尤为重要。

一、研究回顾

近现代以来，特别是中华人民共和国成立后，全国各地陆续出版了一系列的碑刻整理和研究成果，碑刻文献的研究逐渐兴起。改革开放以后，随着史学研究的不断深入，碑刻文献的研究趋热，其中缘由，既是传统史学内在发展的需要，也是现实需求的推动。以目前研究成果所见，就其研究类别而言，主要分为两大类。其一，主要是对各地区的碑刻文献进行搜集、整理。其二，对碑刻文献所载内容诸如水旱灾害、水利工程、水权、水利纠纷、民族关系、乡归民约等进行考释和研究。随着时间的推移，尽管碑刻文献的研究逐步深入，但仍然存在诸多不足，如碑刻文献分类不够合理、挖掘和利用不够深入、缺乏地区之间的比较研究和跨学科的研究等。通过对海河流域历代水利碑文的搜集、整理，我们对包括海河流域在内的长江流域、黄河流域、珠江流域、乌江流域的碑刻研究成果进行系统的梳理，这里我们主要对近二十年的碑刻研究现状进行评述，并试图在学术史回顾总结中，归纳已有碑刻研究所存在的一些问题和不足，提出自己的几点设想，以供学界同仁讨论和批评。

第一，搜集、整理现状。

（1）从全国各主要流域来看，长江流域、黄河流域、海河流域、淮河流域、珠江流域、乌江流域等地区做了许多的收集、整理工作，出版了一系列的碑刻图录及录文汇编。综合性的碑刻成果主要有北京图书馆金石组编《北京图书馆藏中国历代石刻拓本汇编》（中州古籍出版社，1989 年），本书以时间为序，将我国上自东周，下至民国历代近两万幅碑刻拓片进行图录，结集出版，共100册，另附索引1册，是我国首次对石刻文献进行大规模的汇编整理。徐自强主编《北京图书馆藏北京石刻拓片目录》（书目文献出版社，1994年），收录了国家图书馆藏北京地区石刻目录6340条，从内容类别来看，墓碑（2182种）、墓志（270种）、庙宇（2091种）、会馆行会（172种）、教育（64种）、题名碑（282种）、释道经（107种）、造像和画像（143种）、艺文（387种）、题名和题字（160种）、杂刻（476种）。包泉万、王春英《中国碑刻的故事》（山东画报出版社，2007年），该书对碑刻的产生、演变、结构造型、类型等内容进行了介绍，并对碑刻背后所蕴含的故事、历史文化内涵进行解读。王靖宪主编的《中国碑刻全集》（人民美术出版社，2010年），该书收录了从先秦到宋元时期具有代表性的碑刻60种，共6卷，近3000幅图片，书体包括篆、隶、楷、草诸体，是迄今为止同类书籍中规模最大、最全的出版物。王烨编著的《中国古代碑刻》（中国商业出版社，2015年）对古代碑刻在形式、内容上分类，对碑刻的制作、整理等方面的知识进行了介绍说明；然后按年代顺序，收录了著名的书法碑刻；本书还专门收录了少数民族的文字碑刻，促进了对少数民族碑刻的研究。国家对碑刻文献的整理与研究非常重视，通过课题的形式进行重点的资助，代表性课题如南开大学历史学院李治安教授带领其团队主持申请的2012年国家社会科学基金重大项目“元代北方金石碑刻遗存资料的抢救、发掘及整理研究”，本项目通过田野调查和文献搜集对北京、天津、河北、河南、山东、山西、陕西、甘肃、宁夏、内蒙古等地的元代近3000通碑刻进行了系统的整理，共计出版22卷。其他相关课题还有岳云霄“汾河流域水利碑刻的收集、整理与研究”（2017年国家社会科学基金青年项目）等。

黄河流域的主要研究成果有薛仰敬主编《兰州文史资料选辑》第21辑《兰州古今碑刻》（兰州大学出版社，2002年）一书收录了兰州一市三县五区近五百余通碑刻以及历代碑刻，内容涉及寺观、桥梁、道路、水利、墓志铭、书院、诗文、德教等。银川美术馆编著《宁夏历代碑刻集》（宁夏人民出版社，2007年），本书收录了宁夏地区自唐代至民国时期的102通碑刻拓片，包括墓志、塔茗、诗文、庙宇、道路、水利、功德碑等十余个类别，涉及宁夏政治、经济、军事、文化教育、地震水灾、历史掌故、人物传记等内容。其他碑刻成果有《陕西碑石精华》（三秦出版社，2006年）、《武威金石录》（兰州大学出版社，2001年）、《固原历代碑刻选编》（宁夏人民出版社，2010年）、《寻迹石上甘肃碑刻摩崖文化》（甘肃人民美术出版社，2015年）等。

黄河流域内的山西地区对碑刻进行了规模化的搜集和整理，主要集中在汾河流域，其代表性成果有董竹三、冯俊杰编著的《洪洞介休水利碑刻辑录》（中华书局，2003年），主要收录了洪洞、介休两地共计68幅的水利碑刻，通过对水利碑刻的研究，对当地民间水利组织的基本状况及其民间水利运作与官方活动的互动进行探讨。张学会主编《河东水利石刻》（山西人民出版社，2004年），该书共收集河东水利石刻200通，其中存碑 131 通，佚碑 69 通，按其内容分为德政篇、河水篇、泉湖篇、井池篇、水规篇、灾异篇等，反映了河东水利发展的历史。贾志军主编的《沁水碑刻搜编》（山西人民出版社，2008 年），收录了沁水县自唐代至民国时期涉及乡归民约、墓志、水利工程、治水、庙宇等内容的 271 通碑刻。刘金锋主编的《晋城文物通览碑刻卷》（山西经济出版社，2011 年）一书收录了晋城、阳城、泽州、高平包括墓志铭、庙碑、匾额等三千余通碑刻。景茂礼、刘秋根编著《灵石碑刻全集》（河北大学出版社，2014 年），上下两册，收录了灵石地区涉及灵石行政建制沿革、天灾人祸，诉讼刑狱、风土民情、人物传记等内容在内的碑文共计 1100 篇。其他碑刻成果还有《河东碑刻精选》（文物出版社，2014 年）等。

长江流域，碑刻整理的主要代表成果有张晓旭著《苏州碑刻》（苏州大学出版社，2000 年），本书首先对碑刻的记事、印刷、建筑、艺术等文化内涵进行了阐释，并专门解剖了苏州碑刻文化的特色，然后是苏州碑刻博物馆及常熟、吴县等市县的碑刻，涉及文化艺术、社会习俗、医药卫生、宗教信仰等内容。南京市文化广电新闻出版局（文物局）编著的《南京历代碑刻集成》（上海书画出版社，2011 年）收录南京市上自汉代下至民国时期包括墓志铭、庙宇、水利工程等类别的 236 通碑刻，内容主要涉及社会经济、宗教、水利工程等。苏州博物馆编著的《苏州博物馆藏历代碑志》（文物出版社，2012 年）一书以朝代为篇，收录了自北齐自中华人民共和国的 140 通墓志碑刻。其他碑刻成果还有《明清以来苏州社会史碑刻集》（苏州大学出版社，1998 年）、《荆门碑刻》（中国文史出版社，2008 年）、《湖湘碑刻》（湖南美术出版社，2009 年）、《嘉定碑刻集》（上海古籍出版社，2012 年）、《浦东碑刻资料选辑》（上海古籍出版社，2015 年）、《上海市闵行区碑刻资料集》（中西书局，2017 年）等。

珠江流域的广东地区，出版了几部碑刻成果。如谭棣华等人编《广东碑刻集》（广东高等教育出版社，2001 年）收录珠江流域广东省的八百余通碑刻，内容涉及生态环境保护、乡归民约、农田水利、水旱灾害、商业、手工业、宗教等。冼剑民，陈鸿钧编的《广州碑刻集》（广东高等教育出版社，2006 年）收录了自宋代至民国时期广州地区的1165通碑文，全书共分为府署学宫类、寺观庙宇类、墓志铭类、宗祠社学类、书院会馆类、楼台园林类、公共工程类、禁示规约类、摩崖石刻类以及其他等十一类，水利碑刻文献主要集中在公共工程、禁示规约两类之中，并未单独分类。其他碑刻成果还有：《顺德碑刻集》（广东人民出版社，2012 年）、《黄埔碑刻匾额精选》（华南理工大学出版社，2017 年）等。

乌江流域，彭福荣对乌江流域的民族碑刻进行了搜集、整理，出版了《乌江流域民族地区历代碑刻选辑》（重庆出版社，2007 年），本书收录了乌江流域历代府州县志及文物志等所记载的 540 通历代碑文，内容涉及政治类、经济类、军事类、法律类（包括乡规民约）、教育类、交通类、民俗类、建筑艺术类、文学类等十余类。

（2）就海河流域而言，该流域诸省碑刻史料丰富，各省、市、县根据其所存有的碑刻文献，整理出版了一系列的碑刻成果。

北京作为我国的首都，海河流经其全境，文物保存丰富，碑刻资料研究成果较多。主要成果有政协北京市怀柔区文史资料委员会编《怀柔碑刻选》（内部资料，2007年），本书收录了怀柔区寺庙、长城、城垣廨宇、墓志、艺文等五类碑刻共 42 通。倪晓建主编的《金石记忆：碑刻铭文里的老北京》（学苑出版社，2008 年）一书收录了首都图书馆藏与北京有关的共计1400余种金石拓片，通过对庙宇、衙署、会馆、人物四个类别石刻背后的传说故事或人文轶事的讲述北京历史文化。杨亦武编的《房山碑刻通志》（社会科学文献出版社，2018 年），本书共分八卷，对北京市房山区西山永定河文化带内 800 余件碑刻进行抄录、整理、考证、分类和编目，碑刻内容主要涉及宗教、民间组织与自治、古代官府治理、墓志等内容，近日卷一、卷四出版，其余六卷今后将陆续出版。其他成果整理成果还有《京西碑石纪事》《通州历史文化丛书记忆石刻篇之一》《平谷石刻》等。相对于水利碑刻的整理，北京地区对庙宇类碑刻的整理较为丰富，整理出版了多部碑刻辑，如张江裁、许道龄《北平庙宇碑刻目录》（知识产权出版社，2017 年），本书主要介绍了北京市内 20 世纪 30 年代保存的自南北朝至民国时期的 300 多座庙宇的碑刻的名称、时间、撰写人等方面的基本情况。其他庙宇碑刻成果还有《北京石刻撷英》（中国书店，2002 年）、《北京道教石刻》（宗教文化出版社，2011年）、《北京佛教石刻》（宗教文化出版社，2012年）、《北京内城寺庙碑刻志》（国家图书馆出版社，2017 年）等。

天津作为海河流域五大支流的汇合处和入海口，碑刻文献的搜集、整理成果相对较少。20 世纪 80 年代中期和 21 世纪 10 年代初期，李经汉先后撰写了《天津市现存碑刻目录》（《天津史志》1985 年第 3 期）、《续天津市现存碑刻目录（续完）》（《天津史志》2004 年第 3 期）两篇文章，对天津市辖区内现存的碑刻进行了统计，总计约 800 通碑刻。王毅主编的《武清碑刻集》（内部资料，2004 年）收录了天津市武清区自东汉至民国时期的包括墓志铭、庙宇、水利工程、古建筑等十几通碑文。此外，天津历史文化学界积极开展碑刻文献的展览及推广活动，如 2012 年 3 月 12 日在天津文庙博物馆开展的《首届中国历代碑刻拓本收藏展》展示了天津市著名书画家、收藏家的百余件作品及藏品，为我们当下的碑刻搜集、整理提供了新的方式。

海河流域内的河北地区河流众多，碑刻文献丰富，搜集整理了一系列的研究成果。从省域范围来看，代表性成果主要有戴建兵、孙文阁辑注《河北府县乡土碑刻辑录》（天津古籍出版社，2016 年），收录了自明清至民国时期涉及水利、司法、民政、农业等多个方面的碑刻，主要包括城工碑、墓碑、摩崖石刻等十个类别。河北省文物局长城资源调查队编《河北明长城碑刻辑录》（上、下两册，科学出版社，2009 年），本书收录了抚宁县、卢龙县、青龙县、迁西县、遵化市、宽城县、兴隆县、宣化区、赤城县、崇礼县、涞源县、唐县 12 个区县（市）的包括墓碑、墓志铭、城工碑等十余种类别的碑刻。其他全省性的碑刻整理成果还有詹文宏、李保平、邓子平主编《燕赵碑刻：先秦秦汉魏晋南北朝卷》（天津人民出版社，2015年）。具体各市县而言，主要成果有王兴、李亚主编《邯郸运河碑刻》（河北美术出版社，2012 年），收录了自唐代至民国时期运河流经邯郸市的大名、馆陶、魏县、邱县等地区共计 46 幅碑刻文献进行了图录，为大运河的研究提供了一手史料。戴建兵教授又对县域内的碑刻文献进行了整理，主编出版了《隆尧碑志辑要》（天津人民出版社，2016年）、《深泽碑刻辑录》（河北人民出版社，2017年），收录了隆尧、深泽两县的墓志铭、墓碑等十余种碑刻文献。对于莲池书院的碑刻，相关学者也进行了专门整理，如孙待林主编《古莲池碑刻萃集》（花山文艺出版社，1999年），柴汝新、苏禄煊编《古莲花池碑文精选》（河北大学出版社，2012年），两部成果对保定市莲池书院所藏、移入以及中华人民共和国成立后的碑刻进行图录和注释。

从海河流经河北地区的各水系的碑刻整理来看，子牙河水系主要代表成果有《邯郸碑刻》（天津人民出版社，2003 年）、《景州金石》（中国文史出版社，2004 年）、《邯郸地区隋唐五代碑刻校录》（中国文联出版社，2014年）、《宁晋金石志》（中州古籍出版社，2015年）、《衡水金石书法录》（九州出版社，2017年）、《邱县碑刻》（人民美术出版社，2018 年）、《河北隆尧石刻》（科学出版社，2018 年）。大清河水系：《涿州贞石录》（北京燕山出版社，2005年）、《满城历代碑石刻辑录》（河北教育出版社，2011年）、《定州碑刻》（文物出版社，2018年）、《涞水历代石刻拓本图录》（内部资料，2019年）。滦河水系：《唐山碑刻选介》（内部资料，2003年）、《丰润碑刻集萃》（内部资料，2004 年）。漳卫南运河水系：《清河碑刻》（内部资料，2011年）、《威县古碑刻选》（内部资料，2013年）、《大名碑精刻选》（线装书局，2014年）。

海河流域的山西地区亦是碑刻的集中地区，近年来本地区对碑刻文献的整理研究出版了一系列的研究成果。整体上的研究成果如张正明编的《明清山西碑刻资料选（第一辑）》（山西人民出版社，2005 年）、《明清山西碑刻资料选（续一）》（山西古籍出版社，2007年）、《明清山西碑刻资料选（续二）》（山西经济出版社，2009年），该系列丛书收录了山西地区自明清以来包括农林、经贸、商业、交通道路桥梁、水利、官绅、妇女、家庭、戏曲、教育、关公文化、山西会馆等十几个类别共计1364篇的碑刻文献。海河流域的研究成果主要有张晋平主编《晋中碑刻选粹》（山西古籍出版社，2001年），该书收录了晋中市内上起北魏下至民国包括碑碣、墓志、刻经、契约等类别共计 463 幅碑刻，内容涉及社会、经济、城市建设、宗教、书法、军事等。高风山《三晋石刻大全》，全套丛书共 47 册，其中海河流域包括《大同市灵丘县卷》（三晋出版社，2010 年）、《晋中市左权卷》（三晋出版社，2010 年）、《大同市灵丘县卷续编》（三晋出版社，2012 年）、《长治市长治县卷》（三晋出版社，2012 年）等，共收录包括墓志铭、乡规民约、纪事以及新时代革命碑刻在内的近 900 余通碑刻。其他成果还有《大同博物馆精品选萃》（山西人民出版社，2008 年）等。

河南作为中华文明的发祥地之一，海河流域包含本省的安阳市、新乡市、焦作市、濮阳市等部分地区，本地区碑刻文献整理的代表性成果主要有王兴亚编的《清代河南碑刻资料》（商务印书馆，2016 年），本书共八册，所收碑刻以现存碑刻为主，兼及方志，金石文集、家谱等著述中辑录的碑刻。上自顺治元年（1644 年）下至宣统三年（1911 年），共计有 6300 余篇，是国内第一部全省范围的清代碑刻集成，其中收录海河流域安阳县、林州市、濮阳县、卫辉市、武陟县、修武县共计 385 通碑刻。程凰堂主编《濮阳碑刻墓志》（中州古籍出版社，2003 年）主要收录了濮阳地区自宋至民国的碑刻、墓志共计 63 通。郭建设、索全星《山阳石刻艺术》（河南美术出版社，2004 年），本书汇集了焦作市博物馆馆藏上起东汉下迄民国的石刻近百通，主要包括佛教造像、摩崖、石刻线画、碑刻、墓志等。安喜萍《卫辉历代碑刻》（中州古籍出版社，2013 年），该书收录了卫辉市包括墓志铭、城工碑、功德碑、庙宇碑等十余种类别的 80 通碑刻，并对其进行图录和注释。

海河流域内的山东省德州市、聊城市、滨州市、济南市等地区关于碑刻整理的主要成果：政协山东省冠县委员会编《冠县碑文大观》（中国文史出版社，2017 年），本书收录了冠县自古至今传世、出土、新作的碑刻，全书共分为现代功德碑文、革命事业纪念碑文、武训纪念碑文、村碑碑文、古迹碑文、志铭宗族碑碑文、冠县田志所载碑文、匾额题名 8 个篇章近 700 余通碑文，其中兴修桥梁、防护堤坝等水利工程建设碑刻文献收入在现代功德碑文篇。其他碑刻整理成果有《山东石刻分类全集》（青岛出版社、山东音像文化出版社，2013 年）。而辽宁、内蒙古两省（自治区）是海河流域流经最小的地区，本书对此两省（自治区）的水利碑刻没有进行收录，这也是我们下一步需要继续完成的一个工作。

第二，研究内容丰富，视角多样。

水利碑刻的研究不仅涉及传统的水利社会史、乡村史等研究方向，更涉及生态环境、法制法规建设等多维的研究视角。

（1）社会史研究。水利碑刻记载着大量的水利工程建设、水权运用、水旱灾害等方面的内容，为我们研究历史时期的水利纠纷、水权运用等提供了丰富的原始资料。胡英泽的《水井碑刻里的近代山西乡村社会》（《山西大学学报》（哲学社会科学版）2004 年第 2 期）利用明清以来晋南地区的水井碑刻，以水井的开凿、管理及涉及的民俗等对水井在乡村空间结构中的所发挥的独特作用进行了分析，反映了乡村社会“权力网络”的交织和演替，国家力量逐步介入、渗透乡村日常生活。田东奎《水利碑刻与中国近代水权纠纷解决》（《宝鸡文理学院学报》（社会科学版）2006 年第 12 期）一文，指出水利碑刻是民间水利自治组织水权管理的产物，是基层社会水权运作的辅助手段，它记录了水权事件或证据、水权纠纷案件、水利宗教重要事件以及水权合同，涉及水利社会生活诸如祭祀、民间舆论、乡村治理、民间自治等方方面面的内容，在基层社会水权运行中，不仅具有预防纠纷的作用，而且还是处理水权纠纷的重要依据。宋开金《清代永定河流域水利碑刻研究》（北京师范大学硕士学位论文，2011 年）一文通过对永定河流域内碑刻文献所载永定河河道的变迁、水利工程修建、清政府对永定河治理政策以及皇帝诗文等内容的分析，对清政府治理永定河的态度、政策及水利工程措施进行了系统的梳理，探析了碑刻文献内容所反映的永定河流域内水利纠纷、水习俗、水神信仰等多方面的特性。其他相关论文如王卫国《浅析洹河流域碑刻所体现的历史文化》（《殷都学刊》2007 年第 3 期）、魏静的《水利碑刻所反映出的内容特点及社会功能——以清代河西地区为中心的考察》（《甘肃联合大学学报》（社会科学版）2013 年第 6 期）、陈国威《清代雷州的水权问题探析——源于雷州一块清代水利碑刻》（《农业考古》2017 年第 4 期）等。

（2）法制法规建设研究。水利碑刻不仅记载水旱灾害、水利工程建设等内容，还记载官府或民间有关水权运用的章程、规则等内容。这些水利规范是传统社会水权运用的基本保障，是维持乡村社会秩序的一种基本准则，对于乡村间的村际交往、农田灌溉以及农民生活等方面具有重要的意义。李麒《民间水规的法文化解读——以明清山西河东地区水利碑刻为中心的讨论》（《比较法研究》2011 年第 4 期）一文，通过对明清时期山西河东地区 18 篇水利碑文所载水利工程、水秩序的民间规约等内容的考察，指出了中国古代的水权制度从由汉唐时期以国家法为主体向明清时期以乡规民约这种非正式制度为主体的转变，民间水规作为以水权制度为核心内容，是建立在村庄、农户利益基础之上的一种水权利制度安排，具有乡土性、自发性以及内控性的特质，在乡村社会中，对于农业生产、农民生活、经济交往及村际融合具有重要作用，规范了人们的用水行为，为水利纠纷提供了裁判依据，积极有效地参与乡村社会秩序的生成、存续和发展。王娜《明清时期晋陕豫水利碑刻法制文献史料考析》（西南政法大学博士学位论文，2012 年）一文，通过对明清时期晋、陕、豫三个地区的水利讼碑、水利公约碑、水利凭证碑、官府水利示禁碑四个类别的水利碑刻法律文献史料进行系统梳理，探析了明清时期水利碑刻制定法和习惯法在维护乡村社会稳定中的作用，指出水利法制碑刻化，不仅促进了国家与民间的交融，有利于水利法制的贯彻落实，也有利于规范人们的水利行为，确保了水利功能的发挥。李雪梅《古代法律规范的层级性结构——从水利碑刻看非制定法的性质》（《华东政法大学学报》2016 年第 4 期）一文通过对水利碑刻所载的水利纠纷案件、水规、水法等内容的梳理，考察了非制定法的生成方式、内容、程序及其传承，明确了民间法律和民间规约两个层次的界限，探讨了民间水规与官方的水利科条在水利管理方式、渠长设置以及权力义务等方面内容的的异同之处，指出了中国传统法律文化的多样性。相关论文还有孙丽娟的《从碑刻资料解读清代汉水流域陕西段民间水运秩序》（《陕西理工学院学报》（社会科学版）2006 年第 3 期）、王云红的《近代河洛地区地碑与施地民事习惯问题》（《中州学刊》2018 年第 1 期）等。

（3）环境史研究。以“生态环境—社会”来解读水利碑刻文献的价值，是近年来学者研究水利碑刻的一个重要的分析视角。如左慧元《黄河流域历史碑刻与黄河及黄河治理》（《华北水利水电学院学报》（社会科学版）1999 年第 1 期）一文，通过对近 300 通与黄河的河势、水情、灾害、利用、治理等内容相关的碑刻分析，对历史时期黄河流域内各地的洪水灾害、水利工程建设、黄河水利的运用、农田灌溉等进行了考察。陈隆文就相继发表了《从〈朱仙镇新河记碑〉看贾鲁河水运的历史价值——水利碑刻与中原水环境变迁研究之一》（《中原文物》2014 年第 1 期）、《〈朱仙镇新河记碑〉再研究——水利碑刻与中原水环境变迁研究之二》（《中原文物》2015 年第 2 期）。在这两篇文章种，陈隆文以《朱仙镇新河记碑》所载明清贾鲁河上游、下游的水系构成状况和河道变迁，探析了贾鲁河水运变迁与朱仙镇商业兴衰之间的相互关系。相关论文还有左慧元、王梅、尚冠华的《黄河下游沁河灌区古水利碑刻的认识作用》（《华北水利水电学院学报》（社会科学版）2002 年第 2 期）、严奇岩的《清水江流域公山管理与经营的生态价值——以碑刻资料为中心的考察》（《中国农史》2018 年第 4 期）等。

（4）区域社会经济发展。碑刻作为重要的历史文物，不仅具有重要的史料价值，对于学术研究极为重要，而且，它本身也是一种旅游资源，背后具有较大的经济开发价值。此外，从碑刻所载内容而言，碑刻除了记载着以上所述内容外，还记载某个地区或某个城市的社会经济发展等内容，特别是有关运河的水利碑刻更是记载着运河货物运输、行旅往来等经济方面的内容。近年来，随着碑刻文献研究的不断深入，从社会经济发展视角来研究碑刻文献逐渐成为了一种重要的研究视角。罗海燕《碑刻文献与天津文化旅游产业的融合路径》一文通过对天津地区内的碑刻文献的类别、保存现状等进行分析，指出碑刻不仅可以成为社会公众消费的实物形态文化产品，而且还可以为社会公众提供文化熏陶，对于提升天津文化旅游的内涵和层次具有很高的旅游开发价值。其他代表性成果还有：郑民德《明清运河城市的历史变迁——以河北沧州为中心的历史考察》（《河北工业大学学报》（社会科学版）2012 年第 2 期）、史晓玲《明清时期聊城商业发展与城市变迁》（聊城大学硕士论文，2014 年）、张利民《从旅津晋商碑刻看清代天津集散中心地位的形成》（《史林》2017 年第 4 期）等。

二、碑刻文献的特点

通过以上对全国各个流域碑刻文献搜集、整理和研究现状的分析，我们可以看出，经过近四十年的不断探索，碑刻文献整理已成为区域社会史研究的一个重要方向，呈现出了以下几个方面的特点。

第一，从全国各个流域来看，通过对以上主要流域碑刻成果的分析，我们可以看出碑刻文献的研究尚处于搜集、整理阶段。不仅是黄河流域、长江流域、淮河流域、珠江流域、乌江流域，还是海河流域各地区，碑刻研究虽取得了大量的成果，但这些研究成果多以碑刻辑、地方志中的金石、艺文类形式出现，研究内容和研究地域相对分散，不系统，缺乏整体性，以及对碑刻文献的深入整理。

第二，从研究视角来讲，缺乏从史学角度对碑刻文献的研究，未形成高水平的学术成果。且水利碑刻作为一个相对独立的研究领域，以往研究缺少对水利碑刻的关注，海河流域水利碑刻的研究更是如此。虽然出版了一些的研究成果，如《邯郸运河碑刻》等。但这些整理、研究大都是从地方文化视角进行研究，缺乏对水利碑刻的专门整理与专题研究，至今仍未出版专门的海河流域水利碑刻文献成果，这也是我们课题组编写《海河流域历代水利碑文选》的目的之所在。

第三，从地域分布来看，目前的研究成果大都是以县域研究为主。在各流域的研究上，多集中在其小支流上，缺乏对流域进行整体研究。水利碑刻不仅记载地方的历史文化，更是研究某个流域的重要史料。尤其对于海河流域而言，随着京津冀协同发展进程的加快和雄安新区的建设发展，作为京津冀的母亲河——海河对于京津冀的社会经济发展起着至关重要的作用。通过历史的角度挖掘海河流域内的水环境变迁、水利工程修建、河流治理、水污染及其同城乡社会经济发展之间的关系，对于京津冀协同发展和雄安新区的建设发展具有重要的借鉴意义。

第四，从类型来讲，海河流域的水利碑刻多以皇帝、官员、地方乡绅的碑刻为主。通过对本书所收 700 多篇水利碑刻文献作者身份的分析，我们发现海河流域的水利碑刻文献大多是由取得功名利禄的人所做。

第五，从所载内容而言，海河流域的水利碑刻主要以水利工程建设、水旱灾害为主，而其他地区如山西、河西走廊等地区的水利碑刻其载内容大多以水利纠纷为主。海河流域支流众多，主要有子牙河、大清河、滹沱河、滏阳河、卫河、漳河、拒马河水、永定河、南运河、北运河、潮白河、蓟运河、新开河、独流减河、徒骇河、马颊河等，河道密集，水患频繁，以致兴修水利、防治水旱灾害成为该流域社会经济发展的大事。在本书的编写过程中，我们对本书所收录的 700 多篇水利碑刻文献按其所载内容进行了细致的分类。通过对相关数据的分析，我们可以看出海河流域内的水利碑刻的主要内容以兴修水利工程、防治水旱灾害为主。

三、几点设想

从全国各流域来看，碑刻的搜集、整理与研究取得了一定的成绩，然而碑刻文献的研究需要在以下几个方面进一步推进。

第一，在研究取向上，虽然碑刻文献研究的地域化趋向仍然是目前学术界研究的一个基本路径，但需加强地域之间和流域之间的综合研究。近几十年来以区域化为取向的碑刻研究，在黄河流域山西地区，长江流域的江苏、南京以及珠江流域的广东等地区取得了丰富的研究成果。然而，从整体上而言，碑刻文献的地域化研究呈现出以县域研究为主、地区之间相对割裂的现象。而河流流域之间所经各地在水利工程建设、水利纠纷、农田灌溉管理以及河流流域内的生态环境等方面，它们是相互作用、互相牵连的存在，水利碑刻对此记载在地域之间存在着差异，仅以县域为整理中心，并未对流域之内相关水利碑刻进行专门的整理研究，极易导致“碎片化”的现象出现。因此，在以地域为研究取向上，应当加强地域之间特别是流域之间的综合研究，在水利碑刻研究上多进行流域内的整体研究或跨区域之间的对比研究。

第二，在研究内容和方法上，研究内容丰富、研究视角多样，但多学科的交叉渗透研究不够。目前学术界大都将水利碑刻文献放置于乡村史、水利社会史的研究架构下，注重对水利碑刻文献所记载内容涉及诸如水利纠纷、水旱灾害、水利工程建设、乡村民俗文化等方面的研究，仍形成了诸如从水环境、法制法规建设、乡村互动机制等新的视角来分析研究水利碑刻文献。此外，水利碑刻作为一种民间记事，还记载丰富的乡村社会自治、治理、民族交往融合等内容。虽然，学术界运用不同的研究视角对水利碑刻文献进行了大量的研究，但通过上述成果的分析，我们可以看出目前的研究成果在学科研究上仍是相互割裂的，多是在单独学科如社会史、法律史、生态环境史、民族史等视野下进行研究，缺乏跨学科的研究。而从水利碑刻文献所载内容来看，涉及了历史学、社会学、民族学等诸多学科的内容。因此，未来的水利碑刻文献研究应多加强跨学科的研究，开展民俗学、社会学、人类学、历史学、环境科学等多学科的综合研究。

第三，从保护和利用的角度而言，开展碑刻的田野调查以加强保护力度，开发其社会经济文化价值。从上述分析中我们可以看出，目前水利碑刻文献资料的整理缺乏对水利碑刻的实地考察，因此，开展社会调查和田野考察，使文献资料、碑刻资料以及现存碑刻进行互为补充显得尤为重要。通过此次调研，我们课题组为搜集碑刻文献，进行了大量的实地调查，走访了杜林的杜林桥（又名登瀛桥）、献县的单桥、安国的伍仁桥（万寿桥）、徐水的漕河桥、赵县的安济桥等，所见碑刻大都残损大量的水利碑刻残损，散落在民间，缺乏足够的保护。因此，我们需要注意的是不仅仅要注重对碑刻文献的解读和学术研究，更应当呼吁地方政府和社会加强对碑刻本身的保护，以开发碑刻背后所蕴含的经济文化价值。

第一编 北京市

北京市位于华北平原中北部，西部为西山属太行山脉；北部和东北部为军都山属燕山山脉，全部属于海河流域。共有主要干支河流六十多条，自西而东排列为五大水系：大清河水系白沟河支流的拒马河、大石河、小清河；永定河水系；北运河水系；潮白河水系以及蓟运河水系的泃河。这些河流多发源于西北部山区，向东南蜿蜒流经平原地区，最后除蓟运河独立流入渤海外，其他四大水系全都汇入海河，然后流入渤海。各河径流多在汛期产生，加之山区坡陡流急，平原地区坡缓多淤，导致洪涝灾害频发，其中永定河源远流长，放荡不羁，素有“无定河”之称，为害最为严重。

本编所选北京市区域内历代水利碑文五十余篇，涉及通州区、房山区、海淀区、延庆区、西城区、丰台区、石景山、大兴区、东城区、顺义区、平谷区、密云区 12 个区。在各区中，通州区、房山区所选篇目最多，这也说明这两个区在历史上水利占有重要的地位。而与永定河相关的碑文，大部分收录在河北省编当中。

本编所选碑文，上起西晋，跨越元、明、清，下至民国时期，其中西晋时期司隶校尉王密的《魏建成乡侯刘靖碑》是本书所选碑文中历史最早的。

从碑文作者身份而言，皇帝所写的碑文较多，达到二十篇，约占本编总数的三分之一。清朝康熙、雍正、乾隆三个皇帝都有水利相关的碑文，乾隆皇帝写的最多，尤其关于永定河的碑文最为重要，体现了乾隆皇帝对水害的忧虑、对祛除水害的热切渴望、对战胜水灾的信心。而各级官吏所写的碑文接近一半，足见对水利事业的重视程度。

从碑文的主要内容来看，涉及农田水利、河渠湖淀、井泉、桥梁、堤埝、水闸、庙宇、城建等方面。其中永定河和卢沟桥的碑文较多，反映出了不同历史时期永定河灾害频发，各个朝代都进行了治理，但是由于古代抵御自然灾害的能力有限，所以始终未能根治，这个难题只有到了中华人民共和国才真正得到有效解决。

一、东　城　区

正阳桥疏渠记[①]

乾隆皇帝[②]

正阳门外之石衢[③]，抵正阳桥，桥之左右，市鄽[④]栉比[⑤]，允帝王都会、万方辐辏之基也。桥之南为天桥，其南石衢直达永定门，则答阳黄道，荡荡平平，会极归极之宗也。衢之左为圜丘、祈年殿之西外围垣；右为太岁坛、先农坛之东外围垣。各有石衢二，横接围垣之南、北门，为诣坛辇路。盖地势东高而西低，故石衢之西恒积水，而东之沙土常因西北风吹，壅[⑥]西垣之半，每诣斋宫，怵弗惬观。今年上辛祭毕，爰[⑦]命司工于天桥南石衢之左右，自北而南各疏渠三。第一渠长各一百六十余丈，宽北各三十余丈，南各二十丈，第二渠长各一百三十丈，宽各二十丈，第三渠长各五十五丈，宽各二十丈，深各三尺。其四达坛之横衢，命各辟土道，宽二丈，以为往来车路，并各去其向禁人行之木栅。（东西诣坛之横衢四，旧设木栅，以禁行人往来，盖地近坛垣，理宜严肃而重，车皆由正石衢以行，易致石弊。今石衢左右既开广渠，且各留土路，是四横衢之南北皆有界限，木栅亦可以不设矣。）疏渠之土即篑为渠岸之山，周植以树，兼培行车之土路，于是渠有水而山有林，且以御风沙，弗致湮坛垣，一举而无不便，向来南城井多苦水，兹胥得饮渠之清水，为利亦溥[⑧]，而都人士之游涉者咸谓京城南惬观瞻、增佳景。然予之意原不在此也。洁坛垣而钦毖祀，培九轨而萃万方，协坎离以亨既济（都城南为离位，今开浚水渠六，坎为水卦，是为水火既济之象，亨之道也），奠经涂以巩皇图，其在斯乎？其在斯乎？故不待考。工之请而为之记，亦合向之《知过论》所谓“不可已者”，仍斟酌为之之义，值此耄龄，复得蒇[⑨]一大工作，孰莫非昊苍鸿贶，钦承开国家万年有道之长也哉。

乾隆五十有六年岁次辛亥仲夏月御笔。

---

① 选自《清高宗御制文集三·卷八》，括号内为碑文作者原注。该碑现为北京市重点文物保护单位，位于东城区红庙街。

② 乾隆皇帝，即清高宗爱新觉罗·弘历，1711—1799 年，是中国历史上实际执掌国家最高权力时间最长的皇帝，也是最长寿的皇帝，庙号高宗。

③ 衢，道路，这里指四通八达的道路。

④ 市鄽（chán），市廛。鄽，即里居房舍、邸舍。

⑤ 栉比，像梳子齿那样密密地排着。

⑥ 壅，堵塞。

⑦ 爰，于是。

⑧ 溥，广大。

⑨ 蒇（chǎn），即完成、解决之意。

二、西城区

魏建成乡侯刘靖碑[①]

晋　司隶校尉王密

魏使持节、都督河北道诸军事、征北将军、建城乡侯沛国刘靖，字文恭，登梁山以观源流，相灅水以度[②]形势，嘉[③]武安之通渠，羡秦民之殷富。乃使帐下丁鸿，督军士千人，以嘉平二年，立遏于水，导高梁河，造戾陵遏，开车箱渠。其遏表云：高梁河水者，出自并州，潞河之别源也。长岸峻固，直截中流，积石笼以为主遏，高一丈，东西长三十丈，南北广七十余步。依北岸立水门，门广四丈，立水十丈。山水暴发，则乘遏东下，平流守常，则自门北入，灌田岁二千顷。凡所封地，百余万亩。至景元三年辛酉，诏书以民食转广，陆费不赡，遣谒者樊晨更制水门，限田千顷，刻地四千三百一十六顷，出给郡县，改定田五千九百三十顷。水流乘车箱渠，自蓟西北迳昌平，东尽渔阳潞县，凡所润含四五百里，所灌田万有余顷。高下孔齐，原隰底平，疏之斯溉，决之斯散，导渠口以为涛门，洒滮池以为甘泽，施加于当时，敷被于后世。晋元康四年，君少子骁骑将军、平乡侯弘，受命使持节监幽州诸军事，领护乌丸校尉、宁朔将军，遏立积三十六载，至五年夏六月，洪水暴出，毁损四分之三，剩北岸七十余丈，上渠车箱，所在漫溢，追惟前立遏之勋，亲临山川，指授规略，命司马关内侯逄恽，内外将士二千人，起长岸，立石渠，修主遏，治水门，门广四丈，立水五尺，兴复载利，通塞之宜，准遵旧制，凡用功四万有余焉。诸部王侯，不召而自至，襁负而事者，盖数千人。《诗》载"经始[④]勿亟"，《易》称"民忘其劳"，斯之谓乎。于是二府文武之士，感秦国思郑渠之绩，魏人置豹祀之义，乃遐慕仁政，追述成功。元康五年十月十一日，刊石立表，以纪勋烈，并记遏制度，永为后式[⑤]焉。

---

① 选自《水经注·卷十四》，光绪《顺天府志·卷一百二十八·金石二》名为《刘靖戾陵堰碑》。刘靖，？—254 年，字文恭，沛国相县（今安徽省濉溪县）人，扬州刺史刘馥之子。历任曹魏黄门侍郎、庐江太守、河内太守、尚书、河南尹、大司农、卫尉。出为镇北将军，假节，都督河北诸军事，开拓边守，屯据险要，兴修水利，使百姓获利。嘉平六年（254 年）去世，追赠征北将军，晋封建成乡侯爵，谥号景侯。其子刘熙承袭爵位。

② 度，计算或推测之意。

③ 嘉，赞扬。

④ 经始，开始营建、开始经营，泛指开创事业。出自《诗·大雅·灵台》："经始灵台，经之营之。……经始勿亟，庶民子来。"北魏郦道元《水经注·河水五》："岩侧石窟数口，隐迹存焉，而不知谁所经始也。"

⑤ 式，法也，模范也，榜样。

御制洪恩灵济宫碑①

明 正统皇帝②

盖闻天地之大德曰生。凡覆载之间，有生之类，洪纤高下，天之心皆欲俾③之，遂其性，得其养，不失其所。而又生圣智英杰，以裨助夫造化之功，故灵神之奇勋伟绩，代有著焉。君天下者，体天之心，嘉神之德，列诸祀典，用展祈报，亦代有载焉。我皇曾祖太宗文皇帝临御，尝梦二神人，言南处海滨，来辅家国，上异之。明日适有礼官④言闽中灵济二真君事，正符所梦。遂专使函香迎神像至于北京，而于宫城之西，得洪恩灵济宫，以奉祀事。因神旧号，加以徽⑤称。惟神至仁，有祷辄应，降福弭灾，捷于影响，所协宸衷⑥，不可殚⑦述，岁时荐祭，式丰以严。皇祖仁宗昭皇帝、皇考宣宗章皇帝率循旧章，咸隆祇礼。朕承天序，统御大宝，上荷圣祖母太皇太后、圣母皇太后恩德之隆，愿洪福于万年，下念四海庶邦，林林总总，属望之深，愿咸跻于庶富。顾非德其奚能，惟明神之允赖，仰体先志，增崇祠宇，以寅奉威灵，导迎祥庆，复加神号曰：九天金阙明道达德大仙显灵溥济清微洞玄冲虚妙感慈惠护国庇民崇福洪恩真君，九天玉阙宣化扶教上仙昭灵博济高明弘静冲湛妙应仁惠辅国佑民隆福洪恩真君。惟神之先，厥有源本，盖出颛顼之后，封国于徐，屡有功于夏、商、周之世，至偃王修行仁义，得国人心，致后嗣之繁，历汉暨唐，功德累著。至神伯仲，皆南唐义祖忠武皇帝之子，伯封江王，仲封饶王，并天赋异常，具仁圣之资，全忠孝之行，而潜心大道，精其宎奥。初俱奉命守金陵，勋德兼盛，民咸感悦，后俱奉命率师入闽，爱民之至心与天谋，民用慕戴，归者如雨。闽人建生祠于金鳌峰之北，图像致敬如严父焉。一日谓众曰："来岁吾与汝别，然不忍汝违。"及期，相继化去。未几，神降于人，言并奉上帝命，列职斗宫，以佑下土，于是闽人益虔祀礼，而祷无弗应。祠下有潭，遇旱祷者，潭出赤蛇，而云气随起潭面，甘雨如注。岁则大熟，潢溪霖潦⑧暴溢，民庶怆惶，望祠致恳。忽有役夫如

---

① 选自明代沈榜编著《宛署杂记·卷十八·万字·恩泽》。《宛署杂记》二十卷，成于 1593 年，编者沈榜，湖广临湘（今湖南省临湘市）人，万历十八年（1590 年）任顺天府宛平县知县，在任期间留心时事，搜寻掌故，根据署中档案材料编著了《宛署杂记》。《宛署杂记》记载了明代社会政治、经济、历史地理、风俗民情、人物遗文等资料，在北京史书匮乏的封建社会，它实际是宛平的县志，也是北京最早的史书之一。

② 正统皇帝，即明英宗睿皇帝朱祁镇，1427—1464年，明朝第六任、第八任皇帝（1435—1449年、1457—1464年两次在位）。正统十四年（1449 年），土木堡之变发生，其弟郕王朱祁钰登基称帝，遥尊英宗为太上皇，改元景泰。景泰八年（1457年），石亨等人发动夺门之变，英宗复位称帝，改元天顺。天顺八年（1464年）病逝，庙号英宗，葬于明十三陵之裕陵。

③ 俾，使。

④ 礼官，主管礼仪的官。

⑤ 徽，美好。

⑥ 宸衷，帝王的心意。

⑦ 殚，（气力）用尽、竭尽。

⑧ 霖潦，淫雨，亦指雨后的积水。

云，操畚锸疏瀹[①]，水不为患，而竟失役夫所在。宋熙宁中，闽人刘彝知桂州御蛮寇，韩世忠战大仪镇，吴玠战和尚原，皆得神助以捷。若拯民于水火，延民之嗣续，奇效尤数数[②]，悉其纪载，曒然[③]著明。盖神储天地之精，禀五行之秀，故生有至德，没著明灵，握气机，赞玄化，为国家生民殄遏邪诊，茂集祥禧，愈远而愈盛也。朕因书修祠之成，并书神之世系及其功德之大者，刻诸贞石，以示久远。而系以诗云：二仪之精，五纬之英。来为哲人，往为神明。并晔联辉，金昆玉季。笃孝与忠，惠泽当代。乘飙驾云，言归帝乡。功赞化育，位参魁衡。频矜下民，顾諟弗已。祛灾捍患，凝祥降祉。金鳌之峰，肇初有祠。灵化昭宣，有祠京师。皇矣三圣，寅奉惟一。惟灵之扬，允若曒明。予承大宝，祗率典常。爰师禋事，爰迓福祥。宝祚之隆，佑家暨国。至理之兴，溥被民物。宫城之西，灵宇归焉。皇图神祀，同千万年。

正统元年[④]正月十五日。

御制重修洪恩灵济宫碑[⑤]

明　成化皇帝[⑥]

京师之有灵济宫，朕皇高祖太宗文皇帝所建也。皇高祖功冠古今，泽被天下，治化之盛，蔑以加矣。然在当时，天人协应，百神效灵，其有阴翊显佑之迹，不容掩者，必祠祀之。故其禁城坤隅建兹宫，以奉二徐真君之神，盖本成周[⑦]咸秩无文之义，岂徒祈祝云乎哉？惟神五代时南唐之胤，伯讳[⑧]知证，仲讳知谔，其世系、封爵与其勋业，应感之祥，已具载皇考修宫之碑。朕尝考其颠末而论之：神之天禀俱英迈绝伦，又同心乐善。自镇金陵，抚逃亡，宽赋税，民心固已仰戴。及奉命攻闽，志殄兵革，所至劳来安辑，而人皆望风降附。间有阻山为乱者，亦诛止渠魁，余悉释弗治，民以故皆德之，相率立生祠于金鳌峰下，用展报事之忱，则其恩泽又入人深矣。厥后神虽云逝，而精爽不没，乃降灵是祠，神笔仙简，具有奇迹，而民事之益谨。凡遇水旱、疾疫、风火之灾，蝗蝝[⑨]之孽，有祷辄应。其有迫险阨、乏嗣续，鏖于战阵，叩神而应者，不可殚纪。盖自石晋开运，历宋嘉熙，立庙赐额，至元元贞加封，有金阙玉阙之称、大仙上仙真人之号，固常著灵于一方，然犹未甚显大

① 瀹（yuè），疏导。

② 数数，屡次、常常。

③ 曒然，洁白明亮。

④ 正统元年，即1436年。

⑤ 选自明代沈榜编著《宛署杂记·卷十八·万字·恩泽》。

⑥ 成化皇帝，即明宪宗朱见深，1447—1487年，初名朱见濬，明英宗朱祁镇长子，1464—1487年在位，年号成化。

⑦ 成周，西周的东都洛邑，周公所营建，这里指代《周礼》作者周公。

⑧ 讳，避忌，有顾忌不敢说或不愿说，此处指死去的帝王或尊长的名字。

⑨ 蝗蝝，蝗的幼虫。

也。逮皇高祖临御之十有五年，适遘[1]疾弗豫[2]，百药罔效，或有言神灵验者，竭虔而祷之，果丕形感应，施以灵符妙药，服之脱然平复。宗社以宁，万民有赖。神功昭晰，于是为大。而崇报之典，亦靡所不用其极，既册加徽号，联芳叠美，又大新闼地庙宇，春秋享祀，岁易时衣，给户洒扫，又于市师立行祠以祀之，赐额曰洪恩灵济，即兹宫也，祝号祭式有隆无二。由是神之威灵赫赫在天，与日月同明，与风霆并形，而四方万国，莫不瞻仰而崇奉之。而灵贶[3]之锡，又不可尽述矣。猗欤盛哉！自宋以来，列圣相承，益崇毖祀。正统初，皇考英宗睿皇帝尝重新宫宇，进号真君，迄今五十有余年矣。朕嗣祖宗大业，荷神庥庇，深虑崇奉之心有所未至，乃于成化乙巳秋，命内外重臣董工鸠材，恢拓故基，增置殿堂廊屋，务极坚缜。越明年丙午秋落成，琉璃金碧，焕然辉映，冕服供具，秩然齐备。于是上尊号，伯曰：九天金阙总督魁神洪恩灵济慈惠高明上帝；仲曰：九天玉阙总督罡神洪恩灵济仁惠弘静上帝。盖本道书谓神初领职斗宫云，神父母及妃因其故号，悉易穹封，择日祭告，厥灵有耀，朕志斯惬，咸谓不可无文以示。朕惟天地之气至灵，而不可测者为神，人禀是气以生。其生也，聪明正直，能树勋庸垂不朽；其没也，又能阐灵应福无穷者，亦谓之神。是诚有以扶天地元气，赞天地之化育者，其享大爵，膺[4]徽称，庙食百世，与天地相为攸久，孰曰不宜？今神既新厥居，龙辀云旗，陟降容与，椒浆瑶席，歆享朝夕，必默有以斡乾坤之化机，溥有生之洪泽。上以佑我圣母万岁之寿，中以保翼朕躬及储闱本支百世之繁，下以敷锡臣民寿富康宁之福，家国万年垂休，而神亦永享无穷之报，此朕之至愿也。爰勒石而为之诗曰：天生英杰没为神，斡旋造化乘风云。济利下土莫比伦，谁其若兹惟二真。生当五季才不群，并领重镇劳抚巡。首乱诛馘除垢氛，胁从不杀煦以仁。肫肫惠爱遗在民，鳌峰之阳庙貌存。欻忽灵感难具陈，旱祷辄雨潦晴臻。驱蝗灭火扶险迍，历数百祀灵益振。于皇高祖疾弗欣，百药罔效神是询。神赐符医妙无垠，服之洒然疾脱身。乃崇报祀庙制新，乃荐徽号礼秩敦。列圣继述祠事频，晨香夕币何其廑。朕承大统逾二旬，屡荷神庇致精禋。载拓宫宇饬[5]仪文，巍然焕然位居尊。祥烟瑞气随虬轮，景福肸蠁来缤纷。佑我慈闱万千春，辅朕衍庆及后昆。普锡四海寿福均，惟神至灵祀方殷，勒铭垂休永不泯。

成化二十二年九月十八日立。

---

① 遘（gòu），相遇。

② 豫，安适、欢喜之意。

③ 贶，赠、赐。灵贶，神灵赐福。

④ 膺，接受、承当。

⑤ 饬，整顿，使整齐。

重修三里河桥记[①]

周 叙[②]

都城迤南有河焉，乃隍水之枝流也。河之上有桥，桥之名曰三里，其始创自天顺间，历岁既久，土崩石勒，而往来乘载者病焉。时有坊间善士戴通者，欲为改作，虑其费不赀，功未易举，因与僧宗洪号铁山者谋之，广为募缘，不数月而集银两千一百七十有奇[③]。撤故桥，降七尺以为基，高十四尺有奇，视旧加四之一；衡二十有四尺，视旧加六之一；纵四十尺，视旧加六之一；益墁石三十尺有奇，视旧加三之一；石栏板视旧加三之一；石栏柱视旧加四之一。桥之西东各甃五尺，增筑砥平，衡皆四十尺有奇。其东之纵三十尺，西之纵六十有二尺。桥之北南作耳桥者三，一瞰乎寺之南泉，一拱乎巷之鞭子，一揖乎街之半边，不惟达是桥之冲路，抑且[④]杀河之势而阏流之洑也。延袤共七百尺有奇，越五月而工成。时正德十二年丁丑。

永安寺古井记[⑤]

清 乾隆皇帝

白塔永安寺，盖就琼华岛故地，而建所谓广寒殿、玉虹金露之亭皆湮没不可考。适有所营葺，工人于山之西麓掘地得废井一，甗甃[⑥]木盘，层累鳞裓，寻丈以深，汋汋有水，不濁以智，巽下坎上，合羲经义，辘轳绠汲，可致山巅，乃知《辍耕录》所称“引金水河于山后，转机运㪺至山顶”者，舍近求远，妄也，明矣。不宁惟是，所云“岛土取自塞外”者，更妄也。当时纵为厌胜，或少取塞山之土置此，则有之矣。岂有凿掘辇致于数千里外，以成是山之理？意者疏浚液池不能移土于远，即就近成此岛耳。夫显而易见者尚淆讹至此，史氏之耳食影谈，任好恶而颠倒是非，吁，可诧哉！井不可幕而杜牧辟之，顾谓废井之无水者或致伤人。今得此于湮埋土封中，不浚可汲，导流助景，事半功倍，故乐从司工之请而存之，琼华岛始于金，至元时改称万寿山，或讹为万岁山，兹不具论，惟是甀瓴盘干，半千年物，而人视之与今之木若砖无以异。若夫宣德、成化之瓷，则人宝之，其初岂离土哉？物之托质失尺寸而贵贱殊别，与夫人之好恶逐目役，高下鲜定衡者，吾以慨古澄照息其是非焉。

---

① 选自《钦定日下旧闻考·卷五十五》。

② 周叙，1481—1560年，又名周天叙，字子厚，1481年出生于湖南省慈利县，1504年中弘治甲子科举人，1511年登正德辛未科进士，曾任大理寺丞、大理寺卿、四川按察副使、山西按察使、陕西布政使、辽东巡抚、户部、兵部侍郎、工部尚书等，诰封为资政大夫。

③ 有奇，有零头、余数。

④ 抑且，况且、而且。

⑤ 选自《清高宗御制文集·卷五·记》。

⑥ 甃（zhòu），砖砌的井壁。

三、海 淀 区

黑龙潭重建龙王庙碑[1]

清 康熙皇帝[2]

《传》曰："神有功德于民则祀之，能捍大患御大灾则祀之。非此族也，不载祀典。"朕自御极[3]以来，夙兴夜寐，惟思稼穑为小民之依，所期时和岁丰，嘉生乐育，然年谷顺成，雨泽是资。《诗》曰："琴瑟击鼓，以祈甘雨。"信乎天心仁爱，亭毒万物而协灵效顺，优渥沾足之应，皆有神焉以司之，亦如分猷布泽之，无敢旷厥职焉。距京师西三十余里，金山之麓有潭，泓然以深，不泛不涸。前代时以亢旱祷望其地，辄能兴致霖雨，因名黑龙潭焉。潭之侧，倚山瞰壑，旧有祠宇，以祀其神。朕数以祈雨驻跸于兹，爰谋式廓其庙貌，以昭灵贶而敬民事。今者四郊之内雨旸时若[4]，岁登大稔，工适告成，惟神之功德，实能膏泽田畴，以福庇生民，揆诸捍患御灾之义，莫大于此。用是，勒诸贞石，垂示无穷，宁不伟欤！

黑龙潭碑文[5]

清 雍正皇帝[6]

京师之西有黑龙潭焉，地灵所钟，实能兴致云雨。我圣祖仁皇帝抚临万邦，治臻上理，轸念群生，每祷于斯，辄有灵应，百谷用成。康熙二十年乃重建祠庙，御制碑文，勒之珉[7]石，以昭神庥。朕嗣位以来，仰体圣祖之心以为心，夙夜孜孜，惟冀雨旸时若，盈宁康阜用，諴和万民。甲辰春，雨泽微愆，爰诣兹潭，特申祈祝。回銮[8]之后，澍[9]雨应时。三月初，甘霖迭沛，远近沾足，二麦丰登，朝野同声，罔不欢庆，盖感应若斯之捷也。朕惟天人合一之理莫大于诚，而幽明昭格之几莫先于敬。《传》曰："先成民而后致力于神。"又曰："民和而神降之福。"朕爰养元元，惟恐一物失所，致阴阳之沴，而干天地之和，故浃岁之中屡下蠲租之诏，偶值愆阳见告，不惮躬亲祝帛，以荐馨香，而冥漠之中，亦若有肸蠁答之、灵爽[10]凭之者。朕因民而祈福于神，神惠民而效灵于

---

① 选自雍正《畿辅通志·卷八·宸章》

② 康熙皇帝，即爱新觉罗·玄烨，1654—1722 年，年号康熙，在位 61 年，是中国历史上在位时间最长的皇帝。庙号圣祖，葬于景陵。

③ 御极，登极、即位之意。

④ 雨旸时若，指晴雨适时，气候调和。出自《尚书·洪范》："曰肃，时雨若；曰乂，时旸若。"

⑤ 选自光绪《畿辅通志·卷八·帝制纪·宸章一》。

⑥ 雍正皇帝，即爱新觉罗·胤禛，1678—1735 年，1722—1735 年在位，年号雍正，庙号世宗。

⑦ 珉，意指像玉的石头，这里指石碑。

⑧ 回銮，皇帝返回京城。

⑨ 澍，指及时的雨。

⑩ 灵爽，指神灵、神明。

朕，皆默通于诚敬之中，而不疾而速、不行而至，理有固然，无足疑者。顾岁月滋久，不更加修葺，恐非所以宅神明答灵贶。乃命官庀[①]材，经始于二年之三月，告成于三年之五月，殿庑[②]门寝焕然一新。讫工之日，有司磨治丰碑，以记请，夫礼有大雩之文，诗载同云之什，故祭则受福，而有举必书，且诚敬之念，所以交神明，格上下，用昭我圣祖仁皇帝轸念苍生、怀保万民之至意者，尤朕所时廑于中而不能释也。是为记。

万寿山昆明湖记[③]

乾隆皇帝

岁己巳，考通惠河之源，而勒碑于麦庄桥，《元史》所载引白浮、瓮山诸泉云者，时皆湮没不可详。夫河渠，国家之大事也，浮漕利涉灌田，使涨有受而旱无虞[④]，其在导泄有方，而潴蓄不匮乎？是不宜听其淤于泛滥而不治。因命就瓮山前，芟苇茭之丛杂，浚沙泥之隘塞，汇西湖之水，都为一区。经始之时，司事者咸以为新湖之廓与深两倍于旧，踟蹰虑水之不足。及湖成而水通，则汪洋漭沆，较旧倍盛。于是又虑夏秋泛涨或有疏虞。甚哉！集事之难，可与乐成者，以因循为得计。而古人良法美意，利足及民而中止不究者，皆是也。今之为闸、为坝、为涵洞，非所以待泛涨乎？非所以济沟塍乎？非所以启闭以时，使东南顺轨以浮漕而利涉乎？昔之城河，水不盈尺，今则三尺矣。昔之海甸无水田，今则水田日辟矣。顾予不以此矜其能而滋以惧，盖天下事必待一人积思劳虑，亲细务有弗辞，致众议有弗恤而为之，以侥幸有成焉。则其所得者必少，而所失者亦多矣！此予所重慨夫集事之难也。湖既成，因赐名万寿山昆明湖，景仰放勋之迹，兼寓习武之意。得泉瓮山而易之曰万寿云者，则以今年恭逢皇太后六旬大庆，建延寿寺于山之阳故尔，寺别有记，兹特记湖之成，并《元史》所载泉源始末废兴所由云。

乾隆十有六年辛岁次未长至月御制并书[⑤]。

麦庄桥记[⑥]

乾隆皇帝

水之有伏脉者，其流必长，亦如人之有蕴藉者，其德业必广。济水三伏三见，黄河亦三伏三见，此其大者矣。如京师之玉泉，汇而为西湖，引而为通惠，由是达直沽，而放渤海。人但知其源出玉泉山，如志所云，巨穴喷沸，随地皆泉而已，而不知其会西山诸泉之伏流，蓄极溢涌，至是始见，故其源不竭而流愈长。《元史》所载，通惠河引白浮、瓮山

① 庀（pǐ），具备、备办之意。

② 庑，堂下四周的廊屋。

③ 选自光绪《畿辅通志・卷九・帝制纪・宸章二》。

④ 虞，忧虑。

⑤ 此句根据碑文拓片增加。

⑥ 选自光绪《畿辅通志・卷九・帝制纪・宸章二》。

诸泉者，今不可考。以今运河论之，东雉西勾，如俗所称万泉庄，其地者其水皆不可资。所资者，惟玉泉一流耳。盖西山碧云、香山诸寺皆有名泉，其源甚壮，以数十计。然惟曲注于招提精蓝之内，一出山则伏流而不见矣。玉泉地就夷旷，乃腾迸而出，潴为一湖。康熙年间，依金章宗之旧地，建园于山之阳，名曰“静明”。园之西，乳窦淙淙如趵突者，为玉泉总脉。其余氿然而泛滥于湖者不可胜数。诗人比之垂虹之瀑，及所云疏龙首而出之者，皆妄也。东流而为西湖，则以居京师之西，又明时有西湖景之称，乃假借夫余杭而倡说于珰竖耳。折而南，经长春、麦庄二桥，夹岸梵宇颇丽，其大者为广仁、昌运、万寿。万寿之左即为广源闸，于是，水有高下之分矣。自闸东南行，经白石、高梁二桥，遂至城之西北隅，分为二，一由西直门外绕而东南，又东行，以会于大通桥。一由德胜门外绕而东南，又东行，以会于大通桥。其自德胜门西分流以入太平桥者，为积水潭，为太液池，分合有数道，并环绕紫禁，由东南御河桥穿内城以出，以会西来之水。自大通桥以下至通州，为闸五，为桥三。夫东南转漕，国家之大计也。使由通而车载背负，以达于都门，将不胜其劳。则玉泉之利，岂非天地钟灵、神京发皇之祯符哉？青龙闸非盛涨不启，奉宸苑司其事，盖如尾闾之泄云尔。麦庄桥为城外适中之地，故为之记，而勒碑于是。

万 泉 庄 记①

乾隆皇帝

万泉庄之名，不见于《日下旧闻》《春明梦余录》二书，而经其地，指其村者，无不知为万泉庄。若夫丹棱沜之称，互见于二书，而经其地，指其村，以问诸土人，则茫然不知所谓。吾于是慨然叹千古纪载家之述耳食而鲜目击，于是乎失实者多矣。继又思失实者，固由彼之未平心精思，广咨博考，不究乎实而不已。然尚赖有此失实者存，而得以考其是非，辨其差讹，则彼述耳食而鲜目击者，亦未尝无小补于后世，未足深怪也。丹棱沜之说，二书所载虽小异，而谓出巴沟以达于高梁则同。然其同归于失实者，实亦在此。盖丹棱沜本明戚清华园之迹，今畅春园，其故址也。园之前有水一溪，俗所称菱角泡子者，疑即其地。其水实由南而北，巴沟在其南，安能逆流而上以入于高梁桥乎？盖高梁之水自由玉泉发脉，汇为昆明湖，流为长河，以经高梁而为通惠河，其详悉已具于向作之《麦庄桥记》，与此无涉也。今巴沟桥之名尚存，而桥之南实有大沙泉、小沙泉在焉，其平地淙淙出乳穴者，不可胜数，与二书所载东雉西勾水入地中者颇合。独水尽向北流，而从无涓滴向南者，此为异耳。夫水性就下，人所易知。万泉庄高于巴沟，巴沟又高于棱沜，则水之北流而不南流，不待烛照数计矣，而犹有此讹。则吾谓朱彝尊、孙承泽之述耳食而未目击，非刻论也。且二人去今不过百余年，所记者又不过明季之事，其讹已如此之甚。溯而上之，其纪载之讹，又岂待烛照数计哉，而又岂啻丹棱沜之与万泉庄哉！夫人皆知此为万泉庄，而泉之源又实在此，此不可不正其名而核其实也。因命所司建泉宗庙于此地，若大

① 选自光绪《畿辅通志·卷九·帝制纪·宸章二》。

沙、小沙、巴沟皆立碣以志之，而庙之内东西为池沼亭台若干所，其淙泉处亦皆与之名而志之碣，凡二十有八。庙之外喷出于稻町柳岸，如盂浆蹄涔者，盖不可胜记。则万泉之名，盖应在此，而不可他属。因综其大要，树以丰碑，以证二书之讹如右云。

玉泉天下第一泉记[①]

乾隆皇帝

水之德在养人，其味贵甘，其质贵轻，然三者正相资，质轻者味必甘，饮之而蠲疴益寿。故辨水者恒于其质之轻重，分泉之高下焉。尝制银斗，较之京师玉泉之水，斗重一两，塞上伊逊之水亦斗重一两，济南珍珠泉斗重一两二厘，扬子金山泉斗重一两三厘，则较玉泉重二厘或三厘矣。至惠山、虎跑则各重玉泉四厘，平山重六厘，清凉山白沙、虎邱及西山之碧云寺各重玉泉一分。是皆巡跸所至，命内侍精量而得者。然则无更轻于玉泉之水者乎？曰：有。为何泉？曰：非泉，乃雪水也。常收积素而烹之，较玉泉斗轻三厘。雪水不可恒得，则凡出山下而有冽者，诚无过京师之玉泉。昔陆羽、刘伯刍之伦，或以庐山谷帘为第一，或以扬子为第一，惠山为第二。虽南人享帚之论也，然轻重较之，惠山固应让扬子。具见古人非臆说，而惜其不但未至塞上伊逊，并且未至燕京，若至此，则定以玉泉为天下第一矣。近岁疏西海为昆明湖，万寿山一带率有名泉，溯源会极，则玉泉实灵脉之发皇，德水之枢纽，且质轻而味甘，庐山虽未到，信有过于扬子之金山者，故定名为天下第一泉，命将作崇焕神祠以资惠济，而为纪以勒石，夫玉泉，固趵突山根荡漾而成一湖者，诗人乃比之飞瀑之垂虹，即予向日题燕山八景，亦何尝不随声云云，足见公论在世间，诬辞亦在世间，藉甚概成，雌黄难易。泉之于人，有德而无怨，犹不能免讹议焉，则挟德怨以应天下者，可以知惧，抑亦可以不必惧矣。

四、丰　台　区

重修卢沟河堤记[②]

正统元年十月　明礼部尚书　张昇[③]

卢沟河在京西郭外，乃桑干河所经，源自云中桑干山，流至京师，横迤而南，又

① 选自光绪《畿辅通志・卷九・帝制纪・宸章二》。

② 选自乾隆《永定河志・卷十九・附录・碑记》。

③ 张昇，1442—1517 年，字启昭，号柏崖，江西省南城县人，成化五年（1469 年）一甲一名进士（状元）。先后任东宫讲读官、左赞善、右谕德、左庶子、南京工部员外郎、礼部尚书等，人称尚书状元，著有《张文僖公文集》。

折而东，跨河有桥，并陕河蜀赵魏番羌悉出于是，乃京西要途也。其河通塞外云中，钜[①]木财货，公私所资[②]，乃京西要津[③]也。河合太行诸山之水，其流峻急，涨则动成冲突，散漫奔溃，漂庐舍，伤人畜，坏田畴园亩，不可为数，而往来之人阻滞旷日，患不可胜言，近年尤甚，上廑宵旰忧。正统元年春，有司以河决闻，两堤计十有一所，延袤千有二百丈。上惕然兴嗟，即命内官监太监萧公通、襄城伯李公鄌、工部尚书曹公鉴偕奉玺书往治之。乃遣官属随地远近分治，役官兵三千，佣借工八百，肇于是年三月十一日，不数月而堤就功成。缺者以完，坏者以复，横流者以息，修筑者以固。农有耕获之利，居无漂荡之虞，行无阻滞之忧，众喜而胥告曰：此河昔非不修也，然而随修而随坏者，无实功故也，岂有如今日之坚密而根固者乎？昔非不役众也，然而用力多而成功缓者，无要法故也，岂有如今日之役省而功速者乎？是皆公辈措画之宜，葺理之善，而笃励之精也，皆以手加额而称颂之，不容□工已。又以桥北东堤故有河神庙，颓圮[④]不支，无以扬虔而妥神，太监公谋欲新之而树碑，于是以纪岁月以请。诏曰：可。于是河堤完固，而民得以无虞，庙宇焕然，而神得以安静。斯举也，非皇上忧民之切，诸公督理之勤，亦安能以成功耶？尚书公间过，属记于余，余喜而道之，且津要之地，众出之途，民生之系，当务之急，政不可后也，功尤可述也。乃不辞而次第其语，以告诸来者。

敕修卢沟桥河堤记[⑤]

户部尚书 大学士 袁炜[⑥]

我皇上受命于穆清，湛恩汪濊[⑦]，群生澍濡，畅垓泝埏，沦浃乎无外，百神效职，川岳奠位，天下晏如矣。然圣心以博施济众，治化之极功也，而一夫其咨，一区或垫，罔不时恫而俾乂焉。维此卢沟河者，源深流衍，襟带都城之西，桥亘周行，四方辐辏并至而会。顷年，沙洲突起，下流填阏，水失其故道，溃堤而决，衢殚为河，触山阜，漂田庐，走西南百余里。行者病涉，耕者释耒，居者无宁宇。事闻皇上，意恻然之。若曰："朕祗承上帝大德，利济元元，顾比可[⑧]在辇毂之下，盍亟治之，以弭民患。爰遣

---

① 钜，同"巨"。
② 资，资金，援助。
③ 要津，重要渡口，泛指水陆交通要道，也比喻显要的地位。
④ 圮（pǐ），毁坏、倒塌之意。
⑤ 选自明代沈榜编著《宛署杂记·卷二十·书字·志遗一》，又见康熙《宛平县志·卷六·艺文》，在《钦定日下旧闻考》卷九十三中名《重修卢沟河堤记》。
⑥ 袁炜，1507—1565 年，字懋中，号元峰，浙江慈溪（今浙江省慈溪市）人。嘉靖十七年（1538 年）进士第三名，授翰林院编修，迁侍读学士，超迁礼部右侍郎，加太子宾客兼学士。嘉靖四十一年（1562 年），万寿宫建成，升为少保，礼部尚书。嘉靖四十三年（1564 年），晋为少傅兼太子太傅、建极殿大学士。追赠少师，谥号文荣，著有《袁文荣公集》。
⑦ 汪濊，亦作"汪秽"，深广的意思。
⑧ 比可，应为"此河"。

工部尚书雷礼[①]暨掌工部尚书徐杲等，相度规画，上其事宜。皇上发帑银三万五千两有余，而敕太监张崇、侍郎吕先洵、指挥同知张铎、御史雷稽古董其役，仍令礼月一往视。经始于嘉靖壬戌秋九月，报成于癸亥夏四月，凡为堤延袤一千二百丈，高一丈有奇，广倍之，崇基密楗，累石重甃，鳞鳞比比，翼如屹如，较昔所修筑坚固什百矣。于是臣礼请立石纪其事，以宣扬休烈，垂示永久，乃命臣炜为之记。臣惟大禹之治水，疏江道河，浚川丽泽，东归之于海，既而攸同攸宅，诸夏乂[②]安，功施于无极。若汉之治决河，沉璧马[③]，兴人徒，从官负薪，历数岁，弗能塞，盖读瓠子之歌，而成功之难犹可想见。今我皇上福民拯世之心，昭格穹昊，乃神明助顺，臣庶协勤，河伯川祇，显著灵应。甫及半载，而堤巩新筑，水循旧流，皓旰复为原陆，沮洳[④]化为隰畛。旅歌载途，农讴溢野，而登降移徙之民胥庆于室。是皇上利济之鸿仁，与大禹平成之丕绩侔[⑤]盛比隆，万世永赖，天壤俱流矣。其视汉人之宣房，仅仅补葺一时者，何可埒语耶？是役也，财出诸御府，夫取诸营卒，而赀不给者，工部以羡余佐之，官不知费，民不知劳，而遹[⑥]观厥成焉。若水之源委，及频年修治之迹，语在诸臣碑记中，臣不复论著云。

嘉靖四十六年立。

卢沟桥碑文[⑦]

康熙皇帝

朕惟国家定鼎于燕，河水拱卫。桑干之水发源于大同府之天池，伏流马邑，自西山建瓴[⑧]而下，环绕畿南，流通于海，此万国朝宗要津也。自金明昌年间，卢沟建桥伊始[⑨]，历元与明，屡溃屡修。朕御极之七年，岁在戊申，秋霖泛溢，桥之东北啮而圮者十有二丈。所司奏闻，乃命工部侍郎罗多等鸠工督造，挑浚以疏水势，复架木以通行人，然后庀石为梁，整顿如旧。自此万国梯航及民间之往来者，咸不病涉，实藉河伯之灵，丕慰通济之怀，盖万世永赖焉。爰勒丰碑，用垂不朽。

康熙八年十一月二十七日。

---

① 雷礼，1505—1581 年，字必进，号古和。福建建安（今福建省建瓯市）人。明嘉靖十一年（1532 年）进士，历任福建兴化府推官、吏部验封司主事、考功司员外郎、南膳郎、太常提督、顺天府尹、工部右侍郎、工部尚书、右都御史。

② 乂，治理，安定。

③ 璧马，璧玉和良马。汉武帝时，河决于瓠子，武帝亲临堵治，沉璧马以祭。

④ 沮洳，低湿之地。

⑤ 侔，等同、相等之意。

⑥ 遹，助词，用于句首，无实义。

⑦ 选自康熙《宛平县志·卷六·艺文》。

⑧ 建瓴，建，倒水。瓴，盛水的瓶子。建瓴，典故名，典出《史记》卷八《高祖本纪》。这里指“建瓴水”，谓如汇雨之凹瓦上的雨水，形容居高临下、难以阻挡的形势，也形容速度极快。

⑨ 伊始，初始，事情的开端。

安流广惠永定河神庙碑文[1]

乾隆十六年十一月十一日 乾隆皇帝

国家怀柔百神，岳渎海镇而外，名山大川之祭，视历代为加隆。矧[2]郊圻近甸，洪流巨浸，经行迄于千里，利赖存于万姓，昭德报功，曷敢弗钦崇厥祀？永定河，古桑干河也。发源天池，洑流马邑，汇云中、雁门诸水，穿西山而注卢沟，亦曰卢沟河。西山而上，冈峦夹峙，无冲激之患。卢沟而下地平土疏，波激湍悍，或分或合，迁徙弗常，而固安、霸州之间，辄至溃溢。我皇祖圣祖仁皇帝亲临指示，大修堤堰，肇锡佳名。我皇考世宗宪皇帝兴举水利，疏浚兼施。盖自康熙三十七年至今，水庆安澜，民资作乂，平成底定之绩，迈越前古，而神庥协应，灵贶屡彰，已五十年于兹矣。康熙、雍正年间，卢沟、石景均建有龙王之庙，而神宇之嘉称未定。朕缵膺鸿绪，躬阅河防，仰惟谟烈之显承，敬念明神之孚佑。深筹捍御之宜，备举尊崇之典，爰敕督臣，式轮式奂，新定斯名。平野临其前，长河绕其侧，堂基爽垲[3]，栋宇闳深。礼臣请勒文贞珉，以纪岁月。朕惟《诗》曰“允犹翕河”，又曰“世德作求，永言配命”。惟永定河之顺轨，经两朝之方略，翕犹之功既著，世德之盛弥昭。今兹庙貌维新，以妥以侑。既荐明德之馨，弥深绍庭之念。神其益懋丰功，降康兆庶，俾三辅之内，庐井恬熙，咸安作息，以慰朕怀保万民之意，以宏我国家无疆之庆，将亿万斯年实嘉赖焉。

重葺卢沟桥记[4]

乾隆五十一年二月 乾隆皇帝

文有视若同而义则殊者，不可不核其义而辨之也。余既核归顺归降之殊于土尔扈特之记辨之矣，若今卢沟桥之重修重葺之异，亦有不可不核其义而辨之者。盖今之卢沟桥，实重葺，非重修也。夫修者，倾圮已甚，自其基以造其极，莫不整饰之，厥费大；至于葺，则不过补偏苫弊而已，厥费小。夫卢沟桥体大矣，未修之年亦久矣，而谓之葺补费小者，何则？实有故。

盖卢沟桥建于金明昌年间，自元迄明，以至国朝，盖几经葺之矣。自雍正十年逮今，又将六十年。帝京都会，往来车马杂沓，石面不能不弊坏，行旅以为艰。而桥之洞门，间闻有鼓裂，所谓网兜者，谓下垂也。司事之人有欲拆其洞门而改筑者，以为非此不能坚固。爰命先拆去石面，以观其洞门之坚固与否。既拆石面，则洞门之形毕露。石工鳞砌，锢以铁钉，坚固莫比，虽欲拆而改筑，实不易拆。且既拆，亦必不能如其旧之坚固也。因只令重葺，新石面，复旧观。而桥之东西两陲接平地者，命取坡就长，以便

---

① 选自乾隆《永定河志・卷首・宸章》。

② 矧（shěn），况且、另外之意。

③ 垲（kǎi），地势高而干燥。

④ 选自乾隆《永定河志・卷首・宸章》。

重车之行，不致陡然颠仆，以摇震洞门之石工而已。朕因是思之，浑流巨浪，势不可当，是桥经数百年而弗动，非古人用意精而建基固，则此桥必不能至今存。然非拆其表而观其里，亦不能知古人措意之精、用工之细如是其极也。夫以屹如石壁之工，拆而重筑，既费人力，又毁成功，何如仍旧贯乎？则知自前明以及我朝，皆重葺桥面而已，非重修桥身也。即康熙戊申所称“水啮桥之东北而圮”者，亦谓桥东北陲之石堤而已，非桥身也。以是推之，则知历来之葺，或石面，或桥陲之堤，胥非其本身洞门，可知矣。夫金时巨工，至今屹立，而人不知，或且司工之人张大其事，图有所侵冒于其间焉？则吾之此记，不得不扬其旧过去之善，而防其新将来之弊。是为记，以详论之。

乾隆五十一年岁在丙午仲春之月中浣御笔。

五、石景山区

石景山惠济庙碑文①

雍正十四年四月　雍正皇帝

永定河，古所称桑干河，出太原，经马邑，合雁云诸水，奔注畿南。发源既高，汇流甚众，厥性激湍，数徙善溃。康熙三十七年，我皇考圣祖仁皇帝亲临指授疏导之方。新河既潴，遂庆安澜，爰锡嘉名，永昭底定。立庙卢沟桥北，题额建碑，奎文炳耀，河神之封，实自此始。

朕缵绍鸿基，加意河务，设官发帑，深筹疏筑之宜。比年以来，永定河安流顺轨，无冲荡之虞，民居乐业，岁获有秋。岂唯人事之克修，实赖神功之赞佑。念石景山据河上游，捍御宜亟，爰命相择善地②，作新庙以妥神。朕弟和硕怡亲王躬往营治，度地庞村之西，鼎建斯庙。长河西绕而南萦，峰岭北纡而左骞，控制形胜，负山临流，殿宇崇严，规制宏敞。护以佛阁，界以缭③垣。经始于雍正七年，役竣，复以卢沟神庙，皇考圣迹所在，再加崇饰，丹雘唯新，并增建杰阁，翼如焕如，称朕敬神惠民之意。爰锡庙名曰惠济，勒文贞珉，以纪其事。

《诗》称“怀柔百神，及河乔岳”。河之有神，备载祀典。况永定为畿辅之名川，灵应夙著，田畴庐舍，绣错郊圻。其得安耕凿④而乐盈宁者，胥荷皇考方略昭垂，而神明显灵默相孚佑，蒸黎徼福孔多，宜加崇敬。今兹数十里内庙貌相望，虔修秩祀，尚其

---

① 选自乾隆《永定河志·卷首·宸章》。

② 善地，指好地方、妥善之地。

③ 缭，绕或缠绕的意思。

④ 耕凿，出自《击壤歌》：“凿井而饮，耕田而食，帝力何有于我哉！”

妥侑[1]歆飨，俾斯民康阜乂安，以弘我国家无疆之庆。岂惟朕承兹惠贶[2]，我皇考平成之骏烈，实嘉赖焉。

石景山初礼惠济祠[3]

乾隆十八年十月 乾隆皇帝

崇祠依石堰，像设谒金堂。
云壁瞻初度，曦轮届小阳。
河防慎有自，神佑赖无疆。
（永定河自此地始有修防，以上乃万山束流，无事修防也。）
疏凿非经禹，惟廑永定方。

礼北惠济庙叠癸酉旧作韵[4]

乾隆二十九年 乾隆皇帝

寺碑建雍正，皇考辟神堂。
清晏资垂佑，实枚恤向阳。
不愆秩宗祀，恒奠冀州[5]疆。
蒿目[6]一劳计，难言永逸方。

六、房 山 区

创建黑龙潭庙碑记[7]

欧阳玄[8] 元人

房山之大安山，山之上有龙湫，深不见底，以势度之，下彻山趾，世相传有黑龙君

① 妥侑，谓劝酒。
② 贶，赠、赐之意。
③ 选自乾隆《永定河志·卷首·宸章·纪》，括号内为该诗作者原注。该碑现存石景山惠北济庙。
④ 选自嘉庆《永定河志·卷首·宸章》，原志后注：碑在石景山惠北济庙。
⑤ 冀州，古九州之一。《尚书·禹贡》记载，大禹分天下为九州，其中即有冀州，位列九州之首，包括现在河北省、山西省、河南省黄河以北和辽宁省辽河以西的地区。
⑥ 蒿目，极目远望。
⑦ 选自民国《房山县志·卷七·艺文志》。
⑧ 欧阳玄，1274—1358 年，字元功（有的方志作欧阳原功），号圭斋，生于浏阳（今湖南省浏阳市）。延佑二年（1315 年）进士第三名，曾任翰林待制，修经世大典，诏修宋辽金三史，为总裁官，拜翰林学士承旨，著有《圭斋文集》15 卷。

居之。至正十年[①]岁庚寅，夏五月至六月不雨，令银青荣禄大夫中书平章政事搠司监奉命诏留镇京师，召京尹赤县令等官遍走群望，又率僚属诣在京名寺观咸祷焉。雨不至，平章公忧之。归家，露香祷于庭。左右曰："房山有黑龙潭，祷雨辄应，盍往叩之。"登遣今留守司都事萨理弥实奉香币行，仍戒有司遣价[②]，又玉虚宫十一代真人张公门徒明道洞微大师毕辅贵偕往。既至，辅贵等历平章公闵雨之诚于龙。明日，龙见灵异。观者喜曰："雨之征也。"既而大雷电以雨，圻甸[③]方数百里皆沾足，槁苗尽起。及秋，五谷胥熟。

于是父老以龙君未有祠，请作新庙以彰神庥。辅贵愿募众财，凭潭依山，叠石筑坛，高二丈许，广可二百余步。因坛为庙，中作正殿三间，东西屋如之。外为神门，设栏楯[④]临潭上，中塑龙神像，服饰如贵者仪，旁列雷雨部诸神以侑，次及祀神之庖，守祠之舍，内外偕作。经始于十年之秋，落成于十二年之冬，费楮币五万三千缗[⑤]有奇。

十四年夏六月，京师又逾月不雨，公复遣萨理弥实祷如前。将行，致公之意以庙记属玄。时玄感暑下痢，连日不能兴，闻命强起，而默祷曰："龙君即致甘澍，已时灾，当力疾以偿诸责。"十三日壬寅往祷，丙午大雨，己酉又大雨，自是雨大集，是岁有秋。都人每雨，见风雷电突起西南，自房山来，知为龙君所致。萨理弥实竣事还，以喜雨告，玄疾亦稍苏，乃记之曰："天有三垣[⑥]，帝座所在，诸星环之；国有京城，天子所居，百神卫之。"

房山密迩燕都，多深山修谷，实生神龙，疏附[⑦]奔奏[⑧]，居百神之先，理之必然也。且京师天下之本，盛夏兼旬不雨，舟漕不戾[⑨]，物价日翔，四方辐辏者忧之；又旬日不雨，饥馑疾疫将作，居民忧之；斗讼盗贼滋蕃，朝廷有司忧之；一雨而百释，四方安，故房山之龙能雨京师，有功于国甚大。《礼记·祭法》曰："能御大灾者祀之，能捍大患者祀之。"新庙之作，于祭法为宜。

或曰："社壝[⑩]而不宇，今庙焉，以居龙何？"曰："地载神气，神气风霆，风霆流形，庶物露生，社欲其露处以受生气也。龙者，天之生气，能为膏泽以生万物者也，其实为阳，阳动必静，静必伏藏宇，以栖神固宜。"又曰："肖龙像以人何？"曰："龙有

---

① 至正十年，即1350年。
② 遣价，差遣仆人。
③ 圻甸，天子的领地。天子之地方千里，千里之内谓之"圻甸"。
④ 栏楯，栏杆。纵为栏，横为楯。
⑤ 缗，原指古代穿铜钱用的绳子，也是古代钱币的计量单位。
⑥ 三垣，我国古代天文学家将恒星分为三垣、二十八宿。三垣，即紫微垣、太微垣、天市垣的合称。
⑦ 疏附，使疏远者亲附。
⑧ 奔奏，奔走传喻。
⑨ 戾（jì），至、来的意思。
⑩ 社壝（wěi），古代祭坛四周的矮墙，四周筑有矮墙的社坛。

变化不测之神，人而为龙，龙而为人，古今多有之。异时褒崇之典，请于大廷，议于奉常，为侯为公，衣冠牲特，祝号祭式，必视人爵。庙也，像也，揆之事理皆宜。”

平章公，蒙古怯烈氏，国初以来元勋世臣之胄，其父祖子孙，群从昆弟，丞相御史大夫，接踵不绝于朝，故其体国也切，其爱民也深，其祷神也能竭其诚。乃作迦亭送神诗，俾工歌其辞以祀，并刻之石。辞曰：

龙胡为兮山之盩[①]，风气固密兮冈峦绸缪。龙奉命兮宅阻幽，扈帝室兮拱神州。神州兮盛夏不雨，相臣忧兮奉牲湑。牲肥兮湑香，龙来歆兮不遑处。大振电兮从元冥，云飞缴兮雨建瓴。雨优渥兮年谷熟，年谷熟兮神州足。神州足兮万邦福，龙盘桓兮有此屋。龙欻[②]起兮安之，乘灵和[③]兮薄希夷。风雨旗兮绝天河，滃[④]元云兮扬素波。帝曰劳女兮复女居，新庙翼翼兮山盘纡。房之山兮雨之府，鼓坎坎[⑤]兮巫屡舞。泽我民兮万万古，国有秩兮食兹土。

敕建永济桥记[⑥]

吏部尚书李时[⑦]奉敕撰

我皇上以孝理天下，尊祖敬亲，仪文攸备，乃今乙未岁，肇立九庙，创史宬，恭建慈庆、慈宁二宫，修饰诸陵，缵绪垂休，巍乎成功，昭播宇内，粤惟经始，庶务咸熙，乃以工曹官往督西山诸处石运。按，西山卧龙冈抵义河，相距三十余里，沟渠险隘，岩岸倾侧，加以山泉潴汇，霖潦注溢，每届夏秋，则众水漫流故道，运军遏阻，固不但褰[⑧]裳濡轨[⑨]而已。有司具闻，特敕工部侍郎甘为霖、锦衣卫指挥使陈寅、巡按直隶监察御史姜润身董工往治之。诸臣奉命，敕职惟谨，疆理有方，经画有度。军夫起于操募，而人不告劳，材取于羡盈，而用不称费。乃筑旧路，南北二十里，崇一丈有奇，阔视崇再倍，其间开通故沙，导浚山泉，更治路二于新店、义河之东西，又为坝四引于河口，以时泄水。复虑土壤汗旷，众流会归，乃创石桥，以图永久。桥三洞，长亘十丈，崇一丈五尺，阔加崇一丈，上翼以栏，左右岸各为堤坝，率坚好完固。自是水由故道转，沮洳而为垲爽矣。创始于今年三月二十日，讫工于九月初五日。桥成，诸臣奏绩，上嘉之，赐名永济，仍命辅臣为纪其事。洪惟我太宗文皇帝定

---

① 盩，山或水盘曲貌。

② 欻（xū），快速。

③ 灵和，祥和的政治气氛。

④ 滃，云气腾涌的样子，青烟弥漫的样子。

⑤ 坎坎，象声词，原指伐木声，此指清脆的鼓声。

⑥ 选自明代沈榜编著《宛署杂记·卷二十·书字·志遗一》。

⑦ 李时，1471—1539 年，字宗易，号序菴，河间府任丘县（今河北省任丘市）人。弘治十五年进士，授编修。历侍读、右谕德、侍读学士、礼部右侍郎、少傅兼太子太师、吏部尚书、华盖殿大学士。有《南城召对录》《日下旧闻》《列卿记》。

⑧ 褰（qiān），撩起（衣服等）。

⑨ 濡轨，淹没车轴。

鼎北都，奔走万国，宾来八荒，车骑星联，发齿云附，斯途固所必由者。冲啮溃决，百三十余年，莫之经理，宁非未备之典乎？仰惟我皇上惟孝诚之念，爰逮于水土之平成，四海九州改观利涉，丰功厚德，载万物而不重，固万世之利也，岂特为今日诸工之济哉！《传》云："岁十一月徒杠成，十二月舆梁成。"释之者曰："王政之一事。"然则识兹桥者宜何如邪？谨记。

嘉靖十五年□月□日立。

琉璃河桥堤记[①]

雷礼　明工部尚书

良乡县迤南四十里，村名刘李，其地洼下，为积流所潴。有河一道，志称琉璃，即古圣水，自房山龙泉峪诸泉会合于此，经霸州，东注拒马河入海。时遇霪潦，散漫奔溃百余里，衢殚为河，凡陆挽趺驰者，动阻滞不能涉，甚或四方驿奏坐视愆期。嘉靖己亥[②]，皇上驾幸承天[③]，睹民艰涉，恻然悯之。比銮回，敕工部尚书臣甘为霖督修。为霖以病去，不终其事。越岁乙巳[④]，复命侍郎臣杨麒，内官监太监臣陈准、袁亨建石桥普济，各以绩叙。然无堤捍御，每遇溽暑水发，环桥南北尽为巨河，难以越渡，往来病是者又阅八年矣。会辛酉[⑤]仲冬，事闻当宁，蒙谕尚书徐杲曰："良乡河桥屡敕大臣督理，水势涨，未见东下；兹降帑银八万两，尔总理之，勿令外知，恐民费财也。"杲受命相度，建议修筑二堤，专用条石，中添小桥一座，并设水沟以杀水势；具各涨丈尺[⑥]数目，画图贴说以进。臣杲曰："皇上体上天大德，利济元元。吾辈职司桥梁道路，不能先事弭患，致廑圣怀，责实难辞。况部库所贮，分毫皆皇上财也，敢烦帑藏？"具疏请任其事，荷旨俞允。于是，委郎中臣王尚直、员外郎臣曾一经，同内官监太监臣杨用分理，其规画悉臣杲所定。凡为堤，南北西东共长五百余丈；桥一座，长四丈五寸、阔三丈五尺、高一丈三尺五寸；水沟八道；又亲饰钦立玄恩、咸济坊牌凡二座。至壬戌[⑦]孟冬报成。上遣臣杲悬扁[⑧]祭谢，并溥赉有差。于是，臣杲立石，属臣礼颂述圣德，垂示永久。窃惟万古称盛治莫过于尧舜。史臣称其仁如天，其德好生者，以心存溥济，不忍一夫一区咨垫而已，而桥梁道路尤为王政所急。今我皇福民利济，

---

① 选自康熙《良乡县志·卷八·艺文志》，民国《良乡县志·卷八·艺文志·碑文》之《新建琉璃河桥碑》。

② 嘉靖己亥，指嘉靖十八年，即 1539 年。

③ 承天，明嘉靖十年（1531 年）升安陆州置承天府，治钟祥县（今湖北钟祥市），属湖广布政司，辖钟祥、京山、景陵（今湖北天门）、潜江、当阳五县及荆门、沔阳（今湖北仙桃）二州，嘉靖十八年（1539 年）建兴都留守司于此，清顺治三年（1646 年）改为安陆府。

④ 乙巳，指 1545 年。

⑤ 辛酉，指 1561 年。

⑥ 丈尺，以丈、尺为单位来计量，指长宽、深浅。

⑦ 壬戌，指 1562 年。

⑧ 扁，通"匾"。

常存心于天下，至诚恳切，如元德包涵，故一闻民之病涉，有若己实溺之，不容以自已者。其所以发帑藏，普福缘，不欲劳民费财，真昭格乎穹昊之表，与尧舜同一揆矣。即今石堤延袤，与桥相连，袅若横带，使万国辐辏而至，泽及商旅农氓，相与歌忭于途，讴溢于野，不与平成之绩，万世同其永赖耶！是役也，臣礼不过祗奉德意，率举职事；而臣杲之调度区画，实能为九重分忧，播之无疆，不徒随事效能而已。因记其颠末，以告来者。

嘉靖四十二年[①]孟春吉日。

琉璃河桥碑记[②]

光禄大夫、柱国、少保兼太子太傅、吏部尚书、建极殿大学士、知制诰、经筵国史总裁臣沈一贯[③]奉敕撰；奉政大夫、光禄寺少卿、兼司经局正字、加从四品俸侍经筵预修国史玉牒臣包渐林奉敕书并篆额。

国家奠鼎燕京，控北戎河山之胜。西来诸水，蜿蜒而注于圻南，盖萦回若带。然去都城三十里而近，为卢沟河，有桥自胜国时，甚伟。又南七十里，为琉璃河，则古圣水也。源出房山龙泉峪，涧壑斗绝，受胡良、挟河诸流而东行，汇于拒马。霖潦时集，迸涌奔溃，弥漫殆百余里矣。今涿鹿为朝宗孔道，四会蹄鞅，而河当其衢，故未有桥也，盖不胜濡轨之虑焉。肃皇帝己亥[④]狩郢中[⑤]，始出水衡，金钱授司空，累石梁，七载而成。又堤其两壖，各五百丈。车驰马骤，如行康庄上者。肃皇帝不自有其功，而榜之曰玄恩、咸济，谓若天锡云。顷年以来，桥南洞圮者三，堤有勒有折，道中绝，人迂折，乱流波。上[⑥]闻而悯之，发内帑金令重修，而圣母慈圣宣文明肃贞寿端献皇太后[⑦]益出宫中委佐之。敕内官监太监何江、工部郎中胡瓒，往董领役。肇庚子[⑧]冬，越壬寅[⑨]春而告讫。圮者缮而加固，勒者折者甃而加完。又于桥之北，创为神祠，祠前为井，用济行道之渴。费金钱如干，而皆自御府，募人以操役，不给则发营伍之间佐之，世且永赖，而官若民不闻也。盖肃皇帝善创而举万年之□典焉，功□皇上善因，而培万世之永固，为泽远兹役也。瓒先绪不佚其光，臣谓曰：孝贞轸民之涉，不废其政。臣谓曰：仁规利之巨，不啬于费。

---

① 嘉靖四十二年，指 1563 年。

② 选自《钦定日下旧闻考·卷一百三十三》。

③ 沈一贯，1531—1615 年，字肩吾，又字不疑、子唯，号龙江，又号蛟门，鄞县（今浙江宁波鄞州）人。明朝万历年间首辅及诗人。

④ 肃皇帝己亥，指明嘉靖十八年，即 1539 年。

⑤ 郢中，湖北钟祥，此处指嘉靖皇帝出生地。

⑥ 上，指明神宗万历帝。

⑦ 慈圣宣文明肃贞寿端献皇太后，指明神宗生母李太后。

⑧ 庚子，此处是指明万历二十八年，即 1600 年。

⑨ 壬寅，此处是指明万历三十年，即 1602 年。

臣谓讦谟[1]权事之急，不诎于时。臣谓远犹迹微而德博，事小而功大。皇上之所以绳武而锡类者，于此可窥万一矣。

夫天下事，皆有自来，不止一朝，而莫不积罅成敝，积敝成坏，坏极而更，至于更乃烦费已。语有之：千丈之堤，溃于蝼蚁之穴；万木之林，焚于钻燧之烟。积渐然也。当桥初罅时，藉令有司者善为之防，不过一石一篑之劳而巩然已，何至于烦费哉？惟忽于一石一篑，而后乃几毁成绪？惟有司者不戒，而廑圣天子之经营。故行堤者塞其穴，慎火者涂其隙，保治者防其微。呜呼！岂独河桥然哉？上命臣一贯作记，臣恭记岁月，以宣扬休德，而垂之来兹。末复申积微之说，愿后之人无忘斯功也。谨记。

万历三十年九月吉旦立。

阅永定河堤有序[2]

康熙皇帝

康熙四十年，永定河告成，至今十六载，堤岸坚固，并无泛滥。去岁山水骤涨，几不能保。所以春幸回銮，便道察阅，方知昔年修筑，有益于民生，永保安澜矣。故赋七言近体，以记其事。

豫定安澜在事前，每逢雨潦自心牵。
帑金不惜筹耕种，膏土惟思广陌阡。
堤老失防愁剥蚀，岸坚常护幸安全。
肩舆频视桃花水，滚滚浑波通碧涟。

阅永定河堤因示直隶总督方观承[3]

乾隆皇帝

水由地中行，行其所无事。
要以禹为师，禹贡无堤字。
后世乃反诸，只唯堤是贵。
无堤免冲决，有堤劳防备。
若禹岂不易，今古实异势。
上古田庐稀，不与水争利。
今则尺寸争，安得如许地。

① 讦谟，远大宏伟的谋划。讦，大；谟，计谋、谋略。

② 选自乾隆《永定河志·卷首·宸章·纪》。

③ 选自乾隆《永定河志·卷首·宸章·纪》，括号内为本诗作者原注。方观承，1698—1768 年，字遐谷，号问亭，一号宜田，安徽桐城（今安徽省桐城市）人。雍正九年（1731 年），被定边大将军平郡王福彭选为谋士，后经举荐，任内阁中书。乾隆二年（1737 年），担任军机章京，转吏部郎中。历任直隶清河道台、直隶按察使、直隶布政使、直隶总督，谥恪敏，入祀贤良祠，著有《述本堂诗集》等。

为堤已末策，中又有等次。
上者御其涨，归漕则不治。
下者卑加高，堤高河亦至。
譬之筑宽墙，于上置沟渠（叶）。
行险以徼幸，几何其不溃。
胡不筹疏浚，功半费不赀（叶）。
因之日迁延，愈久愈难试。
两日阅永定，大率病在是（叶）。
无已相咨询，为补偏救弊。
下口略更移，取其趋下易。
培厚或可为，加高汝切忌。
多为减水坝，亦可杀涨异。
取土于河心，即寓疏淤义。

（向来河臣治堤，率以加高培厚为请。朕以培厚尚可，加高则堤高，而河亦日与俱高，非长策也。其培堤取土，类取之堤外。朕谓就近取堤外之土，以益堤，堤增而地愈下。宜取河中淤出新土用之。则培堤即寓浚淤之义，似为两得。）

河中有居民，究非久长计。
相安姑弗论，宜禁新添寄。

（河中淤地，穷民辄就播种，构草舍以居。水至则避去，虽不为害，而筑墙叠坝，未免有填河之患。只以迁徙，非民所愿，不得已姑听之。而禁其后勿附益增廓云。）

条理尔其蘉，大端吾略示。
桑干岂巨流，束手烦计议。
隐隐闻南河，与此无二致。
未临先怀忧，永言识吾意。

新建挟河中桥碑[①]

同治十二年建　知涿州事　周绍达[②]　撰

挟河，亦曰侠河，一名夹河。有二源：一出房山县西南上方山诸溪涧，名灌河；一出房山县西南白玉塘，与灌河合曰夹河，旧志所谓挟活河者。是地当涿良房，接壤畿辅，往来大道，向有济渡石桥，前明州郡王将军钟所建，年远沙淤。同治八年，三州县官绅集资修浚，碑载其事，不数年水徙而北，旧桥几于虚设。十一年，署良邑高君建勋

① 选自民国《良乡县志·卷八·艺文志·碑文》。

② 周绍达，1826—1874 年，字景章，号璋士，又字惺庵，浙江诸暨人，1858 年考中举人，1863 年中进士，历任香河、文安、三河、大兴知县、涿州知州、宛平知县，补用同知，诰授朝议大夫，后因官场贪腐案被革职。

捐俸建新桥三孔于北，分纳河流。第水势漂疾，霖雨时辄复漫溢为行旅病。今年春，吾师兼尹万公自西陵将事回。道经此地，惜前工未竟其势，欲就新桥南设桥，座与南北两桥相属，俾水各就所趋，无荡决患。捐俸二百金，嘱绍达与知良乡事王君会同房山令张君协力勘办，购材兴工，选派绅董分理之，接石桥为涵洞四，阅三月而告竣。是役也，不费国帑，不取民赀，计虹身雁翅及两岸鳞比石砌，并南北之两桥欹者正之，塞者浚之，共经费一千八百余金，除吾师倡捐外，诸寅好①踊跃继输。适新任涿牧钱君来，足成其数。从兹砥平轨顺，屹然与涿之永济、良之飞虹并称利涉者，皆吾师力，亦各寅好体吾师之心为心也。会桥事竣而余亦卸州篆，爰叙颠末，勒之贞珉，庶官斯土者以时修补，无失徒杠舆梁②之意也夫。

创建琉璃河舆梁碑记③

举人　吕植④

琉璃河，古圣水也，发源于房山之龙泉峪，澄清澈底，朗若琉璃，遂以此得名焉。有石桥跨其上，扬帆而至者，开窗西望，状类飞虹，居良乡八景之一，洵⑤畿南胜地也。挟河之水自西南来，至村东与此水相汇，以故缘南岸东行，路不能通。旧有草桥，以行车马，然至夏间水涨，恐为洪涛漂没，每拆之以俟⑥秋后重修，行人咸以为不便也。呜呼！一水空明，帆樯⑦云集，沿堤商贾，楼阁参差，马骤车驰，征途络绎，柳桥晴絮，天然一幅画图，至夏间望洋而叹，怅一苇之难杭，岂非一大憾事哉？今何幸我曹师长创建舆梁，永作慈航之普渡，商农行旅经是途者歌功颂德，当何如也？

师长名锟，字重珊，我直隶天津人也，于阳历三月帅第三师驻节于此，保护闾阎⑧，扫除盗贼，为一路之福星，凡不便于民者，则去之，有利于民者，则兴之。叹一水之阻长，悯征人之病涉，爰发钜款以兴大功，鸠工庀材⑨，阅两月而告竣。凡过此桥者，孰非实惠均沾者哉？然师长实惠在民，此桥不足见其万一也。将来维持大局，作砥柱于中流，普济群生，为巨川之舟楫，此桥非犹是小焉者哉。然我商民受此大惠，铭感不忘，爰勒石以记焉。

---

① 寅好，旧称有交情的同僚。

② 徒杠，可供徒步行走的小桥。《孟子·离娄下》：“岁十一月，徒杠成；十二月，舆梁成，民未病涉也。”朱熹集注：“杠，方桥也。徒杠，可通徒行者。”舆梁，桥梁。《孟子·离娄下》：“十二月，舆梁成。”孙奭疏：“今云舆梁者，盖桥上横架之板若车舆者，故谓之舆梁。”

③ 选自民国《良乡县志·卷八·艺文志·碑文》。

④ 吕植，主纂民国《良乡县志》，民国十三年（1924 年）铅印出版。

⑤ 洵，确实、实在。

⑥ 俟，等待。

⑦ 樯，原书误为“墙”。

⑧ 闾阎，也作“阎闾”，原指里巷内外的门，借指平民。

⑨ 鸠工庀材，指招集工匠，准备材料。庀，准备、具备。

重修长羊村石桥碑记①

王朝凯　邑人　生员

良乡为京西首站，北界长羊，系十八省之通衢。旧有石桥四座。他桥虽残缺，尚可缓修，惟村中有长桥一座，名保安桥，两头缺石甚多，每日过往车辆不下数百，行人不止数千，重车至此困于难行，迟延甚久。村人目睹行旅艰难，每欲兴功，苦于无款。适本村绅士王启瑞向都中富商大贾，求其捐资助款，村人又筹款若干。但此桥系国家创造，理宜禀之于官绅等处，遂联名禀于王县长。县长批云："绅等热心公益，进行不已，不独本知事乐观厥成，即良乡合邑亦应闻风交誉。"绅等遂即日兴工，经营不遗余力，不及两旬，大工告成。适沈大京兆②巡视来良，步履桥端，曰："此处地势洼下，幸赖此桥。"登览之，顷叹羡不已。因将修桥始末勒于贞珉，以垂久远焉。

民国四年六月。

重修西东村石桥碑记③

王邦屏④

夫民国新政，首重交通，而交通大端，当先道路。是路政者，固国家官治之急务，亦即地方自治之要图也。房山县南乡西东村南数十武，横亘东西有牤牛河一道，每值大雨时行、河水涨发之时，势甚汹涌。其来源分南北二支，其南支出于天开村之龙潭，由龙门口经岳各庄、五侯、南章、七贤、韩村河诸村而达于西东，其北支发源于黄山，经娄子、水瓦井、尤家坟、南章诸村与南支合，是为牤牛河之上流。其下流东至于涿县之挟河村，北折而入于良乡之琉璃河，东行与大清河汇而入于海。斯河也，在冬春之季不过涓涓细流耳。一至夏秋，山水暴发，自山麓飞流批石而下，如高屋建瓴，水头恒高数丈，奔腾溯湃，声如牛吼，危险万状。前清之际，各省公文折报有误时期者，则皆以牤牛河水大为词，其足以病涉，势难飞渡，概可知已。水上旧有两孔石桥一座，建于前清道光癸卯，重修于光绪乙亥，南通涿郡，北达房山，为行李往来必经之路。自光绪纪元以后，连年大水，冲刷倾圮，坍塌不堪，而河道遂改在石桥以南，行路者苦之。虽村人岁造土桥权行方便，而河水泛滥之时，桥桩木料每随波逐流而去，官商来往均视为畏途，于向之车尘马迹络绎不绝者，今竟渺无足音矣。行人断绝垂三十年，村人悯之，因举冯君子云为发起人，锐意兴修，期便行旅。无如工程浩大，措款殊难，因出捐启，募化四方，所赖仁人君子倾囊相助，共得巨赀银洋千数百元。遂本集腋成裘之心，为一劳

① 选自民国《良乡县志·卷八·艺文志·碑文》。

② 沈大京兆，指沈金鉴，1914年3—10月任顺天府尹，1914年10月—1915年9月任京兆尹。

③ 选自民国《房山县志·卷八·艺文志》，该志民国十七年（1928年）排印本由冯庆澜等修，王邦屏等纂。

④ 王邦屏，直隶房山县（今北京市房山区）人，清末民初人，民国十七年（1928年）编纂完成《房山县志》。

永逸之计，鸠工庇材，举冯玉珍、王富等为经理人，于本年二月兴工。另建石桥三空，面积宽两丈二尺，长五丈余，两岸各筑石坝长十数丈，不两月而工竣焉。颓梁断柱焕然一新，南北往来咸称便利。因思民国新政最讲路工，虽除道[①]成梁为地方自治之要务，实达国家交通之目的也。是年夏，余以丁忧请假回里，冯君子云因求文于余。余睹其事之告成，且喜其经理诸君热心公益，因不揣冒昧，略述颠末，非第嘉其建筑之坚固也，亦特表其公共精神之发达，自治团体诚无愧公法人之资格云尔。是为记。

修理护城桥道既西南二桥之碑记[②]

邑人　见之深　贡生

夫道路不治，自碍交通；桥梁不修，难言利涉。是以合方载于《周官》，视途详于《国语》。周道如砥，原无覆辙之虞；长桥卧波，可免涉川之病。古昔盛时，固无不于桥梁道路加之意者也。我良为京畿要隘，南北通衢。冠盖不绝于往来，车马常喧于昼夜。若非履道之坦坦，势必临渊而竞竞。如使怨声在道，岂非邦人之羞乎？乃者县之东南两关，桥既倾颓，道尤低下。其南为三孔之桥，其西有引河一道，当山水之涨发，每险象之环生，日暮途穷，行人裹足，为阮籍之恸哭者有之，为王阳之返驾者有之。睹兹景况，尽焉心伤，乃集同人，联合善士祝玉，成于义举，幸金诺而慨捐。于是鸠工庀材，筑新补旧，于民国六年春日兴工，夏日竣事。桥安磐石，道履康庄，既无濡轨之凶，更鲜灭顶之险。彼向之畏三危而歌行难者，今则平九折而歌有荡矣。爰记始末，用勒贞珉，非敢云侈建筑夸善举也，特以为输财仗义者不可使湮没弗彰尔。后之君子补葺之，重修之，庶几坦途之永固，则尤为馨香所切祷者也。

民国八年十月。

哑吧河桥碑文[③]

哑吧河在良乡迤北，距城八里，村东原有南北河，引东西桥一座。我良乡为京西首站，十八省通衢，行人往来，络绎不绝。后因河改东西，此桥作废。于是阖村公同商酌，按地筹款，移无用之桥改为有用，且有急公好义，数邻村相聚面商，出资相助。惟桥工关系綦重，民人不敢擅为，因公禀县长，准予兴工。阖村踊跃从公，舍家事而不顾，旬余间大工告竣。积数十年之障碍忽然交通于一旦，昔之绕道者今则颂声载道，直往而前矣。试思经营此事，心力俱劳，谨将始末并各村协助芳名勒于贞珉，以垂久远，庶后世得所稽考焉。

民国十三年立。

---

① 除道，开辟、修治道路。
② 选自民国《良乡县志·卷八·艺文志·碑文》。
③ 选自民国《良乡县志·卷八·艺文志·碑文》。

七、通 州 区

京畿都漕运使善政记①

虞 集②

国初运外郡之粟以实京师数日以广，大江以南浮海而至者，岁以数百万石计。公府之储偫、官府之廪稍、宿卫之共亿，以及京城游食之民，其用至伙，而所系甚重者也。舟车之输载，士卒之任负，数经转输而至于京师者，则有京畿都漕运使司以总之，所领仓凡三十二。一仓之官或五人，或四人、三人，概仅百员。役于仓而食禄于官者又若干人，自流选而来，为是官者，出纳之事稍弗加谨，折阅陷失，有倾家辱身而不足以补之者。是故朝廷常忧之，始授则增其秩，终更则减其资，盖念其重难也。然而使之无失而得善去者，则概系于司漕者之得人矣。至顺二年秋，千斯仓使汪埙等来言于史官，求文以颂运使扎萨克公、程公与今运使刘公之德，其言曰：扎萨克公之为使也，出令曰："凡仓之守吏，日守其局，以谨出纳，非运司有征召之事，毋敢至运司。"又曰："凡运司之胥吏皂隶，不得辄至仓所。"其负米于坝而入仓也，关防有法，役夫无所容弊，故其米皆完好而不杂。其出纳也，务为均平，收支之数，有所勘会，止从本司揭帖图帐申报，无烦文也。盖仓庾之所患者，收支已不得其精凿。其支也，又疲于供应。而皂隶百色之需，挟上官而来干者纷然终日，则不得不窃赢余，以应需求，日久月深，其耗多矣。今运官绝公吏之扰，简奔走之劳，善出纳之法，列官于是者，始得以效其奉公之实，而无旷官之罪焉。扎萨克公断以定见，程公善相之，刘公善继之。此某等数十百人所以感激不忘，愿刻石纪善，且以垂其法于后，使来者之永克有济也。噫！廷之法详且尽矣，有不至者则奉行者之过也。今京畿漕运之事，三公克拯其弊，才数事耳，而仓庾之受赐已如此，其经营之密、调度之大，属吏有不得尽知者尚多矣乎？夫万仞之堤，或溃于蝼蚁；千石之水，或涸于漏卮。诸公之政乃得禁皂隶之侵渔，此谓所损者小而所益者大也。为政者尚鉴此而慎之乎！扎萨克公，蒙古人，自宿卫内廷，除直省舍人，历中政院同佥判中政院事，积官中大夫，除隆祥总管府同知。程公，某地人，今自运使除右司郎中，又除淮东道肃政廉访使。刘公青州人，今在任。余官则别立于碑阴云。

① 选自雍正《畿辅通志·卷九十七·艺文志·记》。

② 虞集，字伯生，号道园。人称邵庵先生，元代四川仁寿人，累官翰林直学士兼国子祭酒，为"元诗四家"之一。

改修庆丰石闸碑记[①]

元　宋褧[②]

闸于字为闭城门具，或曰以板有所蔽，近代水监官厨之，以时畜泄，因水行舟。世祖皇帝至元二十二年，都水监郭守敬图水利，奏昌平之白浮村导神山泉、西山水，合马眼泉诸水为渠，曰“通惠河”，贯京城，迤逦出南水门，过通州，抵高丽庄之闸，为里二百，视地形创为闸，附岩壁及底皆用木，凡二十四，庆丰其一也。后二十年，当至大四年，诸闸浸腐。宰相请以石易，为万世利，且请度缓急后先作则工不迫，工不迫则周且固。仁庙敕准，有司以次第举。由是，至顺元年始，及庆丰遂役，都水少监王温臣率其属分督程作，董役士卒暨土木金石之工集有五百五十，输木万章，铁以钧计，凡八百有奇，石材三千二百，瓴甓[③]灰藁，他物靡算。筑其纵长百二十尺，三分长之二为衡，广高二丈二寸，阔容二丈二尺。经始于是年三月之望，粤六月十五日告成，绳规中度，完好致[④]密，公私善之。明年春，监丞阿礼、张宗颜述是役之为日久近，闸之高卑长广，糜费物料几何，创始改作之绪，乃工之勤、利之美，求识以文。予复之曰：此世祖开物成务，群策毕举也。仁庙克承先烈，措注宏远，功不百倍不改作也。臣下莫不奉行惟谨，事理之著者也，记是诚宜。然予疑是闸之始命名为役，与创始之岁果丰欤，或示微意于后世欤？惜莫可得而知。何也？闸非事游观，盖经营国计，民俯仰以给者，犹必待岁丰而后作，矧他役乎？抑果作于丰年，则役不敢妄兴，民不敢苟劳，财不敢徒费，章章矣。因其役并原其名。是为记。

通惠河政绩碑记[⑤]

元　欧阳玄

中书右丞相鼎珠公自居平章首席，既而升左相，又升右相，被命领都水监事。至正癸巳之正月迄今数年之中，浚治旧规，抑塞新弊，水政大修。宾佐一日具其实迹，请于翰林欧阳玄文其事于石，以贻永久。曰：国家之置都水也，始于世祖皇帝至元辛卯，丞相谔勒哲实偈其端。当时，圣君贤相为虑甚周，为制甚密。导昌平白浮之水西流，循西山之麓，合马眼等诸泉，潴为七里泺。东流入自城西水门，汇积水潭。又东并宫墙，环大内之左，合金水河南流，东出自城东水门，又潞河之阳南会白河，又南

---

① 选自康熙《通州志・卷十二・艺文志》。

② 宋褧（jiǒng），1294—1346 年，字显夫，大都宛平（在今北京市丰台区一带）人。泰定元年（1324 年）进士，授秘书监校书即，改翰林编修。后至元三年（1337 年）累官监察御史，出金山南宪，改西台都事，入为翰林待制，迁国子司业，擢翰林直学士，兼经筵讲官。卒赠范阳郡侯，谥文清，著有《燕石集》。康熙《通州志・卷十二・艺文志》误为宋聚，今据雍正《畿辅通志》更正。

③ 甓（pì），砖。

④ 致，细密、精细。

⑤ 选自雍正《畿辅通志・卷九十七・艺文志》。

会直沽入海。凡二百里，是为通惠河。置闸二十有四，跨诸闸之上，通京师内外，经行之道置桥百五十有六，闸以制蓄泄，桥以惠往来。乃接运粮提举司车户千四百五十有一，隶监专治其事。闸与桥初置，于延祐中，易木以石，次第而械之。命闸户学为石工，木铁炼垩，皆习其技，岁械一闸，工与费若干，有司会其几而籍之，岁以为常，约岁若干。诸闸皆石，一切工役取具，闸石不扰而集，国计民生之不匮，民用之不乏，皆利赖焉。近年有司擅以闸户抑配各驿以给驿置。至元、延祐以来，祖宗之良法美意日就蠹坏，今右丞相以闻，有旨复还者若干户，余州县之侵轶者悉禁绝之，他户有避徭役之频仍因而亡者，咸复其旧，故得水利不𢙣[1]，漕法不滞。有关国计民生，用甚重也。且通惠河之将入海也，衡漳[2]贯之，溯漳西南，涉瀛博之野，南至于临清、堂邑之坝，过坝而南为会通河，尽豫、兖、青、徐四州境上之水，入河绝淮至大江而止，二河相通，其为水利溥矣，有若京城西之金口，下视都邑水势如建瓴，一蚁穴之漏，则横溃莫制。守堤吏与闸户昼夜分番巡视，不赡则借兵士于枢密，所系尤重。故水政之修，闸户之复，丞相有功于斯甚大，可无纪述乎？玄闻其言，乃考古而征今。水在唐虞为泽虞；在成周为川衡；西汉太常、大司农、少府、内史、主爵都尉皆置都水长贰，武帝置水衡都尉，成帝置左右都水使者；东汉改置河堤谒者；晋改都水台，又置前后中左右五水衡，以五使者领之；刘宋置水衡令；萧梁改为大舟卿；宇文置都水中大夫；隋置都水台使者，寻复置少监，少监又改令少令；唐沿革不一，或称都水局，或称司津监，或称水衡监。或置使者，或置都尉；赵宋为都水监，置判监、判及丞、主簿[3]等员，大抵掌川、泽、津、梁、渠、堰、陂、池之政，兼总舟航桴符之算，就司其征以充用。故汉太常诸卿各有水衡，尽征其入给俸禄，所称“水衡钱”是也。圣代捐国家之厚费以利天下，而秋毫不征其资，视古之都水有不可同年而语者。但历代建都，秦、汉、唐之都雍州，隔关陕之险，漕运极艰，用水极少。其后有都洛阳、大梁，亦不过浚洛入汴、瀹汝蔡入淮而已。我元东至于海，西暨于河，南尽于江，北至大漠，水涓滴以上皆为国用。东南之粟，岁漕数百万石，由海而至者，道通惠河以达。东南贡赋，凡百上供之物岁亿万计，绝江淮河而至，道通惠河以达。商货懋迁，与夫民生日用之所须，不可悉数。二河泝沿南北，物货或入或出遍天下者犹不在是数。又自昆仑西南，水入海者，绕出南诏之后，历交趾、阇婆、真腊、占城、百粤之国，东南过琉球、日本，东至三韩，远人之名琛异宝、神马奇产，航海而至。或逾年之程，皆由漕河以至阙下，斯又古今载籍之所未有者也。水政之重，可不以重臣领之乎？昔者，舜

① 𢙣，古通“惰”，即懒惰。

② 衡漳，古水名，即漳水。《尚书·禹贡》云：“覃怀底绩，至于衡漳。”孔颖达疏：“衡即古横字，漳水横流入河，故云横漳。”

③ 主簿，官名，汉代以后普遍设置在中央和地方各官署，其职任为掌管文书簿籍及监守印信。金制，万户以上县为上县，除县令外，置丞、主簿、尉；三千户以上为中县，不置丞，以主簿与尉通领巡捕事；不满三千户为下县，不置尉，以主簿兼之。

举十六相共治海内，禹治水土，益治川泽。今之水政，禹益盖尝司之，然则重臣之典水政，唐虞以来之遗事也欤？玄职在太史[①]，纪载为宜，右丞相喀喇氏鼎珠其名，乃祖乃父，三世宿德，逮事列圣，笃于忠贞，数从王师，战金入邻，多积功伐，不妄俘戮，不希宠荣，有阴德余庆施于后人。丞相踵之，敭历台阁三十余年，清慎如一，熟知国家典故。及居台揆，雅量镇浮，坐决大政，不征辞色，百度自贞，有古大臣之风来。求文以纪其迹者，都水伊逊岱尔、段鼎新，少监谔勒哲特穆尔、太平努、苏彻尔图，监丞索诺木满、济布哈实喇、卜藏布玛勒济延，经历实沙，知事祁思道。

爰系以诗曰：国治水官，象天元冥。都水有政，治国大经。于穆皇元，龙兴朔方。秉令天一，并牧八荒。乃据析津，乃建神州。囊括万派，衡从其流。东浚白浮，遵彼西山。即是天津，流毕昴间。西挹紫宫，南出皇畿。又东注海，万派攸归。东溟天池，若为我潴。给我漕挽，经[②]达宸居。河济淮江，陈若指掌。我凿二渠，利尽穹壤。虽云尽利，我则不征。损利利民，治水水平。维今右相，自董水政。举措不烦，户籍先正[③]。昔命闸户，习锻习砺。键木胶垩，各程其艺。制水有闸，通道有梁。息耗有则，启闭有常。夫何闸户，俾役驿厩。是求善书，俾掣之肘。相君既告，闸户内复。每岁鸠工，群匠来族。水政既举，国计以滋。都人日用，源委莫知。彼水在国，血脉在身。百体输精，五官啬神。相为股肱，水利实兴。荣卫不凝，股肱宣能。维相君量，彭蠡大野。汪洋渊渟，安静整暇。维相君力，砥柱龙门。捍彼冲溃，国之樊垣。有方斯定，有量斯宽。燮调雍容，岁溢旱干。重华在位，禹益作相。庶工底绩，百川是障。世皇浚渠，相曰谔勒哲。身先水官，相彼原隰。洵美相君，海内称贤。罔俾哲辅，专美于前。六府三事，治先乎水。九叙惟歌，作者太史。太史作歌，载以龟趺[④]。

敕建永通桥碑记略[⑤]

明　李时勉[⑥]

通州在京城之东，潞河之上。凡四方万国贡赋由水道以达京师者，必萃于此，实国家之要冲也。由州城西行八里许有河，盖京都诸水之会流而下者。河虽不广，而水潦沮洳，每夏秋之交，雨水泛溢，尝架木为桥，或比舟为梁，以通道往来，数易而速坏，舆马多致覆溺，而运输者尤为艰阻，劳费烦扰，不胜其患。内官监太监臣李德等以其事

---

① 太史，官名，史官之任，兼掌管星历。

② 经，直接。

③ 先正，指前代的贤臣、前代的君长等。语出《尚书·说命下》："昔先正保衡，作我先王。"

④ 龟趺，又名赑屃、霸下等，在中国神话中是龙之九子之一，排行老六。貌似龟而好负重，有齿，力大可驮负三山五岳。其背亦负以重物，在多为石碑、石柱之底台及墙头装饰，属灵禽祥兽。其原形可能为斑鳖。

⑤ 选自嘉靖《漕运通志·卷十·漕文略》。

⑥ 李时勉，1374—1450 年，名懋，以字行，号古廉，江西吉安安福（安福，古县名，位于今江西省吉安市西部）人，永乐二年（1404 年）中进士，参与修成《太祖实录》，升为翰林侍读。明宣宗时，因言事下狱，至宣德初年复官，官至国子监祭酒。

闻，上欲于其地建石桥，乃命司礼监太监臣王振往经度之，命总督漕运都督臣武兴发漕卒，都指挥佥事臣陈信领之，工部尚书臣王卺等会计经费，侍郎臣王永和提督之，又命内官监太监臣阮安总理之。安谓众曰："朝廷迁都北京，建万万世不拔之丕基，其要在于漕运实军国所资。而此桥乃陆道之通衢，非细故也，宜各尽乃心，以成盛美。"众咸曰："然。"于是庀群材，辑众工，诹吉兴役，万夫齐奋，并手偕作，未及三月，而功已就绪。桥东西五十尺，为水道三圈，与平底石皆交互通贯，锢以铁，分水石护铁柱，当其冲。桥南北二百尺，旁皆以石为栏槛。作一牌楼，题曰"永通桥"，盖上所赐名也。又立庙祀河神，而以玄帝镇之，坚壮完固，宏伟盛丽。经始于正统十一年八月二十七日，告成于十一月十有九日。昔文王作台于苑囿，固无预于民事，而民欢乐之，谓其台曰"灵台"。诗人又被之歌咏，传诵无穷。今皇上命建此桥，实所以惠利于人，而人心踊跃欢欣以趋其事者，诚无异乎文王之时，亦何其盛哉！

敕建宏仁桥碑记①

明 李贤②

都城之南，一水横流于巽方，其源由兑而坤而离，四来沮洳，会而为河，至巽乃大。有一津焉，在南苑之左，去城四十里。凡外郡畿内之人，自南而来者，东西二途，胥由此渡。车之大而驾者、小而挽者，物类之驮者，人之有肩负者、骑者、步者，纷纷络绎，四时不休。有力者每岁为驾木桥，然寒沍之际，不免涉水，况秋夏涨，即有覆溺艰阻之虞，而人之病涉莫此为甚。天顺癸未春，皇上闻之，恻然轸念曰："此先务也，尚可缓耶？"乃命创建石桥，凡百所需悉出内帑，而一毫不干于民。应用工役，皆以白金佣之，听其自愿而不强也。卜日兴造，人皆踊跃欢欣，争趋效力，不知其劳。而木石灰铁之类，率以万计，不督而集。桥长二十五丈，广三丈，为洞有九以酾③水，为栏于两傍以障田者。精致工巧，无以复加。增岸于南北，以防冲突。为寺为庙，以资维护。经始于是岁四月十五日，讫工于十一月初一日。总其事者内官监太监臣黄顺、臣黎贤。董其工者工部右侍郎臣蒯祥、臣陆祥。告成之日，上赐名曰"宏仁桥"，乃命臣贤为撰碑记，用示永久。臣闻古先圣王之治天下也，以不忍人之心，行不忍人之政。纲纪法度，细大具举。而于桥梁道路，未尝不留意焉。观《夏令》④所谓"除道成梁"，《月令》所谓"开通道路"可见

---

① 选自《钦定日下旧闻考·卷一百十》，明嘉靖《漕运通志·卷十·漕文略》载"李文达贤撰"，有略名为《敕建弘仁桥碑》。

② 李贤，1409—1467 年，字原德，河南邓州（今河南省邓州市）人。明宣德八年（1433 年）中进士，授吏部验封主事，历考功、文选郎中。"土木之变"时，李贤脱难回京。景泰二年（1451 年），升任兵部右侍郎，转户部侍郎，次年又迁吏部右侍郎。英宗复辟后，迁翰林学士，入内阁，升吏部尚书。天顺五年（1461 年），加太子太保。天顺八年（1464 年），英宗病重，召李贤委以托孤重任。宪宗即位，晋升少保、吏部尚书兼华盖殿大学士、知经筵事。著有《鉴古录》《体验录》等。

③ 酾（shī），疏导、分流之意。

④ 夏令，相传为夏代的月令之书。

矣。是以利泽及人，如天地之于万物无有不足其分者。恭惟皇上复位以来，夙夜孜孜，躬理政务，惟恐一民不得。其所出一令也，必顺于人心。行一事也，必合于天理。真无异于古先圣王之用心矣。今以一津乏济，闻之恻然，是即不忍人之心也。为建石桥，以便往来，是即不忍人之政也。名之曰“宏仁”，盖宏者廓而大之也，仁则不忍人之政也。是桥之建，信乎能宏其仁矣。然历年之患，由此而弭，无穷之利，由此而基，又非经世之远图与？呜呼！一桥之利尚不遗焉，况其大此万万者乎？由是以知皇上扩充仁道，被于四海，而利泽及人之广，信如天地之于万物矣。故宜大书而特书也，既为之记。复系以诗曰：大哉元后，作民父母。民之休戚，同其安否。所以先王，发政施仁。忧勤惕厉，罔或因循。仰惟我皇，博施济众。视民如伤，惟乐与共。大纲小纪，乃举乃张。有或遗者，于心则惶。都城巽方，有水病涉。恻然兴怀，务遂所惬。不惜内帑，为建石桥。工役之费，民无秋毫。易危而安，利泽惟久。亿万斯年，厥迹不朽。

总督漕运宪臣题名记①

宗伯②邵宝③撰

宝承乏宪臣，奉敕总督漕运，始至淮镇。凡百举置，惟故是稽，于是案牍山积。追考前政氏名后先同属，然其间多名人。宝勿学时已志其略，比官户部，所闻渐悉，及今得闻之诸君子者，于是无不载焉。于乎盛哉！仰惟我祖宗列经简任，诸臣治兹漕事，惟材是属，用底嘉绩，及其登卿宰，进保傅，树勋转德，表表相望，宝愚何足以继之？窃尝考《禹贡》④，以水纪诸州贡道，盖后世漕运之端。然曰逾沔入渭，则取诸陆，曰沿海入淮，则取诸海，其直达帝都者才三之二。若汉下都、关都、洛都间有直达之漕而为力甚难，为费甚钜，故议者往往右转输焉，其势然也。元都幽燕，海陆并运，国初犹因之。惟我文皇帝肇建两都，始以平江伯陈公瑄、工部尚书宋公礼策建白⑤，浚兹漕渠，海陆是避，万舟亿卒，咸建帅长，仓支道兑，常便具宜，盖有得于转输之意，讲求经画，并历数朝，而漕法大成，国计充裕⑥，万世允赖。然其为坝为闸，启闭制挽于水，且不能无弗焉者，是故险虽远避，而劳不多省，群众所聚，蠹病亦从而生。既命元戎专制其事，而提督整理，间以命诸卿亚，厥后遂有总督宪臣之命。然其时异势殊，弊由法起，名为转输而渐变直达。既乃公私交征，军疲民困，至使输时复有于海于陆之思，则岂先朝之初意然哉？夫救弊在人不在法，持法在心不在迹，故必通上下而后为平，必体

---

① 选自明嘉靖《漕运通志·卷十·漕文略》。

② 宗伯，官名，周代六卿之一，掌宗庙祭祀等事，即后世礼部之职。因亦称礼部尚书为大宗伯或宗伯，礼部侍郎为少宗伯。

③ 邵宝，1460—1527 年，明代著名藏书家、学者。字国贤，号泉斋，别号二泉，常州府无锡县（今江苏省无锡市）人，成化二十年（1484 年）进士。授许州知州，历户部员外郎、郎中。正德四年（1509 年）任都察院右副都御史，总督漕运。

④ 禹贡，《尚书》中的一篇。其用自然分区法记述中国当时的地理情况，把全国分为九州，即冀、兖、青、徐、扬、荆、豫、梁、雍。

⑤ 建白，提出建议或陈述主张。

⑥ 裕，原书误作“预”。

遐迩而后为惠，必所夷险达经权而后为贞为哲，盖大臣之道如此□也者，特一其事也。具是则举，缺是则废，凡兹前政，诸公图艰，应遽保丰持平，若有异道焉。由今而论，其□则固莫之能违矣，继承之责则监之义。宝虽不敏于是，窃有意焉，故列而刻诸石。

总理河道题名记①

于湛② 明右副都御史

王者宅中图治，必挽天下财赋，以给经费。我朝始由海运，继由陆运，凡二变，乃改今河运。然地势中高，南北迤逦就下，乏水以济。济水伏流齐鲁，随地溢出为泉。泉在东郡凡二百八十有奇，各以近入汶、泗、洸、沂诸水，东流赴海。文皇帝命工部尚书宋公礼修复会通河，伐石起堰，东遏诸水，西注漕渠，南北分流。北流者会漳会卫，上接白河。南流者会河会淮，下接宝应、高邮诸湖，漕渠遂亘南北。浚泉以广其源，建闸以节其流，筑堤以防其溃决，列铺舍以通其淤浅，辟湖潴水以时其蓄泄，引水灌洪以平其险阻，备夫以供其役，铨官以司其事。董之以主事八，各有专职，临之以郎中三，各有分地，监司守令亦与有责焉。又以地广事剧，役众费繁，宗统不可以无人，乃敕差大臣一人总理于上，爰集众思以举群策。岁挽东南四百万石，万艘鳞次而进。时当盛夏，维扬迤北，乘风扬帆，南旺迤北，顺流放舟，既脱海运之险，亦无陆挽之劳。四方万国，五材百货，罔不毕集，民命获全，国计斯裕。文皇帝开济之功同于天地，诸臣弼成之迹要亦不可泯也。《禹贡》一书，记神禹治水之迹与典、谟、训、诰并列为经，昭示罔极。我朝前此效劳诸臣，水部分司各有题石，而总理大臣漫无所考，岂非缺典耶？嘉靖丁酉，予承乏是任，深用慨惜，乃构亭公宇之东偏。爰披往籍，录宋礼以下若干人，立石题名，而各疏履历。其下仍虚左方以俟递书，庶③后来者有考焉。或曰："漕河之尽制以帝都之在燕也，前代都平阳，都关中，都洛阳，都大梁，并以黄河为运道，宁有此劳费哉？"曰："是不然。夫东南以海为险，西北以山为险。溯海肆逆为难，而乘高犯顺为易。故西北世有夷狄之患。自辽左至甘凉六镇皆守山外，去中原千有余里，惟幽蓟一镇独守山内。中原内地与虏仅隔一山，而山复中缺，为虏所窥。安史之盗唐，契丹之盗晋，金元之盗宋，率由此首难。自昔有天下，而以此地属人，未有能久宁者。窃谓扼强虏而障中原，据上游而制六合，孔子复生，必从文皇帝之见矣。"曰："都燕之利则既闻命矣，海运由浙西不旬日可达都下，较之河运费省而功倍，丘文庄《衍义补》言之详矣。近年言者亦多厌河运之劳，而欲举文庄之策，子顾极言河运之利，而欲侈诸臣之功示诸久远，何也？"曰："海运之法，作俑于秦，效尤于元，祖宗已弃之策，三代以前未闻也。文庄计漂溺之米，而不计漂溺之人，故以海运为便，不知米漂而载米之

① 选自嘉靖《漕运通志·卷十·漕文略》。

② 于湛，生卒年不详，字莹中，金坛（今浙江省金坛市）人，明代治水专家，明正德六年（1511 年）进士，任兵部主事、贵州参政、河南参政、副都御史、巡抚陕西、户部侍郎，撰有《素斋政书》十六卷。

③ 庶，这里表示希望。

舟、驾舟之卒、管卒之官，能独免乎？考之《元史》，至元二十八年海运漂米二十四万五千六百有奇，至大二年漂米二十万九千六百有奇。即如文庄言，每舟载米千石，用卒二十人，则岁溺而死者殆五六千人。此残虏之所忍于华人也，奈何华人亦忍于华人哉？河运之费，费于人，所谓人亡人得者，损上益下者。王者以天下为家，又奚恤哉？”曰：“海运诚不可复矣。今之河运，筑堤建闸，并以人胜，时不常泰，人不皆良，能保无意外之变乎？”曰：“变，不可保也，海，胡可蹈哉？今之黄河经行河南之祥符者，去卫河仅七十里，凿而通之，万夫一月之力也。议者徒以冲决为难。窃以为黄河之难，不难于海也。二道并设，而各从其便，常可也，变亦可也。是则可为也。”曰：“此尤不可之大者，先朝河决张秋，运道梗塞，凿数省之力，捐不赀之费，再历寒暑，乃克底宁。众方幸其南，子欲引之北，吾不知其何说也。如子之言，且将为运道忧矣。”曰：“今之黄河固古之运道也，昔固北行，而今始南迁也。民间舟楫往来如织，未尝一日废也。在古则宜，在今则否；在南则利，在北则否；在民则可，在公则否；在海则易，在河则难。吾亦不知其何说也。”此不谷之见也，谨并志之。

张家湾城记[①]

明　徐阶[②]

自都门东南行六十里，有地曰张家湾。凡四方之贡赋与士大夫之造朝者，舟至于此，则市马僦车，陆行以达都下，故其地水陆之会，而百物之所聚也。嘉靖癸亥冬，世宗皇帝以有警诏发营兵戍之，先声播闻，寇不敢犯。然戍者无所据依，昼夜被甲立势，实不可以久。甲子春，顺天府尹刘君畿因以城请，司空雷公礼上议曰：“城于戍便，于守固。”世宗报可，敕顺天府丞郭汝霖、通判欧阳昱、内官太监桂琦以二月二十二日始事，财取诸官之赎及士民之助者，木取诸营建之余，砖取诸内官厂之积，石取诸道路桥梁之废且圮者，夫取诸通州之卫卒及商若民之饶于赀者。工既举，而财不时集。阶具以闻。诏光禄寺出膳羞之余金三万两贷之。于是，诸臣咸悦以奋，而巡按御史董君尧封、王君用桢程督加严，越三月遂以成告。周九百五丈有奇，厚一丈一尺，高视厚加一丈，内外皆甃以砖，东南滨潞河阻水为险，西北环以壕，为门四，各冠以楼，又为便门一，水关三，而城之制悉备。中建屋若干楹，遇警则以贮运舟之粟，且以为避兵者之所舍。设守备一员，督军五百守之。而湾之人、南北之缙绅、中国四夷、朝贡之使、岁漕之将士，下逮商贾贩佣，胥恃以无恐。至于京师，亦隐然有犄角之助矣。仰惟国家建都燕蓟百六十年于兹，乃湾之有城，实自世宗遣戍之诏始。盖世宗雄才大略，出于天纵，而吁谟睿筭，又得于夙夜计安天下之心，非偶然者。其功在社稷，庙称为世，虽未易以名言，然此固其一

① 选自雍正《畿辅通志·卷九十八·记》。
② 徐阶，1503—1583年，字子升，号少湖，一号存斋，明松江府华亭县（今属上海市松江区）人。明代嘉靖朝后期至隆庆朝初年任内阁首辅，万历十一年（1583年），病卒，赠太师，谥文贞。著有《世经堂集》《少湖文集》等。

也。夫睹河洛而思禹情也，亦义也。今而后登兹城者，于世宗能无思乎？诚使文武吏士，体保固郊圻之意，而殚谋以殿封疆兵之守者，怀据依之便，居处之安，而竭力以奋武卫其在宾旅遡周防曲护之恩，而各修厥职，以供朝廷之事，则庶几为能思世宗矣。阶不敏，敢因纪成以规焉。

通惠祠碑记略①

北直②提学 慈溪人 颜鲸③

国家建都燕幽，岁漕自东南经江淮河济之险，与洪涛争命于数千里间，比抵湾，率十钟而致一已。复僦车牛，资丁壮，陆挽以达京师，费脚价巨万。貂珰④勋戚⑤与诸强有力之家竞为齿牙，揽结以牟利，不可究诘，邦民大厉。先是，元郭守敬谓京西北白浮神山诸泉流入宫城，势东泻，可瀹以舟，省搬运之苦。成化、弘治间，言者交章⑥，每为异论所乘，事辄中罢⑦。嘉靖丁亥，毘陵⑧吴公仲以御史按京储，周视水道，尽得其状。乃排群议，抗疏以闻，力赞天子独断，上诏公卿，决策行之。遂命仲专董其役，筹工程能，众庶丕作，于是斥山通泽，决去陀勒漫漶，而泉流始清，塞诸水口之罅漏旁溢者，而小川始入。相远迩，仞高卑，则壤置闸，而游波如汇，又随其盈缩之宜，立疏导之法。刳⑨舟具徒，鳞次转运，皆有程度，以垂永久。下逮署舍桥梁，栽柳种麻，织悉毕虑。工始于嘉靖戊子二月，告成于是年五月，费银才七千，皆取诸官帑之扣除而民不知，夫役征诸车脚而人不扰。水利大通，千艘衔尾，自河湾直达都门，若峻坂走丸，率一日而立致四五万石，岁省脚价十二万两。迄今御堤云绕，水流其中，飞帆鼓枻，虽江淮之津不让利焉。予惟士之担荷世道者，不难于兴天下之利，惟利兴而不计其害之为难，不在于成天下之功，惟功成而不居其有之为大。方公之发议也，犯诸权贵，所畏恶而不以为疑。及事兴，群不逞之徒，比党危之，且为飞语相煽，而不以为惧，持衡中坚，事集论定，成百代之伟绩而不以为德，劳苦功高，身竟外补，再官太仆，早已挂冠，而不以为悔。然则慕公之高与录公之功者，于此可见其概矣。公去后数十年，民益思之，相与立祠岁祀焉，因为作诗，使歌以祀公。诗曰：御河之水，其流汤汤。舟之楫之，乃万斯仓。岂弟君子，为谋允臧。御河之坊，其浸溶溶。沛我膏泽，河洛修崇。岂弟君子，并力是营。御

---

① 选自康熙《通州志·卷十二·艺文志》。

② 北直，指北直隶省。明朝永乐以后，有南北两个直隶省，在南京周边的叫南直隶，在北京周边的叫北直隶。

③ 颜鲸，1515—1589 年，字应雷，别号冲宇，浙江慈溪城南（今宁波市江北区慈城镇）人。嘉靖三十五年（1556 年）进士，授行人，擢御史。巡视仓场，论杀奸人马汉，上漕政便宜六事。

④ 貂珰（diāo dāng），借指宦官。

⑤ 勋戚，有功勋的皇亲国戚。

⑥ 交章，指官员交互向皇帝上书奏事。

⑦ 罢，停止。

⑧ 毘（pí）陵，也作“毗陵”，是常州地区的古称。

⑨ 刳（kū），从中间破开再挖空。

河之柳，郁郁其阴。愿言永憩，实获我心。勿剪勿伐，君子之林。御河之浒，爰构我堂。惓此旧德，邦家之光。万国至止，怀允不忘。御河之祠，岁岁烝尝。勤我父子，采兰缩浆。公其永正，其气洋洋。

时嘉靖四十五年岁在丙申。

重修闸河记略[①]

户部郎中　蒋凌汉[②]

国家漕运京储，由里河自真扬，直抵张家湾入京。嘉靖丁亥，世庙用御史吴仲议，循郭守敬故迹，修复闸河，省费不赀，公私大便，但地势有高下，更历岁月，不无沙冲水激之患。欧阳玄所谓势若建瓴，一蚁穴之漏，则横溃莫制。司水衡者诚不可不随时修浚，而预为之防也。隆庆二年，工部郎中崔孔昕奉命督通惠河事，视事浃旬[③]，即遍阅闸坝，见闸口闸底堤岸公署势渐湮圮，往来稽核，度材审势，孰应瀹浅以流通，孰应布桩以护堤，孰应治底以培基，孰应更新而葺旧，罔不一一殚虑经理，期垂永久。檄州属材官分董其事，金取诸库贮之羡，木石取诸厂贮之材，不二月而竣事。于是自都城以南，曰大通桥；曰庆丰，平津，上、下普济，通流五闸；曰石坝；曰土坝。昔之湮者通，疏者密，圮者振，陋者饬。费有经，莫或靡也；成虽速，莫或扰也；役虽众，莫或怼也。水政聿修，岁漕不滞，国储大计甚利赖焉。是役也，募役夫匠五万四千有奇，工价料银二千四百有奇。经始于隆庆二年[④]戊辰三月，至四月告成云。

运河蓄泄陂记略[⑤]

明　户部郎中　四川人　马祯峨[⑥]

京庾[⑦]二百余万钟，与狂涛怒飓争命于南北数千里间，一旦得维舟石坝之滨，登囊派[⑧]剥立致，天庾[⑨]无恙矣。孰意又有愆之期者，盖闸河白浮水诸泉穿城关陡自天来，为力已自不薄，秋霪一涨，四闸洞开，通城之水关吞咽不及，则溃堤而出，猛于虎突，山崩顷刻，林丘灭殁，而河心见底，糜金钱，浥玉粒，无岁不然。夫与其

---

① 选自康熙《通州志·卷十二·艺文志》。

② 蒋凌汉，四川省金堂县人，明嘉靖三十八年（1559 年）进士，嘉靖四十三年（1564 年），往南直隶浙江江西湖广监兑兼催钱粮，万历元年（1573 年）任南雄（今广东省南雄市）知府。

③ 浃旬，一旬，即十天。

④ 隆庆二年，即 1568 年。

⑤ 选自康熙《通州志·卷十二·艺文志》。

⑥ 马祯峨，四川人，明崇祯年间任户部郎中，著有《策料》三卷。

⑦ 京庾，大粮仓。

⑧ 派，水的支流。

⑨ 天庾，国家的仓廪。

决而复塞，千人畚筑，而一波吹去也。与其财力既竭，逢秋便决而水患频仍也，无宁谋所以蓄之泄之者，而无惜土木之小费，为一劳永逸计乎？祯以崇祯甲戌仲春弭节督漕，至八月即罹水患，日夜版筑，间尝沿堤上下度量地势而得一壑焉，曰“土坯口”，即闸河之支，分一股向南流者，为其旁溢也。塞之，及涨仍抉之，一抉一塞，岁费不赀。苦之者曰：“祸水也。”祯曰：“此德水也。可陂也，竭则蓄之，泛则泄之。得此陂焉，不患水性之不平也。”于是请于部长，捐俸挥赎，以购灰砖桩铁油麻等料，择日鸠工。祯于公余之暇日往指拨，务根底坚固于下，台堞壮丽于上，制非师古，总出心裁，不敢师心，究竟师水，水无深浅，以船为度，船之分量，考之以载，尽其分量而水有余也。滚而去之，尽其分量而水不足也。护而长之，其前张左右翼以当其锋，使不得排陷而入也。界之以五洞，使不得争道而驰也。复凹进其中流，防瀚漫归一统也。坚其两壁，禁噬啮也。唇之以石以咽之，而宽坦其喉腹以受之，使之一泻千里，得直道而行也。行矣，复参差瓦砾，以敌之，使杀其怒，不得肆虐于我土也。彼喷吐叫号而来，忽委委焉，望洋而逝，不复肆其奔驰，而水性平矣。名之曰蓄泄陂，陂替[①]为桥，以渡挽夫，西壁为庙，以祀龙王。是役也，兴工于崇祯八年二月初二日，告成于三月二十四日。

重修马驹桥碑文[②]

清 乾隆皇帝

水自南苑出者二。其南源曰团河，出南苑墙东南，酾为凤河，又东涤永定之浊，由大清河以归海，向固疏治之矣。其北源曰一亩泉，出新衙门北，屈曲东南流，迳二闸，凉水河自北来会之。凉水河者，出右安门西南凤泉，东流迳万泉寺，分为二：其一南迳草桥，曲折东注；一自北迳广恩寺，曲折东注，至永胜桥复汇为一。东南流，循南苑缭垣而东，至小红门之西入苑墙，东南迳沙底桥折而南，与一亩泉合，又南而东至鹿圈村，三海子以上之水自西南来注之。又东南流，穿苑垣而出，逶迤至张家湾入运河。是水之初出苑垣也，潆[③]演歕欲，千溜一趋，瓴如矢如，回激弗止，则有巨梁揵[④]之，曰马驹桥。桥建自胜国，岁渝寖以圮坏，农旅交病，石陁入水，水梗或溢出妨民田庐；而中涩则旁淤，间塞水所由道，益不可以不亟治。乃命将作相视，因其旧材，撤而新之。纵之得丈二十有五，横之得尺亦二十有五；为孔洞者七，视昔制虽少狭而壮固有余。工始于乾隆三十八年之春，越其冬落成。夫治水者，必溯其源，由源而及其支流条派，易之釁之，乃可以不紊。今一亩泉源委既已划治，而凉水河所迳，漫流积潦，浸成沮洳。爰成沮洳。爰自凤泉至马驹

---

① 替，原志中为上“夫”下“月”的合体字。
② 选自光绪《畿辅通志·卷九·帝制纪·宸章二》。
③ 潆，水流回旋。
④ 揵（jiàn），古同“楗”，连接，这里指堵塞河堤决口所用的竹木等材料。

桥，浚河八千余丈，修葺桥闸凡九，新建闸五。即以浚河之土于右安门外筑甬道一千余丈，以便行人。其河旁稻田数十顷，既垦且辟，益资灌溉之利。而此桥实下游关键，畅尾闾以得导之，尤施功之弗可已者。若前代著述家睫视臆论，妄以玉泉傅合南海子之水，舛错纠纷，至可嗤笑。曩[①]赋《海子行》曾详著其说。兹因所司请记，复为诠叙水道大略，俾方来图经舆记知所考据。而若河若涂若桥，皆王政之大端，所系綦钜，毋废毋坠，诚有司所当务。书之碑，用示来许。

改建壮丁屯石桥碑记[②]

廪生　潘文翰　墨香

通县西南境壮丁屯迤西，海户屯迤东，傍近五神庙之右，旧有土桥一，亦本古徒杠舆梁之遗制，所以利便交通也。顾是桥楢以木，覆以土，以当南北行旅孔道之衢，车骤马驰，络绎不绝，日受轧轹，势难持久可知。且每当秋夏之交，伏水涨发，辄泥涂载路，致阻行人。村人集议，与其岁岁修葺，费亦不赀，何若易以石，为一劳永逸之计。第总核建筑，资非千金不办，民力薄弱，未敢轻率。民国建元初，乡耆[③]曹德海、甄德魁、侯廷选、李永德、李鸿泉等重行提倡，既自倾囊，复行募集。幸四方诸善士乐襄斯举，乃于民国二年春三月六日鸠工庀材，迨夏四月念五日蒇事。计桥纵长一丈有二，横宽一丈有五，更护以栏，度后左近数十村行旅之出。于是途者虽当积潦之余，亦无虞梗阻矣。际兹石桥落成，惟首是事者与助善诸君子厥功甚伟，众议叙次事迹，勒诸贞珉[④]，用垂不朽，因寄书丐余为文。乱不获为，撮其大要如此。

重修通顺桥记[⑤]

拔贡　戴旭　晓堂

通县城北里许温榆水出其间焉，俗名里河，又曰闸河，乃糟米上供运转之水也。自西徂东，迤逦而下，适当由通县达顺义县之道，人迹熙攘，车马辐辏。旧有桥一空，名曰板桥，质以木为之，民国漕运不通，桥遂失修。十余年来，每届夏秋之交，泥泞坑坎，行人踯躅。因此地当八区，于是区长某商之建设局长某，由建设费项下拨款二百元重行修筑石桥，不足即由第八区负担。桥既落成，由通直达顺义，遂通行而无阻焉，故名曰通顺。抑又思之古人若岳阳楼、醉翁亭、木假山、超然台，以至竹楼芝阁、书巢苦斋，凡游观宴饮之处，莫不有记。况此桥关系綦重，

① 曩（nǎng），以往，从前，过去的。

② 选自民国《通县志要·卷十·艺文志》。

③ 乡耆，乡里中年高德劭的人。

④ 勒诸贞珉，镌刻在美如玉的石头上。

⑤ 选自民国《通县志要·卷十·艺文志》。

可不为文勒石以垂久达哉？是为序。

中华民国二十年夏历辛未年月日。

八、顺 义 区

修路治水记[①]

清 黄成章[②]

邑西北地名杨家井。井边有路，系出古北口大道。道值五六七八月，二十里外北山之水会数百顷地亩雨水归于一路，直冲大路，致使行人蹙额。又上下泛滥三十余里，秋用不收。前代刘公竭力修沟，东通白河，得免水灾，邑人感之，载诸旧志。不意水路日久壅塞，数十年来不但通行之路受其害，耕种之地亦受其害矣。且历年七月恭逢龙衣车经过此路，俱是官民兢兢业业扶车而过。至章[③]任事五年，新领人夫渐次修理，又劝施茶僧人渐次加土，约高五尺，中立土桥二洞，以通去水，颇称荡平。奈去水闭塞，仍遭水患。余目击兹苦，直与八庄旗民相约，约定三年内每年于二月十六、十七、十八率近路居住八庄人夫修理三日，量给饭食，人皆踊跃效力[④]。又近水有力之家各依地边，自加疏凿，庶使安澜永庆。愿后之贤有司留心田路，扩充水道，将与前代刘公并传不朽矣。是为记。

九、大 兴 区

阅永定河作[⑤]

乾隆皇帝（碑阳）

庚寅夏决口，补筑旋归旧。

（乾隆三十五年闰五月，北岸二工涨决，命侍郎德成会同督办于漫口处取直，培筑大堤，刻日奏报合龙。）

---

① 选自民国《顺义县志·卷十四·艺术志》。

② 黄成章，字子达，四川绵竹人，举人，康熙五十五年（1716 年）任顺义知县，清康熙五十八年（1719 年）编修《顺义县志》，雍正元年（1723 年）升为通州知州。

③ 章，本文作者黄成章自称。

④ 效力，效劳、尽力、出力之意。

⑤ 选自乾隆《永定河志·卷首·宸章纪》，该诗与《御制阅永定河五言排律诗有序》为同一碑，括号内该诗作者原注，永定河神祠位于今北京市大兴区庞各庄镇赵村西南。

辛卯秋冲堤，涨波俾回溜。

（三十六年七月，卢沟桥上游发水。南岸头工处漫口甚广，仍命德成会办取直筑堤，亦刻期奏报合龙。）

长此竟安穷，是必病久受。

南河节相宣（高晋），中朝司空赴（裘曰修）。

方伯共踏勘（周元理），穷源委以究。

分流盛涨泄，疏淤中泓走。

（河之受患，端在淤高堤薄，应通行浚治，以规永图。高晋素谙河务，同尚书裘曰修、督臣周元理悉心相度，自中泓逢湾取直，以及应疏、应堵、应引、应泄之处，发帑大加营治。）

发帑五十万，次第工云就。

去岁幸时若，安澜庆丰收。

今年阅堤成，仍拟下口觏。

（去年春大工告竣，值岁幸报稔，周览各工，实为欣慰，将以回程，仍视下口。）

即已昧几先，宁不筹善后。

万民勿言谢，追思心尚疚。

御制阅永定河五言排律诗有序[①]

乾隆三十八年（碑阴）

癸巳暮春之初，瞻谒永定河神祠，诗以志事。御笔。

茭薪非不属，堤堰聿观成。

终鲜一劳策，那辞五夜萦。

凭看虽曰慰，追忆尚含惊。

旧壑原循轨，新祠已丽牲[②]。

连阡麦苗嫩，围墅柳条轻。

惭乏安澜术，事神敢弗诚。

重修求贤灰坝碑[③]

清同治十三年

窃照北岸三工求贤灰坝，废圮五十余年，减河皆淤垫成阜。同治十二年冬月，蒙太子太保、武英殿大学士、直隶总督部堂一等肃毅伯李谕令兴修。当即督饬署石景山同知

---

① 选自《钦定日下旧闻考》卷九十三。

② 丽牲，原指古代祭祀时将所用的牲口系在石碑上。语出《礼记·祭义》：“祭之日，君牵牲，穆答君，卿大夫序从。即入庙门，丽于碑。”后借指碑石。

③ 选自光绪《永定河续志·卷十五·附录》，该碑现位于大兴区榆垡镇求贤村内，修建于清康熙三十七年（1698 年）。

唐丞成棣、北岸同知张丞毓先、候选通判桂倅本诚，逐细勘估，造册绘图，详准拨款兴办。经始于癸酉十二月中旬，迄甲戌四月上旬工竣，计工料等款并挑挖减河，统共享库平银四万零七百二十两零。坝台龙骨等工，较旧制一律展宽，合将各工丈尺具列于左，俾后有所考核云尔。

一、坝口宽二十丈，龙骨进深二丈，迎水簸箕进深四丈，宽二十五丈五尺，出水簸箕进深十二丈，内宽二十四丈五尺，外宽三十丈，出水簸箕散水坡进深一丈二尺，宽十四丈。

一、两坝台金墙上下，均宽六丈四尺，南斜长五丈六尺，顶宽七丈，露明高八尺五寸，坝上汛房各三间。

一、加培东头老堤，工长九十八丈，均宽三丈六尺，西头老堤工长一百零七丈，均宽三丈二尺，均高六尺，共做护堤埽①九段。

一、筑东坝台内箝口坝，长十一丈五尺，顶均宽二丈五尺，高一丈一尺，做埽三段，外箝口坝长十丈，顶底均宽五丈三尺，均高七尺，做埽五段。

一、筑西坝台外箝口坝，长十五丈，顶底均宽五丈九尺，均高七尺，内外箝口坝口共做埽六段。

一、挑东坝台箝口坝并创堤外背后堤长二十一丈，顶底均宽六丈四尺高七尺。

一、挑坝内引河工长五十九丈五尺，口均宽五丈，均深五尺五寸。

一、挑坝下减河工长六千七百三十五丈，抵燕赵屯止，以下由旧河形接仁和铺，皆宽深顺溜。

一、减河，北面附近村庄悉以废土筑埝防护，南面附堤者，悉以废土帮堤。

十、平　谷　区

重修平谷县泃河石桥记②

民国二十二年　邑人王兆元③

粤自秦昭，河桥初作，时将寒沍，杠梁落成，皆所以利行旅也。川无舟梁，单襄知陈侯之废教；乘舆济人，孟子讥子产之私恩，皆言其不知为政也。近世东西各国之勃兴，亦以修明路政为先务，而其交通联络端赖桥梁，是桥梁之建筑为古今所重也。平谷邑治挹盘门外旧有石桥一，不知创自何时，东达康庄，征人络绎，城市

---

① 埽（sào），治河时用来护堤堵口的器材，用树枝、秫秸、石头等捆扎而成，也指用秫秸修成的堤坝或护堤，是治河工程中用以护岸和堵决口的设施。《正字通·土部》：“埽，堤岸曰埽，竹木为枋和土以悍水，今黄河之役用之。”

② 选自民国《平谷县志·卷六·文类上》。

③ 王兆元，河北省平谷县（今北京市平谷区）人，1934 年主编《平谷县志》，共编成了两部县志和一部志料，号称“两志一料”。

运水，路所必经。值岁既久，水力之冲激，车马之震荡，已日就倾颓。且近桥道路沮洳，雨后跋涉维艰，则重葺洵为急务。维时，临洵陈兰圃经理商业于是邦，倡议修筑，慨然以经费自任，乃于邻村集镇醵银币四百有奇，邑中众善亦出工协助，遂舆石运灰，庀工鸠匠，肇工于是年六月，撤其旧而崇其基，较前增高五尺，桥之前后道路亦加缮修，两岸均甃[①]以石，阅月而竣事，巩固倍胜于畴昔，坦途诚便于民行。兴斯役者，可谓心存博济矣。徐君兴周等感陈君之义举，佥以应鑱贞珉用示来叶[②]，因嘱予言。予惟我国从来凡建一庙，立一祠，率多勒石以纪其事，大抵非官兹土者捐俸倡修，即居是乡者出赀共建，类此之举何邑蔑有？亦常事也。今陈君建桥之际，正平邑失陷之时，地方士绅之负有职责者率皆远避。陈君以商团长名义应付于大军往来之间，力支危局，历两月余，城乡免于糜烂，秩序未至纷[③]纭。济此非常之变，非陈君孰能膺其艰巨？复能于戎马倥偬之余，冒暑临修，弗惮勤劳，经营构造，成此舆梁，又未用平邑之款，岂寻常之建筑所可同年而语哉？若陈君之热心毅力，诚有大过人者，特并书之，以传悠久。是为记。

十一、密　云　区

潮河川石墙记[④]

明户部左侍郎邵宝　正德十年

潮河川，古北口边关也，其险以水。关之北旧为弃地，今司空汤阴李公燧昔以亚卿兼御史中丞，经略诸边，始作石墙为固，外限川流其中，与墙相际。墙内之东南有堡，以居戍卒，号曰新营。君子谓“疆圉[⑤]之守，于斯为固”。然是堡去川才数百步，岁六七月，沙漠诸水奔放突决，堡受冲激，居民不宁，牧耕兼病，敌惟不至，至则罔御。正德辛未春，御史中丞李公贡以整饬之命来视，欲终司空公之功，乃谋于分守太监吕公安，暨副使朱君塋、参将张君缙，循川之东垒为南北墙九十八丈八尺，又折而背为墙六十五丈，属于山麓，约川南流，以绝敌径。参将章君承委督视，尤竭心力。盖自始事暨讫工不越四月，为费白金六百两。人以其工之易也，窃相谓曰：“是何足为有无哉？”及大水至，遇墙而止，又相谓曰：“壮矣哉！是墙之为力也，水不我遗害，而我设险，今而后虽有敌，其若我何？”分守以下诸君

① 甃，原书误为“瓮”。
② 来叶，后世。
③ 纷，原书误为“粉”。
④ 选自民国《密云县志·卷七·艺文》。
⑤ 疆圉，边境、边界之意。

子树石川上，用纪功绩，以示久远，谓宝和公使来请铭。公学通古今，才高宇内，故雅望隆中外，此实未足尽公而亦不可指为细事也。乃作铭曰：维石斯墙，金城汤汤。横不溢川，是距是当。□□□□，勿我毁伤。惟其作之，曾不可忘。人谓中丞，斯堤斯防。自南自北，复东复西。尺度有稽，惟川是依。不我为壑，固哉山溪。谁其为之，自我则夷。川为恒流，弗墙何害。突公来斯，德业斯在。司空之遗，中丞之载。中丞受命，固我北门。备预有武，绥怀有文。耆歌童谣，扩我见闻。墙哉墙哉，其将永存！

十二、延 庆 区

重修龙神庙记①

李柰② 明宣德进士③

隆庆④城北坎地旧有龙王庙三楹，崇台峻基，规制整严，且杂植林木，森茂烟笼篆浮，诚一方栖神胜地也。岁久倾圮，弗堪供祀。至嘉靖辛丑，都宪黄公冢器右生者，谋众修葺，遂庙貌俨然如故。迨癸丑岁，阴雨连月弗开，致颓敝殊异，往昔行路咨嗟，无以称州人祷祀之意。戊午岁春初，郡耆李景萼等诣庙恻然，乃设醵募赀，刻期举事，绘仪像，砌基址，凡百可增可补者，罔不殚力营治。有致仕实斋李公喜舍庙东侧地长十丈，阔一丈二尺。又士人杨梅亦捐庙北侧地长一十二丈，阔七尺余。周围有垣，仍创屋宇在台之上与门之侧者共七楹，以便焚修。抵秋将成，李君因染症弗克，会昔与李君同议举二事者亦李姓名海，恐前功隳废，复佥諆⑤于众，期完工务。重门叠级，画栋碧檐，焕然改观矣。复访有行比丘郑玄福住持兹庙，朝夕焚扫，且修缮有劳。至是，景萼之愿遂，而乡人之望慰也。众恐岁远湮没无传，遂命工镌石用记颠末，而舍资士众咸勒碑阴，以俟后之有志修复者考焉。是为记。

---

① 选自乾隆《延庆县志·卷九·艺文》。

② 李柰，字时珍，山东省蒙阴县人，善书法，工诗词，明宣德二年（1427 年）中进士，初任行人，后任南京监察御史、陕西布政司左参议，外号“铁板李御史”，著有《春秋管窥》一书行世。

③ 进士，意为贡举之士。明代前，凡参加礼部考试的人，皆可称为进士。清制一甲取三名，头名为“状元”，二名为“榜眼”，三名为“探花”。

④ 隆庆，即延庆县。

⑤ 諆（qī），谋划。

新垦水田碑文[①]

明　胡思仲[②]

今宇内嗷嗷，闾阎贫瘠极矣，而边方为甚，故筹边者首以开垦为急图，诚谓广储裕国所必资也。不佞受事妫川，窃谬有意举行之，三令五申，而民坚不愿，拂众难行，已无可措手矣。无何，直指[③]见陶吴公狩上谷，按延庆，问俗观风，相度地宜，喟然叹曰："此地土润水夷，曷不通渠，垦田兴利，以佐公家乎？"谕不佞成其议，不佞谢如命。则又曰："水利所以未尽兴者，以当事者重科峻法奉行无状，因是病民，故弗永也。"不佞唯唯。复又曰："小民不可与虑始，而可与图成。当官必除害，乃能兴利。"不佞复唯唯听命，盖深庆主持有人，边疆之福也。乙卯，详会制抚两台，俱报可，乃命署州事卫幕魏三顾董其役，州县卫俱如议以行。延庆一州尤为泉流之汇，称边之泽国焉。议甫下，而小民畏苦如昨，逡巡不敢前。私计小民趋利如水，兹水即利也，民何苦而不趋？是必有所以病民者。细廉其故，时三老子弟群跪而进曰："吾侪小人亦知上意恳勤以利民也。第往年，奉上命，间亦改旱地为水田，升税输将矣，而遗害迄今，田仍旱也，而税重如故，民有奈何复甘蹈之，以为后忧。"不佞恻然念焉，请命于直指公，公为慨然出示，远近谕晓，诸前所苦重税许即厘革之，自今伊始，新辟沃土岁即穰穰，概从原征，立石竖碑，永垂定则，以藏富闾阎，神气自壮，即固圉至计也。下民于是踊跃思奋，畚插争先。乃率乡约刘视远、屈尚仁等遍阅屯堡，察地分渠，遡原水道。一因海陀泉涧引至古城，浚渠由双营抵州城一十里，垦田五千余亩，水绕郭壕，大培地脉。一因佛峪泉，浚渠数里，抵张山营，远至集贤屯，垦田一千余亩。一引北山、下蔡泉等水，东自中羊房，西接张山营，南沿田宋营、上下板桥及吴家营、郎家庄、小河屯，垦田一万四千余亩，与州接壤。怀延二卫地方、刁家营垦田四千余亩。通渠之力，皆籍资军夫万余，凡掘侵民地为渠，即给官银偿之，匝月间成畦者，遍相望也，几及三万亩，至于地袤旷迂，尚未尽辟，有待而举。会新任宋守讳云霄，偕管粮杜倅[④]讳齐名，各锐意民事，留心水利，并力督率，鼓舞开垦前地所未成者，又亩逾三万，复即东红寺、黑龙庙、集贤屯、花园屯、保安、新城所辖矾山堡等处，皆引水灌溉，计田又三万余亩，沙碛萑苇之地悉化为膏腴。即小民且争相开浚，行成错绣，如曹官等堡，匪可数计总之，皆上心民力，有以普成之也。顷岁获稻数十万石，往时米价涌沸，自稻田开而斗斛平，

---

① 选自康熙《延庆州志·卷九·艺文》。有的地方志名为《新垦水田记》。

② 胡思伸，1552—1624 年，字君直，号充寰，南直绩溪（今安徽省绩溪县）人。万历二十三年（1595 年）进士，历任上虞知县、兵部郎中、山东左布政使、都察院右佥都御史、保定巡抚、南都巡抚、山东按察司怀隆兵备道副使、按察使等。在隆庆各地修渠引水，开垦水田十九万余亩，革除以前开水田给人民造成的重税，亲撰该碑文，刻石留给后任以安民心。今怀来县大黄庄一带的水渠，仍称“胡公渠”。

③ 直指，也称“直指使者”，汉武帝时朝廷设置的专管巡视、处理各地政事的官员。

④ 倅（cuì），副，辅助的。

家给户足，人心安堵。遥望东路，畦疆不逊江南，即遇旱魃[①]，有恃无恐。其于御虏尤善，虏故利骑不利步，倘尽地而沟洫之，虏不得长驱，是闾井之界皆为金汤，公私两利，莫此为甚。州民始击壤兴歌[②]，知上所以利我也。于是欲寿石以志不朽，而乞言于不佞。思颂盛美，余谓此直指公之德意，两台之协成，军民之同心，而边方之厚幸也。汪汪千顷，乐利无穷，予何能仰赞万一焉？姑缀其言若此，使后之览斯碑者洞悉其巅末，毋深法，毋重科，以有负于上人爱民足国之意，及不佞与诸司拮据之劳也。于是乎书。

万历四十四年丙辰仲秋月，钦差整饬怀隆兵备道、山东提刑按察司按察使新安胡思伸书。

浚复获城河道碑[③]

李育德[④]

延庆州自设有城垣。濠池之水源出涸河，其西南两面以河为濠，东北面浚濠之深广，俱详载州志。形势环流，气脉凝聚，故人文荟萃，物力滋丰，民俗犹为近古。嗣缘霪雨冲塞，而东北偏枯，西南面之水外溃，识地理者谓："未库冲而财不守，坤宫泄而化不淳。"非独吸食不便，而居民阴守其害者，盖已极百余年矣。我州牧[⑤]山左王荫堂先生以济南名进士适莅兹土，慨然有浚复之志，因谋诸司铎李公、城守营王公，得绅士之任重者四人，爰经始于岁十月朔，锐志鸠工，引水于南门外通济桥西，厘清城濠官地，开广旧迹，以为分注之源。一由故道南行，入水门洞，经来远桥，转冯家湾，而西归于南关外。一东面之水抵惠济桥，再东，由北而南，过普济桥，汇于城之东南角。前州牧患城脚地台不能保固，原借旗圈地亩，导水南行。兹因其地基依然，略加修浚，而魁阁巍临，天衢展步，溶溶然环湾带东，迄承恩桥合流而西北，何如形胜乎哉？诚不数观之盛举也。夫以前此之湮没，历有年所，几几若不可复振，一旦上有作者，下丕应。淤塞者疏之，冲溃者防之，并筹备善后事宜，以垂永久。不三月而告成焉。将见科甲由此兴，财源由此裕，风化由此培。而东北两面数百户居民汲食之便，尤其效之可立睹者也。谓非一举而重善皆备乎？彼世之积习因循委靡焉，无能为役者，其将有惭于斯，而后之闻风兴起，跃跃于有志竟成者，其亦将有感于斯夫？是为记。

道光二十七年冬月。

---

① 魃（bá），旱鬼。

② 击壤兴歌，相传尧时有老人击壤而歌，词曰："日出而作，日入而息。凿井而饮，耕田而食。帝力于我何有哉？"后成为歌颂太平盛世之典。

③ 选自光绪《延庆州志·卷一·城池》。

④ 李育德，临榆人，道光十一年（1831 年）辛卯恩科举人。

⑤ 州牧，汉成帝时罢郡刺史，置州牧。东汉末，握军政大权于一方，为一州之长。清代知州也称州牧，与知县并称牧令，这里是称知州。

环城河道碑[1]

车汝震[2]

延庆为出关第一名区，土沃俗淳，甲于宣郡。自设有州城，而周环河道故迹依然。先朝贤州牧取次疏通，藉以护城。即州民之汲食者利便，亦非浅鲜也。迨明隆庆间，兵乱复塞，迄今三百余年矣。当其始农劝耕耨，女慕贞洁，商利贸迁，工无苦窳。一时文人学士争自琢磨，以功名著者尤难更仆数[3]。自东北流淤后始不振，岂运会之适然欤？抑地灵之有据欤？前署州王公荫堂捐廉倡义，谋复浚之，并栽柳以固堤，惜未完事匆遽[4]而去。余适摄篆兹土，下车之始，环视城垣，慨然念之，惜其力弗便于民，非治也。有其始弗成，厥终非法也。急补捐募，工如厥初，督之深，督之广，树之既，活者溉之，未活者补之。又恐风之过益以沙，雨之过益以泥，一年弗修浅增尺，十年弗修增丈，安知不久而复淤如前日者。爰于城内设官斗四支，岁取其租息，为浚修之资。自是其功始成，而余念亦始慰。州人士欢欣而前曰："兹水之通塞，关乎运会。今而后将必有应运而兴者。"余曰："不然。余之黾勉从事，便民而已。风水之说，吾本深信，但愿他日者杨柳依依，河水荡漾，使斯篝车越陌度阡，妇子来止，浣濯休息，茂树青荫之下，草桥流水之间，抚其树曰：此王君所遗之甘棠[5]也。"余何敢邀其功云。道光二十九年二月。

碑阴

设立官斗四只，分派四街，按名按年以五月初一日交租，延钱四十吊，共合钱一百六十吊，以为岁修河工之用。有斗户姓名谕帖案卷存工房为证。若久斗租，另行更换妥人。分水下边河滩，有岁修河工地七亩，北至河路，东至城濠，西至河滩，南至西大桥，坐落西门外，按年收秋租，延钱拾吊，十月初一日完纳。佃户北关民人雷兴旺，若欠租撤地，另招佃户，永不许偷典盗卖。又环城两岸原栽榆杨柳树，共计一千棵，每岁给河夫各工食延钱五吊，看守岸柳，禁止剪伐，仍戒毋混伐两岸湿土，如有蒙蔽，私自斫折，经理人报官，责惩更换。分水设立坝夫一名，收取闸板，以备雨水横冲。闸边空地，准其栽种苇根，自行收卖，不给工食。如有怠玩，准行更换。分设工头二名，寻查柳掌、坝夫敝端，按年修理河道，督率小工作活领价，不给工食，如有徇纵惰玩，斥革更换。

---

① 光绪《延庆州志·卷一·城池》。

② 车汝震，原名汝霖，一字春雨，号春霆，贵州贵阳府（今贵州省贵阳市）人，道光二十五年（1845 年）考中乙巳恩科三甲进士，先后官顺天府宝坻县知县等职。

③ 更仆数，谓计算。

④ 匆遽，急忙。

⑤ 甘棠，称颂官吏政绩之词，见《诗·召南·甘棠》。

浚复环城河道添置经费碑[1]

张 昭[2]

延庆之环城河者，所以卫崇墉，资汲取，便灌溉，一举而三善悉备者也。自前朝州牧肇始浚修，民恒因以为利。然而山有暴涨之冲，夏有时雨之刷，一尺之水，六尺之泥，日积月盈，宜乎每见于淤垫矣。虽历经前斥者非不取次疏通，而开挖之法未备，是仅为目前计，以待后之人随修复也。前署州王荫堂先生，所到有循良之誉，其于道光二十七年来权斯土，适城河久塞，慨然曰："是利也，必兴之。"惟廉泉一勺，奚解于万人之渴。遂集好义绅士，鸠工而厘清之，广其洫而畅其流，固其堤而植其树。至今葱葱蔚蔚，弥弥洋洋，凡游泳其间，修禊祀其所者，莫不颂甘棠蔽芾，恺泽周治焉。继其任者车雨春先生，亦爱民求治之贤者，顾惜其力，不忍待之复淤，爰加修浚，并设官斗四只，岁取其息，以偿挑挖之费。庶几清流激湍，恒绕堞而环阓，非徒形胜之可观，实乃汲引之常便。民俗以河之通关乎文运，车君即以其说而策励人才，诚善政亦善教也。余于咸丰癸丑冬月捧檄来莅[3]兹邦，明年冰泮，即令修河培堤，俾前人已成之功垂之不朽。即有董事诸生请曰："前设四斗，其利不敷岁修用，不免顾此失彼，使再增益四斗，久之可无虞复塞矣。"余察前之四斗，民所乐从。夫斗之利，亦民之利也。以民易为之利，而还以民，其谁曰不宜？遂允所请，而勉之曰："有始有终，勿荒勿怠。"能以不欺存心行，见德行昭，而科名可显，无俟乎川渎效灵，而文运始通也。是为记。咸丰四年七月。

重修延庆州广济桥碑记[4]

李葆贞[5] 知州（同治十三年重修）

延庆为居庸关外第一郡，重峦叠嶂，拱卫神京，而其中之原隰沃衍者，广袤约数十里，则州城在焉。相其形势，亦隩区[6]也。出南郭外，山溪缭绕，一水护城，由东北而来，众流毕汇，每春夏际，则涨溢不便行旅。自前明嘉靖八年，州牧杨首先倡率，因土桥之旧而易以石，号曰广济，民咸利之。时代既久，颓废日甚，而兴复愈难。曩岁南大寺瑞来僧将有募修之举，而需费甚巨，屡格于行。癸酉冬，余奉调权篆斯都，道经于此，心怦然者久之，下车后，因劝谕绅商共襄义举。不数月，醵金购石，众志佥从，爰集千民，攻葺完缮，甚盛事也。抑余有感焉，兴废之由，在人不在地，彼夫通都大邑，

---

① 选自光绪《延庆州志·卷一·城池》。

② 张昭，贵州省绥阳县人，清咸丰三年（1853 年）癸丑科殿试金榜第三甲第七十六名同进士出身，任延庆知州。

③ 莅，到。

④ 选自光绪《延庆州志·卷一·舆地志·水利》。

⑤ 李葆贞，湖北松滋（今湖北省松滋市）人，同治十二年（1873 年）由怀安奉调来延庆担任知州，清光绪十五年（1889 年）编纂完成《当阳县补续志》。

⑥ 隩（yù）区，藏伏、蕴藏之意。

孔道要冲，凡有兴作，非羡租即帑藏[1]也，延庆处边徼[2]，沐休养之泽垂二百余年，耕凿贸迁，几于阗城溢郭[3]。而又□邻诸邑，车者徒者络绎于兹，遂令往来病涉。揆诸除道成梁之政不有歉乎？独力既有难支，而公项复无所出，兹幸同寮共济，绅庶乐输，而瑞来僧亦无俟乞诸大檀越，曹渡津梁遂拭[4]目而结此善果，岂独守土之荣，抑亦诸君子之力也。不然，溱洧乘舆，惠不知政，识者讥之，又何论过境者之叹道阻耶？途故乐观其成，镌工勒石，非好行其德，博去思也，亦冀官此者绵绵补葺，俾勿倾圮，是则余之所厚期也。夫因书其起讫而为之记。

① 帑藏，亦作“帑臧”，一般指国库的钱财。
② 边徼，犹边境。
③ 阗城溢郭，谓人车众多，出自班固的《西都赋》。
④ 拭，原书作“试”。

第二编

天津市

天津市东临渤海，西临北京、河北，北部和南部与河北接壤，地处“九河下梢”，是海河流域五大支流，即南运河、子牙河、大清河、永定河、北运河的汇合处和入海口。主要河流有海河干流（西起子牙河与北运河汇流口，东至海河防潮闸）、子牙河、永定河、北运河、新开河、南运河、独流减河等。

本编共选现天津市区域内历代水利碑文三十余篇，涉及宝坻区、宁河区、红桥区、蓟州区、静海区、滨海新区、武清区。所选碑文跨越元、明、清三个朝代和民国时期。从身份看，作者有皇帝、有各级官员，也有的作者身份无法考证。从主要内容来看，涉及河渠湖淀、桥梁堤埝、水闸、庙宇、城建、表彰纪念等方面。

天津是缘水而生，没有海河，就没有现在繁荣发达的天津。而天津历史上又因水而扰，据初步统计，明万历二十年（1592 年）至 1949 年的 358 年间，天津发生大的水灾达 43 次，平均每 8 年一次，期间有 13 次淹及天津城区。特别是明万历三十二年（1604 年）大水淹没天津城砖 24 级。清嘉庆六年（1801 年）大水淹没天津城砖 26 级。清光绪十六年（1890 年）洪水致使下闸口、洋货街水深 1—2 尺。1917 年，洪水导致房屋倒塌万间，财产损失不计其数。1939 年，洪水泛滥，天津市区百分之七八十的街道水深 1—2 米，被水浸泡两个多月，80 多万人受灾，房屋倒塌数万间。自明代开始对海河进行治理，明宣德九年至正统三年（1434—1438 年）、明嘉靖四十一年至四十二年（1562—1563 年）、清康熙、雍正、乾隆、光绪年间都实施过重大治理工程，取得一定成效。1901—1923 年先后对海河干流进行过 6 次裁弯取直，后来还进行过多次放淤。虽然历史上的这些治理在当时和后期也起到了一定的作用，但由于受历代社会制度、经济能力和科学技术水平的局限，成效甚微。天津水患是中华人民共和国成立后才真正解除的。本编所选的碑文从不同方面反映了历史上这一地区不同阶层通过各种形式开发利用本地水运资源、发展生产力、与水灾作斗争的历史。

一、红　桥　区

直沽接运王公董古鲁公去思碑记略①

柳　贯②

后至元庚辰冬，海运之民倪实等介其府令史王元珪以书来，言曰：世祖皇帝既混一区夏，爰始取道辽海，运米南土，给饷京师。内置漕运使司暨万户府于京畿，外立都漕运万户府于吴会，募民籍名数具舟航以任其事。凡运米以石计，岁三百五十万有奇。每春若夏再运，万户分命僚属，吴会太仓帆恃风经绝洋海运，北抵直沽。漕运万户之在内者亦部置其官，数往翼舟航交受所运，达之京仓。当其归纳授受之际，或失其当，分拿镠辐，狼狈折阅，则海运之民倾资破产以补不足，其患有不能胜者。故朝廷必选官直沽，按临监护，名曰“接运”，监其隐微，辨其枉直，权其授受，砥其平以去其弊。后至元再元之六年，万户何里中宪职春运抵直沽，时兵部郎中济宁王公维干君锡、礼部员外郎董古鲁公元善，又奉命朝省主接运事。米凡至者百七十万石，有司举元所进样以比类，其色泽有不同者，弗受，告于公。二公曰：“郡所进米为样袋二三合耳。使者昼夜驰驿数千里抵京师，风日振薄，无所壅蔽，故能致明洁若是。分运之法，六千石载一舟，气含溟波，蒸盒历暑，色又何能相同？凡以样进者，惧其杂灰糠耳。兹既无是也，色虽不同，苟能饭焉，以充吾饥，受之庸何伤？”或又有以米样蒸热，弗受。公愀然曰：“噫，檐储峙者尚尔，况万斛之舟之所积乎？且民捐躯涉万里不测之渊，出入蛟蜗爪牙间，幸至此，汝弗受，将安往归之？邪徒久逗漫淫，蚕食侵牟，民益困。”有司乃不敢有所言。先是接运官廨毁于廷燎，有司僦民居之宏敞者以馆于公，公度其费无从出，乃辞焉。即临清万户府听事以居，殊湫隘③。二公曰：“是虽隘，然庶无僦屋费以厉民。”或霖潦骄阳，则手编苇自蔽，处之泰然，无一毫勉强意。直沽素无嘉酝，海舟有货东阳之名酒者，有司给传食市以进，公弗受。曰：“若虽酬其直，宁能无所嫌也？”官属吏民小过者必谆切教戒而宽容之，虽蒲鞭未始示辱于人，而人亦服其威信，罔敢怠逸。下车以五月三日，甫再越月集事，七月四日归报于朝。我民思之，去之愈远且久而不能忘，愿有以识之。贯辞不获命，谨述其辞，以识如右。

---

① 选自嘉靖《漕运通志·卷十·漕文略》。

② 柳贯，1270—1342 年，字道传，婺州浦江（今属浙江省兰溪市）人，元代著名文学家、诗人、哲学家、教育家、书画家。官至翰林待制，兼国史院编修，与元代散文家虞集、揭傒斯、黄溍并称“儒林四杰”。

③ 湫隘，低洼狭小。

直沽接运官德政碑记[①]

元翰林院编修贡师泰[②]撰

夫《易》，圣人所以明幽微[③]之理。然理非有形声气貌也，于是设象以明理。其为象，大之而为天地之覆帱，明之而为日月之运行，融而为河海，结而为山岳，幽之而为鬼神之情状。文之词理，乐之光辉。其细而为鳞虫之变化，草木之动植，举因其象之昭昭者以明乎理之所以然，逮其象天下之至险，其为理不难知，其为物不难见，则莫过于涉川。凡川水以为天下之至险，何况于海。合天下名川三百，支川三十，未有不归于海者，故海为百川主。夫涉其支流，圣人于《易》已设戒，而谓之险难矣。则其视波万里如坦途，溟渤九渊如邮传，囊括东西之稻米，举而输之海，六七千里之间，转漕流通，储峙不缺，抑亦何以能若是也欤？是盖世宗皇帝宏阔深远之规模，列圣相承之矩度，国家无穷之洪休，要非世之小智狭识所能窥度也。钦惟世宗皇帝定都于燕，聚四方万国之众，含哺鼓腹，以仰食于燕，使由江河转运，以馈于燕。顾岂不可，然而圣朝包六合为一家，视四海犹一衣带水，故能运天下之至神，越天下之至险，举无遗策，以建丕基于无穷。于是以中吴水所聚也，稻米出焉。故即中吴以建漕府，漕府官贵重，皆佩玉麻黄金虎符，铸银作印章。然犹以为未也。当岁春夏运，复于江浙行省，奏选宰臣董饷吴下，阖东南郡国粮之给京师者，万艘如云，毕集海滨之刘家港。于是省臣漕臣悉斋戒涓洁，以卜吉于天妃灵慈宫。卜既协吉，乃命漕臣持章秘符，俾率其属纵金鼓以统漕民，建纛置牙，无敢后先。舟师舵工，露趾文身，蛮布帕首，其散布于各艘者。每舟不下数十百人，蛮语夷歌，犷心黧面，调驯慑伏，则必本之以恩，齐之以法，龙骧万斛，崔嵬如山，才远海涯，仅比一叶，崩腾大浪，天回地棹，鳌吐鲸吸，出没变怪。方是之时，乃审《易》之象，谓天下之至险，顾不信哉？国家以其事之重且难，举莫此若也，故于每岁春夏运饷。舟将抵直沽口，即分督漕运官出接，中书省复遣才干重臣，从至海壖，一一交卸，石以万计，可谓伙矣。然其累至百万，又至数百万，以数百而较计，至于合勺颗粒，畸不得亏，盈不得溢矣。差毫毛即堕吏议。故接运官稍立崖异辄为害，矧或纵肆以核实，骛外以徼誉，民将若之何？殊不知斯稻之载海舟涉鲸波也，不能必其无少变。于其初，故或米与样违，南北概量大小不齐，而受辜被斥，淹滞留难而诛求之。于是漕民焦然，或剥舟鬻簟而归者，或借贷狼狈而归者。以数年之间，漕运倾疲，而国家之粮饷非可暂息。惟至正六年丙午之夏，接运官、奉政大夫、中书、户部员外郎大平禹卿，奉政大夫、参议石郁文甫，监察御史筠公质，都漕运临清运粮万户等官……于是，

---

① 选自嘉靖《河间府志·卷一》。光绪《重修天津府志·卷三十八·金石》之《接运官石郁等德政碑》作贡师道撰，《漕运通志·卷十·漕文略》、乾隆《天津县志》都作贡师道撰。

② 贡师泰，1298—1362 年，元代著名散文家，字泰甫，号玩斋，宣城（今安徽省宣城市）人。元泰定四年（1327 年）进士，曾任吏部侍郎、兵部侍郎、礼部尚书，后官至户部尚书。

③ 幽微，深奥精微。

论列其所以敷惠于漕民者，勒之金石。

重修天津护城河闸碑记[①]

钱陈群[②]

自古土功之兴，有城必有池，所以限封疆，通宣蓄，资灌汲，利往来也。周公成洛邑，凿阳渠以周四面，而秦汉以来，千金五龙之号，富民利人之名，史不乏书，代著其烈，此亦见水之为利溥，而废兴之间事甚巨也。天津为九河下流，于北地称泽国。城东北二面临大河，余二面无水。旧于城侧开护城小河一道，而于城东南角开水门一，以引河水。又于城下东西凿水门二，引水入城，各立闸，司启闭。康熙十三年因废重修，广袤深浅不改其旧。数十年来，木朽石倾，闸不能制水。一时权宜，概行堵塞，而护城河从此遂淤。太守[③]程公以清德令望[④]来守此邦，四国诵为仁人，九重闻其长者，纲举目张，百废具理。先是，郡之士民以护城河闸请于前守李公，甫营浚筑，旋奉召以去，至是复请于公，公曰："是不可以不修。"遂属工兴事，亲督畚锸，旬月而事竣。清流洋溢，左环右绕，俨乎金汤之固矣。且夫闸之设也，非美观也，盖有六利焉。畿南之水泛溢无时，有闸则按期启闭，近城左右永无水患，其利一也。城内沟渎之水壅滞无归，有闸则积水可流，积秽可泄，其利二也。斥卤之地，素无甘井，居民饮食皆远汲河水，有闸则清泉日注，饔飧[⑤]是资，其利三也。城南碱地，必藉清水灌溉，有闸则沟浍宣通，硗确[⑥]之地皆成肥壤，其利四也。居民夜作，例不禁火，曲突徙薪，备预宜早，有闸则一旦失火，即可挽水以扑灭，其利五也。有大河以绕其东北，有小河以环其西南，大河总其干，小河分其支，脉络周通，土风清美，坐使形胜日尊，都邑日盛，其利六也。夫为民兴事，捐已有以开百年之利，贤大夫之事也，述旧章，修故典，垂茂绩于来兹，广前猷于不替，亦后世有民社者之则也。爰为之记，以为来者法焉。

西沽浮桥碑记[⑦]

赵弘燮[⑧]

先将军在昔驻节津门，余时方习举子业，就顺天乡试，尝往来卫城北郭外，见西

---

① 选自民国《天津县新志・卷二十四・碑刻二》。

② 钱陈群，1686—1774 年，字主敬，浙江嘉兴人，进士。任庶吉士、编修、右通政，督顺天学政，加尚书衔，太子太傅。

③ 太守，官名。战国时郡的长官称为"守"，尊称为太守。汉初改为郡守，景帝中元二年（前148年）更名为太守，始为正式官称，武帝时称刺史。隋唐两度改州为郡，改称刺史为太守。后又改郡为州称刺史，故曰刺史与太守互名。

④ 清德令望，令人景仰的高尚品德。

⑤ 饔飧（yōng sūn），做饭。

⑥ 硗（qiāo）确，指砂石多、不宜种植的贫瘠土地。

⑦ 选自民国《天津县新志・卷二十四・碑刻二》。

⑧ 赵弘燮，1656—1722 年，字亮工，号理庵，宁夏卫（今宁夏回族自治区银川市）人。初任直隶完县知县，不久升黄村同知，再擢天津道。后历任山东按察使、布政使，河南巡抚。调任直隶巡抚十年后，加总督衔。

沽水势澎湃，行者病涉，即慨然欲请于先将军以建浮桥，会先将军奉命统师讨叛，不果行。及余两蒙圣恩监司兹土，前后履任未及三载，亦未暇为。然自幼时趋庭省侍，以及宦游所至，自山左洊历中州，凡经阅津渡甚伙，则斯桥之志未尝不时存于中。盖此地上接神京，为天下水会，四方舟车之所辐辏，潞河之水建瓴而下，其水发源塞外，自通州入潞河，与宝坻县之潮河合流，至此折而东南。其西则诸淀为桑干，为滱，为清，为徐曹雹泙四水，为磁唐沙三河，诸水汇集，而徒骇、滏阳亦由此分流疏派，皆自西沽倾泻，与潞河合，并趋三汊河以入海，其在虹藏角见之时，河流就轨，两水交触，尚龃龉不相能，至天降时雨，百川并涨，诸淀之水奔腾汹涌，如万马纷驰，争隘夺险，又如两军疾驱，卒然相遇，前有所拒，后不及停，湍激奋迅，莫可名状。舟师失戒，恒多覆溺，则斯桥之作盖未可已也。余承天子宠命，自中州移节畿辅，复奉特加总督，凡地方大利大弊，厘剔修复，次第举行，乃得及于斯桥。于是率先捐俸，属长芦运使宋君师曾、天津道朱君纲鸠工庀材，排列巨舰，横贯铁索，施板覆土，南北对峙，坦若康衢，而又相度行艘，时其启闭，以及铁锚麻缆，百物具备。凡用船一十有六，计其长二十有六丈，糜白金二千余两，肇于康熙甲午岁冬，以乙未夏四月讫工。桥成，二公归功于余，余曰："众擎则易举，同好则久存。余虽一人倡之，而藉诸君之力乃得，商民子来恐后，于以有成。尚冀后之人同乎斯好，时复修葺，则斯桥庶几其可久也。"而余伏念先将军总统王师，削平滇黔功著旂常，而余又蒙圣天子永念前人之烈，特优简拔，再世秉旄，得糜禄于此，以报君之恩，继亲之绪。斯桥之作，余实有厚幸焉，而二君部署纤悉，具有条理，其勤于识又可知也。用伐石刊事，并勒慕义商民姓名于碑之侧。

重修龙王庙记①

莽鹄立②

予今而知天之申命保佑，神之通诚感召，有如斯之灵且速耶！今年春天不雨，天子亲徂郊圻，警跸旋临而云油雨沛，泽乎四方。《诗》曰"农夫有庆""万寿无疆"③，天下颂焉。夫川后岳渎之所以效灵，以圣人之心即天心，故感通而佑命之，其灵且速如此。越两月，仲④夏，天津蕞尔区，或耘或耔之后，东南其亩重望云霓。是时也，百谷既播，二麦未登，予思天津为神京畿辅，人烟辏集，秋敛无望，则黎民阻饥。予方以为忧，询知盐关之南有龙神祠，为灵昭昭。予亟闻于元戎徐公、两观察年公、段公及同城文武群僚庶士，即于是月二十有七日庚子，以禋以祀，虔告于神，而众商亦从予祷焉。厥明，辛丑二十有八日，尚烈日炎风，逮至未刻，雷起兑方，霖雨如注，自申至夜分方

① 选自民国《天津县新志·卷二十四·碑刻二》。

② 莽鹄立，1672—1736年，字树本，伊尔根觉罗氏，满洲镶黄旗人，清朝大臣。

③ 农夫有庆，万寿无疆。出自《诗经·小雅·甫田》："黍稷稻粱，农夫之庆。报以介福，万寿无疆。"

④ 仲，县志案，"仲"应作"孟"。

止，四野沾足。及入五月，长溜[①]涔涔，又日以相继，前之喜雨，至是而愁霖，向之忧旱，至是而苦涝矣。予复忧之。六月朔壬申，予再祷以求晴。越朝，果薰风自南，云敛日霁，于是津之众商睹神之灵且速如此，皆曰予之诚有以感召之也，咸归功于予。予进而晓之曰："云行雨施，天下平者，圣天子之神运也。雨旸时若，百灵效顺者，圣天子之德化也。今之旱而雨，雨而晴，感应如响者，天之申命保佑也。予何有焉？"众商复为予请曰："公不有其功，神惠宜报也，请公题额以昭其灵，吾侪捐资以新其宇。"予忻从其议，即首为捐金，元戎观察诸公皆乐助，以成众商之志。予因为记以寿石，俾后之览者知神之奏绩于清时[②]、商之慕义于不朽，皆仰体圣天子之精诚感召以惠此一方，自此天不屯膏[③]，地无遗利，时和岁稔，海不扬波，圣泽汪洋，永永无极，皆于是乎兆且望后之人虔修庙祀，以传神惠于无斁[④]焉。

新开卫津河碑记[⑤]

徐士銮[⑥]

天津为众水交汇之区，群流入海之道，地当尾闾。《禹贡》九河同为逆河入于海，即今直沽地。每伏秋间，川谷涨溢，宣泄不及，势必泛滥，四乡其受害，最巨者南乡尤甚，续邑志已详言之，兹不具述。夫邑，犹身也，河，血脉也，血脉壅则身病，河壅则邑病，不壅不病也。按，邑城[⑦]东南地势洼下，以故时雨暴涨，直漫平铺，伤稼极多，迄无乐岁。而光绪庚寅夏[⑧]，运河漫溢，奔注下流，兼之积潦霪霖，更有漂庐舍、鱼人民之患。制军合肥李伯相驻节津门，恻然轸念，洞悉本原，以为民所天惟食，民食所出惟是土田种莳水旱无虞。傥[⑨]非因势利导，亟开支河以达于海，虽频年浚防，为目前补苴[⑩]计，徒劳无益也。顾兴作自官，工匠率多冒滥，而窳惰[⑪]易滋，驱使以民，闾阎未睹乐成，而劳怨辄起。伯相爰于辛卯仲春特下创开河渠之令，檄总统淮军盛营卫军门汝贵专董斯役。军门固甚乐为民去害而即利者也，不惮驰驱，躬往相视，督率幕寮，度土功，慎财用，分派勇弁，更番操作，以均其

---

① 溜，屋檐的流水。

② 清时，清平之时；太平盛世。

③ 屯（zhūn）膏，谓恩泽不施于下，出自《易·屯》。

④ 斁（yì），厌倦、懈怠、厌弃。无斁，不厌恶、不厌倦。

⑤ 选自民国《天津县新志·卷二十四·碑刻三》。

⑥ 徐士銮，1833—1915 年，字苑卿，号沅青，天津人，晚清官僚、画家、著述家、刻书家，所著有《敬乡笔述》《古泉丛考》《宋绝》《医方丛话》《蝶坊居诗文钞》等存世。

⑦ 邑城，县城。

⑧ 光绪庚寅夏，指光绪十六年（1890 年）夏，该年 7 月份天津降雨 861.3 毫米，运河溃溢之水下注津南，直隶总督兼理河道李鸿章于第二年（1891 年）春命盛军门汝贵开挖卫津河正河及其支河，当年五月竣工。工程主要分流南运河洪水，解除津南大洼水患，更有灌溉之利。静北津南两邑耆老共立此碑。

⑨ 傥，同"倘"，假使、如果之意。

⑩ 苴，垫，引申为填、塞。

⑪ 窳（yǔ）惰，懒惰的意思。

劳。于是畚运锹飞，莫不勇往从事。下于洋码头设三空大闸一座，上由八里台以达卫南波水、柳殿、秋麦港等洼，开挖正河计五十余里，并于白塘口、双港、八里口、聚宝庄各等村共通支河八道，统计正河支河一百一三十余里，桥十一座。今岁五月而全功告竣。河成，伯相锡命曰“卫津”。斯役也，悉出公帑[①]，兼资勇力，不费民间半缗，俾蚩蚩者氓，不识不知，既得免漂没之害，且长享灌溉之利。伯相之赐岂有津涯乎？我伯相恫瘝[②]在抱，大德涵濡，其为畿辅烝民造福惠溥，无穷之善政，枚举莫罄。即此除津邑南乡百余年之水病，详审利害，不撼摇于浮议[③]，独断独行，抑且知人善任，告厥成功，其仁智迥越寻常矣。静北、津南两邑耆老[④]共戴伯相之德，相与刻石记之，以垂永久。

徐士銮撰，华世奎正书。

二、滨海新区

天津整饬副使毛公德政去思旧碑[⑤]（节选）

副使汪来[⑥]　天津

毛公恺，字达和，越之江山人也。以读书起至天津整饬副使，三年擢山西参政。于其行也，天津人遮道涕泣而留之，去后涕泣而思之，为之立生祠，号曰“报功祠”，又为之立碑。今十年，天津人又涕泣而思之，又为之立碑。十年之间，追琢者二三，何思公之深也！盖天津近东海，故荒石芦荻处，永乐初始辟而居之。杂以闽广吴楚齐梁之民，风俗不甚统一，心性少惇朴，官不读书，皆武流，且万灶沿河而居，日以戈矛弓矢为事，兵马倥偬之际，而欲其和辑小民，不亦难乎？既不读书，争相骄侈为高，日则事游猎，从歌舞，俱在绮繻纨袴[⑦]之间，而欲其道德揖让，不亦难乎？武以储将，因有终身在家死守一事而不愿他出为将，他出复返，返而复在家死守一事，冀利有泽薮[⑧]也。又以中贵人皆所亲属与故所善，赍金必脱于

① 公帑，国库钱财。

② 恫瘝（guān），病痛、疾苦。

③ 浮议，流传而没有根据的议论。

④ 耆老，年老而有地位的士绅。

⑤ 选自民国《新校天津卫志・卷四・艺文中・记》。

⑥ 汪来，生卒年不详，字君复，号北津，天津城西（今属天津市宝坻区）汪家庄人。嘉靖十四年（1535 年）举人，嘉靖二十年（1541 年）进士，授刑部主事，历任庆阳府知府、山西兵备副使、山东提刑按察副使等。居官严毅，不避权贵，后退归乡里，不纳冠盖，日以诗文自娱。著有《北地纪》《津门征献诗》。

⑦ 袴（kù），即裤。

⑧ 薮，原指多草的湖泽，此处指人或物聚集的地方。

法，又善所过者，赍金亦脱于法。公至，以大振公道为先，不信私书为本，一年不废鞭笞，二年半鞭笞半不鞭笞，三年鞭笞不用。上者讲兵陶镕[1]将才数辈，中者和平公正若读书人，下者亦知奋发不至废坠。天津地下，九河之水从兹而入，岸悬如线，往时壅溃不修，惟公筑堤修堰，长三百里，下屯芦草以作固，上植杨柳万本以生材，亦以作固，兹事具，人得其利焉，水安其流，利于桔槔，与汉时搴茭筑树引淮渠何以异哉？天津无沃田，人皆以贾趋利。既以贾趋利，彼必与时俯仰，然不平其值，人皆散之。鱼盐蠃蛤不贩天津而贩都会，絮帛粟稻不之天津而之丰台，曲[2]纸板木不泊天津而泊河西务，阛阓[3]之中惟薪藁满车、酱醢满甔[4]。彼贾者性苦而啬，善保物不以予人，彼安得不散？公至罢官价夙弊，彼与时俯仰，此亦与时高下。一时，鱼盐蠃蛤、絮帛粟稻、曲纸板木，复从都会、丰台、河西务至焉，至则颇有立产业基址者。又燕俗剽悍，萑苇弥途，豺狼易生，烟水连天，鲸鲵肆出，是盗贼出入，不可不为之备……

毛公讳恺，字达和，浙江江山县人，壬辰进士，嘉靖三十三年以瑞州知府升任天津副使。遗爱在民，为立祠，历升吏部尚书。

御制海神庙碑记[5]

康熙皇帝

朕昔巡历天津，询知直沽海口去盛京数百里，舟航泛涉，实利转输。乃者[6]奉锦[7]两郡，岁谷不登，兵民乏食，深廑朕怀[8]。而陆运之程，逾山越谷，旷日为劳，厥惟创兴海运，始足拯济群生。爰命学士陶岱往莅[9]其事，酌拨仓粟，运以巨艘，出直沽之口，东指辽海。篙师棹[10]卒，并力一心；波涛不兴，天日清皎；祥飚遄[11]送，帆桨如驰；甫[12]三日即达盛京。赈给[13]所暨[14]，周遍穷檐，俾此京辅之邦，咸与遂生乐业。

① 陶镕，亦作“陶熔”，陶铸熔炼，比喻培育、造就。
② 曲，酿酒或制酱时引起发酵的东西。
③ 阛阓（huán huì），街市、街道，借指店铺。
④ 甔（dān），坛子一类的瓦器。
⑤ 选自民国《天津县志·卷二十四·碑刻二》，光绪《畿辅通志·卷八·帝制纪·宸章一》名《海神庙碑记》。
⑥ 乃者，往昔的意思。
⑦ 奉锦，指奉天和锦州。
⑧ 怀，挂念。
⑨ 莅，临视、督办。
⑩ 棹（zhào），桨。
⑪ 遄（chuán），快速。
⑫ 甫，刚刚、才。
⑬ 赈，赈济，赈给，救济施与。
⑭ 暨，及、到。

则惟尔海神有灵，克[①]相[②]朕以宁兹兆庶[③]也。朕惟望秩[④]之典，国有常祀，而济运之功，尤宜报享[⑤]。天津东旧有海神庙，今特命工庀材，重加营建，朱甍[⑥]碧瓦，规制崇宏，庶几鉴兹悃忱[⑦]，益加佑助。岂惟予一人，惠鲜之意，藉以有成，将盛京世世军民，皆得邀神贶于勿替也。是用揭诸穹碑，表神之功德，以垂永久焉。康熙三十六年七月吉旦。

三、宝 坻 区

新开运河记[⑧]

明　大学士　李贤　邓人

洪惟我朝，奠安海宇，康济苍生，而防边一事，尤加周密。其东北一带，控弦之士，无虑十数万人，而粮饷之需，大抵取给于江淮，是以大河诸卫，岁运三百六十余艘，直抵蓟州，为仓而贮之，以便支用。往时由直沽循海道，备历艰险，不免疏虞。盖近海多风，船至海滨，不敢遽行，必淹及旬日，甚至弥月，候风色止息，方敢一过。或至中流，忽遇风涛迅作，遂罹漂荡覆溺之患，岁损船不下数十，而粮斛动以万计。主漕运者，恒以为忧。天顺改元，一新政令，天下臣民莫不忻忭鼓舞，兴起事功。而巡守蓟州诸君深虑此患，询及父老熟于地理者，云海滨有二沽，一名水套，一名新开沽，相去才十里，可以开河通潮，以便运艘，以避海难。于是具陈其事，上命镇守总兵都督佥事宗胜董其事。胜寻婴恙，复命右参将都指挥佥事马荣代之，又以监察御史李敏、工部主事李尚共莅其事。三人者，才识俱优，乃同心协谋，相度高下，起蓟州诸卫、宝坻等处军夫万人，抚恤奖励，罔有不至。以故众役感悦，争先效力，于是岁三月始事于甲午，讫功于丙午。人皆惊异，以为成功之速如此，必有神明默相其间者，遂建天妃宫[⑨]于新河之左。佥谓斯举，便国家之漕运，通商旅之货殖，公私之利，实非小补，乃立石于旁。走书京师，乞予言以纪其

---

① 克，能够。

② 相，助。

③ 兆庶，指兆民、众民。

④ 秩，祭祀。

⑤ 报享，酬答、祭享、祭祀。

⑥ 甍（méng），屋脊。

⑦ 悃忱（kǔn chén），诚恳、忠诚。

⑧ 选自乾隆《宝坻县志·卷十八·艺文下》，原志注为“节本”。光绪《宁河县志·卷十三·纪载》载：“李贤，邓人。”该文与民国《蓟县志·卷十·艺文》所载《新开运河记》有异。

⑨ 天妃宫，位于新河庄前街中心，砖木结构，由前殿、后殿和连房组成。前殿供天妃，后殿供云霄、琼霄、碧霄三位娘娘。光绪二十六年（1900年）遭八国联军严重破坏，中华人民共和国成立初期，天妃宫被拆除。

事。予尝考唐神龙中，于渔阳开平远渠，傍海穿漕，以避海难，当时便之，于今不泯。诸君是举，端有合于前人之所见矣，安得而不书。独是兴利难，保利尤难。后之君子，苟慕义者，视此刻文，庶几兴起继修之志，用保此利于无穷，是又广推立碑之余意，以为来者劝云。

三岔口河堤记[①]

张兆元[②] 明邑署令 乌程人

畿南邑稍迫河海者，无如宝坻，故泻卤涔淖，农桑利不溥，又时中水患，每溢溢，民其鱼乎而他可知也。余不佞，被命以卢龙郡丞来治，则日夕讨利害而剂疗之，私计兴利不若除害。古有成言，乃邑患独水耳。遂略地察原隰[③]状，盖观于三岔口河之塞，而知前令善除害也。维时父老攀轼飏[④]言曰：岔口尝有河，用泄水，作归墟焉。惟是岔口实通蓟河，蓟水横逆入岔口，邑市且舟，遂以无岁。天不终弃我民，徼惠丁公，首捍灾楗石[⑤]，民有攸赖。丁公去，蓟人复不道，且谋开楗石将壑我。袁公继至，悉患害，具白监司高公，亲诣岔口，力主不可，谋始寝。袁公随立祠岔口上，血食丁公，塞蓟觊心。袁公去，蓟人又蠢蠢然动矣。明公图永利之余敬诺，因为太息，匪向二公力阻，安得有今斯血食？不独丁。已而蓟人已投牒[⑥]中执法[⑦]，视储政者，中执法曰："郡丞尔来前，蓟即宝也，尔无以岔口河重难蓟。"嗟乎！余诚难蓟乎哉？邑有河以纾水患也，勿克自纾，又重延蓟水，自贻患矣。蓟后嫁祸此，如治此者何捍患？仁也，恤邻亦仁也，恤不必然之邻，而不捍所必然之患，于仁奚居？遂移书白蓟守，复上书中执法，而开岔口之议为永罢矣。余因是有慨焉，当丁公负薪下楗时，拂群心，排众议，一意嘉惠，安知去之日蓟且乘间也者。即袁公坚踵劳躅，庀祠血食，报丁公所自始，其肫赤何尝不望后之人继之。幸余兢兢三尺，不遗锱黍，于是二公为有成绩。假令蓟人果得逞志岔口，余宁抗当事指，不敢贻民患以为二公羞。余今获免于戾，而后邑之百利可渐兴已。二三父老志之，因鸠工，肖袁像俨然丁右，一如袁祠。丁云：是役也，势岌岌，议呶呶，凡三废三举而暨。余摄令事则令亦三焉。三令又皆淛[⑧]人，雉城丁应诏、嘉禾袁黄、苕溪

① 选自乾隆《宝坻县志·卷十八·艺文下》。

② 张兆元，浙江乌程（今浙江省湖州市）人，例贡生，明万历年间先后任宛平县丞、河间府通判、宝坻县知县、淮安府清军贴堂同知等。

③ 原隰（xí），平原和低下的地方。

④ 飏，通"扬"。

⑤ 楗石，堵塞河堤决口用的木石一类材料。

⑥ 投牒，呈递诉状。

⑦ 中执法，汉代中丞的别称。

⑧ 淛（zhè），同"浙"。

张兆元先后相待，若有定数焉。贡生[①]王三锡、庠生[②]王三顾世居岔口，灼知害始，持议甚力，例得并书。

工部地修堤记（节本）[③]

大学士　杜立德[④]　宁河人

余邑东南滨海[⑤]有工部地者，上供席苇岁取于兹，地最洼，群水汇焉。向设堤以障之，绵亘数十里，纠众力，岁有修。邑侯蒇厥事，列堰如蜓，备旱潦，可恃无大祲。自癸巳水泛，岁比不登，余尝谓乡人曰：“设堤所以卫田，有堤不修，与不种同；堤修不善，与无田同之。地也，室家寄于斯，一切取给，为终岁计。乃数年来，东作方兴[⑥]，荷锄望洋，即间有播种，溽暑泛发，漭漾为墟。年复一年，人宜竞奋，必成此而后别营。”乡之人曰唯唯。无何，甫议鸠工，捐资默默，殷实者谩以时数是听，缓急弗前；乡曲孱瘠，纵有二三人士，具精卫填海苦心，究竟于邑自废。即贤令宰起而问之，曰：“因循如是。将众志之弗齐耶？抑逐工按亩，或半有匿情未均者耶，予任几何？此尔乡切身事也。”乡之人亦莫不曰唯唯而已。喜事有人，输公莫力，终以道傍舍视之，为之奈何？先大人在日，目击横溢况，曾示余曰：“邑无长物，工部地洼而腴，数百家恃兹一线，予有怀焉，尔他日其终葺乎？知尔力勿若[⑦]然，关情实切，等于隔膜弗忍也！此余惓惓在心者。”今春薄书烦剧，忽夜梦先大人华裾愉颜，以扇指阡亩间，河流湾曲宛然，觉则以为雨露方濡，萦思殷荐也。未浃旬，而乡之人至者，且言河堧[⑧]所状，恍与梦中老父所示相仿佛[⑨]，憬然忆之。因勉输麦粮数百斛，银几三百两，再鼓亲友响义者，协力以助。维时邑侯萧公讳蕙三、尹万公士奇，咸鸠庀是力，可保数年无溃。嗟嗟！天下事何尝不以人力是先，况桑梓之地之最切者乎？吾乡人自今倘思患预防，无俾溃决，则自济济人，岂有既哉？余又不敢不深望之曰唯唯。是为记。

---

① 贡生，科举时代，挑选府、州、县生员（秀才）中成绩或资格优异者，升入京师的国子监读书，称为贡生。意谓以人才贡献给皇帝。明代有岁贡、选贡、恩贡和纳贡；清代有恩贡、拔贡、副贡、岁贡、优贡和例贡。清代贡生，别称“明经”。

② 庠生，古代学校称庠，故学生称庠生，为明清科举制度中府、州、县学生员的别称。庠生也就是秀才之意。明清时期叫州县学为“邑庠”，所以秀才也叫“邑庠生”。秀才向官署呈文时自称庠生、生员等。

③ 选自乾隆《宝坻县志·卷十八·艺文下》，光绪《宁河县志·卷十三》载明原志为“节本”。

④ 杜立德，1611—1692 年，直隶宝坻县宁河镇（今天津市宁河区宁河镇）人。明崇祯进士。清顺治年间历任中书科中书、户科给事中、太常寺少卿、工部侍郎、太仆寺卿、刑部侍郎等。康熙年间历任户部尚书、吏部尚书、国史院大学士、保和殿大学士兼礼部尚书、太子太傅。卒后赐祭葬，谥文端。

⑤ 东南滨海，宁河县东南海滨系今天津市滨海新区地带。

⑥ 东作方兴，指春天开始农事。

⑦ 勿若，还不如。

⑧ 堧（ruán），这里指水边等处的空地或田地。

⑨ 仿佛，意为好像、相似于。

洪侯德政碑（节录）[①]

清 左春坊[②] 周长发[③] 山阴人

仪征同年洪君之出宰宝坻也，前后已六年矣。吾师观察衣亭芮先生，邑醇儒也，又为吾浙清正监司，秉性质直，居常不轻许人，亦不肯阿私当事。独向予道君治宝能以实心行实政，利则与兴，弊则与除，有古循吏风焉，欲得予言以纪侯绩，手书一再至，终始惓惓。予重违先生意，复念与君同举庚子乡荐，阅今二十有六载，闻君治行冠畿辅，用书实绩以备惇史，亦予责也。君讳肇楙，字时懋，号东阆，江南歙县人，隶仪征籍，癸卯进士，束发工文章，脍炙海宇，砥节励行，卓然拔俗，少负经世大志。乾隆四年己未署宝坻事，宝为畿东紧县[④]，号难治，君下车兴废举坠，次第就理，明年题署宁河，与宝坻壤相接。君以治宝者治宁，宁民亦歌慈母。又明年，仍调宝坻，邑中荐绅父老欢声载道，曰：邑望侯如望岁，侯重来，实宝福也。君感宝民孔良，益加意拊循[⑤]，念邑地苦洼，遇雨即潦，厥土黑壤，易生蝗，君祈祷精诚，以故灾祲不作，岁庆有秋。又邑东濒海，西濒河，首重堤防。君相度水利，加筑堤岸，悉出清俸，不费民一缗。城内渠水一道，回环屈曲，地脉攸关，岁久渐湮，几失旧迹，君捐资疏浚，并修桥梁，顿觉改观。

疏浚城河碑记[⑥]

邑令 洪肇楙[⑦] 歙县人

宝坻为京东邑，汉曰泉州，金大定间始易今名。《尔雅》云："小沚为坻。"义取诸水意者，其水乡欤？稽之县志，曰海，曰河，曰淀，曰沟，曰潭，而沽至七十有二，日月迁除，高深易位，按图考迹，今昔不同。惟渠水一道，由香河县东注，经流城池，开源节流，二水关缘以出入，纡回曲折，中建桥梁六座，文风攸赖，故址依然。余承乏兹邑，仰体圣天子休养生息之意，宽民力，惜民财，凡百措施，以简以俭。然兴废举坠，守土责也。《周礼・遂人》，经理田野，而除道成梁，即寓于其中。汉代循吏每以穿渠开渎，佚道使民，则宝坻今日之务未有如疏浚城河之急者。夫河之在地中，如人身

---

① 选自乾隆《宝坻县志・卷十七・艺文上》，原志注为"节录"。

② 左春坊，清代詹事府内部机构之一，设左庶子、左中允、左赞善等官，俱满、汉各一人。

③ 周长发，1696—1760 年，字兰坡，号石帆，山西省山阴县人。雍正二年（1724 年）进士，改翰林院庶吉士。曾任广昌知县，有政绩。又任乐清教谕。修《浙江通志》，乾隆元年（1736 年）召试博学鸿词科，授编修。官至侍讲学士，入直上书房。乾隆十二年（1747 年）转侍读学士为江南副考官，两度担任顺天府考官。参与修撰《纲目皇朝文颖校刊》《辽史》等书，著有《赐书堂集》《石帆山人年谱》。

④ 紧县，宋朝的地方行政制度实行路、州（府）、县三级制。县，分作赤、畿、次赤、次畿、望、紧、上、中、中下、下十等。四千户以下、三千户以上为紧县。

⑤ 拊循，亦作"拊巡"，安抚、抚慰之意。

⑥ 选自乾隆《宝坻县志・卷十八・艺文下》。

⑦ 洪肇楙，清雍正元年（1723 年）进士，三甲第三名，曾任宝坻县知县，主修《宝坻县志》。

之有脉络，百节贯通，则营卫充而肢体畅，一节阻格，则形骸具而痿躄生，乃者淤遏壅塞，水道不通，玩忽因循，匪朝伊夕。下车以来殷然念之，合力佥谋，导流无碍。而所谓六桥者，曰武曲，曰文明，曰阶升，曰云津，曰通津，俱次第修举，朗若列眉，其一则文献无征，嘉名莫溯，余因泮水之所出，衣冠芹藻，沾濡圣泽，颜曰漱润。庶几流芳六艺，有车服礼器之思乎？自兹以往，岁时蜡腊[①]，燕酺嬉游，俯雉堞之清涟，玩桥头之明月，熙熙攘攘，骑竹扶鸠。余虽鞅掌[②]簿书，亦得于春秋佳日与父老子弟回翔容与于双虹烟霭间，仰瞻神皋，咏歌帝力，发其天良，导之雍睦，尊君亲上之念，油然而生，且将以息事宁人，佐太平之盛也，是乌可以无记？至于捐金庀材，鸠工董役，邦之人与有劳焉，则另锓诸石，以俟后之君子有考云。

济　渡　记[③]

明邑令　庄襗[④]

宝坻封疆无高山大川之险，然有川有河，以为之限。若潮河经其东，三岔纬其北，渠水绕西而络其南，白龙港自蓟州而通于天津桥头，由夏店而合于三岔，所称四水潆回是也。他如海潮泝于梁城，潞河限乎通州。或河势奔腾，或河流湍急，对岸千里，致奸宄之徒乘时射利，无异御[⑤]人，民不堪其需索[⑥]之烦，多由旁蹊徒涉，而风涛没溺之患往往不免。噫嘻伤哉！爰因公材，益以利募，改船为舫者一十艘，佥民执事者二十辈，复其徭役，禁其科取，始于弘治辛酉十月，迄壬戌五月告成焉，而徒涉之患、没溺之虞庶几可逭矣。

兴修宝邑水利记[⑦]

宝坻县令　程璇[⑧]

圣祖仁皇帝御极之五十有七年戊戌仲春，璇奉命宰宝邑，密迩京畿，声教首被，风淳俗美，心窃幸之。己亥阳侯[⑨]为患，岁不克登，奉旨发粟赈，饥民鲜菜色，嗣即雨

---

① 蜡腊，岁终祭祀。蜡为祭百神，腊为祭先祖，同为周代十二月的祭礼。

② 鞅掌，匆忙劳累。《三国志·吴书·吕岱传》载："加以文共鞅掌，宾客终日，罢不舍事，劳不言倦。"

③ 选自乾隆《宝坻县志·卷十八·艺文下》。

④ 庄襗（zé），字鹤溪，号诚之。江苏武进人，明弘治年间进士。

⑤ 御，封建社会指上级对下级的治理、统治。

⑥ 需索，求取、勒索。

⑦ 选自《渠阳水利》。《渠阳水利》作者为清代康熙年间宝坻县令程璇，渠阳即宝坻县，该书包括"河图说""兴修宝邑水利记"等内容，对当地水利建设进行了总结。

⑧ 程璇，湖南益阳（今湖南省益阳市）人，康熙五十七年（1718 年）以举人出身任宝坻知县。程璇才识兼具，聪明机敏，做了很多有益百姓的好事，对于兴水利、除水患尤其用心。雍正四年（1726 年），朝廷命令主事官员治理京东水利，有人举荐程璇。这时他已经离任，仍命他主持宝坻的治水工程。"即以宝坻堤业委之，起三河县新集、料马庄至邑之江湟口，以次兴筑；嗣浚鲍邱、窝头河二道，以泄境水；兼堵塞香河县七里庄明口。日夕不倦，工迄有成……视工者凡六年，须发尽白。及去，犹倦倦为善后计，著《渠阳水利》一书，读者皆为感泣。"

⑨ 阳侯，古代传说中的波涛之神，借指波涛。《楚辞·九章·哀郢》："凌阳侯之泛滥兮，忽翱翔之焉薄。"

旸，时若百谷用成。璇每巡行劝课，见县治一带旧埝残缺，董率庄民于农隙修补完固。雍正甲辰，积雨过多，埝虽修而仍卑薄，难资捍御，越乙巳尤甚。我皇上痌瘝念切，赈济叠施。散者复安堵。丙午春更为直省谋万世安，大发帑金，兴修水利，特命怡亲王、大学士朱董其事。璇以渠阳旧令由，保举引见，命往效力，追随相度。首治京东，始通州，次香河，次宝坻。王以宝邑系璇旧治，因委派焉，先后拣发同事十一员各陈所见于王前。有议修堤止宜培厚不必加高者，璇启曰："宝邑白龙港河道，上承沟水，中接溵溜河源，每年伏秋汛发，水势汹涌，不加高则漫溢堪虞。"又有议一面筑堤、一面疏河者，璇曰："宝邑形势宜先筑堤以防外涨，次疏河以通内壅，若两工并兴，工多力分，恐难克期告竣，当务之为急莫急于堤。"王俱以为然，同事诸君亦殚心协力，分工修筑，由三河县料马庄起，至宝邑江湟口止，阅数月次第告成。是年获有秋，实堤保障之力云。嗣于县北疏鲍丘河一道，其源出密云北山，经三河夏店等处，至宝邑虎将庄入县界。又于县南疏窝头河一道，水本无源，伏秋汛发，众流会于窝头，经香河百家湾等处与渠水[①]合流至七里庄东入县界。两河之源虽分，其流俱经县东王补庄，由八门城汇大河入海。或因旧而浚深，或开新而取直，从此水行地中，永免泛溢。盖我皇上轸念民瘼，饥溺由[②]己，事事曲尽爱养斯民之道，兴修水利，尤厪宸衷，以故河伯效灵，臣工得免陨越。则凡膺牧民之责者，可不以皇上之心为心，而专司河务者，又可不同切牧民之心，以仰副[③]圣怀也哉。璇曾承乏兹邑，复随诸君后，于役河干，共襄畚锸，邑人士顶戴皇恩，属璇一言纪其盛，因以质诸邑之贤有司焉。是为记。

七里庄明口记[④]

邑令 程璇

宝坻居香河县下流，窝头河水经香河七里庄入界，向因河道淤塞，每遇水涨，为宝邑患，历有年所。雍正四年，皇上兴修水利，命王大臣指示疏通，水得顺流归海。惟七里庄东旧有明口一道，承修者曾议堵筑，因香民以有损于彼而止。七年伏秋，泛发，水由河道下者十居三，由明口漫溢宝邑者十居七，县北村庄悉被淹没，璇[⑤]窃悯之。经直督委查，而香民仍执前说，堵筑不行。八年五月，会京东局有明口亟宜堵筑之请，莽、何两大人亲勘其地，稔知有益于宝无损于香，遂允所请，令璇司其工。以地界属香河，恐香民为梗，檄行香令会勘。时令在引河工次，不克来，委典史理其事，晓谕再三，而香民之阻挠如故也。璇念香民既不可以理喻，雨潦将降必误工，爰惩一儆[⑥]百，民乃帖

① 渠水，即蒲石河。

② 由，通"犹"，犹如，好像。

③ 副，相配，相称。

④ 选自乾隆《宝坻县志·卷十八·艺文下》。

⑤ 璇，作者程璇自称。

⑥ 儆，使人警醒，不犯过错。

然。六月二十一日兴工，夫役子来，夯硪坚实，越七日告成。秋泛水汜，遂资捍御。宝坻县北俱登丰稔，而香河亦获有年。于是，村之父老扶杖而祝曰："圣天子为民求瘼，不惜十数万帑金，为宝邑兴修水利，登小民于衽席。独县北一隅水患未去，若非大人亲勘，洞烛情形，董率属员，克期告竣，其不阻于香邑之浮议者几何？我小民感成功之迅速，戴施泽之流长，藉以申祝圣天子恫瘝小民，明德之垂于万年也。"璇采其辞，深为宝邑庆，因为之记，以志不朽。时邑令公出，率夫趋事则主簿胡开运也，例得附书。

四、蓟 州 区

永 济 桥 记[①]

明 监察御史 李敏[②] 襄城

桥之创无文可考。永乐间，水大作，河因徙于北，而桥淤塞为平地。正统戊午，守土者一尝并力疏通，未几，复南决。因循岁月，迄今三十余年，冬涉夏渡，民甚苦之。天顺庚辰，守备蓟州、署都指挥佥事刘公辅请于朝，发近军二千人，惟时提调则工部主事夏公澄，而敏实监督之，开故道，塞旁流，凿平地为河者凡二百八十步，深三寻，广十丈。固惟顺其水性之自然，厥功亦云劳矣。而复垒石为桥，民之趋事不以为劳，而且以为乐焉。所谓"以佚道使民，虽劳不怨"，良有以也。始工于是年二月己未，落成于三月己卯，镇守蓟州等处右参将马公荣既而往劳，请予题桥名，为文记之，且欲勒诸贞珉以告将来。予惟古人兴作必藉乎民力，而立石必出乎民心，如灵台灵沼是已，名可轻题乎哉？虽然不可止者，乃召众而谓之曰："河之为病甚矣，创桥之人得非永济人乎？"众曰："然。""桥之淤塞久矣，今日开通得非永济人乎？"众曰："然。""桥既通矣，水既顺矣，继今以往，可免徒涉之患矣，而以永济名桥可乎？"众曰："善。"遂书以为记。桥在蓟门南五里许，旧名沽河，以溃决无恒，特改今名云。

增修永济桥记[③]

祭酒 成宪 郡人

蓟为畿左重镇，城之南五里有沽水，为运河。河有石桥，为永平辽东孔道桥，不知造自何年何人。永乐间，河北徙，桥淤为陆。正统间，尝一疏浚，未几，复南决。天顺庚辰，守臣以闻上，命工部主事夏公澄董其役，拨军夫二千人治之，开故道，塞旁流，

---

① 选自民国《蓟县志·卷十·艺文》。

② 李敏，1425—1491年，字公勉，河南省襄城县人，进士出身，历官监察御史、巡抚、漕运总督、户部尚书。

③ 选自民国《蓟县志·卷十·艺文》。

凿地为渠，其详具载监察御史襄城李公敏所为记中，而桥以永济名，亦自此始。自天顺庚辰迄今又百有余年，桥渐倾颓，水行桥南北，而北行又深广。伏秋水涨，势如盘涡[①]，不可以舟，间以轻舠[②]冒险，时有覆溺。冠盖行旅之所往来、兵机边警之所谍报，咸苦濡滞，关系匪细细也。前是，监司以桥梁道责郡守，守计工费钜，莫敢建议，亦不能无米炊，因仍久之。万历辛丑，高唐杜公奉命饬兵于蓟，经文纬武，振纪诘戎，百猷鼎新[③]，功在社稷，自藩参总宪晋陟左辖建牙开府[④]匪旦伊夕矣。无何，甲辰、乙巳连岁大雨潦，桥益圮，水益北，民病涉日益甚。公愀然叹曰："是安可坐视民之覆溺而莫为之所也？"乃谋之郡守，询及父老，将借资府库乎？府库粒粟皆军饷也。将藉力民兵乎？民方灾困而兵急边作不遑[⑤]他及。周爰咨度，莫知为计，乃复慨然叹曰："是安可以力诎故坐视民之覆溺而莫为之所也？无已，吾其尽捐吾俸，以济吾民乎。"乃陆续出俸金六百七十七两有奇，米二百石，时值价可二百两。诸官士民闻风义助金者一千二百五十八两，米三十石。僝土募夫，采石伐木，经始于万历甲辰五月，讫工于丙午四月，自旧桥增修，石桥长二十丈五尺，广二丈一尺五寸，崇一丈九尺余仞[⑥]。其坚若砺矢，矫若长虹，而旧桥得新桥为倚护，若增而固焉。郡民之往来者，足相踵，肩相摩，而欢呼相属也。永平、辽东轮蹄之经过者日百千计，而晷刻无滞也。自是而卒岁[⑦]无复以覆溺报，民且不知水之为患矣。于是郡民德公之深，共谋即其地立祠以祀公，士民子来而趋。公闻之，曰："毋庸也，吾尽吾心焉耳。"[⑧]士民曰："未可。"以溷[⑨]公知，姑[⑩]建亭树石，以垂永久，而问记于宪[⑪]，以为异日祠而祀公者必此地也。宪不佞，闻之古单襄公过陈，而得其桥道陂泽之不饬，以占其将败；子产之相郑，以其乘舆济人于溱洧，子舆氏讥其惠而不知为政，谓其徒杠舆梁之不成也。夫以深厉浅揭，于民之损几何？而君子规规焉，以议其成败得失之数。而况兹桥为东西孔道，关系如此之大者乎？今公一注念、一引手，而岁脱数万命于鱼，脱自一岁而集至十岁、百岁，其全活不知其几，此为恩德宁有量哉？矧冠盖行李兵机边警无所濡滞，尤大有功于军国也。昔召伯有埭[⑫]，郑

---

① 盘涡，水旋流形成的深涡。

② 舠（dāo），小船。

③ 鼎新，更新。

④ 建牙，古谓出师前树立军旗。引申指武臣出镇。开府，古代指高级官员（如三公、大将军、将军等）建立府署并自选僚属之意。建牙开府，也称开府建牙，亦有误称为开牙建府或建府开牙，指的是古代高级官员接受皇帝的命令自行开设府署（建立衙门），树立旗帜（招牌），来处理自己所理军政事务。开府建牙的官员可以自由任免下属官员，甚至有权力制定实行部分法律政策，是王公权贵、功勋大臣极受荣宠的特殊待遇和显赫荣誉。

⑤ 不遑，指没有时间，来不及。语出《诗·小雅·四牡》："王事靡盬，不遑启处。"

⑥ 仞，测量深度，此处指深度。

⑦ 卒岁，度过年终，度过岁月。终年，整年。

⑧ 焉耳，亦作"焉尔"，于是，而已。

⑨ 溷，同"混"。

⑩ 姑，姑且。

⑪ 宪，此处为作者自称。

⑫ 埭（dài），土坝。

国有渠，白公、苏公有堤，千百世而下以为美谈，而李冰之桥于蜀，蔡襄之桥于闽，功敉[①]霄汉，名流金石，且血食于彼地无穷极焉。今公功德视此。岂有让哉？是宜郡人之祠公，而先为建亭树石以诏永久，洵盛举也。公有大功于吾蓟，内抚灾民，外御强侮，其德政未易更仆数，而修郡城功尤伟，足为郊关[②]保障，以别有记，兹不具论。

修河堤碑记[③]

户部郎中　甘来学[④]　雅州

国初开河渠，岁运粟十万石，由津海而上以饷军。若内府正供京营刍庾，则取给予蓟壤者，又视他州为倍。然概州之形势东北多山，石硝土薄，少树艺[⑤]，独西南平衍最下，故西南地出赋居十之七。第夏秋间，遇恒雨，则盘山沙岑，诸流奔泻，其间水自西溢而南。漕渠[⑥]堤一圮，则城子口、溵溜等处决不下六十余所，水自南溢而西，则西南亩欲不为巨浸能乎？故河淤而地溺，漕与民俱病之，而民尤甚。嘉靖十五年，运河决，命水部大夫筑之，役顺、永二府之夫近万余人，运通庾粮数万石，为工之饷。功以三年始毕，嗟嗟劳众矣，费钜矣。然治漕渠以疏芦岭各寨口，而不开新河以杀盘山沙岑诸流，则近漕渠之亩免矣。柳子口之西溢而南，漕堤能力捍之耶？司牧者孰不为民隐虑，顾工费繁钜，给于官则帑匮，役于民则力竭，失此二者益难其议。万历五年秋，大水，柳子口河四野泛流，不能引注于海，西南亩尽蒿苇，民不能收一麦一粟，安能督其办额赋哉？不惟守为民虑，民亦自以为虑，请各炤亩出夫，愿有司者董其工。时北海辛公以大参监司蓟镇，视民溺如己，亟下之州议。蓟州蒋君谓此举乃守者心，尤守者责也，即以州同杜钦、州判史胜桢分委而肩其事。夫以亩出，得若干名。漕之堤新筑七十五里，补旧塌百二十五里，筑决口六十五所，计一十四里，共二百十四里。新河因地势污下[⑦]创浚之，自柳子口至嘴头，共二十五里，复与漕渠会流，同注于海。夫昔修漕渠，取顺永夫万余，今则民自为夫，不过数千。昔修漕筑堤费粮数万，今民自为饷，勿劳官庾一粒。昔也，工三年成河，今四月三日载事，届五月十五日止，四旬日漕渠新河两成，其功之巨细，饷之费省，成之迟速，井井然辨矣，岂独民耕耨西南，亩无逋租，享千百世之利哉？即漕饷尤永赖之。适值学督饷蓟镇，蒋君因属予为记。学曰：漕渠，新河，更相表里。漕渠决，若新河不开，岂能疏南溢之势？新河湮，则漕堤固筑，必能遏四溢之波。我以是知兼修者大有裨于军国，大有造于畎亩也。然独修固难，兼修尤难；分筑固未易，分嗣而修之尤未易与。夫逐

---

① 敉，通“弭”，安抚、安定之意。

② 郊关，四郊之门，古代城邑四郊起拱卫防御作用的关门。

③ 选自民国《蓟县志·卷十·艺文》。

④ 甘来学，四川雅州（今四川省雅安市）人，明代隆庆年间进士，万历年间曾任户部郎中、陕西副使。

⑤ 艺，种植。

⑥ 漕渠，指州河。

⑦ 污下，指低洼。

区而析之，曰州民刘忠、宗彦等四十五户所筑堤若干丈，吴守奉、王安等七百四户新开河若干步，宋守栋、李天钦等四百二十户所领荒地若干顷亩，各给以印帖，此河此堤期与西南民世世守之，若堤圮河塞，世世修之，而其所领地得世业焉，必不使邻者侵，强者夺，奸者淆，守望有舍，巡缉有人。青甸之桥亦借民力以成，区画垂久，百代不磨，则俱在州守方册中。是役也，予嘉蓟之西南之民与各委官之好义也，蓟之州同、州判任劳怨，夜旭不辞也。蓟守恺恻[1]洽人心，乃子来集事，惟恐后也。遡其由来，辛公以佚道使若民致然。不尔[2]，则宝坻一堤仅八十里，且役数郡之民，给之廪饩[3]，晚于蓟工始毕，不大相径庭乎？蓟民不能忘所自，记之宜矣。辛公名应乾，山东安邱人，蒋君名士元，南直宜兴人，其他与劳委官，并民之以夫赴役者，例得书其名于碑阴云。时乃万历六年戊寅夏六月下旬之六日也。

五、静 海 区

邑侯合肥陈公序东德政之碑[4]

郑桐荫 候补知事

静邑处九河下游，与顺属文洼比邻，视佗邑形若釜底，恒苦潦，沉灶产蛙者屡矣。今上御极之六年，合肥陈公序东由栾城移宰吾邑，甫入境，见田畴之荒芜，子弟之辍业，妇孺之鹄面而鹑衣也，惄[5]然伤，乃延父老而谓之曰：“吾所以来，非徒为茧丝[6]于尔邑也，将为若谋生聚资保障焉。今地方凋瘠若是，民之不保其室家若是，是皆宰之责也。厥咎安在？其悉陈疾苦无隐。”父老唯唯，咸裣袵而前曰：“公垂问及此，静之福也。虽然静之所患者水，静之所恃者堤。顾自康雍间迄今废不治久矣。前父母非不慈吾民，率以任大责重，惧不克胜，且虑大府之尼也，往往聊且苟安，惟冀秩满无愆受代去耳，谁复为民请命者？”公闻慨，揖父老而退，具以上闻，请修复堤防。大府亦谂[7]公才，知能胜任，允公请。爰于辛巳春周历境内，得厥大概，凡河身之淤浅者浚之，水草之碍流者薙之，旧堤之倾圮者增之，旧港之废塞者复之。会朝廷有修畿辅水利之旨，制

---

① 恺恻，和乐恻隐。

② 不尔，不然。

③ 饩（xì），赠送食物。

④ 选自民国《静海县志·酉集·人民部·艺文志上》。

⑤ 惄（nì），忧郁、伤痛。

⑥ 茧丝，泛指赋税，敛赋如抽丝于茧，故云。《国语·晋语九》载：“赵简子使尹铎为晋阳。请曰：‘以为茧丝乎？抑为保障乎？’”韦昭注：“茧丝，赋税；保障，蔽扞也。”

⑦ 谂（shěn），同“审”，规谏、劝告之意。

府专委大员请厘[1]东淀。公闻而喜曰："今而后吾事济，吾民苏矣！"即所得水道之曲折，堤工之险要，具陈于当事，多采择焉。初，邑西独流北泊十三村、南泊九十三村，悉滨子牙河，当滹沱下游，每逢河水暴至，奔流急湍，为害剧甚。是公于北泊仿以工代赈之法，请发漕粮贷民，因以加修东堤并大桥、当城[2]两横埝。于南泊，则按亩出夫，创筑遥堤。不劳民，不縻帑，数月而工蒇。迨伏秋两泛，水势陡涨，曼衍冲突，为时甚久。瓦子头南北数十里几决者数矣，公预备刍茭[3]以待，届时悬重赏，督夫役，躬巡五十余昼夜，水始落。当是时，献河文大之民蚁聚护堤，卒以督率失宜，西岸决溃，冲淹数百里，而静堤独全，岁以大稔，小民少有盖藏[4]，借非一堤捍御之力，民早荡析离居，重以今岁之灾危矣，此皆我公尽心民事之实效也。先是，清厘东淀，议尽伐两岸蒲苇，拓河界，公以沿淀居民无恒产，藉以资生者，惟以蒲苇之利耳，伐之是绝其生计也。及清丈淀地，则意在加租，公廉[5]知淀地契卷[6]强半乌有，穷治之必多株连，第谕令补契，并请有出产者留粮，被水者豁免，当事一如公言，环淀之民皆得之，公洞悉民艰又如此。然而公之造福吾静，与吾静之不能忘公者，尤在力争开西乡闸河及东乡劝垦局两事。上年冬，有建议者以文洼频年受潦，锐意欲开闸河，俾滹水悉并子牙而东，岁将阑，忽严檄趋公晋省会商，意甚坚，志在必行其策。公以西乡一邑精华所聚，无西乡是无静海也，力持不可，议遂寝，是静西所遗膏腴数千顷，皆公赐也。又东乡滨海斥卤，公于靳官屯等处筑堤建闸，设放淤法，请员劝垦，假以耕牛农具籽种之属，一切经费皆公预为之筹画，浸浸乎又将化斥卤而桑麻矣。由是以观之，公之福吾静者曷有极哉？夫人情莫不怵上官而畏赔累，独公毅然阻其议，肩其钜，惟地方民命之自任，卒能获乎上而信乎民。噫！如公者，殆《传》所谓"仁者必有勇"乎，抑如《诗》所云"乐只[7]君子，民之父母"，公殆当之而无愧乎！公以庚辰秋莅静，今夏循例当迁大府，徒民请留公半载。忆公三年中其他勤政爱民与夫寻常之吏之优为者不具书，第书一二大政之有关吾静，而昭示来兹者，爰勒诸贞珉而系以颂。颂曰：九河会川，龙蛇之渊。襄陵据陆，与民争田。石纽[8]邈矣，孰刊孰湮。皖南灵秀，太邱名贤。沽欢统五，惟民事先。勤求民瘼，宵旦肃虔。兴水之利，制水之偏。修掾长堤，延袤蜿蜒。陕陕橐橐，既实既坚。桑麻匝野，厥庸懋焉。我侯之德，于万斯年。

大清光绪九年岁次癸未季秋之吉阖邑绅民公建。

---

① 厘，治理。

② 当城村，今属天津市西青区辛口镇。

③ 刍茭，牛马的饲料。

④ 盖藏，储藏，这里指储藏的财物。

⑤ 廉，察考、访查之意。

⑥ 契卷，相约束的证据。

⑦ 乐只，快乐。

⑧ 石纽，古地名，相传为夏禹出生地，在今四川省汶川县境。

重修崇善桥碑记[①]

邑人　刘骏业

静海县治西偏为子牙河下游，瓦子头镇跨居两岸，中有一桥，由来旧矣，且西与大邑王口镇毗连，尤属往来冲衢。惟是架木为桥，终难持久，兼之河溜冲刷，凌泛摧残，年久失修，桥身遂塌陷，行旅过客，咸有戒心。彼时阖[②]镇绅耆急欲重修，辄以工料浩繁，欲行不果。迟至民国八年，边君守勋、岳君式钧、尚君连城、边君守纶、岳君式梁热心公益，首先提倡，毅然以募修为己任，邀集本镇并王口镇绅商耆老，不分畛域，协力兴修，改筑铁梁石桥，以期永久坚固，人皆称善。立会开议，首推田君子鹏为正会长，王君淑湘、岳君式钧为副会长，其在会诸君设科分股，各有专司。开办伊始，手续繁难，尤赖边议长守靖鼎力维持，完全担负，并以重资相助。其如工程浩大，需款甚巨，公同会议，除向各村镇劝募外，再向河下船户劝募出资，以襄善举。当经呈由前县长陈详请曹省长批准立案，遵即开办，爰鸠工庇材，力求坚固，谋一劳永逸之举。斯举也，任事诸君不辞劳瘁，不避嫌怨，款无巨细，涓滴归公，以节浮费。溯自民国八年至十年，越三载而告成，从此行人络绎，车马纷驰，既利交通，永无险阻，诚善举也。时值工竣落成，爰述颠末，勒诸贞珉，永垂不朽，是为记并颂。颂曰：三载经营，乃告厥成。炼铁凿石，既坚既精。人无病涉，咸有颂声。惟时懋哉，莫与之京[③]。

静海县子牙河南泊堤工分局新筑碑记[④]

元殿元[⑤]

吾乡方言谓事之有备无患者曰堤防。子牙河自改故道以来，决口之岁十居七八，堤东数十村无日不在有备之中。有备维何？即贾让所谓缮完故堤，增高倍薄。劳费无已，数逢其害，此下策也。吾民蜷伏于下策之中，每当水汛骤至，汹涌澎湃，率皆奔走呼号，如救焚，如拯溺[⑥]，昼夜梭巡，乞灵河伯[⑦]。而东堤南北廿余里，鲜接民居，喘息之余，又无数椽可以蔽风雨，良可慨也。堤董马君春潭、田君子和等悚然忧之，乃商堤工总局，将子牙镇河东药王庙废址填筑，起造平屋七间，名曰南泊堤工分局，以为巩固堤防集议之所，将来堤东各村父老路经于斯，酒后茶余，商守望，话桑

---

① 选自民国《静海县志·酉集·人民部·艺文志上》。

② 阖，同“合”，全部。

③ 莫与之京，本作“莫之与京”，出自《左传·庄公二十二年》，意为大得没有什么可与之相比，形容首屈一指、无与伦比。亦作“大莫与京”。莫：没有什么，没有谁。京：大，高。

④ 选自民国《静海县志·酉集·人民部·艺文志上》。

⑤ 元殿元，1876—1942 年，字杏樵，直隶静海县（今天津市静海区）人。清光绪二十九年（1903 年）考中优廪生，后入保定陆军速成学校，毕业后任排长、连长、一等副官。1929 年重辑《静海县志》，任修志局局长、编辑主任，于 1934 年成书。本文撰写于 1929 年。

⑥ 拯溺，指解救危难。

⑦ 乞灵河伯，向河神求助。

麻，筹教育，集思广益，促一切自治之进步，不为下策所拘，则有备无患者，非止堤防已也。是为记。

六、宁　河　区

修宁河县北门桥东窝渡记[1]

邑令　洪肇楙

环宁皆水也。其先为梁城所治[2]，隶宝坻，雍正九年改为县，邑无城郭，惟西有桥，藉以道陆。己未季冬，余署宝篆，因公至宁，取道桥上，窃怪其迂回蜿蜒而故为周折也。询之宁民，则曰此南桥也，曩仍有北桥，则通宝坻、丰润、玉田、蓟州、遵化、三河、通州，直抵京城，东北则通滦州、永平，为宁孔道。又由桥东去四里许为东窝庄，有古渡，东则通丰润、滦州、昌黎、乐亭，西则通天津、河间等处，为宁要津。惜也，舟梁圮坏，人咨病涉者不计年矣，而此桥仅存，故多周折耳。予闻而志焉。夫邑之有桥梁通路，所以惠怀商旅、阜通货贿也，商旅不至则民财乏，民财乏则邑无起色而难与为善，伊谁之责欤？将昔之宰宝者以鞭长而不及，继之宰宁者又以新设为不遑计欤？抑其间或不乏有意兴举之令，而又虑独力之难成，而民莫吾与欤？不然，何任其废坠而若有待也？未几，予奉命调署兹土，于庚申八月莅任，公余周览，则果见北桥古渡旧址宛然。噫嘻！是又谁之责耶？将犹诿于鞭长之莫及，而藉口于新设之不遑计耶？抑未用吾力而先虑独力之难成，未谋吾民而即亿吾民之莫与耶？不然，兴废举坠吾责也，而犹可待耶？爰捐薄俸为士民先。于是，邑之绅衿士庶及寄籍商贾并宝邑闻风者果皆踊跃鼓舞，协力捐资。辛酉仲春，遂采苇庀材，鸠工度匠，迨三月而两工告成。当其将成，而予适又奉命仍调署宝邑矣。古者，功成则志，不忘创造之艰也。今桥与渡皆前人所创，予因而修之尔，抑有何功？独念远近父老子弟一唱百和，欢然共襄盛举，俾多年废坠并振一时，乐义之盛为不可没。更可异者，予轫念于署宝以后，今竟讫工于调宝以前。八月于斯，谢兹二责，岂桥渡有待于予之修？而予特来，抑予有待于桥渡之成，而予始去也。数耶？非耶？夫宇宙兴废，何常兴而必废者存乎？时废而复兴者存乎？人倘后之视今，无异于今之视昔，则今之待后，更切于昔之待今。嗣而理之，毋俾废坠，将利济者与川流同其不息矣。因勒于石，告后来继今者。

---

① 选自乾隆《宝坻县志·卷十八·艺文下》。

② 雍正《畿辅通志》卷十三《建置沿革》载：宁河县“本宝坻县梁城所地，本朝雍正九年置县。”

修潘庄石桥记[①]

邑令 屠祖赉[②] 孝感人

梁城西偏，故平衍也。河何昉？北漕汇众流苦淼。雍正间怡贤亲王奏得旨于是瀹。于是泥间也，置桥何东西，人行过是都者，涨[③]利泭涔，则泥也。桥奚制募匠于津，伐石于蓟，阔十有一尺，长八，其数而两之，面平如削，十七其孔也。孰经始前尹钟，请于上，报可。岁洊饥不承，权舆也。兹之役谁与？董者浮图无瑕。首之刘公臣，刘秀儒、赵明吾、刘开之、李显儒踵之，四周人士交翊之。蒇工程材，经理当者孝廉[④]杨鈖，邑弟子员李长祚诸人也。靡金钱百八十八万有奇，以乾隆十七年十二月丁酉工兴，既明年四月丙午也。《周礼·司险》："达阻石涂。"成，备志巅末，令识也。

重修西堤头金钟石桥记[⑤]

宁西南九十里许，曰西堤头者，界与津毗[⑥]，盖车马衢也。先是，总河太保高、少保刘因三次水利案内，相其处设桥。饬前津尹张、宁尹叶董厥，成事在乾隆十一年，嗣连蹇沉澹，塌淀流涨，桥竟圮。适余有南仓堤工之役，过其地，父老张奉禄、马俊、张杰、李守基、张奉相、李大才、陈九鹏等环马首请曰："昔诸葛武侯治蜀道路，桥梁靡不举，君子韪之。近奉恩旨，诏天下桥梁应修者，地方官勘实，动帑兴修。兹桥之废，公得毋恻然乎？"因持募牍上。余用是移商津侯怀谋所以复之者。两邑绅士义民胥踊跃共输白镪五百六十余两，伐石鸠工，规制较辟，且益固。不数月，工竣成之日问记于余。爰识其略云。

芦台跨河跳板碑记[⑦]

邑令 谢洪恩[⑧]

古者九月除道，十月成梁。凡以便行旅，使民不病涉也。《诗》称："造舟为梁。"杜预以为即河桥。《广雅》亦以造舟为浮梁。盖河之广者不能为桥，则为梁，以济桥之穷。而北方地寒河冰，所谓浮梁又有时而穷者矣。

宁邑芦台为蓟之运河所经，水阔数十丈，设舟以渡，至冬月，则行人率由冰上渡，地属通津，人车骈集，河长冰滑，时有颠仆之苦。洪恩奉命来宰此土，于去年冬月周视

---

① 选自光绪《宁河县志·卷十三·纪载》。

② 屠祖赉，字杏村，号卜白，湖北孝感人。清乾隆丙辰举人、已未进士。任直隶宁河县令，诰赠朝议大夫，晋赠通奉大夫。

③ 涨，水大的意思。

④ 孝廉，是汉代察举制的科目之一。明清两代对举人也称呼"孝廉"。

⑤ 选自光绪《宁河县志·卷十三·纪载》。

⑥ 毗，原字为"囟比"的左右合体字。

⑦ 选自光绪《宁河县志·卷十三·纪载》，又见《畿辅安澜志·卷三十六》。

⑧ 谢洪恩，安徽省歙县人，曾任宁河县知县、蓟州知州等官职，乾隆五十四年（1789 年）革职。

其地，马之蹶者日三四，车之覆者日一二焉，心甚悯之。因思造舟为梁繁重，不可以行，而索板以载，较为便宜。时芦台巡检葛君来谒，因与熟计之。洪恩即捐橐中俸，令葛君董其事。周河面量之，自南岸至北岸，广四十五丈六尺，乃构巨材，准而为跳板者三十二，钉以铁环，络以麻綷[①]，绵亘河面，若浮梁然，阅三日而成。车马之驰若康庄，行之趋若衢路矣。今年春月冰泮，葛君请撤板而用舟。因语之曰："是既有成效矣，勿可忽也。"予其计每一板之长短厚薄广狭而志之，计板如干、铁环如干、麻綷如干，悉载之为两册。一存邑中，一与板俱贮芦台巡检所，每岁孟冬施之，仲春撤之，有朽蠹则以闻于县而注之册，随时缮补。板索之费约需白金十两，于公项支用，遇大修之年则酌岁修所余为之，有不足则邑宰捐资任之，不劳民力，不费民财，公私不得假用。恐转辗废置，渐以妨民也。夫乘舆济人，非为政之体，而水涸成梁，固民事之要也，将以通其穷于桥梁之外而广其利于车马之间。所望后之来是邦者采愚者之一得，有基勿坏，踵而成之，则于政体亦不无小补云。

允毅桥碑记[②]

刘浚　邑禀生

营城东口木桥，岁久朽圮，往来者渐有褰裳之病，里人咸告于邵公承富。公曰："吾思办此久矣，然此桥当水之冲，潮汐昼夜出没，激荡易坏，非更筑高堤易之以石，未能以持久也。必得明于地理者，审视形势，始可集事。"于是，延堪舆共谋，南去故址二百余步，而建石桥于其所。经始乾隆三十年之仲春，而竣事于夏。方鸠工时，公虑其为之未固，而数十年后，或倾折颓败也。日亲至工作之地，慰劳劝勉，困甚乃去，旋即复来，如此者四阅月，绝不言其劳瘁，时公盖年已九十三矣。既成，里人重其义，求刻石以志之，而嘱予为文并名其桥。予曰：事之宜为者，人多袖手而不肯为；或为之矣，亦只出其余财，而未尝竭己之力以为之。公耄年而勤励若是，可谓一介之士，能存心于济物，老而毅然不回者矣。请名桥曰允毅，以著公之笃志焉。

建修义渡桥梁道路碑记[③]

吴肇元[④]

宁邑昔为梁城，所隶宝坻，雍正九年始分县为宁河，其时，田庐皆草创，历来因之，未暇辟治也。今上御极之三十有四年，滇南黄公来知宁邑，甫下车，即毅然有振

① 綷（lǜ），粗绳子。

② 选自光绪《宁河县志·卷十三·纪载》。

③ 选自光绪《宁河县志·卷十三·纪载》。

④ 吴肇元，字会照，号百药，直隶大兴（今北京市大兴区）人，乾隆十六年（1751 年）进士，官翰林院侍读。有《桐华书屋诗稿》。

兴意。顾次年即告水患，三载无宁岁，侯悯然伤之，赈恤不遗力，而民获以安。去秋遂大有年，家给人足，侯乃慨然曰："惟宁新治邑，若桥梁，若道路，悉未修治。今幸承岁丰，比户庆盈宁矣。其乘此以葺治乎？"于是，捐俸为倡，民翕然从之，乃属绅士等董其事，而亲为之周览指示。量时庀材，百工咸奋。如东窝、北窝两渡，昔苦徒涉，今为巨舟矣。昔为板桥者，今易石梁矣。南沽昔淤陷，今立桥以通行旅矣。至頖宫，为邑中人文所系，向殊湫隘，兹则于前拓基为案，然后山川扶舆之气乃益有所钟毓焉。他若道路之洼下者坦平之，渡口之薄蚀者培补之，大都吾民之所欲为者。不二稔中纤悉毕举，盖侯之惠泽及人，其随事溥利者如此。佥谓是不可不立石以纪德政，因缀其事以志弗谖焉。

永济桥记[①]

乾隆三十五年[②] 邑人刘灼[③]作

汉沽村东口，旧有板桥，屡修屡缺，旋至朽坏。行人车马过此者惴惴焉，惧有失坠。于是群谋易之以石，而崔翁鹤庚、冯翁时亨、萧翁国扶鼓舞其事，余亦赞议于旁。诸亲友之有力者，无不乐捐资以助。于乾隆三十五年孟春，鸠工创始，至夏初而落成。其梁高一丈五尺，阔如之，长则四丈有半。制取完固久远而已，无繁饰也。构造之日，余以事他往，崔翁骤得病未起，而萧翁又以务冗未暇兼理。此三月中督视匠工筑篱舍，日两餐皆馈食，蚤作暮归，不辞况瘁者，实惟冯翁一人是任。桥既成，众不敢忘其劳也，爰命余为记，而名是桥曰永济云。

重修寨上盐母、三官庙碑记[④]

盐场大使 金承诏[⑤]

芦台，地滨海，厥产惟盐。粤稽五代时，盐绝，岁余，忽有老姥教人为盐之法，随即化去。人皆神之，因建祠曰盐母庙，盖报本反始也。其在镇之西者，载于志乘[⑥]，当事者岁时享祀，叠加修理，迄今完固。若夫在塞上者，缘嘉庆戊辰年村人李斗宾等举义捐资，创建于三官庙之左，为时既久，倾圮频仍。适余承乏斯土，每因公务往来憩息于

① 选自乾隆《宁河县志·卷十三·纪载》。

② 乾隆三十五年，指1770年。

③ 刘灼，直隶宁河（今天津市宁河区）人。乾隆十七年（1752 年）举人。曾作《永济桥落成》："凿石为桥鸠众工，观成村口卧长虹。三春尽费磨砻力，数世应邀利济功。环绕波流漾上下，往来旅店接西东。他年题柱何人手，驷马高车气概雄。"

④ 选自光绪《宁河县志·卷十三·纪载》。

⑤ 金承诏，清道光十一年（1831年）前后，任芦台场大使。芦台场（汉沽盐场）始建于五代后唐同光三年（925年），在长芦盐区中历史最为悠久。

⑥ 志乘，志书。乘，春秋时晋国的史书叫"乘"，后来因此用于称一般的史书。

兹。瞻仰彷徨，则见栋折榱[①]崩，风雨侵蚀，断垣破牖，触目惊心。随复周视于外，实以地居洼下，潮湿浸渍，致柱木易就腐烂，亟思所以新之。计工程需费甚钜，余试捐廉首倡，幸庄中绅民翕然慷慨助捐，又兼四方乐善君子亦争先施舍，所以乐输姓名，俱于事成刻石。其经之营之也，先引土增高基址，乃规仿旧制，次第兴筑。左则盐母庙也，右则三官庙也，后则观音殿也。而前之抱厦，后之配房，以及后殿之右有斋房，左有禅室，皆昔所本无。庙之南旧有一小蹊，直递南村，其中间有埠，所以济津河也，今已废无遗迹，亦并修起，以便往来。因命曰太平桥。噫！是役也，虽曰重修，实不啻[②]创始矣。又赖老成持重者数人，不惮勤劳，为之鸠工庀材，人力均齐用能，不数月而功竣。琳宫整洁，法像庄严，自兹以往，神之嘉惠斯民者，讵[③]有艾欤？至随时修葺，俾永臻于勿坏，则有厚望于后之同心好善者，是为记。

七、武　清　区

通济河碑[④]

杨文贞　士奇[⑤]　撰

南去通州二百里，杨村驿之北，河屡决。河仰受北河、汤河、潞河诸水，下合直沽南来之水入海。凡齐、鲁、汴、蜀、湘、汉、江、广、闽、浙之赋运及海内、海外朝觐贡献之上于北京者，皆道此以达，所系之重也。其水之失性也，自洪武之季至今，四五十年之间，屡决屡筑，筑已复决，智殚力疲，公私患之。皇上嗣大统之明年[⑥]秋，有司以决闻，请如故事，可之。三年春复决。上以命太监阮安，安受命行，还奏，水当顺其势道之，今逆之使□屈，势不得达，故决。宜取经道改凿，使其顺下。臣视河西务经行二十里许，可凿，计用万五千人，一月庶几可以免决，遂以图进。上遂以命武进伯朱冕发卒，少保工部尚书吴中发民，如所计之数，诹日兴役，以安董之，如期竣事，遂因其故道河下趣焉。安行夹河筑防，既崇且厚，伐木以捍之，植树以固之，革险为夷。事闻，赐名“通济河”。少保吴公属记是役之成。古者治水，自京师始先所重也。斯河之重，固以京师。然昔者作之难而今之易，何也？非奉命之臣其用心之诚与公者有异乎斯

① 榱（cuī），椽子。

② 不啻，不止、不只之意。

③ 讵，“岂也”“哪能”的意思。

④ 选自明嘉靖《漕运通志·卷十·漕文略》。

⑤ 杨士奇，1366—1444 年，名寓，字士奇，一字行，号东里，谥文贞，江西省泰和县人。明代大臣、学者，官至礼部侍郎兼华盖殿大学士、兵部尚书，历五朝，在内阁为辅臣四十余年，首辅二十一年。与杨荣、杨溥同辅政，并称“三杨”。

⑥ 上嗣大统之明年，指明正统二年，即 1437 年。

役也，实本于皇上之善用人，知之明，任之专，此功之所由成也。自古英君明主所以克兴事功，未有不由斯道。谨因纪是，复遂推本，作诗以颂圣天子仁明之功。

禁止下口私筑土埝碑[①]

光绪三年

为刊碑示禁事照得：光绪二年九月初六日，蒙宫保阁爵督宪李札，据天津、武清等县文生王联璞等呈请平毁曹家淀私埝等情一案，饬即督令平毁，刊碑示谕，永远不准再筑等因。查永定河下口一带，原系散水匀沙，任其荡漾之区，例不准私筑土埝。圣谕煌煌，永宜遵守。现经本道派员察勘，将有碍河流之私埝均已遵札一律[②]平毁净尽，合亟刊碑，示谕附近下口一带村民，自示之后，永远不准再行私筑土埝以及插箔捕鱼，尚敢故违，立即拿交各该地方官衙门，按律惩办，决不宽贷。各宜凛遵。

① 选自光绪《永定河续志·卷十五·附录》。

② 律，原志误为“津”。

第三编

河北省

河北省地处华北平原，中北部怀抱北京，东与天津毗连并紧傍渤海，东南部、南部衔山东、河南两省，西倚太行山与山西为邻，西北部、北部与内蒙古交界，东北部与辽宁接壤。地跨海河、滦河两大水系，省内海河流域面积17.1万平方千米，占全省面积的91%。

河北省河流众多，长度在18千米以上1000千米以下者就达300多条。境内河流大都发源或流经太行山山区、燕山和冀北山地，其下游有的合流入海，有的单独入海，还有因地形流入湖泊不外流者。主要河流从南到北依次有漳卫南运河、子牙河、大清河、永定河、潮白河、蓟运河、滦河等，分属海河、滦河、内陆河、辽河4个水系。漳卫南运河水系，是海河流域中最长的一条排洪入海河道，由漳卫新河、卫河、卫运河、南运河及漳卫新河（原四女寺减河）五条河流组成，河道长595千米，流域面积37 700平方千米，河道流经山西、河南、河北、山东、天津等省市。子牙河水系由滏阳河、滹沱河、滏阳新河、子牙河、子牙新河组成。流域面积，在献县枢纽以上为46 285平方千米，其中滹沱河24 765平方千米，滏阳河21 520平方千米。子牙河干流从献县枢纽至西河闸，全长158千米。

河北省海河流域境内历史上旱涝灾害交替出现，留下了大量的水利碑文。本编选录的河北省历代水利碑文是本书所选流域内各省市碑文中最多，涉及石家庄、张家口、承德、秦皇岛、唐山、廊坊、保定、沧州、衡水、邢台、邯郸11个设区市的99个县级行政单位。在各行政区域内，因为水利重要程度不同，所以水利碑文数量也大不相同。其中保定、邢台、邯郸所选篇目最多，在县级行政单位中邢台县、磁县、邯郸市永年区所选篇目最多，这也反映出水利在当地人们生产生活中所占的重要地位和所起的重要作用。而承德、秦皇岛两个市因为历史上水利事业的作用和影响不大，水利碑文少，所以选录的碑文也最少。

本编所选碑文，跨越隋、唐、宋、金、元、明、清和民国时期，历史覆盖面广，集中反映不同历史时期水利事业的特点和面貌，其中清代水利碑文最多，这固然与年代较近容易收集有关，更主要的是清代为维护首都周围的社会稳定和经济发展，从皇帝到各级官员大都比较重视排除洪涝灾害，并做了大量卓有成效的工作。从碑文的作者身份来看，除皇帝与各级官员外，还有进士、举人、贡生、秀才和社会贤达等，反映了社会各阶级阶层对水利的重视程度。

从碑文主要内容来看，涉及农田水利、水利纠纷、河渠井淀、桥梁堤闸、祭祀祷雨、城建排水、救灾蠲免、道路渡口、风景园林、表彰纪念等十几个方面，内容广泛，其中所记载的经验和教训，至今仍然具有非常重要的借鉴意义。在20世纪六七十年代根治海河运动中，为完成好工程设计和施工，工程技术人员就参阅了大量水利碑文，从中找到了很多有用的方法和规律。如清代李鸿章的《重修宣惠河记》不仅记录了治理宣惠河的缘由，而且记载了工程的施工难度和施工经过，在1964年和1973年两次治理宣惠河时，工程设计和施工人员都从中得到启发。

一、石家庄市

栾城区

唐建永桥碑[①]

唐永徽四年十二月

冯夷[②]息浪，尉侯无惊，穷手足于一身，视苍生之如子。识吾英远，允协物议，行称乡曲，信著闾阎。岁次星纪，月维大吕，遂于程村之南，洨水之上立永桥一所，勒翠石于往古，示不朽于来兹。颂曰：公志博施，济川道长。化及士女，携手同行。日有婆伽，住诸宝相。爰舍奇贿，割舍名珍。济彼沉溺，修此梁□。勒铭翠石，永刊深仁。

明重修凌空桥碑[③]

弘治十四年三月

栾之东门有水焉，夏满冬涸，旧传为冶河，或曰滹沱之支流也。考冶河出平定军阜平山，入滹沱，则此非冶河也。滹沱之水出秦戏山，掠正定，东入于海，汹涌奔放，崩城溃邑，谓此为滹沱之支流者，亦非也。殆夏秋之间，霖潦相继，众水滥而旁趋者乎？不然，则冶河之故道欤？顾其水当县之冲，民之往来，非舆梁莫通。旧桥数败，涉者病焉。弘治十年，邓侯下车，命耆老安玉因其旧而成之，凡费木以百，铁麻以千，石以丈计，万三十有奇。桥长三十丈，广容两轨，高二丈五尺，下为大券，得桥高之半。然后过之者若睹云翔而望虹垂也。夫古者天根见而成梁，此有司之常职，而人至欢。然趋之者何哉？人情莫不好安恶劳，而上之人施好，而藏恶者常鲜，苟好其好而利其利焉，民安得不乐乎？若安玉者，有田数百亩，尽弃之以济人，则亦有可称也。城四门各有桥，俱玉修之，此盖其一云。

翰林、国史检讨、征仕郎藁城石珤[④]撰文。

训导武尚文题额。

张宦书丹。

---

① 选自同治《栾城县志·卷十四·艺文志》。

② 冯夷，传说中的黄河之神，即河伯，也作“冰夷”，泛指水神。

③ 选自同治《栾城县志·卷十四·艺文志》。

④ 石珤（bǎo），1464—1528 年，字邦彦，号熊峰，人称“熊峰先生”，真定府藁城县（今石家庄市藁城区）人，明代诗人和平民教育家，代表作品《熊峰集》。任南京翰林院侍读学士、南京国子监祭酒、北京国子监祭酒、南京吏部右侍郎、礼部右侍郎、吏部尚书兼文渊阁大学士。

耿邑侯筑堤遗爱碑[①]

万历三年

士君子当民社之寄，孰不靳化俗绥，眊然而仁声在一时，余泽在后世，使人人戴德被恩，与古循良方轨齐驾，孰如我耿侯哉？洨河水患，间岁有之。侯矍然曰：“害孰大焉？”谋筑堤以障。民欢然趋赴，延袤四十余里。越月工成，再经涨发，无曩者泛滥之患，非百世之利与？夫睹河洛者思禹功，睹洨堤者孰不念我耿侯之功哉？侯之在栾，真父母乎栾矣！擢判正定府，今守延庆州。侯姓耿，讳继武，号松轩，山东沂水人。

国朝重修桥碑[②]

康熙中　知县　张孝时[③]

窦妪村通济桥距县郭二十五里，实为洨河咽喉。盖洨河发源获鹿之西山，合金河、普良河二水，由高迁村南汇于平通桥，复南行六里，斯桥实跨其上。遡平通迤西，有寺家庄，八里浮沙，每岁遇桃伏两泛，大雨时行，山水迅激，沙随水涌，往往停积桥底。若疏导有方，滔滔汩汩，顺流百余里，曲折南下，至赵州大石桥入大河，则三州邑俱无水潦之患，否则，滨河之地庐舍田禾时被其忧。自洨河积久不治，沙淤桥孔，水行桥上。庚辰岁，予遵宪檄，与赵获两州县同事修浚，沙渐去，而桥亦渐圮。居民曰此桥一倾，虽费千金恐不能复旧观，大惧河水之壅遏，并为行李忧。予亟倡捐以鼓，邑之好义者架木枝撑，购石西山，选工命役。属邑明经[④]贾子席珍与邑绅李子千章董其事，居民具糗[⑤]糒[⑥]，输徒庸[⑦]，子来恐后。越今岁，初夏桥成，夫士民协力修补于未倾之先，故赀不甚费而事集，且虹梁竦峙，不惟便西鄙居民之利涉，即元氏、赞皇旁县往来郡治者毋致临流而叹，是允称通济之名矣。予谂于众曰：“是桥实关洨河之通塞。去岁开浚之役，尔滨河村庄已被宪恩，得免昏垫[⑧]，继自今当永享其利。夫天下事，莫不成于同而败于异，修于勤而毁于惰。”今自寺家庄而下，沙行二十余里，获与栾各处其半，在获邑毋曰沙，可任其注于栾也，而务为之涤其源，则沙不致淤桥，栾无水患，而倒灌之祸自不及于获。在栾邑毋曰沙自获邑来，吾可坐视也，而务为之浚其流，则桥不受。沙水相难之地，当相应如左右手而不可互为推诿也，此在官斯土者与两邑人民化此疆而界之，见而勤加疏导耳。邑人士咸愿次其语以为将来之考镜，爰命工镵之于石。

---

① 选自同治《栾城县志·卷十四·艺文志》。

② 选自同治《栾城县志·卷十四·艺文志》。

③ 张孝时，字嘉锡，江苏吴县（今江苏省苏州市吴中区）人，康熙三十年（1691 年）辛未科殿试第二甲赐进士出身。

④ 明经，在清代，用作贡生的别称。

⑤ 糗（qiǔ），干粮，指炒熟的米或面等。

⑥ 糒（bèi），干粮。

⑦ 徒庸，人工，指用工数。

⑧ 昏垫，陷溺，指困于水灾，亦指水患、灾害。

桂邑侯浚洨河德政碑记[1]

道光二十年

洨河发源获鹿，至彭家庄入栾城界，四十五里出龙门村为赵州界。考赵侯文奎碑记云：浅细如缕，搴裳而渡，徒凭时潦，以夸涨澜。是明嘉靖间已半湮塞，今又二百余年矣。河身几没，村民垦种为田，水潦一至，横流漫衍，田冲其腴，宅反于土，居民苦之。道光十六年，桂侯下车，以礼防民，令如流水，除暴安良，百废俱举，问民疾苦，首在洨河，亲行履勘，毅然曰："贪小利者忘大害，难虑始者乐图成，是予之责也夫？"十八年，劝挑道旁两沟，试民力可用与否，工竣，意遂决。十九年春，劝沿河诸村浚洨河，计口出夫，计夫分地，又虑工费剧，诸村力不足也，令西南乡邻村咸来助工。以去河少远，不免观望。侯念护城河受冶河水，久经淤塞，谕东南北三乡民疏决之，均劳役也。于是阖境之民咸知踊跃，以赴厥功。洨河支流有金水河，源出元氏县，由西辛庄入栾境十二里，至郭家庄入洨河，河形填塞殆尽，亦于是年春疏浚，以畅其支。谕居民：洨河七丈以内，金水河三丈以内，永不许垦种。复会元氏福侯治金水河上源，赵州德刺史治洨河，下流河槽既深，流行通畅，两年以来霖潦涌溢，水有所归，高原下隰，咸免沮洳之患。又洨河东自赵台至龙门旧有堤，距河稍远，万历耿侯继武、康熙赵侯炳先后修筑，因河身已塞，以堤捍之，今亦倾圮。二十年春，侯复培而增之，谕两岸种柳以护堤根，岁售枝条，为增修费，所以善其后也。夫智者所舍者小，所获者大，勇者必为于始，收效于终。侯以挽澜之手，挈吾民而登衽席[2]，今之畋尔田、宅尔宅，皆侯赐也，侯之智且勇，皆侯之仁也。上宪嘉之，移知万全。继侯治栾者，睹遗迹，思明德，踵事而浚治之，俾吾侪世食其利。侯之有造于栾，岂止绥[3]我氓庶于今日已哉？侯名超万，字丹盟，安徽贵池县人，道光癸巳科进士。

沿河十八村公立。

藁城区

牧道沟碑记[4]

邑人赵擢

往余耕于莱山之阳，有乡父老率其子弟以碑请。余曰："何碑？"曰："以碑吾侯柯大夫。"余曰："侯有贤名，旦夕诏下，优而擢之，固宜[5]。若辈醵金琢碑无异辞，

---

① 选自同治《栾城县志·卷十四·艺文志》。

② 衽席，指床褥与莞簟。语出《大戴礼记·主言》："是故明主之守也，必折冲乎千里之外；其征也，衽席之上还师。"

③ 绥，安抚。

④ 选自康熙《藁城县志·卷十二·文集志上》。

⑤ 固宜，原本应该。固：本来；宜：应该，适宜，合适，恰当。

何也？”曰：“侯开浚牧道沟[1]，遗利永永，虽司土，实司命也，犹司吾西北一方之众之命也，其可忘耶？”余惟农，天下之本，农重则水田重，水田重则浚导蓄泄，以育五谷，而沟洫更重。夫牧道沟去吾邑西北七十五里，其水四时不泗，土人往往艺稻谷，遇秋，苍绿满野，邑志云牧道秔风者是也。岁久泥沙淤郁，沟与田埒[2]，每霪雨濒，沟一带若坚固，若金庄，若南北乔寨数十乡沟水泛溢，淹没禾田，岁岁苦潦，故良田为壑，而浚导蓄泄之亟，曾有几人哉？侯乃周察民瘼，流览慨叹曰：“此沟水泉清腴而湮为污池，以垫溺我民可田乎？”爰召父老子弟而计之，若者宜浚，浚之以蓄其源，若者宜疏，疏之而泄其流。众于是欣，相谓曰：“利我，匪劳我也。”趋事恐后，不阅月而工峻焉。君子以为侯之是役也有五利，因民利民，劝谕子来，费约而功倍，利一。数千亩桑田不沦沧海，数十乡泽国尽成乐土，利二。有土可耕可获，有田可灌可树，利三。旱不至于龟坼，潦不至于凫胫，利四。民食有赖，国赋有出，利五。此五利者皆侯几经亲视，指示擘画，以底于成，厥绩伟矣。至于兴滞起废，先城楼，次汉王庙，次镇河坛，次城濠，次河堤，次演武场，一时百废毕举，百利俱兴，则夫尽力。沟洫开浚，牧道尤其表表者耳。昔魏筑千金碣、五龙渠，皆书之以示后贤，今侯虽不伐功，不市名，而浚沟利民造福，元元之德殆与泽流偕长矣，虽世世名柯公沟可也，故诸乡人之请，掇其大端，勒之贞珉，以志无忘于侯之意，且使察郡邑之治行者有足征也。侯姓柯，讳愿[3]，字又邹，甲辰进士，福建龙溪人。

永赖堤记[4]

庐陵　欧阳齐[5]

令于一邑而能为一邑谋千百年不拔之计，斯可谓之良吏矣。自古亲民之官莫如县令，而县令恒不得久于其官，即久于其官，卒不能不以迁擢去，以故邑之视令若过客，而令亦遂以传舍[6]视之，苟且因循，以求无失乎名誉。其强有力而好名者，不过饰衙署，焕棹楔，修浮屠、老子庙，勒石纪名，以为一邑之大观，备见于是，而不知劳民以逞，民既不堪而揆之，国计民生曾无纤毫之有，俾无怪乎速成易朽，同归于尽也。藁城为京辅一大邑，其民愿朴而俭勤，犹有唐魏之遗俗焉。顾其地近滹河，河水湍急，遇霖

---

① 牧道沟，今名木刀沟。

② 沟与田埒，指沟与田地平齐。

③ 柯愿，生卒年不详，字又邹，清代福建龙溪（今福建省龙海县）人。清顺治十八年（1661 年）甲辰进士。曾任藁城知县、湖南东安知县、礼部主事，后试典山东，管理芜湖关税，复管太平仓。历官数任，勤慎办事。居乡十余载，与里巷约法弭盗，一方籍以无警。

④ 选自康熙《藁城县志·卷十二·文集志上》。

⑤ 欧阳齐，江西庐陵（今江西省吉安市）人，康熙二十三年（1684 年）甲子乡试举人，康熙三十六年（1697 年）丁丑榜进士，授庶吉士并修撰。

⑥ 传舍，原为战国时贵族供门下食客食宿的地方。客有上、中、下之分，舍也分传舍、幸舍、代舍，泛指古时供行人休息住宿的处所。

雨辄溢城下，水无所注则必溢，溢而不已，则民居与城均受其害。胜国时城外有池，以堤翼之，水是以不为城患，阅时既久，而池水既淤，堤亦就圮，铁马石牛虽仅有存者，而往迹不可复问矣。吾里赖公，以诗书名家，任藁城数年，政通人和，百废俱举。丙子冬，百姓阻饥，公出私橐以赈贫民，民赖以生，乃佥谋于众曰："藁邑滨于河，数年来，屡被水灾，厥惟旧池不浚之故。今春和始布民力稍休尔，其为吾浚斯池，筑斯堤，择嘉木而遍植之，厥水宜莲，诞播嘉种，以备他日之观尔。民无惜其力，吾计若佣偿若值。"藁邑之民咸欢喜相告曰："此池不浚，邑其鱼。公既不靳私橐为是邑百年不拔计，吾侪[①]小人其敢不竭乃力于是？"畚锸具举，鼛鼓弗胜，曾不逾旬，而池堤告成，盖不独藁邑之民得免怀襄[②]之忧，而堤益以高，池益以深，城益以固，使畿南重地屹然金汤，揆诸设隘守国之义，益重有合者，则是赖君大有造于斯土也。夫政不难于速成，而难于永久，不难于一日苟安之计，而难于百世不拔之基。是役也，不劳民，不竭赀，而使民居以奠，国威以张，一举而数善俱备。予虽欲不记，乌得而不记哉？予与赖君生同里，学同时。丁丑春，予以殿试展期自京师来省公，间得与藁邑士大夫游，知公之政治有成，而是堤又适成于是春，遂颜其堤曰永赖，既以志赖君之绩，且愿后之为令于斯土者毋隳成迹，而复益加修葺之，则是堤与是城不朽，予言亦与之俱不朽。赖君名于宣，号惕菴，江西庐陵人。

莱山庙碑记[③]

知县 范乃蕃[④]

粤秦封八主，月主居一焉，时封号曰延光真君。而山左登郡黄邑南二十里许一带皆山也。内有高峰突出，命名莱山。盖因黄邑名莱子国而名之也。中建月主一庙，因山之名，谓之莱山庙，以始皇东巡时所建也。伏腊相传，递衍至今，有求辄应，碑记饶陈。更灵异者，遇旱祈雨，其捷如响也。……

环顾藁邑，四郊平旷，亦惟城南二里许突兀[⑤]一埠，高耸圆秀，俨如黄之莱山然。遂设坛步祷，而神果有灵，即日大雨滂沱。及越宿谢赛，见诸品如濡，独莱神之笺位整洁如新，讵非神之一显灵昭著者乎？是时，虐魃遽退，禾稼勃兴较丙申更为丰稔，而众皆欢庆，啧啧功归于予。予曰："何敢克当，归之于神。"遂与同官共商，市其地而建祀焉。是神之沛泽于黄者，又广宣于藁矣，神之世祐乎藁者，如永庇乎黄矣。嗣是民之祁寒暑雨、趋吉避凶者，将无不验。一方保障，固终赖焉。由此以推，凡邻邑之祈福

---

① 侪（chái），辈、类的意思。

② 怀襄，谓洪水汹涌奔腾溢上山陵。

③ 选自康熙《藁城县志·卷十二·文集上》。

④ 范乃蕃，山东黄县（今山东省龙口市）人。顺治九年（1652 年）进士。顺治十一年（1654 年）任藁城知县，后历任兵部职方司主事、户部贵州司员外郎、江南司郎中、湖广永州府知府。

⑤ 兀，高坎。

禳灾，皆得仰庇其呵护也。其山左一省，藁邑一隅已哉！今群工告竣，故爰序其事以记之。

高邑县

疏导临矿泉流记[①]

民国三年十月　知高邑县清苑苏毓琦[②]撰文

高邑南与临城接壤，地势洼，然北又濒泲，长夏雨集水涨，往往漫溢成泥淖，然值旸雨时若，犹可择土垦治也。清光绪之季，比人约合华商穿卝[③]于临城祁村之北郊，穴深及泉，碍于工日，用机轮戽[④]水。其流汹汹，蜿蜒入高境，泛滥四出，浸没民田数十百顷。虽旱干，无宁岁，视泲水为灾尤剧，高民苦之。前令刘公藻麟曾因民吁请，致书卝人诘问，复遴士绅将命往讫，不得要领。民国二年秋，余守是邦，绅民又以为言。余维穿卝出水势不获，已而漫流为害法。宜购地开渠束之，使有所归要，其耗用工赀又须取偿卝政，而卝政乃外人主之，吾民利害非顾，且素颇自贵倨，非得大府请争辩必无幸。余于是条上大府，大府命萧公开甲偕张君泽履高案视，萧公复命以实报。于是，大府檄县令会同卝师筹画两利之法，卝师重违大府意，又迫于余之理公而词直也，乃许助以赀，惟工作仍高民任之，时三年四月也。高民患此积岁，闻命色喜相告，群请定期往勘，相地画渠，皆以平价得之，间有让与者，民情好义，亦可风矣。于是权村之小大而程其功，给以口食，使绅之娴于河工者为之督。未浃旬而渠成，宅水荒白之土立涸，数年斥卤悉成膏腴，蓄泄以时，兼资灌溉，高民欢悦可知也已。又藉民力，节余财，建桥梁，以利行人。并审视渠旁隙地[⑤]，拓近水田一区附益之，树所宜木于其间，以备异日修治浚葺。而此渠庶可历久不圮焉？是役也，县佐周君忠清、宋君文华、王君清彬[⑥]、秦君徵海、警官王君棕，及邑绅任君连昌、刘君扬祖，皆有所赞画，督工则马君铎、秦君如林、李君在田、籍君梦麟、赵君壁、孙君继志，亦莫不夙夜维谨。既蒇事，佥以勒石为请。余乃总其始末而志之，至渠界所及与其广袤详列碑阴，用资考证于将来云尔。

碑阴

渠长一千五百七十五丈，自西驿头村迤南起，至南陈庄迤南止，计分九段，各段广狭不一，以石桩标识之。

第一、第二、第三三段，除占用古道为毗邻地户让与，余皆以价购得者。

① 选自民国《高邑县志·卷九·金石》。

② 苏毓琦，直隶清苑县（今河北省保定市清苑区）人，曾任藁城、静海知县。芦沟桥事变后，由维持会推选为河北省第二图书馆馆长兼莲池管理员。

③ 卝（kuàng），古同“矿”。

④ 戽（hù），戽斗，旧时取水灌田的农具，此为动词，用戽斗取水。

⑤ 隙地，空闲的地方。

⑥ 彬，原志中为上“宀”下“彬”的合体字。

第四段迤北购附渠地四十一亩有奇，四隅以石桩识之，并用节存余款，连同渠旁隙地一律蓻[1]种树株以资生利而免闲废。

让与地内树株仍为原业户生所有。余均为公有，充作常年修治经费。

濒渠十二村西驿头、东驿头花园村、前大夫庄、中大夫庄、秦留村、马留村、连留村、王留村、前张留村、南陈庄开浚时，曾分任工作，以后如应修葺，仍由十二村禀承县公署行之，其渠界以内公有树株及收益均归十二村监理，他村不得干涉。……

行唐县

重凿护城池记[2]

刘伯宗[3]

有城则有池，古称金城汤池[4]，设险以守，池固可废乎哉？戊子岁，余奉檄宰行唐，见城郭荒废，城外无池，询父老，考旧志，皆云城池始于唐天宝间，肃宗命郭子仪留守，边将李光弼与史思明战九门，时城周五里七十五步，高二丈，阔三丈五尺，池深八尺，阔二丈。历年既久，池渐壅塞，雨甚则横溢无消纳之所，致南关民居及庄头、余底、栢八等村皆受其害。余至之岁，积潦坏南关城墙，水患为烈。夫水居五行之一，唐城无水环绕，少瀹漪激湍之，致生意索然。此民气之所以衰，财源之所以匮，科第之所以歇绝也，余慨焉廑念。己丑岁春二月，乃召二十三社之民挑浚之，每人量给钱米，各踊跃从事，月余功竣。其北垒石作入水之口，其南修闸为出水之道，建石桥以通往来，遍栽桃柳李杏，沿堤内外绿暗红稠郁葱可观，共靡白金数千，皆自为称贷，未尝扰累民间也。工毕，六月大水暴至，汹涌浩瀚，村庄赖以无恙，西关外决一口，周家花园决一口，池西北一带又复淤塞。池之势西北高而东南低，水不能平，东南潴水，西北干涸，余仍以为憾。辛卯春，又鸠工修浚，广栽桃柳，雇工匠重修响闸，以时蓄泄，又费百余金。水由是地中行，近城村庄不虑泛滥也。池浚水深，滋养地脉，民气和乐，弦诵聿兴。凿斯池也，岂小补乎哉？斯役也，县尉潘君介先任其劳，继则蔡君溥、尹君宜璘与有功焉。余经营筹画，董厥成焉而已。虽然高岸为谷，深谷为陵，变迁亦何常之有？后之官斯土者相继而疏瀹之，俾开者不复塞，则可永久矣。是为记。

---

① 蓻（zí），茅芽，草木生貌。

② 选自乾隆《行唐县新志·卷十四·艺文志》。乾隆《行唐县新志》清吴高增纂修，清乾隆三十七年（1772 年）文有试增刻本。

③ 刘伯宗，字泰岩，湖广岳州府巴陵县（今湖南省岳阳市）人，拔贡生。康熙四十七年（1708 年）任行唐县知县，有惠政，后人称其绕城所植柳树为“刘公柳”。

④ 汤池，指护城河，喻防守坚固。

双池记[①]

清朝 张振义[②]

距城[③]二十里有泉涌，平地滀[④]为池者二，一名莲花，一名龙泉。

莲花池在河合村，广可三亩，深五尺，出水之窦以百数。先是，池属民地，输赋广仅一亩，专取灌本村田。既溢乃泄，所余及他村。雍正五年，诏开畿辅水利，化瘠为沃，导及细流，民始以池鬻于官，取直，议者谓池址稍隘，视旁窦未发者甚。夥又买近池民地二亩，浚而大之，源益裕，均奏除其赋。池旧植莲，故名“莲花池”。龙泉池在蹉趣村[⑤]，广丈许，深四尺，窦以十数，俗谓有神物，凭此祠其上，名龙泉以别之。二池珠喷雪溅，日夕潺湲，各引其流为渠，虽大旱未尝竭。自莲花池出者，迤东南达寨里、贾庄、欢同诸村，凡九里，至蹉趣复斜折而东。自龙泉池出者，东行不二里，与莲花池之渠水汇。渠内外下地悉仿《周礼·稻人》[⑥]畜止荡均之法，为田畦其甸畦，判其阡陌，鳞鳞百余顷，岁种稻所获与粟黍倍。池之水清冽澄鲜，穿甽通畛，满不溢，泄不减。当寨里而下，渠内磊石，杙[⑦]木为楔者三，皆阙其中扃[⑧]以板。因时蓄泄而启闭之，布秧后水滟滟交田面，凭冈一望如镜，洵平衍之奇波，观者可以韵赏而神寓也。予怪旧志不载，窃谓职方亦详泽浸，《史记》亦列河渠。是涓涓者源内橐[⑨]籥[⑩]，发窍生虚，胜则等于灵湫，泽则拟于泾郸，一若造物效奇。兹地渗漉[⑪]膏液以育民生，顾亦何可遗于志也，乃为之记。用戒诸村甿蕲[⑫]食焉，不替于勤，思以永其利而图其废，推《易》所谓“井养不穷”之义，吏与民当交体而尽心者也。铭曰：习坎有孚，洊[⑬]至表祉。三亩莲池，其出弥弥[⑭]。龙泉副之，含清吐泚[⑮]。错纬旁流，觱[⑯]沸濆[⑰]氿[⑱]。深不及寻，润分九里。长我稻禾，实

---

① 选自乾隆《行唐县新志·卷十四·艺文志》。

② 张振义，清乾隆年间行唐县知县，修《行唐县新志》十二卷。

③ 城，指行唐县城。

④ 滀（chù），水积聚。

⑤ 蹉趣（chà jù）村，今为河北省行唐县独羊岗乡东西南北四个差取村。

⑥ 稻人，管农田水利的官员。

⑦ 杙（yì），小木桩。

⑧ 扃，锁板。

⑨ 橐，口袋。

⑩ 籥，乐器。

⑪ 漉，液体慢慢地渗下、滤过。

⑫ 蕲，求。

⑬ 洊，再。

⑭ 弥，水满。

⑮ 泚，鲜明。

⑯ 觱，乐器。

⑰ 濆，水由地下喷出漫溢。

⑱ 氿，侧喷泉水。

栗叶疑。跨陇弥望，百顷若绮。岁获皆倍，民以宁止。我记而铭，用告疆以，勤力其间，贯利曷已。

修高垒村堤碑记[①]

文有试[②]

曷言乎高垒也？垒者，军壁也，村北有长堤如军壁也，以名村何也？郜河[③]溢而入，则庐舍湮，民为鱼。前人于其地为垒，长五百余步，障水而东之，村以无患，有垒而后有村，故以名村也。顺治十四年堤决，邑令管君谋筑焉，功未竟。康熙四年，连令培之，增长七百余步，前任吴君亦复修，然皆旋即溃坏，而昔为垒者，今为墟，是有垒如无垒也，无垒是无村也。予承乏兹牧，目击情形，民溺由己，敢惮大役，爰循旧迹，发徒役而增修之。旬余告竣，勘阅之下，父老请予序勒石。予曰："事非创也，又勤尔众，不足以辱碔珉。"父老曰："嘻！吾村数千人苦巨浸于兹百年矣，我侯一旦衽席之，功莫大焉！且说以使民不烦鼛鼓，而筑之坚，累之厚，堪卜久远，今而后吾村永获保聚，我侯功且不朽，固请如前。"予乃思，是役也，实为村民防护身家、一劳永逸之计，宜乎虽劳不怨，而反归德于上也。但沧桑之故变迁难凭，又在居民自为保固，而官斯土者咸引[④]为己事而经心焉，庶几长此垒而亦长此村乎？是宜狗[⑤]所请，为之记年月，叙其梗概以祈乎后人之因之也。

乾隆三十六年三月十六日序。

井陉县

大宋成德军天威军石桥记[⑥]

进士马宜之撰

本军东北隅有七里涧，北距煮乳岭，少转而西，接凤山寨五龙岗。诸涧之水会于其中，南入绵蔓河，遇夏秋之交，霖潦暴作，则涛奔浪突，岳耸山峙，湍猛汹涌，势若激箭，荡崖口散，渐石则雷吼，蛟蜃不能居，鼋鱼不能止，远而听之，若百万鼍鼓、亿兆勇士战酣而不已。至其涨甚，则逆入于涧十数里。行人阻而不通者久矣。泥途沮洳，淤漫陷

① 选自乾隆《行唐县新志·卷十四·艺文志》。

② 文有试，四川达州东乡县（今四川省宣汉县）人，乾隆六年（1741 年）辛酉科举人，乾隆三十三年（1768 年）任行唐知县。

③ 郜河，属海河水系，发源于太行山东麓鳌鱼山。流经河北省行唐县九口子乡、口头镇、上方乡、上碑镇、龙州镇、余地村等村镇，于行唐县北高里村附近注入潴龙河支流大沙河。

④ 引，拿来做证据、凭据或理由。

⑤ 狗，应为"苟"。

⑥ 选自民国《井陉县志料》第十四编，该碑现在今井陉县天长镇石桥头村。

溃，马濡其膺[1]，车没其毂。或有急故徒涉者，往往被溺，前后蹈而死者不可胜纪，良可悲夫！脱有军旅寇盗之警，征役赋舆之急，羽书行李，临川数日而不得少进，往来之人，岁苦其患。此寔为害之大者也。本军大姓李宣，立身端谨，赋性恬和，务恻隐存心，极患难为意，目击斯害，首图厥□，因谓太原栖息院女头陀善慈曰："七里之患，尔知之矣！暂勤而永佚，少葺而久牢者，仕人之用心也。尔素有化缘，从所倾响，将与建石杠一道，以济万众之不通，可乎？"头陀喜而言曰："此我平生之所欲也。"军使通直葛公，下车之始、神明其政，父母其心，百废俱修，一弊必去，宣以桥来请之。使曰："兴民之利，除民之害，本民之情，同民之乐，乃古良刺史、县令之职之心也，予安得不从之乎？"宣唯唯，忻跃而去。遂同心鸠工，涓日[2]蒇事，使尝因公暇，同僚属而观焉。论其匠者，宜速成功，无妨农务。其民悦而施劳，殊无倦□。宣等一毫不犯，三载而就，道途举忻忻然，室家相庆，曰："七里之患，自此息矣！"一路之民脱沉溺之夭，保性命而跻寿域者，得不由是桥乎？桥乃辽阳石匠张安之作也，观夫用心之至，□碪斗版，灰璺[3]拴铁，雕镂禽兽，曲尽飞走之状。□□□□□之巧，不足尚也。□□□□桥已成，李宣既头陀诣宜之请为记。宜之，中山一朴儒，不知为文，推避不及获，但纪其实尔。

元丰八年乙丑十月十五日立石。

河东坡石桥记[4]

霍元章

井陉大道北至京都，西通秦晋，往来之通衢也。河东坡有山沟一道，深一丈五尺余，西通大河，横绝大道，河水涨发，有时满沟，连大道亦俱损坏，往来行人实为险阻。有义士蔡标者，于嘉庆二十一年独出资财，鸠工积石，修成石桥一道，连大路长八丈余，高一丈五尺余，宽一丈二尺余，数月始竣。费制钱一百数十余缗，工坚料实，至今平坦不坏，济人利物，功莫大焉！

太平桥碑记[5]

方观承[6]

井陉为县，居群山之中，而绵蔓、甘淘二河，一自娘子关入，一自杨庄口入，汇县

---

① 膺，应为"缨"。

② 涓日，也作涓吉，借指选择吉祥的日子。

③ 璺（wèn），裂纹。

④ 选自光绪《续修井陉县志·卷三十六·艺文》。

⑤ 选自民国《井陉县志料》第十四编。另据清代董醇《度陇记》载："旧有石桥跨微水上，名太平，今久圮。方恪敏公记云：桥成之日，适大兵平金川，振旅还京过此，控弦之士按辔坦行，铙吹之声响彻山谷。居人于时额手称太平，遂以名桥云。"

⑥ 方观承，清代直隶总督。

东二十里之横口村，又东十里，为微水镇。太行万壑溪流，因缘奔赴。而二河回环陉岘中，当夏秋间，两岸阔绝，行旅阻隔，非舟不为功。山西平遥监生梁云宾、祁县阎成兰、子阎霦捐赀构石桥，纵四百五十尺，横二十二尺，券有十三。云宾捐金千，成兰、霦捐四千金。董役者，邑孝廉[①]刘烈及刘群、康世增。感其义而让地者，为乡人高铭贵等。桥成之日，适大兵平金川，振振还京，过此，以“太平”名桥志事。

灵寿县

免荒粮碑[②]

钦差巡抚直隶等处地方、管辖紫荆等关、兼理粮饷、都察院右副都御史金[③]为亟请停征荒粮以全灾黎，以免逃亡事：据真定府属平山、行唐、灵寿报，有水冲沙压老荒之地，历年钱粮包赔，以致积欠难完。臣行令该道府查勘，兹据直隶守道副使丁思孔详称，据真定府报称本府亲往查勘，平山县包粮荒地三百二十余顷，行唐县包粮荒地七百五十余顷，灵寿县包粮荒地二百三十余顷，此三县百姓鹑衣菜色，鹄面鸠形者载道，环拥哭诉，称连年灾荒，资生无策，历年包荒钱粮不能完纳等语。及查所欠钱粮，除本年外，康熙八年，平山县尚欠银一千七百余两，行唐县尚欠银六千五百余两，灵寿县尚欠银二千四百七十余两。其康熙七年分钱粮，行唐、灵寿尚有未完，皆因荒地包纳，所以难完等因，到道转详到臣。该臣看得粮从地出，若地既荒芜，粮从何征，此三县荒地应俟臣亲行查明，题请定夺。但据称此三县连年被灾，今又值亢旱，百姓穷苦已极，望蠲之情，以日为岁。钱粮未奉停蠲，地方官何敢缓征，必至敲朴[④]追比[⑤]，灾民难以安生，将见或逃、或亡、或为盗贼，皆势所必至。臣身任地方之责，知此情形，不敢不亟为上请，伏乞皇上敕部，将此三县新旧包粮俱暂且停征，容臣亲往查勘明确，再请蠲除，庶灾民不致流离失所，永戴浩荡皇恩于无极矣。奉旨：“户部议奏。钦此钦遵。”议得三县水冲沙压老荒地亩，行令该抚作速亲行勘明，据实具题。据该抚疏称，随于逐村踏勘水冲成河身者、砂砾铺满者。三县水冲沙压老荒之地俱百姓包赔，流离困苦已极，室家不能相保，但以逃亡为计，伏乞敕部将此三县康熙七八年所欠钱粮并康熙九年钱粮俱全行豁免，以后者亦照额悉行蠲除，庶残喘得以苏息矣。等因取据册结具题前来，据册开行唐县水冲沙压老荒地共七百五顷三十六亩零，该征银一万一十二两零；灵寿县水冲沙压

---

① 孝廉，孝廉是汉武帝时设立的察举考试，以任用官员的一种科目，孝廉是“孝顺亲长、廉能正直”的意思。后来明清时期“孝廉”这个称呼变成对举人的雅称。

② 选自康熙《灵寿县志・卷九・艺文上》。

③ 金，应为兵部右侍郎、都察院右副都御史金铉。

④ 敲朴，也作“敲扑”，也指鞭笞或鞭笞的刑具。

⑤ 追比，指官府限令吏役办事，如果不能按期完成，就打板子以示警惩，叫作追比。

地二百三十二顷零，该征银二千八百二十五两零；平山县水冲沙压地三百二十八顷三十七亩零，该征银四千五百七两零。既经该抚亲行逐村踏勘，取具百姓花户印结题请蠲免，相应将七八九三年拖欠钱粮并以后应征银两，俱照数豁免，仍将免过银两地数开造细册，报部可也。康熙十年二月初三日题，本月初五日奉旨依议。知县卫秦龙镌石。

平山县

养　泉　碑[①]

乾隆年间知县　员家驹[②]

山邑东隅，旧嗟无井。予为凿之，石破泉冷。银床金瓶，汲用修绠。易占勿幕，其养不穷。灌我田蔬，以志成功。掘必及泉，古训可崇。

深泽县

深泽县安济桥记[③]

进士卢旭撰

盖闻立政之道，便民为先，凡使民趋利而避害者，皆便民之事也，否则号令森严，纪纲缜密，民扰而事乖，与政不同，乌得为为政之道哉？深泽县达鲁花赤安安公建桥于邑门之西也，当此之时，至正八年，岁在戊子，夏潦秋霖，汪洋蔽野，滋沙二河汹涌决溢，兼以横堤浸透溃然。方此时，深泽城殆如瞿塘滟滪之当，崩湍骇浪也。居民怅贸悚怖，四顾改容，如婴儿之失慈母，深可畏也。及乎行潦既定，而城西小港潴水尚深，趋城邑者尤为不便，安安公下车甫逾数日，其时临清流而叹曰："既无舟楫，又无桥梁，吾民跋涉，厥惟艰哉。"于是始萌建桥之意。当年孟冬之月，命人夫揭冗[④]地，密树杙[⑤]桩，塞之以瓦砖，实之以巨砲，地既坚矣，而又垒石轴以堰抵其冲，突鳞席础以负蹄毂之辏，集役工纷纭不召自习。九年二月桥始告成，观其石甃，盘盘而构玉，穷窿坱轧，雁翅横截，而其坐贾行商无深厉浅揭之劳，赴市趋墟，免濡衣泥足之患。此其功力之大端，便民之先务也。曩子产以乘舆济人，孟轲氏诮之曰惠而不知为政，是以徒杠舆梁乘

① 选自民国《平山县志料·卷十四·金石》，原志注：碑原在县府西北之井上。
② 员家驹，陕西省三原县人，乾隆三十四年（1769年）以增广贡任平山县令，慈惠爱民，尤喜培植士类，创建天柱书院。
③ 选自弘治《保定郡志·卷二十五·诗文·记》。
④ 冗，咸丰《深泽县志》本作"穴"。
⑤ 杙，小木桩，亦泛指木桩。

农隙而后修也。昔者王周为刺史，偶见坏桥，以覆民车，周曰："梁不修，刺史过也。"遂命修其桥。安安公其知此道乎？公[①]康里氏也，性行鲠直，处事明决，待人接物雍和适[②]宜，及至执典，则修边幅如巨森之当轻飙，略无摇动意，其特立独步之士也。欤噫！国家抡材，拔十得五。以公之才识，岂久淹于此者哉？桥之既成也，凡民之往来于上者，孰不曰今吾侪得以免跋涉之劳者，曷莫非安安公之余赐也。公名安安，因以题其桥曰安济，志其实也。

永济桥碑[③]

明　杜其骄[④]

深泽县西八里许为赵八庄村，横桥踞绝，名曰滱河，其来亦长远矣。稽之载籍，滱水出常，经流于此，为诸涧壑所冲，会每伏秋水发，汹涌暴至，倏忽数十尺，行旅走避不及，多为漂溺，左右田畯被淹没，岁大有亦坐荒芜不治，行者病涉，居者病农，统缘桥之力不能支也。敬侍夫人郝[⑤]生长是村，枌榆[⑥]在念，偶得状，恻然不宁，拟出赐金，一重修之，复计费不赀，力难独举，乃以事闻两宫圣母，复闻主上。适符其拯溺亨屯，至意各捐供奉金若干，皇后妃、潞王、诸公主，下暨宫眷等众，暨司礼太监冯等官得于观感，罔不盈缩输助，期成盛举，奏奉钦委近侍王公臣往董其役。王公兢兢然，奉命唯谨，至即鸠工聚材，申明赏罚，择吉兴工。工始于万历九年二月十三日，越七月十五告竣。桥之长二十一丈，阔一丈九尺，高一丈八尺有奇，旧铺仅土木，今甃以巨石，锢以铁锭，坚致牢实，视旧加百倍，匪惟舆马，徒众利有攸往，而蝃蝀[⑦]蜿蜒，实为齐民之具瞻，即诸水奔突湍悍，率有所归，亦无足为禾稼忧已。夫此大役起于夫人一念之微，辄能感触圣慈，卒成王业，施济一端，仰窥知天恩浩荡，包含偏覆，不以穷陬[⑧]下邑而或有渗遗，大率类此，此较之九级浮图舍利震旦无益于民艰之实用者，相去不天渊哉？《易・益》之《象》[⑨]曰"利涉大川"，兹桥有焉。《书》曰"一夫不获，时予之辜"，圣心有焉。则夫劂镂介石用寿，万祀勿磨，其谁曰不宜？万历辛巳孟秋记。

---

① "其知此道乎？公"。该句据咸丰《深泽县志》添加。

② 适，咸丰《深泽县志》为"随"。

③ 选自道光《定州志・卷二十一・艺文》。

④ 杜其骄，1534—1597 年，字周美，号怀南，浙江东阳（今浙江省东阳市）人。明隆庆二年（1568 年）进士，万历年间转通政使司通政使。

⑤ 郝氏，原名郝芳，深泽县赵八村人。

⑥ 枌榆（fén yú），泛指故乡。

⑦ 蝃蝀（dì dōng），虹的别名，借指桥。

⑧ 陬（zōu），隅，角落。

⑨ 象，原书误作"繫"。

深泽香泉记[①]

邑令　陈奕禧[②]

予生平无他嗜好，惟于山川之名胜、金石之文字有独癖焉。自束发受书以讫，周历宦游，无不探奇觅异，穷搜博取，孜孜焉如饮食之饥渴。犹忆[③]于役[④]成都，过宁羌[⑤]，道中岩壑斗绝，忽有指目潜水之发源者，停骑山麓，扪藤附葛，攀坠不测，溪洞幽穷，数十里不已，其中虺蛇之所藏，虎豹之所穴，参错狼藉。从者皆目慑色变，而予不之恤，及其后追维往复，未尝不默然而笑、肃然而恐也。及其一再遇，则复锐然以赴。前之所为笑且恐者皆勿计矣。呜呼！何其蔽也！

岁庚午之三月，受命来深泽。其始至则邑方大饥，即遍历乡社村壤，核户口，给赈恤，问疾疫，所谓滹沱之渡、滱水之流、神渚之泛溢、刘盆子之墟墓、仙柳古柏之葱郁，无不徘徊凭吊。而邑中之胜概亦约略在心目间矣。考城西北隅有大忍寺，旧为曹溪道场。夏中偶一游憩，抚开元之碑，登大悲之阁，其左有泉斞[⑥]而饮之，味甘而气馥，遂不觉踊跃狂喜。坐息竟日，盖深喜名泉圣水，不跬步而已得也，天船积水[⑦]，实躔此邑之分，将无斯泉，实应之欤。于是，石以甃之，亭以覆之，名之曰“香泉”，因自称香泉翁。公余每至此，吟咏盘桓，意良适矣。然尝考之《易》，泉之出于山下者为蒙，《蒙》之《象》曰“君子以果行育德”，教之义也。泉之巽于木上者为井，《井》之《象》曰“君子以劳民劝相”，养之义也。余承乏兹土，忝司牧之任，有教养之责。睹斯泉也，于所为教为养尤当三复加之意焉。出之有渐，无凌无暴，有似乎泉之通也。施之有恒，勿吝勿掩，有似乎泉之普也。而岂仅如畴昔无事，但取悦其渟泓[⑧]，而畅其游览也哉？而况泉之甘也，则人争饮之。井之泥也，则人争弃之。清浊异致而从违[⑨]攸分，则斯泉不第为予之所嬉游，而且为予之警诫矣。昔人酌贪泉而励其洁，而予且饮斯泉而怀其馨。俾穷檐蔀屋[⑩]之众能各致其爱于上，无异于予之致其爱于泉，汲之不竭，而慕之无穷，当必有其道焉，可不勉哉？可不勉哉？若但荒于偃息[⑪]而快其挹取，正恐对斯泉而尤多惭负

---

① 选自咸丰《深泽县志·卷九·艺文》。

② 陈奕禧，1648—1709 年，字六谦，又字子文、文一，号香泉，晚号葑叟，浙江海宁盐官（今浙江省海宁市盐官镇）人。曾任深泽县令。清康熙三十九年（1700 年），官户部郎中，分司大通桥。因其字深得康熙帝赞赏，虽无科举功名，破格被召入直南书房。后出任贵州石阡府知府，康熙四十七年（1708 年）擢江西南安知府，卒于官。

③ 犹忆，依然还记得。

④ 于役，行役。谓因兵役、劳役或公务奔走在外。

⑤ 宁羌，古地名，在今陕西省宁强县。

⑥ 斞（yǔ），中国古代容器，也是容量单位。

⑦ 天船、积水，中国古代属于胃宿的两个星官。

⑧ 渟泓，积水深貌。

⑨ 从违，依从或违背，也指取舍。

⑩ 蔀屋（bù wū），草席盖顶之屋，泛指贫家幽暗简陋之屋。

⑪ 偃息，休养、歇息之意。

也。敢敬书为记，以自儆且以告后之来者。

康熙三十二年癸酉。

重修城西龙王庙记[①]

许来音[②]

鼓国之城，滹滱波驶，北骤南奔，盖河涨可虑，惟陂堤之不可不肃也。而城西隍[③]沟丁画，环若带，集潦淹注，啮垣若咫，尤为可虑，乃临沟立庙，分石桥龙母之祀，坐城而垒之，以抵西流。盖仿乎耆祁，则犹庚辰之制耳。自戊申前，洪流时溢，民困于鱼，百废未兴，庙址倾侧，几与水揖。惟民力之未遑，亦谁起路斯台而问之乎？余于己酉仲冬始莅泽。策马西圻，相厥地势，并谒龙神，见其栋栏未葺，恻然曰："是邑西洿龙神之司，灵珠涌井，实式凭[④]之，固几筵而砥金汤，何可缓也？"缘春夏间苦旱愆[⑤]，方与邑之诸君子曰："勤雩祷逐重，民力未敢以骤，顾念蚁穴之隙，古昔所戒，苟不未雨绸缪，将暴涨其矣？"及矣夫五害所属，惟水最大。函笼设筑，大小增防，管大夫之教也。破坻截澜，支冲饬岸，则王景略之训也。以今滹滱时涨，而埤堄之庙址不巩，无论宝殿。是荒，其若陂堤之足虑，何乃速募鸠工，筑砌奠坛，旋而灵雨，既零民幸降种，益乐趋事，畚锸毕举，凡历二十日，而庙貌聿新。于是，与邑之诸君子妥龙神而落之，爰记其事。盖深幸金汤既固，将使河流拜龙神而拱戢，则青绡不战，为吾鼓国平成之有庆也。今而后庚辰永制，则耆祁氏之苍璧固直拱而受之耳。

无极县

重修升平桥碑记[⑥]

夫极邑东关外之升平桥，所由来久矣，其度以故。盖极邑旧为极子国，今隶于真定，钟恒毓滱，屹然巨镇。东辖有流村堡、龙泉、泗水诸村，此桥为极邑襟带咽喉。真定为右辅雄藩，东控极邑、安平、饶阳诸处，极邑又为真定襟带咽喉，若官军、若商旅及车骑往来，所利赖此桥者甚重且久也，但狭规卑模，兼以岁久倾颓，行者悚

---

① 选自咸丰《深泽县志·卷九·艺文》。

② 许来音，字廷闻，福建省南靖县。顺治十八年（1661 年）辛丑科进士，直隶保定府深泽县知县，握内府中书科。深泽县境，滹沱河横流而过，常苦于堤缺淹没，许来音来到任，就亲自到实地勘察地势，并率民固筑防堰，使水不为灾。主修《直隶保定府祁州深泽县志》。

③ 隍，没有水利的城壕。

④ 式凭，依靠，依附。

⑤ 愆，罪过、过失。

⑥ 选自民国《重修无极县志·卷十五·艺文志》，为明朝碑文。

慄。姜公来宰极邑，视事几期月，展措无剩技，稠伍无骩骳[①]，一时政治皆黎然就绪，瞿然起色，谓桥有藉皇路，修桥通辟皇图，辄有重修升平桥之命。东关义民贾三仕、李天祯、苗仲科、安子才、贾丙中、贾怀玉、贾邦恒、贾邦惠等董其事，生员贾策、吴宋、李同桂、贾若谊辈亦与维持左右焉。鸠工积材，议远代石，俄而得合流口条石十余块，虽合流，乡民之输情哉，实姜公之德政义举，沾人洽神者启之也。于是恢拓故址而广阔之，而高耸之，设两旁以木槛而轮焕之。工起于孟夏初旬，告成于孟夏廿一。按其规模制度翻然更新，周灵台不日成之者，此桥亦成，于不月可尚已。董事者心甚艳之，走伻[②]征记，铭诸石。予洒然喜，划然长啸曰：姜公此桥之重修也何暇？此昇平桥之重修也亦何义？夫政心之行也，桥政之象也，政未得平而心有颇僻不理之患，桥未得平而政有否隔不通之虞，姜公浑厚而精明，严毅而慈惠，乡约讲而户可封，衙门肃而蠹已剔，摇役均而夙弊革，征派减而抚字行，且其虞文运之塞也，首建文昌阁，而青衿[③]士奋翮者为之击节，其宣猷宏化之善政，种种可述。姜公其亦平政，缘平心而抒写升平桥，缘平政而修葺耳。孟子曰：“岁十一月徒杠成，十二月舆梁成。”继之曰：“君子平其政，惟平政乃所为成杠梁哉？”此言若为姜公道也。于戏[④]！孔子曰：“山梁雌雉，时哉时哉！”今日昇平桥之役，足经者为履道坦坦，王道荡荡平平，其于雌雉有倍为适时者，矧昇平桥皆泰山石也，触石而起，肤寸而合者，必泰山之云乎？将不崇朝而遍雨天下，公闿泽[⑤]暨及一极者，滂霈天下，四海升平，景象肇迹于兹桥也。夫姜公，山东济南奇英，名应科，号擢吾，《书经》起家，丙午乡进士，筮仕极邑。

邑侯范公捐俸修堤记[⑥]

清内阁中书舍人、庚戌进士纪沄[⑦]撰

极邑，古极子国，北背中山，紧枕乎黄龙之巘[⑧]，南临泰戏滹水，近括滋河，自西北绕至东北，环抱朝拱，名腰带水。故极邑不设北门，而独设西南东三单门者，□其秀也。是滋河诚有情之水也，奈河南地势崇隆而足恃以无恐，而河北低洼，至东北一带更甚，故邑南士庄堤□历年冲破，秋水稍泛，禾稼辄被淹没。至乙丑秋，汹涌澎湃，怒号奔腾，而邑南东北接壤深泽五十余村，佳禾立变为污泥，屋舍尽漂若浮萍，□居野处而不能逼，真流离之子咽菜吃糠亦难得，尽成泽国之禽。吁嗟乎！滋水有情，何不情至此

① 骩骳（wěi bèi），曲折委婉、屈曲。

② 走伻，指派遣仆从。

③ 青衿，指读书人。

④ 于戏（wū hū），感叹词。

⑤ 闿泽，又作“闿怿”，和乐貌。

⑥ 选自民国《重修无极县志·卷十八·金石志》，原标题为《邑侯范公讳永嘉字瓯公号王苍辽东藉江南江宁府江宁县人捐俸修堤记》，现标题为本书编者自拟。

⑦ 纪沄，直隶正定府晋州（今河北省晋州市）人，清康熙九年（1670年）庚戌进士，詹事府正詹事。

⑧ 巘（yǎn），大山上的小山。

极耶？幸孟冬我范公下车，即调剂多方，以实心行实政，利无不兴，且兴从来之所不经，见弊无不革，且革从来之所不能革。惟其情真故信乎，信乎故人和，人和故其故多□。尝巡行四郊，见老者逸之，勤苦者赏之，乏牛种者借给之，善政累累，难以枚举。一日至士庄堤口，辄恻然曰：“是余之责也夫！是余之责也夫！”即捐俸四十金，买木觅人工，亲诣督修，长百二十步，广十五步，两岸植杨柳固结之。至丁卯春，而堤告竣，真不啻铁壁铜城，而河北以至东北接壤深泽五十余村，永成丰乐之乡矣。昔东坡治杭，筑提于西湖，亦植杨柳，而葑田去下塘，兴六桥成六井通西湖，且借以生色。张文宿诗云：“堤上苏公杨柳，湖边王令桃花。细雨斜风渔艇，小桥流水人家。”杭之民戴其德而不忍忘，号曰“苏公堤”，千百世后，墨士验人无一不景慕欣羡，乐而忘返。夫苏公善饮，公亦善饮，苏公美须髯，公亦美须髯。苏公传有东坡棋，公亦善奕奕。苏公之字画诗俱工，公之字画诗亦俱工。苏公之文以气胜，而公之《敬一斋稿》百余篇皆自出，手眼理法兼到，浩瀚磅礴，行乎其所不得不行，止乎其所不得不止，杂之三苏集中，毫莫能辨，公其坡公之后身耶！何其相肖至此耶？极之绅衿父老感公修堤之情甚切，征余文以志不忘。余亦感绅衿父老感公之情之切，而并感夫公之赋性忠直而仁□，亦惟恐千百世后之或忘也，爰题“范公堤”，以勒诸中山之石。内阁中书舍人，庚戌进士、邻治年愚弟纪沄撰，儒学教谕彭尔龄、训导梁应龙、典史刘庆远仝校阅。皇清康熙一十六年岁次丁卯季春吉旦立石。

万一堤记[①]

民国六年立　邑人司绍先记　崔权书

邑北二里许，延袤四十余里，万一堤也。民国四年春，县长杨公文甫来，实心求治。越明年之正月，邑绅田实坚、司绍先、刘恩灏禀请挑浚木刀沟，我公以事关民瘼[②]，慨然允准，遂邀集沿河绅者议于两岸筑堤，划定规模，筹定办法。堤身宽十五尺，上宽八尺，高八尺，两堤相距二十丈，起于西池羊[③]，达于固现，按村粮银分配工段，每银一两筑二丈。规划既定，克期兴工，不阅月而工报竣。统计两堤一万八百余丈。嗣又在上游接修至北汪村东，约有一千余丈，需款二万一千之谱。不邀国帑，不待驱迫，命名“万一”，意实本乎此。是岁秋杪，复加修补。次年复加崇（重）修，如式而止，种柳五万余株，一则保护堤岸，遮蔽风沙，二则培养成材，地无遗利。两年以来，沟水就范，沿河禾稼，遂获丰稔，民咸颂之曰：“此皆我公之赐也！”

① 选自民国《重修无极县志·卷十八·金石志》。

② 瘼，原书作“膜”。

③ 西池羊，村名，现名西池阳，属河北省无极县东侯坊乡。

辛集市

护城堤记[①]

周季凤[②]

正德辛巳秋，滹沱河决晋之涅槃，奔束鹿而汇焉。知县锺英障且告。余檄保定知府王光，光复曰：“岁云暮矣，土坚其脉，以待来年。”余曰：“然。”冬十有一，月望[③]癸酉，大浸，民逃者半，锺英又以告，复檄光，二旬不报。时余在唐，闻其急而飞置促之，进通判刘濩曰：“束鹿殆哉！余不夕寐者屡矣，而光若是何载？”复飞置以促。同知高杰乃来，以光病告。余曰：“人病而状亦病乎？”既而光舆疾趋，易请。余曰：“汝瘥而来乎哉？”对曰“唯。”曰：“瘥而治之，往用底绩[④]。”命杰曰：“汝有才不伐，往佐其成。”檄真定知府王腾曰：“有谋而断，晋饶武深咸汝之封，汝往度之。”檄河间知府张羽曰：“邻有灾，汝莅兹土久而往恤之。”命锺英判官朱文、英主簿于瓛、典吏赵晨曰：“汝等故治兹，其咸乃事事。”曰光，曰腾，曰羽，毋私民，毋利已，毋怠，毋玩，所不与戮力者如水。刻日兴工，羽以他告，听焉。腊月已亥，光腾咸至束鹿。光聚徒具器，令三囤投湍以窒。庚子，余笥历赴一舍。光投状曰：“哀哉！危也！公日夜忧救民，惟亟岂后生小子所能窥也哉？”距城十里，老幼跪道旁，哭声振野，且告不逃故。余下舆，挥泪而慰之曰：“我来宁矣！无恐！”辄徒步入城。城汪洋巡檐，走且悬木以渡，而民可知也已。余坐公署，官属庭参[⑤]罔克，揖诸生而问焉。有吕豸者，手策以献，令光腾参酌而行之。余降服[⑥]减馔[⑦]，禁刑撰词诘旦[⑧]。辛丑，率属僚以从事曰：“惟神，汝有灵职兹土念哉？余奉圣天子命巡兹，与神言之，神之德，曰安曰静，泽厥生民，以既万物，而乃泛滥横流，坏我城郭，伤我稼穑，漂荡我民居，使不得宁宇，岂神之德？岂神之功？圣天子新政光照海内，百神率职罔懈，而神若是，宜哉！圣天子闻之，命余讯以告，无乃吏兹土者不职，以贻神罚也，吏之罪，巡抚之罪也。束鹿之民奚罪焉？必欲肆其大，罚其宁，以加诸巡抚，亦何敢辞！”祭毕，沉玄帛于中流，乃告于众曰：“吾民其听之哉？神惠在兹，汝其食之。仓廪在兹，吾其发之。历在兹，吾其颁之。俾尔趋吉避凶，以勉无惑！”众欢呼并力，殆有不日而成之势。余蚤暮巡以劝，或告曰：“城之外有堤焉，址也，而夷焉者久矣。公盍令之复？”又进濩

---

① 选自康熙《束鹿县志·卷十·艺文志·记》。
② 周季凤，1464—1528 年，字公仪，号未轩，谥康惠，江西南昌府宁县（今江西修水县）人，明朝政治人物、进士出身。
③ 月望，指旧历每月十五日前后。
④ 底绩，谓获得成功、取得成绩。
⑤ 庭参，封建时代下级官员趋步至官厅，按礼谒见长官。文职北面跪拜，长官立受；武职北面跪叩，自宣衔名，长官坐受。
⑥ 降服，谓穿素服（居丧或遭到其他凶事时所穿的白色衣服）。
⑦ 馔（zhuàn），食物。
⑧ 诘旦，意为平明、清晨。

曰："汝往哉，揣厚簿，仞高卑，唯其宜。"豪民有私语者，诸生复告曰："我公其亲之乎？"余乃游焉，度焉，而决焉。其广也，址十丈，颠之丈有五尺，其高也丈有二尺，其袤也二千一丈有奇。榜曰：挠无法者必罪，动无礼者必罪，方命者必罪。众帖然。省祭官、义官、王府官、耆老总其役，各二百役，二千人各分工五尺，表里杂植柽柳，盘错以固焉。令光旬一考以报。城之中水莫出，窦其下以流其恶。乙巳，腾以涅槃请，逆大风以往，人马莫辨。余曰："天方怒，盍姑退以省？"丙午，卜诸紫城，协风谋。是日，口窒而水东西行焉。光告成，余曰："伟哉！余得复天子矣！"乃犒。越数日，天乃大风，以沙隆隆起。光曰："公德也乎？"余曰："天也，而人乎哉？吾人尽力，以死莫民毒也！"先是，或告曰："束鹿之城有怪伏焉，公毋往！"余曰："季凤不往，谁其往诸？陷吾宁与之偕也。"至是，众曰："微公，束鹿死不免乎？功大矣！"余曰："呜呼！岂余之功哉？天之仁也。天子之命也。神之灵也。二三子之力也。余何功之有焉！"

嘉靖元年冬十一月，巡抚、右副都御史、南昌周季凤撰。

重修护城堤记[①]

吕 柟[②]

束鹿，保定隶邑也，治在真定东。滹沱河自雁门来，经灵寿、平山、晋州、深州至于直沽入海，而束鹿间于晋深，滹沱故道南束鹿三十里，然县址卑而沮洳。滹沱之来也，西韩河自大鸣泉南入，绵蔓甘陶自平山入，松阳自楸山入，卫自灵寿入，而派滅胭脂诸水亦以次入，故滹沱至束鹿滋大，数弥漫，北凌束鹿城。四城故有堤以障水，水杀后，邑民或犁堤艺谷，堤渐夷西北，迤东犹如带存。正德乙卯，秋大水，晋涅槃口決，滹沱滥于束鹿，没丫河，溃城西北堤。西北堤决，径沦四城，城外积淤高于街巷，公私舍半倾颓。辛巳，秋患愈棘，城内水或寻丈高，贫民逃入邻邑，富者编筏而寝食焉。县令临颍谷锺英障不能止，乃告诸巡抚都御史江西周公公仪及郡守阳武王君德辉，时病卧床，闻之揽衣起，谒周公而先往，至则城且陷，乃召束鹿士民之留者，曰："患若此，屋产且勿言，其如尔父母妻子？何尚可又手叹息待毙邪？"令曰：三人为囤，填决壑。得千人，昼夜填。填口愈狭，水愈急。德辉乃文告于河曰："嗟呼！滹沱欲鱼鳖吾束鹿赤子乎？"有顷，决合，自始填凡五日。束鹿人曰："神相之也！"周公临视，喜曰："束鹿免矣！束鹿免矣！"谓德辉曰："太守得无加病乎？"时岁方沍寒，而德辉扶病督率反瘥，抑其救人之心有所迫邪。已而，德辉又告周公曰："不一劳不永佚，如复旧堤，斯束鹿千岁之利也。"德辉乃兴四千役，作堤四城，堤基皆广十丈，上广六丈有五

① 选自嘉庆《束鹿县志·卷十·艺文志》，雍正《畿辅通志》中名《束鹿城堤记》。

② 吕柟，1479—1542 年，原字大栋，后改字仲木，号泾野，明代学者、教育家，称泾野先生，陕西高陵（今陕西省西安市高陵区）人。

尺，高丈有三尺，长二千一百丈有奇。以郡判刘君濩提调之，谷锺英统领之，主簿于瓛、典史赵晟人领二千役，王官义官及群省祭官人领二百役，役分堤五尺有奇，堤足皆树柽柳，内外盘错，而德辉旬一课焉。工始正月，至四月而告考。于是邑人致仕教谕焦让及义士王勋会其乡诸耆俊曰："是役也，实衽席吾束鹿人于子子孙孙者也，然非王公上协周公之心，下作诸执事者之志，今尚有束鹿乎？"乃请学谕南阳王玑撰状，使学生乔英、李引之问记于柟[1]。柟近过保定，遇宪副贾，会期于途，其言德辉之救束鹿略亦若此。夫昔曰：德辉之为御史也，先帝所讳言者建储事耳，德辉乃屡抗疏言之，可杀其身而不顾，及其守永平也，镇守太监诬民谋叛，村杀数命，德辉平反其余，至系禁狱七月而不悔。其与束鹿之陷溺也，身婴厚病，触风霜，程畚锸，躬执其劳，忘其病，而不辞者一也。呜呼！格天存乎信，建功存乎仁，使力存乎度，敬上存乎忠，慈下存乎公，谓德辉庶几乎？此五者非耶，嗣治保定者幸无弃其烈。德辉名光，同予戊辰年进士。周公季凤，毛澄榜进士。嘉靖元年冬十一月记。

新建滹沱河祠记[2]

孙承宗[3]

余郡二十州邑，而半以水患。鹿城滹沱之冲，患更厉，盖臬守大夫日为虑，而长吏半从泥淖中颟画畚插有年矣。岁壬子，余持节过城下，则民庐没废什可三四。明年，则牙舍日舣舟而出，且支木以步，予时有迁城之议，袁令君固不可，曰："南北不百里，谁为汤汤安流而祈宁土者？"既上其事于参知解公，则为高其卫城之坊，夹埤树万柳。亡何，水大浸，日遣舟出诸溺者，而城恃以无恐。然从坊视，城如盆盎，河伯环坊而浸者，遂至漂簿书，没民庐。父老相率请令君就高阜。令君复不可，曰："吾请命于上矣。小民越在泥淖，而吾高阜以居乎？"乃绘图持上参伯，条次修救数事，得还报，次第布之。于是开粥场，筑冬生院，成梁于隘，成舟于阔，成水车于潴，凿坊澌渠以达内浸于旧壑，而断西北之支河。越明年三月，渠且成。参知公实临视之，晧晧盱盱，间几为河也。公骇叹，泣下诘旦，又引咎拜祷，相其湾曰："是可道而南。"又指其冲曰："当筑宫其上，以祀河伯。"更发金为抚济院百庐，以待诸露宿者。越月而祠成，又越月而河伯南徙可二里许，又越月而邑士庶击牲享河伯欢呼祠下，拜河伯之贶颂，参知公之格神也。于是冯孝廉冕次其事，来言曰："公之格神，凡以为百姓神之贶。公凡以公前后所赈救，俾明府请无不得殚其心而既遥廑之，又躬临之，是用冥章厥绩，以嘉成劳耳。"余谓灾亦何常，备则冯人，不备则冯神。河之竟南若更北也不敢知，乃余所知可澌澌之，可坊坊之，即蛟骋鱼沸，地不得宁，而必躬必亲以救之，使小民不冯神而冯

---

① 柟，雍正《畿辅通志》为"柟"，嘉庆《束鹿县志・卷十・艺文志》误为"戏"。

② 选自嘉庆《束鹿县志・卷十・艺文志》。

③ 孙承宗，1563—1638 年，字稚绳，号恺阳，北直隶保定高阳（今河北省高阳县）人。明末军事战略家、教育家、学者和诗人。曾为明熹宗朱由校的老师，明末的文坛领袖。曾任兵部尚书、辽东督师、东阁大学士等。

人。今天下三事，而下辄攒眉于不可为，独监司守令若可为而间诿諈于不为，故下有灾而令不以闻，令有状而上不以听。即姑闻姑听之，议蠲议赈，而死徙过半矣。乃若交相图画，至廑前矛于河干而亲为指授方略，其谕慰父老，绥奠溺人，备极笃挚。然则川灵受贶而浸宅，康庄惊波方轨也，岂非仁人之效哉？昔汉武沉璧挞石而咎河伯不仁，王弇州过郡曾曰河伯不仁，长吏佐之。嗟乎！余不敢谓天下有不仁，而吏岂其神而不仁。今余郡有仁吏，神终烦我长筊乎？《传》称："与溺人，宁溺渊。"然则不仁甚于水也。余愿吏吾土者为仁吏，土即溺不溺矣。

护城堤记[1]

王天庆[2]

束鹿当滹沱下流之冲，地衍土疏，而水性又复亢悍奔突，泥沙交流，泛溢善溃，有明以来，常为邑患。自旧城迁移兹土，有由然也。城之有堤旧矣，原创始之意，城以防邑，堤以护城，非不坚且壮也。其后积年既久，废弛渐开，守斯土者玩曰以幸迁，而小民嗜利觇[3]近忘远，剥之削之，侵之夷之，半即平地，即有存其形者，仅一线耳。噫，一邑之中，庙祀坛壝[4]在焉，仓库廨署存焉，士庶室庐集焉，而所恃惟一城，城所恃惟一堤，堤坏城湮，巨浸适至，其何恃以无恐？非守土者之责而谁责耶？丙辰秋，余承乏兹邑，见百务俱隳，心甚惧焉，爰于小民农务之暇，渐次整理，首城隍庙，次文昌宫，次义学，次养济院，次刘将军庙，次仓库衙署，鸠工庀材，日不暇给。而戊午秋淫雨绵延十余日，河决邑南孟家庄、大里寺、四七营、大营等村，余方偕僚佐相度沿河地形，以为守御计，而役奔来报河水逼城。余乘筏归，则水与堤争，堤弱水强，壕堑已盈，渐与城斗矣。登时，率城中四关居民阖门拥土，为权宜计，而水亦渐次衰止，复归故道，一邑之人获有宁宇者亦幸也已。《记》[5]曰："以旧坊为无所用而坏之者，必有水败。"不信然乎？越明年，雨旸时若，蝗不为灾，二秋颇稔，因申请上宪动帑兴修。各宪念切民瘼，即赐允，而民亦和会，咸来趋事。兴工于己未九月朔日，讫于庚申四月既望，计长一千余丈，高阔悉照估计，分别土性，层夯叠硪，蜿蜒迤逦，如虹之绕，如虬之蟠，又于顶冲之处播置荻苇无数，环堤栽柳二千余株，以为堤界，而即以护堤，将来青葱苍翠，如幕如织，不居然兹城一巨观也哉？是役也，其费则朝廷公帑，其修则各宪雅意，其力则取诸民，其成则因乎时。余特藉是以谢守土之责，而告无罪焉，耳非敢自以为功也。爰勒诸石，以告后之莅斯土者，先事豫防，无若予之因警后戒，则又幸矣。至于省勤惰，则县丞张建镐、管河主簿郝浩与有劳焉。

---

① 选自嘉庆《束鹿县志・卷十・艺文志》。

② 王天庆，清代乾隆初年束鹿县（今河北省辛集市）知县。

③ 觇（chān），偷偷地望。

④ 坛壝（wéi），坛场，祭祀之所。

⑤ 记，指《礼记》。

重修护城堤记①

李文耀②

案：《周礼·职方》：并州山曰恒山，川曰虖池。师古曰：滹池，音呼徒，即今滹沱也。自山西入直隶境，而束鹿适当其冲。明天启壬戌，旧城圮于水，迁邑兹土，令之所以筹保障者，视他邑为尤难。城旧有堤，计长九百余丈，高六尺，阔二丈。前令之用心可谓勤已，岁月既久，驯至损坏，每遇滹沱涨发，波涛舂击，直撼长堤，沙石鱼龙，蹴踏奔辏，堤视昔日以寖削。去年晋州河头村水决，新河直冲至城，仅赖一线之堤以为捍蔽。余目睹焦劳，仅而获免，倘不急加修筑，卒遇水至，堤一不支，害曷有极。乾隆二十四年春，余捐俸鸠工，增高培厚，昕夕省视，民趋鼛鼓，踊跃恐后。于城西北大堤口顶冲之处加修三十余丈，城东北残缺处加修五十余丈，统计堤长千余丈，高视昔加三之一，阔视昔加四之一。当蒙道宪经临查勘，慰谕谆复，务归坚实，遵即续加畚锸，层叠巩固。又于东门外向未设堤处环筑壕墙一道，计长二百余丈，高阔悉中程度，以备不虞。兴役于二月十五日，于三月初二日工竣。是役也，不费公帑，务绝派累，悉分廉俸，为吾民图经久③之计。民大和会，不浃月而用底于成。世之莅民者，动谓蚩蚩者睹近忘远，可与乐成，难与虑始。以予视兹土之民，趋事赴功，奋勉不怠，俗何淳也！忆余自甫下车，以地处洼下，土性疏而水性亢悍，谕令沿村各设壕堑，以捍水患而偕出入，谨守望意，亦默寓于其中。后邑屡被水，卒不为害，民欢呼四野，知壕堑之为功甚钜，故兹者筑堤之役一唱百和，非所谓登高而呼势加疾也。余仰承上宪慈惠，下顺舆情，因势利导，其何力之与有？特藉手以告无罪则幸甚矣。爰记其重修之月日，以谂后之君子无弃前劳而蕲④有以保护之。此又余与斯民所引领而望者也。

新乐市

重修曹河碑⑤

明　贾更新⑥

盖闻水涨为灾，所在多有顾，所以备御之者，存乎人耳。邑城西内营村旧有曹河一道，下流至木刀沟，系邑侯曹公所开，因名曹河，示不忘也。日久沙淤，河道渐隘，自内营以下数十村被水之害，由来久矣。邑侯刘公下车以来，宵衣旰食，兴利革弊，良法美意难以枚举。今年春，各乡父老以重修曹河为请。维时方有事于林河及木刀沟，未遑

---

① 选自嘉庆《束鹿县志·卷十·艺文志》。

② 李文耀，清代乾隆年间束鹿县知县，主持修成《束鹿县志》。

③ 经久，长久。《三国志·魏志·郑浑传》载：“地势洿下，宜溉灌，终有鱼稻经久之利，此丰民之本也。”

④ 蕲，又的意思。

⑤ 选自光绪《重修新乐县志·卷五·艺文上》。

⑥ 贾更新，直隶新乐县（今河北省新乐市）人，清雍正十三年（1735 年）乙卯科进士。

也。秋七月，大雨淋漓，水势泛涨，芃芃禾黍，尽付波涛。侯闻报，叹息久之，因慨然以修复为己任，亲加督催，不日成之。嗣是，禾稼无恙，环堵依然，各安其生，各乐其业眷[①]焉。顾之，伊谁之赐？贤哉邑侯，惠我兆民，感恩感德，与河罔极。勒石以志不朽，聊表甘棠之遗爱云尔。是为记。

重修广济桥碑[②]

蒋士元[③]

国家定鼎幽燕，新乐遂为右辅冲邑，华夷由以归极者，殊无虚日。邑南二十五里许，马头铺之阳有木刀沟，下流诚一要津哉。成化间，张尹尝令马旺建石桥三空，名曰广济。至隆庆，岁久倾圮，且制尚卑隘，一遇水涨，辄漫桥四流，渡者苦之。郡守陈公华、前尹刘君凤朝深用为惧，特命民安世威、薛大厩、藁城民刘仲连、田豹、张玠等新而恢之。伊辈承命，募金若干、粟若干，业已裕工役费。陈守复檄本邑及藁城、行唐，官运车三百辆，民自输运车五百辆，而灰石积如山邱（丘）。数人于是鸠工督役，构桥五空，延袤数丈，视昔倍加崇阔。旁复营水府三官祠为镇。工始隆庆改元，越万历乙亥始毕。毕之日，佥谓盛举，当垂不朽，相率造庭乞记。余窃思桥梁乃王政所关，昔子产乘舆济人，孟子讥其惠而不知为政。若陈守、刘尹，其溥仁泽而识治体者乎？至若世威。数人殚心戮力，共成厥事，亦氓庶中尚义而乐济者，故备书之，俾利涉者知所自抑，以俾后观者知所感兴、以继修于不坠云。

邑侯冯公修滋河碑[④]

贾廷兰[⑤]

三代而上政与德一，三代而下政与德二。说者谓德失而后有政，非失德也，失政也。使为政者行己之所当行，为人之所不能为，于此奠安黎庶[⑥]，永垂不朽，则今之政即古之德也。我侯潼江冯公奉简命来尹斯邑，于今三载。斯邑也，古称新市，夙号疲繁，非长才卓识，每束手无策，扼腕兴嗟。公则以游刃之才，捍患兴利，种种善政，缕指之不能悉。当道已荐为循良第一，然其间功之最隆，德之最懋者，尤莫过于治水之事。当皇清定鼎之十年，癸巳夏，阳侯为祟，滋河堤决，邑之化壁、赵门等村桑田几为沧海，民居庐舍尽逐波流。天子殷忧，下民昏垫，公乃不惮艰辛，身任其事，为之浚畎浍，筑堤岸，捐资修

① 眷，留恋的意思。

② 选自光绪《重修新乐县志·卷五·艺文上》。

③ 蒋士元，江西宜兴县（今江西省宜兴市）人，举人，万历元年（1573 年）任新乐知县，官至运司同知。

④ 选自光绪《重修新乐县志·卷五·艺文上》。

⑤ 贾廷兰，字瑶林，直隶正定（今河北省正定县）人，顺治八年（1651 年）辛卯科举人，顺治十二年（1655 年）乙未科进士，顺治十四年（1657 年）任辽州知州，后任陕西督理粮储道。

⑥ 黎庶，黎民百姓。

葺，不劳民力。兼以贰尹、古茂陵通判、改授南望董公自备饔[1]食脚力草料，往返百十余里，不惮勤劳，竟日督工。又起云阳公共襄[2]其事，故指日告成功焉。由是百姓得宁其干止，安其地利，所活何止亿万计。尝稽之往古，元圭告成，烝民乃粒[3]。今斯邑民士享公之利，不啻与元圭等，所谓行己之所当行，为人之所不能为，我公不有独擅哉？故曰今之政，即古之德也。迄今三载，河伯效顺，不复有泛溢之患，邑之士民感佩无涯，咸欲勒石以铭其绩，俾垂之百世，而乞言于余。余距斯邑仅百里许，知公最切，而沐泽最深，自愧不工于文，惟据实质言之而已。燕然片石，少志侯勋，岂能尽伟烈丰功于万一哉？

邑侯周公修滋河堤碑[4]

梁清选

予效二疏乞归，奉旨俞允静坐三勿堂，观史娱目，见古循良孔岭南[5]、富青州[6]、祝洛阳、李神君[7]、杨震[8]、李繁[9]、王荆公、燕肃、萧结诸人，辄掩卷褒嘉者久之。又见古迹浴儿池、八卦亭、落笔乡，皆吾郡奇观。尝废书而叹曰：相距咫尺，吾独靳一游览耶。于是，驱车之新市，过滋河，由闵泉镇而东，频见野堆沙砾，渠积沙邱。招乡中父老询之曰："尔桑田变为沧海，膏壤易为沙碛[10]，而且室如悬磬，面有菜色，奚为而不去也？"彼应之曰："邑侯三韩周公多惠政，及我良深，奚为而去？"予复询之曰："惠政云何？"对曰："遇水灾则禀请捐粮，遭雹伤则设法赈饥，忧旱则虔诚祷雨而甘霖普降，防盗则夜设游巡而衽席安枕，火耗革矣易银而收钱，赎锾[11]免矣泣罪而原情，至于隆礼学校，课读而月给馆谷，抚字编氓劝耕而春贷籽种，吏不下乡，鸡犬无惊，兵不扰民，粮食充足，种种善政，难以悉举。吾侪小人是以甘受饥寒而不去也！"据斯言也，诚哉！其为贤令也。盖禀请捐粮，设法赈饥，非孔戣奏免岁赋，富弼发粟活众之遗意乎？虔诚祈祷、夜设游巡则祝之，引咎李肃之之置鼓往迹也。革火耗，免赎锾，又与伯起却金、刘宽[12]蒲鞭相似也。隆礼学校，则李繁之捐奉供给。抚字编氓则荆公之贷谷易陈。吏不下乡，兵不扰民，又与燕临邛萧、祈阳之心若合符节也。历代诸君子有一节称美于前，岂公兼众长而不流芳于后，谁谓古今人不相及哉？公尤以爱民为心，有利必

---

① 饔（yōng），熟食。

② 襄，助，辅助。

③ 乃粒，意为百姓以谷物为食。

④ 选自光绪《重修新乐县志·卷五·艺文上》。

⑤ 孔戣，753—825年，字君严，唐代官员，曾任岭南节度使，敢言直谏，指责时弊。

⑥ 富弼，1004—1083年，字彦国，洛阳人，北宋名相，曾知青州等地，后以司空、韩国公致仕。

⑦ 李肃之，1000—1081年，字公仪，曾令比户置鼓防盗。

⑧ 杨震，字伯起，东汉时人。昌邑县令王密夜赠金十斤，固不受。

⑨ 李繁，唐代官员，曾捐俸建孔庙，修建城门，政绩显著。

⑩ 碛，水中沙堆。

⑪ 锾（huán），古代重量单位、货币单位。

⑫ 刘宽，字文饶，西汉时诸侯王。

兴，有害必除。一日秋，滋河堤决，公曰："新市苦水患久矣。"爰召诸生王阳、陈俊儒及耆老等百数十人，博访周咨，以为欲除水患，先修堤工，询谋佥同。诹吉兴役，而令赞政金陵徐公董其事，昼则坐于岸，夜则宿于乡，陾陾①登登②，有鼛③鼓弗胜之势。佐政三韩武公，亦相与共成兹举，不匝④月而告成焉。堤宽三丈，高五丈，树柳如堵，南连正定，北接行唐，又与范仲淹筑堤于通泰海三州界，长数百里，以卫民田后先相映也。噫！公之功伟矣！非以爱民为心，谁能如是也？异日公以奏绩知名，圣天子遗大投艰⑤，重加委任其经济之猷，足以捍天下之大患，御天下之大灾，不于今日治水修堤之一事可预卜耶。邑人被恩勒石，后必同羲皇孔圣古迹并载县志。予因乐为揄扬⑥云，而为之祝曰：中流砥柱，磐石巩固。今此下民，被恩无度。酾沉澹灾⑦，杜母召父⑧。于万斯年，遐不永祚。

右堂来公修滋河堤碑⑨

崔赵潜

壬午暮春中旬，余有事行唐北洼村，回过化壁村，见有人纷纷，修盖神庙，中有熟识数人，趋迎揖余，曰："此建河神庙也。因村西有滋河一道，而无堤埝，自乾隆十五、十八两年，河水涨发，由此分漫，东流被灾者四十余村。吾县右堂⑩来公，名席珍，字斯聘者，查灾至此，修埝一道，于每年二月内加高增厚，数年安堵无患，皆公勤敏之赐。去岁春日，政太烦剧⑪，民困征徭。公知民苦，不忍照前督修，孰知秋雨过多，决开大口，直奔我村，较前更甚。公闻报急查，目睹情状，深为悯恻，向吾乡人言曰：'今春堤埝未修，因而决此大口，虽天灾，实吾罪也！若弗竭力修筑，必将益冲益阔，分河势为支流，自此以东，一片汪洋，所患者岂仅四十余村之禾稼庐舍哉？'于是详度地势，筹计工程，而禀邑侯叶大令，同报郡伯郑太尊，太尊嘉之。公即为晓谕，日夜在工，饮食自备，分派被灾之村，一一指示，自赵门至良下，堤高一丈，厚一丈，长六里，每堤三尺树柳一株，分段修筑，群皆欢呼踊跃，不数日而功成焉。公浙右名士，

---

① 陾陾（réng réng），众多貌。

② 登登，众多貌。

③ 鼛（gāo），古代有事时用来召集人的一种大鼓。

④ 匝，环绕一周也。

⑤ 遗大投艰，指交给重大艰难的任务，出自《尚书·大诰》："重加委任，其经济之猷"。

⑥ 揄扬，赞扬。

⑦ 酾沉澹（dàn）灾，疏导分散水流，以缓和、消除灾情。

⑧ 杜母召父，也作"召父杜母"，杜诗为东汉南阳太守，作水排；召父为西汉南阳太守，兴修水利。两者皆喻勤政为民，成绩卓著。

⑨ 选自光绪《重修新乐县志·卷五·艺文上》。

⑩ 县右堂，即县丞，清代为正八品。

⑪ 烦剧，繁重。语出《汉书·食货志下》："民摇手触禁，不得耕桑，繇役烦剧，而枯旱蝗虫相因。"

改捐[①]是职，自任新乐以来，不受馈遗，不徇情面。有争执，力为剖断，乘间教民孝悌。接文士，即为讲学课艺，娓娓不倦，绝无风尘俗吏习气。今修此堤，复为吾辈图久远，除大患，复捐俸建河神庙，以永庇佑，立室雇人，令其看守，每年领工食四千，公亲自赏给，不须村中科派。夫如此一仁明廉洁赤心爱民之贤有司，真令人感戴不忘也。欲为村中立石颂德，祈长者为文，以垂永久，未知可否。”余闻之，不禁跃然喜曰：“学古人，官能以道得斯民者，始为不负所学，任捕听之，职乃能如此贤矣哉？可谓随分竭忠，不问崇卑，惟笃匪躬之节者矣。”斯一堤也，永免数十村之灾，尤为无量功德。乡人感戴，孔迩[②]兴歌，比之良吏贤宰，何多让焉？余武人，不能文，然闻此而欢欣乐道，且冀公擢高位，益布化宣猷而广其德，施以昌后世云。是为记。

重修龙神庙记[③]

麻廷璥[④]

县治南郭外路西旧有龙王庙，路东有龙姥庙，历年已久，行将就圮。乾隆二十一年复捐俸修葺而振新之，鸠工庀材，既勤既治，例得序言，以昭来许。窃惟古圣先勤民而后致力于神，其载在祀典者，无非为民祈报，其不列祀典者，则黜而弗庸。故年谷成顺，则溯其所主而报之。其或水旱灾祲，有所祈，祷天神，祈风伯、雨师、地祗[⑤]，祈名山大川。隋唐间祈雨，初祈岳镇海渎[⑥]及山川能兴云雨者七日，祈社稷及古百辟卿士有益于民者七日，祈宗庙及帝王有神祠者七日，修雩[⑦]，祈神州，未闻有龙王之祀也。或曰：河伯，水神也。蛟龙以水为室者，祀龙王犹祀河伯也。凡江湖之水，必立龙神以奠之。新乐之水有五，曰派河，曰部河，曰滋河，曰中同涌泉，曰木铎沟，左右潆[⑧]带，上下环绕，虽非如江涛之汹涌、海眼之奔腾，而水势湍急，出没万变，无非资龙神之镇压，故立庙以祀，为其能奠民居也，庆安澜也，讵[⑨]必仅为祷雨计哉！此说得之矣。夫神之所依者惟民，民之所庇者惟神，神之庇必昭然可数者也。凡天地间一名一物之理，其精气游魂炯然不昧，日流行于天壤者，皆足以作我民而显其奇况。龙之为灵，本昭昭者乎，抑又稽之宋制矣。宋之时有五龙庙、九龙堂之祀，庙貌服饰拟之王者新之，有庙不必溯其昉[⑩]于何代，而远近沙河止见浸润之益，未闻漶漫之虞，安知非神之

① 改捐，指再捐银两以获取更高官职。《清会典事例吏部·除授》：“捐升、改捐、降捐、正佐各官，仍发原省。”

② 孔迩，语出《诗经·周南·汝坟》“虽则如毁，父母孔迩”。孔，甚。迩，近。

③ 选自光绪《重修新乐县志·卷五·艺文上》。

④ 麻廷璥，江西庐陵（今江西省吉安市）人，监生，新乐县知县。乾隆二十二年（1757 年）修成《新乐县志》。

⑤ 祇，敬，恭敬之意。地祗，应为“地祇”，意为地神。

⑥ 岳镇海渎，指五岳五镇四海四渎。

⑦ 雩（yú），古代为求雨而举行的祭祀。

⑧ 潆，水流环绕回旋的样子。

⑨ 讵，岂，怎。

⑩ 昉，日初明，起始，起源。

赫声濯灵，深为呵护，有以庇此一方之民于不觉者乎？且又安知旱涝疵疠之来非神之暗相驱逐，而民仍享乐郊之利者乎？盖事有宜于此而即宜于彼者，其相感类然也。继自今邑之人，春秋享祀，入庙致敬，所祈者和风甘雨，所祷者生民乐业。维我有神，既能防患，即能兴利，凡有求而即应焉。于以瞻神之显，烁灿著尔。是为序。

赞皇县

新建龙神庙记[1]

胡来朝[2]

闻长老有言："极至之世，风和畅，不鸣条，雨丝丝，不破块。"故民有康食而道化浓郁，三代以前不可记睹矣，春秋雨雹之变见则必书，盖天威损折之下所伤必多，圣人非徒志谴告之符，以轸民艰也。今年春夏亢阳，米珠草桂，晚少得雨布种，而秋禾未获之时，四罹冰雹，如高元获井诸郡，木枯叶扫，势若隆冬，妇子悉悲号，田间不胜惨状，威灵彰灼，虽所应有，而民则难为命矣。赞与诸郡界在咫尺，惶惶有剥肤之惧。九月，余归自龙山，抵村舍，少憩时，日景熾烷，有片云东来，澜漫田野，□风撼木，疾雷轰空，飞电闪灼，雹冰纷纷，触地皆碎，观者俱无人色。邑侯李公整衣出户，焚香拜天曰："嗟乎！龙神何绝我蒸黎乎！如士民有豪恶不悛者，何畏何忌？不应玉石不分，如其毁常败检，玩法恣臆，亦即殛我击我，岂怨且怒之，与有我不忍以无辜之众，一旦胥绝粒以死也。"少顷，风和云散，雷隐隐挟雨而南也。明旦，讯之邻境元获之墟，复被雹而赞独无恙。吁！亦奇哉！神道杳茫，呼之不应，乃侯一叩，而转祸为福，捷若桴鼓，天心岂在人心下也。古有一言而星退舍，政善而蝗出境者，尝疑史张皇其说，今以侯叩天止雹之事信然，借侯无为民之真心将玩而不祷，即祷神亦浮厌不听，则祟降沴于下土必焉，而枕籍沟壑，而辗转四方。乌乎！延旦久之命，然则吾民相聚有今日者，侯一祷之所留，神霁威之所赐也。考之《祀典》，"能御大灾则祀，能捍大患则祀。"今神之捍御，厥不细矣。而庙制湫隘，侯甚悯之，遂以谋诸邑父老，同声报可。相东门外废地一区，佥卜曰吉。侯即捐俸办材，士庶亦竭蹶[3]赴之，创正殿三楹，高甍巨桷，塑神冕旒，俨然若生，两廊各三楹，绘蓄土耘耔、馈馌捆载之状，曲尽艰难，光景阶下，引水为池，溶漾澄清，与金碧辉映，取义于龙水之相，倚其外两门，次列闳丽于以引清风而迎晓日洵哉，其大观矣。庶几，答神功且邀灵贶于无穷也。侯讳天橘，晋雁门人。

---

① 选自乾隆《赞皇县志·卷九·艺文志》。

② 胡来朝，明代北直隶赞皇（今河北省赞皇县）人，万历二十六年（1598 年）进士。胡初任陕西延安府司理，后补任浙江杭州司理，又擢吏部文选司郎中，累升都察院右佥都御史，清代四大名宦之一。

③ 竭蹶，竭尽、竭力之意。

重修八里桥记[①]

杜南棠[②]

天下事，创者难，而因者易。而人情或奋于创而怠于因者，以名之所在有盛有不盛也。然吾谓创之事暂，因之事久，创之事恒略，因之事恒详，能使创者之功垂千百世而不没，因之力也。

邑之西八里许有桥焉，曰八里桥。桥之建不知何年，盖以地当山水会萃之冲，东西往来之人必经于此，时当夏秋，雨水泛滥，行者苦之，所以建也。桥之北有庙，曰关帝庙，取其镇也。其旁有井焉，有茶舍焉，所以资行人之憩息也。斯桥也，西通山右[③]，三坪四汛之咽喉，层岗复岭，蜿蜒而来，南望石柱，北眺封龙，东则五马高峰矗其右，坛山秀巘峙其左，岚光环映，黛色四围，一胜区也。井浚于康熙四十七年，庙创于五十六年，重修于乾隆三十一年。桥之来久矣。嘉庆六年为山水所陷，因重修焉。原立茶舍岁久倾圮，因桥之修而重修焉，规以三间，酌其制也。桥故无栏，今增设焉，视旧制为详备。庙犹完整，姑仍旧不妄动也。事成，首事属余为文以记。余嘉其能因也，承前修启后，绪使胜地，赖人事而永彰，厥功大矣，名可没乎？爰为之记。

赵县

赵州大石桥记[④]

唐中书令　张嘉贞[⑤]

赵郡洨河石桥，隋匠李春之迹也。制造奇特，人不知其所以为。试观乎用石之妙：楞平砧斫，方版促郁，缄穹窿崇，豁然无楹。吁可怪也！又详乎义插骈坒，磨砻致密，甃百象一，仍糊灰璺，腰铁拴[⑥]蹙[⑦]。两涯嵌四穴，盖以杀怒水之荡突。虽怀山而固护焉。非夫深智远虑，莫能创是。其栏槛华柱，锤斫龙兽之状，蟠绕拿[⑧]踞，睢盱翕欻，若飞若动，又足畏乎！夫通济利涉，三才一致，故辰象昭回，天河临乎析木；鬼神幽

① 选自光绪《重修赞皇县志·卷二十五》。

② 杜南棠，1749—1811 年，字召亭，号荔村。直隶赞皇（今河北赞皇县）许亭村人。乾隆四十二年（1777 年）丁酉举人，乾隆五十二年（1787 年）丁未进士。初选任翰林院庶吉士，乾隆五十四年（1789 年）任翰林院检讨，职兼编修国史。后又升任左春坊左中允。曾任道光帝师，先后两次担任会试同考官。曾主讲于正定城的恒阳书院。

③ 山右，山的西侧，特指山西省，因居太行山之右，故称。

④ 选自隆庆《赵州志·卷二·建置》。

⑤ 张嘉贞，665—729 年，蒲州猗氏（今山西省临猗县）人，明经出身，初授平乡尉，后为监察御史，累迁至并州长史、天兵军大使。开元八年（720 年）拜相，担任中书侍郎、同平章事，又升任中书令。开元十一年（723 年），因其弟贪赃，被贬为豳州刺史，后任户部尚书，兼益州长史。开元十三年（725 年），再贬台州刺史，又升任工部尚书，封河东侯。

⑥ 拴（jīng），原字是左“礻”右“全”的合体字，同“旌”，指古代用羽毛装饰的旗子，也指普通的旗子。

⑦ 蹙，紧迫、收缩之意。

⑧ 拿，持拿、执取之意。

助，海若到乎扶桑[①]。亦有停杯渡河[②]，羽毛填塞[③]，引弓击水[④]，鳞甲攒会者，徒闻于耳，不观于目。目所观者，工所难者，比于是者，莫之与京。

赵州大石桥铭[⑤]

唐参军 柳涣

于绎工妙，冲讯灵若。架海维河，浮鼋役鹊。伊制或微，兹模盖略。折坚合异，趁涯截壑。支堂勿动，观龙是跃。信梁而奇，右启为博。北走燕蓟，南驰温洛。騑騑壮辕，殷殷雷薄。携斧拖绣，骞骢视鹤。艺入侔天，财丰颂阁。斫轮见嗟，错石惟作。并固良球，人斯瞿�[⑥]。

龙井庙祷雨记[⑦]

元太常院奉礼郎 屈敏中

赵有二祠，附城之北，面阴而背阳，左曰“懿济圣后”，右曰“显泽大王”。有井于祠之前，每遇旱而祷，但设空瓶，神格水溢，雨必随之，既雨，乃还水于井中。至治庚申[⑧]，命监州奉议公方监倚廓[⑨]之平棘[⑩]。其年有魃为痁[⑪]，公以俸金易香楮，斋沐致恳，拜祷良久，瓶水之至，若方诸[⑫]承月，不酌而盈，异日甘澍沾足。由是公感神惠，屡省祠宇，恒令完洁，构宇以覆其井。举梁之日，有众集毕，偶见井泉之上，蛇形金色，蜿蜒而出，顷尔忽失所在，时十月二十有一日也。董役者陈兴、匠者郑璋、典扃鐍[⑬]者王忠辈走白于公，曰：“蛰虫已俯，而神泄灵异，盖我公至诚之所感与。”后复二纪公拜。今命至正己酉，视篆[⑭]之明年也，夏秋之交，恒旸损稼，公暨同僚复祷于祠，不崇朝而雨，周十里岁则大熟。公谒予曰：“神之惠我者，昔日灵异如此，今之应感又如

---

① 海若到乎扶桑，这个典故出自《太平御览》《述异记》。大意是：秦始皇在海上造石桥，想要渡桥观看太阳升起的地方，抚桑。有神仙为他驱石，山石稍怠慢，神仙用鞭打它们，打得出了血。

② 停杯渡河，梁慧皎《高僧传》载，南朝宋有个不知姓名的和尚，可以乘坐一个木杯渡河。所以当时有人称他为“杯渡”。

③ 羽毛填塞，古代神话传说，每年七月七日织女渡过鹊桥与牛郎相会。鸟鹊经过践踏，所以羽毛都脱落了。

④ 引弓击水，《论衡·吉验篇》云，古代橐离国王的婢女生子叫东明，东明长于射箭，国王怕他夺取天下，要杀死他。东明南逃到掩虎水，不能渡过，他用弓拍击水面，于是鱼鳖浮聚成桥，才得以渡过。

⑤ 选自隆庆《赵州志·卷二·建置》。

⑥ 聒（guō），大耳朵。

⑦ 选自光绪《直隶赵州志·卷十四·艺文志》。该《祷雨碑》于2014年5月在赵县东晏头村在道路施工中出土，为元至正五年（1345年）刻立。碑文叙述了赵州兼监州奉议方公在天遇旱灾到“双庙龙泉”的懿济圣后庙和显泽大王庙祷雨的过程。

⑧ 庚申，这里是指庚申君，即元顺帝。

⑨ 倚廓，亦作“倚郭”，宋元时州、路治所所在之县。

⑩ 平棘，平棘县，西汉初置县，治所在今河北赵县城南1.5千米固城村。

⑪ 痁（shān），疟病。

⑫ 方诸，古代在月下承露取水的器具。

⑬ 扃鐍（jiōng jué），门闩锁钥之类，也指关闭、锁闭，引申为隔绝。

⑭ 视篆，掌印视事。

此，愿子记始末于石，庶俾来者知神有可感之，理而所以致感之道，自不容于不谨矣。”且曰：“毋让！”予谓语常而不语怪，语人而不语神，固圣人之遗规，然御灾捍患，义所当论，夫公之拳拳于事神者，为生民御灾而然也，予不欲以语神辞，而为公纪实书也。

龙泉双庙祷雨记[①]

明副使　杨森

今何时哉，兵戎辐辏，饥馑洊臻[②]，十室九空，苍黎劳于鲂赪[③]，千疮百孔，绿林扰于蜂喧，所冀望有一幸者，惟在雨旸时若以育养此孑遗耳。辛亥岁，抚台张以恒阳捕役之繁，调予真定。予滇人也，黔技也，胡捕之能为？未几，而以赵事属之，猥有旱魃之祟，缘是，率乡耆之众，为桑梓之举，乡人旋以龙神灵异之事告之，因谒其庙而第见栋宇轩翔，亭台壮丽，观其井，则波澄镜净，气肃霜寒，阅其所勒之石，则不知庙貌堂构肯于何时，灵异奇传，昉于何氏。惟见元大至正之重修、洛阳王守之补葺，复讯其所以灵异之事，佥曰：“置瓶井上，伏拜阶下，诚求者叩祷未毕，水注瓶中，甚溢瓶外，而雨即淋漓，否则其瓶如故。若恳求再三，水复内注，而雨亦沾濡，即古今省直白叟黄童，凡有请求，无不应验，□嘻庙神之灵，亦何地蔑有而龙神之灵而且异，若是不亦駴[④]心骇目，令人有不可度，矧可射之思也。”予尝横览古今，祷雨之概，闻有观星履斗、望风候气而雨者，有网罗蜥蜴、咒祝柳枝而雨者，亦有三车演法、四布天花而雨者，亦有湓口置坛、白龙双降而雨者，等而上之，又不有口矛身牺，而天泽聿至者乎？不有号呼云汉，而肥遗[⑤]立消者乎？不有露宿减膳，而灵液下施者乎？不有环艾自焚，而膏润千里者乎？不有积薪坐火，而灌溉四封者乎？总之，下以明信为祷，上以霖雨为应，幻然茫无依据，皆未有置瓶赐水旋至甘雨者。较之观星咒锡，诸法不显，然有所凭依也。予于是仿前规，躬恳祷，俄而瓶水渊然，俄而雨泽沛然，诸人之言无不应验。然犹其暂也，嗣是代博陵而祷，降五日之滂沱；驻恒阳而祷，锡数朝之时雨；摄信都而祷，普四日之甘霖。夫因瓶示水，因水示雨，已称奇矣。而雨随水应，不亦奇乎？在赵请求，旋即得雨，已甚奇矣。而异地皆然，不更奇乎？于此见神之依乎人，甚于人之依乎神也。神之切于拯灾，甚于人之切于去灾也。乃说者曰：“瓶水之事，怪诞之谈，非神所为也。”不知怪诞者谈之则艳闻，按之则无实。今有是瓶即有是水，有是水即有是雨，怪诞云乎哉？说者又曰：“瓶水非水也，乃祷者之真精渐渍而凝也。”然此反本穷源之论，要未悉神之灵异也。大抵此水也，不从天降，不由地涌，不假人挹，不烦转瞬，即求即应，亦万求万应。其神运耶？鬼输耶？亦窈窈冥冥之际，天人相与，别有斟

---

① 选自光绪《直隶赵州志・卷十四・艺文志》。

② 饥馑洊（jiàn）臻，又作“饥馑荐臻”，借指连年灾荒不断。饥馑，饥荒；荐臻，接连到来。

③ 鲂赪（fáng chēng），即“鲂鱼赪尾”，出自《诗经・周南・汝坟》，鲂鱼色白、劳后尾赤此处形容百姓劳苦不堪。

④ 駴（hài），迅疾地擂鼓。

⑤ 肥遗，蛇名，是中国古代汉族神话传说中的旱魃之兆，出自《山海经》。

酌，而不可测识者耶？彼管窥蠡测神吐之矣。故予祷雨之暇，像两庑之神，建钟鼓之楼、茶房、大门无不焕然一新，且捐金数十，于双庙后建大殿三楹，面阴者普化天尊，面阳者白衣观音，以踵元朝之重修，以补洛阳之未逮，因以答神庥于万一耳，非敢为谄媚计也。然语有之："黍稷非馨，明德惟馨。"①又曰："天道②无亲，常与善人。"则祷之贵诚尚矣。偿人生平念念违天，事事背理，则招灾在先，恐难邀马鬃之滴，即泥首在地，未必致石燕之波，惟人如丘之祷久矣。则雨旸自尔时若，固无事于祷，即有时而祷，此感彼应捷于影响也。兹皆予已试之应验，窃不自揣谬，撰芜言备述祈祷根由，因以彰龙神灵异，且以励乎同志云。

重修豫让桥记③

明 倪谦④

距赵城南几十里，水自东山来，横亘于道，古有桥架水上，以济行旅，即战国义士豫让⑤死所也。代久倾圮于水，裹足经是者咸病焉。知县事吴桥何君友闻，于正统辛酉由进士出宰于斯，兴踣起废，有为有守。岁甲子秋八月，尝出按行⑥，至水涘⑦，爰仰遗烈，惕然怀感，乃说驾召谕父老曰："若知夫豫让之所以义乎？昔臣事智伯，感其国士之遇。及智伯为赵襄子所灭，壤地三分，家无噍类，而让以死报之，挟匕首入其宫中，涂厕以冀得志于襄子也。至被觉获，幸得释。又漆身变容，吞炭变音，违妻拒友，必欲成其志。去伏于此桥下，俟襄子出而图之，复被觉获，竟斩其空衣而死，屡仆屡起，略不少变，虽未得扼其喉、揕其胸，而一念之加于襄子者，固已尽矣。此其义何如也？让既死于此桥，其灵爽将不亦依于此桥乎？今颓缺断坏，民病于涉，无让犹将举焉？矧有让之烈乎？昔南国爱甘棠不忍伐，以召伯生憩于此故也，则夫死于此者，能不加爱而忍视其废乎？大义耿耿，诚足为委质事人之法。吾将表其迹以风厉吾民，尔谓何若？"父老咸稽颡曰："诺。"于是首捐俸资，裒⑧舆情所乐助，计得钱若干缗。乃募工甃桥，以石中券，水窦上隆，旁杀广二丈，长倍之，高一丈五尺。为祠堂桥西，以妥其灵。费不在官，役罔及民，逾月功以成告。是年冬，君朝会京师，过予家，属记其事。予以君斯举得三善焉，夫追复古迹，俾前人之遗烈，以彰义之发也；俾行旅之济涉，以便惠之及也；俾斯民之趋，向以劝仁之推

① "黍稷非馨，明德惟馨"语出《尚书·君陈》。

② "天道无亲，常与善人"出自《老子》第七十九章，天道，犹天理、天意，也指自然界变化规律。

③ 选自雍正《畿辅通志·卷九十八·记》。

④ 倪谦，1415—1479 年，字克让，号静存，南直隶应天府上元（今江苏省南京市）人，一说为钱塘（今浙江省杭州市）人。正统四年（1439 年）进士，授编修，出使朝鲜，主顺天乡试，任南京礼部尚书。卒谥文僖。著《朝鲜纪事》《辽海编》《倪文僖公集》等。

⑤ 豫让是春秋时期晋国人，碑文写为战国有误。

⑥ 按行，巡行、巡视。

⑦ 涘，水边。

⑧ 裒（póu），聚集。

也。一举三善，其可谓能知为政，不有过于郑侨也欤。代之理人者、非法令所急，不皆加之意。君独急法令所缓若此，非贤而有才，殆将有不暇也。君在壬戌、癸亥岁，尝修建中镇、伏羲、娲皇三庙，又尝修宣圣庙以暨城墉坛埠，罔不完固，其规画率类此。务民义，敬鬼神，君有之矣。因并记之，以告于后之人。

重修大石桥记[①]

张居敬[②] 郡举人

余赵城南距五里有洨河，河有桥名安济，一名大石，乃隋匠李春所造云。桥跨截河，抵北长二十丈，石甃磨砻备极，固护翼以扶栏，如其长之数而两之，其制穴宝嵌空，不楹而架中一空，如断环可十五丈，两胁二大穴，摩顶二小穴，用以杀怒水荡突，昔人谓如初月出云，长虹饮涧[③]。此得桥之概者也。盖赵为畿辅要区，雄于河朔[④]，其在幅员所称四通之域也。往来肩摩谷击，而洨水汇四泉之流，夏秋间雨潦霖霪，众流俱赴，泛滥汪洋，渚涯间庢沓[⑤]特甚。假令津梁不通，则邮传檄奏之驰驱，货殖车舆之辐辏，将不胜争渡之喧，而谁其效济人于溱洧者耶。惟是创作葺修，俱不可废世庙。初，有鬻薪者以航运置桥下，火逸延焚，致桥石微隙，而腰铁因之剥销，且上为锱重穿敝。先大夫目击而危之，曰："弗葺将就颓也。"以癸亥岁率里中杜锐等肩其役。垂若而[⑥]年，石敝如前。余兄弟复谋请李县等规工而董之，令僧人明进缘募得若干缗，而郡守王公实先为督敕。经始于丁酉秋，而冬告竣。胜地飞梁，依然如故，毋敢纵为残毁者，则又今守曹公禁谕保护之力也。张居敬曰："陵谷沧桑，相为迁变，神工密致，亦际劫灰。"以余所睹，记兹桥已。一敝于逸火，两敝于积辙，则桑土先计，信存呼人也。河水上流波湍，至桥下则湛然渊停，风景自殊。堪舆家[⑦]谓当更钟英毓秀，岂有见于地灵人杰乎哉？

重修永通桥记[⑧]

明 王之翰[⑨]

吾郡出西门五十步，穹窿莽壮如堆碧[⑩]，挟沟浍之水，振关隘之喉，巍然欲与雉堞相

① 选自光绪《直隶赵州志·卷十四·艺文志》。

② 张居敬，元代柏乡县（今河北省柏乡县）人，出生于官宦家庭，元兵南下时，率民归附，授任柏乡县令。后任徽政院都事、中宪大夫都转运使、靳州路总管。

③ 长虹饮涧，彩虹搭在大河上。

④ 河朔，泛指黄河以北的广大地区。

⑤ 庢沓（zhì tà），受阻碍而涌起。

⑥ 若而，若干。

⑦ 堪舆，即"风水"。堪舆家，指风水先生。

⑧ 选自光绪《直隶赵州志·卷十四·艺文志》。

⑨ 王之翰，约 1548—？，山西平阳府绛州（今山西省新绛县）人，明万历元年（1573 年）举人，万历十四年（1586 年）丙戌科进士，任枣阳知县时被害。

⑩ 堆碧，丛叠纷繁无际。

揖，西为一方雄观者，非桥乎？桥名永通，俗名小石，盖郡南五里隋李春所造，大石有仙迹焉，声施[1]海内者久，而是桥因以小名，逊其灵矣。桥不楹而耸，如驾之虹；洞然大虚，如弦之月。旁挟小窦者四，上列倚栏者三十二。缔造之工，形势之巧，直足颉颃[2]大石，称二难[3]于天下。而地居九省之冲途，扼西京之要，历年多负重于天下者久，抵今铺石磨砻，栏杆斜倚，盖行者病其坎壈[4]，而居者叹其倾颓，人尽惜焉而莫修举也。岁丁酉，乡之张大夫兄弟谓家世桥也，毅然各捐数十金为众人倡，而大石桥焕然一新，为烈宏多矣。比戊戌，则郡父老孙君、张君欲修此以志，缵功而持簿募缘，以与四方共嘉惠。不一月得钱如千缗，取石于山，因材于地。穿者起之，如砥平也；倚者易之，如绳正也；雕栏之列兽伏星，罗照其彩也；文石之砌，鳞次绣错，巩其固也。盖戊之秋，亥之夏，为日三百，而大功告成，南配大石桥，为郡奇胜者二，若伯仲，若埙篪[5]已。是夏也，大雨霖霪，百潦会流，层浪浴天，惊涛拍岸，澎湃灏渺，横恣于涯渚之间，而石桥为束，曾不得泛溢[6]狂澜为郡祟焉。大哉！父老之修作，功于是乎伟矣！自非然者，日残月剥，以就于圮，无论水之奔宕，田卒污莱[7]，抑谁翼焉而能飞渡乎？就使驾一苇以凌乱其流，而邮驿之传递、商贾士庶之聚会，无乃疲于津梁呼？故夫桥修而行人之往来不厉不揭，而咸攸济也。则父老之利益于人讵浅鲜哉，而功于是乎伟矣。噫！向微两张大夫为之先其豪杰焉，而能自兴起为人间世溥大利乎哉？两大夫，长公居敬，字伯简；次公居仁，字林广。父老孙君名寅，张君名历春。

正定县

成德军修滹沱河碑[8]

宋　石亘[9]

滹池源发于雁门繁峙，东南道于中山，又东过灵寿，而常、卫从之。霖潦时至，长川巨浸之水杂而会者，白波沸腾，声赫数里，鼓城下隘。而真定控河之冲，数罹漂溢之患。天圣七年[10]，堤溃于漕马口，傍激南关，坏城之西南隅以入，楼橹泛荡，闾殚为河，人民之死多于鱼鳖。于是北道搔然，大发兵夫，以趣其役。而堤塞之功九十七万，

① 声施，名声流传。为世人所传扬的名声。
② 颉颃，鸟向上向下飞。引申为不相上下，相抗衡。
③ 二难，谓兄弟皆佳，难分高低。
④ 坎壈（lǎn），不平，比喻不顺利。
⑤ 埙篪（chí），埙、篪皆古代乐器，二者合奏时声音相应和，故常以“埙篪”比喻兄弟亲密和睦。
⑥ 泛溢，亦作“泛溢”，漫溢、泛滥之意。
⑦ 污莱，指荒地。
⑧ 选自光绪《正定县志・卷五・山川》。
⑨ 石亘，字彦明，北宋同安县（今福建省同安县）人。嘉祐八年（1063 年）进士，任职于司农寺。熙宁年间，他与司农卿张谔前往江东、淮浙一带赈济灾民，在朝廷遭到弹劾而被免去官职。编有《汉唐名臣奏议》和自著文集十卷。
⑩ 天圣七年，指宋仁宗天圣七年，即 1029 年。

城堞之工百六十四万，物为之败万于工，役之费而莫之计也。天圣距今久矣，间有语其害者悲伤蹙额，犹之未忘。堤圮埽毁，高以牛羊之践平，下以沙淤之淀没，又废河防之卒，徙之于祁，因循大坏，非一日之积。元丰甲子六月，复决于漕马口下，□关门遂决，北濠泄之将军之泺，而城幸以完，水北行三十里，汤汤浩浩，乃复于河。岁之九月，庐陵刘公以天章阁待制自南都帅于兹，车未及停轮，即往相其事，图之以进章十。上辞益恳而□，部使者互以为言，朝廷闵焉，乙丑二月，制可之。公命以诸邑版籍卒，八丁均一夫，先尝浚治城隍，乃罢之，而并于兹役。尺符所颂，俯期而集，负畚筑者欢呼舆謣，歌以相杵。市之富室借与饷之，役者悦而无所匿其迟，且未尝鞭扑而能致其功也。自漕马口下，中渡横袤四十里，作之新堤□□而峙，又踞牙分湍怒之势，堤道所承实洄流之末，地之聚沙者叠埽若木以御之，木岸八百余步而扫，三倍于木岸之长，民之苦于垫溺而知其利也，用不懈于勤，阅三旬之功，余四日之力，复请治南关□□，公乐从之，使筑埇道上平于城，以通南北往来之冲，凡村落之蹊绝于堤者筑之如关城之制，且聚土其傍，补隳于岁月。功已序矣，奏都水领之，而请复河防之卒管之。故堤植榆柳于堤足，而揭盗决之条以申告，赏其所久为之虑曲为之防，后人无以加焉，是则公之政概见于斯矣。大而用之，崇太平之基，永万年之历，信乎其无难矣。清源石亘尝从按役于行，于是录之以记。

修　河　记①

明　金幼孜

正定为郡，距京师六百余里，蔚然西南一巨镇。郡城之南有河曰滹沱，考之地志，其源发于雁门繁峙，东南过于灵寿，而正定城适当河之冲。河去西北不半舍远，曰曹马口，旧有堤三十余里，以护城垣。宋天圣间，堤溃已决，而天章阁待制刘瑾率工修筑，城赖以安，迄今数百年矣。成化间，比岁大水，堤复溃，水势逼城西南隅，坏民庐舍，而关城之中几为巨浸。郡守田公慨然叹曰："兹少缓弗治，吾宁坐视斯民鱼鳖乎？"乃具疏上闻，制可之。于是偕神武、正定二卫指挥，各率其属，大发兵夫，距旧河数里外凿新河延袤十余里，深逾丈，广三百余尺，筑堤二千余丈，以御旧河之水，分其流入新河，自是水所归而不溢。新河之北又筑一堤，隆长四千余丈，环拱于关南，隐然为一城之屏障，自是居民有所恃而不恐。堤之内有地三千余顷，业植蒿木，俾扛桥之需有所给，立庙于堤北，俾河神之祀有所依。凡工之用一万有奇，木之用倍之，荆之用又倍之，石土之用又十倍之。支费虽广而弗病于民，力役虽众而弗怼于众。阅五月而厥功告成。公使征予记。嗟夫！水之为民患，自古有之。历观唐宋以来，贤者之士以一方之寄为己任者，往往为民捍患兴利，如白居易、马亮之守杭，苏

① 选自光绪《正定县志·卷五·山川》。县志原注："查漕马口堤仅长五百四十余长，止三里许，碑云三十余里，似多一'十'字。刘瑾修漕马口堤在熙宁年间，有旧碑可证。碑云'天圣年间'，亦误。"

轼守徐，惠利所及，民到于今称之。此予所以叹公善政之难也。公名济，字汝霖[1]，凤翔麟游人，由景泰甲戌进士拜监察御史，击奸祛蠹，名重士林，出守兹土，仁恕明决，百度修举，八年之间政化大行，而又为此役图久远，无穷之利，使民得遂安居之乐，其为惠利，乌可以数计哉。

修白马斜角二堤碑记[2]

梁清远

滹沱，天下巨浸也，去真定城数里，水涨则啮城。为堤以防之，自曹马口至斜角头三十里而遥，筑之于宋天圣间，历代以来，时加修治，遂足以障，城无所啮。比年连遭水患，乃以物力匮乏，莫为兴复者，堤之罅遂不可问矣。余官都下[3]，时与当事者言，咸若罔闻也，且有归之于天而谓不必过计者。甲午之岁，水大泛滥，城几溃，百姓恐恐然虑之。邵伯李公莅兹土，与贰守赵公、邑令王公巡视不去，凡三昼夜，邀天之祐水归于壑，城幸无恙。公谓二公曰："水退矣，目前事也，能保来年不潦乎？"亟议修救，集绅衿耆老商之，或曰："欲办此请筑二堤，其如役大。"何公曰："是不难。"遂于秋杪水尽时亲履堤畔，度形势，计工程，考故实，访舆论，锐意以为己任。是年公署井陉兵宪，乃以其事上之制台李公、抚军董公，俱报可。明年春王[4]正月，观察使陈公下车请之，陈公首肯。乃传檄各属，派工聚材，必择其良者，工必图其坚者，高阔无异，曩时罅隙，不留蚁穴，不两月而告成。时余请假归里，野老详述，谓役不劳民，不伤财，畿南雄郡无溃败之虞，厥工不几伟乎？清远曰："吾于是而知天下事无不可为也。不可为者，皆事非切于己之事。因循玩忽，至于民受其患，始悔之不早计，已无及矣。今贤大夫以极艰巨之事毅然为之，且无累于民，非实于民相关切，而视国事如家事，能如此哉？"窃叹大夫之御大灾、捍大患，其所建立，卓然莫及也，则吾恒民之所以尸祝[5]大夫者，因之俱永，而与民关切者，民亦传颂以垂不朽云。

---

① 田济，字汝霖，别号岐峰道人，凤翔府麟游县（今陕西省麟游县）人，明代景泰甲戌年（1454 年）进士。任江西奉新县令、御史、巡按两浙盐运、大名太守、真定知府等职。在真定七载，百姓安居乐业。后辞职请去，朝廷批准。济将去，定人遮道请留，不可得，乃为其竖碑刻石，以表怀念。

② 选自光绪《正定县志·卷五·山川》。

③ 都下，京都。

④ 春王，指正月。按《春秋》体例，鲁十二公之元年均应书"春王正月公即位"，有些地方因故不书"正月"二字，后遂以"春王"指代正月。《春秋·定公元年》："元年春王。"杜预注："公之始年不书正月，公即位在六月故。"东汉班固《东都赋》载："春王三朝，会同汉京。"

⑤ 尸祝，主祭人，古代祭祀时对神主掌祝的人。

创修里宅村滹沱河护村新堤记[①]

赵文濂[②]

距县西北二十五里有村曰里宅，村之西北有旧堤一道，上接邵同村山岗，曰漕马口，自宋迄明，屡加修筑，以御滹沱盛涨。国朝顺治乙未补修，以后历久失修。同治辛未、壬申，积雨连旬，河水涨发，堤防残缺，为患日深。九月下旬，濂与庆式如大令从刘昆圃太尊勘验堤工，相度形势。谓式如曰："堤在里宅村西北，而河在里宅村之西之南，虽修旧堤，西韩等村澹其灾，里宅一村惧其患，且盛涨为堤所扼，沿堤南流，是里宅为邻村之壑矣。"式如以为然，而以创修新堤未知民情何如也，俟再议。癸酉五月，式如奉节相之命修漕马口堤，绅民以实在情形上请。式如谕之曰："此吾本意也，但旧堤系官地民占，可履亩丈还新堤所占民地也，得无滞碍难行乎？尔等好为之。果询谋佥同[③]，工不给，吾助汝。"生员赵士秀等将新堤所占之地均匀拨补，复以上请。式如又谕之曰："漕马口堤长六百四十丈，宽二丈，高六七尺，为工甚钜，民力难支，可先筑护村堤，长二百九十四丈，宽二丈，高三尺，亦可捍卫盛涨，俟后屡年接筑，便可与漕马口堤连而为一矣。"因禀明昆圃太尊，且捐钱一百五十千以助其工。绅民鼓舞欢忻，踊跃从事，与漕马口堤一律告成。式如告濂曰："明金幼孜《修河记》云'漕马口堤长三十里'，而今无具遗迹，果能沿河村庄各筑堤防，与里宅新堤相接，庶几三十里，遗迹可复，而县西北永无水患矣。"则式如旷观全局，轸念民生，又岂仅为里宅一村御灾捍患已哉？式如，印[④]之金，安徽含山人，辛亥举人，辛未七月由曲周调知县事。监工训导沈云龙，盐山人；典史张鸿馨，江西南丰人，亦与有劳焉，得备书。

重挑护城河记[⑤]

赵文濂

按旧志，城外池阔十余丈，深可二丈，泉发西北，大小五十余穴，绿水环流，芰河[⑥]弥望，堤柳掩映，鸬鹭回翔，可以泛舟，擅河北胜览。周围长三千七百二十丈。西韩河旧由柏棠村斜角堤外南流入滹沱，乾隆初次水利图说弃有用之水，助滹沱之势，甚为非计。十年，奏明挑河一千六百一十四丈，由柏棠闸转输城濠，绕城之南至东南均注闸，为东大道河，灌稻田六顷有余，不惟城有险可凭，民亦获其利，法至美，意尤良也。历

① 选自光绪《正定县志·卷五·山川》。

② 赵文濂，1805—1889 年，字鲤门，直隶涞水（今河北省涞水县）人。清道光二十九年（1849 年）举人，初任肥乡教谕，在肥乡抵抗太平天国北伐军队和捻军，论功加五品衔。同治九年（1870 年）升正定府学教授。曾编纂《正定县志》《井陉县志》《赞皇县志》《肥乡县志》，并重修《正定府志》八十卷，另著有《读史偶录》等。

③ 询谋佥同，谓咨询和商议的意见都一致。

④ 印，另一个字号。

⑤ 选自光绪《正定县志·卷五·山川》。

⑥ 芰（jì），指菱。芰河，应为"芰荷"，指菱叶与荷叶。

年既多，失于疏浚，西北泉水积沙壅塞，久已断流，河底淤垫，河岸狭隘，水不能容。辛未、壬申伏秋淫雨连旬，河流漫溢浸灌城门东西南三关，道路为水所浸，泥淖难行，此诚不可缓之工也。详查旧案，向系民挑，连年水患频仍，民力拮据。今年刘昆圃太尊会同庆式如大令禀请重修斜角回水二堤及漕马口堤，工段绵长，经费浩大，滹沱水患有资防卫，惟挑城河难以并举。谭榛皋总镇勋猷赫濯[1]，纪律森严，禁暴戢奸，军民爱戴，抵任四载，威惠兼施，民力既有难支，相与乞恩麾下。总镇民艰洞悉，目稽水患，援手未能。一闻绅士禀求，即刻详明节相，拨步队一千人，督饬军哨各官，逐段疏挑。由西关鸭子嘴地方至均注闸，以泄城外积水；由东关东水门至均注闸，以泄城内积水。北门东西两面不与河通，工暂从缓。长二千二百余丈，岸宽二丈三尺，底深一丈有余，一律深通，水有所归宿，不至漫溢。南门外水浸城垣，桥北桥南情形尤为吃重，密钉木桩，加厚培高，以固堤岸，道路坑坎，运土填平。四月十七日开工，五月十七日工毕。详明节相，深蒙嘉奖，并敕府县筹议修守章程，毋致日久废弃，而式如先于修堤工内重修柏棠闸，并挑旧河故道，分入滹沱，以资宣泄。六月伏泛，连逢阴雨，河流顺轨，水患以平。夫河以卫城者也，城以卫民者也，文武各官守此城保此民者也。总镇不分畛域，与府县共济和衷，以成要工，而舒民力为闾阎御灾捍患，即为国家布化宣猷，所以下慰舆情上承恩眷者岂有涯哉？谨述颠末，勒之贞珉，俾以信今传后云。

重修斜角堤回水堤及漕马口堤碑记[2]

赵文濂

滹沱自古为患，修筑堤岸，历代兴工，载于史册，班班可考。而堤之所自始不知起于何人，《雕邱杂录》[3]："章衡，字子平，正定府滹沱河，每春弥漫，大为民患，衡为筑堤，以障冲突，居民利之。"今堤尚在，无人知为章衡所筑者，而衡未载其何官，亦不言其何代，详查旧志，亦无其人，则载记之缺略多也。今在城外者曰斜角堤，自斜角头村北起，至小阳家庄西止，长一千一百三十五丈，俗名大堤，即护城堤。明宣德六年巡按辛聪之所修，万历三十六年知府汪国楠之所筑也，曰"回水堤"。自小阳家庄起至太平庄止，长一千三百八十六丈，俗名"小堤"。成化十三年知府田济之所修也，曰"新堤"。在斜角头村北，长五百七十六丈，南与斜角堤接，北至柏棠闸止，乾隆三十三年奏明添筑者也，曰"漕马口堤"。在县西北二十七里，自郜同村白马冈下起，至里宅村止，长五百四十二丈，此宋天圣熙宁年间之所修也，历年既多，失于修筑。同治十年、十一年大雨连旬，滹沱漫溢，浸及城垣，沿河村庄咸罹水患，节相李关心民瘼，派候补崔令沿河稽查，行文府县，察勘旧堤所在，禀请兴修。适濂以事出城，路过斜角头村，旷观形势，堤虽残

① 赫濯，威严显赫貌。

② 选自光绪《正定县志·卷五·山川》。

③ 《雕邱杂录》，清朝梁清远撰，共十八卷（直隶总督采进本）。梁清远，字迩之，号葵石，真定（今河北省正定县）人，顺治丙戌进士，官至吏部侍郎。

缺，遗址犹存，并于白雀寺前访得旧碑，下半埋入土中，抉土出之，系顺治十二年知府李登云修斜角堤及漕马口碑记，以时考之，一百一十八年，堤之失修久矣。回明刘昆圃太尊、庆式如大令，次日会同查工斜角堤，自柏棠闸起，至回水堤止，计长八百八十六丈，堤身日久被水冲坍低陷，又大小缺口十七段，并有积水低洼之处。回水堤自斜角堤相连处起，至太平庄止，计长一千六百八十五丈，堤身均已冲坍低陷，又大小缺口九段，并积水洼坑三处。漕马口堤自白马冈、邵同村起，至里宅村止，计长六百丈，日久冲刷，几与地平，又大小坑洼十四处。绘图贴说，估计工料，详请发帑兴修，奉节相批准，饬清河道宪拨发库存滹沱草坝生息银六千三百七十两，加以商农捐助制钱五千余串，于十二年二月二十五日开工，分派委员绅士逐段监修，昆圃太尊、式如大令不时亲往查勘。斜角堤高九尺，顶宽二丈，底宽五丈，回水堤高七尺，顶宽二丈，底宽四丈五尺漕习口堤高六尺余，顶宽二丈余，底宽四丈余，均系层土层硪，力求坚实，其低洼处概用桩木柳杆排插厢筑稳固。回水堤有老鼋坑一处，绕修月堤六十余丈，一律坚实。至六月三十日，三堤工毕。伏秋阴雨，河流涨溢，有堤捍卫，卒保无虞。另绘新堤图说，并开工料细数核实报销。至柏棠河，自斜角堤外南入滹沱，原长一千五百二十丈，自乾隆十年筑柏棠闸引水入护城河，旧河淤垫，与地相平，闸座亦多残缺，式如大令重修石闸南北金刚墙二堵、八字墙四堵，金门宽一丈二尺，深一丈八尺。并开挖旧河，面宽一丈，底宽五尺，分入滹沱，以资宣泄。又添建南门堤外石桥，疏消积水，以便往来，又皆余力之所及者也。盖自顺治十二年后二百余年始有此举。御灾捍患固府县之成劳，实节相澹灾之远虑也。滹沱生息银两并捐输钱文[①]尚不敷用，太尊与大令复捐廉倡助，以完其功，所有捐钱数目并用过工料，细数详列碑阴，以垂久远，庶后之兴工者有所凭藉。监工委员绅士亦与有劳焉，得备书。

重修东门石桥碑记[②]

王世耀[③]

《王制》[④]记舆梁之成，《周易》有习坎之戒，故启闸连郭，跨堑通津，凡以成形势，便往来，虽暂圮而不可不复者也。吾乡东门，河环如带，石桥岁久日渐倾，欹继以支木为之，秋成时粟秸辇运及过客输毂所经，恒惴惴焉患倾覆。曩作疏告乡里，期协力兴修。资未集而余为次子迎赴历下，未亲斯役，窃虑弗果。岁己未，字犖如叔祖以书来索碑记，则高君文庵、曹君兴邦、白君节庵谒府，与邑侯钱公合郡东村邑之力，力终斯役，而役已成，可胜愉快哉。桥因昔规，甃石完整，且复浚河，得泉，清流可濯。旧有屋数楹，值桥

① 钱文，指钱币。

② 选自光绪《正定县志·卷五·山川》。

③ 王世耀，清道光年间正定县知县。

④ 《王制》出自《礼记》，是指古代君主治理天下的规章制度，内容涉及封国、职官、爵禄、祭祀、葬丧、刑罚、建立成邑、选拔官吏及学校教育等方面的制度。

之东。入城者缭而北，复循河而南，盖形家[①]之所作也。诸君将即其址而重建之，河中植莲，河上种柳，以复旧有。观书中所述者如此。夫陂者平之，险者夷之，存利济之心，而复规模之旧，且以余力点缀风景，使郡人岁时游憩，有舞雩沂水之思，其可谓善举也矣。过此以往，凡有利于吾邑者，皆可次第举行，众废毕兴，则此桥实为之倡尔。是为记。

二、张家口市

宣化区

总督府龙泉祠记[②]

明都御史　叶盛[③]

龙泉祠中祠五龙，左泉神，右则元浙西廉访副使潘公泽民。今镇朔将军都督颜侯创于宣府总帅厅事东菜圃之中，以修祀事，盖当泉流一胜处也。泉在城北数里外，居人作修堤引入城，以饮、以濯、以潴、以灌，草木蔬茹之区，虽旱暵不枯，侯尝偕将吏，躬畚锸，从事于其间，语众曰："斯泉惠吾井邑，厥功甚大，其必有神司也。"则有应者曰："昔乡先生副使潘公尝为乡郡，即今之宣府，善政在人，有祠龙泉，上事之柳城姚文公燧[④]，见之于文，幸有考焉。"于是有祠祀之举，而以记来请。按，姚文公所为潘公神道碑，公讳泽，字泽民，宣德府[⑤]人，以太保刘公荐发，身官至江南浙西道肃政廉访司副使。早及游鲁斋先生司徒许文正公[⑥]门，与文公有同门之雅，而斯文详核，平生履历，盖不一书，固非祠龙一事而已。惜乎今昔，事殊朝市迁革，求其子孙邱陇[⑦]，漫不可知，所可知者，独赖斯文之传耳。呜乎！潘公勤民之绩伟矣！而特赖夫文章以传文公之言，信矣！固必本诸其功业而著二公之所自见于当世，是亦可知。虽使文配泉流而

① 形家，旧时以托度地形吉凶为人选择宅基、墓地为业的人，也称堪舆家。

② 选自民国《宣化县新志·卷十六·艺文志上》。

③ 叶盛，1420—1474 年，字与中，号蛻庵，自号白泉，又号泾东道人、淀东老渔，明代苏州府昆山县（今江苏省昆山市）人。正统十年（1445 年）中进士，授兵科给事中。正统十四年（1449 年），瓦剌军在土木堡俘明英宗后，迫近北京城，盛协助于谦调集重兵，在城外击退瓦剌军，升都给事中。后擢山西右参政、都察院右佥都御史、两广巡抚、左佥都御史、巡抚宣府镇、礼部右侍郎、吏部左侍郎。成化十年（1474 年）病卒，谥"文庄"。

④ 燧即姚燧，1238—1313 年，字端甫，号牧庵，洛西（今属河南省洛阳市）人。官翰林学士承旨、集贤大学士。能文，与虞集并称。所作碑志甚多，大都为歌颂应酬之作。原有集，已散失，清人辑有《牧庵集》。

⑤ 宣德府，中国古代行政区划名。元中统四年（1263 年）置，治宣德县（今河北宣化县）。辖境相当今河北省涞源、蔚县、阳原、宣化、怀安及山西省灵丘等地。至元三年（1266 年）改为顺宁府。

⑥ 许文正公指许衡。许衡，1209—1281 年，字仲平，号鲁斋，世称"鲁斋先生"。怀庆路河内（今河南沁阳市）人。金末元初著名理学家、教育家。赠荣禄大夫、司徒，谥号文正，后加赠正学垂宪佐运功臣、太傅、开府仪同三司、魏国公。皇庆二年（1313 年），从祭孔庙。著有《读易私言》《鲁斋遗书》等。

⑦ 邱垅，坟墓。乡间，家园。

同垂不泯，其亦宜矣！然而有志之士即是之所谓文章事功欲夸以自足，其可乎？观夫司徒文正公，其退伏于乡则足以正家而善俗，其发之为言，敛之为书，则足以垂世而立教；其乘时奋庸，直道大行，进而立乎天子之廷，则足以尊主而庇民，光明正大，磊磊落落，百世而常存。司徒文正公，不谓之人中之龙乎？《传》称老子犹龙，必若司徒文正公者，庶乎[①]其近之矣，夫近世宫室亭台之作，往往缵言成文，意亦古昔，户牖置铭，触目警（惊）心之谓尔。予记龙泉祠，亦得因潘姚二公而推本乎许公之道如此，吾党之士其或因之而兴起焉，则凡及物之利，将不止乎一泉之云而已。

洋河建广惠桥碑记[②]

明侍读学士　郭正域[③]　江夏人

洋河来自塞外，南入桑干，云谷及漠北诸水皆归焉，流沙善溃，莫利往来。前开府吴公创为木桥，时修时圮，夏秋水涨，桥与水没。秋冬之交，役四营士数千人囊沙障之，鹄立冰水中，裸衣负土，偃卧[④]流澌[⑤]，手龟指堕。桥又与水没，河冰一合，冠盖往来，商贾奔走，自冬及春，曳轮濡尾[⑥]，搴裳没趾，履薄恐坠。中丞王公以己丑冬治上谷兵，行部[⑦]蔚萝[⑧]、飞狐间，夜分渡河，河冰覆雪，飙轮走沙，咫尺莫辨，盘旋竟夜，东方既白，始循冰桥，望郭门而趋，慨然叹曰："使者拥旄[⑨]列驺[⑩]，前呵后从，犹苦于河，其如小民何？"令津吏揭竿悬炬，以照夜行。越明年，夜发市台，走七十里，朏明[⑪]暴涨，禺中[⑫]乃渡。追旋[⑬]之日，前旌先登，河水大至，公与从骑屹立中流，波矗如山，浪鼓如雷，盖厄于洋者三矣。又慨然叹曰："居恒犹可，有如敌人渝盟[⑭]，祆神河伯，交相为虐，一苇[⑮]一刁[⑯]，可渡师乎？"洪蔚之警往事可睹已，遂一意为桥，凡一瓦一甓，一木一石，指恒屈而首恒算，盖念兹释兹，惟河之故也。明年，檄

---

① 庶乎，犹言庶几乎。近似，差不多的意思。

② 选自民国《宣化县新志・卷十六・艺文志上》。

③ 郭正域，江夏（今湖北省武汉市）人，明朝政治家。神宗万历十一年（1583 年）进士，授编修，历礼部侍郎，与沈鲤、吕坤同被誉为万历年间天下"三大贤"。万历三十一年（1603 年）牵连到楚太子狱之事，死后赠礼部尚书。光宗遗诏，加恩旧学，赠太子少保，谥文毅，官其子中书舍人。

④ 偃卧，仰卧、睡卧。

⑤ 流澌，江河解冻时流动的冰块。《楚辞・九歌・河伯》曰："与女游兮河之渚，流澌纷兮将来下。"

⑥ 曳轮濡尾，出自《易经》："初九，曳其轮，濡其尾，无咎。"

⑦ 行部，巡行所属部域。

⑧ 蔚萝，指河北省蔚县，因蔚县有萝山，故又称蔚萝。

⑨ 拥旄，原指古代武官持旄节专制一方，借指统率军队。

⑩ 驺（zōu），古代贵族的骑马侍从。

⑪ 朏（fěi）明，指天刚亮。

⑫ 禺中，意指将近午时。

⑬ 旋，回、归的意思。

⑭ 渝盟，背叛盟约。

⑮ 一苇，一根芦苇，借指小船。

⑯ 刁，古代行军用具。一种有柄的小斗，白天可供一人烧饭，夜间敲击以巡更。

下所司，造舟为梁，凡数十艘，而河徙靡，用麻大将军，建白范铁盘，柱连鏁构，桥顾浮沙不能载，公乃与孙方伯议石工。众曰："河流无涘，河沙无底，金且十万，力且十年，未议病涉也。"公念塞上无可与计者，直指崔公至，同心殚力，捐廪金助之。会妙上人福登有戒行，从宁武董将所来，曰："大事，在心胜缘，非偶欲桥，而桥勿与俗同。"公乃为长锥直钩，钜穴沙得石，错落如豆，沙尽石出，如卵如瓮，布满中河，群哗乃定。度地之日，有兔自南来，直入河，众咤为异。占者曰：兔于辰为卯，木上土下，其象为桥，遂定基焉。乃发八路工匠及河南戍卒之半，舁[①]沙布桥，以砾实之，为层者二，为级者六，为门十有七，桥长千尺，广并数軓[②]，高不及广者尺有咫，基之阔九丈有二，阔四丈有八，树华表者四，标题者二，槛楯高六尺有五，岸南北镕金为犀者四，以厌水怪，桥南聚沙为长堤，凡千二百武，阔视桥，以通往来。桥巨二千武，以遏狂澜之羡，使不得决溢。而南堤北种柳数万株，俾不侵防，而桥以无恐。公被命入蜀，中丞彭公至，复为北岸石坝，长丈百有六十一，南为小桥二。直指黄公、计部郎黄公、守道郭公经理之，以迄于成，凡始自己亥仲夏，越明年孟冬而落成之。匠之工三十万，卒之工七十万，桩之株十万，石之丈三万，金之两万有一千，常平子钱十之二，士民捐助十之八。是役也，宦兹土者自计部大将军、三兵使以及诸将吏人协其谋，隶兹土者自两董倪黄张五将军、刘半刺[③]、胡孝廉以及缨。闾阎之间，人输其力。董其事者则参将陈国保，分其务者则守备弁邢官宁国栋、姚应龙，千户敬忠等，乃王公实始终之，崔公赞之，彭公、黄公、黄公、郭公继之，妙上人经营之。为桥之初，水渐徙而南，卜吉导水。先一夕，雷雨大作，破堤应期直奔桥下，厥工告成，地祇从之水哉？昔赵之石桥成唐大定间，默啜[④]破定州，南奔石桥，马伏地不进，见桥上青龙狞玃奋怒，敌恐遁去。夫精神之极，土石效灵，神明呵护，宁只利涉且以捍患矣。矧洋河为中国锁钥，彝夏门户，壮观中朝，控制百貊，兹固疆场之功，社稷之利乎？其在《周易》，宏济难难，必曰"利涉大川"，云雷亨屯，既济未济，与易终始。夫有能济之具，必有能济之人。开物成务，利见大人。公家世忠孝，有文武才，云雷事业，如此桥矣。王公名象乾[⑤]，山东新城人。开府彭公，名国光，江西德化人。马公名鸣銮[⑥]，四川内江人。待御崔公，名邦亮，直隶东明人。黄公名吉士，内黄人。汤公名兆京，直隶宜兴人。计部郎王公，名成德，山东临清人。黄公名兰芳，湖广应城人。杜公名诗，山东滨州人。大将军麻公名承恩，大同右卫人。梁公名秀，宣府前卫人。分守道方伯孙公名维城，山东邱县人。大参郭公名士吉，直隶人。怀隆兵备大参马公名崇谦，山西安邑人。副使马公名维驷，山西阳曲人。分巡道大参张公名国玺，直隶任邱人。副使张

① 舁（yú），抬的意思。

② 軓（xiàn），车迹。

③ 半刺，指州郡长官下属的官吏，如长史、别驾、通判等。

④ 默啜，？—716 年，一作墨啜，唐时东突厥可汗，姓阿史那氏，名环。

⑤ 王象乾，辛未进士，宣德二十年至三十二年任巡抚（据民国《宣化县新志・卷十二・职官志》）。

⑥ 马鸣銮，甲午进士，宣德三十二年至三十八年任巡抚（据民国《宣化县新志・卷十二・职官志）。

公名我续，直隶任邱人。王副戍尚忠，宣府前卫人。

万全区

万全城疏泉凿井记[①]

警务处二科科长　刘秉怡　邑人

距城北三里许，德胜关迤西，二郎山之北麓，其地终年沮洳，浸而渍涧，《义经》[②]所谓“山下出泉”者是也。然若醴若饴，徒澄地脉，鸣琴拖练，郁湿云根；盖地灵之弗泄，亦已久矣。而乡人士，恒以治城负山，襟岭而居，地势崇峻，井渫[③]綦艰为病。近年以来，尤以弃宝于地，莫由利导甘泉为憾。民国六年夏，邑绅赵子忠君、马紫林君倡议凿筑斯泉，挹注城内，以济官井之穷。参观唐山水机、津门水管各一次，事不果行。七年冬，马紫林君复倡暗水之议，偕同邑绅马习之君，商诸富绅霍公馨南，允拨巨款，试汩淈[④]之，则注玉跳珠，滃然而仰出焉。辟十数武，得先人暗水瓦筒二三，或谓德胜关，在金元为用武之地，斯乃古战场汲水之遗迹，然耶否耶，然足征古人之先得我心也。于是掘山阿，开石罅，决泉源，覆沟洫，坴沙石，沕潏[⑤]乎河洲，洄洑[⑥]乎坝上，轧盘[⑦]乎北关，涌裔[⑧]乎城阙，沄沄而入，汩汩[⑨]乎其来矣。既入城，泌[⑩]之洋洋，顺流而南，循水道建井九，横亘通衢。九年仲春之月，赓续其事，复建东西街井十五，工亦如之。《易》曰：“井冽，寒泉食。”其斯之谓欤？彼居民饮水思源，其感想又何如也？方其建筑西街水道也，纡迂曲折，绕道县立高小学校之西南隅，造井校内，汲水甚便，其惠及全县士林，有如此者，岂仅一城受赐而已哉？南城外退水之处筑池一，浣妇牧童，咸色然以喜，泂酌之利亦溥矣。季夏既望，乃蕆事。霍馨南公慨然代阖城人民负担，全数出款，约计银洋一万一千圆之谱。马紫林君组织暗水社，募岁修的款，以善其后。是役也，董其成以司其事者，为马紫林君；测量高下，督工造井，设备一切，为本县西区区官马晓寒君；佐理其事者，有邑绅李仲渊君、罗泮林君、邑人赵汝梅君、阎乐轩君、马仲维君、陈宝如君、姚福如君等。凡任事诸公，均属义务，而弗辞劳瘁，其急公好义与霍公之乐善好施宜乎并垂不朽矣。回忆此工未竟之际，城内官井不数数觏[⑪]，修

---

① 选自民国《万全县志·卷十·艺文志》、民国《怀安县志·卷九·艺文志·记》。

② 义经，应为《易经》。

③ 渫，除去，淘去污泥。泄，疏通。

④ 汩淈（gǔ gǔ），水涌貌，有疏通意。

⑤ 沕潏，泉流貌。

⑥ 洄洑，也作“洄澓”，湍急回旋的流水。

⑦ 轧盘，指广大貌。

⑧ 涌裔，水波腾涌貌。

⑨ 汩汩（gǔ gǔ），象声词，形容水或其他液体流动的声音。

⑩ 泌，泉水涌出的样子。

⑪ 觏（gòu），遇见、看见。

绠[1]卅寻以汲，爰筒[2]一匊之盈，不特求过于供涓滴为难，抑且一担之水需制钱二十文，中人之产亦恒以为病，况瓮牖绳枢之户耶？今也，氿泉[3]涴出，暗延于城外，纵横乎城内，沔彼流水，滂濞[4]沆溉[5]，波镜与井栏争辉，泉绅[6]随街道涴演[7]。管子凿井之图、汉家桔槔之制，何多让焉？仲宣[8]有知，胡为"畏井渫之莫食"[9]；耿公再世，不必拜玉液之渊源。虽然，微素封[10]之家慷慨，见义之士勇为，曷克臻此？是不可以不志。

赤城县

重修龙潭庙记[11]

章 焞[12]

翠屏之山有泉，逆流沿平陂以上于高岗，山居之民灌溉资焉，相与神之，以为其中有龙，号曰"龙潭"，旱则求雨，见有物如蜓蜓，出领人意，取其水祀之辄雨。余至龙门之三年夏旱，亲诣其地祷之，果大雨。夫雨，阴阳之气积润而下，行龙之能，至能兴之，以苏民命，可韵神矣。庙而祀之，虽曰不宜行江湖者，远见龙自云际乘于水，言之极有摭据。则又以龙盖取水于江湖，升之云中而后施诸地上。龙诚神，毋亦劳甚，其变化信不可测识也。今观龙潭之水，以就下之性，忽为上行，苟非亲至其地，目睹其然，虽言之而不信，信之而不传，乌能知其诚然乎哉。以是知天地之大，见闻之广，其不可执拘墟之见[13]以自小也。庄生之论海若，望洋而叹是已。然又尝以意度之。泉固山液，是其下必有石焉，激之既而得所凭依，遂流汛流不止，以至于岗势使之也。彼三峡之倒流，又其甚矣奚怪焉。土人复神其说，以为秦人张将军明时战死于此，死而其英灵不没，草木为之后凋，泉水为之逆流，庙而祀之数百年于兹矣，祷而辄应，与龙神同。余闻其言而告之曰："将军劳于王事，而死于是邦，尔民又祀之，之勤且久如此，故其神眷恋爰顾不忍弃去，为之阿护妪煦。俾边徼之地，烈风冷雨，疏为旸和，以为民赐福，固其宜也。逆流之

① 修绠，汲水用的长绳。
② 筒，较粗的中空而高的器物。
③ 氿（guǐ）泉，从侧面流出的泉。
④ 滂濞，澎湃，浪相击声。
⑤ 沆溉，流动缓慢的水。
⑥ 泉绅，从高山上飞泻下来的泉水。因其如同垂挂的白色带子，故称。
⑦ 涴演，水流回曲貌。
⑧ 王粲，字仲宣，山阳高平人，三国时曹魏名臣，也是著名文学家。在"建安七子"中文学成就最高。
⑨ 畏井渫之莫食，出自王粲的《登楼赋》。
⑩ 素封，无官爵封邑而富比封君的人。《史记·货殖列传》载："今有无秩禄之奉，爵邑之人，而乐与之比者，命曰'素封'。"
⑪ 选自民国《龙关县志·卷十八·艺文志上》。龙关县，1958 年并入赤城县。
⑫ 章焞，浙江会稽（古县名，在今浙江省绍兴市境内）人，康熙年间举人，曾任龙关知县、户部郎中，编纂《龙关县志》。
⑬ 拘墟之见，原指井底之蛙受所处空间的限制，只能看到一点天空，形容狭隘短浅的见识。拘即拘守，墟指所居住的地方。

水奚为哉？虽然，非是流则山居之民将无以资灌溉。神之灵，若又有意焉，是未可知也。龙之神能兴云雨，施大泽于吾民。将军之神独不能使水逆流，以给民日夕之资乎？即水之逆流，自古匪今，神亦有以凭之矣。或又以为将军战死所乘之马投入潭中，恍惚不见者，岂神将军因以神将军之马欤？山有巨石而方高数丈，庙旧依石下西向，或又以为是将军上马石，是爱将军因以爱山中之石也。余窃谓将军之神，将与龙神同庙祀于斯土，终古不绝，故龙潭特邀将军之马，以示异与西向者，不忘秦也。”今年戊子，居人重修龙神庙。庙南向，谓将军之庙亦宜南向，遂更之。居人争其向背，以为佑庇。虽南向竟微偏于西，神启之矣。龙神庙三楹，将军庙一楹，其右为住持所居，司香火缭以短垣，门外为演剧之台，粗备矣。僧人乞勒石志之，爰为记如右。重修姓氏镌之碑阴云。

时康熙四十七年　月　日。

重修龙门峡惠济桥碑记[①]

宋尚文[②]

盖闻为政不在小惠，而利民莫贵。善因善为政者，不劳力，不伤财，耕耘收获因乎天，高下原隰因乎地。今龙门之势，山高千仞，其下则湍腾澎湃，疾如奔马，巨石逐流，转徙其间。暖泉七十二，距其上游，北来诸水汇之。隆冬泽腹不结冰，其结于两岸者棱利如刃，盖民苦厉揭之艰久矣。客冬十二月有事开平，止宿云州，凌晨而渡龙门之峡，熙来攘往，病涉者纷纷焉，予悲此。比其反也，属耆老而告以修桥之议。佥曰：“此地旧有浮梁，曰舍身崖桥，黄志载之，旧址无存，重修为艰，吾乡之议修而中止者盖屡云”。余曰：“不然，凡事亦因其自然而已。此地无桥，则人人苦之。无桥而忽有桥，必人人乐之。因其所苦，道以所乐。山可移，海可填，区区一桥何难焉？”佥曰：“诚如是也，胡不为石桥？”余曰：“石桥一举，工难而费巨，两山之间，水石相撞，夏秋盛涨，奔流倒峡，山为之震，甃砖石以为之能当其冲乎？为今之计，相时势而度人情，浮梁其较便也。”议及此，耆老相叹服者久之。爰命商约，相地基，造绿簿，首先捐此，千总李公昶继之，绅商士庶争先乐输，不数月间，积成巨款，俾商约经理之，乃鸠厥功，乃庀厥材，每岁十月造浮梁数十楹，夏涨至则彻之。堡外建房五间，以储木植。发旧站民夫修崖东盘道，而规模大备焉。夫兴利除弊有司所司。斯役也，冬修夏撤，因天时也。为浮桥不为石桥，因地势也。富者输财，贫者力役，因人力也，一举而三善得焉矣。桥既成，行旅便之，佥曰：“微公之惠，不用及此。”余曰：“不然。徒杠舆梁，王政也。昔郑相悯溱洧之病涉，济以乘舆，君子称其惠又以不知政讥之。躬逢圣世，适宰斯邑，布化宣猷，谁之职欤？普天之下共沐

① 选自同治《赤城县续志·卷九·艺文志》。

② 宋尚文，清光绪年间任赤城县知县。

皇仁，一夫失所，伊谁是咎？及其溺而济之，惠则惠矣，其如不知政何？”越翼日，耆老以碑文请余，恐是举之久而就湮，而又自咎其不知政也，名之惠济，以自惊[①]云。工竣，余钱若干，发商生息，以济岁修，凡士民之有功斯桥者，例得笔诸石以并寿焉。是为记。

怀来县

重修土木堡仓库河边堤暨忠臣祠记[②]（节选）

明　吴亮嗣[③]

……

往者，城北一水，春夏水潦暴至，澎湃奔腾，民罹鱼鳖之殃。今疏注[④]以安其常，为石坝以遏其冲，而人免河伯害矣。

……

修通济桥记[⑤]

明　翁万达[⑥]

夫水之行地也，概于世为多，西北则鲜；率可舟而漕，西北则否；率易梁而渡，西北则难。何也？其势使之然也。水原于山，天下之山起于昆仑，而燕冀为天下脊，地形崇峻，水率东南走入海，其流湍急，无巨浸广陂容受润泽，故西北鲜水。且水道所经，土去石出，建瓴而下，冲激震撼，方且惧齿齿断断，故不可舟。而其霖雨集潢潦涨也，则惊波电掣，骇浪雷击，值之者陵崩阜断，故又难为梁。夫鲜水则土燥，土燥则其产猛厉而寡深思。不可舟则转输困，无所广蓄以食战士，而又难为梁，使咫尺之间尽为两地，倚马相望，莫可即救。古称西北恒多事，御戎[⑦]寡全，功此其一也。怀来直国北门，为居庸要路，自京达宣大两镇，罔不由之。其通永宁独石诸处，犹有径也。妫水出隆庆州大海沱山中，流与洋河、桑干河合，东历怀来城，南下合水关，放芦沟，以达于海。既不可舟，又无渡梁，于是军饷戎器，材官骑士，自京师调发，以为宣大备者，往往告难。又其急者，边尘告警，驰上便宜，瞬息异形，一骑千里，阻于水浒，莫可以为

---

① 惊，应为“警”。

② 选自光绪《怀来县志（抄本）·卷十六·艺文》。

③ 吴亮嗣，1572—1623 年，字明仲，湖北武穴人。万历三十二年（1604 年）进士，初任南充知县，因办事干练，升为兵部给事中。任谏官十余年。

④ 疏注，指胡思伸疏注。

⑤ 选自光绪《怀来县志（抄本）·卷十六·艺文》。

⑥ 翁万达，1498—1552 年，字仁夫，号东涯，潮州府揭阳（今汕头市金平区）人，进士，明朝中期名将、诗人。历任广西梧州府知府、陕西布政使、右副都御史衔巡抚陕西，左副都御史、兵部尚书，右都御史、左都御史等职。著有《东涯集》《稽愆集》等。

⑦ 御戎，或简称“御”，官名，为天子、诸侯驾御戎车（兵车），《周礼·夏官》谓之戎仆。

谋。坐视望洋浩焉，兴叹者屡矣。予督军塞上，思兴桥之，故尝为之画曰："深根以固其基，远岸以杀其势，轴柱鳞密以严其隙，蹲鸱脉络而莫与之斗，庶几可成也。"属军旅事殷，且有寒垣之役，未之能及。土人曰："古有石桥，永乐间废。"武庙北巡，命内使以万金成之，寻为水坏，或于所谓四者未之备讲也。夫徒杠舆梁，而王政攸系。况通警急关军政者耶。岁乙巳，予阅边，次怀城，闻有僧慧灯者谋为桥，谓助我也，召见之，授以前四者之说。今戊申春，僧来言曰："桥成矣，无愆初约，愿乞所以志岁月者，使使数辈视之良信。"问所以成，则曰："力能感中贵人捐俸金纪纲之，又能募边富人出粟为佐。"於戏！先民有言曰："近世桥梁功力之大且广者，多为浮屠氏有。"盖佛以利物为心，而桥梁居八福田之一，岂真有是耶？何成之速也？然予有侈喜焉。自岁庚子以来，北国扰我边境，侵轶时至，边人苦之。圣天子不以某愚不肖，授钺专阃，擐甲厉兵，与之从事者四年于兹矣。赖陛下神灵威武，北国屏迹。连岁塞垣之役，工费颇钜，俱克有成。今兹大熟，民以宁谧。惟天子建中和之极，赉及黎庶，疆场之臣得保塞垣称无事，大幸也。彼中贵人者，复能出俸金以佐时急。至于小民，亦不忍专其赢余。是僧乃藉之成桥，光其师说，更奇事也。使格战之未休，则疮痍之是恤；年谷之不登，则垣役之告病，而庸暇及此耶。是役也，若某与边人百数万口，其敢忘圣天子丕显休德，遂为铭付之。桥曰通济，乃旧名也。铭曰：汉后将军，是曰充国。屯田金城，威震西域。治桥七十，枕席过师。千载相望，予每羞之。浮屠氏子，其名慧灯。相时所急，因年之登。请金贵人，募粟边城。材石备施，巨梁斯成。不功而防，不事而扰。龙见波偃，鹤归华表①。顾兹边土，比岁有战。投刃以耕，于今再见。悠悠来往，匪兵者人。马争逸足，车无停轮。亦有疆事，星轺入奏。天阍九重，曾不崇宿。是曰王政，重以机宜。嗟我有心，彼是度思。匪力胡役，匪粟胡餐。足我边人，屈彼呼韩。惟天养德，稻粱泻卤。惟帝格天，干羽载舞。我书此石，以诏后贤。贡篚②来庭，斯桥万年。

新建通济桥碑③

明　贺逢圣④

怀来，汉上谷地，唐妫州郡也。汉唐都关中，视此为北边，即山川突骑⑤，为中国最，然而较之三辅之近，此犹绝远不綦重也。我国家定鼎燕山，一望则居庸在目，临关则怀来在目，一襟带间而为我朝寝庙肩臂。夫肩臂之于人身，宁尺寸乎

① 鹤归华表，出自晋陶潜《搜神后记》，感叹人世的变迁。

② 贡篚（fěi），指进贡，贡献。语出《尚书·禹贡》："厥贡漆丝，厥篚织文。"

③ 选自光绪《怀来县志·卷十六·艺文》。

④ 贺逢圣，1587—1643 年，明湖广江夏（今湖北省武汉市）人，字克繇，一字对扬。万历进士，授翰林编修。天启年间为洗马，拂魏忠贤旨，削籍。崇祯初复官。崇祯九年（1636 年）以礼部尚书兼东阁大学士入阁参政。崇祯十一年（1638 年），致仕，崇祯十四年（1641 年）再入阁，次年告归。张献忠攻陷武昌，投湖死。

⑤ 突骑，用于冲锋陷阵的精锐骑兵。

哉？以故怀来称重镇，而圣天子畀[①]玺书来者，皆当世之名贤。无论已即奔走下风而受成事者，亦必拨繁吏始往焉。用是，节度兹土者，凡山川城郭、道里桥梁、士马[②]刍饷[③]之类，无不咨诹精确，号称允当。夫非人与地之两重乎，乃其视国事如家事，而屹然建不拔之业，则惟观察胡公一人而已。先是，郭门外有水从北来，绕城而过，逶迤西去，即所云清夷水也。每春夏之交，由雨骤而澎湃，地固砂碛，触人人溺，触岸岸颓，涉者病焉，望者危焉。前兵宪张公，济川材也，悯此昏垫，力议建桥，而以升任去。逮胡公为政，目击其艰，规恢旧业，遂慨然以身任之，曰："此不架长虹横却月[④]，更于何处觅津梁乎？"遂次第请于先督府涂公、今督府吴公。两公者盖皆有襟带苍生之意，俱可其议。复请于中丞汪公，而公固当代之伟人也，调和燥湿，燮理川陵，欲平地以成，天遂安澜，而盂渎眷兹硕画，乃愿同心，而先直指吴公、今直指周公则又倒狂澜于白简[⑤]，标砥柱于中流者，一苇迷津，寸心彼岸，遂相与落其成。而公于是揣基址，略远迩，称畚筑，商物力，量工命日，不愆于度，而又选幕中之有强干者，得若而人以董其工，所费金钱俱出节省之余，不损军国。阅五年，而桥始成。左右置石栏，为人卫也；前后置铁牛，为水卫也；首尾置坊，题其额，为桥卫也；溯流而上，东西置石坝，为城卫也。凡公费若干，岁月若干，而怀来遂稳若金汤矣。事竣，拟文以志不朽，而问于予。予曰：猗欤盛哉！此非所称妫水者乎？昔何以夏病没、冬病裂，而今熙熙攘攘，肩摩而过也。夫谁示我以周行乎？则公之明德远矣。是故，登斯桥也，山光叠翠，掩映袭人，夕阳在山，人影在水，柔波上下，牧马互嘶，孤笳隐堞，万灶炊村，此则桥之大观也。有若山雨欲来，悲风怒木，吹沙满野，流沫浸堤，亦曾不揭不厉而渡焉。又若黄云薰日，朔雪席地，重冰带川，飞霰流澌，亦皆且冠且履而游焉。乃至金台游子、五陵王孙，折柳言旋，班荆道别，或歌薇北去，或祖帐[⑥]东归，莫不记别河梁，消魂彼岸，锁南浦之愁云，浥渭城之朝雨。则登斯桥也，盖皆有低徊留恋而不忍去者焉。陋周官之杠梁，小公孙之舆济，建无物之慈航，出有情于爱水。吁！公之明德真远矣哉。然非宅心极细，用力极敏，出纳极周，节制极严，谁能卧苍龙于天末，挂飞虹于日边。若此之壮且丽哉！或曰城不百里，即属北国，古之筑城惟恐不陵，浚池惟恐不渊，而当此控弦鸣镝，朝发夕至之区，即济河沉舟，谅亦御敌之一策也，而奚以桥为脱北国匪茹[⑦]不门庭之寇哉？曰：非是之谓也，古之御敌者，御之于疆场之外，不御之于门庭之内，向使帷幄无老谋将军、无壮事，彼长江天堑，敌固不能飞

① 畀（bì），给予。

② 士马，兵马，引申指军队。

③ 刍（chú）饷，刍草与粮食。

④ 却月，半圆的月亮。

⑤ 白简，古时指弹劾官员的奏章。

⑥ 祖帐，古代送人远行，在郊外路旁为饯别而设的帷帐，亦指送行的酒筵。

⑦ 匪茹，不自量力。

渡之耶。今胡公树韩范[①]之业，播颇牧[②]之威，人皆敌忾，士可折冲，微论[③]敌归戎索，仰我鼻息，正卧马挂弓之日，即万一逆我颜，行直折箠，使之无烦寇令矣，而又何城下之虞乎？公讳思伸，号充寰，乙未进士，徽之绩溪人也。而受事司饷者，则运副杜公，讳齐名，魏之南阳人也。督工者，前经历魏君三顾，司其事，鲁人也。而坊牌堤坝等，则经历秦君霖鸠其成，楚之黄安人也。执事操守戚世登[④]、千总李应科，俱怀来人也。二三拮据，相与有济。始于万历四十年壬子，迄于四十五年丁巳告成。是为记。

修建怀来南关暨通济桥并诸工程记[⑤]

明　贺逢圣

按，怀来城者，旧妫州郡也。未款以前，每当春秋两防，制台率全镇之兵驻节于斯，必半载而始回镇。盖以怀城为东路适中之地，而东路又为宣镇之左臂，陵京之后障也。往议增筑南关，虽为庇内至计，然畏难者徒托之道傍之舍耳。兵宪胡公建节[⑥]其地，遂熟筹之，特筑关城一座，周遭四百四十八丈，高三丈，女墙墁顶俱砖，券门三座，顶房六间，石砌水渠一道，称“铁瓮”[⑦]焉。内又建常平仓一座，官厅廒房俱备，官房七百二十间，安厝军民。至若关门之东有河一道，古称妫水，通桑干河，陡遇春夏泛涨，往来病涉，每岁各镇入卫军马到此，率苦阻滞且伤人。如曩年冰泮时，只见一死妇抱儿沉底，而竟莫晓其沦没之由，其叵测可知已。往者，兵宪张公会有建桥之议，而以升任去。胡公莅镇目击，心维毅然举行，派拨军夫，督率干胥，竭力经画，一切木石支费俱取足于戍卒，间旷之需，丝毫不仰给公私。三年间，石桥峙立，连马头长一百二十余丈，阔二丈五尺，洞口十一，两列石柱栏杆，铸镇水铁牛四，牌坊二，东西两岸各用大石砌分水堤及护桥坝，高一丈三尺，共长二百余丈，工程浩繁，观瞻壮丽，直亘古无前之绩焉。至于西关外雨水冲毁，车马艰涩，亦用石修砌。岸坝水洞并分列，八字等墙，顿成坦道。城垣城楼，遍从修理，咸聿新焉。又见城内各公署及诸庙宇倾颓不堪，兼怀来卫署火焚殆尽，乃下议全修。遂新建怀来卫大厅五间，抱厦厢房捲棚官房共十三间，及头仪门八字墙围墙俱各完固，又修完抚按两院公署二座，东路南山参将衙署二座，延庆右卫衙署一座，官厅官房共七十五间，并各头二门、蜈蚣围墙、月台丹墀、影壁甬路、栅门台

---

① 韩范，出自《宋史·韩琦传》，为宋代名臣韩琦和范仲淹的并称。

② 颇牧，指战国时的廉颇和李牧。

③ 微论，不用说。

④ 戚世登，曾任宣府靖胡堡守备、宣府东路游击将军。

⑤ 选自光绪《怀来县志（抄本）·卷十六·艺文》。

⑥ 建节，执持符节。古代使臣受命，必持建节以为凭信。

⑦ 铁瓮，指坚固的瓮城。

基俱如式。又修怀延两卫镇抚司监房十九间，蜈蚣棘茨[1]围墙六十四丈，东西南城门鼓房十五间，牌坊一座，炮楼称是。又修完城隍庙一座，牌坊一座，十王殿十间，禅房三间，影壁围墙全。又重修泰山庙一座，补砌围墙一十九丈，西教场一座，厅房十九间，围墙、旗鼓台俱修整一新，又捐银一百八十八两三钱，置地一顷四十亩，岁令收租，赡助[2]儒学贫士。又捐赀置地二十亩，建义冢一座，掩埋死徒无归者。种种规画，塞外二百余年不一见焉。

重修通济桥记[3]

清 黄鼎楫[4]

怀来于唐时为妫州，亦曰妫川，盖以妫水得名也。水自延庆海陀山发源，西南行经怀来之东，又西行而与桑干合，又东南入芦沟河，每岁春夏之交，淫雨时作，溪谷诸流多会于此，奔腾泛溢，民病涉焉。明万历中，观察胡公始于其地建桥，殊称壮丽，盖阅五年而后成，命曰“通济”，邦人德之，历今殆将百年矣，中间虽一经修治，然其地皆砂砾，洪波怒涛，震荡冲啮[5]，日就颓圮。康熙壬午，山阴陈侯讳润，字沛菴，实莅兹邑，乃慨然念曰：“怀虽蕞尔，邑而东出居庸不百里，固畿辅近地也。西指大同，南界易州，北极朔漠，其间行旅之往来，轮蹄之接迹皆于是乎在。又其大者，驿递[6]驰驱，星轺络绎，而舆梁弗治，非守土者之责，而谁责乎？”于是询于众庶，闻于宪司。侯先倡捐，士民咸慕义乐助，遂鸠工庀材，畚杵版锸，各有程度。择吏人中之精敏者董其役，时复躬往劝率，凡七月而功讫，长虹蜿蜒，飞流镜清，复其旧观矣。盖侯之服官[7]也，洁廉以自矢[8]，仁恕以宜民，设义学以训其子弟，革羡余以惠及闾阎，其为政宽而不驰，简而有要，吏民皆敬而信之，畏而爱之，用能事集，而公帑不费，功成而民力不劳，讵止利涉者颂其仁，垫隘者被其泽而已哉。当桥工将成时，方闵雨，侯亲率吏民步祷于龙潭，其地距城七十余里，阻峭难行，弗敢惮劳，甘澍应期，有秋可冀，又可以见侯之精诚足以动天而惠民也。如此，是皆可纪也，余故因记桥之成而连类及之。

---

① 棘茨，指荆棘蒺藜。

② 赡助，救济帮助。

③ 选自光绪《怀来县志·卷十六·艺文》。

④ 黄鼎楫，字巨公，号阔儒，直隶宣化（今河北省张家口市宣化区）人，康熙二十四年（1685 年）乙丑进士，曾任给事中。

⑤ 啮，啃、咬、侵蚀之意。

⑥ 驿递，旧时供传递公文的人中途休息、换马的地方，亦指供传递公文用的马，也指驿站、驿丞。

⑦ 服官，意为为官、做官。

⑧ 自矢，犹自誓、立志不移。

蔚县

万固桥碑记略[①]

百户金全建[②]，苑马寺卿[③]王敏记

西城有庄曰余瞰，为东西南北通衢，河浩渺洪深，济者甚苦。先尝建木桥于是桥西，年久圮，不可以济。万全致仕百户金全暨男海谋诸善士武文斌，各出资为倡且劝导，尚义者助之。庀材佣工，浚河之深一寻。植巨木为桩，桩之上石为两旁堤者九，架以木，木之上砻石数层，灌以灰汁。桥凡八空，纵三十仞，横三仞有奇，创于弘治五年五月，成于次年九月云云。

九宫口桥碑记[④]

郡人聂源

蔚郡东南四十五里许，村名九宫口，《广舆记》所载九宫山也。其峪南通荆马二关，北达云宣二镇。居人土物往往兴贩者，蹄踵如织，尤孔道云。山峡诸流悉从峪口涌出。旧有石桥待渡，不知创自何年。后触风雨，梁斜岸曲，未免星断虹飞。涉者每曰："是安得鞭石铸牛，行无量功德也？"郡处士张公毅然任之，凡两造焉。朱提白粲，所费不赀，卒未就。近年震泽倍常，堤奔道折，涉者益病。次君士舍生慨然欲继前人之志，谋诸巨僧定悟曰："造舟为梁，从古志之，是可听其终圮耶？"巨僧乃缮疏募众宰官长者之施，合力并作，工起于十五年[⑤]七月十七日，迄于十六年七月十七日，塞土叠石，杀激回澜，未几而鹊翎鳌背，居然插天矣。桥畔复创一祠——龙神栖焉，俾镇安流。嗣此，山村客子、异地征夫、担者负者、推轮而驱乘者，皆不至临济而切褰裳之叹矣。夫乘舆济人，尚称遗惠；编竹渡蚁，犹见阴功。张公此举，其父子之德载在人口，何可泯者？张公讳文范，室人李氏、韩氏；次子大猷，室人魏氏，妾刘氏，并同施姓氏，俱载碑阴中。有一女捐金独厚，而姓字不留，尤可异也。将勒石，问记于余，余并志之。

---

① 选自同治《西宁县志·卷三·山川志》。

② 金全建，弘治五年（1492年）致仕百户。

③ 苑马寺卿，明清两朝苑马寺长官，明永乐间设，各苑马寺均置，各一人，从三品。掌所属各牧监、各苑之马政，而听于兵部。

④ 选自光绪《蔚州志·卷五·地理志下》，原志注："九宫口桥，顺治中州人张大猷建。"

⑤ 十五年，指顺治十五年，即1658年。

郡侯杨公邑侯刘公再筑壶流河堤碑记①

州人阎介年②

蔚郡城垣甲关外，明时北骑目曰“铁城”。城外池水周遭如环，厥势既完既好。而其脉自西南石门迤逦而来。壶水发源广灵之莎泉，纳众山涧水，东北抱流，以为大戒。于是石门诸山之秀，旁薄③郁积于城内，无飞，无走，无泄，是壶流之大有造于蔚城也。

然其行逼近城北，戊戌、己亥间，陈家涧水暴发，横入河中，河南啮池岸，不断如线。前守冯公爰有河堤之筑，盖自有城以来一创举也。不数年，陈家涧故道或塞其下流，因常入河，河岁南奔。冯公所筑随湮乌有，而池岸一线复岌岌殆已，爰复有河堤之筑，盖二十余年间又再举也。然吾谓前此之兴筑犹易，今时之兴筑为难，何也？前此用民之力，里有常规：一、钱粮耗羡在官，费有公备。二、有兴作，申报上游，辄准抵销。三、今则天子爱养元元，力役之征无有，而官司自养廉外，丝毫无得擅动，申请兴作，估计拨饬，动经岁月。用是，城池、桥梁、衙署之在公者，有司不敢过问，或坐视其废坏而莫可如何。良足叹也。

郡侯杨公下车伊始，兴坠举废，所急急者不徒在簿书期会之间。行部至城北，阅河堤喟然曰：“险矣，堤！无堤是无池也，无池是无城也。城池不守，安用司牧为？”随集蔚人士谋所以防护之道。会湘南刘公自抚宁来治县，走商之，意同，遂各捐俸若干。为修堤计，乃咨于功曹王君曰：“惟君积劳于蔚，事果而确其循河故道，相机宜，为我二人鸩工庀材，以襄大役。”复咨于少府顾君曰：“维君练达明敏，产是南邦，驯于水性，其桩埽各役，惟君擘画是倚。”复集两学斋长曰：“工浩费繁，余两人力弗能胜。凡尔士民商贾愿输金者听，其为我布告多方。”又召诸生某某八人，申之曰：“惟是畚者、锸者、版者、筑者、锼者、填污者、冶者、斧凿者，其各董一役，无病民，无旷功，以成盛举。”于是经始于三月之初吉，讫八月初吉告成。

呜乎！是何兴筑之难者，至我两侯如是其易也？《鲁论》曰：“信而后劳其民。”又曰：“择可劳而劳之。”孟子曰：“以佚道使民，虽劳不怨。”今之役三者备焉。两侯之治蔚也，恻怛诚至，不徒在语言文字，民固信之矣。其用民也，计工偿值，人人果腹而歌曰：“是保障我也，是奠安我也！”夫孰不乐事趋功，以适贤侯之愿？然吾窃疑，蔚城自周将军始筑以来，固无河患数百年，而冯公始筑堤以捍之。今不三纪，而河患复如是，是必有由焉，则所以经营善后之策，或更有进于是者。余，鄙

---

① 选自光绪《蔚州志·卷四·地理志中》，原志注：“壶流河河堤：在城北。康熙五十四年，知州冯敬玉筑以捍城，建河神祠其上。州人魏学诚有《碑记》，已亡。乾隆七年，知州杨世昌、知县刘士伸再筑。”

② 阎介年，字葆和，生卒不详，直隶蔚州（今河北省蔚县）人，清代官员、诗人。雍正十一年（1733 年）进士，乾隆元年（1736 年）举博学宏词科，历官乡宁、永济、陇西、皋兰知县、陕西驿盐道等。

③ 旁薄，广大宏伟状，有充塞、蕴积之意。

人，又需次长安，不获周谘[①]，以为贤侯告，操翰[②]记此，不觉颜为之汗也。

保障堤田租记[③]

靳荣藩[④]

保障堤既讫工，予嘉士民之勤于集役也，爰与父老子弟落其成。既而曰："此堤在五十年以前，所谓'董氏坝'也，又三十年而为'许公堤'。当其时，黄童白叟，前歌后舞者于斯；骚人韵士，登眺吟赏者亦于斯。水安澜而人安堵，岂不欲垂之无穷，俾堤以内世食旧德耶？顾水无岁而不来，堤随时而或圮。向使董氏之坝尚在，则无所事于许公之堤；使许公之堤尚在，予岂乐以畚锸勤吾民哉？今日者易土为石，厥功虽懋，然恃堤以捍水，不如浚河以护堤。当山水陡发之时，凭石坝以杀其怒，石为水所啮，其愈于前日之土者几何？吾惧后之视今，亦犹今之视昔也。曷若以修堤之余力，于农隙时疏浚河道，以顺其就下之性。水不与堤争，则堤固。即以所浚之沙石委积于堤隈[⑤]，则堤愈固。且设立守望之人，以止游人之践土石、践树木者，蚁穴鼠迹皆详视而预防焉。偶有汕刷，随时弥缝，庶不至于重费吾民也。夫狃[⑥]目前之安者，少经久之虑，其筹岁修之资为宜。"于是前董役之某某等，复举新同事者五六人，倡言于众。众曰可。遂集众赀，置田若干顷亩，岁取租三十石有奇，以为浚河、种树、守望之用。行之期年，而河道稍通，其及堤也渐缓。柳之成活者若干株，丰草盈堤上。十年之后，茂林嘉树披拂于坡陀广岸之间，当有更增于今日之盛者。乃为之记其缘起如此。若夫拓其田租之入，以广乐利，则有望于后之君子。

游暖泉记[⑦]

吴江　顾我鲁[⑧]

暖泉去蔚州治二十五里，为元尚书王公敏家塾。老屋数间，面南山，一带岚翠欲滴，云霞变态，呈景于窗牖之前。庭外林木森然，佳气郁葱，非数十年内物也。

---

① 谘，同"咨"，意为征询、商议。

② 操翰，执笔为文。

③ 选自光绪《蔚州志·卷四·地理志中》。

④ 靳荣藩，字价人，号绿溪，冀宁道潞安府黎城（今山西省黎城县）麦仓村人。清乾隆九年（1744 年）中举，乾隆十三年（1748 年）中进士。历新蔡、龙门、迁安知县，蔚州、遵化知州，累官至大名府知府，卒年 58 岁，著有《吴诗集览》等。

⑤ 隈，山水等弯曲的地方。

⑥ 狃，意为因袭、拘泥。

⑦ 选自光绪《蔚州志·卷四·地理志中》。原志注："暖泉，在城西三十里。其水澄清如鉴，三冬不冻，故云。民资灌溉，种植稻麻，遇旱祷雨辄应。池内产瑞藻，其岁郡人必发高科。《旧志》。《图说》：泉之源以石甃池，分东西流，曰东角、西角，村人习称也。两角并开渠，引以溉田甚广。当源处为书院，院中有亭，亭内别为池，亦引泉水注之，并流出堡南，入壶流河。"

⑧ 顾我鲁，清朝乾隆年间蔚州知州靳荣藩的好友，江南名士，吴江人。

下有暗水通径，涓涓作细流声。村人挈瓶汲泉，或盥手濯足而去。屋后泉源出焉，深三四尺许，广数倍之，甃以砖。清鉴万类，夏凉冬温，得天地之真性，殆所谓不因人热者欤？锦鳞①游泳，雏鸭浮沉，绿柳随风披拂，与波光相映。余顾而乐之。

盖余之客塞上久矣，风沙扑面、冰霜侵肤、狐鸣虎啸、水崩石裂、惊魄骇目之状，阅历已遍。有时登临赋诗，悲愤抑郁，辄难以自禁。今游暖泉，恍睹故乡风景，始得山水乐趣，向之忧愁万斛，不知消归何所矣。

噫！以兹泉之胜，或拓以亭台林池之观，置之我吴中，当与蜀冈巅、沧浪亭诸名区并重。骚人韵士携伴寻诗，四时尚有虚日耶？惜僻在塞上，四方知名之辈罕至其地，壁间题咏寥寥数首而已。宜乎泉之胜仅传于一乡一邑，卒未能远播也。夫以宇宙之大，林泉佳境何地无之？托非其所而湮没不彰者，可胜道哉！因书为记。

保障堤碑记②

知县 安溪李宗文③（乾隆三十八年）

蔚州西二十五里为暖泉堡。堡之南，滩石沙碛，每雨后山水陡发，广灵一带之水腾涌坌④集，左右荡激，侵啮田庐，居民患之。康熙十九年，光禄寺典簿董君撄叙昆季⑤，为德于乡，创建土坝，袤延数里，民得安堵。雍正初，光禄之弟教谕君功叙，修补残阙。五十年来坝已冲刷无存，惟东偏土埂数尺，稍稍隆起而已。乾隆三十七年夏，数逢急雨，水且入堡，其明年亦然。而余同年绿溪靳君甫莅是州，往来相度，念坝之不可不建，而又虑以土为之非久计也，爰集其父老子弟，捐俸为倡。俾衿耆之公正者，稽出纳，督工作，公余亲董视之。堡民欢然集役，经始于三十八年九月，至三十九年五月工竣。为石坝三百一十丈，高九尺有奇，复挑滩内土石，于石坝起，讫受水稍缓处，为土坝若干丈，名曰保障堤。盖自兴作之初，以讫观成之日，靳君以文告为期会，而士庶通力合作，未尝有伍伯⑥台隶⑦迫促而号召之也。靳君以名进士历宰河南、畿辅，所至有声。于一年之内，为蔚民数十百年之计，视民事如家事，与堡之民勇于趋公，皆有可记者。余适以科试至宣化，州人士咸谓此役之利赖无穷也，喜而为记。靳君名荣藩，字镇国，号绿溪，山西黎城人。其鸠工之士民，则详载于碑阴。

---

① 锦鳞，鲜艳华美的鱼。

② 选自光绪《蔚州志・卷四・地理志中》。原志注：“暖泉堡保障堤：康熙中，村人董撄叙筑。乾隆三十八年，知州靳荣藩再筑。”

③ 李宗文，？—1777 年，字延彬，号郁斋，福建省安溪县人，乾隆十三年（1748 年）进士，授翰林编修，左春坊左庶子，河南督学，累迁至礼部侍郎。他曾经掌管广东、陕西、江南乡试，任河南、顺天学政，皆有政绩。

④ 坌（bèn），聚积。

⑤ 昆季，兄弟。长为昆，幼为季。

⑥ 伍伯，伍长。亦作“伍百”，指役卒。

⑦ 台隶，地位最低下的奴仆。

灵　泉　铭①

同知　尹玉②　县人

城必有池，而水环者少。蔚城东南隅有大泉，岁久湮塞，人昧其处，池遂失险。时边警日闻，侍御郝公有忧之。一日想像其地，命僮试坎之，俄而水涌如失，饮而甘之。顾谓余曰："美芹者献天子，况与布粟同用乎？"遂往告郡守王侯。侯命取试之，忻然曰："独用不若与人，与少不若与众。"于是建亭于上，自为文以纪之，盖张大其美，俾民得咸用，甚盛心也。余为易其名曰"灵泉"，盖取灵台、灵沼之义，而系以铭曰：濯濯灵泉，渊渊其渊（源）。操心浴德，以诣圣贤。有孚勿幕（慕），下究闾阎。金谷空流，鉴戛习池，徒召流连。岂若澄清者，得诸揽辔之手，而保护者，实以重民之天。结亭翼翼，辟径阡阡。环池而观者如堵，临渊而羡者忘旋。即施者受者并受其福，岂台耶沼耶专美于前，既与天地相为通塞，何虑沧海之变桑田。无丧无得，不震不骞。呜呼灵泉，无负斯言！无负斯言！庶几永传。

陈公堤碑记③

州人　李际春④

自来河渠之修，一以资灌溉，一以御泛滥，皆有功于民者，故渠称贾侯，埭名召伯，以及窦公湖、路公溪。史所载贤守牧为民兴利除患，去后之思，历久不忘。蔚州西北壶流环绕，河水涨发，久虞冲逼。前刺史杨公修堤于先，胡公筑坝于后。三十年来，河流南徙，去城闉⑤不百步，居民忧之。道光癸卯冬，郡侯钱唐陈公莅任，博访舆情，念河之为患于城甚巨。明年秋，谕令士商，动用存款，排河筑堤，俾水北迁。未几，河涨冲决，前功尽废。公乃于戊申春，调集永定河工弁兵来蔚，躬与相度形势，指示挑引，加护堤于河神祠前，佐以石塘。至己酉夏而蒇事。今年春，公擢任保定司马，行有日矣，复筑堤四十余丈，以期巩固。噫！公之为蔚城计者，周且远矣。宜蔚人之输将恐后，惟惧公之去也。其捐修经费，公既记其始末。蔚人谓："宜更树石于堤，以志公德，且为后来规也。"余惟公在蔚七年，轻徭减役，政平讼理，遗惠非一，若捐书院经费，设惜字公局，修三城门闉及西南门二石桥，半皆出之廉俸。而河堤之筑，泽尤深远。举其大者书之，志公之美，即以慰蔚人之思也。是为记。

---

① 选自乾隆《蔚县志·卷三十·艺文》。

② 尹玉，蔚州（今河北省蔚县）人，明正德丙子科举人，历任顺天府通判、山东济南府同知。

③ 选自光绪《蔚州志·卷四·地理志中》原志注："陈公堤，嘉庆十八年，知州胡逊加筑石堤一百四十丈。道光二十八年，知州陈嘉谋再筑。"

④ 李际春，直隶宣化府蔚州（今河北省蔚县）人，清道光戊子科举人。

⑤ 城闉（yīn），城内重门，亦泛指城郭。

张北县

一品安澜桥记[1]

盖闻非常之功，必待非常之人；有非常之人，而后有非常之功。所谓非常者，非矜奇立异，徒事更张之谓，其谓计虑周详，防患未然，树久大业，只行所无事[2]而已。张家口大境门外有清水河者，为中外分界。其水西来，南临万全县属之来远堡，我皇上不惜帑项建石坝以御焉，数十年来不至为害。北冲张理厅所属朝阳村，村之西隅有山嘴涌出，先世相传名一品安澜石，建河神庙于其上，俨然一天生石坝焉，保障村落，河水亦不为害，相安已久，从无异议。道光二十三年七月望后，阴雨连绵，沟水倍常，损坏南面石坝多丈。议者北岸山嘴有碍水势所致，遂创为凿去山嘴，以宽水道，以卫石坝之说。抑思设立石坝卫地方也。南有石坝，卫万全县所属来远堡，石坝因乎人力。北有山嘴，卫张理厅所属朝阳村。山嘴创自天工，今欲卫石坝而去山嘴，是去朝阳村之地方矣。岂来远堡为我朝军民，朝阳村非我朝赤子乎？中外一统之谓，何且筑坝以卫地方，欲卫坝而贻害于地方，筑坝之谓。何幸蒙仁明道宪大人恒洞悉深远，饬委府宪苏大老爷、厅主觉罗乌会勘详酌凿去山嘴于北岸是否有碍，绘图禀复核办，以昭慎重。于道光二十四年二月十二日蒙督宪讷大人、藩宪陆大人、道宪大人永息开凿山嘴之义，惟于南面石嘴加意培修，从兹坝工巩固，河水安澜，中外军民永保无虞，皆出自圣天子好生之德，与诸位宪台大人，并厅主乌、县主杨之福荫矣。故略记始末，垂德政于不朽云。

大清道光二十四年蕤宾月朝阳村公立。

建筑朝阳村顺水石坝碑记[3]

孙中山先生学说以有志竟成为旨归，可见建设事业无论若何重大、若何艰难，莫不成于有志之士。此古今之至理，而亦中外之通论也。朝阳村旧有防水石坝，不知昉自何时，其详不可得而考矣，惟自有清咸丰六年河伯为患，被水冲毁。八年，集资修葺。嗣于同治二年再被水患冲刷数段，越年逐段赓续补修。迨至民国六年至十三年，其间相去七年，因洪暴发，经三次坏毁、三次抢修，卒以财穷力尽，堤决不堪，遂致各商户不能立足，纷纷迁移者十居三四。自此厥后，无人敢议兴修，一任河流之冲刷。至十六年，统计原有商户房屋仅留三分之一耳。是年春，本口市政局长廖公世经对于河工富有经验知识，首先提倡兴修，惟因用款浩繁，无人负责，遂寝其事。迨至秋季，水患益烈，阖村商户房屋几有完全付诸东流之虑。廖局长慨

---

① 选自民国《张北县志・卷八・艺文志》。

② 行所无事，指在紧急关头，态度镇定，毫不慌乱。

③ 选自民国《张北县志・卷八・艺文志》。

然忧之，费苦心以擘画，测图估工，并一应需款，召集地方人一再磋商，众曰可，订为官商合修，将来坝后所余空地，各按所摊赀财平均分得，盖亦师中山修治长江计画之遗意也。嗣以时局变迁，廖局长交卸，无形搁浅。十七年春，郭局长文陈赓续原案，而变更前议，其款由商户自行筹措，将所余空地悉数归商户自便，至其工程计划一依廖前任所绘图表，并委该局朱技正宝岑负监督指挥之责，进行建筑。惟工竣后，须补助市政局经费大洋五千元，以酬其劳。经代表地方人公同集议认可，由双方订定合同，随即成立坝工董事会，公推董事十人分任筹款监工之责，遂于十七年三月三日开工建筑。顺水坝身长一百九十余丈，高深约二丈五六余尺，其一应需费与夫各项工作碑阴详志。惟此次工程浩大，所费殊多，至十月三十日坝工告竣，其间又经军事时期，交通梗阻，以致工料种种不便。而郭局长去后，袁局长励衡任事，复经历许多波折，始成其事。综合前后，要非廖局长之计画周详、朱技正指挥之得力，暨诸董事各尽全副精神襄助之，适宜曷克臻此，而益证有志竟成之说为不虚也。故于十八年七月中旬坝后填土一应工程告成之日，详述颠末，以告来兹云尔。是为记。

清甲辰科优廪生、怀安县程廷模撰，清壬寅年国学生、怀安县郭魁章谨书。

坝工会董事贾步墀，李文锦，程廷模，王庆云，卫世忠、永祺，褚世昌，李添锦，郭魁章，王宾保。正行行董李增槐、韩光星、刘定汉、卫子诚。

涿鹿县

桑干河记[①]

知州　梁永祚[②]

畿甸巨川，滹、易、涞、滦之属。其以河名者，可屈指而数。由居庸以西，河之最著者曰桑干。其源发于马邑金龙池，襟带涿鹿，东注会于洋。河为燕尾，上分下合，其形似之。更流而达于芦沟。其支流旁出而为渠者四，渠流之分出，更以数十，灌田数千百顷。旧传以为太守刘公所凿云。

沿堤而居者，村落相望。以其势消长不常，故无雕阑水榭。鳞族鲜少，亦无蟹舍。渔罾往来者，不可以舟；而风樯雨棹，亦未之睹。惟水光潋滟，吞吐烟岚，孤山绕其西，香峰据其北，四时风景之不齐，亦足旷游人之目也。方其春，冰始涣，新柳三眠。掠波则社燕呢喃，更以三两闲鸥晴沙浅拍。而河流一曲，浩浩汤汤，信可观矣。当夫平塍嫩绿，枳叶阴稠，黄犊载耕，呼叱之声隔溪相应。于时，陇畔熏风，披拂于秧针麦浪间。回思引河导渠之功，伊谁之赐，刘公遗泽犹有不忘焉者

① 选自康熙《保安州志·卷十》、道光《保安州志·卷七·艺文》。

② 梁永祚，康熙年间任保安州知州，主修《保安州志》。

乎？若乃商飚生怒，波涛之声如万马奔腾而下。空山脱叶，迅扫无踪，青天无云，长空一色。而仰观孤鹜归来，与晚霞俱落，仿佛置身洞庭秋水间矣。亦有寒威凛冽，河水凝冰，比玉质以晶莹。雁徘徊而欲下，更以雪满平堤，川原寥廓。此时远瞩遐观，其萧瑟更当何如也？

凡此四时之风景，乐者得之而谐鬯[1]，忧者得之而兴悲。其足以供人之领略，发人之性情者，亦复不浅。何必名园流览、画舫沿洄，始为极天下之佳丽哉？然则桑干之名，其得与滹、易、涞、滦之属并传于畿甸也。

固宜。

三、承德市

开新河记[2]

乾隆皇帝

热河之水有二，其自东北来者为固都尔呼河，三源汇而为一，即《水经注》所谓武列水也。绕山庄东北锤峰下（中关东温泉为一源，又山庄行宫内亦有温泉流出汇之，遂有热河之名），东南流入于滦，其水虽大，然向有堤以障之。时复培巩，故得循轨而有所归宿，即盛涨不为患。其自西来者，为广仁岭及狮子岭诸山之水，水本无源，常时无涓涔迹，雨后则循山东赴至西红桥，转而北，又由东红桥转而南，始缘南山沟流入热河。而沟道纡狭，久复淤垫，故宣导不能速，向以其无大患，亦遂易而忽之。己卯夏，大雨骤澍，西南诸山水一时并集，平地涨丈余，经西红桥趋突北，山下石激波，转势益汹悍，自北而南，冲击东红桥，奔湍荡，越市廛，庐舍当之者多随波而圮。事闻，发内帑赈恤，且量漂屋楹数，给赀缮复之。及庚寅，灾仍如之，其赈恤缮复亦如之。夫十年之间两遭其害，警于己事，曷可不筹度以善其后。顾无源之水不能以有形治，惟顺其势而疏之，使下流畅达，则其上自不复壅溃为害，防弭之道无过于此。盖是水之致患，徒以两红桥沟狭而不能容耳，若舍此狭沟，使缘南山下，新浚河宽而能容东赴热河，宜免搏击之势，乃命内大臣三和、御前大臣努三等偕直隶提督王进泰、热河道明山保，由南山下宽开河道，西自同知衙前，东至旗营，长六百九十余丈，阔皆七丈，深随地形高下，自三尺八寸至一丈二尺有差。其河身经流有直民居者，令移构岸旁高地，仍计屋授之值，俾各得安处。工始于辛卯三月初至六月中告蒇，通费内府金一万三千两有奇。新河既成，是秋雨复大涨，复盛，而水皆循河安

---

① 鬯（chàng），同“畅”。

② 选自光绪《畿辅通志·卷九·帝制纪·宸章二》，括号内为该书原注。

行，无遏无溢，其效固已立睹矣。热河自皇祖缔构山庄以来，迄今六十余年，四方之民环集，辐辏骈坒殷阗，盛若都会。朕敬绳祖武，岁奉圣母驻此，承志颐和，因以顺时行搜习武，从官卫士之扈行以逮。新旧诸藩之执役者，内外咸集。以故热河烟火之盛月益岁增，则计所以保聚而安全之者，诚为切要。而此新河之利尤大且远也，继此之修浚惟勤，毋使湮塞，实莅斯土者之责可不慎诸，惟兹广仁岭下为每年躬迓安舆所必至，爰即疏河，起处规隙地，朴筑数椽以备憩，候其前实临经涂，因植碑为亭，纪其原始，以诏示无斁。

四、秦皇岛市

抚宁区

重修一片石九江口水门记[①]

清抚宁知县　刘馨[②]

距骊城百余里而遥，东北一带地多崇山峻岭，壤接荒服，俗习边徼，马迹之所不至，屐齿之所未及。有名一片石者，雉堞麟次，巍然其上者，长城也。城下有堑，名九江口，为水门九道，注众山之水于塞外者也。山谷虽峻，泽匪江河，每夏秋间或山泉汛滥，或霪雨淋漓，则众之水汇为一流，其汹涌滂湃弗减，万壑之赴荆门也。不宁惟是时而雨毕水涸，樵采者、负贩者又咸利用往来，以故多历年所，易为倾圮。岁乙卯，余承乏骊邑，甫及半载，奉命修葺，爰鸠工庀材，取石于山，伐木于林，道里之殷遥也，山径之崎岖也，肩负背掖之劳瘁也，畚挶錾凿之勤劬[③]也。计费帑银三千余两，六阅月而事竣，用告厥成。是役也，边疆之急务，而朝廷之成命也。百姓虽劳，登登冯冯，又乌可已哉。虽然蚤作夜思，岂惟民哉？心烦于虑，身亲其勚[④]，固人臣之分应尔乎？分土分民无论矣。第王土王臣，设官分职之谓，何时启闭，司出入，勤补苴，严防御，当不独余之责也。夫共襄厥役者，时则有若石门路都阃[⑤]赵君辉始终经营，例得并书。余因记其事而镌之于石，以见余两人拮据匪懈，且以质之均有司之责者，俾勿壤云。是为记。

---

① 选自民国《临榆县志·卷六·舆地编·山水》。明代洪武十四年（1381 年）置山海卫于今山海关。清乾隆二年（1737 年）撤消山海卫，改置临榆县，割抚宁县深河以东地区归属之。1948 年 11 月，临榆县解放，将中共临榆县委、临榆县人民政府由深河乡蚂蚁沟村迁往海阳镇。1954 年 8 月，临榆县撤消，小部分划归秦皇岛市，大部分归抚宁县。

② 刘馨，湖北沔阳（今湖北仙桃市）人，康熙十六年（1677 年）任抚宁知县。

③ 劬（qú），过分劳苦，勤劳。

④ 勚（yì），劳苦。

⑤ 都阃（kǔn），即掌门的头领，引申为守卫城市的统帅。都，头领；阃，城郭门限。

坚石桥记[①]

张清润

程慎堂夫子由关城寄居东李庄三十余载，喜庄中不说鼓书，不唱影戏，不办秧歌，首事人爱惜身名，又无假公济私，苛派平民等弊，惟沙河之水穿过街心，于南北往来殊多未便。爰拟建桥一座，倩[②]刘雨亭、张福和、贾廷福共代其劳。工竣，三君嘱润为记。润曰：修桥者，善事也！然或十年一换，廿年一更，虽善而未尽也。此桥青石，长五尺四寸，宽一尺五寸，厚一尺一寸，桥柱尺寸与之同，可谓坚实极矣，然恃其坚实而仅保一桥，所见依然未广，惟愿阖村劝勉，将从前之炯戒慎勿轻开，更由桥，以例其余。因地因时除其害而兴其利，则前开后扩，庶无负我师创筑之心也夫。

洋河筑坝挑引河记[③]

知府　德州卢见曾[④]

洋河发源塞外裂坨山。由界岭入口，为抚宁县之东北境，抵塔子山，转而南。循兔耳山麓，掠县治之西，绕紫荆以南入于海，形家所谓“随龙水”也。康熙甲子，河身东徙，去县治南数里。乾隆丁卯，水暴涨，其自兔耳循麓而南者，横趋直东，阻于古城之废丘，则别啮土根以南下，而震荡及于西郊。回视甲子，河身又淤，为断流矣。郊故有明帅黄公惟正墓，逼于河，邑人不忘公之能军以庇其先人也，议迁墓以避之。邑令钱君告于众曰：“是固然矣，然水且益迫，亦将迁城以避之欤？”乃以发帑复故道为请。予檄迁安端木令勘之。令故老于治河者也，复予曰：“抚之患迫矣！邑人请复故道是也，而未知河也。洋河冬春仅一带水，而夏秋霖雨则天马、半壁、将台诸山涨，溯湃奔会，乘建瓴之势，卷石如斗，夹沙以行。数十年来故道之壅于沙石者，积为阜壤，复之费以万计，详勘驳覆，更历岁月。抚之患迫矣！虑不及待，且邑人忧黄公墓，而不周视其上流，亦未知河也。河今循兔耳麓而南，自故道壅为阜壤，横流射北郊，今资为捍御者独古城之废邱。再冲啮不已，必尽溃。溃则北郊悉为巨浸，不但西也。谓亟保古城，于其上流顶冲筑圆坝，障勿东。乃因废邱之势筑斜长坝，使大流不得直下，折而西南。若余波之溢而东者，于黄公墓再筑圆坝以障之。坝之制，编荆为筐，绾以巨木，护以桩，实以滩石草泥，用民力值三百金，以上西北两郊无旦夕之患矣。夫洋水之力，固能卷石夹沙以行者，不得志于东，必逞于西，而西固水之故道也。”予曰：“善。”亲勘之。端木君为树建标竿，指画形势，邑士大夫以及耆民老匠环而观听者千人，咸悦服无异议。

---

① 选自民国《临榆县志·卷六·舆地编·山水》，原志注：“坚实桥在城西二十里东李庄，邑人程敏侯建。”

② 倩，央求、请人做某事。

③ 选自光绪《抚宁县志·卷一·山川》。

④ 卢见曾，字抱孙，号雅雨，山东德州（今山东省德州市德城区）人。康熙年间进士，乾隆初年任滦州知州。

乃上图议于制府，那公苏图具折以闻。制曰："可。"钱君复请于予，曰："三坝之制善矣，顾更有道。夫水就下者也。古城以南甲子河身之淤为断流者壅，而高黄公墓之为今河身者刷。而下河经两坝捍导，虽折而西南，倘阻于断流，仍泥[①]而东，则黄公之坝危矣。谓宜亟挑引河于斜长坝尾，因大溜之折而西南，开水道以纳之。于甲子中泓，再于断流之淤，开水道以达于老河。两引河总长二百一丈。上者宽十丈、深五尺，下者宽二丈、深三尺。其加费可数计，而收效若龟卜也。"予曰："善。"再上其议，复报可。令首捐百金，邑人输财趋事，不啻[②]谋其室家。是役作于乾隆戊辰三月庚子，竣于四月壬午。计费白银五百四十两有奇。历夏秋两汛，郊庐田墓无恙，余波之溢而东者，比其退舍，沙不之壅，如西故道。邑人举手加额，咸谓今而后莫予毒也已。予惟兹役相度得势之要，使费省而功易举者，江宁端木君长浤[③]也。同民之患，周画万全，悦以使民，民忘其劳者，常熟钱君鋆[④]也。然衔[⑤]我制府[⑥]那公[⑦]渊明坐照[⑧]，任人勿疑，二公又何由以襄其尺寸之长，而奏厥肤功也哉？不可以无纪也，乃从邑人之请，为文以镵诸石，并载襄事之众于碑阴，以垂不朽。

五、唐　山　市

丰润区

初建德星桥碑记[⑨]

迁安　马恂[⑩]

甲申夏五，石桥功告成。四达启路，五洞通流。居者永赖，常依铁厂之乡；行者孔安，不虑银潢[⑪]之限。德深事重，功钜用繁。盖惟丰邑寇家寨镶白旗汉军候补都阃陈公

---

① 泥，应为"流"。

② 啻，过多也。

③ 端木长浤，监生，江苏上元（上元县1912年并入江宁县）人。清乾隆五年（1740年）至乾隆七年（1742年）任吴桥知县，轻徭薄赋，洁己奉公，挖境内干河泄水，民获实惠。乾隆七年（1742年）任迁安知县。后任滦州知州。

④ 钱鋆，江苏常熟人，举人，乾隆九年（1744年）任抚宁知县。

⑤ 衔，感念。

⑥ 制府，宋代的安抚使、制置使，明清两代的总督，均尊称为"制府"。

⑦ 那公，指那苏图，满洲镶黄旗人，乾隆十年（1745年）任直隶总督。

⑧ 坐照，犹寂照。谓通过禅定止息妄念，观照正理。

⑨ 选自光绪《丰润县志·卷十·文苑上》，原志注："德星桥，即石磐炉桥，位于迁安县石磐炉村。"

⑩ 马恂，清同治年间迁安学者。

⑪ 银潢，即银河、天河。

恒一，印安平者，善自因心，事非集腋，乃独成盛举焉。缘以膏车[1]而届[2]，适隔通津[3]；倚棹[4]以歌，莫招舟子。日至月至[5]，觉跋履之维艰；经之营之，实人已之俱利。顾兹鸥波[6]作涨，去公则犹记六程[7]；马迹周流，匝岁而未尝一践。何其念征人之厉揭，惠我无私；创普建之规模，为善最乐。朱提[8]记镒，化成百尺之虹；白水权缗，达彼四方之驾。回忆昔者，值一溪之系路，实百里之畏途。未融春雪，浅不胜舟；甫接夏霖，深几灭顶。寒水减而依旧褰裳，层冰结而拖以悬溜。推马难前，驱车恐后。红泥没髁[9]，沾濡则腻甚于胶；白石妨行，破碎则坚真如铁。而桥之既建也，凌虚[10]几桁[11]，彼岸遄登；跨水一弓，迷津莫失。坐拥安车，惟临流以策骥；力堪扶杖，讵脱袴而呼禽。是以乡之人利桥之便，戴公之恩，将奉扬其仁风，以发抒其德泽，缅颍川之族，推太邱之贤[12]。皦然不滓，好音式化於鸣鸾；偶尔出游[13]，太史已占[14]夫元象[15]。因思德星[16]之聚，自古有称。今公倾囊恤众，道以广而能周；即险营桥，惠以寔而可大。前徽斯在，芳躅[17]可追，爰额其桥曰德星桥。德在益人，非古今不相及；星应降福，自先后之同符。勒诸贞珉，快兹同志。呜乎！成非鞭石，共洹水而同新；长可卧波，与燕山而并峙。因厥功之甚伟，用援笔以直书。是为记。

乐亭县

栗家湾桥记略[18]

陈性天[19]邑人

邑南距城八里许，旧有栗家湾，沿村瀑湿，满地荷花，达人游士时玩赏焉，诚县治

---

① 膏车，指在车轴上涂油，使之润滑，常喻远行。
② 届，到。
③ 适隔通津，恰巧被河流隔断，道路不通。
④ 棹，划船用的工具，形状和浆差不多，引申为船。方言意为划船。
⑤ 日至月至，本来一天可以到达的却要用上一个月，意为时间很长。
⑥ 鸥波，这里就指水。
⑦ 六程，约计道路里程的说法，形容距离很远。
⑧ 朱提，白银的代称。
⑨ 髁，头骨上的突起，多长在头骨的两端。此字很可能录错，应为踝（huái）。踝，踝子骨，脚腕两旁凸起的部分。
⑩ 凌虚，谓其势甚高，如凌天空。
⑪ 桁（héng），檩。
⑫ 缅颍川之族，推太邱之贤。《辞海》载，东汉时，颍川有四长：钟浩、陈寔、荀淑、韩韶并以清高有篾名时称颍川一族。太丘，古地名，亦作泰丘，陈寔曾为太丘长，有政声，于四长中，属陈寔最有名。
⑬ 偶尔出游，恰好相会合。
⑭ 占，即占候，就气象等以推测吉凶。
⑮ 元象，即玄象，指天上的星象。
⑯ 德星，古以景星、岁星等为德星，认为国有道、有福或有贤人出现，则德星现，喻指贤德之士。
⑰ 躅（zhú），指足迹。
⑱ 选自光绪《乐亭县志・卷六・建置・桥梁》，原志注："栗家湾桥在城南八里，康熙十二年建。"
⑲ 陈性天，永平府乐亭（今河北省乐亭县）人，顺治乙酉举人。

最胜景也。村西建有木桥，历年久远，渐就颓圮，行者病之。里有培菴李翁，目睹心伤，欲以石易木，为长久之计，善念未遂，遽尔仙游。其子成初辈，善继先志，于康熙戊午孟夏，鸠工庀材，营缮石桥，不日告成。里人乐其便也，莫不颂培翁之德，而歌成初之功于弗衰。盖其发愿在一时，而利济在奕祀也。余祖址逼近仁里，亲炙盛举，故乐得而记之。

滦南县

七里桥碑记①

金承事郎②前主簿　卢启臣③撰

平州兴平军④，《禹贡》冀州⑤兮⑥，所谓“夹右碣石”⑦者是已。商周时孤竹⑧国之故地也。汉魏而后，更名平州。唐制兵府⑨，加额兴平军，今因之不改。山重水复，方且千里，城小而坚。燕蓟之东，号为雄镇。支郡⑩曰滦，刺史所治。今之刺史，古之太守耳。三县⑪隶焉，马城其一也。厥户万，厥土惟黄壤，厥田惟粟麦，厥木惟桑，厥篚丝枲⑫奇组，又并海多鱼盐之利。徭赋调发，当境内七县三分之一。民颇富且廉，然素号繁剧⑬难治。其西有一水溪，源流极清，而入海不淆，土俗因呼为清水河，直县治西南十里许，汇为泽，其水益深。旧有木桥，积久腐败，不胜轮蹄。至横潦暴涨，河水渺弥⑭，行者熟视而不能渡，咫尺有千里之阻。吁，可悯哉！大定甲申⑮岁，玉州卢启臣来主簿书事，每以公事经过，未尝不以嗟悼久

---

① 选自光绪《滦州志·卷十·建置》。原志注：“旧志称，卢启臣为滦州刺史，宋倬为马城县令，”

② 承事郎，文散官名。宋元丰三年（1080 年）改京朝官阶官大理评事为承事郎，秩正九品。金沿置承事郎，秩正八品下。元升为正七品。明制以承事郎为正七品初授之阶。

③ 卢启臣，字云叔，金代大兴府蓟州玉田县（今河北省玉田县）人，进士，自号浭水先生。金大定四年（1164 年）任马城县主簿，大定六年（1166 年）承事郎，大定十三年（1173 年）滦州刺史。

④ 平州兴平军，平州，初为晋分幽州置，治昌黎，后几经变迁。金袭宋制，地方行政区划亦有军的一种，地位在州之次，世宗大定年间，尽升军为州。兴平军即在平州设置的政区。

⑤ 冀州，古九州之一。《禹贡》按星次对应地域所分九州，平州、兴平军属冀州地。

⑥ 兮，该志误为“分”。

⑦ 夹右碣石，指北燕。北河（永定河水系）往右至碣石山，即渤海边，《唐书·天文志》称其为夹右碣石，大体为北燕之地。

⑧ 孤竹，神农之后，孤竹国为古国名，领今河北省卢龙县至辽宁省朝阳县一带。《史记索引》曰：“孤竹君，商汤所封。伯夷、叔齐，孤竹君之二子也。”

⑨ 兵府，掌管国家军事要政的官府，宋代特指枢密院。

⑩ 支郡，唐末五代时，各地节度使割据一方，兼领数州，称为“支郡”，后沿之。

⑪ 三县，金滦州辖三县，即义丰县（州所在地）、马城县、石城县。

⑫ 篚丝枲，泛指麻。篚，原指盛物的竹器，此指本地盛物的筐。丝，蚕丝及丝织品。枲，大麻的雄株，只开花不结籽，纤维可织麻布。

⑬ 素号繁剧，意为过去都说（此地）事情复杂，难题较多。素：此作旧时解。号：称。繁剧：事务繁重复杂。

⑭ 渺弥，指水面辽阔。

⑮ 大定甲申，指金大定四年，即 1164 年。

之。尔后，从事京师，衮衮红尘，间逾两期。因有代，且永给解[1]代之文，得告[2]而还，寓于城中之浮屠祠。明日，有父老八九十人，樽酒盘果，罗跪于前，奉觞为寿[3]，且告曰："吾等不佞[4]，幸遇贤夫子，尝佐是邑，奴吏子民。公清疾恶，非其道非其义，无一介之取与，多迕而远不根之谤。其意要之于济人。今新成一桥，拯民濡泥，将砻一石为碑，求文以记之。事虽幺么不足记，然且副吾子所以兼济之意，庸何伤？"辞谢，未之许。翌日至桥所，父老已尽在焉，复置酒固请作文。辞不能已，因请其所用功。乃曰：桥九间，栋柱皆巨石，上饰以红栏，两头畚土为通道，石狮兽四尾，其高例逾寻，围阔称是。总用石一千三百载有奇，功不啻二万，钱无虑万余，索自经，始逮底绩，几二年矣。因相与视之，以实计费，知其信然。噫嘻，是皆村老编户町资产，出汗血。尤宜纤啬厚藏以为自足计，反舍己之有，或亦假贷以成利物之事，良可嘉叹。与夫豪猾肉食，身载高位，蚕食渔夺，皇皇于财利，名为治人，其实为害人者，岂可同日而语哉！如羌有廉耻，能不愧矣。遂命笔志之。其词曰：《易》称作舟楫，《书》曰乘四载，《诗》云造舟为梁，桥之时义，岂始于此耶？若夫秋霖溃岸，冬水流澌，篙工无施，揭厉不可。当此之际，斯桥之功可胜道哉！可胜道哉！

大定八年五月二十六日。

都惟郡程君銑立石。饶济书。裴仁端刊。昭信校尉行县尉飞骑尉高顺昌、从仕郎主簿文志华、昭信校尉行县丞飞骑尉李挥、敦信校尉行县丞飞骑尉宋倬。

延庆寺石桥记[5]

州人 卫锦[6]

盖闻贝叶[7]传经古刹，表庄严之象；津梁普渡行人，沐利济之功。从来修寺与造桥皆无量之功德也。州治长宁镇延庆寺，创自唐朝，迄今千余年矣。虽随时补苴旧规，而日久不无剥蚀[8]。且寺之左侧，滦乐通衢也，车轮马迹，负笈[9]担囊，往来如织，而低洼积水，陆地成渠，一经夏潦，遂成洪瀚，行者苦之。住持僧亮辉目击心伤，不胜嗟叹，但海水必合众流，大厦难支一木。踵本镇檀越建封韩公之门而商焉。公闻之曰："是善缘也，乌可缓哉？"遂欣然首倡义举，四方善信亦莫不慷慨乐施，资用既集，修

① 解，交付。

② 告，休假。

③ 奉觞为寿，捧着酒杯祝长寿。

④ 佞，此作没有才智、愚昧解。不佞：谦词，犹不才。

⑤ 选自光绪《滦州志·卷十·建置》。延庆寺，相传为唐朝尉迟敬德督建，坐落于今滦南县长凝镇供销社院内。经历朝修葺扩建，规模宏大，香火颇盛。延庆寺石桥，坐落于延庆寺院南，主桥北通滦州，南达乐邑。

⑥ 卫锦，直隶滦州（今河北省滦县）人，清康熙四十四年（1705 年）举人，曾任昌平州学正。

⑦ 贝叶，古印度人用以写经的树叶，亦借指佛经。

⑧ 薄蚀，接近侵蚀腐烂。

⑨ 笈，书箱。

筑可兴。于是鸠工庀材，勤劳夙夜。自乾隆壬戌[①]之春至乙丑之夏，石桥落成。俾乘车者无濡轨之忧，徒步者免褰裳之苦。长虹直通南北，险阻倏[②]化坦途。越癸亥岁，而佛寺亦告竣矣。大殿、配殿，丹霞炳焕；东庑、西庑，金碧辉煌。士女心倾，香火云集。闻之古者，或布祇园之地，或舍佛面之金，或献如来之盖，种种善迹，昭于千古。今也，既新梵宇，复设桥梁，不诚为我佛凭依，万民永赖哉！然非韩公首倡之，众善乐施之，亮辉夙夜忧勤而督理之，未易臻此也。用勒诸石，以垂不朽云。

州人卫锦撰文。

重修闾芬沟碑记[③]

州人　王昌[④]

司牧之职，钱谷刑名，诸烦经理，而其大者，以为民除害兴利为先。州城傍滦水而西，而余里滨河，南近乐邑。言夫河伯之肆虐也，每暑雨连绵，巨浸洪涛，弥漫田舍，老幼男妇辄有沉灶产蛙之忧，约计西南向不下三百村庄，所在怨咨，厥害最巨。距城十余里为闾芬沟，旧有古堰，盖雍正十三年，升任方伯胡仁天莅州时创修御水遗爱也。嗣是，间有补筑。自乾隆二十七年后，基址渐湮，士绅彭、刘诸君思以义倡，踵式前型，顾以事非一家，功非一手，乐成虽易，图始为难。天矜于民，值我邑侯简命初膺[⑤]，保障兹土，下车之顷，士绅公请重修。惟我邑侯弗待踌躇，约期七日，估勘亲临，随下办理之条，随布劝捐之谕，莫不提纲领，倾揭肺肠[⑥]。董事者遵照指画，谨懔限期，财非抑勒，力务均齐，乃得有条有理，匪纠匪徐，而及时告竣焉。首事中树堂毕君月前过余，具白事由，并请为记。余老矣，笔研久缺，藏拙为宜，虽然余不居城南，向滨河之冲哉，余不有百亩污邪之田以糊口哉，此既不敢自外[⑦]，抑余更有所欲言者。我村民向义[⑧]急公，素称易使，而近或闻有难治之名。此役也，事成反掌，人无异言，且比户而歌颂之者何哉？盖邑侯练达勤敏，驾驭有方，策励有道，而至诚恺恻，又遍历于民之心，贯彻于事之内也。由此观之，而知滦民之无难治矣。余故乐书，而不以陋辞。至若河流之原委，堤岸之规模诸事，董率之勤劳，具详邑侯自记，故不复赘云。

---

① 乾隆壬戌，指清乾隆七年，即1742年。乙丑，指乾隆十年，即1745年。

② 倏，意为迅速、很快、极快地。

③ 选自光绪《永平府志・卷二十三・山川・滦州》。原志注："闾芬沟在滦州城南太平庄，俗名石沟。"

④ 王昌，字跃东，滦州（今河北省滦县）人，乾隆辛卯举人，历官山东曲阜县、黄县知县。

⑤ 膺，担当或接受重任。

⑥ 肺肠，比喻内心、心思。

⑦ 自外，意为自视为外人，这里指自行疏远。

⑧ 向义，指归附正义。

重修波落桥碑记①

咸丰五年　知州山西　祁之鏶②

政有兴废，事有修替，是故善作非难，善成难，善始非难，善终难，此古今通病也。而时至事起，政以人行，惟司牧者默审乎作成终始之，几而力持其际，则小以济一邑，大以济天下，又不徒一桥之区区。今上③御极之五年，余摄篆乐邑，于七月间特简滦州牧。赴任时，道出滦之南，诸川暴涨，跋涉为艰，因慨斯民饥溺，患不得人④以济之，犹之河流泛滥，患不得桥以济之耳。查城南三十里泝河一道，旧有桥三座，名曰波落，束水归清河，以入于海。嘉庆十九年，经善士李学礼等重修，迄今半就倾圮。武生阎德生，好义者也，又复倡率诸生，协谋重筑，以济往来。工讫具禀，丐记于余，详东西水面三百余弓，两旁俱有堤岸，宽三丈五尺，道南水面十五弓，道北水面十五弓，以备捞泥垫道，栽苇以备水冲，诚义举也。余因之有感，政有废兴，事有修替，不难作而难成，不难始而难终，其济兴否，在司牧者，时时以济人利物为心，毋忘始事，毋堕成功，于以济一邑济天下，又何不借证于一桥之区区？是为记。

滦县

重修承流桥碑记⑤

知州　莫謩⑥　光绪滦州志　卷十　建置志　桥渡

榛镇⑦为滦西冲要之区，镇东因河而桥，其名承流者，为畿东万里同天⑧。承上德意，宣布中外，绵绵⑨流行，千万年如一日也。桥创于有明万历，盖二百余年于兹矣，岁久摧圮，隆者垫，平者侧，砺碌倾攲，行人踧踖⑩。予莅滦之明年，即诹谋所以修之者，以经理乏人，而苦于无资。癸亥冬，镇之绅士朱君宝树、王君廷勋、郭君天印，介浙右江君桂森谒予而言曰："公欲修此桥，某等敢效指臂早暮，以趋承奏功⑪。"于是闻之太守，甚喜。盖念系斯道之津梁，而又羡予之能董承其事也，爰暨予各捐廉以为之

① 选自光绪《滦州志·卷十·建置》。原志注："波落桥，是坐落在滦南县梁营至乐营两村之间泝河上的古桥。桥有三座，分别称大桥、二桥、三桥。现在三座桥均已损毁，遗迹只余零星残石。"

② 祁之鏶，生卒不详，字季闻，山西省高平县人，清道光二十三年（1843 年）举人。咸丰四年（1854 年），署任乐亭知县，后任滦州知州。

③ 上，指皇上。

④ 得人，指用人得当。

⑤ 选自光绪《滦州志·卷十·建置》。

⑥ 莫謩，字次典，广东定安（今海南省定安县）人，乾隆庚辰举人，由静海令调任滦州知州，清嘉庆年间倡导重修承流桥。

⑦ 榛镇，现名榛子镇，位于河北省滦县西北部，是京东"开、稻、倴、榛"四大古镇之一。

⑧ 同天，谓共存于人世间。

⑨ 绵绵，指连续不断的样子。

⑩ 踧踖（cù jí），徘徊不进貌。

⑪ 奏功，意为奏效，取得功效。这里指将功绩上奏朝廷。

倡，在镇士商，同志协力，鼓舞乐输，咸集千余金，而三君复多告募，共醵金六十有奇。于是，江君觅匠京师。三君奔走擘画，鸠工庀材，众具毕备，务期于坚美，工期于完，固撤旧制而加扩充焉。经始于癸亥之腊，七阅月而告成。佥曰：昭示来兹，是不可以无记。予惟废兴之道，有天有人，其不能久而不敝者，天也，其及时辅相而补救者，人也。昔人之创此桥也，竭虑尽谋，初不顾有今日，而未始不计及于今日也，是其不敢薄待今之人也。今日之重有建也，倍思加虑，不肯专美于昔人，而亦难保不有昔人之今日也，是犹不敢薄待今后之人也。后之视今，犹今之视昔，不令昔人犹蒙美声焉。于是乎书。嘉庆九年甲子夏六月。

玉田县

采亭桥记[①]

金　孝廉　李琮

采亭杨先生者，经州人，仕金为学士，厥名绘，采亭其字也。归老卜筑于唐水之涯，构数椽而居焉。与三五农家者流衡宇相望，为洽比林泉之乐。公一生好义，力行善，凡便于人者，毅然为之，无难色也。去村舍之南二百步，为西连幽都、东通辽海之孔道，远近行人，往来如织。而唐水之顺流而南注也，行者咸病涉焉。公思所以利济[②]之，不谋于众，独任于身。礱石于北山之麓，几阅日而桥以成。长数丈，广容并轨，极坚好，可久远。其势若垂虹，二里外皆望见。而且桥之北，群山如屏障，烟瘴晴岚，岫云岭雪。涉斯桥也，一睇览而毕得。桥之南，水汇为湖，芰荷掩映，蒲荇交横。从桥上望之，渺渺波光潋滟，葱蒨盈眸。则新桥之成也，不独有以济行人，抑且有以供登眺，而杨公与父老子弟，时而曳杖游历，当必怡然有以自得者，非第云利涉而已也。乡人重公之义，而不忍没，请以公之字名桥。公弗获辞，遂名桥曰采亭。奕世而下，知桥之所由名谁，弗低徊流连而不能置耶，则桥之名采亭者，人乃藉桥以传于不朽矣。

修东门石桥记[③]

贾松　庠生

城门故无桥，街淤沟淹，雨水自门出，冲激陡峻，渐成坑坎，履车仆畜者踵相病也。居民往往修垫，遇雨辄坏，坏则复更修之，夫屡坏则病行者，屡修则病居者，又时忧兵患，县侯议引暖泉以浚隍，固知此门非石桥不可以久，而莫之能任也。会耆民张公佑思建之，而老人张钦者又力振助，其义逾月，积钱五千缗，及运石百车。请于县侯。侯喜，谕之曰："此有司之责也，尔辈皆乐建之，亶其义哉！"佑奉公之檄财取诸已，而不费官帑

① 选自光绪《玉田县志·卷四·舆地四》。采亭桥，现名"彩亭桥"。

② 利济，指救济、施恩泽。

③ 选自康熙《玉田县志·卷七·艺文志》。

之一钱，力取佣而不劳公徭之一卒，经营于戊辰正月十七日，工成于是年正月二十八日。噫！可谓美矣！盖佑之为人行朴而好义，县中每有差役，即以费重自举，而缓弛族里之人，其为笃实有足动人者，是以募人而不爱其财，役人而不爱其力，宜其成之易也。太学马君节、庠生李如鸳为之请记其事。夫桥梁，王政之一端，昔国侨[①]以典济致议，单公以梁坠被刺[②]，然特与夫长民者闻，矧所谓乡杖[③]者，固当安养身逸而无所事之也。佑少任其劳而老宾于庠，乃能急人之病而闵闵于桥之成也如此。且又括其羡金输官，以为修城助，县侯扁其门曰“尚义”，岂虚也哉？即一桥也，侯之法平而义民兴，其政亦稽矣。又由鸠工逦成之始终而质于侯之风劝者，则佑之生平又可知矣，诚不可不记。

重修西门石桥记[④]

明邑贡士　张九纯

邑西门瓮城外不数武，旧有石桥跨池上，其建置无记可考，考之商学士先生《修新城记》，盖自成化三年修筑砖城，因以建桥。第筑城时，役烦费巨，而桥固草创之，规狭基薄，仅能方轨。迨嘉靖庚戌[⑤]后数[⑥]防，增浚城池，然池渐深渐阔，而桥本摇矣，且也岁时霖雨浸淫，缘致倾圮，仓卒易之以木，木久易败，往来者病焉。万历丁丑，吾邑李君益斋将之苏任，抵里，弟儒官絅斋充美商之，曰：“举废扶倾，绍闻衣德，匪异人任也。向者吾父居恒闵念斯桥欲易以石，竟未获定命。吾辈席藉先世，尚能办此，顾可坐视其敝而忘先人之所闵念者乎？”益斋曰：“斯义举也，汝勉为之。”絅斋唯唯，遂辇石于燕山之麓，一切鸠工觅役，咸出自箐中，经始于丁丑十二月，至戊寅三月落成焉。计方各阔八尺余，高一丈五尺，柱础洞墁，悉属坚珉，且基固底深，挖浚无穷，其所费亦伙矣。乡致仕查君廷秀辈高絅斋之义，属余为记以风后人。余作而叹曰：“修理桥梁之责，载在令甲[⑦]，惟是政务纷沓，率多未遑，絅斋大父[⑧]隐德君，积行累仁，茂开鸿祉，尊甫[⑨]赠郎中，东谷公处善循理，益衍厥芳，故絅斋昆季克成先志，竖此不朽，奚独称义云乎？”夫秉彝[⑩]之好，均此肺肠。斯举也，又匪特声称于今日，嗣凡事图经久而建造之。有裨于斯土者，自当感奋而次第兴矣。是不可不为之记。

---

① 国侨，即姬侨，？—前 522 年，姬姓，公孙氏，名侨，字子产，号成子，春秋时期郑国人，杰出的政治家、思想家。

② 刺，用尖锐的话指出别人的坏处。

③《礼记·王制》载：“五十杖于家，六十杖于乡，七十杖于国，八十杖于朝。”后遂以“乡杖”表示年老。

④ 选自光绪《遵化通志·卷二十一·建置志·桥渡》。

⑤ 嘉靖庚戌，明嘉靖二十九年（1550 年）发生庚戌之变，又称庚戌虏变、庚戌之乱，是明世宗在位时期的一次蒙古族的侵犯明朝事件。

⑥ 数，屡次。

⑦ 令甲，原指第一道诏令、法令的第一篇，后用为法令的通称。

⑧ 大父，指祖父或外祖父。

⑨ 尊甫，对他人父亲的敬称。

⑩ 秉彝，持执常道。

窝洛沽木桥记[1]

畿东木桥鲜矣，有之惟沽镇。沽镇何以木桥镇之？街列东西，还乡河自北而南，则冲其中。河汇东北诗[2]山之水，抵沽为咽喉，其势胜[3]，其流驶[4]。康雍间，渡以舟，大则河不能容，小则人不胜载，于是乎桥桥矣。而以薪以土，春冬无虞也，夏秋霪涨陡发，曾不当阳侯之一激。以石，诚坚矣，而洞低空隘，流易壅，岸崩堤溃，膏壤也倏巨浸焉，而桥转为虐。若夫利波流之汹涌，淡泛溢之沉灾，履洪涛如坦途，联两街为一巷，则惟木为宜。

溯夫经营伊始，所以宏利济，计长久，盖有筹之尽善者。桥东西为两埠，易为力。东埠陡绝，下为鱼鳖薮。募善泅者入之，乃得其丈尺。爰开旁渠，集千夫之力，戽而见之底。需石、需土、需灰，如其量以实之，而基乃固。甃以砖，冒以石。高四丈，委折长百步余，分而两之，翼如也。埠筑，而桥斯成焉。宽二丈，长倍以五，中为引板。历二年，易以新。上可容九驾车，旁可骈肩行四五人，外翼以栏，履其上，适如也。而西拱帝里，东达陪都，洵两京之冲衢，一镇之枢纽也。下榰[5]以桩，桩则柏桩八行，行八之，或七之，九之。长三丈，入地者五尺。侧而望，森森如，洞洞如。而海艘之粮汛于北，山隰之产贩于南。舟楫转输，往若来，无或碍。虽非天堑之雄，究亦人力之胜欤！

是桥也，壮一镇之观，实持诸桥之固焉。当夫暑雨延绵，奔涛坌集[6]，来牛去马，电掣雷轰，一逾此桥，汹猛气杀，迤而下之。若厂上庄、刘钦庄、赵官庄之为土桥者，皆泯。震荡而庆安澜矣。且便有无之通用，观德产之聚焉。当夫晓日未升，晨星乍落，豳风万户，零露双肩，波卧一虹。物臻九陌，嘉蔬时果，大蟹肥鱼，薄投阿堵[7]，备佐饔飧，永夕永朝，无冬无夏。而农有余囊，商无淡食[8]矣。至若杨柳堤长，禾麻岸远，春风秋月，雪皓冰清。驴背诗人，鹢头[9]酒客，遥瞻百尺之梁，俯视群鱼之乐，兹其余也。

桥成，名之曰“万善”。善乎其鸠群力也，出重资也。首事不惮劳，从事无弛志也。而吾仍以善归诸桥，则以桥之利济无穷，诚有如吾前所云云者。而筹之尽善，尤在乎计长久焉。工已告竣，金有羡余，分之镇商，岁为之息。夫而后年油有资，岁板有资，小修大修有资。募无待筹，事恒有济，千万缗取之裕如[10]矣。斯真善后之善，无乎不善也夫！

---

① 选自光绪《玉田县志·卷四·舆地四》。

② 诗，疑为“诸”字之误。

③ 胜，优美。

④ 驶，马快跑，泛指迅速。

⑤ 榰（zhī），柱下的木础或石础。此处为动词，意为支撑。

⑥ 坌集，意为聚集。

⑦ 阿堵，六朝及唐时常用语，相当于“这个”，钱之别号，含轻蔑意。《世说新语·规箴》载：“王夷甫雅尚玄远，常嫉其妇贪浊，口未尝言钱字。妇欲试之，令婢以钱绕床，不得行。夷甫晨起，见钱阂行，呼婢曰：举却阿堵物！”

⑧ 淡食，指粗劣的食物。

⑨ 鹢（yì）头，船头。古时常画鹢鸟于船头，泛指船。

⑩ 裕如，形容从容不费力。

特为之记，敢以质诸吾乡之善士。

重建玉田县采亭桥碑记[①]

太行之脉迤东至今玉田县燕山，山在县西北二十五里。晋咸康中，石虎攻段辽，辽将阳裕登燕山以自固，其指为燕然山者，妄也。山又西北上五里许，其土如靛，蓄靛者恒取土和之，涧水涓如是，曰“蓝水”。《水经·鲍邱水》注：“蓝水出北山，东屈而南流，迳无终县故城东。”无终故城，今当在蓟州境。而玉田县西二十里，有采亭桥者，其水出燕山，合三乐台、看花楼诸小水汇桥下。桥三孔，明万历间，县令缪思启以下流洟[②]垫，疏入蓟运河。

当嘉靖三十六年，蓟人曾世臣《重修桥记》以谓创自唐时，未之有考。兴州左屯卫百户朱钟欲广其制为五孔，未蒇而殁。邑人苗滋等率私钱请于官，董而行之，碑今在水中。予春暮经此，欲审所为，水如蔚蓝者，而其源已远，其流甚细，且工徒林立，其碑不可以审读。

兹县令崇明倪君为贤录示曾记且告工蒇，属予记其事。因报曰：东南之水浸而巨，其桥级而上，其下达帆楫焉。西北之水及冬辄涸，徒杠舆梁虽未成而未病于涉。惟夏秋之际，潦涨瘅[③]盈，苇杭莫跂[④]，桥之利于民而不得不利于石也，固也。计嘉靖三十六年至今，阅年二百有四十四，阅丁巳，运数祇亦适然。

然桥之创始，曹学佺[⑤]《名胜志》谓：“金学士杨绘为之。”绘，故邑人，采亭乃其别字。曹之志作于万历间，距苗滋修桥时不远。世臣，蓟人而莫之考，曹以闽人考而知之。纵《金史》无绘传，而绘犹以桥传于乡第。桥之名不系[⑥]官，不系杨公，而系其别字，亦以见事无巨细，名以实留。而当时风俗之美，不以贵而加于乡党，不以恩而色于邻里。且役繁费巨，六七百年来，邦之人先后为乡里计，因以为行旅计者，请于官而政举，急于私而事集，具可书也。桥之东为三皇庙。三皇有庙，盖元制也。不立于圣庙而别立庙，则贝琼[⑦]之议也。倪君将以碑记嵌庙壁，并考论之如右。

---

① 选自《白华后稿·卷六·碑记二》。《白桦后稿》由吴省钦编，他是南汇（南汇，清雍正年间置县，属江苏省，1958年划归上海市，2001年撤县设区，2009年并入浦东新区）人，字冲之，号白华，清乾隆二十八年（1763年）进士，由编修累官礼、工、吏部侍郎，进左都御史。

② 《康熙字典》载，洟，汙也，阜也。

③ 瘅（dàn），病。

④ 跂，慢走的意思。

⑤ 曹学佺，1573—1646年，字能始。号石仓，明代福建福州府侯官县（侯官，旧县名，今为福建省福州市辖地）人。万历二十三年（1595年）进士，崇祯时历官户部主事、户部郎中、四川按察使、广西右参议，南明时在隆武朝官礼部尚书，抗清死。《明史》有传。著有《曹大理集》《大明一统名胜志》《石仓诗文集》《蜀中名胜记》等。

⑥ 系，意为关联。

⑦ 贝琼，1315—1378年，又名阙，字廷臣，号海鹤生，浙江崇德（今属浙江桐乡市）人。年轻时游历东南。后师事杨维桢。元末遭乱退居殳山。明初召修《元史》，后任国子监助教，善诗文，著有《清江贝先生文集》。

遵化市

重修通远桥记[①]

佚名

遵化治西五里，有水自罗文、沙坡诸关营分流而下也。维时成化己丑，大中丞古郃阎公[②]以徒涉病民，思欲利不通而致诸远，爰审方用势，地可桥，命张都阃与属工，命名曰“通远”。命河东进士董通记之。奕世载德，岁久渐敝，水势益阔，而桥如故则隘矣。时雨降，下水上腾，加之沟潦攸会，渡者乘泭[③]，水落则道茀[④]不可行。

大中丞济宁刘公思纂前绪，适典膳[⑤]陈瑶捐资首倡，和而附者各出其有以裕用。帅官举事，总其会而出之，协谋积力，委材会工，群能著职，莫不审固其心以役上令。佐艺备物，营指使者萧都阃升之勤绩居多。功垂成，刘公去位，阳曲张公自大京兆祗命抚镇，风裁贞肃，百度饰新，而桥适成。萧君以县令岳君良臣，运众勖成，责在典领，偕之问记于予，以撰德征文，示后之人俾勿坏。夫世之投时者饰厨传，壮威者雄结构。固将置斯于莫问，或窘调度于中辍而拘于费者，役重也；勤兴作于始虑而怯于成者，势阻也。惟上下和同，公私两便，时乘其隙，事不烦官，故能相与以有成也。夫单襄公之占国，薛宣[⑥]之观政，率于桥梁得之。况遵化惟巡抚行台[⑦]，古开府建节者也。凡畿甸文武将吏，庭参受约束，或兵事取白、羽檄飞报，日相望于道，斯役顾可缓图乎！申画郊圻、慎固封守，乃大臣保厘之道，凡以尊严王畿也。

新桥之成，亦关圣世康阜之治，又非特观俗知教焉耳，利溥而风远矣，然成毁相寻，正有待乎来者之后先同视也。

重修五里桥记[⑧]

贾应元[⑨]　侍郎　邑人

邑廓西五里有河，沙坡、冷嘴诸水之所会也。成化乙丑，大中丞阎公始桥之，命曰

---

① 选自光绪《遵化通志・卷二十一・建置志・桥渡》，原志注：“明嘉靖七年重修。”

② 阎公，名本，成化初任顺天巡抚都御史，郃州进士。

③ 泭，指木筏、竹筏。

④ 道茀（bó），指野草塞路而难于通行。

⑤ 典膳，官名，清代王府属官，掌供王府膳馐之事。

⑥ 薛宣，汉东海郯人，累官长安令，后任御史大夫，此处借用其从政清廉之意。

⑦ 行台，指朝廷尚书省临时在外设置的分支机构。

⑧ 康熙《遵化州志・卷十二・艺文志》。

⑨ 贾应元，生卒不详，字仁甫，直隶遵化县（今河北省遵化市）人。嘉靖四十一年（1562 年）进士。初任工部营缮司主事，后在济南、杨州两地任职。后升山西副史，又超迁右佥都御史，巡抚大同云中。又任兵部右侍郎，后转为左协理戎政。

“通远”。嘉靖戊子，中丞刘公、张公相继重修，各有记。故长若干丈，横什之二，下开五券，秋冬则涓涓细流，遇夏霪霖，山水河流暴涨，澎湃震撼。既久桥啮，而西岸失券矣，褰裳以涉，几济而溺，出途者苦之。

邑侯张公[①]，民溺由己，请之大中丞李公。公喜曰：“予志也。”侯更喜曰：“予职也！”与邑人士暨诸执事，度赀计力，备物絜材，犁然[②]有绪。中丞公大捐官缗，宪使者赵公亦捐赎镪若干。徭是，士效谋、工效艺、农输粟、商输装，及诸文武将吏，罔不投楮相翊者。而中丞公莅桥所，大赉[③]子来之民，以振励之。故饬而新，颓坚而丽，益之券，使合水而西之，受水处甃以石堤垣若干丈，北以捽[④]其冲，南以束其流，桥不弃址，水不拂性，因之故易绩也。

丙申秋八月筮事[⑤]，明年丁酉[⑥]春三月竣役。侯以大中丞暨宪使者指属应元记之。中丞公李颐，余干人；宪使公赵寿祖，汝阳人；司饷别驾黎民化，黎平人；邑侯张舜命，商城人。其诸文武之劳于斯者、乡人士之劝于输者姓名悉之碑阴。

蓟门汤泉记[⑦]

戚继光[⑧]

遵化古属范阳镇。迤北一舍而遥，山麓有汤泉，甃为方池久矣。旁寺乃因兹而赐名福泉焉。余弱冠时部成过之，环堵所刻如林。迨总镇之初再至，求其片时而不得，或以授梓无有也。盖窃伤之，而徘徊不能去。且泉淤过半，亭馆多简陋，何以清游目而壮山水之奇胜哉！

隆庆辛未春，命越卒[⑨]修为休沐池。皆踊跃用命，因各赌射[⑩]为觞亭，沿旁之石洞，督学御史闽中陈公记之矣。然地当边垣土中，而兹原之广可容数十万众，就兹以便休沐。壬申之冬大阅[⑪]。少司马新安汪公视师，制府而下葺席以处、促膝以觞，不足以示威重。万历甲戌，有秋士豫，乃辟亭馆，以待后之视师者至，而丙子仲夏告

---

① 张公，指知县张舜命，河南商城人，万历二十三年（1595 年）进士，历任按察使。

② 犁然，确定、明白之意。

③ 大赉（lài），意为赏赐。

④ 捽（zuó），指挡住、揪住。

⑤ 筮事，指商量着要做某事。

⑥ 丁酉，明万历二十五年，即 1597 年。

⑦ 选自光绪《遵化府志・卷四十七・金石・碑刻》。

⑧ 戚继光，1528—1588 年，字元敬，号南塘，晚号孟诸，谥武毅。山东蓬莱人（一说祖籍安徽定远，生于山东济宁微山县鲁桥镇）。明朝抗倭名将，杰出的军事家、书法家、诗人，民族英雄。

⑨ 越卒，指江浙一带招募来的南兵。

⑩ 赌射，形容比着劲地干。

⑪ 大阅，明隆庆六年（1572 年）十月末，蓟镇总兵戚继光于今遵化市西余里的汤泉南面方圆余里的开阔地上，集全镇车、骑、步兵万人之多，举行军事大阅兵，世称“汤泉大阅兵”。

成。向之至此也，夏五泉烈，畚锸靡施，将浚而胥[①]难之矣。乃命工下稻田，凿渠百余武以溯其址，拆甃二尺，深二丈余，有万户印[②]一，白金五两，簪珥之属、黄金一，铜三十五斤，钱六石七斗，镜五十七枚，皆蚀，以佐渠费。泥尽粼粼，其泉槛出，仍甃之而窦其底，以方寸之石，于渠道树楗，以便浚通窦，则毋劳折甃为也。加高三尺，出地为防，可以俯饮而立掬之矣。其周七丈二尺，防面为石渠，可以浮大白[③]。窦其南北，中衡而对出。北出承[④]以文石[⑤]，历历如雨建瓴下；而窒其南，则为水廉。临池有亭如八卦及虚溜，数九，颜[⑥]曰九新，有题语焉。当溜为坎，前窦承泉，左右窦以分之。北得寒泉，为池如半月。有桥，上为敕建观音殿，前施槛垣如雉堞状。南出石龙口如沫，北窒则为瀑布，伏流而西，洒为石渠，经序室左转而环右盘，以觞注渠，勾拆复入于室。匏尊藏于室，人因泉应机而缓急之不待人，又随流而给矣。觞亭下方，步栏三面，以列石碣，皆吟咏也。稍次第之，以俟续而梓焉。自殿抵栏，周以列垣。循室南出而为接水池、洗马池，其与众池、女清池，各列之室，以远别也。自坎左窦者过近泉馆，又过听泉馆，二馆并列，寝堂之前，则皆因寒泉为池，有桥。循垣而西为福泉公馆，泉因敕赐曰福，故以沐恩名堂，寝堂曰“蒸云”。其前左为无垢室，坎以文石六方为浴盘。因地稍高，自石渠右角分筒伏流而逆出之。凡沸泉有气如云，是堂最丽，亦如之矣。西南为寺，于其法堂加南楹，及堂左右为馆。凡馆、浴室、厢舍、庖湢咸具[⑦]。又西南隅有银杏树鼎立，皆十数围。嘉荫侯旬，乃为四时馆。其户内向环树，居一阖三，前居一居四，则各为邸矣。树下当中置石案，八足而内虚，为筒者二，其相去寸余。泉自坎右窦过寺之三馆，伏而上三足，循案以觞入于石足，若不知其所去也。凡池窦，高承清而庳出浊，九新之东三，其出入皆温，馆之浴室浊一而清二者，乃一寒一温也。近泉或和以寒，稍远即可浴，故至稻田而苗以长矣。浴舍四五区，杂于诸馆间。

山之西椒，有浮屠以为表识。自西徂东为长垣，以接古台。稗官氏言辽萧后妆楼址。建亭其巅，仰若丽礁，环以嘉树，若出半空。里许为塞垣，楼橹刁斗，隐若云际。南阜万石，郁然崔嵬。从寺西步北折如砥，至麓而延袤百余丈，众离立夹道而为门。循溪以西，有石如山、如狮、如鼓相属。而经东涧，片石跨之，中裂，为试剑桥。度之，有普陀岩。经石岩北上而峻，为出岫岩、为仙掌峰。循脊下蹬不数武，有石独立，犹将军振缨北瞰幕南，而请缨者勃然。右转，石洞口仅三尺、伛偻而入，中窾如舫，为万石

---

① 胥，意为全、都。

② 万户印，按：辽国有“万户官职”。

③ 浮大白，称满饮一大杯酒。汉刘向《说苑·善说》：“魏丈侯与大尖饮酒，使公乘不仁为觞政，曰：饮不嚼者，浮以大白。”

④ 承，顺序。

⑤ 文石，有纹理的石块。

⑥ 颜，门楣上的横匾。

⑦ 庖，厨房。湢，浴室。咸具，全都具备。

最奇处，名之曰仙舟洞云。

余按，温源多硫磺袭人。惟山多石曰礜[①]。而其所出独清，骊山华清是也。迩之志者，又以中安宁为最，而评不及兹，兹山不其然乎！故其觱沸为珠，莹若琉璃，投钱至底可数。中有雕镌，其迹宛然。酽如醍醐，酿之芳烈尤甚，实为醴泉神瀵[②]，其味尤为独全，何也？华清自太真召禄山于范阳，以献玉石雕镌为胜，遂动鼙鼓而流殃。兹当范阳之陲，幸不为之污。虽传有萧后遗迹，然历金、元弗著，岂非地灵之所秘者欤。至我大明，乃归中国。章帝征虏，凯旋驻跸。武宗虽游猎[③]，未尝兴骊山之役；而贤嫔有咏[④]，为兹泉所藉重，则圣朝之德，其过前代远矣。

余幸士有暇力，缮馆以备冬狩，万军若挟纩[⑤]，免于皲瘃[⑥]之苦；马患霜雪而疽，洗之可以腾骧；将帅幸就以休沐，非荷太平，有兹哉！故拜诸大夫命，敢假日而为之。

诸大夫者：制府北海刘公、关中杨公、抚台武安王公、监兵齐邱辛公[⑦]，与诸邑令之所佐金[⑧]，予将园圃禾稼易赀，并赎锾诸费而成之。督公则马峪副总兵曰福，领班都司邓，其中宣诸材官沈秉懿等，而白余复为之记，盖详哉其言之也。

万历五年，岁次丁丑，夏六月望日。

特进光禄大夫、中军都督府左都督、奉敕总理练兵事务兼镇守蓟州、永平、山海等处地方、前福浙江广伸威营总兵官署都指挥佥事。

太原曰福立石。

南海陈经翰书。

古歙黄沛刻。

重修南汪家庄桥碑记略[⑨]

州学生 蔡瑞清[⑩]

州治西南七十里，有村曰南汪家庄，其北有垤[⑪]道数里，石桥一座，所以范本

① 礜（yù），指礜石。

② 神瀵（fèn），传说中泉水名。

③ 武宗游猎，明正德十三年（1518 年）夏五月，武宗狩猎今迁西县喜峰口时，曾驻跸于汤泉。

④ 贤嫔有咏，指武宗驻跸汤泉时，王妃曾题诗于壁："沧海隆冬也异常，小池何事暖如汤？溶溶一脉流今古，不为人间洗冷肠。"

⑤ 挟纩，披着绵衣，比喻因受抚慰而感到温暖。

⑥ 皲瘃（jūn zhú），言足冻坏或生疮。

⑦ 刘公，即刘应节，曾任蓟辽总督。杨公，即杨兆，时为蓟辽总督。王公，即王湘，时任巡抚。辛公，即辛应乾，时任山西按察使。

⑧ 佐金，帮助的钱财。

⑨ 选自光绪《遵化通志・卷二十一・建置志・桥渡》，原志注："道光八年重修。"

⑩ 蔡瑞清，遵化州州学学生，忠孝善良。在乡里慷慨乐施，遇饥必赈，遇困必解，遇难必帮，同治六年（1867 年）用费几万金修复庄北古桥十数丈，出行者称赞其德。77 岁卒于乡里。

⑪ 垤（dié），指小土山。

境之水，而为南朔之通衢也，但无碑记可考，未详建自何代。迄今年久，桥圮道亦就荒，宾客商旅几无复过而问津矣。附近村人相与谋而修补，募之遐迩。善士亦皆欣然首肯乐而捐资。于是，庀灰石，鸠工匠矣。向之剥落者今已完好矣。负者歌于途，行者休于树，车轮马足往来而不绝者如故也。虽然物之废兴成败相寻于无穷，不可得而知也。昔之桥，道北达南，通会几何。年而涂泥潦水，弃置如遗，后之视今，亦如今之视昔，则桥道之复为涂泥潦水，又不可得而知也，所赖后之君子嗣而葺之，庶几桥道之不朽也。

修建石门桥记①

事有人人所宜为而不敢为、人人所乐为而不果为者。有为之，必其有当事之权与举之力。若无其权、无其力，于人所不敢为、不果为者。一人任之，不惑于浮议，不阻于畏难，其成也，公私溢咏，使人一举足、一曳履②而不忘所自，此其事，吾于石门驿路见之。

石门，古渔阳属国，地距遵化州西六十里，山峡崭岩③壁立，于中洞开，在汉即呼为石门，事载旧志。今为陵寝要隘，岁时星使④冠盖相望，峡内甃石为路。岁因山水冲激，欹危⑤竦侧，轨辙在丛石间。过此者，视为王阳畏驿。

辛亥春，予移官来郡，道经石门，夙稔其难也。小憩后，将舍车而徒，逆旅主人曰："无庸，已修之矣！"询其故，曰："晋人有武叶椿者，倡举斯役，赀先于众、工率以身者，已经年于兹。凡修石坝墙一百二十九丈，阔五丈。虑山水之当其冲也，添设石桥以疏导之。虑污泥之积于潦也，接修叠道以增益之，并当溪区处尽善。向所苦者，皆坦途矣！"已而驱车过之，果如所言，举夫坳者、垤者、兀者、铦者，磊落倾欹、波翻而兽蹲者悉平如掌。时工犹未竣，夫役坌集，升辇云拥，而道旁短髯戴笠荷锸⑥从事者，盖即向所谓武君也。嗣是又增修土道，东至李官屯后，北至六盘营西道沟，南修沿山河道，西至四神庙。石道五丈，重修石桥二，新建石桥五。桥盖以土，使行者忘其劳，道植以树，俾新者久益固。计所需工值一万五千，所需料价一万七千缗。经始于道光三十年二月，至咸丰元年八月甫竣其事。盖成功若是，其难也。

予惟桥梁、道路，邦有明度。昔单襄公过陈，见道无列树，知陈之咎。孟子谓："子产以其乘舆济人，惠而不知为政。"彼皆操任事之权与力，犹不能赋工属

---

① 选自光绪《遵化通志·卷二十一·建置志·桥渡》，原志注："道光二十三年重建。"

② 曳履，拖着鞋子。

③ 崭岩，险峻的意思。

④ 星使，指皇帝的使者。

⑤ 欹危，意为又斜又高。

⑥ 荷锸（chā），扛着锹。

役为所当为，而武君一布衣，独能一举斯役，自任不疑。且居是邦者，不仅一武君。当为者，有甚于石门镇路。使人尽如此，天下尚有不治之善事哉？先是，役之兴也，马兰镇军宗室庆公嘉其义，捐奉与之。继闻于州牧梁公，捐奉亦加之。由是工效艺、农输粟、商输装，及诸往来行旅输赀[①]有差，而陈、王二姓并捐地以益之，另碑刻铭。

将讫事，有御朱轮[②]三乘，自西来者，各掷朱提数笏[③]。迨请志其爵氏，其舆盖已去如风矣！事在七月初旬。武君曰："是皆不可无记。"且将权其余资而经理之，俾之阅久不坏，宜记诸石，而属予一言。

夫人过一乡一邑，见其长老皆敦厚而尚义，其风俗去污而从新，未尝不流连之不去。而况予生于斯，长于斯，服官于斯。一旦贤客人[④]于千万人频年所共苦胼手[⑤]治之，不遗余力，若是其果且敢者，虽言之尚津津有余味，而况使濡毫而染翰也！其又奚辞，因详书其梗概。武君名叶椿，山西汾阳县人。

道光三十年[⑥]遵化州吏目[⑦]、华阴袁国柱[⑧]撰。

永济桥碑记略[⑨]

州绅　徐世坊[⑩]

盖闻济世者，帝王之权；济人，圣贤之量。安怀有愿，岂易博济乎黎元；来往其途，盍思康济乎行旅。此桥所由设也，亦永济所由名也。案，桥西通州治，东达嘉峰，建自前朝，倚为砥柱。千万人共济之乐，犹可永思；数百年利济之功，方期永久。胡为历年既远，故址就湮，将永济之谓何？村耆马君兆连蒿目蚕丛，独肩鸠庀，闻风兴起，不日经营。襄斯举者乐与有成，出其途者快逢其盛，愿不重哉，足以传矣。嗟呼！柳氏升仙，百花灿灿；费公出使，万里迢迢。援古证今，顾名思义，变未济为既济，襟怀宜白水同盟；卜永世而永年，姓氏与青珉并寿。

---

① 输赀（zī），指献纳钱物。赀，同"资"。

② 朱轮，指高官乘坐的朱红漆轮车。

③ 朱提数笏（hù），指金钱很多。朱提，代指金钱；笏，金钱数量。一笏，相当于50两。

④ 贤客人，意为才德并美的人，这里指武叶椿。

⑤ 胼手，手脚上磨出老茧，形容经常地辛勤劳动。胼，老茧。

⑥ 道光三十年，即1850年。

⑦ 吏目，官名，清代掌管缉捕、守狱及文书之职。

⑧ 袁国柱，陕西华阴（今陕西省华阴市）人，岁贡，时任遵化州目。

⑨ 选自光绪《遵化通志·卷二十一·建置志·桥渡》，原志注："同治五年重修。"

⑩ 徐世坊，遵化州（今河北省遵化市）人，清代耆绅。

六、廊　坊　市

安次区

阅永定河记[①]（碑阳）

乾隆皇帝

永定河之本无定也，此气数之可以授其权于人事者也。无定河之求永定也，此人事之不可以诿其权于气数者也。自前岁夏秋，濒河田庐被潦，特命高晋、裘曰修[②]、周元理[③]等会勘利病所由，发帑五十余万金，大加疏筑。浃岁讫功，农臻倍稔。遂俞所请。以今春省成事而诏之曰：河之工，兹式集矣。虽然，朕能遽信为一劳永逸计乎？昔之河，故无工也。惟我皇祖圣祖仁皇帝，蒿目民艰，为畿甸东南，勤求保惠之政，莫若兴建堤工。溯自康熙三十七年始事，迄今亿兆蒙庥。沦浃肌髓，中间偶值水旱不齐，此溢彼淤，迁流递易。自安澜城而柳岔口，而王庆坨，而冰窑、草坝，而贺老营，而今之调河头，或北，或复南，凡六徙，皆审时度势，善为相导，惟务顺小变以归大常而于成规，罔敢稍斁。斯诚皇考世宗宪皇帝以暨朕躬数十年来，继志绳武之苦心不容自已者，何者？在河，固无一劳永逸之方；在治河，实有后乐先忧之责也。或者耳食[④]，汉田蚡天事非人力及，晋杜预[⑤]请决诸陂之肤见。谓弃地与水，可听无定者之所之。嘻！何其戾耶！夫以水故弃地犹可，并地故弃人，可乎？子舆氏称神禹行所无事，无事而曰行，则必有无事之事。所为疏、瀹、决、排者非耶！以黄河证之，积石龙门，故迹可按，而商患五迁，周移千乘，即已世近而事殊，厥后赴海南趋，殆更燕、齐与吴之境。虽神禹复生，亦难力挽以从其朔，第更一境，即治一境，乃与当年导源之绩等耳，岂竟以不治治之耶？桑干流经近圻，势若建瓴，非挟沙将一泄而无余，惟挟沙，又四出而莫遏，运道民生无堤何赖。前此督臣孙嘉淦建议，试开金门闸上游，中亭河遂不能容，所至村庄漫溢，幸急饬堵闭，民获安居，尤近事之足为炯戒[⑥]者。且朕非直为爱护已成之工起见也，假令是河在今日尚无堤工，而筹运道策民生，朕亦必自为始事之举。易地以观，益知我皇祖皇考默鉴今日之发帑疏筑，有深计为后先克绍者矣。不然者，恶劳惜费，朕宁必大矫乎人情。而甘为是汲汲也哉。是行也，往复周咨，既嘉大吏能体朕意，犹虑其不克坚持定识，勉继前功。爰特揭大旨，锲之河上，其他条具规制，存乎神而明之者，皆不书。

---

① 选自嘉庆《永定河志·卷二十三·附录·碑记》，此诗与下面两篇在同一碑，括号内为该诗作者原注。

② 裘曰修，时任工部侍郎。

③ 周元理，时任直隶总督管巡抚事。

④ 耳食，比喻不假思索，轻信所闻。

⑤ 杜预，222—285 年，字元凯，京兆杜陵（旧县名，县治在今陕西省西安市雁塔区一带）人，西晋时期著名的政治家、军事家和学者，灭吴统一战争的统帅之一。

⑥ 炯戒，亦作“炯诫”，指明显的鉴戒或警戒。

乾隆三十八年，岁在癸巳，季春之月下浣[①]御笔。

往阅永定河下口舆中作[②]（碑阴）

乾隆皇帝

下河南北任流迁，壅则伤多导使宣。

（永定河自康熙三十七年筑堤之始，下口由安澜城。后因原道渐淤，至三十九年，改由柳岔口。雍正四年，改由王庆坨。乾隆十六年，改由冰窖草坝。二十年，改由贺老营。三十七年，改由条河头。计前后迁流六度。以冰窖草坝而论，康熙间之北堤转为南堤，雍正间之南堤转为北堤。以今条河头而论，凡康熙、雍正间之南北堤又均在河之南矣。）

絜矩邱明别知惧，防民之口慎防川。

阅永定河下口诗以示裘曰修、周元理、何煟[③]（碑侧）

乾隆皇帝

七十年间六度移，即今下口实权宜。

（永定河下口初由安澜城，复改柳岔口，而王庆坨，而冰窖草坝，而贺老营，及今之条河头，或北或南，凡六徙。）便微盈酌虚剂者，不过补偏救敝斯。煟则扈舆资博采，

（何煟素习河务，于行水机宜具有见解，兹以河南巡抚至天津迎銮，即命其扈随阅视下口，以资询访。）

禹之行水在无为。委源源委勘一再，同事诸人共勖其。

（此次初阅头工二工，今复视其下口，于全河首尾情形略悉梗概。兹命裘曰修、周元理、何煟三人由此寻源而上，至头工，沿河再加讲求，斟酌具议以闻。）

霸州市

梁侯筑堤记[④]

富春[⑤]　蔡茂　州学正

大明洪武十四年秋七月雨，堤决临津[⑥]，判郡张侯子芳极力为塞之，民以稍安。十五年夏六月，雨复作，大水溢，堤决夹河，州境之不没者十之二。判郡林侯伯云率民塞

① 下浣，即下旬。

② 选自乾隆《永定河志·卷首·宸章》，括号内为该诗作者原注。

③ 选自乾隆《永定河志·卷首·宸章》，括号内为该诗作者原注。

④ 选自嘉靖《霸州志·卷八·艺文志》。

⑤ 蔡茂，富春县（古县名，在今浙江省杭州市富阳区附近）人，洪武十七年（1384年）任霸州学政。

⑥ 临津，古地名，在今河北省霸州市岔河集乡临南村和临北村。

之，水稍息，然而堤塌河淤，民犹疲于奔走也。是岁冬十一月，太守梁侯伯常来，竟以堤事入奏之，上为之恻然。十六年春二月，上以延安侯来赈济，是岁租赋咸免，恩至渥矣。秋七月，布政司以堤役大兴，发保定府之夫役若干来助工，命太守梁侯揔[①]其事。西自临津固安界白庙，以东至于青口永清县界，八十余里，高者一丈四尺，广倍之，低者一丈，广倍之。冬十一月以地冻止工。十七年春三月堤成，夏六月，复霪雨连日，固安堤决，水又大溢，境上新堤之不没者仅尺许。同知常侯亲率丁夫冒雨巡视修葺，堤益坚完，一郡为之以安，况非是堤而今岁之民又弗可保矣。然是堤之工非常也，百倍于前。所可恨者，多善决不恒。咸谓不可不记，庶使来者有知，不敢有所轻也。于是乎书。洪武十七年立石。

徐侯遗爱碑记[②]（节选）

北海仇潼[③]　教授

弘治七年甲寅春三月，前奉训大夫长山徐侯知霸州，甫五载，茂著厥绩，进顺天府治中，既去，州之人思而不忘。九年丙辰春，乃相与购石，求能颂侯之德者。时余留滞都下，遂群走而造焉。余学谫[④]位下，不敢承其托，三让不可，乃进而问焉。其耆老进曰："霸实故益津关也，置于周显德中，其地卑下，西山有名之水经州城南北而趋海者凡九，故岁淤淀则成泻卣[⑤]，泛滥则没田庐。岁屡不登，民恒阻饥。我侯始至，忧之，筑钜防以里计，殆盈七十，水既顺道。于是禾麦芃芃[⑥]，而岁登美矣。"

新筑河堤记[⑦]

明　王华[⑧]

弘治甲寅[⑨]春，吾邑毛侯世诚[⑩]受命知霸州。又明年，部使者以侯理行超卓，剡

---

① 揔（zǒng），古同"总"，意为总领、总揽。

② 选自嘉靖《霸州志·卷八·艺文志》，本文为节选。

③ 仇潼，明弘治年间任霸州教授，弘治十年（1497 年）撰《徐侯遗爱碑》，记载知州徐以贞任职期间治水、修苑家口浮桥等事。

④ 谫（jiǎn），浅薄。

⑤ 卣（yǒu），古代一种盛酒的器具，口小腹大，有盖和提梁。

⑥ 嘉靖《霸州志·卷八·艺文志》中"芃"误作"芁"。

⑦ 选自嘉靖《霸州志·卷八·艺文志》。

⑧ 王华，1446—1522 年，字德辉，号实庵，晚号海日翁，浙江余姚县（今浙江省余姚市）人。明宪宗成化十七年（1481 年）辛丑科进士第一名，授翰林院修撰，历任翰林院学士、詹事府右春坊右谕德、詹事府少詹事、礼部右侍郎，正德初年晋礼部左侍郎、南京吏部尚书。曾参与预修《大明会典》《通鉴纂要》等，其长子为明代著名哲学家王守仁（王阳明）。

⑨ 弘治甲寅，指 1494 年。

⑩ 毛实，字恒斋，又字世诚，成化二十二年（1486 年）中举，成化二十三年（1487 年）丁未进士，浙江余姚人，明弘治九年（1496 年）任霸州知州，后升刑部郎中。

章以闻，将以大侯之擢，而普其惠于人人。圣天子以霸人安侯之理，乃循汉世良二千石增秩，赐金之典，进侯阶奉直大夫，锡之诰命，以褒嘉之，以荣其亲及其室人，俾终惠于霸人。霸人德上之赐，而喜获终侯之惠也。咸愿请树碑，以颂侯德，固禁不许，则以侯尝为御灾捍患之事，密嘱贡士韩生贯来告予，曰："霸为州，距京南二百余里，厥壤卑下，凡西北诸河之水，悉经流于此，以东注于海。每夏秋霖潦，众水奔会。辄成巨浸。岁比不登，民恒告歉。侯予下车之初。适麦有两岐[①]之瑞，咸以为德政之孚。未几，浑河水决州境，陆沉。侯因惕然自省，天其以是警予乎？民患之宜除，莫先于此者。乃度地势，乃相厥址，距州治北三十余里，去旧坊百步许，循河筑堤，以杀下流之湍悍，障众水而东之。民闻令下，不烦戒约而争先趋事，于是束刍抱薪、裹粮荷锸、鼛鼓不鸣，万杵齐发，役夫呼忭[②]，欢声若雷。肇工于乙卯年[③]二月之吉，至四月而告堤成。东西绵亘十余里，河流其道，原野其艺，连岁丰登，家给人足，百废俱举。侯于是乃严法制以惩奸暴，敷惠利以绥善良，审端径，遂而争夺之患息，句稽版籍。而徭役之法均作新，庠[④]序以敦教化之。原劝课农桑，以厚衣食之本。斥淫祀，而邪慝无所容。谨储蓄，而缓急有所备；请托不行，而民隐获伸听断惟公，而吏蠹由绝。凡兹众美，皆侯理行之超卓，可以垂宪方来者。侯皆损挹不自居，而吾侪罔克究其颂德之愿。昔王子赣欲以身捍金堤之决，而天子致增秩之宠；翟方进[⑤]奏罢鸿隙陂[⑥]，而父老兴坏陂之谣。则古之为治者，未尝不以水事兴废为轻重。侯能尽心水事，而使吾霸之民雨不忧潦，旸不病旱，绩用[⑦]卓卓如此，其著举此以列，其余亦节以一惠之意也。是用征文刻石，昭示将来，此吾民侈上赐而报侯之德也。"予与侯同邑人，相知最稔，闻韩生言，益喜侯之不负吾知也。愿为之次第其言，俾归而刻之石，以垂于永久。使继侯而牧于斯者有所考，而论其世，知其人焉。

弘治十年[⑧]立石。

---

① 两岐，一株麦子长出两个穗子，为丰收之兆，多用来称颂吏治成绩卓著。岐，通"歧"。

② 忭（biàn），高兴、喜欢的意思。

③ 乙卯年，即1495年。

④ 庠，原书作"痒"。

⑤ 翟方进，前53年—前7年，字子威，汝南郡上蔡（今河南上蔡县）人，西汉后期的政治人物。

⑥ 鸿隙陂，陂名，故址在今河南淮河北正阳、息县间。跨汝河，受淮北诸水，郡以为饶。汉成帝时，关东患水，陂溢为害，翟方进等奏罢之。后岁旱、民失其利。东汉邓晨为汝南太守，修复旧陂，起塘四百余里，灌田数千顷，汝土以饶。至安帝永初三年（109年），诏以陂假与贫民，自是遂废。宋秦观《汝水涨溢说》："《汉书》称汝南有鸿隙陂，翟方进为相始奏罢，郡人怨甚切。意鸿隙陂者，非特为灌溉之利，菱芡蒲鱼之饶，实一郡潴水处也。"

⑦ 绩用，功用。

⑧ 弘治十年，指1497年。

修河缮城记[①]

华亭　顾清[②]　编修

霸州在京师南二百余里，厥壤卑下，西北诸山水散行燕赵间，比其合，皆汇于是。既汇而盈，然后东流，出丁字沽，会白河以入于海。其源众而委，迫遇霖潦，则溢而上，坏民田庐舍，岁庸不登，氓以告病。州之城，相传筑于燕昭王，宋杨延朗尝修之，以御北狄，当其时，号为北方重镇。然皆土墉，无砖石之固，山水至，则啮而倾之，故岁久益坏。弘治戊午，东鲁刘君珩来治是邦，巡抚使洪公宣之，察其才，首属以河。事既复，以城役委之。君受命曰："吾职也，其敢不力。"是岁，筑河起涿州东境，接固安杨先务、荆垡等村，至州之赵村务、临津、水口，经州南关，适保定、文安县苏家桥，抵大城县之辛张口，总为三百余里，广寻有二尺，趾倍之，崇丈有八尺，傍植柳以为固。其间为水口一百六十有七。堤既成，水用无患。己未，甓州城，先北面当水冲者，以次及其余。城旧无南门楼，至是新作之，亦为楼于北城，与故东西二楼相望，皆饬以丹漆基以刚石，华焕坚确，可久弗坏。其外为深壕，为四桥于壕上，当城之门。城之高，丈有七尺，周六里三百二十步。壕之深如城之高，而杀其一尺，其上为固防防之，上亦树以栁[③]。首尾涉二年，作一十七个月而堤与城俱成。城北一面既成，而水益以无患。凡二役所费薪藁楗瓦木石砖[④]之类，为钱以四十万计，皆官自经纪，不以烦民。既讫工，又以其余力作大桥于州东苑家口，以济往来。新州学祭器、师生会食器，作顺天行府、太仆分寺、马神庙及诸藏庚廨舍坛壝衢路以次一新，而民不知费。于是州人士太学生顾升等状君之绩，因刑科都给事中于君朝瑞属予书。按，城郭沟洫，保国利人之大计。君力为之，得孟子佚道使民之义，其余亦皆郡政之不可缺者。为守若是，可以称厥职矣。不书无以示后，且使妄庸不事事者窜其间而莫辨也。用摭实而著之，使观风者采焉。

弘治十七年[⑤]立石。

霸州筑堤建庙暨报功祠记[⑥]

明兵部尚书　王遴[⑦]　郡人

余郡暨文安、永清二邑咸在京师之南、天津之西，凡云、朔、恒、代诸山之水，由

---

① 选自嘉靖《霸州志·卷八·艺文志》。

② 顾清，？—1527 年左右，字士廉，松江华亭（今上海市松江区）人。弘治进士，授编修。正德初，刘瑾柄政，清独不附，出为南兵部员外郎。瑾诛，累擢礼部员外郎。与尚书毛澄请建储宫，罢巡幸，疏凡数十上。嘉靖初，以南礼部尚书致仕。卒，谥文僖。

③ 栁（liǔ），是"柳"的讹字。

④ 砖，原文为"甎"，应误。

⑤ 弘治十七年，即 1504 年。

⑥ 选自民国《霸县新志·卷七·金石》。

⑦ 王遴，字继津，直隶河间府霸州（今河北省霸州市）人，嘉靖二十六年（1547 年）进士，除绍兴推官。入为兵部主事，历员外郎，反对严嵩，迁山东佥事，再迁岢岚兵备副使。有威名，为巡抚所忌，劾去。官民相率讼冤，诏许起用。后任户部尚书、兵部尚书。直矜节概，不妄交，有威名。逝后赠太子太保，追谥恭肃。

天津入海者，必经流余郡与二邑，而二邑多大陆巨阜，惟余郡最下，独当其冲。在郡之南为苑家口，有前兵宪陆公新开梣椛圈河以泄之矣。在郡之北有浑河，受诸山之水，夏秋间汹涌浩荡，三河实不能容，不南溢文安，则北溢余郡，不南溢余郡，则北溢永清，或甚焉，即郡与邑成为污池。此皆载之往牍，非臆说也。万历三年[1]春，兵宪钱公饬兵明刑之暇，乃喟然叹曰："盗起讼滋，今畿辅之重，无所资藉，以民贫故也。欲民不贫，莫如除水患，莫如开河筑堤，开河去其壅塞，筑堤防其泛滥。陆公新开梣椛圈河，民甚赖之，固事事者前茅，吾终不忍坐视，俾陆公而后无闻也。"乃慨然上筑堤之议于两台，两台韪之。于是布令诸属，余郡守郝公汝松则曰："此守土者责也。"奉令惟谨，南自郡之山川坛起，由梣椛圈、台山、平曲至胡哥庄而止。北自南孟，由铺疙疸、张家庄头、五间房、彩木营至青口而止。中自康庄，由煎茶铺、沙窝、宁家口、赵哥庄、田家口、菜园至信安城而止。西自菊花台，由迪家庄、魏家营、牛哥庄、老堤、王家楼至梣椛圈而止。役夫计二千名，筑堤计一百二十里。卑者增高，薄者加厚。仍旧制，以适水土之宜；不创作，以起纷更之扰。抚台王公念民力匮诎，恐不能卒业，复下令择力薄而工大者量给以食，计谷二千石。民益感奋，趋事恐后，不三月工成。及秋，水果不为灾。于是有黄发者数十人诣余，佥曰："堤工既成，水即就下，人定胜天，有如是哉！然人事之当修者不止此也，我国家为民御灾捍患，既勤心力矣，又必于城隍、山川、社稷、八腊为庙为坛，夫岂漫然无味者哉？地方小民僭援斯义，因于梣椛圈建龙王庙，意使水有所司。又念朝庭设官亦以为民，而民不能忘者，在乐乐利利。今水不为灾，钱公所以乐利我民者也，意亦欲于斯地并建钱公报功祠，庶幽明无憾。倘于祀典有合，愿公记之。"余不佞，生于斯，长于斯，困于斯久矣。今释事在田，尤以有秋为望。钱公加意于民，暨民急于水患，如此固所喜谈乐道者，敢以不文辞。窃闻圣王制祀典，惟能御大灾、能捍大患则祀之，凡以为民也，故大田多稼。诸诗周礼，荒政十二，甘[2]棠之追慕召伯，郑人之歌颂子产，匪今斯今，振古如兹。若等建庙祀神，并立祠以志不忘钱公之功，礼以义起，固祀典所不废也。余又闻堤成之后，公尚时时访求沿革，酌量利害，思欲复神禹之绩，俾余郡暨二邑万世永赖乃已。其言曰："神禹之治水，法在决排、疏浚，譬之行血脉于人之身，通则安，滞则病。陆公诚得其遗意，顾今匪其时耳。堤工之成末也，嗟乎！仁矣远矣，钱公无已之心哉？宜乎民之不能忘已。虽然良医之治病也，急则治其标，缓则治其本，无堤则无民矣。堤工之成，曷可以为末也。请于祀钱公祠内，并祀陆公。"黄发者咸欣欣举手加额，曰："可盖开河治其本也，筑堤治其标也。标本缓急之图，二公有焉，民不能忘一耳。请纪钱公之言于石，以俟于后。"陆公名申，陕西兰州人，嘉靖乙未[3]进士。钱公名藻，南直

① 万历三年，指 1575 年。

② 甘，原书误为"廿"。

③ 嘉靖乙未，指 1535 年。

如皋人，嘉靖己未[①]进士。

永定河神庙碑文[②]

康熙皇帝

朕劳心万民，于农田水利诸务常切讲求，大要仿古之决河浚川而因势利导，度有可行，期于必济。惟勤丕应，乐观厥成。念兹永定河，其初也无定。盖缘河所从来也远，发源太原之天池，经朔州马邑，会雁云诸水，过怀来夹山而下，至都城南，土疏冲激，数徙善溃，颇坏田庐，为吾民患苦，朕甚愍之。蠲赈虽频，告灾如故。永图捍御之策，咨度疏浚之方。特命抚臣于成龙董司厥事。庀役量材，发帑诹日，具告于神，乃率作方兴，庶民子来，畚锸云集，汤汤之水，湍波有归，横流遂偃。嘉此新河，既潴既平。计地自宛平之卢沟桥至永清之朱家庄，汇郎城河，注西沽，以入于海，计里延袤二百有余，广十有五丈。计工始于康熙三十七年三月辛丑，即工于五月己亥。自今蓄泄交资，高卑并序，民居安集，亦克有秋。夫岂人力是为，抑亦神庥是赖。宜永有秩于兹土，以福吾民，用是赐河名曰永定，封为河神。新庙奕奕，丹雘崇饰，更颁翰墨，大书匾额，以答灵贶。岂特于祈报之典有加，尚俾知水利有必可兴，水患有必当去，而勤于民事，神必相之，以劝我长吏。凡一渠一堰，咸所当尽心。爰揭诸碑，纪兹实事，监于后人，视永定河所自始。

康熙三十七年岁次戊寅冬十有二月十六日。

三角淀惠济庙碑[③]

乾隆二十二年　永定河道鲁成龙[④]

永定河挟云中、上谷崇山峻岭之水，奔腾湍悍，环绕畿南数县，约束于两堤之间，至三角淀而逶迤荡漾，渐次澄澈，由凤河注大清河以入于海。是三角淀为全河下游，所恃以停蓄而宣泄者也，下壅则两岸辄虞淤垫，下游畅则河底并资刷深，是以讲求河防，惟下口为急务。往者下口屡移无常处。岁乙亥，总督方观承相度形势，秉承睿谟，于北岸六工洪字二十号作为全河尾闾，导之而波涛注，潴之而风浪恬。数年以来，水之出河而入淀也，循轨徐赴，无冲激之行，其由淀入凤河以达海也。澹淹渊澄，有朝宗之势，绕稔村民，服畴力穑，共庆生成。余职司监河，周回[⑤]巡视，睹水光天色，流既远而气已静，恍见神明怡悦，金支翠节，隐现于清波恍漾中也。惟神功

---

① 嘉靖己未，指1559年。

② 选自嘉庆《永定河志·卷首·宸章》。

③ 选自乾隆《永定河志·卷十九·附录·碑记》，原志注："右碑原在北埝上汛孙家坨堤上，后碎裂。"

④ 鲁成龙，清代正红旗人，乾隆年间官员，曾任霸昌道。乾隆十九年（1754年）任永定河道。

⑤ 周回，意为周围。

在生民，灵爽昭布，固无处而不通其肸蠁[①]者。圣朝典秩有加，聿隆报祀，自石景、卢沟以及南北两岸皆建庙致祭，岁时展诚。而三角淀为水所归宿之乡，即神所妥绥之地，独无栋宇以致馨香，可乎？爰率所属择孙家坨之高原建庙一所，内正殿三楹，前后园房二十间，鸠工庀材，群力毕赴，经始于乾隆丁丑五月，越两月落成，庙貌斯崇，弦匏具举。余随直隶总督入庙，瞻拜肃虔，将事惟思益励，精诚永邀神贶，自兹以往，因水性为节，宣恒先机而利导，匀沙而沙宽，让地而地广。官弁兵夫趋事其间，皆有定向，而无岐虑，民生永赖，宸念以纾，神之灵长，宁有既哉。因书其事，俾勒贞珉，以著兴建之意云。

碑阴

永定河道鲁成龙捐银五十两，南岸同知王锡命捐银二十两，北岸同知满保捐银二十两，三角淀通判卫德炘捐银五十两，霸州知州张士权捐银十两，永清县知县蒋式瑜捐银二十两，东安县知县庄钧捐银二百两，武清县知县狄咏篪捐银八十两，南埝上泛东安县县丞仇致远捐银四两。南埝中泛武清县县丞赵曾裕捐银五两，南埝下泛武清县县丞高文谟捐银五两，北埝上泛东安县主簿陈龙文捐银十两，北埝中泛武清县主簿萧拔捐银十两，北埝下泛东安县主簿虞炳捐银十两。

拨给香火地一段，计二顷，坐落永清县属安澜城北旧河身内，东至东安县交界，南至柳园，西至双营香火地，北至旧北岸十丈外。

淀神祠碑记[②]

乾隆皇帝

畿南之地，广衍多隰，众水所钟，翕之渟之，呀然[③]成渊，而以时输壑者，则惟淀。淀之名，始见于左思《魏都赋》，所谓掘鲤之淀是也，字亦为淀。《水经注》《新唐书・地理志》皆云九十九淀，郦道元又称为清河。后世约其数为七十有二，其名皆不可胪举。其散见宋、辽、金史者，今或淤废，或传闻讹舛，所可指者，不过四十余。其他或曰泊、曰洼、曰窝、曰港，随方俗所称，而统言之，则东西两淀。西淀之大，周三百余里，概州一县四；东淀尤大，周四百里而赢，概州县七，其为薮泽也广。故畿内之水，大则沽、渝、濡、寇、派、滋、易、涞，小则山泉涧流，无所不容，而旁境之沟、浍、污、涔，亦无所不赴。其受水多，故两淀又各有经河以条贯酾导之。依城温义亢其首，四角引其吭，玉带会同缘其督，扼以茅湾，掖以中亭十望，络以南北中三股，饮于台头涤于大清河，趋西沽为尾闾之泄焉。其上则千里长堤，控界维巩，下则格淀堤以拒子牙，六郎诸堤以障永定。而闸而涵洞，罗布节宣者，无弗具。于是两淀无浑流之患，

---

① 肸蠁，散布、弥漫的意思，也多指声响、气体的传播，引申为联绵不绝。

② 选自光绪《畿辅通志・卷九・帝制纪・宸章二》。

③ 呀然，指张口貌、张开貌。

而专清水之利。黍畴稻畦，既膏既溉，厥惟上腴，舟航是通，贸迁列隧，而菰芦菱藕凫鱼之属，仰资生者亿计。非有宰其化者，孰使我民利赖若是？记有之，山林川谷，为民取材用，皆曰神。盖淀之有神昭昭矣！人第习焉不察，庙阙未举。

岁丁亥，朕敬循皇祖成宪，巡览淀海，爰自赵北口，御安福舻，沿苏桥而东，历杨芬港，至于天津。嘉文安洼之既涸，惩浑河故道之不可复，则有咏。而三滩里淀堤之弗属者，出帑缮之，亦惟绍我祖烈，以求民宁。维时春水方涣，和飙习帆，烝徒弗勚，繄川只实昭厥佑。爰进大吏诏之曰：“惟淀营薄左辅，袤延且千里，理大物博，用阜乂我畿内民，曷可弗重以神事？其相地饬祠用飨，乃发外府金二万五千，卜度两淀中，庀材经始之，阅再期工蒇。堂庑既崇，辉庖咸列，以妥以恪，式副彝典。”大吏复吁，以明年春莅而落之，且以碑辞请。则又绎告之曰：“惟淀实嘉，利我甸人，匪今斯今，食神之福。而淀左右耆庶妇孺，岁时祈报走庙下，则自今始神实凭而歆之，惟是毋霪毋潦，毋有菑沴，丰殖锡康，俾我民其永利利用，光我秩祀。有司亦毋怠祠事，毋弛民功，益迓神惠而溥淀之利。”识其详，谨肇祀也。

霸州营田七村修堤免役记①

管理霸州营田　王子音　武宁

霸州治东南台山、十间房七村，营田五十七顷九十亩有奇，逼近中亭河，河高田卑。资水之利在蓄泄，弭水之害在堤防。自世宗宪皇帝命怡亲贤王以大学士朱文端公辅行，因民之利，尽力沟洫。雍正十一年，台山、十间房营治成田，所谓京西局也。有闸有堤，堤环十二里，高九尺，底宽三丈，面宽一丈三尺。西南两闸实自营田观察副使、光禄寺卿王均始，岁役里夫随时修补，不独七村也。当是时，上方以和衷协助，期地方文武之吏，而特谕贤王举勤纠惰，官倡民趋，德风草偃，事易集，而功易成。此七村水利营田载在《畿辅通志》者如此。乾隆十二年，奏奉上谕，改设专员给佃征租，上供易州陵赋，其监收协催查报等事，又责成于州牧，盖重大周详矣。岁修堤闸，不役里夫，所承修者独附近营田之东台山、中台山、西台山、刘南庄、小宁口、平口、十间房七村耳，无分是佃非佃也。营田力役，七村子来，此自乾隆二十三年，有州案勒石可稽者，而无由呈请上闻也。虽办营田，仍征州役，七村实疲于奔命矣。嘉庆六年，大水堤决，三岁不兴，赋额缺矣。前管营田涿州牧宋鋆，六年始得报满者，以此志曰：“非地利之异于昔，实人事之未修也。”盖事不和衷，故寡助；州不免役，故民疲；情不上闻，故中梗。九年六月十二日，子音来，履亩巡堤，坍塌尤多，当伏秋两汛，集事贵速而成功倍难，不可不熟筹久长善策。今惟捐资雇役，勤谕七村，刻期兴工，以固目前当务之急。于是七村农民负具如期，赴工者至数百人，不数日而堤成，宽高如旧式矣。诸士民又呈请通详永远承修，后黏独办营田，邀免州差，墨拓旧案，还缴雇值，不受，固强之，固辞之。嗟夫！七村不皆佃户而子来趋

① 选自民国《霸县新志·卷七·金石》。

事一也，予能不鼓之舞之，达舆情而请命诸上官，皆曰可。少保总督檄布政司下州议覆如营田详情，据呈旧案之文永免州差，事遂定。七村士民感贤上官除州役兼并之征，专营田堤防之利，是宜刊存州志，窃比南山淇澳之诗也，请予记之，故记。嘉庆甲子九月辛亥日奏，管霸州营田、前知云南平彝县事、武宁王子音心音记。

重修霸州城隍庙碑记[①]（节选）

清廪生　郝金甡

盖闻古盛时王道以化民济之神道，以设教故阴阳调剂时和，岁丰可知，幽冥之赏罚与官府政刑盖同调而有互义也。爰考城隍神正祭之，始本于伊耆氏，庙则创于六朝以前历有由矣。国朝崇正祀典，凡都府都邑各立庙焉。职掌一方，爵颁五等，殆与社稷灵常而并重，视山川岳渎以同尊，固不等民间香社，僧众道场，可时举而时废者也。我郡灵应，侯庙自康熙十五年重修，道光二十三年嗣葺之。今又十余稔矣。虽依然栋宇之庄严，究不免风霜之剥蚀。计其前后三殿，左右两廊，以及官舍、隶房、剧场、道室不下百余，事势虽仍旧力乏重恢，是有待于慷慨任事者。郡主沈郑孙莅政吾土，参观庙貌，慨然有兴废之思，俯念工程浩大，民力维艰，未肯遽举，而郡绅某君、某君等亦颔而未发也。

……

于庚寅夏五月择吉兴工。是月也，阴雨连绵，河水涨决，畿南诸郡尽成泽国，而吾郡宛在中央，盖急流壅塞所致也。一时乡民鲜有定所，州主爰命辍工，亲往济溺。何君又买舟以佐之，救护众生，载诸郡内，城中若市焉。第念斯民有手莫作，有口莫食，方戚戚以为忧，而土木方兴，何庸辄止，因以修筑之工，权为赈济之用。俾得朝兴百堵，以给饔飧，夕庇广厦，以蔽风雨，变通之方，若有神助。是殆诚感而默佑欤？无何庙既告成，而水亦渐杀，民得还定安集，晚稼乃亦有秋。奈以艰食方奏，庆贺不伦，清酌奠神，暂为报竣。明年辛卯，麦秋大获，禾稼已成，甘雨和风，丰穰景象，乃于六月上浣燕集四方之善士焚香顶礼，观剧飞觞，允称嘉会，至若香车宝马，士女如云，惧亵不举，然其欢洽之声、熙穰之象，殆所谓阴阳调剂而时和岁丰者欤？从兹刑政益修，赏罚益著，生民观感，以兴是则，近造一方之福，远扬百代之休，诚为吾乡之幸矣。用勒贞珉，永垂不朽。

光绪十七年七月立石。

重修邵家桥记[②]

崔汝襄[③]

桥工蒇事，予游焉。客有乘高轩者过之，问予曰："桥为何而作也？"曰："通过

① 选自民国《霸县新志·卷七·金石》。

② 选自民国《霸县新志·卷七·金石》。

③ 崔汝襄，号赞亭，举人，河北霸县（今河北省霸州市）人。民国时先后主编《霸县志》《霸县新志》，著有《道德经》，为当地社会名流。

渡也。"某工师曰："土人也。"越几时，曰："兼旬耳。费奚若？[①]"曰："千[②]余缗。胜任几许？"曰："能任重，且致远。"客曰："吾曾作桥，以通过渡矣。延异国之工师，经数年之时日，竭无量之赀财，仅有名，而无实，何此桥若斯之易易也？"予曰："是桥也，根柢则仍旧也，补救则从新也，不饰外观，但求实效，所以用力少，而成功多也。"客闻之，怅然若有所失，恍然若有所悟，叹曰："嗟乎！根柢仍旧也，补救从新也，不饰外观，但求实救，无惑乎用力少，而成功多也。"长揖而去。适理事，诸公索记于予，予书此以应之。勒石与否，予不敢知。

宣统元年[③]。

重修台山广济桥碑记[④]

台山环村皆水，西、南、北三方有桥通焉，而其东独缺。盖河东势下，又与东淀毗连，积水难消，车行阻碍，故桥非所须也。自连年淤阏，向日污泽变为桑田，有清光绪癸卯[⑤]始建桥于东，远近便之，谥曰广济，名以实也。三十年来，车马往来既繁，梁木渐朽，将即倾圮，乡人士议重修之。商于从子复矩，复矩助金二千二百元。于是鸠工庀材，肇兴土木，惟期坚固，无侈前人。期月讫工，乡人嘱余记之。余谓："关梁之设为古来要政。"《周语》单襄公引《夏令》曰："九月除道，十月成梁。"孟子言："十一月徒杠成，十二月舆梁成。"以为君子平政之道，顾古者政操于上，民惟奉令趋役而已。今也，政由民建，凡地方兴利除害之事，皆吾民所当自谋。而兹桥之建，助财有人，程工有人，购材木、操畚筑有人，经之营之，成之不日，乃知吾乡人汲汲于义，将利无不尽，害无不蠲，民和而政举。此桥特其嚆矢也，故喜而为之记。

清庠生、里人韩世型撰文。甲午科举人，前吉林长岭县知县、安次善元书丹。

民国二十一年[⑥]四月谷旦。

重修苑口村永济桥记[⑦]

国立师范大学教授、前教育部社会司司长、邑人高步瀛[⑧]撰文。甘肃省长、前甘肃

---

① 若，原书作"苦"，误。

② 千，原书作"干"，误。

③ 宣统元年，指1909年。

④ 选自民国《霸县新志·卷七·金石》。

⑤ 光绪癸卯，指1903年。

⑥ 民国二十一年，指1932年。

⑦ 选自民国《霸县新志·卷七·金石》。

⑧ 高步瀛，1873—1940年，字阆仙，河北霸县（今河北省霸州市）人。清光绪二十年（1894年）举人，定兴书院山长、保定畿辅大学堂教习、畿辅大学堂教席、保定优级师范学堂教席。1902年，赴日本留学。1906年，任学部侍郎，后调任图书局主编，兼董理顺天府学务总处，辛亥革命后在教育部任职。1927年后，在北京师范大学、女子师范大学、国立师范大学、奉天萃升书院、中国大学、莲池讲学院等校任教，执教勤奋，数十年如一日，学业宏通精博，治学以征信为准。

布政使、翰林院庶吉士、古葛城潘龄皋[①]书丹。

昔者祇宫毫后，威驾鼋鼍；河伯外孙，灵驱鱼鳖。泶[②]津冶铁，树力士于祠旁；渭岸摹图，纂忖留于脚底。事存典藉，情属荒唐。若夫周垂彝宪，成梁记十月之工；蜀戢洪流，跨水应七星之象。惠资利涉，业媲湮鸿。询绍古之隆规，达人之要政已。吾邑苑口村，西接清河，东通析木。故清康熙三十三年[③]建永济桥于此，为津保之襟喉，扼幽青之枢钥。匪独风云来往，张说留铭；车马腾轩，杜颜作赋已也。乃者轮帆日迈，风雨年侵。一修于道光戊子之年[④]，再葺于光绪庚寅之岁[⑤]，迄今时更四纪，涂甚三危。楹摧或类夫商津，柱折几同于东洛。黑龙未筮，竟回墨翟之车；黄石不来，孰进留侯之履。此则询名清渭，空忆崔公；访古彭城，咸悲薛惠者也。县长抚顺刘公延昌，乘舆待济，有怀郑相之风；障水无梁，频发单公之叹。邑人张锡元先生、邢宝鸿、刘文襄等，同登法岸，更鼓愿船，欲效愚公担石之劳，惜无王吉点金之术，乃谋于山东主席韩公复榘。公乃捐东坡之犀带，役助罗浮；出忠惠之金钱，工兴洛水。既薄廉泉之润，复为登高之呼。贤昆复懋公、介弟复彬公，则又概发珠囊，躬操鼛鼓。于是乡邻慕义，商旅当仁，或布只园之金，或助太仓之粟。鸠良工，撰吉日羌洪规而大启，易攒木以贞珉。将使天津铁锁逊此坚牢，河水金牛虚其镇笮。量基累石，宁须秦政之鞭；测影垂虹，不待叶师之仗。襄阴太守徒雅谑于猪兰；灞水诗人同联吟于驴背。从此熙来攘往，永无厉带之忧；北马南船，共卜涉川之吉。步瀛智惭虑始，典预观成。学赵客之担簦，鄙汉臣之题柱。敢谓建春门外，同镌马宪之铭；窃幸万安渡头，更续蔡襄之记。

中华民国二十三年六月谷旦。

大城县

奉文禁盗决广安镇堤工碑记[⑥]

邑令　谢钟龄[⑦]

尝稽堤防之设，自古已然，况行水另有其地而藉，以保一邑之城郭田庐，兼以

---

① 潘龄皋，1867—1954 年，字锡九，河北省安新县人。1881 年中秀才，清光绪二十年（1894 年）中举人，后殿试中进士，授翰林院编修，曾先后在甘肃任知县、知州、知府。辛亥革命后，任甘肃省省长。日伪统治时期，拒绝出任伪河北省省长，被捕入狱。1948 年几次写信劝傅作义与中共和谈，1949 年后任中央人民政府军事委员会参议、中央文史馆馆员，1954 年病逝于北京。

② 泶（xué），渭水的岔流。

③ 康熙三十三年，指 1694 年。

④ 道光戊子之年，指 1828 年。

⑤ 光绪庚寅之岁，指 1890 年。

⑥ 选自光绪《大城县志·卷十一·金石志》。

⑦ 谢钟龄，雍正甲辰进士，乾隆四年（1739 年）任大城县知县。

庇邻封[①]数境之广，则堤之关系，（以下缺二十八字）合流，至天津归海，由来旧矣。邑西二十里，广安村前成字号报部堤长九里零八步，接河邑孟桥，至舒城，乃旧千里长堤也，（以下缺三十余字）利浅，近滨河另筑。孟桥以上旧堤弃而不修，而大邑则常守。昔人之成规为谨，若失此，不但广安而本邑（以下缺二十余字）。康熙三十二年，河邑王华村滨河堤决，直冲此堤，而一州三县沉溺数载。当事详请题奏，蒙圣祖仁皇帝发帑兴修，又雍正三年，河邑张各村河水漫溢，前令李君开王凡村前大堤，放水归河，又以此堤啮于波浪，请题修葺，蒙世宗宪皇帝简员发帑，重修完固，诚以行水另有其地，而四邑之命脉、万井之安危具在此堤，不可不加谨以从事也。乃乾隆三年，献县高官河流泛涨，溃堤东下，余目击浩荡情形，会河邑佐朱丞及城守施君复开王凡大堤，力为疏消，及春可涸。讵河邑菩塔等村民不以东开大堤疏泄为感，反目此为横堤壅遏，秋冬间三越月，每聚数十舟，黄夜持械，抗守扒堤，即欲一泄而尽（缺五六字）。嗟乎！河民亦忍矣哉，下而长堤围绕，河高地下，水入则不能出矣，抱性命之忧者不独在大邑，而大邑之士民最先受害。时有生员李煦等廉知盗扒确控，经具文通详，合蒙直隶分巡天津河间布政司参政兼管河务道宪陈，熟悉河道堤段情形，区别利害轩轾[②]，一面请帑工赈兴修，一面亲至堤，审究研讯之下，分别情伪，洞鉴幽微。河民气阻辞塞，惟有叩首阶前，恳恩超释。复蒙宪仁如天，原其被淹情急，姑从宽典，于连月盗扒之赵某照不应，重律拟杖八十，知情之保长金某、邀众之赵某照不应，重律加一等，杖九十，兼令后有水患禀官移会，在王凡大堤开泄，如敢再行盗扒，即照故决河堤防律治罪，勒石禁详。宫保尚书总督部堂孙批："赵某等盗决广安堤埝，狡不承认，尚屡次盗扒，确有实据，又不肯供盗扒之人明系知情同伙，本应按律究办，姑念被淹情急如详，赵某照不应，重律杖八十，保长金某知情不举，县旧役赵某扛帮附合，照不应，重律加一等，杖九十，均按拟热审减等八折发落，以儆将来，并饬河大二邑，嗣后偶有水潦，即速会勘，开王凡大堤泄水归河，毋许再行盗决。"广安堤工等因藩宪移咨道宪，行河捕分府，转行到县，蒙此除批檄存案外，仰遵宪仁明断，勒石记德，永垂不朽。

乾隆四年立。县丞朱永望书。

新改河堤碑文[③]

窃维皇仁洪钧，水土治而万世永赖。宪德诞敷，平成奏而亿兆蒙休，遐迩欢腾，士民庆溢。兹因子牙正河乃滹沱之下流也，境属大邑地方，而西北则有文安、霸州、保定相邻，地势洼下，忽值河水溢出，则积水数年，而民不聊生。恭奉圣祖皇帝爱民如子，

① 邻封，本为相邻的封地，泛指邻县、邻地。

② 轩轾，车前高后低为轩，车前低后高为轾，喻指高低轻重。

③ 选自光绪《大城县志·卷十一·金石志》。

不惜数百万金，修筑河西堤岸，以防水患。但子牙河水流通海，地势甚纡，一遇河水涨发，西堤即遭冲决，必须支河以分水势，钦堤方保无虞。适于乾隆二年，自杨家口河唇决口北灌，地经静邑，归海甚顺，西堤不遭水患，可保安堵如故，即静邑地方，又有泥淤之利。此天假数郡以有益无害之道也。幸蒙邑候谢公、静邑韩公、青邑田公，三县会议，顺势开河，现有遵依在案。于是如结转详前任天津道陈公，亲历查勘，移会永定道宪。又蒙宪委三家淀分府徐公，查此俱应开河废堤缘由，据实详报，会详上宪。荷蒙总河部院顾、总督部院孙会核，题于乾隆五年二月二十八日，奉朱批：大学士会同该部速议具奏。据内阁大学士鄂勘得，应于杨家口河唇归口处顺势开挖，按地除粮。迩来水不扬波，共庆安澜，静邑渐成膏腴，西堤奠如盘石，霸、保、文、大永无积水之灾，常享粒食之乐矣。俟后倘有假公济私之徒，恣意杜闭，则上干国典，下违宪令，法所宜惩，律有明条。奉蒙邑候刘公历查前案，据实详明，以准仍顺支道，不准堵塞，附近村庄永免夫役。皇天之恩膏，大如乾坤；道宪之德泽，深同雨露。沦肌浃髓[①]，刻骨铭心，敬述来历，以垂永久云尔。

乾隆十二年二月十六日，文大邑士民公立。

重修白杨桥碑记[②]

乾隆二十六年[③]　知县王建中[④]

子牙河亦名沿河，盖滹沱、漳、滏诸水之支流。自西南迤逦入境，北折而东，会淀池，达津门，归于溟海。环经县治百有余里，设舆梁者有五，曰：白杨桥、南赵扶桥、姚马渡桥、子牙桥、王家口桥。而白杨桥为山左入都之孔道。厥桥创始未详何时，废者久之。至前邑令王公讳绩，与邑士民兴议重修；又经邑王公讳值、黄公讳可润，两次重修。缘河水混浊湍悍，伏秋汛发，则奔腾涌溢，故旧制于桥外复设小桥，以分水势。迨后历年已久，渐有残缺。余莅任数载来，差务络绎，又无不时时惊心，是以未遑经理，亦虑重累我士民也。

己卯[⑤]秋，上游诸水涨发，小桥漂没，而正桥亦复倾圮。余思事之废兴由乎天，长堤古渡听其废而不修，当事者之耻也。爰图为鼎新之举，捐薄奉以首倡，而绅士、商民，俱各乐襄厥事。于是鸠工庀材[⑥]。不数月而桥落成。长十三丈六尺，宽二丈四尺六寸，为柱八，为空九。列以两廊，佐以小桥，引以埕道，一一次第修整，计费千余金，则众腋所集也。从此，车邻马迈，行人辐辏，日往来于天子荡平正直之宇者，庶不至临

① 沦肌浃髓，指透入肌肉和骨髓，比喻感受深刻。
② 选自光绪《大城县志·卷十一·金石志》。
③ 乾隆二十六年，指1761年。
④ 光绪《大城县志·卷七·官师志》载：“王建中，乾隆二十七年”任大城县知县，时间或误。
⑤ 己卯，指1759年。
⑥ 鸠工庀材，原书为“鸩工庀村”。

河病涉矣。虽然莫为之前，虽美弗彰；莫为之复，虽盛弗继。余幸与士民得继王、黄诸公之志，而将来之永垂不朽者，尤不能无望于接踵之君子焉。是为记。

公修黑龙港河岸记[①]

乔峻[②] 大城知县

大邑河南共四十八村，地势低洼，岁患漫溢。西南患沿河，东北患黑龙港河，居民苦之。沿河自康熙中建有大堤，当即丈量段落，于近堤三十村，无论士民，按地均分，作为堤埝，春筑秋防。又于各村设立看堤堤长，查催修理。由是，沿河水患可保无虞，立碣于白洋桥旁，相沿遵守。

黑龙港河，亦系滹沱河下游，兼受河间、献县一带大泽之水。春虽涸竭，而夏秋泛涨，势与沿河相埒[③]。先是，专责夹居黑龙港之十八村通力合作，亦春筑秋防，岁以为常。嗣恐人力不齐，官委工正、工副各一人，督催办理，与沿河各就其所近者而分防之。此往日旧例也，遵行七十年，相安无异议。自乾隆二十年以后，法久渐驰，旧堤日残，不独水患倍前，而各该村既废其业。官因令其供役于河北之堤岸，令此十八村协修三十村之堤。自救不赡，而复迫之舍其茔墓田庐，而往防他所，狱讼争起，案牍日烦矣。

余因查勘堤埝，细心谘访，遂廉得其实。夫秋水涨发，沿河与黑龙港河皆可虑也。分地防护，三十村与十八村皆赤子也，为民父母，而不为酌剂其平。乌乎！可因谕令各村居民，各按厥役，仍照往例遵行。又访知杨家庄民杨士义、王召庄民王省言，朴实勤谨，堪充工正、工副，乃使为十八村之督。部署一定，同声称便。而又恐其日久废驰，仍滋讦讼，公请为文，勒诸黑龙港河险要之处。余惟地方官，不能兴利除弊，而幸有旧章可循，为斯民均徭役、杜争端，亦责之无容诿者。窃愿与后之莅斯土者其安之矣。遂允其请，而为之记。

乾隆四十五年庚子七月上浣。

十八村：曹家寺、孙召庄、李召庄、杨家庄、白庙、王召庄、吕召庄、前洼、艾辛庄、固家庄、周家庄、广惠屯、良台、前流庄、中洼、后流庄、任前庄、盖益庄。

重修白杨桥碑记[④]

乾隆五十二年 邑人邓民望[⑤] 亿瞻

白杨桥，古名利济，其创始也，不知何年，自康熙五十一年至今，凡经五邑侯

---

① 选自光绪《大城县志·卷十一·金石志》。

② 光绪《大城县志·卷七·官师志》载，“乔峻，乾隆四十五年”任大城县知县。

③ 埒，意为等同。

④ 选自光绪《大城县志·卷十一·金石志》。

⑤ 邓民望，字亿瞻，直隶大城县（今河北省大城县）人，清乾隆年间岁贡，曾任魏县教谕。

修葺（王、王、王、黄、张[①]），要皆好仁劝善而成。在昔，滏阳之水迤逦而来，其势缓而物价廉，故成功也易。继此，滹沱之水与漳水、滏水、洺水汇注于斯，其势大而物价倍，故成功也难。自乾隆二十六年，邑侯王公建修，已大费经营矣。至四十九年，水势迅急，桥被冲折，往来行人群苦病涉。前任杜公发心捐修，厥志未逮而荣升。幸我邑侯胡公来莅兹土，接任之初，即留心民瘼，而于白杨桥尤廑念焉。客岁[②]捐廉倡义，凡我士庶，莫不踊跃乐襄盛事，因而构材鸠工，肇修于上巳之辰，落成于端阳之日，由是北赴帝都、南之山左者，莫不欢欣载道。厥利溥哉！厥济众哉！厥德懋哉！因思我胡父母下车以来，其存心也法以廉，其乱御众也宽以和，其执法也严以平，懔四知于清夜，关节不通，存三畏于寸衷，锱铢不染，培学校而青衿色动，剔夙弊而闾左气扬，而且省差役以舒民力，议公费以惜民财，官事无留滞，三农乏失时之虞，约信不轻发，四野绝豪吏之呼。《诗》云："乐只君子，民之父母。"其以此也。夫则岂杠梁之成，与川流并千古哉！望等幸沐德涯，莫测沧溟，许大雅，蒙和煦，始知寒谷生春，所虑者天章日下，不次内擢，区区百里，乌足羁[③]骥，足耶，因草俚言，永志不忘，且望后之君子莅斯土而经是桥者，知我胡父母之善政固如是也。是为记。

重修南赵扶村通济桥记[④]

大城知县 陈鉶

河桥之名，肇于秦昭王五十年，《史记》载之綦详。桥者，趫也，矫然而立，所以便往来。古者徒杠舆梁成，而政体昭然，义在斯也。大城南赵扶，乃东西往来冲衢，沿河略界，其前旧有木桥一座。丁卯冬，予自津门迁是邑，见其形势倾圮，过者心惊，询之父老，乃知是桥自乾隆壬寅经应楫杜令重修，遗有碑记，迄今二十余年，水灾屡告，民将自顾之不赡，又岂能为征人行方便乎？余莅任之明年，风雨以时，岁称大熟，余粮栖亩[⑤]，家室盈宁。越己巳春，遂集父老而谋此举，捐俸首倡，绅士商民靡不欢忻鼓舞，乐襄厥事，于乘东作[⑥]之余，聚千金之重，鸠工庀材，月两匝而大功告成。嗟乎！此桥之为利久矣。观邑志，作于康熙之时，惜未详其创于何日，即杜令碑记传开河之初已设之，而于其由来亦略焉，殆年远而无可考与。今日革故鼎新，民请书其事于石，余岂敢自为功，亦不过继杜公之志云尔。然是桥也，以木为之，非若石之可垂久远也，安保历数十年不又倾圮乎哉？镌诸石，庶几览斯记者，谅予绅士

---

① 王王王黄张，为碑文原注。

② 客岁，去年。

③ 羁，指马笼头。

④ 选自光绪《大城县志·卷十一·金石志》。

⑤ 余粮栖亩，余下的粮食留在田地里。

⑥ 东作，谓春耕，泛指农事。

商民，因其共继杜公之志，有举莫废，于万斯年，俾远迩之，人咸乐王道之平平也。是则赖诸后人君子。

里坦镇南小桥碑文①

盖庆康年者不忘水旱，有偶值之天灾；履平地者不废桥梁，有预防之人事。相厥村南，实维下隰，为商旅往来之要路，亦街市出入之通衢。若大道果可常遵，固无虑蜀道之惊陷马；而潦水倘逢未尽，将不免淇水②之叹渐车。蒹葭③掩映，人在一方；云树苍茫，虹藏百尺。临涯多阻，利涉奚从。恭维启堂刘老先生，承好善之家传，兄终弟继，推济人之素志；身体力行，周族属乡闾④之急。由来笃厚可风⑤，悯行人厉揭之艰，爰是绸缪未雨。运木石而我任我辇，鸠工肇始于三春；策舆马而载骤载驰⑥，成梁不待于十月。拟仲舒之捐带，而筑事本周详；较大宋之编竹，而成德尤懋介。偶尔鸦头泛渌，谁栽步步之莲；相看雁齿排红，我折条条之柳。宛似河填乌鹊，讵须游泝于陈川；居然港近黑龙，可任经过于圯上。工竣于今日，而乐其泽者将及乎百年；事便于此方，而出其路者遂由之四达。称诵不间于疏戚，佩戴岂比于寻常。虽为善不求报，非思要誉于乡邻；而扬善有同心，固已遍乎于遐迩。凡我众人，共钦盛德。仰义士之风佥，谓修同薛惠；荷仁人之利允，宜名著崔公。言是刍荛，匪等赞飏之失实；寿诸金石，用志铭勒于弗忘。告厥成功，昭兹来许。

重筑格淀堤碑记⑦

光绪三年　大城知县　蔡寿臻⑧

兴众修筑，以防灾患，有司之事也。身家自卫，居民之务也。至于势处难为，工不易就，临民者忧之，不得不丞为筹画，以集其事。则又时之权变，而非所云。是经是程也，格淀堤由来旧矣。向章民力修，不得动帑。东西十五里，界文、大两境之间，障淀水不使南溢。而其南，则东为沿河堤，西为千里堤。三堤之内，惟大城之王家口、苗头、段堤，三村田园庐墓，尽在于兹。自有是堤以来，岁庆绥丰，淀水无害。则是堤也，三村之保障也。同治初年，河水为患，邑北诸堤尽溃，而格淀堤冲决尤甚，三村因亦为潴者。呜呼！此堤成，为三村之利，此堤废，为三村之害。余自壬申岁来宰是邑，

---

① 选自光绪《大城县志·卷十一·金石志》。

② 淇水，在河南北部，古为黄河支流。

③ 蒹葭，芦苇。蒹，没有长穗的芦苇。葭，初生的芦苇。

④ 乡闾，古以二十五家为闾，一万二千五百家为乡，因以“乡闾”泛指民众聚居之处。《管子·幼官》载：“闲男女之畜，修乡闾之什伍。”《南齐书·礼志上》载：“郡县有学，乡闾立教。”

⑤ 可风，可为风范。

⑥ 载驱载驰，指车马疾行。

⑦ 选自光绪《大城县志·卷十一·金石志》。

⑧ 蔡寿臻，光绪六年（1880 年）任大城知县。

悯泽水为灾，亟思治之。会文邑，禀宪，宪委牧翟公、游府陈公总办文大工程。先开引沟泄积水，继修堤防北涨。督宪过境，尤殷殷以格淀堤为至要，谕以急修。因款之难筹也，乃奏拨[①]春抚银两以工代抚，为修堤之费。而格淀堤文、大两段，皆令大城承办。余查勘大城堤段，残缺已甚，需役孔多，且此项银两原为春抚之款，遂于饬令三村承修外，谕堤外被水各村皆同得赴工就抚。于是众力并集，是板是筑，不数月而告成。是岁也，北水复涨，而淀水不得为灾，则三村获益，岂浅鲜哉？

夫有其举之，莫敢废也，而无以善后，则弊滋。兹为大城堤段定修守章程，以示将来：

一、于堤上筑汛房二间，募雇妥人看守，以便当秋大汛时堤捷于照应。

一、每岁春间多栽柳树，固护堤土，待其长成，亦可备抢险桩料。

一、每岁多堆土牛，以备防险之用，而取土必于五尺之外，不得以堤土补堤。

一、以上修守诸费，皆王家口与三村按年输出，即遇冲决筑塞，亦由三村承办，不得援此次办法，扳堤外各村，致推诿误事。定此章程，勒石示后，总愿堤内居民，各自尽力，以奠厥室家也。更望后之莅斯土者，鉴于兹焉。

固安县

固安县固城村谢家庄石桥记[②]

辽 翰林学士 王鼎[③]

噫，旧之徒杠，尚有常节，故雨毕除道，水涸成梁，弗可阙已。过是未修，或修之不谨，则为其害也非细焉。若官司失豫备，则民下得蚤图，亦救弊之一端也。固安坤隅一舍内有谢家庄，为近川流，恒苦湫下，每春泽未透，秋潦尚渟，则此河濡，大为坎窞，使人病涉马还泞，虽魏汾沮洳，荆土涂泥，不是过也。兹由习惯，止务因循，致兹险阻之深，无有坦夷之望。慢防且久，改作者谁？则我邑主优婆夷，实其人也。邑主事张姓，阎氏，自为女为妇为母已来，孝敬慈柔，乡邻藉甚，固不待言说而后知其美也。及称未亡见谅之死，以家二女选婿同居，感之悦之，俱至和顺，故其兴利若一心焉，每自出财，或他与力，前后铸办洪钟一口，起建佛殿三间，叠成道路一十里，□其始终有立，虽勇毅英雄，蔑以加矣。惟兹远虑，尚未速成，似有待而然也，以谓沛然莫之御者水为大，确乎弗可拔者石为坚，与其多易而致难，曷若暂劳而享逸。由是，一之曰规断岸，计横流，二之曰就它山下文础，云随根至，天与骨来，相继十霜，才及百两，犹未毕此愿也。会有涿州西七里小马村成济闻之，惠然来助，自时缘感，特异往初，老幼相呼，远近比至，上置碕岸，

---

① 拨，原书作“拔”。

② 选自民国《固安县志·卷四·故实志·金石志》，又见《全辽文》卷八。《全辽文》卷八载作者为“状元王鼎”。

③ 王鼎，字虚中，涿州（今河北省涿州市）人，“幼好学，居太宁山数年，博通经史。”辽道宗清宁八年（1062 年）状元，翰林学士，辽代著名文人，著有《焚椒录》。

旁压需[①]泥，有同下坂以走丸，并欲挟山而超海。望之玉立，地欻变于宝严；过之砥平，人咸疑其化出。自非悠久，颛得经营，则何以发自至诚，形于吉梦，得人为助，不日告成，若是之速耶？桥既成，又求文于下走，欲其同会，各录本名，如过见千佛之比，用齐坤厚，永弗坠焉。时大安五年岁次，乙巳仲春二月八日丙时记。

碑侧：此碑始立大安时，未有塔，以前名为谢家庄，既有塔以后，名为半截塔，衍及数百年，康熙五十七年重修殿宇复立。

固安堤记[②]

正统三年七月　明大学士杨荣[③]

天下之难治者莫逾[④]于水，而治水之先者，尤莫逾于京师，故大禹之迹首在冀州，岂非以水之利害所系者大，而帝畿之内宜慎其防，以为宏远之图也欤？卢沟之河发源太原之天池，伏流至朔州马邑，从雷山之阳发为浑泉，而为桑干河。雁门、应州、云中、山西诸水皆会焉。愈远益大，过怀来行两山间，拘束龃龉而不得肆，至京城西四十里石景山之东，地势平而土脉疏，冲激震荡，迁徙[⑤]弗常。后魏都督河北道诸军事建成侯刘靖及于平乡侯宏筑戾陵堰，以防之。水患稍息后，人思其功，谓之刘师堰。历世既久，水势渐更，下流十五里距卢沟不远有曰狼窝口，时复冲决，漫流而东，浸没田庐，民弗安业。圣朝建北京，视河为襟带，永乐间屡常修筑，辄复颓圮。今圣天子嗣位，命工部侍郎李庸、内官监少监姜山义往任厥事，复命太监阮公安、少保工部尚书吴公中总其事，且敕其务存坚久，勿为苟且。庶几暂劳永逸，群公效命，材谋具济，经始于正统元年冬，毕工于二年夏，凡用夫匠二万余，月给粮饷以万计，累石重甃，培植加厚，崇二丈三尺，广如之，延袤百六十五丈，视昔益坚。既告成，赐名固安堤，命置守护者二十家，建神祠于上，有司以时修祀礼。凡督事者，悉赐钞币以劳之，其视筑戾陵堰，役费加倍，而坚实亦过之。仰惟圣明至德，蟠际穹壤，而于京畿益图巩固，以宁济斯民于千万年。诸公亦能同寅协恭，用成厥功，盖可久可固，而利益于世者不小，皆所当书。于是叙其始末，俾勒诸石，庶后之人有考焉。

固安县修堤建龙王庙碑记[⑥]

明万历三年六月　明都给事中　尤懋

燕南诸郡邑，为九河下流。地势洼下，土壤轻脆，无高山大麓之限，横流易于冲决，

---

① 需，应为“壖”。

② 选自乾隆《永定河志·卷十九·附录·碑记》。

③ 杨荣，1371—1440 年，原名道应、子荣，字勉仁，建安（今福建省建瓯市）人。明初著名政治家、文学家、内阁首辅，著有《后北征记》《杨文敏集》等。

④ 逾，意为越过、超过。

⑤ 徙，原书作“徒”。

⑥ 选自乾隆《永定河志·卷十九·附录·碑记》，原志注：“右碑在固安北堤口古河神庙。”

贻民之害其来旧矣。三辅环京，固安尤为重地。川渎经入其境内者，一曰浑河，一曰清河。浑河去县北数里，东流至永清县界，即古之桑干河是也。清河出县之西南，亘二十余里，合榆水入县境。平时伏流，各循故道，夹河之民虽未藉其利，而害未及之。迄于夏伙之交，积雨淋潦，洪涛迅奔，汪洋弥漫，潴而为渊，拥而为沙，蔽原塞野莫知底止，即有咫尺退滩可容耕佃，已转膏腴之旧，而为脊薄之区，岁复岁焉，莫可谁何，浸以垫溺□□城郭，将来之势可畏也。已然水性慓悍，固不能使之挽回故道。修筑堤堰，以为民防，宁非司牧者之责，而济民之一术哉。乃兵宪钱公下车，未及观风问俗，视此有隐忧焉。始为檄谕下，其议于县令。时县侯李公直以今之为害于境内者，莫如二河，栅堰防堤何敢不力。顾今百姓困敝极矣，常征固已难之重之，经费以扰农事，不将益难乎？今计惟议募工雇值出以公帑，于勾稽版筑之间，而默寓赈恤抚摩之意。一方百姓闻之无不欢呼称便者，乃逐条画上之钱公，钱公大加叹称焉，即为具，白都抚王公，报曰可。侯方布令申谕，出公贮趣办雇值，而应募者殆数千百人，乃约以度工授金，标示法式，即卜日肇事，以督工官五十三人分工守视，即其所庐焉。侯则一日二日必至，有公事出则必至，即风雨不辍。于是赴工者大奋，事益集，筑益坚。无何，堤岸迤逦起北障浑河三十四里许，动公贮以银计五百四十九两，以谷计五百石有奇。南障清河堤二十余里，其银谷费，俱侯特设处。工肇于万历三年三月三十日，告成于本年四月十七日。又其卒也，于浑河堤口创建一龙神神像，而岁时祠之，若谓茫茫川渎必有以主之者，祈神之佑，河泊效灵，而永相吾民焉。夫以数百年未举之，事功而兴于一旦。以千百年无穷之大业而成于期月。侯之上承德意，而下恤民情，可谓亟矣。又其器具用度无一烦民，而出纳之间不经吏胥，故其制用有纪，民不知劳，诸治理始末，皆可以风告官守，而遂垂政模也，使后之为令者，得循其嗣，续而时举之。其所以裨补于此方之民者，岂其微哉？是年春，余家居还朝，道经县邑，方渡浑水，而异其堤垣之固，遂得侯言其梗概若此，因请余文以纪其事。余也乐观厥成，遂不量其鄙朴，僭为之记，以识其岁月云。

固安县创修重堤暨龙王庙碑记[①]

万历四十三年六月 明右副都御史郭光复[②]

固安之苦浑河也，（缺）古称桑干河是也，（缺）卢沟桥下分两（缺）漂悍喜迁，一过黄沙漫野，四十一年间（缺）数日暴（缺）河水（缺）堤平，少顷建（缺）而下，射城西门，怒畴奔浪，吼雷战马，城几沼，而民几鱼矣。会今（缺）侯孙公号太素，奉命从武清移兹邑，炯炯福（缺）车，即问俗考政，遍察利弊所在

---

① 选自乾隆《永定河志·卷十九·附录·碑记》，原志注："右碑在西惠济庙。"

② 郭光复，？—1616 年，顺天固安（今河北省固安县）人。明万历十七年（1589 年）进士，授户部主事，升员外郎。历任扬州知府、淮徐兵备副使、山西右参政，调宁武道升左布政。万历四十二年（1614 年）升都察院右副都御史，任中巡抚辽东，万历四十四年（1616 年）以身殉职。明神宗特颁旨，称郭光复"尽瘁卫边，忠劳可悯"，准予祭葬，追赠兵部左侍郎，崇祯三年（1630 年）加赠正义大夫。

而兴（厘）之，自捐金置办[1]大小木料，虽竹头木屑，靡不广为储蓄。邑人不之知也，（缺）月庶品交饬城工，修缮之余，率群僚问诸水滨，曰："旧提崩迤，几成平地矣，安在一线，土足蔽此万顷波，盍再修一堤，重加保障，可恃以无恐也。"亟立期会（缺）锸畚，夫役虽征之，马头而觅，直悉出帑，中金复旦夕，勤（缺）以不常之格（缺），是以欢声如雷。子来趋事才十日而堤成矣。既而曰："凭河有神栖，神有庙与其弭患，而沉璧于中（缺），若建祠而（缺）于崇陛，况此神从至正间业封为灵应洪济公，岂至今日而反成缺典？"于是（缺）前所储之材木，鸠工建庙，而塑之以像，计前后费二百五十金，成功三十日，傥明神呵护而然哉。堤长五百四十丈，高一丈八尺，厚阔狭不等，两傍密树以柳计万余木，坚完倍昔。庙凡三楹，下有台，前厦后又构禅堂三间，傍有树围以垣，最前门大高而取象昂起首，美哉！庙制乎栋甍宏丽，金碧辉煌，珠旒（缺）穹然高峙，两提摊抱如环带，然岂不巍巍形胜，足以妥神灵而邀崇贶哉？役竣，父老庆其成，刲羊击豕，为歌舞之会。公合群寮而展拜其前，祝之曰："司民命者，明有职幽，有神职不忍厉民而祝神，神亦当鉴职而福民。"自此泽润千里，浪偃重层，有灌溉而无虞奔射，惟神之灵，亦免职之戾。不然，泛滥如故，冲决如故，啮田畛而漂庐舍，使民荡析于洪涛巨浪中，无论非筑堤建祠之本意，而自顾庙貌能无惭斯民血食乎？于是酹[2]酒于地，击鼓而颜其门，复记事于碑。记毕，系以歌曰：卷池长河古岸东，双堤势如虹。筑宫高插半天中，明德千年兮祀常丰。又歌曰：福星来此遁长鲸，白沐翻（缺）柳浓烟云一气横，问谁垂荫兮勒石永贞。

秦侯创建四门吊桥记[3]

曹梦麟　邑人

邑旧无吊桥，今之吊桥作于秦明府莅任之三月也。时为庚午初夏，是时邑新脱祸残。民惊魂丧魄，日夜惴惴，恐其复来。公乃于缮城制造之余，周城浚池，深二丈许。创四吊桥。夫池旧有之，而今为天堑。桥旧无之，而今为天险。其版之坚，可以通车马也。其机之括，可以任去存也。横云数柱，游者可凭而题也。规制一开，继者可循而葺也。明府负重之资，应变之器，整顿乾坤之手，掀翻今古之才，胥具是矣。今明府以冤罪行，余承乡先生言，为吊桥记，记吊桥所以记明府也。乃援而歌曰：横木平平，险以设思。神君既去，有桥杰思。西望太行，榆水环思。山河长久，惠曷竭思。

崇祯三年。

---

① 办，原书作"辨"。

② 酹，原书作"酧"。

③ 选自民国《固安县志·卷四·故实志·金石志》。

奉修固安县浑河堤岸碑记①

康熙三十一年　涿州知州秦毓琦②

浑河之水，其派甚远，脉发天池，大于桑干，渐衍溟海，为京都之总汇，实天府之雄流，由来旧矣。岁在壬申，春二月，钦奉上谕：“浑河堤岸久未修筑，各处冲决，河道渐次北移，永清、霸州、固安、文安等处时被水灾，为民生之忧。可详加勘察，估计工程，动正项钱粮修筑，不但民生永远有益，贫民借此工值，亦足以赡养家口。钦此钦遵。”直隶巡抚郭世隆率属亲履踏勘，查明浑河故道在固安、永清之北，向有旧堤七十二里，今河滩移徙，每遭冲决，常罹水患，此堤之亟宜修也。又查地势北高南下，旧堤既修，北水无归，居民受患。永清东北向有旧河五十四里，年久未浚，间有淤塞成途者，欲使顺流归淀，此河之亟宜浚也。确经估计，题明浚筑，飞檄遴员，迅赶分办，择日兴工。兹固安县属之堤六千八百七十九丈，爰奉饬委，即集村民父老宣扬圣谕，酌量举行。夫兴修除患，本图乐利于久远，给值论工，更足赡养于斯日。圣天子因民之所利而劳之，因民之所劳而即利之。宸衷至意，溥被无遗。赤子幸生尧舜之世，居于畿甸之间，有不踊跃爱戴欢呼从事者乎？今愚者殚其力，达者挚其心，胼手胝足，登登然竞趋坚峻，勿事虚糜。一望新程，宛如带砺，不越月而堤工告成。是役也，康熙三十一年四月十二日工兴，五月初五日事竣，计夫十三万五千九百八十四工，给值银五千四百三十九两三钱六分。琦等躬际盛事，撰文刻石，俾千万世登览是堤者，知圣朝无事不蒙恩也已。是为记。

固安县太平庄东河神庙碑记③

康熙三十九年　固安县知县杨龙④

固安县北旧堤一道，东至龙王堂永清县交界起，西至本县米各庄、宛平县交界止，共计长三十八里五分一厘七毫。康熙三十一年奉旨发帑修筑，自本年二月内兴工，四月内告竣⑤。经修官署县事三河县知县张鼎、署典史事永清县典史郎应璧，监修官涿州知州秦毓琦。康熙三十七年九月内，蒙前任抚院督令前任固安县知县修补。至三十八年三月竣工。详明抚院，交给河工分司，为南岸管理讫。

① 选自咸丰《固安县志·卷八·艺文志》，原志注：“右碑在固安县十里铺河神庙，乾隆三十六年五月二十三日，移于北岸二工新建河神庙竖立，舁至南三工六号上船过河，水发沉溺。”

② 秦毓琦，奉天人，贡生，曾任涿州知州，康熙三十二年（1693年）任宣化府首任知府。

③ 选自咸丰《固安县志·卷八·艺文志》，原志注：“右碑在南岸五工太平庄河神庙。”

④ 杨龙，咸丰《固安县志·卷五·师官》载：“杨鉍：奉天府监生，康熙三十九年任（固安县知县）。”《清稗类钞·吏治类》载：“光禄寺少卿杨鉍静山，康熙时知固安。”由此，可知“杨龙”应为“杨鉍”。

⑤ 竣，原书作“峻”。

阅河长歌并序[①]

康熙皇帝

朕阅河出郊，自南苑过芦沟，顺永定河之南岸，见十五年前泥村水乡，捕鱼虾而度生者，今起为高屋新宇，种谷黍而有食矣。水淀改成沃野，溜沙变为美田。因思古人云有治人无治法，斯言信哉！若治之不早，民至于今，未知何似也。故有感而作长歌一篇，以示善后之计云尔。

春风春社艳阳天，云尽尘清遍路阡。
曾记当时泊舟处，今成沃土及膏田。
十年之前泛黄水，民生困苦少人烟。
历历实情亲自睹，老转少徙益难抚。
挟男抱女至马前，皆云此河不能堵。
桑干马邑虽发源，山中诸流数难数。
吾想畿内不能防，何况远虑治淮黄。
数巡高下南北岸，方知浑流为民伤。
春末无水沙自涨，雨多散漫遍汪洋。
若非动众劳人力，黎庶无田渐乏食。
庙谟不惜费帑金，救民每岁受饥溺。
开河端在辨高低，堤岸远近有准则。
未终二年永定成，泥沙黄流直南倾。
百姓方苏愁心解，从此乡村祝太平。
昔日宵旰尝萦虑，将来善后勿纷更。

西惠济庙碑[②]

雍正十一年　永定河道　定柱

永定河发源山西太原之天池，伏流至朔州马邑，会雁门、云中诸水，经宣化府之怀来，夹山而下，曲折盘旋而至京西。宛平县境土疏，冲激数徙[③]善溃，颇坏田庐，为居民患。康熙三十七年，圣祖仁皇帝轸念滨河百姓，图维捍御之策，特命直隶巡抚于成龙筑堤浚河，以奠民业。由宛平之卢沟桥、朱家庄汇安澜城河，注西沽，以达于海。顾新河放水之后，溜急汹涌，两岸堤防多致坍卸，安澜城河口淤垫，是以康熙三十八年，圣祖仁皇帝亲幸永定河，相度地势高下情形，特授方略，于三十九年自永清县郭家务以下地方另开新河一道，改河口于霸州之柳岔口，而河患平矣。乃后河身渐致淤，高出水，又复壅滞。我

① 选自雍正《畿辅通志·宸章·卷十》。

② 选自乾隆《永定河志·卷十九·附录·碑记》，原志注："右碑在固安县城外西庙。"

③ 徙，原书作"徒"。

皇上御极，念切苍黎，兴修水利，雍正三年怡贤亲王、大学士朱轼钦遵谕旨，历勘河[1]形，悉心区画，自柳岔口引河流稍北，绕至王庆坨之东北入淀，使河水有所归宿。雍正九年，定柱恭膺简命，职任监司，下车三载，水流顺轨，岁庆安澜，滨河禾稼，悉获丰登。此由圣主德盛，故河神默佑，俾成厥功也。固邑城外向建有东西河神庙两座，柱因而敬葺之，神像庄严，殿宇崇焕矣。但明神供奉不可不为远计，查东庙有地五十亩，西庙有地连庙基共五十亩，只敷僧道饔飧[2]之费，而岁需香火缺焉。钦惟我皇上于永定河上游石景山新建北惠济庙，御赐碑文、匾额，现在交部议拨香火地，圣心诚敬至密至详也。

柱暨各属均沐皇恩，神灵护佑。于固安东西两庙，悉愿捐资，置段德名，下入官地，并赎回旧地共三十顷，坐落永清县第六里柳坨、大惠家庄等村，与固安县之小西湖、张家场、吕家营等村，存取租息，缴存道库，为每岁香灯祭祀之需。稍展报享微忱，垂之永久，所有捐赀各员弁姓名揭诸碑阴。

永定河道定柱、永定河道八十、南岸同知黄焕、北岸同知李坛、石景山同知齐格、南岸头工杨振清、南岸二工袁松龄、南岸四工王熊采、南岸五工刘启、南岸六工蔡学颐、南岸七工李泰阶、南岸八工王元卿、北岸一工朱明琦、北岸二工张大宏、北岸三工洪时行、北岸四工葛士达、北岸五工顾广生、北岸六工朱云林、北岸七工陈琦、北岸八工陈培。

禁河身内居民添盖房屋碑[3]

乾隆十八年二月，奉上谕："缘河堤埝内为河身要地，本不应令民居住，向因地方官不能查禁，即有无知愚民，狃于目前便利，聚庐播种，罔恤日久，漂溺之患。曩岁，朕阅视永定河工，目击情形，因饬有司出示晓谕，并官给迁移价值，阅今数年于兹。联此次巡视，见居民村庄仍多有占居河身者，或因其中积成高阜处所，可御暴涨。小民安土重迁不愿远徙，而将来或至日渐增益，于经流有碍，不可不严厉限制。着该督方观承将现在堤内村民人等，已经迁移户口房屋若干，其不迁移之户口房屋若干，确查实数，详悉奏闻。于南北两岸刊立石碑，并严行通饬，如此后村庄烟户较现在奏明勒碑之数稍有加增，即属该地方官不能实力奉行，一经查出，定行严加治罪。特谕，钦此。"

南岸头工至六工河滩内村庄

南岸头工除高岭一村系在堤头山坡外宛平县属

大宁村，居民五十三户，瓦土房三百八十间。

南岸四工固安县属

---

① 河，原书作"何"。

② 饔飧，指饭食。饔，早饭；飧，晚饭。

③ 第一段《圣谕》选自咸丰《固安县志·卷一·舆地志》，其后各部分选自嘉庆《永定河志·卷二十三·附录·碑记》。《禁河身内居民添盖房屋碑》应分别为四座碑，每碑都是前部刻录上谕，后部刻录各县属村庄、房屋情况，括号内为原志注。

小仁厚庄，居民四户，草房二十七间。
大仁厚庄，居民四十八户，瓦土草房一百五十九间。
白家新庄，居民十三户，瓦土房三十九间。
南岸五工固安县属
太平庄，居民二十户，土草房七十一间。
南岸六工永清县属
董家务，居民二十三户，瓦土草房五十三间。
惠元庄，居民三十一户，土草房一百一十一间
（右碑建南岸四工五号。）
东安县属
淘河村，居民二百一户，瓦土房一千七百六十三间。
于家堤，居民一百一十八户，瓦土草房四百二十八间。
葛渔城，居民六百五十六户，瓦土房四千一百六十四间。
武清县属
大范瓮口，居民七十八户。瓦土草房三百三十八间。
（右碑建北稔工头，今被淤。）
下口南埝以内村庄
永清县属
安澜城，居民五十四户，瓦土草房二百七间
霸州属
唐二铺，居民一千一百五户，瓦土草房二千五百四十九间。
黄家铺，居民十三户，土草房五十四间。
外郎城，居民三十一户，瓦土草房一百四十六间。
疙疸上，居民一百三十二户，瓦土草房七百七十五间。
王家铺，居民七户，土草房十四间。
毕家铺，居民一户，土房十间。
东安县属
外郎城，居民三户，瓦土草房二十五间
得胜口，居民一百四十五户，瓦土草房七百三间。
王家圈，居民四十六户，瓦土草房一百九十九间。
东沽港，居民二十三户，瓦土草房二百八十八间。
马家口，居民四十八户，瓦土房一百一十六间。
磨乂港，居民一百十七户，瓦土房五百五十四间。
椌安澜城，居民一百二十八户，瓦土房四百四十二间。
武清县属

东沽港，居民一百户，瓦土房二百七十九间。

小范瓮口，居民一百四十六户，瓦土房四百八十一间。

王庆坨，居民七百口户，瓦土房三千二百八十间。

明家场，居民十户，草房二十九间。

辛庄，居民四十户，瓦土草房一百二间。

（右碑建南堤五号。）

自范瓮口至凤河东堤北埝以内村庄

东安县属

闫家庄，居民六户，草房十三间。

郑家楼，居民三十一户，土草房九十间。

武清县属

刘家铺，居民七户，土房二十六间。

西萧家庄，居民三十七户，土草房一百一十九间。

六道口，居民二百二十七户，瓦土房八百三十二间。

敖子铺，居民六十三户，瓦土房三百三十五间。

李家铺，居民五户，土草房十五间。

王家铺，居民十三户，土草房二十七间。

又，光村，居民五百十三户，瓦土房一千七百三十七间。

鱼坝口，居民一百二十七户，瓦土房七百八十二间。

陈家嘴，居民五户，土草房十五间。

西南庄，居民五十八户，瓦土房一百七十七间。

二光，居民二十四户，土房七十八间。

东箫家庄，居民十七户，土草房五十四间。

天津县属

安光，居民一百零四户，土草房三百七十五间。

双口村，居民一百零六户，瓦土房四百七十九间。

（右碑建石各庄村前北埝上。）

东惠济庙碑文①

乾隆二十二年　永定河道　鲁成龙

永定本无定，乃我朝嘉锡之名，即古称桑干河也。溯其河源，由山右太原之天池伏见，经流袤长，几及千里，穿西山地界而达石景山，过卢沟桥，水势奔突，迁徙靡常。

① 选自乾隆《永定河志·卷十九·附录·碑记》，原志注：“右碑在固安县城外东庙。”

国初以来，任其散涣，不事修防，迨中丞于成龙建议创筑堤堰，疏浚并施，继经怡亲王同大学士朱轼兴修水利，浑流容衍，属之于淀，荡漾澄澈，归津入海。自石景山以至三角淀，绵亘二百余里，金提屹立，安流循轨，保卫田庐，比来物阜民殷，兴歌乐利，且岁需帑金数万，工料所资，咸取给焉。每逢凌、麦、伏、秋诸汛，固资人事之修防，尤赖神明之显佑，是以附郭沿堤敬建河神各庙，召募僧道司其香火，甚盛典也。顾每年补葺祠宇，洎住持衣食，需费累累。查石景山南北岸各庙，虽旧有香火地一顷至二三顷不等，租息入不敷出，夫以神灵赫奕有感斯，通凡职任河防者，悉心经理，仰酬神贶。于巡视河道数载以来，浪静波恬，普庆安澜之福，每于朔望展谒，以及轮蹄阅历之处，思欲即其已成之局，更肇不朽之业。岁在丙子，查出河滩地一百六十余顷，具牍详请，每庙添拨地一顷至三四顷。嗣今以往，岁入充拓僧道，得所补葺有项。俾庙貌祀典攸赖答神庥而垂久远，意在斯乎？诚恐阅时既久，复被豪强兼并，僧道侵渔，用是勒诸贞珉，庶后之览者得以考焉。

涿固同桥碑记①

知县　王湘岩②

盖闻桥梁之设，王政之大端也。《孟子》谓："十一月徒杠成，十二月舆梁成。"又《周语》曰："水涸而成梁。"古先王所以为徒涉筹画者，至周且备。后世桥政不修，行旅商贾辈非则濡轨，有凶即成，窘于舟师，重破其囊，而后获度。以故，一水之隔，往往限夫南北，而行者辄以畏途视。然则无忧褰裳，得庆利济，为桥为最要矣。固邑之西廿余里，与涿鹿相接壤，有清河北流南下焉。旧有桥以通往来，考诸邑乘，名为涿固同桥，盖匪朝伊夕矣。居河之东者，则郑各庄为最近，比年来修葺完缮，无虞倾圮，悉出于是乡之力，且舍置田产，首事经纪之，以为岁修费。乙未春，其里人以更新计来告，并求为文镌碑以记其事，冀垂诸永久。余尝观通衢要津，轮辕辐凑，好善者流不惜重赀建桥如长虹，以接引四方之宾客。一时，学士大夫与夫牵车服贾之众登其上，览其碑记，见所载姓氏某某，辄欢欣鼓舞，称道不置口。是桥也，虽非介在通都，而附近居民并数百里车马所至，皆不闻病涉，所关亦岂浅鲜哉？则自是乡之人募化捐助，襄成盛事，洵足仰赞国家建桥之政于万一欤？余既允里人冯秉智请，又嘉众善之好善乐输也，于是乎言。乾隆四十年孟夏上浣谷旦。

前永定河道李公专祠记③

凡人不遇盘错之事，则才不显，遇其事而才不足以应其变，则功不能成，其德

① 选自民国《固安县志·卷四·故实志·金石志》。

② 王湘岩，江苏阳湖（清代县名，在今江苏省常州市武进区境内，1912年撤废）人。

③ 选自民国《固安县志·卷四·故实志·金石志》。

亦隐而弗彰。故天欲显其才彰其德，必先历试，以艰难使之困心衡虑，几于无所措手足而卒底于成功。若是者，吾于故大京兆李公见之矣。公讳朝仪，贵州贵筑人，第道光乙巳进士，知顺天平谷县，胜烦剧，改京县，升东路同知，迁守大名，制府曾公荐于朝，擢永定河道，仕至顺天府尹。光绪辛巳四月，卒于官。公素以廉洁称，所至多善政，事迹已宣付史馆，不备书。其莅永定河也，值帑藏空虚，河务废弛，公力任其艰无难色，处己以约，驭下以法，从官服其才，莫敢不尽言。自是，上下交孚织悉无隐情。公见度支之匮焉，请复经费以足之；见修防之劳焉，请益河兵以纾之；知汛夫之虚假，则立规条以杜其弊；知统率之无权，则属州县以考其成，定僚属之功过，明弁兵之赏罚。凡有裨于河务者，莫不揆时度势，竭虑殚忠而后上其议于制府，行之数年而功犹弗著。公曰："相彼小民，荡析离居，匪予之责而谁之责与？"乃益加惕厉，昕宵擘画。由是，令无不行，事无不举，治河之法乃大备。公在任十载，不以毁誉分荣辱，不以利害定出处，纷纭轇轕①，猜忌丛生，而公卒不顾，任事始终如一日，未尝稍有懈怠心，民以是德公。殁之日，滨河八邑士民不期而会者若干人，吁恳于部使者，请立祠以祭。朝命允可，遂建祠于固安县治。祠成，勒石以记。《礼》曰："有功烈于民，则祀之。"公之无愧于斯民也，祀之宜也。使公不遇盘错之事，则公之才何由显？公之功何由成？公之德亦何由彰？盖天之所以试公者如此，而民之所以报公者又如此。

光绪乙酉相月既望，永定河属吏敬记。

重修清河堤工碑记②

知事 徐元善③

清河导源分三派，合拒马、琉璃诸水经涿境流入固安。西偏者北派也，水清波静，较诸城北之永定河夷险固殊，然遇上游雨大众水坌集时，亦往往漫溢奔腾为民田害。光绪十八年，前任范公有鉴于此，募资鸠民修堤以为之备，并立碑记事，勖人民勤加修补，勿隳前功，奈积久玩生，微特修补缺如，且没堤耕种者比比皆是。越兹民国六年夏六月，山水陡发，奔流直注境内，堤工二十余里多被冲决，黑家营、柳斌屯为尤甚，致固安及新、永、文、霸各属均受奇灾，附近居民之荡析离居，愁苦情形更难言状。余适承乏斯土，筹备急赈，亲自勘放之余，睹此残缺堤工，即思因利而利，当时未便出诸口，而春工代赈之计划每饭不忘。幸蒙尹宪王志襄公轸念民隐，俯鉴愚忱，允拨水灾善后款项以为补助，计银币一千一百二十五元、纸币六千三百七十五元。遂商诸邑绅纪灼修君等劝募邻近村居共襄此举。纪君负一乡重望，力为提倡，众亦乐从。复于该区内劝

① 轇轕，意为交错、杂乱。

② 选自民国《固安县志·卷四·故实志·金石志》。

③ 徐元善，字性初，安徽省当涂县人，拔贡生，1916年任固安知事。

募银币一千元。用是，估计工程，分段修筑。于本年夏正三月开工，不阅月，全工蒇事，乃亦有秋。是年来之所耿耿于怀者，今已上下同心，得观厥成。余与斯役曷胜欣慰，第犹有最最重要之言论，不能不为濒河之绅民父老告。夫积久生玩，人之常情，事苟不切于身家，处理似无妨稍缓，惟此堤工数十万之生灵系焉。前范公经营此堤丰碑宛在，对于岁修一事曾已告诫殷拳，特人民不能永久遵行，乃至遽遭水患，此际虽承尹宪拨巨款以复旧观，且较前工浩大，试回首灾荒后田产损失，衣食艰窘，吾民所深受之困苦情状，已难为万一补苴。余以此言勒诸石，愿人人触目兴怀，作历年澹灾之警告。至工程若干，开支若干，文牍具在，惟将保护堤工规则刻诸碑阴。倘能居安思危，于每年农隙继长增高，事半功倍。官斯土者未必久居是邦也，而吾民则永享福利矣。事关桑梓，其共勉旃。是为记。

中华民国七年岁次戊午十二月。

清河堤工纪念碑记[①]

前人

天地有阴霾雾塞冰霜之变，其气肃杀而不仁，使不有旭日春晖之普照，万物将无以资其长育而苦难生活。如此，则慈善团体应时而出，日以救苦救难为所事，饥溺者仰沾宽惠，得以免失夫流离，有益于世道民生，功德固为远且大也。民国十八年，永定河于伏汛之时，南上二工漫溢决口，大溜直注清河，而清河势难容彼洪流，东岸堤工在固城村侧崩溃，延袤至三百余丈，西岸朱家庄村亦决口二百丈许。沿河各村苦遭水患，乡绅唐君寿彭、肖君吉田、朱君润身、曹君监等率众呼吁，得河北赈务会抚恤金三千元赈款堵筑，代赈以工，深虑或未敷用，佛教会干事刘君国桢闻而悯之，居中为力，俾该会又惠给两千元，数万灾黎获是两项义举。唐君等亲督民夫经营工作，群相趋事，溃决口岸藉资庆告落成。而两岸数十里水食之残堤亦连带一律补修完竣。民众感怀遗泽，追思不忘，相与醵金，建石堤岸，以作纪念，则有以表明其爱戴焉。夫年来国家多故，蛮触角争，集视线全力于炮火，兵戎兴仆，迄未宁息，其于诸政废坠，小民疾苦，若罔闻知。即使知之，殆有不暇顾及者。而该两会乃能于风鹤之余慨输巨资，出民水火，登诸衽席，使嗷嗷待哺之哀鸣复得有生之乐，则其慈祥恻怛，恫瘝悲悯，力挽浩劫，普度众生，是真万家生佛，此人之所以有口皆碑，铭感不置也欤。

中华民国二十年三月一日。

---

① 选自民国《固安县志·卷四·故实志·金石志》。

三河市

新修桥道碑记[①]

僧通达撰

东至盛京朝鲜诸部落，西达京师及远近各省会，其往返皆经此。第自三河县东草桥河，至段甲岭道之泥泞坎壈，桥之倾侧断陷尤为旅客之畏途者，数十余年矣。然以苦不及身，忧可得已，纵车马之疲于挥鞭，涉履之穷于呼救，习闻习睹，直漠然不动于心。僧昆[②]久住石碑庄观音庵，每叹其艰难困惫，而苦于助善之无人。幸于嘉庆十八年十月间有韩公茂之、李公福成欲自备钱粮，亲身督工成兹善果。于是自十九年闰二月起，不五十日而石桥三座，叠道十五里之功告成。本县张县尊特悬“为善最乐”匾以旌其善，而四方慕义者复为竖碑以劝后宜也。夫善事不传，无以垂远。迄今荡荡平平，往来者依杨柳而安步，信宿者入馆舍而安眠，不独永利，行旌群，忘昔年之苦。其于空昆亦大释，其希望修桥之夙怀宜等于旅人先号咷而后笑矣。大清嘉庆十九年岁次甲戌六月建立。

沿口庄渡口重修善桥碑记[③]

道光甲午解元邑人李友棠召菴撰

徒杠成于秋季，舆梁成于冬初，王政所攸关，而惠泽所由溥也。由是观之，凡境内桥梁、往来渡口，悉为治民者所关心，而深虑病涉之苦者矣。而都邑所临、置邮所经之地为尤急。洵阳东偏渡口有二，南曰错桥，北曰沿口。错桥者，官渡也。沿口者，善桥也。此皆南北御路，西则达乎皇都，东则递乎盛京，洵往来之通衢，利济之要津也，而桥梁船支，乌可须臾缓哉。向有沿口庄增生王志润，鸠集善工，搭艌[④]桥船，历年已久，厥后物故渐就废驰，桥木朽坏，船不堪艌，行人商旅几至裹足不前。幸蒙县尊雷大令拨给船支以济行人，随即令刘国相、金文才、李银等邀同善工劝捐，城内郭外，远近乡村，共成善事，以继前辙。一时助钱乐施者甚众，经营月余而厥功告成。功成之后而征文于余。余曰：“此善政也，亦善举也。即此一举，可以见人民乐善之同心焉，可以见年岁之丰亨焉，可以见岁序之休和焉，可以见上行下效之风俗、近悦远来之明验焉。而商旅便利，物阜民安俱足征矣。”故乐为文以记之。是为记。

道光十八年十一月二十日。

① 选自民国《三河县新志·卷十二·文献志·艺文篇上》。

② 昆（chǎn），指日光照，多用于人名。

③ 选自民国《三河县新志·卷十二·文献志·艺文篇上》。

④ 艌，用桐油和石灰填补船缝。

重修鲍邱桥暨创建滚水坝碑记①

夫秋未成杠，冬初成梁，以政为惠，病涉无虞。遐稽我国隧古，近考东西两洋，凡属法治国家，莫不以整顿路政、便利交通为急务。中山主义并列衣食往行，足征图治精神至为深远。我下店位于平东八十里，东西为平榆国道，南北为津古通衢，行旅往还，轮蹄衔接，每逢三、八集市，附近百数十村之男妇童叟，肩担驴驮络绎于途，二、七牛集，则平津两市内之买客，西北两口外之卖客，如期而至，风雨无阻，谓为泃阳重镇，诚属非虚。镇东门外有河，曰鲍邱，源出孤山，经过镇东，折而南下，历夏庄、皇庄，潴于宝坻洼而为巨浸。秋后春前涓流甚细，每至伏汛，霪雨巨浪，狂澜澎湃，没桥坍岸，拔木摧梁。愚民无知，误为龙宫发水，两岸男妇，焚香顶礼，虔心祷祝，可想水势之狂，足以惊心动魄矣。旧有石桥两座，南北并峙，不知始自何年，但三百年来之重修碑碣犹可稽考；近数十年迭经前辈绅商集款重修，亟古之建筑、亟大之工程始得保全，唯恐年久失修，不免终遭水劫，爰集阖镇名贤，更番会议。佥谓继续重修则费资少而保存多，若俟坍坏无存，则修之无力，废之不可，纵有东里乘舆亦难补救万一矣。于时众议佥同，分工合作，摊资于内，募款于外，人心好善，慨解囊余，购石鸠工，刻期竣事。旧桥之底不能存水，则秋后春前，风吹日晒，灰砌剥落，势必渗罅。兹于小桥之面加筑滚水坝一座，无论春夏桥以积水得全，永无风雨剥削之虞。而且星月之下，登桥一望，一片平澜，光明如境；滚水坝下，瀑布泉声，雄烈可听。荒村野镇得此奇观，差可销醒闷眼矣。更于大桥之北添修迎水堰一处，旁附搭石小桥，以期镇中道路积泥得养，日渐增高。此乃修补工程，虽竣未竣，不过暂告段落而已。四方君子过斯镇者. 不至无可问津，望洋生叹，即所以酬报慷慨捐资之微意也。是为记。

发起人左寿山等，赞助人张绍先等，高小学校校长张宝骥撰。

中华民国二十三年岁次甲戌七月五日谷旦。

阎各庄重修大石桥碑记②

县西北三里阎各庄，旧有石桥。岁久将坍塌，石残缺攲仄③，车行其上，左右轮高低错迕不平，骡马足至陷入石罅，行人苦之。该村首事马常五等力谋改建。县境石料多含脆白，层纹纷如脉络，风雨易剥蚀，不可作桥材。唯蓟县盘山豆渣石竟体黑白点，坚致无他纹线，如浑金，如璞玉，粹然杠梁砥柱之美材也。乃运道远，石价过昂，采购不易。又旧桥无旁栏，上年夜行车曾误坠桥下。此次新筑，佥谓宜加高大，并立石栏为旁护，两雁翅亦应加长，防水冲刷至啮崖妨桥基也。唯需费县制钱万余钏，款无从出，以为难。首事等更番集议，佥谓此桥据庄东北口，秋收所必经，东南

---

① 选自民国《三河县新志・卷十二・文献志・艺文篇上》。

② 选自民国《三河县新志・卷十二・文献志・艺文篇上》。

③ 攲仄，倾斜、歪斜。

至县城，西北通马坊、张各庄镇，逢集期，行人车马往来如织，实冲繁要道，适在吾村，费无巨细，吾村当力任募集，期于成，且桥北石坡早隤①，村南石坝亦缺陷，均宜此次并营之。议既定，分途募捐，共得银一千二百余元，本村复助集五百余钏，丁壮助善工三千余名，四阅月而桥成，高长广量加于旧桥约一倍，同人等来述颠末，请记于余，曰："同人等欲以捐赀姓名逐一勒石，以志厚惠。此次桥工，经群策群力，经营惨淡，始克有成功，亦思有以记之，示不忘艰难也。"余曰："宜然。"乃记之如右。任命三河县知事唐玉书②撰文并书石。

达官屯唐县长纪念碑③

唐县长名玉书，字宝森，四川三台县人，历署香河、宝坻、蓟县、宛平、昌平、顺义等缺，实授三河县，前后在吾邑约十余年。尹宪迭保循良，勤政爱民，屡见明令。盖公之素志以廉洁自守，决不妄取毫厘。对于慈善事业则所到提倡，倾囊补助。民国六年水灾，三河、皇庄各设粥厂，兼施棉衣，活人无算。创立慈善会，捐洋二千元，连同溥公需捐入一千元，至今本利将及四五千元，此其一节也。民国十年六月初二日，潮白新河北堤因涨水过高，势将淹没固辛庄，该庄约集丁壮乘夜偷堤决口一道，为自救全庄生命计，殊不知水狂溜急，堤身沙土须懈，遇水顺流而下，数日之间，决口被水冲刷竟至百余丈，水溜从三河南境十余村灌入宝坻县界，受害者至四五百村，其最烈者达官屯一村，正决口之冲，其次则葛庄、马坊、前后葛庄等十余村。当经有峰等呈报县署，我公核转幸京兆尹北运河局长范公来县会勘，与范公同乘小船亲陪查看，一片汪洋，往北浸灌四五里，往西倒灌二三里，往东则一望无际，当由水工牵绳丈量，决口实长一百七十丈。范公望洋嗟叹，曰："此巨工也，当受永远大害。若民力堵筑，款实不易，京兆更无存款。若现时动工，估款约须百万元；若待大汛过后水势减落决口露出旱地，亦需十余万元。"彼时，有峰等闻之，心胆俱裂，恐村非我有矣。我公也惶急无措，恨称必办偷堤为首者。范公即去，公日夜焦思，筹画拯救之策，一再呈京兆尹，准以三千五百元赈款拨入河工代赈，是时仍无现款，只有准拨之令而已。公以救民为心，不计款项有无及多寡，毅然委任永立、焕宇、振坤、守经，及村正有峰等充为经理，令速购料开工，晚则土冻水冰无能为力矣。经理等问钱何在，公愕然，遂持出自置数千元，房产红契，交由首事等抵借。众受感动，均愿担任一致进行。公由县城皇庄赊运大米、白面、油、酒并宰牛犒工，至钱不接济时，又自己出名写借券，向皇庄镇善士冯显斋借洋五百元，

① 隤，指倒下、崩溃。

② 唐玉书，1865—1956 年，字宝森，四川省三台县人，清末优贡，一等钦用知县。历任河北三河、宛平、昌平、顺义、延庆等县县长，其中，1912 年 1—11 月任三河县知事，1913 年 1 月—1914 年 4 月、1917 年 8 月—1925 年 7 月又两次任三河县县长。后任北平宪兵司令部秘书，北京师范大学文学系讲师，著有《说文部首讲义》《说文字义补疏》，1952 年被聘为北京市文史研究馆馆员。

③ 选自民国《三河县新志・卷十二・文献志・艺文篇上》。

又向商会借三百元，以济零用计。自九月十五日开工，经公邀请，宝坻绅士雇请能打水口之熟练工人，订立条约，不发工钱，只供饭食，十七日下午，遂由宝坻被害各庄约集工人一千余名，帮搭水口，分村砍树用作桥桩，公与经理等日夜筹备饭食及住宿地点，至十月十二日，一百七十丈决口大工告成矣，前估非百万、十余万元不能办者，今乃以三五千元成功，固由众力促成，然非公至诚感人，何克臻此。今年夏月，大汛又至，去年所筑新堤毫无渗漏，数百处水国村庄一变而为平壤，数十万失所灾民转盼而得安枕，其淤泥深厚之处，一村麦利可收一两万元，四百余村庄，去年饥饿之民，今年皆得饱食，实我公之所赐予也。经理等念被水各村受公之恩，无以为报，特立贞珉，详记始末，用垂永久，不忘大德云尔。

中华民国十二年七月区董邵永立撰文，村正王有峰、陈焕宇、杨振坤、贾守经刊立。

城东王恕院记①

前三河县教育局长　刘丞汉②

邑城东北六七里，尚庄子村后，群峰环绕，绵亘数十里，方位几不可端倪，乃由村东行里许，忽现山口，车迹鲜通，人至此须徒步行，回环曲折，上下高低，约四五里，山腰转处，突显平地，豁然开朗，翠屏罗列中间坦平如镜，约百余亩，内辟田园，尽堪耕种。时值三月，桃杏盛开，满山满谷，灿烂如锦，其余各种果树，无不排列成行，有初开者、含苞者红紫相间，黄白掩映，令人目眩神迷，真妙境也。余乃寻杏林曲经斜穿北行，山半腰有瓦屋数掾，清幽雅洁。屋左丰碑高矗，拂视之，为前明御史肖九峰所撰书，知此地为灵岩寺故址，唐时盘山七十二古寺之一也。登高一望，遍布森林，如入莺花世界，锦幛环遮，迴与尘隔，余欣然久之，适地主前来伺应，问其姓字，云蒋姓，渔阳人。随献茶，饮次，觉茶味清纯，颇异凡水，询以水之由来，曰："此去东南半里许，山腰有石洞二，俗名滴水塘，水自上滴下，陆续取之，足供浇溉之用。"余深讶之，依城十里内外，竟有此岩穴奇境乎。导余往观，山经萦回，羊肠曲折，约半里达其处，主人指曰："此滴水塘也。"余近前观之，山腰两石洞相距约四五丈，右洞宽深各丈余，形如石屋，洞上悬钜石如屋顶，平坦若砥。惟绿苔茸茸丛集，石面苔痕遍含水珠，积久下滴，若断若连，昼夜不绝，池下积水深四五寸，清洁莹澈，如玉如露，细聆之铮铮有声。左洞亦同，惟水味苦咸，不及右洞之甘美，两洞相距不远，而水味各异，一供人饮，一供浇灌，真奇境也！闻地理家言，此石砂质聚成，中含水性，其横斜线，或下通河海。今凿井，人得砂石则得水泉，理或然与，然何以他山不遇砂石，而偏出露于枯槁隐僻之山中，且不一而足？是殆天造地设特为此离奇仙境，独辟一天然水源，以供

① 选自民国《三河县新志・卷十二・文献志・艺文篇上》，原县志注："王恕院，俗称黄树园，又名滴水塘。"

② 刘丞汉，清代贡生，1923—1928 年任三河县教育局长。

人用，不然，此处遍地山脉，石含土中，欲凿井取水难矣，非有此两洞，则隔绝人寰之地，不但干燥无味，彼林林总总之花木何以浇灌，人又何所取饮乎？今而后知造物之奇，有非人力所能到者。《易》曰井养不穷，天心之仁爱至矣。余昔读《桃花源记》，不过诗人理想中之妙境，实未必有此。今观王恕院之奇，觉桃花源洞口不足专美于前，惜乎渔人未得来此。果令到此，无须自叹迷津矣。是真沟阳郭外之世外桃园也。主人导回室中，有中年妇在焉，主人曰："此山荆也。"欣然携儿女相见，如遇世外人。娓娓询人间事，主人得此佳境，且享有家室田园之乐，与世无争。是果君身有仙骨乎？昔有称合家得道，鸡犬皆仙者，君其非耶？因为之记。

文安县

修堤碑记①

陆光旭②

玉带一河，为白沟、滹沱、琉璃数十河之下渚，恃长堤百里以为之防。鲸波一决，三邑其鱼。官斯地者，生斯地者，固与堤为命者也。夫以众河之水聚一河则易决，以三邑之功御一堤则易完。而历来数失其防者何哉？一以民习之久玩也，曲突不事，而补亡羊。一以邻人之秦越③视也，同舟勿心，剥床奚及？夫霸州、文、大，幅员亘百余里而遥，而堤则错壤相间，或一邑分汛数处，或一堤数邑协修，自苏桥迤东，文防居多，西则霸、文相界，而卢各庄河干乃保疆分汛，十王堂者文堤也，接胡家坟保障者，大城久不修之界岸也，靳家背后则保大所共有事也，何家道口则初为大堤而今为文堤也，过此南北横堤则燕子口达北村、武各庄者隶平戎，向南则广陵修汛，注窝则平舒分工也。段落甚悉，形势昭然。三邑父老之胸中、口中亦极了了。旧碑有曰："文安五分，大城三分，保邑一分。"盖古人计害均劳，使犬牙相制者，指臂牵连以使，此修彼应，良深意哉！旭以壬辰莫月筮宰平戎。越岁夏，适吴妖为祟，靳家背后城堤危如累卵，牒呼不应，代荷锸畚，岂天谴难回，犴龙夜溃，产蛙庐灶，稻蟹无遗，嗟此哀鸿，葬鱼腹而徙四方不知其几千百人也！乙未暮春，诏发帑金修筑，同广陵宰韩子斗山、广文张子大章暨捕幕谢廷佑，拮据于断堤流水之间。夏徂秋，凡四阅月而堤成，又张臬使委代筑大城注窝等堤数百丈。是年也，幸冯夷息浪，新垒屹然，去国仳离，牵车而还故里矣。不意今夏之日，阳侯再肆，涌浪如霄。旭也，临河而惧，疾呼鸠众，驾土牛、操枪枵，五昼夜与蛟龙战，而卒以堤全。庐舍幸免餍鱼之藻，居人始有稻粱之谋。于是绅士民佥欣然曰："是堤也，筑于令，修于令，令之心骨竭于堤，堤之利害悉于令。"盍镌数语以为后日券，因聊叙颠末于贞珉焉。凡百君子慎之哉！居安而虞，逝波其渝。临深而惕，城

① 选自《钦定日下旧闻考·卷一百二十一》。

② 陆光旭，浙江平湖（今浙江省平湖市）人，进士，清顺治九年（1652年）知保定县，以廉名，后擢御史。

③ 秦越，春秋时两个国家，一南一北相距很远，不大往来，后比喻两方疏远。

维众志。毋曰一篑，九仞功亏；毋曰涓涓，江河因之。《诗》不云乎：“迨天之未阴雨，彻彼桑土。”凡百君子慎之哉，毋忘鼕鼓！

顺治丙申立石。

阅文安堤工作[①]

乾隆皇帝

辛巳秋行潦，风浪掀喧豗。文安本大洼，长堤报漫开。清水向南泄，百里遭沴灾。蠲赈命妥为，急堵决口培。苏桥至马村，加高益厚皆。大工癸未就，涸土耕犁排。连年幸有收，元气复田垓。堤上兹临阅，土民欣我来。叩谢尔莫亟，吾犹抱歉哉！

阅文安堤工叠旧作韵[②]

乾隆皇帝

万民随两岸，笑语任掀危豗。
登岸罢清跸，才容线路开。
阅堤乃要务，釜底每被灾。
壬午始兴工，卑薄一律培。
癸未告蒇事，丁亥获收皆。
戊子复行潦，己丑重瀹排。
兹焉观酾流，田略涸高垓。
洼地原汪洋，治水惭斯来。
或曰田占水，其然岂然哉！

阅文安堤工再叠旧作韵[③]

乾隆皇帝

登堤望大洼，银浪轰雷豗。
百里渺无极，愁眉蹙难开。
缘因庚寅潦，辛卯继受灾。
去岁堤始成，卑增薄者培。
疏泄减大半，尚未涸以皆。
大吏跽而陈，非不竭力排。
稍待四月间，或可耕田垓。

---

① 选自《钦定日下旧闻考·卷一百二十二》。
② 选自《钦定日下旧闻考·卷一百二十二》。
③ 选自《钦定日下旧闻考·卷一百二十二》。

然则非秋丰，此地赋何来？
吾当有明诏，蠲缓苏民哉！

永清县

重修南岸五工河神庙记[1]

乾隆三十三年　前署永清县　陈琮[2]

南岸五工汛内，旧建河神庙两处，一在曹家务村西，一在董家务堤上，向有香火地二顷，分作两庙焚修之资，历因住持不能节俭，所得地租徒滋花费。西庙则全行倒塌，神像露出，东庙则脊顶漏坏，墙垣倾圮。余自二十八年腊月来守此汛，目击心伤，细询其故，知神灵竟为庙祝累也。彼时即欲逐旷僧，另召住持，缘庙内欠历年官租约二十余金，他僧皆不愿来，是以迟迟。三十二年冬，旧住持以负欠逃，余因将两庙香火地亩并作一处，分七十五亩，召住持隆怀租种，令其兼管两庙焚扫，所余一顷二十五亩之地，每亩酌定租价京钱三百文，自三十三年为始，所得租钱先将二十八九、三十、三十一二年旧欠官租陆续完毕，余钱为两庙岁修报赛之用。凡一切招佃收种完粮，既修补等事，择交本工，诚实委目经管，本汛于年终清查核算，谨立。

永定河事宜碑[3]

乾隆三十八年

乾隆三十五六两年，永定、北运河水盛涨，决堤为患。钦命大学士两江总督高晋、工部尚书裘曰修、直隶总督周元理会同查办。发帑五十万两，兴举大工。永定一河疏筑等工，共用银十三万六千五百余两，于三十七年汛前工竣。三十七年春，皇上亲临永定河，自北岸二工九号渡河，循南岸二工至头工。驻跸黄新庄。恭谒西陵。由天津回銮，复至下口条河头，阅视全河。以河南巡抚何煟素习河务，现在扈从，命同尚书裘曰修、总督周元理，寻流而上，再加讲求，具议以闻。

巡抚何煟奏：永定河下口已蒙皇上指示，开展宽阔，疏导有方。既不阻下达之势，更可免侵运之虞。上游河身虽窄，而中泓每岁挑挖，一律深通，可以畅导其流。且有金门闸、求贤北村等灰坝，以分其出山汹涌之势。其六工现有之堤埝，随时增高培厚，捍卫有资。即此补偏救弊之中，实具永久安宁之道。守此成法，岁岁实力疏浚修防，可以永垂利赖。惟是疏导修防，原属治水不易之法，而人情厌常好异，每视为平淡无奇。诚恐数十年后或有妄为高论，别立奇谋，转致变坏成法。应请将现奉上谕

① 选自乾隆《永定河志·卷十九·附录·碑记》。

② 陈琮，1731—1789 年，字国华，号蕴山，四川省南部县人，清代治水引专家，曾任清河县丞、固安县令、南河同知、永定河道台，主持编写乾隆《永定河志》。

③ 选自乾隆《永定河志·卷十九·附录·碑记》，原志注："右碑竖道署仪门左。"

及议定章程，摘叙简明条款，刊勒丰碑，昭示来兹，庶成法永垂勿替等因具奏。经部议行，知照办理。

伏查圣驾阅视永定河皆有御制诗章，治河要议具载诗内，及屡次所奉御旨，业已恭镌碑碣，树立堤顶，永昭法守。现在疏筑宣防，俱系恪遵圣训，随时请示办理。兹再摘叙简明章程，勒石记载，以垂不朽云。

一、石景山同知经管土石堤工。自石景山起，东岸长二十二里八分，西岸长十四里，每年额设岁修银二千两。乾隆二十七年奏明，如有节省存贮，遇有不敷，于节存项内添补应用。三十七年大工，凡石工坍蛰损裂段落，一律补修完固。

一、南北岸同知分管堤工。南岸长一百五十四里，北岸长一百五十五里四分。两岸原各辖九汛。乾隆十六年改移下口，裁去下三汛，南岸同知辖州判县丞六员，北岸同知辖主簿吏目六员。乾隆十五年奏准，沿河各汛均兼巡检衔，分辖附近十里村庄。三十七年大工，将两岸大堤间段加培，复添筑月堤。

一、两岸额设岁修银一万两，抢修银一万二千两。每于秋禾登场之时，两厅以各汛工程险易，酌估次年应需料物。开折送道核准，发银购办，存贮各工，以备次年凌、伏、秋三汛之用。按月造送月报，据实请销。

一、中泓。每年额设银五千两。凡有应行裁湾取直工程，预期估报。于河枯时赶办，均限汛前报竣。系动拨十里内民夫，每土一方，给银四分。三十七年大工，疏挑引河，每方给银七分。

一、闸坝工程。乾隆三年，南岸二工建金门石闸一座，金门宽五十六丈。乾隆六年，因坝面过高，不能泄水，海墁中路二十丈，落低一尺五寸。至三十五年，河身渐次淤高。微涨即过，复添建石龙骨一道，高二尺五寸。三十七年大工，补筑灰土坝。三十八年，圣驾临幸，谕令："添筑拦水草坝，俾水过有回溜之势。"伏汛时谕令："每过水后，即将金门及河流去路随时挑浚。务使积淤尽除，水道畅行。永远照此办理。钦此。"

一、南岸三工，旧有北村草坝，北岸三工，旧有求贤草坝，年久势须拆修。乾隆三十七年大工兴举，遂改建成灰坝，以资永久。金门各宽十六丈。并遵旨于金门迤上各建拦水草坝，亦使其回溜。过水后如有积淤，挑除净尽。

一、金门闸外引河。旧名牤牛河，至牛坨分为二股。一为牤牛支河，归中亭河；一为黄家河，入津水洼归淀。三十七年大工，将牤牛河暨黄家河一律挑浚。复于牛坨分流处，建草坝一座，俾水势三分归支河，七分归黄家河。北村坝外旧有引河，自米各庄归牤牛河。因形势向西不顺，改挑引河一道，自南自柏村归牤牛河。北岸求贤坝减河一道，由北堤外归入母猪泊。三十七年大工，间段挑浚深通。以上各引河，每年地方官于农隙时，劝民挑浚一次。

一、三角淀通判经管。南堤自冰窖村接南堤起，长七十九里一十四丈；北堤自小荆垡接北堤起，长四十九里一百二十八丈。两堤各分七八九工，设县丞主簿分管。又，管辖淀河州判一员，专司疏浚下口。额设银五千两。每年着看水势，疏浚引河，归沙家淀，由凤河入大清河达津。乾隆三十七年大工，将南北堤间段加培，于条河头由毛家洼归沙家淀。三十八年春，圣驾临幸，亲加指示。谕令将望河亭改为龙神庙。是年秋汛涨，河水改由条河头迤北落图庄南一带，归沙家淀。奏奉朱批："足见无定矣。现在用船多浚水沟，使水势向南一分，北堤即受一分之益。并将北堤培筑高厚，以资抵御。"奉旨准行。

一、凤河东堤。长五十九里九分，专设外委经管。隶三角淀通判管辖。三十七年大工，挑深凤河，培筑东岸堤工。

一、添设浚船事宜。乾隆三十七年，奏设五舱浚船八十只、三舱船四十只，共一百二十只。按工分给南岸共五舱船四十只、三舱船五只。北岸共五舱船三十六只、三舱船五只，交两岸汛员经管。下口拨五舱船四只、三舱船三十只，系淀河州判并把总一员、外委一名经管。仍饬三角淀通判董率疏浚。每岁各汛将应挑淤嘴淤滩，于水涨之后，确估造报。土多则照中泓之例，按方给价。土少则令河兵挑浚，至兵丁驾船排荡疏浚，原不给价。惟两岸自麦秋至白露，计八十日，兵丁上堤防汛，不能撑驾船只。议准添雇民夫，驾船捞浚。所捞沙土，照每船丈尺折算，每方给银七分。即在额设中泓银内动支，分晰报销。

一、沿堤柳株。春融时河兵栽种。乾隆三十八年春，皇上阅视永定河，谕令两岸大堤内帮多种卧柳，以资捍御。当即钦遵办理。

一、河营官兵。乾隆四年题设河营守备一员，辖石景山千总、南、北岸千总，共三员。南、北岸把总二员。三十七年复设浚船把总一员。额设河兵共一千二百三十名，拨各汛疏浚修防。

察永定河①

康熙皇帝 康熙四十年十一月

源从自马邑②，溜转入桑干。
浑流推浊浪，平野变沙滩。
廿载为民害，一时奏效难。
岂辞宵旰苦，须治此河安。

癸酉二月沿堤行三十里观永定河新移下口处兼示总督方观承、永定河道白钟山③

乾隆皇帝

旧时北岸今南岸，近旧南堤今北堤。

---

① 选自乾隆《永定河志·卷首·宸章》。康熙三十八年（1699 年）十月，康熙三十九年（1700 年）正月、四月，康熙皆有巡视永定河之行。

② 马邑，古县名，在今山西朔州市桑干河源出山西马邑县桑干山，流入永定河。

③ 选自乾隆《永定河志·卷首·宸章》，括号内为该诗作者原注。

（桑干于康熙年间筑堤之始，原就南，雍正年以河身淤，故改从北。近又以河身渐淤，改从冰窖南出，在两河之间，故康熙年之北堤，为今南堤，而雍正年之南堤，为今北堤矣。）

迁就向宽资荡漾，已看汛过积淤泥。

旧识黄河利不分，挟沙东注向瀛渍。

浑流今有清流亘（黄河全流入海，其力较专，至清口会淮，攻沙之力益劲，永定下流不能独行入海，有运河凤河横亘于中，因散入诸淀，水过沙停，故特易淤。），此策思量未易云。

新口疏通颇吸川，安澜自可保当前。

都来六十年三改（河自圣祖中年始筑堤修防，赐名永定，六十年间已南北三改矣。），长此经行正未然。

给资拨地迁村墅，让水还听一麦耕。

安土不难事姑息，那知深意训盘庚。

阅永定河[①]

乾隆皇帝　乾隆二十年

永定河，古所称一水一麦之地。康熙三十七年始事筑堤，而下流入淀，挟沙易淤，故下口数徙。康熙年间由柳岔口，雍正年间由三角淀，近年改由冰窖。今复渐淤，总督方观承建议移下口于北堤之东，因亲临视，诗以纪之。

永定本无定，竹箭激浊湍。

长流来塞外，两山束其间。

挟沙下且驶，不致为灾患。

一过卢沟桥，平衍渐就宽。

散漫任所流，停沙每成山。

其流复他徙，自古称桑干。

所以疏剔方，不见纪冬官。

一水麦虽成，亦时灾大田。

因之创筑堤，圣人哀民艰。

行水属之淀，荡漾归清川。

其初非不佳，无奈历多年。

河底日以高，堤墙日以穿。

无已改下流，至今凡三迁。

前岁所迁口，复叹门限然。

大吏请予视，蒿目徒忧煎。

① 选自乾隆《永定河志·卷首·宸章》。

我无禹之能，况禹未治旃。
讵云其可再，不过为补偏。
下口依汝移，目下庶且延。
复古事更张，寻思有所难。

七、保 定 市

莲池区

顺天府营建记[1]

金 元好问[2]

清苑置于隋开皇末，历唐、五代，为鄚州属县。宋境与辽接，故改为保塞，重兵所宿，常倍高阳诸戍。金朝既都燕，升县为州，州仍以保名，县则复清苑之号，且置顺天，节度一军。太行诸山，东走辽、碣，盘礴偃蹇[3]，挟大川以入于海。而州居襟抱之下，壁垒崇峻，民物繁伙，辇毂而南，最为雄镇。贞祐初，中夏受兵，遂例有覆隍之变。今万户张侯德刚之起定兴也，初保西山之东流埚，隶经略苗公；累功至永定军节度使、权元帅右都监。及苗公为其副贾瑀所害，侯慷慨愤发，期必报瑀。会麾下何伯祥献苗公符节，即推侯为长。事闻兴定戊寅五月，以侯留守中都，行元帅府事。国兵由紫荆关而下，侯率所部陈于狼牙岭，马跌为所执。大帅以侯，肮脏[4]无所屈，义而释之，且复旧职。侯招降旁郡，威信并著，遂下雄、易、安、保诸州，留戍满城。西山豪杰，皆授印号为部曲，兵势大振。满城隘狭，有不能容者；岁丁亥，乃移军顺天，以遏信安行剽之党。时顺天为芜城者十五年矣。侯起堂，使宅之故基，将留居之，随为水军所焚。侯曰："盗所以来，揣我无固志耳。堂复成，吾且不归矣。"于是立前锋、左、右、中翼四营，以安战士；置行幕荒秽中，披荆棘、拾瓦砾，力以营建为事。适衣冠北渡，得大名毛居节正卿，知其材干强敏，足任倚办，署为幕府计议官、兼领众役。侯心计手授，具有成算。正卿悦于见知，劳不言倦。底蕴既展，百废具兴。承平[5]时，州民以井泉咸卤、不可饮食为病。满之东有南北泉，南曰"鸡距"，以形似言；北曰"一亩"，以轮

---

① 选自民国《青苑志志·卷五·金石上》。

② 元好问，1190—1257 年，字裕之，号遗山，太原秀容（今山西省忻州市忻府区）人。金兴定三年（1219 年）进士，金亡不仕。

③ 蹇，跛的意思，指行走困难。

④ 肮脏（kǎng zǎng），指高亢刚直。

⑤ 承平，指治平相承、太平。

广言。宋十八塘泺发源于此。二泉合流由城外濠出，为减水口。侯顾而叹曰："水限吾州跬步间耳。奇货可居，乃弃之空虚无用之地。吾能指使之，则井泉有甘洌之变，沟浍流恶、又余波之所及也。"乃度地之势，作为新渠；凿西城以入水，水循市东行，由古清苑几百举武而北，别为东流；垂及东城，又折而西，双流交贯，由北水门而出。水之占城中什之四。渊绵舒徐，青绿弥望，为柳塘，为西溪，为南湖，为北潭，为云锦口。当夏秋之交，荷芰如绣，水禽容与，飞鸣下上，若与游人共乐而不能去。舟行其中，投网可以得鱼。风雨鞍马间，令人渺焉，有吴儿洲渚之想。由是营守备，以甲乙次第之，则为北衙，为南宅。宅侯所居，工材皆不资于官，役夫则以南征生口为之；至别第悉然为楼，因保塞故堞而为之。位置高敞，可以尽一州之胜。西望郎山，如见吴岳于汧水之上；青壁千仞，颜行而前，肩骈指比，历历可数，浓淡覆露，变态百出，信为燕赵之奇观也。为驿舍，为将佐诸第，为经历司，为仓库，为刍藁场，为商税务，为祗供所，为药局，为传舍暖室，为马院。市陌纡曲者，侯所甚恶，必裁正之。为坊十，增于旧者七：曰鸡泉、吴泽、懋迁、归厚、循理、迁善、由义、富民、归义、兴文。为桥十，而起楼者四：西曰来青，北曰浮空，南曰薰风，东曰分潮。为水门二：西曰通津，北曰朝宗。为谯楼四：北曰拱极，南曰蠡吾，西曰常山，东曰碣石。为庙学一，增筑堂庑，三倍其初。为佛宇十五：曰栖隐、鸿福、天宁、兴国、志法、洪济、报恩、普济、大云、崇岩、天王、兴福、清安、净土、永宁。大悲阁一，由栖隐而下，创者四，而十一复其旧，规制宏丽，初若不经毁者。独大悲出侯新意，尤为殊胜，金碧烂然，高出空际。唯燕中仁王佛坛成于国力，可等而上之耳。为道院十一：曰神霄、天庆、清宁、洞元、玄武、全真、朝元、玄真、清云、朝真、得一，创者九而复其旧者二。为神祠四：三皇、岱宗、武安、城隍。为酒馆二：曰浮香、金台。亭榭皆水中为乐棚二。为园囿者四：西曰种香，北曰芳润，南曰雪香，东曰寿春。城内外为水硙[①]者四。水既出朝宗门，又将引蒲水为稻田于西南陂，乃合九龙之末流。患其浅漫而不能载舟也，为之十里一起闸，以便往来。每闸所在，亦皆有灌溉之利焉。城居既有定属，即听民筑屋四关，以复州制。近而四郊，周洎千里，完保聚、植桑枣；树艺之事，人有定数，岁有成课，属吏实任其责。揽辔问涂，骎骎乎齐、鲁之富矣。庚戌秋七月，予过顺天，副元帅贾辅良佐，授侯经度之事，请记之于石，曰："始吾城无寸甓尺楹之旧，而吾侯决意立之。民则新造而未集，寇则暂溃而复合。以战以守，日不暇给。自常情度之，不牵于道旁筑舍之惑，则必安于聚庐托处之陋矣。侯仁以继绝，义以立懦，信以一异，智以乘时，技合力并，故能事之颖脱如此。夫立城市，营居室，前人良政见于经、于史、于歌咏、于金石者多；今属笔于子，其有意乎？"予因为言："自予来河朔，雅闻侯名，人谓其文武志胆，可为当代侯伯之冠。起行阵间不十五年，取万户侯、金虎符如探囊中物。统城三十，制诏以州为府，别自为一道，并控关、陕、汴、洛、淮、泗之重。将佐乔惟忠孝先而下，赐

① 水硙（wèi），即水磨。

金银符者十数人。光大震耀，当世莫及。夫佩金紫、秉节钺、书旂常、著钟鼎，古人之所重；奔驰角逐、筋疲力涸有不敢望望者，侯则顾盼颦呻而得之。况乎土木之计，力有可成者，岂不游刃恢恢有余地哉？古有之，强可以作气，坚可以立志。唯强也，故敢举天下之已废；唯坚也，故能成天下之至难。非侯何以当之？是可书也已。”虽然，端本者必以正其末；谨始者必以善其后。侯，人豪也，顾岂以城垣山池滹沱，空大茂之林以为楹，尽抱阳之石以为础，然后为快欤？吾意其必以行次之智移之以利物，作室之志充之以立政，宽庸调以资恳辟，薄征敛以业单贫，黜功利以厚基本，尊文儒以变风俗，率轻典以致忠爱，崇俭素以养后福。盖公清净之化，致君爱利之实，于是乎张本。予虽老矣，如获见其成，尚能为侯屡书之。

保定府重建天水桥记[①]

翰林、侍讲学士　长沙李东阳[②]撰

天水桥者，知保定府赵君储秀所建也。府有河西自满城县来，环其南郛，东至于安州，又东至于天津，以入于海。州河故狭，稍胜小舟，每秋涸，则浅可径涉，故南郛之桥殊卑隘弗称，行者病之。成化乙巳秋，君自御史出守是郡，尝意属于斯，未几，以忧去。又二年，为弘治庚戌，继者又去。郡人请于朝，请以君往，再莅之日，百度既举，集其民而告之曰：“吾不佞[③]，何以得此于二三子，思有以惠汝，宜无急乎是役者。”众皆曰诺，退而各捐其有，以相[④]官帑，百凡之需，不赋而足。君乃籍丁会佣，计丈尺，聚畚锸，具绚绠，浚而广之，以里计者余四十，又为大桥，高三丈，广加一长，又加蓰焉，碇石为密，屈铁为固，中为洞空，上为坦途。君欲通安州之舟泊于城西，故高其洞，使可容樯。桥既成，复培其两堤，使不过峻，于是驾者、骑者、负而乘者往来而不穷。潦不病揭，厉猝不虞，覆蹶郊野之秸铚，邻州旁邑之物货溢于城中，其势之易数倍于昔，又构屋数十间为市，聚贾而居之。登桥而望，则烟火四合，比于廛阓，与向之草莽沙砾者异矣。府之大夫士往贺于君，请名是桥曰“天水”，以识不忘。大宁都司实治兹地，都指挥张侯溥辈请予记，户部主事丁君凤为速予，予不得辞。古者，道途之备，有国所不废，故服牛乘马，舟楫之利，以济不通，皆取诸易于此。二者之中则有梁而桥者，梁之成制也，盖自唐虞有之，至周而备，故雨毕而除道，水涸而成梁。著在典式有断乎不可阙者。后之民牧类以为微事[⑤]细，故而弗之屑，亦孰知一政之阙一民之不得其所足，以为全治之累，或然凡兴役建事，必财与力而后成，二者出乎民，民之情多见迩而昧，远利未成而被其害，其

---

① 选自弘治《保定郡志·卷二十四》。

② 李东阳，1447—1516 年，字宾之，号西涯，湖广长沙府茶陵（今湖南省茶陵县）人。天顺六年（1462 年）中举，天顺八年（1464 年）中进士，授庶吉士，官编修，累迁侍讲学士、东宫讲官、礼部右侍郎、文渊阁侍读学士、吏部尚书、华盖殿大学士，死后赠太师，谥文正。

③ 倿，是“佞”的讹字。

④ 相，辅助。

⑤ 微事，细小之事。

轻重小大之间不可以不辨也。辨而得之，犹不失为善政，况有其利而无其害者哉。兹桥之利固不俟论矣，若君之誉望足以动观听，惠泽足以结人心，才略足以成干事，故令行而民集，不闻其嗟怨之声，而但见其踊跃奋迅之势，及其功之成而若不知其所以然者。君之为，独非人之所甚难哉？君在畿称贤守，都御史而下岁报事核皆有成绩，推是以往，则凡利民而民不以为病者，殆不可以一二记矣。顾兹役之重有所当纪，故特书其岁月俾刻焉，以示后人。工始于辛亥八月，成于壬子三月，城西吴家湾亦为桥，差小而平，则始于前桥毕时，而成于孟冬终旬。君名英，陕之兰州人，壬辰进士也。

保定府新建天水桥记[①]

知保定府、前湖广道监察御史、金城赵英[②]撰

成化岁乙巳，予自内台出守是郡。其宾僚父老间或告予云：郡之西属邑满城，旧有泉二区，北曰一亩，东流与鸡距泉合，越稽前代，通塞未悉，近见于志传，可考者止。曰前元时，郡将张弘范尝引注二泉之水入城至居第前，蓄为陂池，种花木，时纵观以为乐。元民杨氏亦尝引灌田亩，种稻禾，且置石碾硙[③]以图利，是皆擅一己之私，而不与人同者，皆不足道矣。近年遂引注城隍中，四面周流，昼夜不息，虽有卫城之功，而无通船之利，况皇明建都于北，江南之粟悉由济临河漕而入，自丁字姑支流延迤安州，亦通舟楫。郡城郭南有沟，昔曾通小船以达安者，今堙塞已久，且桥狭沟隘，秋雨连绵，泉水泛滥，隍不能容，沟不能泄，不惟朝贡商贾阻绝，经行动淹时月，然军民室庐淹没者多。今能按旧迹而疏之，使通且深，废旧桥而新立，俾高且广，则水无滔激之患，人获疏通之益，兴利除害，为功莫大焉。予闻而图之，乃以费太工繁，且未信于民，固未可为耳。甫一年，遂以忧去，服既阕，因年衰有疾难于起复，郡吏民诣阙，奏允铨司降文刻期促之任。膏车之日，乃矢心誓诸天誓诸鬼神曰：“吏民不忍弃予，予将何以副吾吏民耶？兴利除害，节财省力，吾将尽心力为之！”比到将期，遂以修河建桥之事谋诸同寅[④]白君濙、钦君瑛、胡君俊、刘君照、唐君佶，遂同大宁都司都阃张公溥合辞请于朝省。迨命下，始集事，凡合郡官吏军民，举皆出力助工，施财资费，始于辛未仲秋，至壬子孟春，盖不逾年而落成焉。以二泉之源出西北乾位，故名之曰天水。桥之制，高以引计凡若干丈，空以度计凡若干尺，若河则不过浅处挑深，窄处挑宽，然深不过桥高之半，而宽则倍桥之空也。夫天下之事，惟土木水石之工为劳，故春秋于劳民动众之事，虽时且义亦书。今兹桥视旧桥之制高广俱加数倍，又率以石为之，其椎凿搬运之劳，所费不赀，匠役虽出于官，而工食财用俱出于众，以众人之所同欲同心，而予等尽心尽力为之，故虽以至劳之事，而民无少怨之言，所谓事动以义，民忘其劳。此役近之

① 选自弘治《保定郡志·卷二十四》。

② 赵英，字储秀，甘肃兰州人，明成化八年（1472 年）进士，官河南宜阳知县、湖广道监察御史、直隶保定知府。

③ 硙，石磨，这里指使物粉碎。

④ 同寅，指同僚。

愈可以验天理，公道之在人心，活泼泼地而未尝泯灭也。不然，则动众而未始不怨，伤财而未始不非，抑安得作而人助成，而人喜有如是乎？工既毕，众咸请次第其事刊诸石，以识岁月，且以施财督工之姓名刻诸碑阴，用劝夫后之人云。

吴家湾桥、马厂桥记略[①]

儒士　陈昊

保定郡城枕乎燕赵之地。其城之右曰吴家湾桥者，西接秦晋，南通湖洛，东连直沽而抵于海，北距京畿。斯桥也，实四方往来之要津。盖西山迫近，涧水多歧，大雨时行之际，减汇于一亩之泉，横流直下，洪涛巨浪，其状若蛟龙腾骧，汹涌涨溢，舟筏尚不可渡，而褰衣揩杖之老弱岂能涉乎？成化壬辰夏，郡守章公律顾临其桥之废坠，乃与清苑令尹陈公瓛曰："桥梁道路，有司当务。"委二尹，杨公敏、老人彭文董其人夫车辆。创造将完，值旱灾，姑停止之。章公亦升云南方面去已。今年春，幸蒙圣天子简拔刘侯公望来守是邦，乡之耆老请命完美斯桥。吴家湾者，连环五洞，广二寻四尺，长四寻五尺。西马厂者连环三洞，广一寻七尺，长二寻四尺，俱已落成。固当为文勒石，永贻于不朽云。

积水闸记[②]

修撰　王用宾[③]

保定西南关吴家湾，有水自满城一亩泉而来，沂流而东，由新雄龙湾抵直沽而入海，自古然也。城有濠，积久，势若阜水，难逆流而上，恒草莽然，守者患焉，议者谓有闸以积水，水溢濠满，复泄去，乃宜。于是，总戎申公锡、太守徐公嵩偕移文请，当道云可。徐公抡材度地，议出官帑以济。事未既，申公疾卒于官，徐公守制而去，事又若有寝然者。继而赵总戎镇自大同来，闫太守溥由秋官至，咸谓兹固有益于守而匪徒为观美具也，盍举行之，计议于都司。公各出料若干，规石为墙，墙分八字，恃无勒也。南向者广一丈五尺，高一丈，长六丈五尺。东向者广一丈，高九尺，长四丈二尺。厄[④]水有堤，长一十四丈，高八尺。鸠工于辛卯四月，至八月而告成。督工者都司蔡公鳌、通判武公俊，各勤励以任事。而总戎赵公、太守闫公日加督并[⑤]，暇则亲饩[⑥]。程不五越月而讫工。似若有神助然者。于是板下水拥，拥而沂濠，四围溶溶然，静影有沉璧之状，浮光有耀金之美，杨柳垂丝，荷盖袭香，非复昔之草莽比也。守者喜焉，保障恃金城之固，游观有江皋[⑦]之风，而水非无用之空流也。工成，

① 选自明嘉靖《清苑县志·卷二·桥梁》，原志注："吴家湾桥在西南关，马厂桥在城西南五里。"

② 选自嘉靖《清苑县志·卷二·陂堰》，原志注："积水闸在吴家湾东，嘉靖十年建。"

③ 王用宾，江苏人，明正德十六年（1521 年）辛巳进士，授翰林院庶吉士、翰林院修撰。

④ 厄，阻塞、阻隔的意思。

⑤ 督并，指捆绑责打。

⑥ 饩，古代祭祀或馈赠用的活牲畜，也指赠送人的粮食或饲料，亦指赠送食物。

⑦ 江皋，意为江岸、江边地，又指江中。

佥谓当纪于石，以示永久。于时，都司刘公淳、萧公瑾、同知侣公璞、推官[1]饶公思聪固赞画焉者，而亦因以记之。

金台郡城西北二桥纪事[2]

明　查志隆[3]

金台郡城北去燕京三百余里而近，南通秦晋汴洛川滇楚粤诸路，弗啻四通五达，盖天下咽喉，畿辅孔道。惟金台其最也，自燕京而出者，率借径于北门，自诸路而入者，率借径于西门，而两门故有桥横于城濠之上，冠盖相望。商贾肩相摩，车辙马蹄，日夜不绝，即四门俱有桥，无如二桥之易坏，惟其经行者众也。不佞志隆甫入境，而北桥居民趋告曰："桥倾圮殆甚，妨于行人。"偕诸寅郡丞王公维藩、别驾陈公登、宋公洛、司理杨公岑往视之，信然，乃协谋葺治。顾费安所办，则清苑令王君政请捐邑中羡金，尽供其费。顾石安所采，则满城令曹君永年、安肃令徐君臬请输邑中山石以间补不足。顾夫役安所给，则附桥士民请各效力，以次而供事。于是檄清苑簿冷像董其役，简才也。每偕诸寅视其工，申命以坚固久远，辄携钱数贯，课役夫而劳赏焉。间以晨昏往出，其所不意，则冷簿无一时不在，无一事不身劳，而夫匠无一人不用命者，仅五十有六日而讫工。则西桥居民又趋告矣，且曰："愿葺治如北桥，愿得冷簿督工如北桥。"又协谋于诸寅，从其请，一切如北桥故事，仅八十有二日而讫工，时雨霪水涨，故稍迟，而郡中士民与行旅往来者共以为讶。二桥所谓兴大事、动大众，讵意速成。如是哉，夫固诸寮属，矢力与其士民，好义所致也。北桥经始于二月二十九日，告成于四月二十六日，西桥经始于五月二十日，告成于八月十二日，俱岁在万历丁亥云。

浚修清苑河闸记[4]

清　郭棻[5]

尝见地有利而不知兴，工有废而不为治，谓是民之惰也。乃若地有利而民不克兴，工有废而民不克治，亦由莫为之兴，莫为之治者耳。讵繄民之果惰欤？乃莫为之兴，而一旦兴之；莫为之治，而一旦治之，功德曷有斁思哉。吾郡之清苑河，发源于满城东北，一曰一亩泉，一曰鸡距泉，演沱潆洄，汇为巨津，绵亘百里。扩之使广，东达津门，可兴舟楫之利；潴之使深，立闸蓄泄，可兴沟洫之利；两岸可树榆柳，傍溪可字鹅鸭，何莫非斯民

---

① 推官，官名，唐朝始置，为节度观察两使之僚属。其后，诸州皆置。亦曰军事推官，其次为衙推。宋沿其制。元明时，各府置推官一人，专理一府之刑名，俗谓之刑厅。清初，尚因之，后废。

② 选自光绪《保定府志·卷二十·舆地略·津梁》。

③ 查志隆，生卒年不详，字鸣治。浙江杭州府海宁县（今浙江省海宁市）人。明嘉靖三十八年（1559 年）进士，历任保定知府、山东按察副使、山东布政司参议等职，著有《岱史》《山东盐法志》等。

④ 选自民国《青苑县志·卷五·金石上》。

⑤ 郭棻，生卒年不详，字芝仙，号快庵，直隶保定府清苑县（辖区为今河北省保定市市区及清苑区）人，顺治九年（1652 年）进士，任翰林院检讨，官至内阁大学士兼礼部侍郎。

利用厚生之资也。数十年来，淤塞倾敝，弃地利而不治，诚可惋惜。向者予为文告当事，言之甚悉，咸以为迂远而不足图，已而于县志畅其说，又不采，浩叹焉而已。甲子春，邑令方公熺，慨水利之久废，谋为浚筑，以惠此一方。于是牒告诸台使，佥曰可捐俸募工，大为缮治。河以是疏，闸以是巩，利将无既焉。乙丑夏，公以最绩擢楚郢别驾。濒行，郡之人曰："事不可以无记。"予郡绅也，安能已于言？独是善后之图，则犹有鳃鳃焉。河浚矣，云锦之群，日饮于斯，践踏谁为禁也；闸修矣，网罟之施，日聚于斯，穿凿莫为止也。况其石可不胫而走，木可不翼飞乎？良民可禁，非民则不可问。数年而后，贤令治之，狂且败之，乌以永吾人去后之思乎？《诗》曰："蔽芾甘棠，勿剪勿拜"。召伯所茇，一树尚爱而不忍伤，矧兹沦涟而屹峙者，吾愿后之邦大夫有同心也。

重修西下关桥记略[①]

高　景[②]

西郭之南旧有石桥一座，溪水汇流，潆洄浩瀚。吾曾重修石闸，遏水环城，自西北两面而之东，复入南流，无非为便民起见，乃堪舆家言以为有益，文风迄今，人文鹊起，朱紫[③]蝉聊，则此桥不为无助。甲寅之秋，霪雨滂沱，石桥倾圮，道路为河，行人望洋而叹。邑侯时公下车之初，见民病涉，恻焉伤之。乃捐俸首倡，凡阖郡之荐绅[④]士庶皆鼓舞乐赴，鸠工卜吉，将石桥之倾圮者叠石成梁，道路之为河者筑堤为岸，经营子来[⑤]，不日告成。荡荡平平，屹然钜观。前此之望洋而叹者，无不临河手额，颂声载道，众口成碑矣。郡人感其德，欲伐石以纪其事。时公止之曰："此有司之常职也，何足以纪？"余曰："固也。昔陈尧佐治滑州，因河决作堤，人名为陈公堤。张琳刺眉州作迎济堰，眉人名为张公堰。房彦谦为长葛令，人被其泽，特为立碑。皆感其德而勒之石，以志不忘也。我公之施德于樊舆[⑥]者不止一端。即此一端，亦其惠爱之所存也。"爰从郡人之请，而述其大概如左。

重修府河碑记[⑦]

清　李鸿章[⑧]

府河以保定郡治得名，本徐水合沈水而成。沈水者，鸡距也。宋时沿边塘泊蓄水为

---

① 选自光绪《保定府志·卷二十·舆地略·津梁》。

② 高景，1608—1681年，字似斗，直隶省保定府新安县（今河北省安新县），官至清朝刑部尚书、工部尚书，进士出身。

③ 朱紫，古代高级官员的服色或服饰，谓红色、紫色官服。

④ 荐绅，即缙绅，古代高级官吏的装束，亦指有官职或做过官的人。

⑤ 子来，出自《诗·大雅·灵台》，谓民心归附，如子女趋事父母，不召自来，竭诚效忠。

⑥ 樊舆，指西晋时的樊舆县，在今河北省清苑县境，此处借指清苑县。

⑦ 选自光绪《畿辅通志·卷八十四·河渠略十·治河说三》。

⑧ 李鸿章，1823—1901年，字少荃，安徽合肥人。清道光二十七年（1847年）进士，清同治九年至十一年（1870—1872年）任直隶总督，兼北洋通商大臣，清光绪年间两次（1883—1894、1900—1901年）兼任直隶总督。

沈苑泊，纵横数十里。洎徐水流涸而巨浸已狭，鸡距泉塞而河流益衰。然志乘言，渝水至满而洑，洑而复出，播为诸泉，《水经注》所谓泉头水者。脉注而支分，自奇村至于郡城，农田资灌溉焉。自郡城东入于滱，以达于淀，商贾资利济焉。昔方恪敏公之为治也，得泉于一亩之南，命之曰申。爰浚诸泉，自一亩外，曰五花，曰连宝，曰红花，釃之以渠而注诸河；递建石闸以时蓄泄，民享其利者百有余年。夫泉久则闭，河久则淤，溉田者筑坝河中，则泉穴益闭；行舟者筑坝舟尾，则河身益淤。故论治府河者，既不能复徐河之故渎，当先防土坝之日增，而非浚泉以裕水之源，非建闸以节水之流，则利不能兴，而害亦终莫能去。予奉命来督是邦，下司所议，时溧阳陈君方官清河道议，以为上游主掘泉，佐之以建闸；下游主建闸，佐之以浚河。遣直隶州朱靖旬，同知沈夔同，都司王德魁，知县贾孝彰、王邦杰、牛昶煦，县丞孔庆笃、郭东槐等周行相度，率役具畚锸，自一亩泉东至清河口，凡百九十里有奇。先凿诸泉，芜者涤之，壅者决之；泉脉既通，乃治河身，浅者挑之，高者平之；河流既畅，乃增建闸，上游闸三，曰奇村、曰响闸、曰蛮子营，佐以涵洞四所；下游闸四，曰莲花桥、曰新桥、曰善马庙、曰清河村。兴工于同治十年二月十九日，落成于八月二十九日，凡用银二万六千九百七十两有奇。乃立章程，乃设闸夫，启闭有时，私坝有禁。于是，村疃有溉，米盐商艘往来无滞，邦人大喜。予惟恪敏之记申泉曰：事有修有废，其修之则人谋协也。当恪敏之治斯水也，岁在壬申，岁次再更。予适承其乏，揆诸申维兑乡、广渊重墱[①]之词，若合符节，岂事果前定，抑人谋之攸同欤。予方欲假手群贤，以次治畿辅诸水也，岂独府河也哉！因书以为记。

清苑区

耿家桥记略[②]

训导　赵经[③]

保定东南三十里许地名夹河，盖因村有二派会流于斯，上构浮梁，号曰耿家桥。时或暴水骤至，悉为沉没。乃有居是乡者耿公云因其度济之艰，筹度工程，谋诸里人王良、刘官，择日召工，各捐金帛，偕往满城、唐县凿山取石，不数月而桥成。桥九泓，东西长七丈五尺，南北广一丈七尺。

---

① 墱，古同“磴”，指台阶、楼梯的层级或小坎。

② 选自嘉靖《清苑县志·卷二·桥梁》。

③ 赵经，嘉靖《清苑县志·卷二·桥梁》载：“赵缙，山东利津人，监生，嘉靖八年任清苑县训导。”又民国《清苑县志·卷二·职官·训导》载：“赵瑨，山东利津人，嘉靖八年任。”

福村桥记[①]

少卿　丁凤[②]

东福村去保定府二十里许，旧有桥。考之国志，建于大金大定之二年。历岁既久，日以颓坏，兼之夏秋间霖潦相继，及山水泛涨，桥为水没。乡老高奉、秦贵辈为是虑，乃相告曰："兹桥实当路之冲，今若此居者、行者俱病跋步，不修容已耶？"乃出赀力计工费，自数君倡之，而乡之民无小无大，罔不翕然赞助。遂卜日兴工，更旧规而高广之。桥成，远近称便。不意弃败汩没之余，复新于今日，独非幸哉？虽然，桥之成败有数存焉。方桥之成也，舆者于斯，骑者于斯，负载者于斯，不知其成之功也，岂意其岁久湮没为颓波，为断石，历百年而有毁耶？又岂知百年之后举坠起废，如高凤辈者出乎其间耶？

重修大冉桥记略[③]

贾尔梅[④]

郡南不一邮有村曰北大冉，瀛海恒阳之孔道也。中村而河，跨河而桥，河如带，桥如虹也。纵五丈，广丈有半，高一丈六尺五寸，盖重葺也。问畴葺之，曰武举郭君蓁。问厥费，曰金钱一百六十万，郭君蠲什之一。问所余，曰弗烦县官，弗假檀越，弗走优婆夷[⑤]、优婆塞[⑥]，而张氏尔谦，匡[⑦]郭君所不逮[⑧]，远迩乡人闻而乐为之蠲。问畴任庀材之役、畴职既禀之劳，曰：王氏正心、张氏见龙、刘氏光辈。而运筹握算，又有王氏自安、李氏玺。问石于胡采，曰古唐侯国之山麓。问经始以及落成几何时，曰自庚子仲春既望迄孟夏合朔。问畴昌厥议，曰太史郭公快菴、蓁之玉季也。问桥所自创，曰前明成化年间。问畴踵而修，曰太守严公寅所、邑宰高公凤渚帅乡之善士耆民而相与以有成也。噫嘻！桥始于二百年前，多历年所，而仅一修，更多历年所，而柱欹矣，而梁颓矣。郭君乍见而仁心生，心生而仁言溥，归告其地，近谋诸亲串友朋，远劝其邻封接壤，捐囊无吝色，鸠工无倦色，告成无德色[⑨]。殆吉人为善，维日不足[⑩]者乎？余考之县志，大冉之上流二，一自满城之方顺河，一自庆都[⑪]之龙泉河，至魏村，两水汇为一，东流至此，诚巨

---

① 选自嘉靖《清苑县志·卷二·桥梁》。

② 丁凤，？—1517 年，字应韶，北直隶蠡县（今河北省蠡县）人。成化二十三年（1487 年）进士，授户部主事，历鸿胪寺丞、少卿、南京鸿胪寺卿、应天府尹。进右副都御史，总理南京粮储。召入为通政使，官至兵部右侍郎。卒赠右都御史。

③ 选自光绪《保定府志·卷二十·舆地略·津梁》。

④ 贾尔梅，清苑人，顺治二年（1645 年）乙酉科举人。

⑤ 优婆夷，梵语，指在家中奉佛的女子，也指出家的女子。

⑥ 优婆塞，梵语，指在家中奉佛的男子，即居士。

⑦ 匡，帮助，扶助。

⑧ 不逮，不足之处。

⑨ 德色，自以为对别人有恩德而流露出来的神色。

⑩ 维日不足，唯恐时间不够。《诗·小雅·天保》："天保定尔，俾尔戬谷。罄无不宜，受天百禄。降尔遐福，维日不足。"

⑪ 庆都，今望都县。

津也。当春夏之交，桃水[1]正涨，为桥梁不易。郭公乃不阅月而告竣，疑有神助。何以故？郭公少读孙吴书，出应武科，辄得隽豪杰士也，家仅中人产。厥仲太史公亦玉堂清署，安得长物。是役也，邑之素封[2]者不欲任，而窭人[3]之子又不克任，公在可任不可任之间，乃慨然任之。脱也澎湃，不若而败于垂成，为善者其惧矣？郭公殚力而竭财从事，神之相之，固宜然乎？余昔服郭公之善，而又嘉其有懿举也，于是欣然而乐为之书。

重修南龙潭记略[4]

里人　张寿昌

邑之西南距城十二里，旧有南龙潭。以城之正西七里许有北龙潭，故名南龙潭以别之，庙宇三楹，不知创自何年。当崇祯五年，邑人李君秉衡重修，有碑可考。洎清乾隆四十七年，有正红旗人于君廷臣者又加修葺。迨咸丰三年，有徐君福增名进德者复纠合邻村捐资重修，并续建配殿东西各三楹，及作乐娱神之所。数十年来，凡遇亢旱，有祷辄应。光绪中，经邑侯何君小浦请于大府，转达于朝，颁“保育群生”[5]额，并准春秋致祭。乃至二十六年，法人内犯，残毁无余。事定后，里人复捐资重修，惟以限于财力，其配殿及作乐之所留以有待焉。

宣统元季夏立。

重修下闸桥碑文[6]

直隶省议会副议长　胡国宾[7]撰

盖闻无平不陂，无往不复，否泰循环之机，殆皆有数，主宰于其中。是故同一事也，或绸缪于未雨之先，经之营之，积数年之久，而不获一偿其愿；或废坏已甚，相顾惊愕眙[8]，无所措手，但连类以及，乃巍然独享其成焉。余于是桥之得获修复，与夫仙人桥之工之不幸中辍，益叹物之废兴有数，非偶然也。先是，下闸迤东仙人桥年久失修，势将就圮，经请准拨款修筑，旋因他故寝其役，此民国五年事也。是桥与仙人桥相距四五里许，皆创建于清同治十一年，居府河十桥之二，碑碣历历可征。当其盛时，东西互峙，南北交通，帆影车尘，往来上下，其际尤以是桥为商贾辐辏，百货云集之地，

① 桃水，指春水。

② 素封，无官爵封邑而富比封君的人。《史记·货殖列传》：“今有无秩禄之奉，爵邑之入，而乐与之比者，命曰‘素封’。”

③ 窭（jù）人，指浅薄鄙陋的人或穷苦的人。

④ 选自民国《青苑县志·卷五·金石下》。

⑤ 群生，指一切生物。出自《庄子·在宥》。

⑥ 选自民国《青苑县志·卷五·金石下》。

⑦ 胡国宾，河北省清苑县（辖区为今河北省保定市市内各区及清苑区）人，曾任直隶保定道道尹，1922年9月当选为直隶省议会副议长。

⑧ 愕眙，亦作愕怡，意为惊视。

扼津保水陆转运之中枢，余童时所及见也。嗣因铁路通轨，水运浸衰，景象已为之一变，而风蚀水啮，木腐石脱，至民国六七年间，雁齿巉巉，虹腰杌陧[1]，颓然卧波，摧折无余，曩昔盛况愈不可识矣。于是居民罹病涉之苦，过客兴望洋之叹。交通之厄，实地方人民之耻也。余于下闸村为旧游之地，睹其状尤不胜今昔之感，又惧仙人桥工久悬不决，且将为是桥之续也，爰于民国九年春联合沿岸各村，合词吁请，时乡先生宋公文轩适长河务局，慨然转请于省长曹公，议以河局节存余款一律改筑。既得请，遂命王君剑峰董其事，鸠工庀材，兴修有日矣。旋以上游保阳桥亦有残剥之处，拟并改建之，而绌于财，乃移缓就急，取仙人桥估定之款挹注焉。而仙人桥之工遂又中辍。嗟乎，岂其否运未终，故靳其泰以有待欤？不然，谋之如彼，其豫且久也，程功如彼，其易也，胡为垂就焉而梗，将作焉而辍，竟不获与是桥同观厥成，岂非数哉？岂非数哉？民国十年夏历三月十九日，是桥落成，村乡人感戴曹公德意。思有以志不忘，以余曾与闻其事，丐为之记，勒诸石，以垂永久。余不文，乌足以彰之重违乡人请，爰就所经过历书之，俾后之停骖览胜者得晓然于是桥之梗概焉尔。

民国十年夏历十一月十五日。

重修仙人桥碑记略[2]

里人史文涣撰

桥距保定城东十五里，居清苑河之下游，而当南北之冲。近七八年来，梁倾柱欹，板朽楹摧，村人苟且补苴，行旅仅而获济，往来咸惴惴焉。民国六年，省议会议长胡君子青睹此，恻然久之。余因告之曰："此桥向由官办，今官力不暇，而吾村又贫，君能为一臂之助乎？"胡君于是奔走京津，说各长官。余亦集村人上书，展转达于大府，至再三强而后可。群欣欣然，望桥之成矣。而复辟变作，议遂寝。迨大局底定，畿辅宴然，复赓续前议，鸠工庀材，行将经始矣。会有言于大府者，谓保阳桥距城近，工宜急，此桥距城远，工宜缓。大府惑之，不数日间而辇木鞭石以去，工复辍。先是，村人为桥工计，曾私捐数百缗，存储绅富家，俟时取用，乃或有异议，各持一说，莫能相下，讼于官，久不能决。有安国吕君朗峰者，豪侠士也，闻之慨然曰："修桥善举也，争款恶习也。善举染恶习，岂官所能理者？我当为理之。"于是代募佛番[3]千三百元以为之倡。胡君亦商之河务局，允筹千六百元，并村人所蓄，共三千余元。财裕则事易集，经之营之，不日落成，观者咸谓基固工牢，形势雄壮，沿清苑河诸桥莫能及焉。呜呼！此岂一村幸，实四方往来人士之幸也。吾因之有感矣。人生之大患，吝与怯耳，吝则拔一毛如刲[4]股，怯则摇手转足，若

① 杌陧，意为不安、困厄。
② 选自民国《青苑县志·卷五·金石下》。
③ 番，指遍数、次数。
④ 刲（kuī），割取。

蜂虿[1]咸集而虎狼伺焉。甚或助官厉民，拚其身命，以营私利，故各县地方自治，抢攘近十年，百举无成，而公私交匮，若辈实识其咎。今胡君以议员之职，尽桑梓之谊，尽其力之所应为，经百变终底于成，固士大夫之佼佼者矣。而吕君慷慨好义，亦近今所仅见也。二君各行其志，而桥遂一新，村人感二君之德，耿耿不忘也，固宜。尤望天下之有财者不吝，而用力者不怯，庶天下事无不可为耶！

民国十二年十月十五日。

满城区

申泉碑铭[2]

方观承

满城属保定治郡之西，渝河之流自西来者，至邑而洑，洑而复出，播为泉，曰一亩，曰鸡距，合而东南流，为奇村河，又东入清苑境，为府河，即志所云清苑河也。河自西而东入于滱，以达于淀。自奇村至清苑沿河之村疃百数，藉河之力，以资灌溉者农田万亩，而自府河东达津门，商贾望走郡下，方舟逆挽，莫不于是仰纵闭焉。奇村之河既首受二泉水，顾泉之力微，则下流之输泻益薄，农作灌溉无所资；即自府河以东，曰规堰潴，而舟楫往来益梗隘，不可遽达。故泉之衰旺，其迹着于满而利之所田，兴与弊之所伏，不尽系乎满也。往时，余行部过其地，周历泉所，语僚属曰："凡水之洑，脉注而支分，其复出，出必非一二足也。榛莽区礓碛之上，宜有淤遏而未显者，盍访诸。"岁壬申，吏有来告，邑之东得泉焉，芜渫沮洳弃于葭菼者旧矣。所司具畚锸召丁役，漱之涤之，源茁而深流，疏而清滀渝演纡，视一亩所钟，大倍十计。而泉之左右，复有诸小泉，旧辟而今堙者，曰五花，曰连宝，曰红花，皆次第以修复。告乃引之为河，河长一百七十丈。别酾为渠，渠受小泉，率一二百丈。凡河为经，凡渠为纬，咸注而入于奇村河。河之上旧有闸，曰响水。凡新泉及诸小泉来入者，至是毕会。于是，益信响之。专藉一亩、鸡距者，为得其半，遗其全也。河兼众水，其流盛大，数倍于昔；村疃之土夙宜粳稻者，亦数倍于昔。而自郡以东，樯橹云集，方春夏之交，百物接于衢，四民萃于市，歌舞欢忭，欲不尸功于兹泉不可得已。嗟乎！一事也，使有利于一方之人，道民务者，犹将举之，矧举之而所及者众，所施者远耶？事有修有废，其修之，则人谋协也。余乌知后之修废何如耶？工既竣，爰伐石以纪之。泉故无名，余名之曰申，且系之铭曰：帝营九州，神畿是崇。列郡环之，保为距雄。满邑于西，兼望紧要。清流溉输，四国是邵。乃酾乃围，乃耨而畿[3]。烝徒皝皝，厥用殚微。我行其野，目不暂舍。爰谘爰谋，于邑之下。爰有间田，汩澥昏涝。氿泉喷出，吏走相告。乃度工

[1] 虿（chài），蛇、蝎之类毒虫的古称。

[2] 选自光绪《保定府志·卷十九·舆地略·山川》。

[3] 畿（jī），耕。

功，既辟既除。去其不蠲，其行舒舒。别浚五花，连宝底绩。红花婉嫕，如媵从嫡。众流氤氲，达于奇村。孰多前功，视此塄垠。岁行在申，甲坚万物。原泉胚浑，敷土遂出。十二辰次，申维兑乡。广渊重璒，泽我郡甿。言揆厥时，辨正方位。名以铭斯，以莅成事。

乾隆十七年孟秋之月。

一亩泉记略①

清　汤爱鼎②

泉距邑治东八里，泓然一亩，溉稻数千亩，郡中所谓西塘早稻者即此。泉所开，上自渝河，下注于此，至此涌出，相传为渝水伏流。西南二里许又有泉若鸡距，合流奇村河，入郡南城河，下达于滱。案，此地旧为郡绅陈太守别墅，高楼广厦，曲径回廊，玫瑰芙渠，香闻十里，飞鸟游鱼，各自鸣跃。当年指为小江南。自天策驻牧以来，风流余韵，雾散烟消，余仿佛盛概，每神往焉。爰相地度宜，庀材鸠工，傍池作堤，累之以石，取坚也。周堤短垣，便临流也。筑亭于龙母祠前，深一丈二尺，阔三尺有奇。颜其额曰"沛然"。祝灵雨也。绕亭浚濠，濠周四围前通于池，后通于祠，刳木为艇，额曰"一叶"。适游性也。遍濠栽荷，依堤植柳，左右驾板为桥，艇至则彻，通往来也。亭内几席毕具，乐游人也。祠后构屋三楹，颜日"见雩"。祝屡丰也。东西佐以两庑，奠僧居也。购地二十亩，今住持掌之，永香火也。

重修方顺桥记③

保定知府　林文英④

满邑在保阳之西，南五十里有方顺河，源于完县之白崖、马耳二山，东合滱水入海。冬春少涸，夏秋淋潦，下流宣泄不及，弥漫数十里致阻，足遏官道，病商旅，损田禾，亦有司之责也。自晋永庆建立石桥，商民利之。厥后，时兴时废，越自今，崩塌最久，桥堤尽没。庚申夏，余老父过此，车翻马覆，慨然有修筑之志。今又八九年矣，倾圮益甚。适余承乏兹郡，即谋筑斯桥，请名于老父。老父喜甚，且谆谆相戒曰："桥梁道路随时变迁，若因修易名，将来川原沿革更难稽者。况君子顾名思义，桥名方顺，抚斯土者必能方以持己，顺以理民，庶几不愧。语云：'防民之口，甚于防川。'无令后之人指而目之曰：'林太守不能恩敷百姓，借此

① 选自光绪《保定府志·卷十九·舆地略·山川》。

② 汤爱鼎，生卒年不详，安徽巢县（今安徽省巢湖市）人，清康熙二十三年（1684 年）任满城知县，后任琼州知府、雷琼道台等职。

③ 选自光绪《保定府志·卷二十·舆地略·津梁》，该桥重修于康熙年间。

④ 林文英，福建侯官（侯官，旧县名，今为福建省福州市辖地）人，康熙丁卯顺天乡试举人，戊辰科进士，康熙四十四年（1705 年）任保定知府。

桥以种福田。’是何异涂膏衅血也？老人所不敢。”英闻之悚然。工既竣，不敢易名，邑人别建石桥，曰林公桥，亦非余意也。兹当临去之期，邑人请记，以劝后来。自念待罪年余，未知果能方以持己、顺以理民与否，自疚不暇，何敢更作劝后人语，敬述老父戒言？以见斯桥关系甚钜，非敢自夸功德也。桥三座，长几丈，阔几尺，前后共十有五里。役工徒万人，匝月告竣，余捐资不能及半，满令张君居其五，完令王君居其一，共襄胜事，后之君子继余而起，保护修筑，无令此桥再坏。俾邑人砻石书守令某某相继修葺。此则余之志也夫。

徐水区

重修安肃县北关大石桥碑记[①]

邑令　祁洁

安邑北关石桥，自康熙二十八年重修。后虽节经缮葺，究难历久，每夏秋之交，大雨时行，凡冠盖之往来，羽书之驰递，及远近之肩摩毂击者，莫不嗟沮洄而虑脱辐。道光戊戌冬，余承乏兹邑，即欲改作而更张之，然虑任事未久，工用浩繁，且委任失人，利未兴而先滋之扰也，以是郁郁者迄二载。今岁春，乃集绅耆中之老成练达者数人，进与之谋。佥云：“桥长十三洞，其北六洞久已填实，其南七洞正当横流之冲，必须彻底重新，方资巩固。”余闻之，急捐岁俸六百千，以为之倡，而闻风者亦无不踊跃鼓舞，争先乐输，乃令诸绅耆因才分任，饬材鸠工，克期举事，七阅月而工讫。桥身一遵旧式而坚实倍之，其下桩，昔则钜细兼资，今则一律匀称，密排如砥矣。其护栏，昔则植木，今则螭道莲朵，玲珑琢石矣。桥洞两旁所谓金刚墙者，昔则杂用土灰，今则叠石灌浆，内外如一矣。桩南雁翅，昔则制甚狭，今则展添十四丈，绰然平广矣。计凡添桥板十块，料石一百六十余丈，碎石二十二万余斤，桩木四百余根，石灰十二万余斤，合之匠役工费，共用京钱六千三百余千。在事诸人，主议则商锐、李凤梧、张遂良，劝募则谢明安、平振邦、戴元恺、王承清，管料则刘兴儒、戴元禄，出纳则刘文阁、张佩箴、陈纪书，而始终总成者，主议督工诸人，其劳尤多，夫用材用众，匪信胡成。兹桥颓圮近百年，而诸绅耆共谅余心，一为之倡，遂各奋兴观勉，项无虚縻，工无间率。率不数月而观成，此盖由诸人任事之勇，抑更验众心向善之诚也。虽然安邑疲困之区，其政治之有关教养者尚多坠废，而余任事二年之久，仅督成斯举，以便行旅，余滋愧矣。更愿合邑绅民益扩向善之诚，励任事之勇，示慎示公，一体同心，凡余之未见施行者，匡所不逮，次第修举，俾安邑永享乐利焉，尤余之所厚望也夫。

---

① 选自民国《徐水县新志·卷十二·艺文记》。

改建刘祥店漕河石桥碑记①

王屋蔚　邑侯

安肃古称铜梁铁遂，西北距山稍远，环邑皆河也。按，《水经注·九河图》为徐，为萍，为漕，为瀑，皆隶境内。而邑志又别载鸡爪泉、白沟、曲水河诸目。瀑自城迤北平淤无考，城南徐、漕二河在焉。徐与清苑为界，离城四十里，漕较徐稍北二十里许。考《畿辅通志》云，即漕水源出朔宁县曹河泽，由西釜山经县流至新城合于徐，曰温义河，又濡水。图云，发源易州，一云发源广昌，自西北而东蜒蜿波折，横绕治南如带。刘祥店者漕之支流，各村沥水之总汇也。地卑洼，当孔道，夏秋霖雨水涨，居者、行者苦之，从前皆以舟渡。乾隆三年，邑宰徐劝民力挑沟一道，上接正村，下绕村南归淀，附沟十余村利之。又伐木为桥，以济行旅。惟是日久则木朽，木朽则桥圮，土淤沟塞。虑水患之复启也，邑宰朱与同城谋，以石易木，庶可经远，事未成而朱以升任去。爰是，学博徐、司训韩、二尹施、县尉罗、督司张率邑之绅士共襄厥美。工兴于乾隆癸亥正月，阅五月而落成，余于诸公固前后手也。自通籍来取道于漕者数数矣，其初皆横舟衎济。岁戊午，诏直首以工代赈，一时大小郡县亟请缮治城廓。余以旧广川令修涿鹿城经此，时正创建木桥。迨余奉母终养归道，由桥上过。阅六年，今岁仲春叨补斯土，适桥重建，白石磷磷然，夹水卧波，永赖以济。余不敏，幸从诸君子后，相与乐观其盛而克享其成功因叹。是役也，由舟而木，由木而石，时益久谋益蒇事，固有创于前而成于后者，前人不得竞其功，后人亦不得辞其责，天下事大抵如斯耳。诸公丐余一言为记，余不敢攘前人之功以为已功，因颜其桥曰“永赖”，而撮其巅末以告来者。

易古桥碑记②

康寿馨

安邑东北十二里，北里村西二里许，旧有石桥，下为萍水之所经流，其桥名已不可考，里往来经过者亦皆不知所自焉。乾隆丁丑春，乡人掘土补桥，乃得石碣，上镌曰“易古桥”。适余馆于古庄营，友人王觐光因问曰：“桥何名易古乎？”余曰：“君生长于此，尚不能悉，余旅人何能知此？然窃闻《寰宇记》云：‘易水有三，南北中，源皆各出。南易名雹水，源出独石岗，经安肃入容城界，即瀑河，下流直抵安州。中易名武水，出故城阎乡谷中，自易州入定兴河阳渡，史云燕太子丹祖荆轲于易水上，即此地也。北易名濡水，出穷独山，南入定兴，与中易水合流，俱入容之巨马河。’按此则萍水所经即南易水之故道也，又考府志，易水东分为梁门陂，亦指南易而言也。窃以为，易古之名，或取诸此。”顾余独异水已竭，而名犹在，亦可知不朽之道，立名其一也。况乎人竟与草木

① 选自乾隆《安肃县志·卷十三·艺文志·记》，碑文作于乾隆八年（1743 年）。

② 选自民国《徐水县新志·卷十二·艺文记上》。

同腐，曾不如斯桥之名既湮没而复彰也，可慨也。爰记之以附碣尾。

重修滚水石坝碑记①

邑令桂严② 贵池人 民国

县属东南，几成泽国。厥故实，由河道淤塞已久，以致漫溢为患，余乃倡疏浚之策，绅民痛定思痛，亦各欢欣鼓舞，联络经营。于是，屯庄河、鸡爪河先后兴工，次第竣事。是年秋，田家庄等村绅民又以疏浚瀑河北流为请，余深韪其议，为之颁文，告召父老督促，克底于成。未数月，南流一带绅民以水不敷用，群起质问，此固非始料所及也。缘瀑河流域至姜女庙前，分为南北两支，南流势若建瓴，一遇淫雨，各村田庐动遭漂没。清乾隆二十九年，经直督方公奏请，在该处建滚水石坝一座，以杀水势。坝台宽面东西长三丈二尺五寸，狭面一丈六尺，由上至下五尺五寸，即坝之脊顶。坝上迤南，旧有水洞，长出坝处，洞宽一尺四寸，深一尺五寸，南流之水由是出焉。然坝已年久失修，石块剥落，直同废物。乃南河绅民方因北河疏浚过深，不能越堑而过，引为憾事，请命于余。北河各村复议重修石坝以期蓄水，遂致南北争执，讼几一年。邑之父老知往者曾因此坝酿成重案，前车可鉴，深以为忧。余谓天下事不平则鸣，南北之争乃未得其平耳。因命警察所长、劝学所长等出作调人。当时南河各村代表要求水洞须深至三尺一寸，洞上勿盖石板，盖亦只许丈余，而北河既不允其深度，更拟洞上满加石盖，以期巩固。磋商多日，迄无结果，余复召集两方代表竭诚开导，幸有转机，惟闻两方尚有数村未尽融洽，颇欲鼓荡风潮，遂复掬。诚劝谕曰："余因修坝争执，各趋极端，夙夜祇惕，寝馈难安。现闻各代表竟能相示以诚，捐除意见，言归于好，具见尚义风淳，犹存古道，欢慰之余，额手称庆。用敢告我两河各村父老子弟，总以息事宁人为前提，若再受播弄，破坏大局，则是功败垂成，良深惋惜。各代表谊关桑梓，尤当勖以大义，共表诚衷，从此争端永息，咸庆安宁，诸君又何乐而不为耶？尚乞俯听鄙言，无任企祷。"

旋据南北两河代表杨国宾、王涛等来县具禀，声明双方均已成认修坝，并规定该坝水洞石底以挖下一尺六寸为标准，共深三尺一寸，宽一尺四寸，平铺石盖，东西两头各留余地，以便疏通，至水势应以通利桥底与水洞石底之上面取平为度，两方不得私行挖深，如水不敷浇灌，双方随时商酌，源源相济，以双方下游水势相等为准。南河以大因村东桥为下流地点，北河以崔家庄东桥下里许黄土坡为下流地点，倘遇天旱水涸，河流不及下游，两勿相怨。如遇淤塞，所有应行修浚之处，当由北河负责，不得攀扯，南河惟仍须会同商酌，再行办理，请求立案等情前来，当经批准。于庚申年阳历三月二十一日动工。未几，忽又以水洞加盖石板争执多寡，工几中辍。余复躬亲履勘，双方劝谕，群疑始解。而杨王二君亦复力顾大局，身任其艰，复定水洞石盖共

---

① 选自民国《徐水县新志·卷十二·艺文记上》。

② 桂严，字玉辉，安徽贵池（今安徽省池州市贵池区）人，1918 年任徐水县知事。

九块，每块宽二尺五寸，计长二丈二尺五寸，卒使经年未了之讼案一朝解决。阅一月工告蒇，杨王二君虑此坝之无案可稽，后世或再有竞端也，嘱余为文，勒石公廨之堂隅，以垂永远。嗟乎！世界大同，人民生活程度日高，富庶之法不外厚生利用，我国为农产国，讲求水利最为要著，滚水石坝建筑斯土已百余年，关系迨数十村，余曷敢以不文辞，爰述其颠末，而为之记。

徐水县屯庄修桥浚河碑记[①]

张元伯 邑人

自来兴义举者必资好义之士，成善事者端赖乐善之人。吾邑屯庄旧有河源数亩，居萍瀑之上游，襟带三桥，为保易之要路，岁久失修，桥倾源塞。有心之士良深杞忧，村人久有浚修之议，然工程浩大，独力难支。辛酉秋七月，太仓吴履夷先生来宰吾邑，善政多端，美不胜举，簿书之暇，四境观风。癸亥仲春，因公莅此，亲见桥已就倾，交通有碍，泉皆淤塞，灌溉难施，本爱民之心，发为利民之举，命村人疏通泉脉，修筑桥梁，又虑村困民艰，恐难蒇事，旋即会同崔巡官海亭，并召集申君静斋、王君子霄，赵君琴一、陈君子瑞、朱君瑞五、安君凤鸣、田君沛然、安君子寿、阎君结三及该村长佐、董事诸君于公署会议。蒙吴公示以办法，且提倡捐廉百元，以助经费。甲子二月间开办，以旧日河身去水直下，委陈君子瑞、王君子霄察验形势，命村人经手购买民地数段，疏浚河身，水归曲折，于村之风景有关焉。桥身建平一律，每桥均筑三孔，数取其阳，于是经营数月，方底于成，俾行旅者咸歌坦坦，灌溉者得咏源源也。盖三桥之名，南曰永固，中曰永定，北曰永乐，河名年旺，泉曰养泉。吴公尝语人曰："治水如理财！"信乎？命名之意有由来也，然鸠工庀材，用款甚殷，仰赖诸君募助四方，以成义举。工甫竣，吴公委记于余。余自度不才，无敢应命。迨甲子夏六月，吴公调省，合邑绅耆攀辕未遂，至今孺妇皆道其贤。呜呼！若吴公者可谓口碑载道矣。王君子霄仍以此记嘱余，固辞不获，遂忘翦陋，徇其颠末，谨缀数言，非敢云记，窃慕诸君见义勇为，及诸大君子乐善好施，义不可没，并勒姓名于碑。

民国十三年岁次甲子荷月。

定州市

定武军水田记[②]

宋 吴处厚[③]

水之为利害大矣。而《易》皆该之，故泽配乎兑，而险配乎坎。善为水者，能用之以

① 选自民国《徐水县新志·卷十二·艺文记上》。

② 选自道光《直隶定州志·卷二十一·艺文》。

③ 吴处厚，北宋福建路邵武县（今福建省邵武市）人，进士。曾任通利军知军、汉阳知军、卫州知州等。

为利，而使利常裕于我；又能设之以为害，而使害常因于彼，斯可谓智矣。定州新河源盖出于唐河，其派自勺堤东北兔山下股引而南者四十里，然后凑于州之北，缭而东趋，以达于祁，此河流首尾之大概也。并河左右，布满民田，河仰而田下，倘不能用河为利，河多堙，而反为害。每岁六七月之交，淋雨暴涨，益河之怒，而潦无所泄，则往往隳岸败堤，泛滥演溢漫于民田，鞠为污潴，此其所忧也。朝廷方讲求水利，内外大小以水名官者以十数，其综核可谓至矣，然新河之利害尚未克究，得非郡县之不饬与？安抚使河东薛公向练，当世之务而体上之所行，急公家之利，而先民之所苦，尝纵观河理，知可规画。会访察使沈公至，复偕往，周按其地，深是之。乃益决，遂谕其属史祼、李元辅，择其可溉者，凡得公私地十三区，区广袤不一，伻图[1]奏可，命祼、元辅董其事，使臣张迪、米万、何概、祝方、刘恩督办之，肇杪[2]春之吉，逮季夏哉生明[3]。计役功二万二千六百八十四，成田三十一顷有奇，葺旧陡门二，创新陡门六，浚淤补坏者二十有四。公以规事之，初不可不为之法，守也，复条七事以闻，上皆俞其请，于是以定武监为稻田务，听举官典领焉。处厚前尝出定之北门，爱河水之泱泱而稻止数十畦，与河滨葭菼相翳荟时，渚凫沙鸥，鹈鹕鸳鹭下畦中，然与江湖之思固已翩翩矣。今忽凉秋萧条，䆉稏[4]满野，获者熙熙，馌者恬恬，闻牧笛于陇上，玩鰲秥于阪下，是庶几泽国也。宜乎，使人目注心往，若与吴侬楚伧杂沓，嘲哳搏髀，笑语以适，吾真不知其身乃在燕之南赵之北也。是岁大霖雨，而河不为灾，且大有年定，人得公赐，不惟兴利弭害，又能使附城之半渐浸泥洳，池之外，复有池水洊而坎习也，虽然河之水沄沄，而不可穷稻之畴，膴膴而不可极，后之继者能踵公之意，增辟湾环而迤逦之，则关之四隅举就陂湿，何止附城之半哉？

熙宁八年[5]九月立。

城南水利记[6]

明　容若玉[7]

中山郡城周二十六里许，池绕四面，其三属之卫，南一面隶州，池内鱼蒲之利，岁计二十余缗，输之公，为修坛费，余者郡伯取，供燕会，相沿已久。既而司郡者以贻缙绅家，嗣后，兴替靡常，觊觎间作，以利妨义，大体殊乖。万历四年，池利乃归郡，郡伯寿良王子荐，不私其利，又鉴前辙，乃以属博士，俾岁资，其余为校士育才之助，众

① 伻图，语本《尚书·洛诰》：“伻来，以图及献卜。”谓遣人绘图，引申为规划。

② 杪，末尾。

③ 哉生明，指旧历每月初三日。

④ 䆉稏（bà yà），指稻子。

⑤ 原书作“宁熙”，当为“熙宁”之误。熙宁八年，即 1075 年。

⑥ 选自道光《直隶定州志·卷二十一·艺文》。

⑦ 容若玉，字昆石，南直隶安庆府怀宁县（今安徽省怀宁县）人。明万历二年（1574 年）甲戌科进士，朝廷派他去江西。容若玉治理地方，为百姓着想，办了许多好事。他为人正直，为官清廉，家贫，死后没有财物，他的同僚朋友周济拿银子将他灵棺运回老家安葬。

论翕然称善。诸生国登等丐子荐，纪其实。适予以公役过中山，遂转以属予，予嘉其能，捐所有以育士，且不自有其德也。为惠、为廉、为谦，一事而三善集，子荐治郡之烈，此亦可概睹矣。

李亲顾村乐善桥碑记①

本郡庠生 许凌烟 绘功

盖闻施济之功，圣人犹病，沉溺之患，王者所忧。自古圣君贤相莫不以利人济物之心，见一视同仁之理，若必驾舟梁，营榷彴，以为善，其量亦隘而不宏矣。虽然显晦时也，广狭地也，随时与地而谋拯济，其心同，其理同，即为善同也。李亲顾村在州城南四十五里，为达祁州深邑大道，村北背沙河，素无桥梁，每当夏秋之交，河水涨发，往来者非乱流而渡，则临河而返，至隆冬，寒冰栗冽，更有剥肤灭顶之凶。先君子目睹而心恻焉久矣，乾隆五十九年秋，乃首先捐资购材木，督工役。乡之士庶观感兴起，亦各出财力襄盛举，而李亲顾于是乎有桥，而是桥岁修岁办，于是乎弗坏。嘉庆六年大水，河岸修广，厥功尤钜。前州守张公麟书因事南渡，见桥绵亘数十架，坚固宽平，如矢如砥，询之，佥曰："此许翁朝佐力也，亦村众相助为理，无公款，更无邻村指臂助。"张公欣然曰："事出于官，多勉强；事出于民，皆自然。乐哉，斯桥其善量将安穷乎？"因以乐善名桥，而免李亲顾村差徭三之一有奇。（李亲顾本与柳宿等村为一约办差徭，共计八分二厘六毫，本村应分办三分一厘五毫，自此永行减免一分一厘五毫，实办二分，令工房、兵房注册存案）示优奖，且昭鼓励焉。嗣州守王公仲槐申明旧章，加注卷册，俾永远遵行之，勿失噫。一桥之成虽难语施济之功，亦少释沉溺之患，《易》曰"利涉大川"，斯桥有焉。余今已八旬矣，继先人而事事者垂数十年，伏愿后之人体善作善成之义，存利人济物之思，岁为修理，毋俾朽坏，所谓随时与地而谋拯济者，更有望于斯桥。

时道光二十五年夏四月谨记。

建阳约河渡记②

本郡贡生 王慎动 端甫

河非一苇所能杭，而人岂乘舆所能济。桥梁舟楫跨渡行人，虽为民间之善举，实由贤牧之善政也。建阳合八庄为一约地，当唐河冲河水涨，则茫无津岸，临流阻渡者，往往有望洋之叹。乾隆十三年，阖约绅民等创立板桥三十余架，盛涨时犹不能达彼岸，则兼造船舵以协济之，庀材鸠工，不请公帑，不留私累，竣工之后往来如织者，皆称为善船善桥，因以为桥船名。夫当日创造桥船之本意，盖欲济人于无穷，非以之沽善之名也，更何计有所利于己而为之哉？乃州宪毛公揽辉闻而嘉之，曰是己劳矣，宜令稍弛负担，以劝善。即

① 选自道光《直隶定州志·卷二十一·艺文》，括号内为该文作者原注。

② 选自道光《直隶定州志·卷二十一·艺文》。

准免清水河大桥夫役物料，永著为例，迄今已越百余年矣。历修桥梁，而船屡废。本年七月间，州宪长白宝公至河渡口，见桥存而船独阙，如因念往来行人不阻于秋冬，而或阻于春夏，宜预为利涉计，劝令建阳约，更造新船，至八月下旬而竣。事夫一桥一船之成，始则毛公赏赉于前，继则宝公运筹于后，于此见贤大夫之良法美意，前后同揆，均可勒之贞珉，俾奕世士庶相与歌颂于无穷也。谨为之记。

时道光二十九年八月　日。

修浚西城桥河记①

环州城旧称膏壤城，东北为唐河故道，多稻田麦畦，城西隍池出泉，莲藕极盛。自嘉庆辛酉大水，浮沙厚积，唐河北徙，泉亦淤塞，故城之外未尝无隍池无桥梁。泥淤沙压久，且泯其形迹，但夙昔为隍池者，其地势究下于阪亩，向所群注之水仍汇而趋，既无可以容蓄，又无可以宣泄，乃四出而汎，滥而渟潴，遇旱干则桥常戴土，盛雨泽则水可沈桥。舆而过者，渡若扁舟。骑而行者波及马腹，而徒涉之病盖可知已。定之为通都也，九直省仕商必辐辏于西城外，故被累者较他门为尤众。道光己酉秋潦后，余每出西门，必涉水里许，因急谋所以容蓄之道。九月水涸，适士民以浚治修筑为请，即嘉允之，复捐廉倡焉。西城外旧惟木桥，乾隆间沈刺史率绅民易以石，今则循其桥为隍池故迹，挑浚凡六百五十丈，深六尺，广五之，水道成而桥即隆然起矣。定之城门皆缭曲而达，西城之为门者四，旧亦砌石，今与桥一律修垫接补，合门内外各一丈广，则加二尺以惠行者。环池植树三百本，以资防固。桥之左右种莲藕，以复旧观。诸役毕，且与众约曰："今而后毋失疏浚，毋毁伤其卉木，毋耕锄池下上地。异日榆柳垂阴，菡萏敷荣，游而憩焉，风而咏焉，谁复知当年病涉之所耶？"夫城之有门一也，兹权其要者，先之，余或视此而各谋修浚，岂不幸甚？若夫定城周匝数十里，筑垣墉②而通池壑，工费浩大，余窃有志焉，恐未之能逮也。此役终始，为时凡八阅月，用钱共千二百贯，士民之监工与乐输者，例得备载诸石，以并寿云。

时道光三十年四月既望，知定州事长白宝琳③记。

西关河柳记④

王榕吉⑤

环州治之西北浮沙无际，每当春夏风作，尘埃蔽日，漫散河干，易致壅塞。城迤西

① 选自道光《直隶定州志·卷二十一·艺文》。

② 垣墉，指墙壁。

③ 宝琳，字梦莲，满洲镶黄旗人，道光二十五年（1845 年）起任定州知州八年，画家，工山水，著有《清画家诗史》，道光三十年（1850 年）编纂《定州志》，民国《定县志》有传。

④ 选自咸丰《直隶定州续志·卷四·艺文·记》。

⑤ 王榕吉，1810—1874 年，字子莪，号荫堂。山东长山县（旧县名，在今山东省邹平县东部和淄博市区西北部，1956 年 3 月撤销）人。道光二十四年（1844 年）进士。官至顺天府尹、大理寺卿。

一带缘堤种树，用障风沙，由来久矣。嘉庆辛酉岁大水，城四面隍均被泥淤，遂有缘以渔利者，河身河岸犁为平田，州同知岁征其租以为常。顾念国家疏凿伊始，兴役縻帑，所费钜万，良可慨已。比岁水潦时至，无所蓄泄，汪洋泛滥，横阻冲衢，流注城内，墙圮屋倾，患有不仅在一隅者。前长白宝梦莲先生莅兹土，政成民和，百废俱修，时出西门，见水势泛溢，心焉恻之，捐廉为倡，谕西郭绅耆，觅寻河之旧迹，醵金疏浚，计长凡六百五十丈有奇，深六尺，广五之，并以余力治桥之倾圮沏啮者，门轨砌以石，修广与桥侔。西郭水患由是息焉，又虑其日久难固也，复令关民缘堤种柳三百六十余株，以复旧观，既御风沙，亦防颓岸，俟成材出售，并可备修葺之资，其为计至深远矣。是时管理水利同知州事者会稽劳公佩苏，儒吏也，弗靳租入之利，躬督浚治，公而忘私，以襄盛举。余自视事来州，每以修筑城垣为念，时因工费浩繁，未敢骤议兴举，客岁倡捐缮葺，较前稍为完整。今西郭两岸柳阴密布，依依动人，是宝公之甘棠也。善政未远，遗爱故存，视苏文忠之治临安，缘湖植柳，不啻过之。夫前人有志未逮之事，后人犹踵而作之，况已成之盛举，顾忍令隳废乎？爰出示严禁，岸土毋得铲削，柳株毋得剪伐，谆谆谕戒，小民当知奉守，惟是利厚弊生，且或指官地为名，或假胥吏攫取，或摊种河堤而图食租石，或伐卖树株而计饱私囊，世风浸下，有不能不预防其患者。会西关绅耆王槃华、狄杰等重修石桥，改治水道，工竣，请严定规条，为善后计。余深嘉之，爰记诸石，以诏来兹。庶宝公之盛绩不没，而河可以常浚，城可以永固，亦保障畿辅之一助也。并将呈词判语暨一切规条刊之碑阴。俾勿忘勿坠。

时咸丰九年[①]岁次己未二月上浣谷旦。

涿州市

涿州北河胡良渡舟记[②]

张　治[③]

嘉靖丁酉，御史梅滨杨子奉上命按畿辅，兴能振弱，敷和惠生弊，百咸新也。历于涿，进逐之众而语曰："涿郡当京国之冲，四方所走集，肩毂相踵也。北河胡良之水，环郡南北，冬春水涸，可木而梁也。夏秋水淫，涨流弥弥。行者力不能绝冲涛，悍夫乘时操舟索重利，人莫不病焉。予欲令有司庀官舟棹以渡，其可否？惟尔民。"众曰："民惟依仁。仁之所兴，民所利也，其谁弗嘉？"杨子乃以谋诸副使叠川于子，于子曰："唯唯。是予之志也，而未之能行矣。"以谋诸知州陈子，陈子曰："唯唯。是予

① 咸丰九年，即1859年。

② 选自《张龙湖先生文集》卷之六、《皇明经世文编·卷之二百四十二》。

③ 张治，1488—1550年，字文邦，号龙湖，湖广长沙府茶陵州（今湖南省茶陵县）人，正德十五年（1520年）进士，选庶吉士，授编修。嘉靖间历官南京吏部侍郎，翰林学士掌院事，南京吏部尚书。嘉靖二十八年（1549年）二月，晋礼部尚书兼文渊阁大学士，召入内阁，加官至太子太保，著有《龙湖文集》。

之职也，而未之能尽矣。”成谋，乃鸠材命工，㪺赎镪佐厥费，檄吏目徐志高董之，北河为巨舟二，舟篙工三人，为步舟四，舟篙工二人，胡良视北河半之。既竣事，陈子曰：“仁之所兴，利所程也。弗有以记之，其后曷继于永哉？”乃以书来属宫采氏治记焉。治曰：“推涿之政，可以仁天下矣。夫行路之人，犹涿之人也。涿之人，犹天下之人也。”予尝道燕赵之墟，历漳易滱泾诸水，而深有慨于斯民之多溺也。以涿言之，土坝圹而善崩，水淫决冲流百里，民沮洳而居，室涂弗完。水下沙砾，墒衍，夸陆为阜，蒿棘弗植，无论禾黍也。然则水之溺于涿者，独行路之人也哉？王程所历，使命相继，车百辆，马百匹，驴骡千蹄，驿夫驰肩，卒重茧费，日万钱，月无算也。中人十家之产，岁不能备一役。官庄宦第，官刍公牧，百赋萃之。凡编户之民，童丁而犊，税弗充焉。然则涿之溺于民者独水也哉？又尝因是泛观四方之民，弘治而上，家余藏，帑余积，山林川泽余利也，边卒嬉，武吏不宿逋[①]，至于今，上下恤恤然称匮乏，诛赋日繁重，力役弗已，君子或惧其陆而鱼也。然则民之病于溺者独涿也哉？昔者高宗谓传说曰：“若济大川，用女作舟楫。”夫舟楫，传说也，斯民无溺之患矣。郑子产以乘舆济人，孔子曰惠也。禹思天下之溺者，由己溺之，孟子以为仁。夫二者皆务为治者也，直所从施异地耳。故为政者，近之以乘舆之惠，远之以己溺之仁，斯舟楫而传说也已。以予观于杨子之仁，盖托始于舟也。究其施，其济大川也哉？故曰推涿之政，可以仁天下矣。杨子名绍芳，楚通城人。于子名敖，秦岷州人。陈子名邦治，亦楚人。皆有事于舟者，故备书，俾后之人观览焉。

重修涿州佑济龙神祠碑文[②]

乾隆皇帝

庚辰春，命大吏重修涿州永济桥，桥东南故有龙神祠，岁久，并就陊[③]剥，饬工斤而新之。越辛巳，西巡旋跸省视，落成则行者利往来，居者时蓄泄，善夫人事，集而神贶臻数典庶无阙也。议礼家谓龙之祀。自《史记》朝那龙湫始显，其文不秩于三代，殊不知经训所载山川能兴云雨致神物以为民茈者，民必祈而报之。近至一坊一庸，尸祝索飨，惟恐后矧。涿郡地列望紧，当九畿之会，而胡良、拒马二水渟涵喷欲，用衍润我神皋，其必有以默相之也，固宜。或者疑有明已来水，汛而桥圮，匪一日矣。神将奚妥焉？谂之曰：神依无在无不在，曩者祠与桥虽废，而神之精爽固无不在也。今者桥与祠成，而必曰在是。是犹未知神之无不在也，然桥若祠焕然一新，顾弗致精乎？其所式凭以蕲所为佑，且济者其可乎哉？夫修废举坠，不可以人事未集而一听诸神，其又可以神妥于斯而不益懋夫人事耶，则舆梁为政之句足深长思已。继自今若蓄泄在居者，往来在行者，尚其善保厥成，以

① 逋，逃亡在外的人。

② 选自光绪《畿辅通志·卷九·帝制纪·宸章二》。

③ 陊，崩塌，坠落。

永孚于神庥而可哉？桥记缘起已详，兹因祠石请文书以揭之如此。

重修涿州石桥碑记①

乾隆皇帝

徒杠舆梁，《月令》所著，则桥之设，与夫毁而修，乃王政所必先，而非浮屠氏漫举因果利人所可同日语也。涿州为畿南要郡，万方玉帛，诸生计偕，以及官吏、商贾、携挈负贩之徒，往来所必经。郡城北胡良、拒马二河汇焉。明时各就其上建桥，顾北方之水流无定。桥建而河徙，桥乃跨陆，河则仍资舟楫，舆无桥同。庚辰春，允地方大吏请，于旧桥南移建九空新桥。仍筑石堤，下为涵洞二十有二，属之城北门，其旧桥之颓废者葺之，改为涵洞十八，以泄夏秋霖潦。通新旧桥堤长二百丈有奇。至八月而工成，大吏请为碑记，以记岁月。其辞曰：

涿之城诞拱皇京，胡良拒马自西东注，厥初跨河桥营。其所不合，桥短而堤长，北方水流无恒。及啮堤，堤败，桥反陆置，往来之人，嗟行潦以徂征。堕者扶之，堙者疏之，俾水有就下之路而不与堤争。斯王政之一端，以就旧材，亦不大费司农。或曰宫阃布施，或曰珰竖威福，缅遗迹，犹致恨夫前明。君何为者，乃若是焉？宜彼社之屋，吾于是凛殷鉴而兢兢。

金门闸堤柳一首②

乾隆皇帝

堤柳以护堤，宜内不宜外。
内则根盘结，御浪堤弗败。
外惟徒饰观，水至堤仍坏。
此理本易晓，倒置尚有在。
而况其精微，莫解亦奚怪。
经过命补植，缓急或少赖。
治标兹小助，探原斯岂逮。
乾隆癸巳③暮春月上浣御笔。

阅金门闸作④

乾隆皇帝

浑河似黄河，性直情乃曲。

---

① 选自光绪《畿辅通志·卷九·帝制纪·宸章二》

② 选自嘉庆《永定河志·卷首·宸章》，此为金门闸浚淤碑碑阳。

③ 乾隆癸巳，指乾隆三十八年，即1773年。

④ 选自嘉庆《永定河志·卷首·宸章》，此为金门闸浚淤碑碑阴，括号内为该诗作者原注。

顺性防其情，是宜机先烛。
而此尤所难，下流阻海属。
杀盛蓄厥微，在泄复在束。
金门仿毛城，减涨资渗漉。
然彼去路遥（谓毛城铺），此则去路促。
（闸下减河自黄家河分支，由津水洼达淀，仅一百四十余里。路近势促，故沙易停淤。）
遥者尚回澜，（毛城铺去路既远，且有倒勾、引河，使减下之水，澄清缓泻，故资宣泄之利而无他患。非若此浑流直下，一往莫遏也。）促者横流速。
斯诚非善策，惊见心粥粥。
亟筹救急方，谓当挑坝筑。（水既直下，势难骤挽。命于闸上作挑水坝，通其回溜，成倒勾之势，然后舒徐归淀，庶几补偏之一策耳。）
倒勾抵金门，余溜俾归谷。
非不图屡阅，终弗如亲目。
然予试絜矩，九寓廊员幅。
一人岂徧及，滋用增惕恧。
乾隆癸巳暮春月上浣御笔。

金门闸浚淤碑[①]

乾隆皇帝

乾隆三十八年六月初九日奉上谕：周元理奏“五月二十二日以来，永定河水势虽有增长，大溜直走中洪，汛趋下口，两岸堤工稳固”一折，览奏稍慰。廑念至所称各处河水旋长旋消，初一日辰刻，金门闸过水六寸，巳时即已断流等语，金门闸宣泄永定河盛涨，其情形与南河之毛城铺相似。永定河挟沙而行，与黄河水性亦同。向来毛城铺于过水后即将口门及河流去路随时疏浚，以免淤停，实为利导良法，金门闸自当仿而行之。著传谕周元理，督饬河员，于金门闸过水之处，即为挑浚，务使积淤尽除，水道畅行，以资疏泄。俟后金门闸每遇过水，永远照此办理。仍将永定河水长短情形，随时奏闻。钦此。

金门闸三次建修尺丈银数碑[②]

乾隆三十八年

金门闸。乾隆三年建金门，宽五十六丈，进深五丈。石迎水簸箕，内宽五十六丈，外宽六十一丈四尺，进深二丈。石出水簸箕，内宽五十六丈，外宽六十七丈三尺，进深

① 选自光绪《永定河续志·卷十五·附录》。
② 选自光绪《永定河续志·卷十五·附录》，原志注：“右碑旧志失载。”

九丈。南北两坝，台各宽十二丈，进深十六丈。金墙高八尺。灰迎水簸箕，内宽七十五丈，外宽八十五丈，进深五丈。灰出水簸箕，内宽七十五丈，外宽八十五丈，进深十五丈。南北迎水雁翅，各长三十丈，北出水雁翅长三十丈，南出水雁翅长六十丈。共用银十八万六千一百一十二两零。

落低处，乾隆六年因初建金门坝面过高不能过水，因将海墁中落低一尺五寸，宽二十丈，共用银五千四百八两零。

石龙骨，乾隆三十五年建，河身积渐淤高，微长即过，因建龙骨一道，长五十六丈，补平落低处，高石海墁二尺五寸，共用银四千三百七十五两零。

闸下减河一道，计长一百四十六里零。经由良乡、涿州、宛平、固安、永清、霸州地方入中亭河。自牛坨分岔，复开黄家河一道，由津水注达淀。

良乡县沿河十六村庄碑①
乾隆四十二年

乾隆四十二年八月初八日蒙宪牌开，七月七日蒙总督部堂周批，永定河道呈详，永定河工所设厅汛各员并不统辖地方，其拨夫防守堤汛事，原应照乾隆十五年以及十七年前督宪方奏定章程办理。近年沿河州县多不遵照旧例，凡过疏挑减河及河务工程，既专用十里村庄，而地方一切杂差又漫无区别。十里内外，一律派办，甚至派十里内之差务，反偏重于十里以外。村民避重就轻，近移十里以外者甚多。汛员办理河工，动致掣肘，详请通饬永定河沿河州县于河员所辖十里村庄，仍遵旧例。除大差捕蝻外，一切杂差免其重拨。缘由蒙批。查永定河两岸沿堤十里村庄，久经方前院奏定章程，除皇差及捕蝻之外，听河员拨用，以免重累，且此时并无差徭，因何又有杂差名目？仰布政司即速查明议定，通饬沿河各属遵照，详请立案缴等。因蒙此查永定河堤工最关紧要，其一切拨夫防守事，原应遵照乾隆十五年经前督宪方会同前任江南总河部堂高奏准河员俱令兼巡检衔，将沿河十里村庄准其管辖拨用。又于乾隆十七年，蒙前督宪方奏明，凡属河员管辖十里村庄，该州县除皇差及捕蝻两项听其派拨，其余一切杂差俱免，专归河员拨用。各等因遵照在案。该州县自应遵照前奏章程，逐一办理，何得遽行更张，并不遵办，以致防守河工动致掣肘，殊非郑重。河工之首，今自应申明前奏，通饬办理，合亟飞行。为此，仰厅官吏照牌事，理立即通饬各属州县遵照乾隆十五年并十七年前督宪方奏定章程办理，毋得仍循故习，致误河工，有干未便，仍饬查明村庄段落详请立案，毋得稍任违延。

① 选自光绪《永定河续志·卷十五·附录》，原志后注："乾隆十五年奏议载旧志，其十七年原奏旧志失载，远年档案霉烂无存，姑录碑记以志大概。"

重建金门减水石闸碑[1]

同治十一年

金门闸石坝建自乾隆三年，每于大汛盛涨之时，分减水势，法至良，意至美也。嗣因河底积渐淤高，乾隆三十五年、道光三年、十一年、二十三年逐将龙骨加高至八尺七寸，尚可泄水。迄今又将三十年，河底愈淤高，已与龙骨相平。同治五年以后，筑埝堵闭，涓滴不能启放。十年冬，钦命太子太保大学士、直隶总督、一等肃毅伯李查勘全河，至金门闸，谓不可以废而不治，饬令位修朝仪等详加勘议，将旧龙骨中段二十丈升高四尺，两旁十八丈各升高五尺，所有旧龙骨之高八尺七寸者全行拆卸，新龙骨放长进深六丈，下接旧海墁，上做坦坡之形，使水势平缓过闸，方无跌坑制溜之虞。北坝台东面移建九丈，与新龙骨紧接。坝台内外镶做埽段，仍于龙骨上添筑拦水埝一道。其减河工长四千一百七十丈，一律挑浚深通，又重建御碑亭、汛房等工，通盘核计，共需银六万四千七百四十二两七钱九分二厘。禀蒙批准在秋灾赈抚项下如数筹拨，购备灰石料物，及时兴办，以工代赈，俾穷民藉以佣趁，入告得旨俞允。遂于十一年二月二十二日开工，至四月底止，一律完竣。维时，督修者永定河道李朝仪，留直补用道周馥，总司其事者补用知府、南岸同知朱津，候选同知孙汝贡，升用同知、候选通判桂本诚，分司其事者候选通判谢政贤，知州衔、前江西候补通判李恩铭，署南二工良乡县县丞陆景濂，五品衔候选县丞张文耀、何恩澍，候补主簿岳翰，候补从九品李忠赞、张用逵并书勒石。

旧龙骨高八尺七寸，全行拆卸，做新龙骨坦坡转头工长五十六丈，进深六丈，中段二十丈，比旧龙骨升高四尺。两旁各十八丈，升高五尺。南首迎水雁翅斜尖长六丈七尺，宽五丈四尺，斜高三尺。北首迎水雁翅斜尖长九尺，宽七尺。

龙骨坦坡转头新石底通砌砖三层，筑打大小夯灰土。三步以下，均筑打素土，接老灰步而止。龙骨替[2]共截桩二百颗。

转头下迎水坡通长六十三丈，砌旧料石二层，筑打大小夯灰土十二步，接老灰步而止。

南坝台金刚墙，迎水、过水二面长二十二丈八尺，通用大料石，加高一丈，出水雁翅通用旧料石加高四尺，背后通筑打小夯灰土，宽三尺迎水雁翅，以南用旧石接砌二丈，高七尺。坝台上通填素土盖顶，打灰土一步。

北坝台金刚墙向东接连三丈四尺，迎水雁翅长七丈六尺，拆旧按新，计高二丈，向南金墙加高七尺，出水雁翅加高三尺，新墙内通筑拆水夯灰土，宽三尺，迎水雁翅以北用旧石接砌四丈一尺，高一丈。坝台上通填素土，盖顶打灰土一步，防汛公馆、房屋院墙均修理完固，出水石簸箕修补新石一百四十方。

龙骨上做拦水埝一道，长一百丈，宽三丈，高三尺。

---

① 选自光绪《永定河续志·卷十五·附录》。

② 替，原字为“夫月”的上下结构合体字。

南坝台西做挑水坝一道，长四十丈，宽四丈，鱼鳞埽十段。

北坝台东做挑水坝一道，长十六丈，宽一丈，高一丈，鱼鳞埽五段。

南北旧金墙雁翅石簸箕均用油灰拘缝粘补。

南坝台修造碑亭一座、汛房三间。旧石围墙长十四丈五尺，高四尺。

闸下减水河工长四千一百七十丈，由佟村入小河清，一律挑浚。

重修南上汛灰坝碑[①]

同治十二年

同治十一年十一月初七日，蒙钦差大臣、太子太保、武英殿大学士、直隶总督、部堂、一等肃毅伯李[②]批，据禀，永定河南岸头工上汛二号灰坝年久失修，河底淤垫益高，灰土亦多酥损，龙骨高仅二尺余，既关全河利害，自应照式修复，以资盛涨启放，并将引河挑挖疏浚，所拟各项做法尚为合宜。查前次奏拨司库地丁十万两，折内已声明，永定河善后各工尚须察勘加修，如司款不敷，再于筹赈局节存捐款、练饷局江南协款内随时酌量凑拨，以工代赈，免其造册报销。此项坝工估需银钱三万三千八百十五两零，候即行筹赈局照数拨发，将来汇案开单奏报，毋庸专奏，仰即查照，派员领回银两，赶紧布置，预购料物到工。春融即便趱办，务须督饬桂倅等核实，经理紧稳，足靠勿任，稍有浮縻草率致干，罚赔切切。此缴册存等因遵，于十一月十六日设局购办灰料，至次年二月二十六日兴工，刨尽酥损龙骨，层筑灰土，自底至顶，工高七尺，内外坦坡、簸箕、海墁、坝台等工均照估修办。减河、引河、箝口、盖坝均照估挑筑。迄五月初六日，各工普律完竣，计撙节核，实用库平银二万八千三百七十二两零。除申详爵阁、督宪察核外，爰勒兹石，以纪事由。两坝台添建将军庙、讯房两座。

重修涿州永济桥碑记[③]

李鸿章

涿鹿为畿南第一州，其北门外曰巨马河，白沟上游也，源出云中，经紫荆关入边。燕晋之交万山丛矗，溪涧纵横，夏秋之间，时见泛涌，盖地势然也。跨河之桥曰永济，四方之朝觐宾旅、贡使皇华、饷鞘羽檄，计偕服贾，皆出焉，创始于有明万历，其后河南徙，往来者病利涉。乾隆二十五年，桐城方敏恪公督直疆，请于朝，别建新桥，改旧桥为堤以联之，并建茶亭牌楼其上，御赐碑文以旌之。余移督畿南之明年，允郝牧联薇之请，动用赈余银两，凡桥之陊剥崩勒者新之补之，堤上亭楼随宜修葺。工方就，是秋大水，其明年秋，复山水大涨，波涛漫桥而过，震撼激荡，土石各堤塌圮倾陷，出其途者濡轨渐帷，时

---

① 选自光绪《永定河续志·卷十五·附录》。

② 李，指李鸿章。

③ 选自民国《涿县志·第七编·艺文·第一卷·叙记》。

忧颠陨，而游波四溢，民生尤病。余得高牧建勋报，亟饬履勘估工。既京兆来牍，亦殷然以兴工代赈为言。因念工程甚钜，饥民甚众，非一州之力能胜，复檄赵参将喜义、牛令昶煦，会同西路厅邹守在人、今任周牧绍达躬亲相度，实力兴办，一面札局筹款接济，复时时申戒，诱掖之，凡三阅月而役竣。其石工则补修栏杆、板柱、分水、扶石、南北桥头雁翅及碑亭、石坝台，并改用大石料，石坝五十三丈。其土工则筑城北滨河堤二百四十丈，挡水坝二十丈，养水盆十五丈，又挑挖河道三百六十丈，挖通沙淤之桥孔九、南北涵洞四十三。由是，水之漫溢无归者悉经九大孔中，上下游一律深通，即有异涨，涵洞足资分泄。是役也，工不虚糜，民得糊口，行者居者均蒙其利，除京尹发银二千四百两专办土工外，由练饷局发给者为钱九百万枚有奇，其余不敷银两及五龙庙工由周牧倡捐筹办。工既竣，该州等请勒石以记其事，余惟疆吏之职，在乂安[①]区夏[②]，位愈高则责愈重，分内所当为有悉数不能终者。一桥之成，其敢自多，虽然诸君子勤事之绩则不可泯也。爰书其崖略，以为后来者劝。

码头镇南公瘗无主溺骸碑记[③]

果奎光

码头河者，清河水之下游也，其来源出自房邑西北山麓万佛堂，上游为琉璃河。戊子[④]之秋七月六日，朝暾[⑤]甫上，山水突来，浩浩焉涛翻浪涌，荡荡乎灏瀚奔腾，大溜之中始见挖檩，继见马牛，已而淹毙灾民，殍尸累累，顺流而下。当是时，阴雨愁惨，北风凄凉，观者走告，声色惊惶。既狂澜之难挽，遂拯救而无方。越日，水势消浅，两岸淤泥没胫，遗骸枕藉纵横，当经本镇养源义塾[⑥]司事人等目击心伤，不忍坐视，因拨义塾公款并合镇捐资顾觅人夫，跋涉泥淖之中，舁出不知姓名之老少男女尸骸三十一具，即就近择地掩埋，分别男女，男骸先埋七具为一冢，次五具为一冢，又埋女骸十九具为一冢，共成三冢。以外，岸远尸腐不便迁移，随地掩埋者又四十三具。随时呈明前州尊马公，申详顺天府。及我竹坡刘公再莅斯郡，闻兹义举，亲诣查验，感慨吹嘘，犹己溺之，谕令义塾出资买定此地三亩，永远作为溺骸义地，并自捐廉，栽植树株，勒石记事，慰彼无主溺魂。于树碑之日，亲临致祭，荣光泉壤焉。呜呼！恺泽攸长，流传千古，魂其有知，当能妥格于地下也。用是，挥泪而为之诔曰：

昊天降眚[⑦]，木刊止湮。伤兹飘泊，皃没厥身。女为谁室，男系何人。尸骸暴露，惨

① 乂安，太平、安定的意思，《史记·孝武本纪》载："汉兴已六十余岁矣，天下乂安。"

② 区夏，诸夏之地，指中国。

③ 选自民国《涿县志·第七编·艺文·第一卷·叙记》。瘗（yì），指掩埋、埋葬。

④ 戊子，清光绪十四年，即 1888 年。

⑤ 朝暾（tūn），早晨的太阳。

⑥ 义塾，旧时免收学费的私塾。

⑦ 眚（shěng），眼睛生翳。

目伤心。藟[①]梩[②]用掩，免受鲸吞。生则异域，死则无邻。莫或为厉，永瘗此坟。州尊仁爱，悯恻殊深。泽及枯骨，祭吊亲临。传流数世，大木成阴。是冢不朽，万骨长春。

重修挟活河石桥记[③]

高建勋[④]

京师西南房山与良乡接壤，迤南为涿州，涿之北境挟河村北有河，曰挟活河，发源于房邑西南之黑龙潭，会群山之水，转趋而东入于琉璃河（合流而入于海）。河上旧有石桥，当南北之冲途，为入京之周道，创始于前明嘉靖，历年久矣，桥既不支，河亦淤塞，每逢秋霖，山水下注，远近行人视为畏途数十年于兹矣。今年春，兼尹万公、尹宪王公奉差经此，恻然念之，恐其愈久愈圮也，爰令厅宪邹公督饬涿牧郝君、署良乡令毛君、署房山令陶君会议重修，复虑各牧令政务殷繁，不克时赴工，次添派前署良乡令王君暨余同司其事，于五月望前开工，幸三君经始有方，而所邀董事更为得人，委劝经费，旬余集有成数，余嘉各绅富之慷慨，又赞董事之殷勤，帮同监视，昕夕不倦，财则撙[⑤]节之，匠则督催之，其总理工役者为长馨杨氏，尤干练，耐劳苦，余与王君方惴惴焉，惧不无竣事致负两宪之委任。及七月既望，工已俱竣，计浚河七百余丈，筑灰土坝五处，修石桥二十丈，填平桥旁大道三里余，事则善而争趋，工则坚而可久。自是策马者、驱车者、担簦[⑥]与扶杖者、安步而徐行者，过斯桥也，荡荡平平，非复前日之视为畏途矣。洪惟我国家深仁厚泽，沾被寰区，凡关隘津梁所在，皆施仁政，今两宪饬修废桥，利济斯人，亦所以宣上德于无穷也，讵不懿欤？当未事之先，佥谓工程浩大，为之极难，而诸君既董事毅然为之，竟至于功成且速，并以余资将白草洼处一律修垫平整，此我两宪之所教诲，亦以见善念具于人心有以感之，皆跳跃奋兴，不分轸域，使有废悉举，非斤斤于一时一事间，也抑两宪之意，更欲以此示天下人，凡事有可为，皆不可畏难而弗为，岂独此桥也哉！爰命为之记而立石焉。

纪王旅长承斌救灾事[⑦]

民国丁巳 周存培[⑧]

自古亲民之官莫守令，若顾今之为吏者，循分供职已足为贤，不肖者或且剥民

---

① 藟（léi），古同“虆”，筐子。

② 梩（sì），古同“耜”，古代锹、臿一类的农具，后指犁上的铧。

③ 选自民国《涿县志·第七编·艺文·第一卷·叙记》。民国《房山县志·卷七·艺文》名《重修牤牛河石桥记》，括号内文字引自民国《房山县志》卷七《艺文》之《重修牤牛河石桥记》。

④ 高建勋，清同治十一年（1872 年）前后任良乡县（今北京市房山区）知县。

⑤ 撙，指裁减、节省。

⑥ 簦（dēng），古代有柄的笠，类似现在的伞。担簦，背着伞。谓奔走，跋涉。

⑦ 选自民国《涿县志·第七编·艺文·第一卷·叙记》。

⑧ 周存培，民国初任直隶涿县（今河北省涿州市）县长，纂《涿县志》十八卷，1936 年刊印。

以自肥，豢妻孥，媚长吏，饱囊橐，视为固然，民之疾苦曾不之问及，罢官而去，则又勾结士绅，树石悬额，以志功德，官绅为奸，无殊狼狈，而所谓功德者百不一实焉，乌有所谓恩泽及民者哉？至身列戎行，从事战守，又多以牧民非己责，闾阎疾苦，熟视无睹，职守所在，孰得议之？惟旅长王公承斌则不然，于丙辰岁统军驻涿，纪律严肃，军民乂安。丁巳夏，霪雨为灾，河水暴发，涿县四百余村淹没，多半田庐、稼穑、人民、牲畜尽付洪流，环城皆成泽国，水或由屋上行，死者相枕藉，且有以巨絙系全家同逐波臣者，流离颠沛，惨不忍睹。死者已矣，其生者扶老携幼，衣食无所，呼号求救，相属于道。王公目击巨灾，恻然伤之，首先倡捐一千元，并衣服薪材等若干，为救民计，全营将士争效解囊，官绅亦相继出资，衣之食之，灾民始免昏垫。民戴公之德也，佥曰："王公活我！王公活我！"众口一词，感颂无已。呜呼！推公爱民之心，必能拊循士卒，观公饥溺之志，定能真爱国家，使牧民者尽如公，民何患不安治，何患不日隆哉？如公之德，洵宜勒诸贞珉，垂诸永久，吾不知涿之士绅亦有意于斯乎？爰述巅末，俾布遐迩，是时驻涿之军为陆军第三师第一混成旅，牧涿者则朱公元炯也。

民国丁巳[①]。

涿县吉祥水会筹蓄基本金记[②]

冯学彰[③]

涿县之有吉祥水会与吉祥会馆，所由来久矣。创自何人，始于何代，无碑碣，无纪载，询诸父老，均莫能详。或谓乡先达[④]卢敏肃公所建设，然欤非欤，非末学所敢臆断也。彰，津人，世业鹾[⑤]，先世因家难来涿，先兄筱芸经理水会，因会务废弛，器械楛[⑥]窳[⑦]，约会中同仁设法整顿，添置新器，计大水龙一架，中二架，独力捐助小水龙一架，其余零星器具无不完备，筹垫款项至数十吊，会务赖以维持，然先兄性挥霍，事事重外观，每次办会必有亏累。先兄殁，刘君绥亭、卢君觐光、花君云甫及诸会首以会无底款，势难持久，因于清宣统二年十二月开办彩票一次，除购南院地一段、房数楹外，获赢余五百元，侯君澍田牧兹土，助款二百元，共七百元，发商生息，会务得以维持，至今者，实在会诸君之力也。彰亦会中一分子，追随诸君，后恐会中盛举亦因无碑碣、无纪载，年愈久而事愈湮，致令后有人往风微之感，爰勒诸石，永矢弗谖。

---

① 民国丁巳，指民国六年，即 1917 年。

② 选自民国《涿县志·第七编·艺文·第一卷·叙记》。

③ 冯学彰，1863—? 年，号介清，直隶涿县（今河北省涿州市）人，青年时代过着花天酒地的生活，40 岁以后幡然悔悟，改弦易辙，办新式学堂和慈善事业，著有《冯介清——甲子编年纪录》，记录本人从出生至 57 岁的经历和家中的大事。

④ 先达，有德行学问的前辈。

⑤ 鹾（cuó），盐的别名。

⑥ 楛（kǔ），指粗劣、不坚固、不精致。

⑦ 窳（yǔ），指事物恶劣、粗劣。

中华民国十年六月。

安国市

万寿桥碑记[①]

保定府巡抚汪应蛟[②]撰

天下事之成系于时，时之遇存乎人，时遇之为难，得人之不易，时遇得人而后可以建永久之图，立远大之功，而名垂万世焉。兹保定府祁州[③]以南三十里曰伍仁店，乃两京要路，各省通衢。北有唐河，中有沙河，南有磁河。磁河之源出西北，由五台经新乐，历行唐，通伍仁店，即今之伍仁桥也。去桥之北曰三岔口，三河并归一河，下达河间，衍玉河及天津，注入东海。此桥之设，有自来矣。稽诸汉唐至今，兴废修葺代不乏人，倾颓颠没不知几希矣。奈何山高河卑，水势汹涌。岁值秋水，倏忽间泛涨盈河，舟楫难行，非假桥梁以通往来，终不能为久远之图，乌得永济也耶。于是居民宋一实、苏进知发心起会，欲募化一方赀财，重新建造，济渡往来，以期永固。讵意天灾屡降，饥馑叠随，百姓流离，闾阎空匮，使普济之举终莫能如愿。所以卜神诣京师，虔踵内府，募缘数月，乃遇乾清宫近侍御马监太监王朴，告以修桥原由，朴然其志，具奏圣上。自万历戊戌岁之仲春，特差朴携帑金前来伍仁店督工建造。择本月吉日兴工，选曲阳地方开黄山运石，昼夜转输，至庚子岁终。又明年，辛丑仲夏，桥工告成。南峙万寿坊，北悬三忠阁，巽座九龙碑，乾修三教庵，恭惟圣上博施济众，一视同仁，浩荡之心即天地生物之心为心，恤念天下。两京、各省经商往来络绎，车马由行。以为向者跋涉艰难，临深履薄，甚为未便。今一旦为坦途，人人免罹陷溺之苦，世无夭折之人，济人利物同跻于仁寿之域，八方感慕德惠超迈于羲轩亿兆，赞扬恩泽垂绵于不朽，万民幸甚，生灵幸甚。上祈皇图而巩固，祝延圣寿以无疆。备载桥梁之功德，志永万古而流芳。是为记。

万历三十七年岁次乙酉仲夏吉日立。

敕建万寿桥碑记[④]

州牧张光祚[⑤]撰

皇帝二十有六年，乃命建万寿桥于祁之伍仁店，工成，执事者谋镌诸石，以志不朽云。盖祁面水而治，三河如带，其最南浃伍仁店而流者曰磁河，古渡则舟车之

---

① 选自光绪《安国县新志稿·河渠》。

② 汪应蛟，1550—1628 年，字潜夫，号登原，南直隶徽州府婺源（今江西省婺源县）人。明朝万历二年（1574 年）中进士，初授南京兵部主事，后历任南京礼部郎中、兴泉宪副、济南参政、山西按察使、右都御史代天津巡抚与保定巡抚、工部右侍郎、兵部左侍郎，累迁至南京兵部尚书，加太子少保。平生著作甚富，有《诗礼学略》《乡约记》等百余卷。

③ 祁州，今河北省安国市。

④ 选自光绪《安国县新志稿·河渠》。

⑤ 张光祚，陕西泾阳举人，明万历年间任祁州知州，升河间府同知。

辐辏，京省之要津也。而磁之为河自五台建瓴而下，输委于天津，身狭势迫，每水盛则泛滥洪涛，无航可渡。居民旧以木为桥，辄修辄圮，每不能胜阳侯之波。故议者谓欲建百世之利，非更而石之不可。而祁蕞尔邑，无足饱佣人一飧，端望圣明矣。会太监王朴以为请，而天子曰可，即命赍内帑金钱以行。于是，众议佥惬，万杵雷应，程工备土，伐石庀材。已而公输呈技，冯夷效灵。经始于万历戊戌，至辛丑仲夏而落成，横亘百尺，高可数寻，直若弦，折若磬，流若布，平若砥，望之若垂长虹跨紫虚，履之若从明河趣阁道。其役之兴，凡涸帑金者以数千计，縻工之力者以数万计，盖皇上之仁爱吾民也，深将出之垫隘[1]，而予之以百世之福，故为是大费与大劳而不辞也。比者，海内嚣然，殍以泽量，而大内宝镪山积，诸当事者惶惶伏阙下叩阍，为民请命曾不得一中上心，而中官一言，听若转圜，何难易若斯之悬也。盖余因是而窥皇上之志矣，其倾听于中人者，宁不欲借聪于外庭；其始达于一流者，宁不欲横被于四海；其捐金数千而不惜者，宁不欲倾口倒廪而以六合为盖藏。然则断桥之成，岂仅仅农政之修，区区利济之惠欤？惟是，斯世斯民胥跻寿域者，实此为之发端也。夫散斯人之膏血以寿斯人，还敛斯人之福极以寿一人，是海内无疆之休，莫非皇上之寿即石崖天齐，犹未足比其久也，匾曰“万寿”，不亦宜乎？是役也，督造者即王公朴，系御马监太监，主管乾清宫。而国子生宋君学诗实佐其事，例得备书。是为记。

万历三十七年岁次乙酉季夏吉旦立。

重修州署记[2]

赵秉恒[3]

州署自乾隆庚寅岁经我卢陵萧牧伯良玉重修后，迄今已百四年矣，岁久失修，渐就倾圮，兼以同治戊辰猝遭烽火，仅存破屋数椽，不敷栖止。壬申夏，秉恒来牧是邦，瞻顾徘徊，亟思修葺，因款无所出，筹画维艰，兼值夏秋之交，大雨数昼夜，滹沱之水涨溢，滋河堤埝溃决，田庐淹没，民叹其鱼，遂督夫堵御，不遑启处，尚能顾及经营公廨哉？次年春，堤工既成，喘息稍定，始捐廉购料鸠工，自鼓楼以至内室，前后左右次第修理。盖仅此廉泉一勺，安得广厦万间，固无取乎美奂而美轮，庶其可以爰居而爰处矣。兹于仲夏，五日落成，因题其堂曰“又新”。夫牧民，有新民之责。登斯堂者，当因堂之新以期自新，新民而无忘乎又新之意云。是为记。

同治十二年岁次癸酉仲夏，江右南丰赵秉恒题。

---

① 垫隘，羸弱困苦。

② 选自光绪《祁州续志·卷四·艺文》。

③ 赵秉恒，江西省南丰县人，清同治、光绪年间任祁州知州。

重修祁州西关涌泉桥记[①]

赵秉恒

吏治在人，善者举之，废者兴之，不遗余力，庶几不负斯任也。余莅祁，期年之间，重修学宫、文昌阁，立忠烈祠，并创建河堤。各工既竣，以城西关外有石桥，曰“涌泉”，为往来孔道，岁久倾圮，不便行走，当夏秋水潦，跋涉尤难，思即踵而修之。适有以是请者，与余意允合。于是择公正绅耆张君七人董其事，因捐廉庀材，购料鸠工，于四月初吉经始，于六月下旬告成。向之以是请者又请余为记，曰：“公可谓知政体者矣，先其急，后其缓。孳孳焉勤民事而不倦，何其爱民之深，而忧民之切也。此桥废已近百年矣，其下出泉，有二穴，汩汩然，从穴涌出，此涌泉之所由名也。吾乡人之居是地者，皆欲新之而力不果，每值大雨时行，加以积潦，病涉者有灭顶之虞。今得贤刺史，一旦而登诸坦荡，其功德为何如哉？盖公之修文庙，建忠义节烈等祠，是乃维风化而正人心，所以使民知端其趋向也。公之创建河堤四十余里，以障滹沱之奔流，是乃备水患而卫田庐，所以使民安其衣食之业也。善政次第具举，百废皆兴，今又建此桥，其材赡，其工善，磐石苞桑，金汤巩固，其利济之，灵长正未有艾也。是乌可不记，且经费甚巨，曾未尝扰及广众，敢请记其颠末，勒诸贞珉，使后之人睹斯桥也，即以为召伯之甘棠，共爱慕焉，而思所以保护之，相与歌颂公之功德于不衰。是役也，张君诸人实始终其事，亦与有劳焉，请并记其名氏以垂后。”余欣然而笑曰：“有是哉！”遂从其请，姑如其所言而为之记。

龙河防汛[②]

万　经[③]

唐沙磁三河之水汇祁州三叉口，名潴龙河。惟唐河发源万山中，水势最大，每夏秋之交，州司马驻守河干，用防水患。余莅任之次年，因司事者公出，奉宪委代任，节次经理凡七年，百计堤防，幸得安堵。癸未秋，水涨危急，风雨昏暗中，燃灯取土，以事补苴，见一异物，喷吐堤侧，波涛大作，首如猪形，身尾隐水中，不可得识，乃知此河俗呼猪龙者，执是故也。因信口赋长歌，以揖祷之，水势翩亦稍戢，堤遂得保。是此物竟不得，以无知目之也，是为志。

居民夜号山水起，波浪掀天疾苦驶。
风狂雾冥雨纵横，冲击长堤十数里。
嗟我百姓素纯良，安居粒食河之涘。
河堤水决田宅空，家室飘零无敝履。

---

① 选自光绪《祁州续志·卷四·艺文》。

② 选自光绪《祁州续志·卷四·艺文》。

③ 万经，1659—1741年，字授一，号九沙，自号小跛翁，浙江鄞县（今浙江省宁波市鄞州区）人，清代学者。

国家设官以卫民，民难将临不忍视。
冲风沐雨登长堤，力护群黎奠川水。
但见猪龙乘浪去，复还乌鬃赤目眦。
牙齿恍若奋怒不可遏，喷气吐沫河堤毁。
男子掘土女提筐，不及携锄伤十指。
十指虽伤亦何益，旦夕长堤待倾圮。
登堤却与潴龙揖，维尔有神倾听只。
问民何事伤尔心，问尔何事竭民旨。
天心仁爱惟好生，忍见呼号一至此？
平尔波兮静尔浪，不与我争斯已矣。
尔必与我争民居，吾将左持弓兮右挟矢，
持弓挟矢夫如何，水不伤予予射尔。

高碑店市

新城县紫泉龙祠记[①]

翰林待制朝散大夫兼国史院编修官苏天爵[②]撰

赐同进士出身将仁郎翰林国史院编修官贾彝书

奉直大夫国子监丞吕思诚篆

雄州属邑曰新城，邑西北十余里有泉出焉，东流入于巨马水。泉之北涯，昔人建祠以事龙神，金时刻石犹存。祠前二池，清莹可鉴毛发，冬夏不涸不溢，居民相传曰紫泉者，莫究其始名也。泰定丙寅秋，池水一夕色变为紫，远近观者异焉，疾者饮之而或愈也。明年，有赤蛇出于池中，蜿蜒行走祠壁，变化灵异，盖龙云。枢府右翼屯田官廨在祠之西，朝列大夫、佩金符千夫长荆侯讷睹神之异，率其僚吏及祠旁耆老岁再祠之。故燕南宪使赵惠肃侯尝尹是邑，有惠政，既代，吏民怀思不忍其去，子孙因留家焉。惠肃之子右藏库副使道安来京师，具道荆侯事神之意，且曰："曩者，泰定时，关陕及大河南北频岁亢旱不雨，麦禾槁[③]死，民皆菜色，至烦朝廷出粟与币，以惠活之。而吾邑境比年以来，春夏之交，百谷芳茂，驰祷祠下，甘澍辄应，岁连大穰[④]，民用充羡，神之功其敢忘乎？宜传其事于永远也。"余闻其言而异之。呜呼！天人相感，通格无间，是以古者国家修德布政，

① 选自《全元文·卷一二五五》，新城县，今河北省高碑店市。

② 苏天爵，元代文学家，字伯修，真定（今河北省正定县）人。少时从安熙学习，后又以吴澄、虞集等为师，其博而知要，长于记载之文。1317 年国子学生公试名列第一，授大都路蓟州判官，后历任翰林国史院典籍官、湖广行省参知政事、陕西行台侍御史、集贤侍讲学士兼国子祭酒、江浙行省参知政事、大都路总管等职。著有《国朝名臣事略》十五卷、《文类》七十卷。

③ 槁，干枯的意思。

④ 穰，指庄稼丰熟。

治化熙洽，雨旸时若，年谷顺成。今新城之民独赖神休，幸无凶岁，其所以祠神以昭灵贶也，亦宜哉？荆侯字子辩，涉猎书传，清慎有闻，向仕枢廷，与先公雅厚，故笔其事，并作词以侑飨云：坎坎兮击鼓，将迎神兮水浒。风肃肃兮云兴，灵连蜷兮来下。奠酒醑兮肴烝，女巫进兮合舞。神居歆兮乐康，顺年谷兮福汝。倏回翔兮扬灵，霈滂沱兮九宇。

元统二年[①]五月吉日，朝列大夫、右翼屯田千夫长荆讷立石。

平政桥碑阴记[②]

知县　王时亮[③]

平政桥者，制宪宫保周公所名之桥也。新邑之十里铺旧有引善桥，以通行旅焉。余自丁亥岁来宰斯邑，为之修葺者再四焉。岁乙未，复圮于水。余奋然庀材鸠工大治之，数月而桥成，因上其事于制宪周公。公深知余者，不以余为不材而荒于治，赐之名曰平政桥，且檄余勒诸石。虽然，余何敢当哉？窃念予之宰斯邑，无奇绩异能可告邑人者。第[④]与之游最久，其父兄子弟之姓名居址可屈而数也，遇饮射读法期会于正事之间，或途遇之皆秩秩然也。有桀而骜者，吾绳之，一若子弟之受责于其父兄而无怼[⑤]也，又何其帖然安也。是新之人安予之拙，而余亦乐新之人之纯且朴也，以故待罪几十年幸无过耳。政平云乎哉？桥成，余适往刺河南之裕州。裕去新千八百余里，余去而斯桥之废兴有不可得而知者，即知之而远且不可为力也，奈何？故附诸石，以告后之宰斯邑者留意。乾隆四十年乙未嘉平中浣。

新城县重修督亢桥记[⑥]

太子太保武英殿大学士直隶总督长白穆彰阿

道光十有七年，岁在丁酉，夏五月，新城令章邱李君廷棨重修督亢桥。桥落成，将勒石以垂永久，以余方权督直隶，书其崖略而请为之记。其辞曰："《水经注》督亢水上承涞水于涞谷，引之则长津委注，遏之则微川辍流。水分二派，其自郦亭沟合紫渊者，又东则散为泽渚，其北曲屈会于桃者，入圣水，折而南，今新城之鱼池鸣泽诸渚，皆已涸。而圣水则由涿入新，名大清河，由城东而南而西，过十里，附白沟以达淀，即道元所谓督亢水，又南谓之白沟水也。新城，古督亢地，北邻涿鹿，南近雄关，东接益昌，西连龙兑，燕赵之咽喉，而东南七省之走集，士商辐辏，冠盖相望。兹水据冲途，为要津，旧有桥，建于乾隆乙未，迄今六十余载，

---

① 元统二年，指 1334 年。

② 选自光绪《保定府志·卷二十·舆地略·津梁》。

③ 王时亮，字寅苍，临淄人，乾隆乾隆十八年（1753 年）举人，历官新城县县令、卫辉知府，著有《紫泉吟诗稿》。

④ 第，但，只是。

⑤ 怼，怨恨。

⑥ 选自光绪《保定府志·卷二十·舆地略·津梁》。

圮址无存。每当伏秋雨甚，百川灌腾，羁旅不行，邮传且滞。廷棨于道光十二年奉檄令兹土，恤然思修复之，而壬虐于魃，甲毁于蝣，闾阎生计萧条，赖朝廷蠲租贷逋之恩，都人士周急振穷之美，有弥缝补苴，仅而获全，不遑他及。越乙未丙申，岁丰人和，乃进邑绅士而商所以复旧制、宏利济者，相与倡劝捐输。不数月，集缗逾万，庀材鸠工，诹吉丕作，始于申秋，成于酉夏。砥柱犀崇，长波虹卧，向之忧匏叶、戒衣袽者，乃快然共乐夷庚[①]矣。因念兹水之注白沟，又复近挟紫泉，远会巨马，其在辽宋金元之际则所谓界河者也，平沙浩渺，古迹星罗，米信[②]之所壁垒，何承矩之所引灌，稽仲止辔而绝吭，信国临流而吊古。辟中外一家，文轸交于薄海，梯航来自方州，盖国家声教所讫无远，弗届刍夫瞻望，辇毂去天尺五者，固早忘耕陇之即沙场，易险厄而为达道矣。圣天子惠周行旅之意，助王政除道成梁之举，兹事虽细，有足以见时世之承平而民生之安以乐者，是不可以不记，俾后之嗣而葺之者得有所考焉。旧桥名'平政'，今名曰'督亢'，因其地以志数典不忘之义云。"辞甚详赡，而叙次有法，义理亦条达，余不欲易其原文，爰为缀数语于颠末而归之，谓余记之也，可谓李君记之也亦可。

新桥镇永固桥碑记[③]

申允恭[④]　知县

乾隆四十三年夏六月，余自武遂量移兹土，察民间之利者兴之，弊者革之。凡川涂沟洫陂障堤埝，以及泽梁渡津之属，罔弗留意，将次第修饬之。顾时方奉檄有志焉而未逮也。县治东二十里新桥镇临清河之许，市廛栉比，商贩辐辏，佑舶鳞次，一水陆交会处也。跨镇而梁，以利行旅，是曰新桥。考邑乘所载，集市二十，桥梁二十有七，而是桥也，阙焉而弗录。或曰以邑名得名，故曰新，或曰非也，创始者以新建故，后遂沿袭不改。唯是河为琉璃河下游，源自房山，入良乡，东折而南，历涿州，经固安，直趋县境，无潴蓄，而是桥正当其冲，每五六月中，伏流涨发，水潦大至，沸浪奔腾，湍激冲突，桥小不能支，倾圮者屡矣。或历数载而一新，或间岁而一新，而名若适为之谶然。乾隆三十六年，桥坏，士商合会人等捐募改修，是年又被水冲，复因众集，会积入稔，得钱若干缗。余既莅新之。明年春，董事者辇石舁材，鸠工督役，拓其旧而大之，长亘二十七丈，径宽二丈五尺。经始正月二十八日，落成五月二十六日，凡五阅月而工竣，且来丐记于余，并请易其名。余维兹桥之屡新，新当于河流之冲，而前此新之者之未得永久计也，岂果命名者为之谶耶？余既重违其请，又喜其乐事劝功，图永久而修巩固者，能体余之志也，遂名之曰永固，而因为之记。

---

① 夷庚，平坦大道，平坦貌，比喻王政。

② 米信，926—992年，原名海进，奚族人，北宋将领。

③ 选自光绪《保定府志·卷二十·舆地略·津梁》。

④ 申允恭，河南省延津县人，清乾隆四十年（1775年）进士，曾任新城县知县、易州知州，永平府知府。

乾隆四十五年庚子仲春。

重修西沟河桥记①

王方谷②

世俗多称洛阳桥之胜，概至演为传奇，被之歌舞，闾阎闹阁无不知之。洛中之广济桥，事载地舆图，考中其碑版，文翰皆出宋蔡忠惠公君谟，世人摹拓，至今犹存。岂非桥藉文传，而文以人著欤？然则吾邑西沟河桥不可无碑也明矣，虽其地之冲僻不侔③，工之丽朴，不类可述而识。则一津梁，属在职方舆，徒限以时日，留心民隐者所必谨言。有司或力有所未周，则所在之善人长者得专其事已。释氏有六种波罗密，而檀施为先，是释教所以补王仁之所缺，而善人长者又以济释之穷也。善人长者工功深证果，信超人天福且无即就。此日落成，观之行旅，往来妇子，饷馌负担者，罔有病涉，或称佛名号以赞颂功德。其感戴为何如者，则是洛阳桥复见于今日矣。愧余之荒陋无章，不能追从君谟于万一耳，若夫领袖众善，庀材鸠工，则肇于吴居士应乾与其兄应全，仝赵守富、陈守义、高继祥等。提督三山杨莲④特厚所施，尤为檀波罗密之大者，所当恭膺（康）熙朝之旌奖者也，故特书之。余悉载碑阴。

康熙二十年辛酉二月。

重修石桥碑记⑤

王　徇

定兴东南四十里许有村曰兰沟，相传范阳五沟分五色，河沟为河矣。吾乡即兰沟也，或云昔蓝花夹岸因以名，而沟属新昌，距此二十五里，在河阳渡下流，乃宋与辽分界处，或亦谓其地名白芙蓉，然皆无所考。余家居于蓝沟五庄，并列后有长渠如带，上自巨马，下通浑河，每岁七八月间水势汪洋如涛澎湃，往往潴成巨川，见者神敚⑥。自吾邑明宰曹侯民翁夫子下车，闻东南隅洼下，常被水灾，倦倦焉忧民之忧，思习力于沟洫，多方以经理之，反覆以劝导之，缘是狭者扩，浅者浚，塞者疏，东南数十村落曩之泛滥乎秋霖者，悉安流于此。诚创从前所未有，而德流奕祀⑦，大有造于一方之民也。村有兰若二，曰极乐，曰朝阳，中建石桥通来往。环近州县，若容雄易涞，俱以兹梁为咽喉。值水溢时，商旅之由白沟者，率移轮蹄避就焉，长桥卧波，抑且称擅通辅馗衢已。历时既久，飘摇冲激之余，日渐颓圮，行者咸以为患。余目击而心伤之，因集众于

① 选自光绪《保定府志·卷十九·舆地略·山川》，原志注：“西沟河桥在新城县西南，跨西沟河，康熙二十年修。”
② 王方谷，字金粟，直隶新城（今河北省高碑店市）人，岁贡生，康熙十八年（1679 年）荐兴博学鸿儒，特授内阁中书舍人。
③ 侔，指相等、齐。不侔，指不相等、不等同。
④ 莲（qú），古人名用字。
⑤ 选自光绪《保定府志·卷十九·舆地略·山川》，原志注：“兰沟桥在新城县城东南四十里，乾隆二十六年重修。”
⑥ 敚（duó），意为强取、夺取，引申为取胜。
⑦ 奕祀，世代，代代。原志中祀为“礻”“冀”的左右合体字。

朝阳庵，商所以再造者，莫不欣然，愿共举且闻于明宰，首捐俸以示鼓舞，而父老子弟益踊跃争前，乃鸠工庀材，增其旧制。桥既成，更名“悦来”，志侯德也。余幸藉众善力以报成事于我侯，幸嗣是无病涉者，因约举其概，举一村尚义姓名，勒之贞珉，以垂不朽云。

乾隆二十六年三月。

修紫泉河道记①

清　邑令　郭士淳②

壬申之秋，余奉命来尹新昌，阅县治之右，有古迹紫泉河一道，南行至十里铺，流入清河，乃一邑风脉关会之处，所系非浅鲜也。缘年深淤塞，舟楫难通，伊时予目击而愀然，遂以开导之举详请，上台许允，而事未果。今春，同城幕府钱公及合邑士大夫诸人共以百年利赖在此一举，愿从事斯役。予闻之喜甚，于是乎不恤德怨，不惧阻挠，而毅然以疏凿为急务，输财鸠工，凡满汉绅衿人等实与有力焉。幸两阅月而告竣矣。董其事者请勒石以志之。予不文，谨为长词以粗述其概。词曰：

溯紫泉之发源兮，肇自龙堂。
汇数派而东奔兮，绕乎新昌。
壮通邑之大观兮，乃与城左之清水流于其旁。
萃雨仪之秀气兮，南行十里许而二水交会于一方。
浩浩乎利开天地兮，尚有待于人事之赞襄。
惟秋深而水溢兮，舟楫斯济脱。
一旦其旱干兮，阏塞而难航。
盖非疏导不尼以兴利兮，愿凿深池以济长疆。
经始固在于一人兮，协力惟诸君子是望。
纠厥众兮，既徯应。
而恐后汇厥财兮，亦慷慨。
而乐将爰动工作矣，乃在春之阳。
经其道兮，营其直，多士指挥于勿缓。
浚以深兮，扩以广，群工踊跃而跄跄。
地之灵兮，瞻成功于不日。
因于之利兮，快谋事之有臧。
彼紫泉其下涌兮，入清河而有常。

① 选自民国《新城县志·卷二·地图篇·河道》，原志注：“据《一统志》，紫泉河在新城西北十五里龙堂村，有泉数派，合而为一。”

② 郭士淳，山西省闻喜县人，康熙十一年（1672 年）壬子科举人，曾任新城县（今河北省高碑店市）知县。

一色碧兮，波澄澈。

两河济兮，势在汪洋。

居安澜兮，渔人来往。

行无病涉兮，舟子徜徉。

利在民兮，贸迁之行货，浮百舣[1]以进督亢。

得在国兮，驰驱之公务，凭一帆以达八荒。

允数载之胜举兮，知乐其未有央。

嗟嗟繄[2]余何人兮，敢食天之功以为德，掠人之美以自张。

惟因土而得公兮，无能因俗以成化，弗之敢康。

蠲濁而流清兮，庶无几立廉而废，贪水以自防。

赖诸君子之尚义而好施兮，相与协心举力而予得以观成于河梁。

行见一劳而永逸兮，应随紫泉而俱长。

敬勒碑文载兹胜事兮，俾传之千秋百世而犹穆然，意所自于不忘。

康熙三十六年丁丑仲秋望前。

重修普济桥碑记[3]

袁士煌[4]　雄县人

上即位之三十有七年，轸念民依，加惠元元，命当事以时平治道途，大发帑金五十镪，整饬畿南北，一带通衢，隶新昌者邑侯王公实重其事，仰体宸衷，督工课役，一时栉沐风雨，往来方官店者几浃旬焉。村之北，地势殊卑下，每值夏秋之交，淫雨连绵，其间荒潦野溜，奔腾环激，委折而东，下者适当大道之冲，势颇迅猛。旧有虹桥，蜿蜓跨之，为东南诸郡要渡，岁久圮坏，行人胃濡轮忾曳尾者比比。公实悯之，爰捐俸，余为阖邑斫[5]木伐石，节劳均费，不逾时而观成，夫公自宰新以来，治端干，明以洁，其均徭赋，平鼠雀者，笔难殚述，而即此一役，通商便贾，利国宜民，实发于中情之所不能已。方之古良有司经野体国者，盖后先接迹矣。工成，邑绅士襄事者来述起末索记，余不揣谫劣，备书其事，寿之贞珉，亦以寄芾棠之鄙衷云尔。公讳时亮，字季陶，号菊圃，临淄其隶里也。

乾隆三十九年四月二十二日。

---

① 舣，停船靠岸。

② 繄，此处为文言助词。

③ 选自光绪《保定府志·卷十九·舆地略·山川》，原志注：“普济桥在新城县城北十五里方官镇，乾隆三十九年重修。”

④ 袁士煌，直隶雄县（今河北省雄县）人，清乾隆三十年（1765年）进士，曾任山东福山县（今山东省烟台市福山区）知县。

⑤ 斫，砍、削的意思。

重修永固桥碑记[①]

清　王振纲[②]

新桥镇西跨清河，物华辐凑，输蹄杂稠，旧建木桥以通行役，然而时葺时圮，无以树不拔之基。道光甲午，桥复倾于水，合镇士商欲缮修而鼎新之，以工费不资，虑难卒业。越二年戊戌，岁丰人和，乃相与倡劝捐输，命工丕作，于河流险要处垒石为桩，砥柱中擎，钩栏密护，长亘二十七丈，宽二丈四尺，高二丈。仲春营始，凡三越月而工竣。次年春，将勒石以志不朽，求予一言。按，桥旧名新，其创始之年无可考，其更名永固者，则自乾隆四十五年，后复重修于嘉庆二年，迄今告圮者又数数矣。桥名永固，而究不能永固者，其故安在？考旧碑所载，河水为琉璃河下游，由良乡，经固安，会涿水以入新，是为大清河，蜿蜒百余里，无沟渠以泻水势。当其春融涨浅，波浪不兴，咫尺河干，搴裳可涉。夏秋之交，淫雨连绵，山水暴发，危湍急溜，如怒马不可控制。是桥当其冲，汹涌震荡，声闻数里。桥之不能永固者，势也。夫思患贵乎预防，图终由于慎始。是举也，相河流之缓急，量地势之险夷，易木而石，所以斟酌乎因革损益者至详且尽。庶几霖摧水激，保无剥啮之虞，虹构云舒，永著荡平之利矣。若夫领袖众善，庀材鸠工，厥力既殚，厥功尤伟，芳名姓氏，悉载碑阴。其在道光四年，有李公讳镇、白公讳瑾同合镇人等重修，时资财偶竭，未暇刻石，今附志于此，为后之乐善者劝云。

道光十九年。

望郦梁碑记[③]

清　王树枬[④]

容城曹氏自其先世侨居新城北三里铺，铺去县城二十余里，宅西数步有河曰紫泉。旧说源出县西北十五里紫堂村，有泉数派，合而为一，间尝逆流上溯至涿之楼桑里，河形乃渐微。楼桑，汉昭烈故居，在涿西南十五里，其地有紫池。《水经注·巨马河篇》：“涞水东北历紫石溪口与紫水合，又曰郦亭沟，上承督亢沟水于乃县东，东南流，历紫渊，东循其故迹。盖紫池即紫水，紫渊即水之下游也，后世因通名紫泉。”俗传元泰定中，水色一夕忽紫故名，妄也。郦道元称：“余六世祖乐浪府君自涿之先贤乡爰宅，其阴西带巨川，东翼兹水。”今新城县西北四十里有郦村，当即其处。河值夏秋

① 选自民国《新城县志·卷二·地图篇·河道》，原志注：“永固桥在新城县东二十里新桥镇，乾隆四十五年知县申允恭重修。”

② 王振纲，1808—1878 年，字重三，直隶新城县（今河北省高碑店市）人。清道光十八年（1838 年）戊戌科进士，但归家不仕，躬耕养亲，曾任保定莲池书院山长。涉猎广泛，著有《礼记通义二十卷》《学庸疏义》《儒先粹语》《史类发蒙录》《地理择言》等。

③ 选自民国《新城县志·卷二·地图篇·河道》，原志注：“望丽梁在县北二十三里。”

④ 王树枬（zhān），1851—1936 年，又名（或被误作）王树枏（nán）、王树柟（nán）、王树楠，字晋卿，晚号陶庐老人。直隶新城县（今河北省高碑店市）人，王振纲之孙，光绪丙子科举人，丙戌科进士，历任四川青神县、彭山县、资阳县、富顺县、铜梁县、甘肃省中卫县知县，新疆布政使。

雨集，水溢病民，曹润斋先生见而伤之，乃捐资辇石，建桥以济舆徒之困，岁久石龁[①]，桥圮不支，嗣君子清明经，鸠工重建，既成，题曰“望郦梁”。梁者，桥也。《尔雅》郭璞注曰：“石绝水者为梁。”望郦者，明经博学嗜古，喜读郦道元书，紫渊又为郦氏之旧墟，登斯梁者可望而知之也。去梁之西三十里，枬尝访元丞相拜住[②]别业遗址，无复存者。东望新昌故居，河流徙没为砂碛。由紫泉而北，寻汉侍中卢植墓，问宋邵雍故居，登督亢亭，掘土瓦磔[③]，不可得。逐流西南，至白沟汇流处，求文天祥《吊古碣》，沦于水，唏嘘者久之。夫物之兴废，自昔然矣，后之人执书册考古迹之所在，往往不得其一二，则是梁之建而废，废而复建者，又可久耶。然而仁人孝子之用心，则惟知先业不可隳，小善之不可忽，持此意以诏吾子孙，若他年废兴则后人之事也。

光绪七年五月二十五日立。

重修永镇桥记[④]

清　邹振岳[⑤]

子产以乘舆济人，孟子讥其惠而不知为政，而徒杠舆梁之成，复谆谆焉述先王之政以明之。桥之设盖如此其急。新城西北鄙史家镇为斗门河下游，夏秋霪潦，涉者病焉。亚圣之裔有名玉者，在前明嘉靖时与同里靳公恕创修石桥，以通往来，以惠行旅。至我朝，有名继鲁者，为孟公玉之远孙也，踵先志而重修焉，历时未久，桥复倾圮。孟公广龄字文九者，更倡而整之。文九之喆嗣名昭豫，尝以文就正于余，因桥成而丐文以记之。夫地方义举，前人始之，后人终之，秉笔者每津津然乐道其盛美。若夫一桥之始终，前后历三四百年，其率作兴事，赓之继之，皆出于一家，则犹盛美之荦[⑥]荦者也。世风日薄，济人利物之说不闻于里党。凡饶于资者，父诏其子，兄勉其弟，大抵戒轻举、忌多事、慎守藏、绝布施，视地方之灾害漠然无所动于中。又其甚者，子弟游荡，习为者奢靡，先代积之尽锱铢，继嗣挥之如粪土，地方偶有义举，乡父老登门讽劝捐助，辄攒眉缩项，深闭固拒，抵死不肯出一钱。而孟氏一家独能不吝财，不避难，不辞瘁瘁，承先继志，今昔辉映，岂其得于天者偏厚与？抑亚圣之流泽孔长，阅二千余年而彝训犹克聪听也。孟氏勉乎哉？士君子达而在上，一国之事知无弗为，穷而在下，一邑之事为无弗力。斯桥之成，其足以通往来，惠行旅，犹其小焉者也。休风[⑦]逖听[⑧]，远

① 龁，用牙齿咬，吞噬。

② 拜住，1298—1323 年，全名札剌亦儿·拜住，元朝政治家。

③ 磔（zhé），裂开。

④ 选自民国《新城县志·卷二·地图篇·河道》，原志注：“永镇桥在新城县西北 十五里史家镇。”

⑤ 邹振岳，山东张店（今山东省淄博市张店区）人，同治二年（1863 年）进士，授翰林院庶吉士。清末名吏，历官怀安等县知县，易州直隶州知州、扬州知州、宣化知府、天津知府。

⑥ 荦，明显、分明之意。

⑦ 休风，美好的风格、风气。

⑧ 逖（tì）听，犹逖闻，常表示恭敬。

近之人化其德而善良，诸凡义举皆将推广而行之，其利济又岂有涯哉？

大清光绪二十年丙午五月中浣。

安新县

新建云衢桥记[①]

陈舜道　邑人

邑城门故有四，其东南一门盖新所辟，既辟乃门，而长河限于外，非舟楫莫渡，行者病之，屡议建桥，以费巨止。我侯自训邑庠时已怀此志，及莅任来，洒沉澹灾，朝夕惟勤，图所以振刷而绥宁之者无不至。越明年，事治民安。一日谒先师毕，庠之师若弟复申前议，公慨然曰："此有司事也。况吾素志而未举也。"遂料集匠作，亲诣其所，商徛[②]彴[③]之长短，揣蹲鸱之浅深，计工度役，举所费而心画之，首捐俸金为倡，而寮采，而乡大夫士及氓庶之好义者咸有助，以所集金市大木若干章[④]，择乡民中之勤者二三人督理之。肇工于二月之吉，仅再阅月而厥工告成。鳌载虹垂，浮空据岸，壮哉桥乎！势侔坤轴[⑤]，形埒[⑥]金堤矣。农工便，车马通，舳舻利，微独[⑦]新民赖之。诸商贾苦榷税者，率迂道就僻，以避诛求，此桥遂称坦途，数千里皆茹其惠。然尤有进于是者，初辟是门也，本为通灵秀以昌文运，公又以云衢名桥，此其意深远矣。闻之故老，相传举学宫墙内外，但有新作，其年青衿子掞藻拾华，辄登上第，若持左券弗爽。公今葺宫理舍，建桥竖坊，其所整饬数倍往昔，则人才之兴，烂然勋业，不啻倍出。考之宋宜兴令疏玉带河而境内士遂大魁天下，且昆季同登，至今以为美谈。公之云衢倘亦玉带类，应何其盛哉？公之嘉猷茂绩，俟观风者采之，兹不具论。论其所以济民振士者如此，固知此门存则此桥存，此桥存则公之令德令名并永承弗替矣。然则此碑也，即谓之去思其可。

新安县孟家沟筑堤障水记[⑧]

张光远

水不可以必治，治之也，以必治治之，则必见水而不见人，又必见己而不见水，不见水必且与水争，而不见人又必且与人争，几何不邻壑哉。新安当九河尾闾，水多称害，而

---

① 选自乾隆《新安县志·卷八·艺文志》。

② 徛，石桥，这里指放在水中用来渡水的石头。

③ 彴（zhuó），踏脚石。

④ 章，大木材。

⑤ 坤轴，古人想象中的地轴。

⑥ 埒，等同之意。

⑦ 微独，不单是，不仅仅。

⑧ 选自乾隆《新安县志·卷八·艺文志》。

孟家沟者尤西水要害地。先是，北水自容城小里村来，由三台乡山西村以投南之雹河，东达天津则就下，自然之势耳。山西村弗便，而曲防以雍之，则小里村受其害，以是两村之民交讼于上。会官勘议，数年乃定，盖仍以雹河为壑也。隆庆辛未秋，为山西村者不能与小里争，顾盗决此沟以徙水，害遂至杜家疃东连村落者可十有八，凡潦禾稼可千余顷，而邑城亦岌岌焉。蚁穴是惧，不几于壑其国哉。乡民李鲲等愬之邑侯蒋公而筑之。未几，壬申夏，复修其郄。士民乃奔控郡守张公，公偕蒋侯率父老躬诣其地，相水势顺逆，较民害多寡，检前官之断案，乃罪盗决者，而大加板筑。百姓呼跃，声动数里，而东南之砥障耆定仍帖。乡民刘宣化等永永护之，以杜鼠雀争，俾无遗弱肉者患。今年秋雨浃旬，洪涛泛涨，十八村之民获免漂没而遂粒食者，谁不旦夕窥金堤而佛手，则我蒋侯既公之大有造于民也，岂繄一日庇，佥谋勒石垂之后，为百亿年计，而乞予言。记予窃惟守令之造福民，惟知有民而已，固不必侈言兴利除害，中即利也莫大焉。我公若侯所卵翼而煦濡，惟是孑然者，民其肯以己奉豪右[①]，而以水使与吾二三黔首[②]增此土，将倾洞不已，究为鱼鳖乎？故其于水也，以不治治之也。自是，波臣受职，嚣諠不生，使奕世后不以水之争争及于人者，非公若侯之遗泽奚可。张公讳旆，晋之解州人，乙卯乡进士。蒋公讳学成，粤之浔州人，辛酉乡进士。其他善政已芬彤管[③]，此即障水一端，记明德也。

新安灌渠救旱记[④]

陈　盟[⑤]

今上四十五年春，上谷治所在以厎[⑥]螟告治兵使者身巡行畎亩，察灾之伤否，以差数于朝。次至新安，依稀汀袘涨绿，陇浪翻青，欣然有当于心，曳屐田间，手麦穗而赏之曰："生意乃在是乎？令何人斯？"于是东平张公尹兹邑，奏最矣，逡巡以灌渠之说进，谓不过楚弓楚得耳。天功庸可贪，而邑遂以有秋。陈予后至食地利者脍炙成功，如身亲其事也，乃谋之石。盖新安九河尾闾，三方濒水，地脉自西来，迤北入治，差可施畚锸。淫潦则四履皆波，惟村阜数点，若岛若髻。年来冯夷受职，秦渠郦浍，夫非已效哉？而重堤巨障，望如蚕螯，终古不受滴沥之利者，何也？会是春不

① 豪右，豪右原是西汉时期出现的占有大量田产的豪族。汉以"右"为上，故称"豪右"。他们因占有大量的田产，在乡里横线霸道，虽屡遭压制而不禁。东汉建立时，豪右势力纷纷拥众起兵，帮助刘秀建立并稳固了政权。所以，东汉建立后豪右势力进一步扩张，发展成为东汉时的豪强地主，并成为此后门阀士族的雏形。

② 黔首，是战国时期和秦代对百姓的称呼。战国时期已经广泛使用，含义与当时常见的民、庶民同。秦始皇自以为得水德，衣服旄旌节旗皆尚黑。平民以黑巾裹头，故名。《史记·秦始皇本纪》记载，秦始皇二十六年（前 221 年）下令"更名民曰黔首"。这是秦统一全国后更定名物制度的内容之一。

③ 彤管，杆身漆朱的笔，古代女史记事用；又指汉代尚书丞、尚书郎每月所赐的一双赤管大笔，后用为在朝任官之典。

④ 选自康熙《畿辅通志·卷四十·记》。

⑤ 陈盟，字无盟，号鹤滩，四川富顺县人。明神宗万历四十年（1612 年）举人，初任新安。天启二年（1622 年）中进士，历任检讨、国子监司业。崇祯十七年（1644 年）福王在南京立国（1645 年），被起用任讲读、吏部侍郎兼翰林院学士，加礼部尚书。清军占领南京后，遂遁人空门为僧。著作有《三朝纪略》《崇祯阁臣行略》等。

⑥ 厎，古同"厔"。

雨，蝗生麦稿，如发且童，然公与尉汤君议得七寸水可立尽蝗，嗷嗷者色起矣。彼夫盈盈如带者何物耶？使启闭，有司疏筑得法道之，犹障之也。当澎湃泛滥，谁敢以民命狎，奈何值平澜浅波之日，以民命待乎？何异畏屡舞号呶，而度指温温秩秩者以伐德也？尉乃驰度高下，蜿蜒建瓴，荷锄随水，才通流灌取，次疏瀹，欢呼声动，地如翻倒，贝宫万斛，摩尼倾囊，泻出沙砾，皆作真金色，自张村、涞城起至狮子、大小王、六里等村共活八百余顷，次第载原详中。尉日夕立堤上不还县，如是者三旬有余。公率簿书暇，辄往莅之，无敢哗者，贫富腴瘠，凹凸尽属，厌乃已起视来牟，恂恂乎何其孺子也，顷之庄庄乎何其大人也，顷之田田乎滋勉[1]何其君子也，信哉？岁则大熟，岂不并受其福哉？士若耆咸诧曰：“吾今乃知水之可以利人国也。”向使以长堤为解，有与蝗俱尽耳，益信天下事未有全害而无利者，颐御之何如？天生小人，岂应饱豺虎之吻，不足一当贪诈之使，是吹冷薤惊曲大之故，智也，况不为小人者乎，抑何其拘泥不通哉？中岁也，灾而不伤，惟公与尉之赐治兵使者得藉手抒宵旰矣。是为记。公讳志尹，东平州人。尉讳应麟，泗州人。记而系之铭，铭曰：黑首介身，鹳并俾尔。匪行迈谋，我疆我理。一钟云兴，再钟电紫。酥液膏流，迸珠溅髓。唯土物爱，我民小子。浩浩乎白水。

阎家湾新建广祐桥记[2]

太仓　顾士琦[3]　户科给事

安州之属邑曰新安，易水经焉，折而南有湾，土人名曰阎家湾，实为南北孔道。跨而为桥，所从来已久，向为架木为之，上则车马之所蹂轹，下则河水之所冲撼，率数年辄坏，则徒驭往来，咨嗟而患苦之。于是内宦刘寿过而徘徊太息，不忍民之病涉而桥之屡毁也，乃倡为久远之图，改木为石，取群材，鸠众工，审曲藉址，度长絜[4]广，纵径二百余尺，横一十七尺，下酾水门十八道，用金钱四十五万。越四阅月而告成，过者乐之，请立石为记。余为都城遐迩，仙宫梵宇，亡虑亿计，则皆后宫中贵之力居多，说者时或非之，殊不知功德因果，事亦足以消人侈心而默化奸慝[5]，有裨于世不小，然揆诸实际，犹不如道路桥梁之为愈。是役也，革故鼎新，从烦去简，易危为安，凡轺轩柴车，驱策荷担者，日游于平夷坦荡，而不知有跋涉倾圮之患，则其功与聚沙成塔不可同年而语，诚福苍生而利万世也。天子睿想及此，方捐亿万之资，以新胡良、巨马二桥，体圣母在天之灵至孝，与天地不朽。今内侍绵国家之鸿造，创济世之津梁，屹然与胡良、巨马并时相雄望，其磐石巩固，亦俱不朽也。第其名不足以副伟巨，今更曰“广祐”，并勒诸石，复作颂曰：维

① 滋勉，在此处可能是衍文。
② 选自乾隆《新安县志·卷八·艺文志》。
③ 顾士琦，太仓人，明万历二十六年（1598 年）戊戌科进士。
④ 絜，量物体的周围长度，也泛指衡量。
⑤ 奸慝（tè），亦作“奸匿”，指奸恶的人，也指奸恶的心术或行为。

易限澳，南流汤汤。道阻且回，伊昔以梁。厥梁维木，崩陊靡常。爰有善士，谋之允臧。更缔磐石，乐施首倡。不日不月，云构虹翔。有来驰驱，休矣乐康。工新基旧，神护时良。河波不惊，物力坚强。奠安于兹，广利四方。于万斯年，作彼周行。

重修广济桥碑记[①]

陈仪 子翙[②]

有桥于新桥之东者，其名广济，其长如千步，其箈七，其高如千尺，其广如千丈，其成以五月朔日，其董是工者安州贺生昌祖，其往来巡工者清苑李丞某，经其始而观其成则守保定倪使君也。新桥在安州西二十余里，跨府河以济行人，东安州，西清苑，南高阳、任邱，北新安、容城，往来皆取道焉。而府河挟一亩、鸡距诸泉，汇祁、蒲、曲逆之流，每夏秋雨集溢岸，腾涌而来，新桥之下不能容也。则旁啮横奔，而道为之绝。于是民又桥焉，东曰普济，西则广济，盖以济新桥之不胜，济普而广之云耳。二济之中，广济最冲，则最先圮。贺生昌祖以父志葺而复之，仅三箈，去夏水大至，则又圮。使君赈所部过之，曰："此不修，二桥为无用矣。行者病，居者亦病。"有应于旁者曰："唯。然前之圮也，或涉而溺焉。有携孙赴垫，俱殁于是，三日浮出，孙犹抱其颈未释也。吾父感焉，誓复之，未及而疲，嘱予为之。予与二三父老勉为之，今复以水毁，今不能矣。"询其名，则贺生昌祖也。使君曰："重勉之！予助女！"于是出俸金为之先，且曰："桥不胜水，卑且狭，而基不固也、坚而底之，抗而崇之，延而长之，庶其可？"于是命李丞喻居人以复桥便宜状，众情大洽，于是贾效其资，工效其技，农效其力，不两月而桥成，加其旧三之二焉。偃之虹，如仰之月，如虽有淫潦，勿可毁也已。于是刑牲征伶，祝桥神而落之。于是贺生昌祖介张天池侍御而来言于余曰："此倪使君之赐也。请书之石，以劝来者。"予谓之曰："凡人之能于其事者，必有余于是事者也。人之克举其官者，必有余于是官者也。夫以一人而察十七邑赈贷之当否，目不给视，耳不给听，心思不给虑，仆仆往来，犹滥且遗，是惧而遑问一桥乎哉？今使君所至，吏革其伪，民献其情，井闾之间求得，心思耳目欲给，而闲闲然若无所事。因以其暇，考山川，厘疆域，烝孝秀，咨耄耇[③]，旌隐节，惩奸慝，章教训俗，兴废举坠，无不于是行也，得之一桥何有而以为使君功乎？"侍御曰："乘舆以济，孟子讥之。川无桥梁，单伯伤之。于其细，可以见其大。此桥之修，固使君之余也，独不足征使君之余于事且余于官乎哉？"予曰："然。"遂为之记。

---

① 选自雍正《畿辅通志·卷一零八·碑》。

② 陈仪，字子翙，顺天府文安县（今河北省文安县）人。康熙五十四年（1715 年）进士，精于古文，学识渊博，浚治水患，经世济民，是清代著名学者、治水专家。

③ 耄耇，泛称高年之人。

安州南北堤工碑记[①]

同治十三年　李鸿章

畿辅形势，西北高而东南下。安州居九河下流，西章、小陈、杨村、高界诸河又自博、蠡、清、高诸邑来汇，潴为大泽，沮淤奔荡，吾民之嗟昏垫而叹其鱼者，非一日矣。予奉命督是邦，值连岁大水，惄然忧之。既开陈家沟、金钟、筐港诸河以广入海之路，复命清河道叶君伯英治芦僧、赵王诸河，以酾淀水。叶君以为水之塞遏者，非疏浚无以泄其流；水之泛溢者，非堤防无以固其塞，安州中央如釜，四外若盂，尤非堤不为功。乃以癸酉春乘扁舟历州境南北，躬自履视。南堤自州西南板桥村斜而北，东亘州城，复折而南，逶迤西抱，蜿蜒以讫于州南之陶口村，首尾衔高阳堤，如带之萦，凡为弓五万三千一十有奇，州之南境环焉。北堤自州西北三台村东袤出新安城阴，又屈曲北行，逦迤以讫于州东北之大阳村，堤首安、肃而尾雄县，如弓之彀，凡为弓万五千八百五十有八，州之北境障焉。明年檄州之官若民兴役。轸其民之惫也，予为发帑六千，叶君复输俸二千，不足乃征诸州人。虞其功之缓也，命候补直隶州朱靖甸、候补知州丁文浚董其役；征发号召，乃责之权知州王邦杰、州判方汝靖，鼛鼓于季春之月，杭刓手垡，相与劃波臣之府，以恢旧壤。畚者云集，杵者霆奋。堤高六尺，地稍下则递益之。堤址博二丈五尺，顶杀其趾之半以为削。凡四阅月堤成。而秋水大至，登堤以望，其外则汪汪焉浩浩焉，淀水之弥漫也；其内则井井焉油油焉，田畴之纵横，黍稻之葱茂也。州之耆老、士女走相告曰："吾侪创巨痛深，幸不汩没洪流，以有此室家之乐，孰非两堤保障之力哉。"予考旧志，堤长百八十里有奇，经数百年屡修屡圮，形势亦多变迁。今兹兴筑，增益故趾者十之三，创造者十之七，为堤长二百里有奇。方其谋事之始，鲜不谓人力难施，及今观之，乃叹天下无不可为之事，谓为之而不能成，与成之而无其效者，皆靳其力而以难自解者也。然则自今以往勤修而慎毖之，毋惜小费而弃前功，毋因暂安而忘远虑，安之民其永奠矣乎。功之始竣，叶君请予为记，乃纪其事，以示后人。

博野县

重修西章大夫桥记[②]

知县　郑东里

距县治之西二十里许，曰西章，村无巨室，田不膏腴，盖穷乡也。乡之西近百武建有石桥，桥下之水为溏河下流，车徒往来，不啻馗道。匪是桥也，夏秋雨溼，

① 选自《李鸿章全集·卷三十七·诗文》。

② 选自乾隆《博野县志·卷七·艺文志》。

马还泞而人违淖，不可利涉矣。往者，成化年间，中丞吴公始创大夫桥，民利赖之，迄今百有余岁，石尽倾损，人复病涉。于是，其乡民田尹耕、吴宾、田邦善、田种德、吴三谟、周夏、邢得仁、田秋、吴三德、田惠民、田成熙等共谋重修，以广利济，抵余白事，余嘉其意许之。因首出俸以助之，乡人捐资继者接踵，得二百余缗。乃采石鸠工，拓旧制而增之，长七丈有二，阔一丈有一，既竣事，乡民乞余记其事。余惟徒杠舆梁，责在有司，余承乏兹土，力诎莫能举赢，至劳尔父老，费尔民财，实惟不佞之过，不佞岂敢讳。惟是，二三父老率义以鸠，众意甚恳，而吾民从义如流，用以集事。实惟尔二三父老及吾民之善，不佞因于尔民重有望焉。语曰："享其利者为有德，人富而仁义附焉。"顾太上既判民伪日滋，一膜之外，视若秦越，锥刀之末将必争焉，有能共出所有为杠梁济，所不知者何人乎。且晚近民风狃于祸福，三户之里，必有佞佛之家，匹妇匹夫，其室不赡八口[①]，而檀越布施以于非望，往往有之，至惠人利物之德，杳无闻也。若等独能拔乎流俗，不以穷乡夺于利，欲合之以仁，本之以义，石虹悬蹬，普济群生。君子谓是举也，于利为永，于民为和，于俗为厚，于礼为不悖，称良善之行者以此，不负余瞩望之意者亦以此。余特因是详记，以告来者，其必无废成劳也已。

时天启元年四月朔日。

重修龙王庙记[②]

赵用熙[③]

羽毛鳞甲之属，四灵为首，而代天育物，调燮阴阳，展施呼吸，间即以兆生民之美利者，其功莫大于龙。龙之为灵，昭昭也，有祷辄应。捷于影响，救焚拯溺，不啻如家人父子然，殆必有神焉。阴为期会，而使之不得，不然者欤？龙王者，龙神也。博野县西二里许，为白沙村。村有龙王庙，建于李唐中叶，历朝著有灵迹，屡圮屡修，于今不废。己酉夏大旱，余偕同官及城中绅士步祷于庙，再拜致辞。越数日得雨，四境沾足，岁以大登，民之福神之功也。有功于民者则祀之，其新厥庙貌，以昭耿贶可乎？夫大川广泽之漭瀁[④]无垠，深渚澄潭之黝幻莫测，皆龙之所家也。至于画栋雕甍，冠裳俨若雨师风伯，环立左右，则其神灵之所式凭也。继自今雨旸时若，百谷用成，导迎善气，召诸祥符，举一切凤仪于廷麟，游于囿龟，潜于莲叶之上，足为太平观美者，直以龙为之开先矣，讵不幸哉？

① 八口，指一家人，一般特指有老人和小孩的大家庭。

② 选自乾隆《博野县志·卷七·艺文志》。

③ 赵用熙，浙江金华府兰溪县（今浙江省兰溪市）人。康熙五十三年（1714 年）甲戌科举人，雍正元年（1723 年）举孝廉方正科，授直隶省博野县知县。

④ 漭瀁，广大貌。

高阳县

洪济桥记[1]

孙承宗

邑之南三里，佩城而东折而北曰马家河，跨河之北而南旧为桥，曰宏济。岁戊寅，则维扬冒公修之几二十年而圮，又数年，己巳则晋陵钱公重修之，以庆藩理齐君敬才，内乡簿单君一麟司其筹，工有值，丁夫有饩，盖邑当荒歉，藉是役，食其壮者，且以值归遗老稚，计木之金盖三百有奇，而他费称是。嗟乎，吏土者，趾前修而不以难遗后人，则成者不圮，圮者立成。然历三十年而若有待，则邑之成废宁独桥也。邑在高河之阳，河入郡九，入邑三，曰溏，曰沙，曰滋。沙出繁峙，滋出放回山，溏出灵邱，统归于蒲阴之三岔口。入邑为二，其一合滱水，背邑之西北，东入濡；其一出邑之南，汇延福淀，为马家河，所谓佩城而东折而北者。以三水束衣带间，故其势迅若奬骜，稍益之，秋潦则泽，潴而淫，遂至鬵沸不可涉，且邑介在燕陲赵际，西北则绵亘樊舆武遂之冲，而濡渥潋滟为负，东南则联络瀛鄚肃蠡之会，而南走齐魏，东入海，北达大都，是柴周赵宋列雄关以控契丹者，且两郡之行，李时往来，而城据西偏，又东南十数社所途经吏土者，岂其乌填鼍驾之需而佐河伯以益之波也。尝忆冒公筑金堤三十里，夹岸树万柳，而桥适成，当是时，关梁不列邑政，既清东南之货贿、天津之鱼盐、晋恒之材木，毕集于桥侧，而茶酒之务[2]相望，于时骚人墨客携壶，触而维舟乎青秧白鸟之[3]壖，相与歌大堤，咏棠阴。田夫野老时佐尘谭。快哉！菰芦之不僻也。曾几何时，而税繁赋重，堤穷于水，柳穷于爨[4]，四方之贾旅不来，而邑之富者化为筚路蓝褛，贫者化为沟瘠，忧土之士行吟泽畔，而断岸颓梁若助喻于鱼藻焉。嗟乎，兴废宁独桥也？钱令君来亦既宣堙疏滞，食而教之，且恤我垫溺，而桥复成，予不知往来讙[5]呼者何状，举杯而咏如虹者几何人。然令君雅不以难遗后人，而力倍于前，则予邑之风气殆三十年而开，况褰裳者，突予之从席，则欢必倍[6]，幸而后之人无以川之不梁为过陈诮，则司险者尚亦从时焉。而成者不圮，圮者立成，然则是役也，宁以占邑，无宁占令耳。予澡发习诸令君，其贤者未有不经久是图然仅一再见，而冒公以繁调，钱公幸徇我士民，以安予邑，即予邑不足尽公，而公终不以难遗后人，予邑尚有赖焉。冒公别有纪，钱公名春，别号梅谷，与不佞宗同甲辰籍，以是年八月来视邑篆，而桥成于明年之秋。语曰：与其溺于人

---

① 选自民国《高阳县志·卷九·集文》，该志误刊为《济桥记》。

② 务，光绪《保定府志》写为物。

③ 之，该字根据《保定府志》添加。

④ 爨（cuàn），烧火做饭。

⑤ 讙（huān），通“欢”，指喧哗、喜悦。

⑥ 倍，《保定府志》记为“信”字。

也，宁溺于渊。予惧后之人重法前人而溺吾土也，为之记。

横 堤 记[①]

明 孙承宗

郡之河九，而汇于蒲阴者三，曰滋，曰溏，曰沙。岁领秋潨[②]，迳博陵，历蠡吾，入于邑，距城南可三里。而从岸瞰城，如俯盆盎，一不戒，则弹丸宛在水中，其毁民田庐，遂以波及于濡，其一时仓襄号呼，不翅兵荒。而异时诟租追逋，涂莩沟瘠姑无问。盖王弇州行部予邑，曾从吏民号睥睨中，其寓书中丞，乃予邑监门图也。今上丁丑，则维扬冒令公守愚，遍河东西为堤，且力请于上，得坊邑以南，曰横堤，起延福迄塔儿头，可七里许。又三十年，晋陵钱令春续为堤，可三里许，遂及于留祥左。其后河益壅溢，益远且深。盖庚辛、壬癸水溢者再。于时，清源周令之藩既身从畚锸泥淖，脱民于鱼，复倾橐而雇役大筑之，日佣二千有奇，凡八日而竣，佣可二十千，费制泉七十千有奇，计当中金伯。盖三老洎诸佣咸曰："明府不难出俸钱，食我卫我，吾侪其敢念四支不力于役！"假令以调起丁佣，当十倍其费，而坚厚不复如法。是役也，力省而成速，功坚而民逸，无问城，无鱼沸，室无蛙沉，而留七十万钱于民间，亦足以起翳桑敦望杏[③]。予始叹廉吏可为也，吏饶胆智，视帑藏秋毫皆可为民用，而不自为用，故不复攒麋于不可为。夫周令饮高阳一盂水耳，俸入几何，且以治坊。予澡发事，几令其强力有为，若冒若钱，无不廉智如公。然予观公精敏雍和，当偬剧逌[④]如也。盖有远局焉。向从公于风雨蠛蠓中人，正见其悬恻切怛，非复世人嚣然噉名者，殆廉吏也，仁人也。弇州之述民言曰："旁邑踵困，无所移食。"乃或曰："可活变也！"嗟乎！昔谓民之于仁也甚于水，予谓民之于不仁也亦甚于水，乃从阖邑之请，勒其事于珉，而告后来者，曰廉吏为仁人云。

车道口堤记[⑤]

孙承宗

邑有两大水，其南汇延福带蠡，而北与我共，东折而又北，曰白洋，当濡渥虞邱之交，我与濡共。与我共，我得为备，与濡共，濡尝掣我肘，不难我为壑，又不难我为栖，即地远濡，而且欲壑我待潴。盖邑隶濡，虽强有力如冒公，亦不得健执，而畏多口。间或田不必趾，塍不必目，即濡长者非有意督过之，而或不能不格。濒白洋有河曰猪龙，逆而南可二十里，或曰高河之遗也。岁久而壅，渠不受淫

① 选自民国《高阳县志·卷九·集文》。

② 潨（cōng），指急流。

③ 望杏，指劝耕的时节。

④ 逌（yōu），古同"悠"，悠闲自得的意思。

⑤ 选自民国《高阳县志·卷九·集文》。

潦而泄洋之水于两岸。于是岁发民夫防两岸，合之可四五十里，费以千百计，犹若束狞狰而惧不羁。久之，两防不时筑，而河岁决岁毁我庐舍，若禾稼又以千百计，粮逋[①]民流，长吏竟格于濡。有口者末为计，乃其横可五十弓。而受名车道口者，足捧土塞也。钱明府梅谷来履亩，视高下，察原委，顜[②]利害，进父老，属曰："与鱼，吾民而岁无筭[③]，费者孰与，以百趾塞而无罄。"吾士又进濡有口者，属曰："濒河而田若隘远我，广近即妨，若将复计广隘，而若顾无妨也。"遂不两旬，而车道堤成。或又曰："是且受南水，将不便南者。"公熟顾曰："南水北者，北水当什逆而南，予自为南计耳。"是岁全民田庐无筭，河之经麦且有秋，遂入其地乡校供诸博士弟子费，而十八疃之民欢呼额手，佥谓不勒贞珉久且罢于有口者。董生恪来问记，嗟乎，水诚予邑一大利害也，屋溜妨人，人犹患之，而况邻之壑然。我非垣四土，而家视氓，其孰以断？是役也，省物力，全民田，苏茕孑，绌豪健，大而能综，明而能断，皆可为后人法。往时延福横堤冒令公曾为我民争，命于蠡，数十年水不浸城下，今洋之水得钱令公安流，而东北邑之半不至岁为鱼，盖两大水得两公而安然，则利害兴除岂不以人哉？堤白洋之南曰唐，以宋唐公介令虞邱成也，公风裁如唐，而详练周到，不知唐何如公，其塞车道口，盖补唐之缺云。己未马家河弃故道东决，一支从猪龙河入白洋，遂开车道口以出南水，盖河从故道入白洋，则白洋水南溢猪龙，而此口可塞，河弃故道而东入猪龙，则此口可开，杜令公议为水门云。

涞水县

山川坛记[④]

明邑令　许世贵[⑤]　洛阳

礼诸侯，祭境内山川，以及于风云雷雨者，所谓法施于民则祀之也。邑城南隅旧有山川坛，坛旧有祭厨，岁久圮废，故有司进旅其地者，率于荆茨草莱中莽苍拜伏，苟且以祈竣事，至遇烈风淫雨不成礼而退者有之，几于怠且亵矣。如此即有神弗灵，有灵弗歆也，虽荣而祀之，亦奚福之为。余于坛上置屋三间，前建大门一间，筑墙若干堵环之，命门卒、典司扃[⑥]钥，俾其遇祭则启，祭已则闭，盖不使尘壤杂遝[⑦]其内，且于肃将昭事之心亦有所遇耳。幸后之同志者相沿而勿坠也。

---

① 逋，逃亡，拖欠。

② 顜（jiǎng），明晰的意思。

③ 筭（suàn），古同"算"，指计算。

④ 选自光绪《涞水县志・卷八・艺文志》。

⑤ 许世贵，河南洛阳县（今河南省洛阳市）举人，明万历年间任涞水县知县。

⑥ 扃（jiōng），指从外面关门的闩、钩等。

⑦ 遝（tà），相及的意思。

唐翁政绩记[①]（节选）

明朝 邑教谕 吕学仁[②]

平翁，金坛人，道德文章，乡评推重，称为三吴二唐，谓其不下荆川先生也，以嘉靖三十有七年出牧兹土。民有讼者，以礼义开导之，约已省费，闾无横征，惟以民得其所为意，虽千怒执政、构馋使臣勿恤也。流移屡屡，有复业者焉，公造学训迪诸生，开示蕴奥，人中不尽领解，而切切偲偲，无倦志也。故事水磨课税八十余缗，尽入官橐，又年，征大户百三十缗，以备炭价。翁推磨税补之，而民力宽矣。己未，春不雨，翁祈于上下神祇三旬，更率僚采士民，徒步日下，迎龙神于乐平山上，竟三十里，足穿夜归，吁恳愈笃。既而果大雨，是虽神龙灵异，而公之诚敬格天即、兹一端可见矣……

重修釜山龙王庙潭记[③]

清 邑令 陆宸箴 饶平

尝读柳传有云，老僧讲经，一叟窃听，问之，曰：“某此山之龙也，岁旱偷闲，潜此。”僧曰：“能救旱乎？”曰：“玉帝封江湖，有水不得用。”僧曰：“此砚水可用乎？”遂吸去，一夕雨悉黑水。予疑其诞也，未信以为然。涞邑北有釜山，山上有寺，自唐来也，树木茂郁，殿阁崇闳，俨一巨观。寺旁怪石崛突，若龙蟠而露首爪也，石下有潭，春不溢，冬不涸。相传以为龙潜于其内，号曰圣水，每逢岁旱，乡人祷之，以绳系瓶下求，入三分水则三分雨，七分水则七分雨，分毫不爽，从未有至十分者。尝建庙塑像，以表灵应，阅岁久，庙圮而像朽矣。兹夏六月不雨，苗焦农苦，予亦心恻，乡人告予曰：祷圣水可得雨。予于是斋戒沐浴，偕僚属，率耆老步祷于山，如法求之，得水十分，归来大雨三日，予始信柳传所载之匪诬也。龙能救旱，尚矫上帝之诏，一砚水变化无穷，况泉涌地中，气自通天上，安有祷之而不应乎？庙圮像朽，非焕然新之不可，乃捐俸重建，并募之阖邑，共襄厥事。龙潭上盖一亭，四面塑龙团绕，备极辉煌，亭面额曰“一天水”。俾后人知兹山有龙，逢岁旱可勿怆也，然非诚敬之至，亦安能致之？

重修砖井碑记[④]

易州知州 彭人瑛[⑤] 禹都

井固随地而有者也，创之修之均无足异也，而惟涞城南市之井为独异。明景泰间，

① 选自光绪《涞水县志·卷八·艺文志》。

② 吕学仁，明代山东莱芜人，时任涞水县教谕。

③ 选自光绪《涞水县志·卷八·艺文志》。

④ 选自光绪《涞水县志·卷八·艺文志》。

⑤ 彭人瑛，字山公，号铁庵，山西安邑县（故治在今运城市安邑镇）人，雍正四年（1726年）近50岁时中进士，任广东增城令，改派易州知州。雍正七年（1729年）主持建泰陵，后任保定知府、清河道按察使司副使、湖南按察使。

县佐李君灿相其地之可以井也，而遂井焉。掘五丈许得泉，泉盛而甘，居人便之，然犹未以为异也。及凿井后，生齿日繁，文风日振，是知李君固非仅为居人便汲计也，故曰异也。岁久淤塞，前邑令陆君扆箴倡众修之，备载邑志，一一可考。至康熙乙亥，又复崩坠，十余年来，泉源蔽塞，而民生亦渐窘乏，科目亦渐寥落矣。余友方君国玺悯其井之久废也，遂慨然以为己任，独力捐修，去其积土，将及底，忽四面俱崩，阔至五丈许，声如雷。邑人莫不惊骇。方君曰："是神欲一劳永逸，以成斯功也。"遂不惜多费，大为修举，且思井之易于陷者，由向成底盘用木也，木朽则砖坠矣。因易以石，石之上甃以重砖，而井始可永固。起于七月初旬，越三月而工始竣，然所费之资较前任陆君众力共擎者固已数倍矣。盖方君素好义，见善必为，类如此。井既成，余以公务来涞，方君请余为言，以记岁月，余固素重其人之勇于为义，更念夫井之关于涞邑风化者甚重也，因不辞固陋而为之记。

新建铁桥记[①]

清朝　邑令　高楷[②]

涞邑东北里许为涞水，俗称拒马河，《周礼·冀州》："其浸涞易。"许叔重曰："自上而下谓之来。"此涞之义也。其源肇于广昌，曲折北流数百里，至铁锁崖，出平壤，又四十里，附县郭而东，以入定兴，冈岭最深，汇泉最广，故河流亦最悍。涞之民艰难涉厉，可闵者有年矣。雍正十三年，卜陵寝于易州，而涞水遂为孔道，名王钜卿，岁时展谒，修礼荐新，冠盖络绎，先后相望，当夫夏伏雨行，山水涨盛，沙奔石走，电激雷震，汪洋无际，轮蹄阻进，盖懔懔乎惧晷刻之逾越，不克敬事，以将天子之命也。又有年矣，涞民醵资集役，两为石桥，皆坏于波。臣泰宁总戎志公告于易州知州容裕、涞水县知县高楷，因合词请于傅相总督肃毅伯合肥李公，公曰："费重工钜，非州邑所可胜，繄维我责。"爰檄大顺广道吴公廷斌，躬驰审度，察形势之宜，议于旧桥之上创设西法铁桥，长虹凌空，无柱磴之架，既不阻碍洪流，又可坚刚经久，其规制为中土所未有。其西南一渠亦水涨时所分流也，拆旧桥石别为一桥，绘图具议以上。公曰："可。"遂命法国工程司吉礼丰修之，候补知县吴君宗骐监之，始于光绪十七年冬十一月，越明年十二月工竣。是役也，涞之人不输一金，不应一役，售土者雠以值，服役者厚以饩，享其成且馂其利焉，幸何如也？铁桥长十二丈二尺五寸，宽一丈六尺，用银两万零五百两。石桥长三丈五尺，宽一丈五尺，用银一千四百十两。至岁修之法保护之，宜咸藉于官，兹不赘。

① 选自光绪《涞水县志·卷八·艺文志》。

② 高楷，1852—1912 年，字绰然，号拙凡，曾用字竹园，四川泸州直隶州（今四川省泸州市）人。光绪二年（1876 年）恩科举人，光绪十三年（1887 年）授直隶涞水县，后任容城、无极知县，内阁中书。

涞源县

涞源石桥记①

高宪 举人

地理之险莫山川若也，而川尤甚焉。粤自上古，圣人通其变而尚涣象，以制舟楫之器，是固利涉大川也。若夫别流小派，浅渚平溪，不胜舟楫之大者，则有桥梁焉。如吾邑东之一里有水曰涞，其源深且清，其味寒且甘，其流长且久，虽非洪涛巨浪之威，往来于斯者未免小有所阻，矧境接两关，路通上国，涉此者众，是以邑宰常责近此水之泉坊居民而修葺乎。桥梁但前此以木为之，宜于暂而不能久也，时则有若义士王世云，不忍人病于涉，乃约泉坊年高者张宗等曰："予欲易木为石，恐力孤而事不克济，乞协成，可许耶？"佥曰："汝尚为之，况近居之人乎？"遂不吝百金之费，命工以兴经营之举。造于嘉靖丁亥之春，而成于次年戊子之夏。其桥浑厚坚确，诚经久实之良图也。此后徒步者无褰裳之苦，车行者免倾覆之虞，四方之人咸得其利，较之当时乘舆济人者，其功孰大而孰小耶？以木为桥者，孰久而孰暂耶？予故乐以为记。

容城县

奥公去思碑（节录）②

元 邑令贾彝 房山人

（奥公）继遇天旱，露顶跣行三十里，祷于龙潭。翌日，雷雨滂沛，原田周洽，民为刻石，以彰感应。

……

容城县金容龙祠感应碑③

刘斗南撰

凡有禀天地之气，形实相孚者，皆物也。若乌之木栖，若兽之陆走，若蚯蚓穴居，若蝼螟息壤，若鼠穿墉，若蚁蛯④蝼，若蛙蠕，若蠹窥，若鳅江，若鲋海，若萤缀蔓，而蜩附枝，各无负其类耳。矧龙为物，或变化莫测，小往大来，潜见飞跃，信非蜗伸蠼

① 选自光绪《广昌县志·卷十二·金石录》，原志注："嘉靖七年立，在县治东水云乡。"又见乾隆《直隶易州志·卷十七·艺文志》。

② 选自光绪《容城县志·卷七·艺文》。

③ 选自弘治《保定郡志·卷二十五·诗文·记》。

④ 蛯（qiè），虫多，原志中为"虫音"的合体字。

蠖之为比虽然犹未离乎形气，将忍轻自露以取困水则有渊，固龙蟠曲，凭藉息肩之处，安其所无事者也。鲍川据京畿宗室汤沐之地，溯流西望，隐隐城阜，故辽宋疆场之旧邑，东走不能百里，源演钟秀，潴洳余浸地，北去容治于五居焉。人传龙常依于此，民设祠，血食于境上，夫龙岂肖鳣鳄鼋鼍，阴奸秘怪擅尺寸之波，匿只影而庇孤形者哉？非天地溟海窃滥觞之水返穴欤？却后造物役使驰骋。于是又便乎施为，棋布四出，时世膏沐，以厚群生矣。乡邦故以黑龙口目之，至正纪号，辽海奥屯公自淮滨拜命，以安东之节来尹是邦，明年休养生息，涵煦有术，秋夏不雨，愆阳肆虐，岂独温麦难成，禾黍相继尽稿。前日饷耕之妇哀吁乎白茀赤棘之岗，与狐吟狼啸，将复樵刃之余也。公谋监县阔阔、主簿东昌[①]稽君泊、夏津李得通、并署尉事定兴李庸善，实参宾幕，焚尫徒跣，伐鼓致弊，遂祷于祠下，麾盖未施，露衢改观，忽忽自龙湫油然勃兴，抃鲤鳂戮鳅鲂，汹汹犇犇，雷迅电驾，风驭霾腾，飞涛而上，逸越翌日，四野沾溉。又三日，民心餍[②]饫，俾我疲癃，仍得斯瑞田畯作，宾酒乾既茹，必刲羊剖豕，脑流骨腐于公鼎，大享龙之神也。繄数公之诚也。微数公之诚不能动龙之神，亦岂能彰数公之诚哉？今因旱致祷，吾知竭吾诚耳。龙得青帝，泽下土苏，槁苗虽欲，善术者亦无所用其知。僚属不动劝而乐施，愿刻石用旌神依人神丕叙，可谓有力者乎？予尘鞅羁绁，负牛后之名，问津于此。前监郡镇人不花侨居邑下，事亦与焉，状予具述梗概，故就系之以词。词曰：惟鲍川之汹涌兮，产龙钱与蛟虬。其鸿蒙不管收兮，仆雷海于禹畴。鼓洪波以奋扬兮，控神辔之遨游。挽湘汉已倒兮，洗孑遗之余忧。散一天之瑞泽兮，民厥仰乎有秋。问九瀛谁制鳌兮，鞭鲸鲵而脱囚。何蜀犬之为侄兮，挂齿颊于神休。风靖兮烟清，电扫兮回飙。走滉漾兮归坚，势澒洞[③]兮崇朝。来治妃兮震鼍鼓，驱并翳兮恣鲛舞。萧瑟兮玉音，铿锵兮瑶簴。返灵驾兮丹台，复迅霆兮玄甫。

免修四工闸废堤碑文[④]

幕府许有怀　会稽人

盖闻水势就下，自古皆然。午方、白龙、东牛庄等村与新安大溵淀毗连，所有本邑界内之瀑河、萍河、许郑王龚四沟，夏秋泛涨，沥水俱由午方村南流入大溵淀，汇达大河入海，相沿几千年，从无更易。雍正四年兴修水利，蒙和硕怡亲王、大学士朱查勘新土，地势居下，议明于三台村南开河一道，引漕会瀑，以入于淀，在于新安城北四五里筑护城堤一道，以护县治。具题后，即令投效职员周家相等办理。讵周家相，系新安人，徇私废公，妄冀将大溵淀尽开稻田，从中渔利，擅违公令，将护城堤不筑于城北四五里，而改筑于城北十数里外，于容邑午方村南交界，处所名曰“新堤”，将大溵淀拦

① 东昌府，古兖州危室分野，春秋为“齐西鄙”，战国为魏齐赵三国之境，秦汉为东郡，府治在今山东省聊城市东昌府区。

② 餍（yàn），指吃饱、满足。

③ 澒（hòng）洞，绵延、弥漫、弥漫无边的意思。汉代贾谊《旱云赋》：“运清浊之澒洞兮，正重沓而并起。”

④ 选自光绪《容城县志·卷七·艺文》。

入堤内，又将三台村南议开之河改挖于新堤之北，名曰“新河”，横截容邑各河沟沥水，不令由大溵淀达海，而令归新河，曲流而出。新河地势，头高、尾跻、中洼，形如仰月，尾间高于中间两丈余，水势不能逆上，以致横流倒漾，午方各村几成泽国，随冲决堤口数处，怆悴之间，新民亦受其害，两无俾益，国帑虚縻。经怡亲王亲驾小舟复加查勘，大加骇异。立将坏事之周家相削职，扶同误事之编修张麟甲等分别处分，饬令庶吉士杨士鉴等查明应作何改正之处详议，一面出示晓谕，有案可查。嗣因木已成舟，只得迁就从事，在于新堤中间建设四工闸一座，宣泄沥水，仍由大溵淀达海，稻田无成，相安数十年。乾隆二十一年，二次兴修水利，蒙钦差部堂刘奏请动帑，又将新河开挖宽深，并将四工闸设立涵洞闸板，以备启闭。迨新河随挖随淤，上游四沟两河身各宽一二丈不等，四尺涵洞尚不能泄一沟之水，焉能泄四沟两河之水？迨夏秋泛涨，又将涵洞冲坍，堤口溃决，两邑人民攘臂争斗，几成大案。乾隆二十七年，新安又议将四工闸升高，改设滚水坝，蒙前宫保总督部堂方饬委保定府王切实勘明，详蒙宫保大人批容城一带沥水断非四尺涵洞所能宣泄，即新令违道干誉[①]，罔恤容民患苦，而水势就下，垒积无路，必自冲决，其为患新邑更甚。该府所勘，均系实在情形，仰清河道速即昭议，饬遵至大溵淀，民粮地亩，既据该府查明并无此项升科案据，该县何得妄生议论？但事关赋役，仍饬保定府同知前往，带同该县确切查勘，据实具报，自此以后稻田不复再议，河堤不复再修。又相安五十余年，至今颂德不朽。嘉庆二十一年夏间，新民遽将四工闸堵塞，午方各村又成泽国，经署县杨禀，蒙饬委分府单查勘详明，嗣后，闸口永远流出，不得堵塞，各车道依旧留在，以便两邑人民出入。当蒙批准，曾蒙出示晓谕，亦俱有案可稽。道光元年，新安又欲修堤挖河，蒙县尊何公洞激详明各大宪，蒙总督部堂方饬委清河道叶确切查勘，蒙总督大人批四工闸毋庸兴修，复蒙布政司屠批新安何故为此损人利己之事，仰保定府急速严饬。自此以后各村颂何县尊之德，颂各大宪之德，亦如当年颂部堂方之德矣。于是乎记。

道光元年岁次辛巳立于午方村玉泉寺。

顺平县

温水桥记[②]

康熙四十五年　县人田尔易[③]

余乡之有温水，其来旧矣。水出西山北峡，环绕于我乡外，蜿蜒南走而东注，盖曲逆上流也。迤逦至于伊祁、马耳诸峰，人民富庶，烟火万家，而此桥实绾毂其口，每至春秋农隙，观于桥上，则负者、载者、乘者、驱者熙熙攘攘，络绎不绝，实亦山乡之一

① 违道干誉，指违背正义求取名誉。《尚书·大禹谟》：“罔违道以干百姓之誉。”

② 选自民国《完县新志》附《完县文征》。

③ 田尔易，直隶完县（今河北省顺平县）人，康熙乙酉科举人，乾隆三年（1738 年）任岳州知府。

都会也。其桥自我祖世福重修之后，至今几百年而又复沉埋断，其水壅阏咽塞，溢出而旁流，有渐车之叹，尝慨然太息，思继我祖以修葺，而力甚微乏，有志未遂，继而思之伯玉，耻独为君子，余家何为耑取仁义？因商之于众，而慨然称首捐金以倡众者，有马君有千焉，而踊跃鼓舞者遂不可胜数矣。于是，富者出其财，智者施其巧，勇者奋其力，财以济之，巧以谋之，力以作之，不一年而厥功，遂以告成。苍龙高卧，长桥出也，来若白虹，河水道也。招招不呼，行旅乐也。辚辚远听，车马安也。曾日月之几何，而山梁遂焕然其改观也。苟非公之于人而得马君以倡之，得众人以助之，乌能有此观哉？夫马君一奋而从之者众，吾乃知古道之在人心，而天下事之大可为也。吾尝有志于文正之义田、文公之义仓，固而恒苦于力之不足，以是推之，公之于人而成之，于众庶亦有济乎？嗟夫，文正之义田、文公之义仓，固与桥梁舟楫同为济人事也，吾故牵连书之，以志吾喜，而且有望于众焉。

修浚曲逆河碑记①

知县张阜成②

完治城南有曲逆河，为汉初陈平封地，至今陈侯村在焉。昔高祖大封功臣，平以数出奇计，得侯曲逆，地以水得名，宜若潆洫环绕，饶有波澜之盛、膏泽之润者也。而有不尽然者，岂沧桑之变迁无定耶？抑地势虽有以限之，而人事之修实有所谓未尽者乎？余自光绪十七年来官是土，因公下乡，见有断流曲港，忽见忽伏，交错于田畴间者，询之土人，曰："此曲逆改道也。"问有所谓旧河者，则曰："噫！淤塞久矣。自河之徙而南也，每逢山水盛发，挟建倾之势，一落千丈，决尧城口而下，凡我十余村庄，田庐坟墓，常汩没于奔流巨浪中。光绪初年，前邑宰富阳盛公亦尝合二十余村之民力，筹五六千缗之巨款，从事修浚，并于尧城南口建此坝以障之。无如坝旋筑而旋决，河亦旋浚而旋淤。吾民之困水也，盖又十余年矣。"余为恻焉，心动而地瘠民贫，不知所措手也。是年冬，观察潘公巡行县署，勘视诸源泉之有益于郡河水者，行将莅完，余闻之，跃然起曰："曲逆河得修复矣！"谒见道左，亟陈民困，苦状退修，禀牍而上之，潘公为之申于节相李公，爰于十八年春发帑委员，大加修浚，并及下游满城、清苑所辖之金线河，而尧城之坝亦于是告成。会夏霪雨大作，山水又暴至，赖河已宽深得无害，惟新坝复荡决如前。事闻方伯裕公，以为是坝乃全河之关键，无坝是无河也。拨款四百金，为重修计。余亦捐廉二百金佐之。是年九月，乃集司事马青云，董事王一心、石荣甲、石松年及乡之耆老，广咨博访，惩前此之失而思有以毖其后，于是乎相度形势，较坝基，更移南二三丈许，避冲击最重之势，跨深坑而为之，不辞其难也。去浮沙数尺，实以土而加夯焉，植基欲固也，层土层筑，邪许

① 选自民国《完县新志》附《完县文征》。

② 张阜成，浙江鄞县（今浙江省宁波市鄞州区）人，光绪十二年（1866年）丙戌科进士。

之声远近相答，欲其坚致而不陷也。排以木桩，护以荆笆，包以三合土，欲其紧束密裹，当急溜而不动摇也。循堤而西，添筑土埝，防水之旁入而攻我坝身之背也。挑对岸淤滩以展宽河身，欲水之绕越北趋而直向东下也。越二月，蒇事潘公亲勘验，顾谓成曰："工则坚矣、实矣，惜坝根陡立，尚未得形势耳。"归，商之廉访周公，谕令加筑乱石斜坡一道。今春复督率人夫而经营之，而全功盖始告竣矣。噫！是役也，以山僻弹丸之小邑，非有河防分汛之重、官堤岁修之款也，而观察潘公先后勘验，四至其地，节相李公、方伯裕公节次为筹拨巨款，廉访周公复指示机宜，俾善其后。萃数大宪之精神志虑，为小民谋旦夕之安，所谓人事之修，岂独有丝毫未尽也耶？余既身亲其事，乃泚笔记其巅末，俾后之官是土者既有所稽考，而我民得幸免此昏垫之患，且能少收乎灌溉之利。饮水思源，庶亦知筹款之艰、集事之难，世世子孙遵守而保护之，以绵我诸大宪德泽于无穷。是则余之所厚望也夫。是为记。

重修广利桥记[①]

清苑县举人　朱廷桢[②]

桥不自今始也，初无桥名，亦无碑记。今名之曰广利，盖以河自唐来，为广利渠支派，故名。因也，非创也，桥式狭窄，车马恒坠落，南北洼下，泥泞倾陷，行旅苦之久矣。今有张君鸿翔者，阎家庄人，邑礼掾也，喜慷慨，重义气，集同志君子醵金共勖[③]之，狭者宽焉，污者平焉，增石累堵，又以余力植柳数行。回视向之车马坠落、泥泞倾陷，已大不侔矣。东达海岱，西通上党，北控宣代，南连河洛，皆资为要路，洵盛举也。张君卓矣，余因癸巳主讲望邑小莲池书院，既知张君之为人义气不可没灭，谨勒贞珉以志不朽。爰作歌曰：增广桥梁岂小补，来往征人无所苦。东望勃海达齐鲁，西瞻秦晋通巴蜀。北抵燕京出上谷，南控豫省大河浒。行人欢声相共语，荡荡平平骖如舞。前者所创后者福，斯桥不朽人万古。

唐县

广利渠腾桥记[④]

明　杨一桂[⑤]

余导河自古木厂南趋二百步，转而东又二千步，至南雹水村。有客水沟左来，直穿

① 选自民国《完县新志》附《完县文征》。

② 朱廷桢，直隶清苑县（今河北省保定市清苑区）人，清光绪年间举人，倡导地方自治。

③ 勖，勉励的意思。

④ 选自光绪《唐县志·卷一·舆地·山川》。

⑤ 杨一桂，字寒质，山西安邑县（故治在今山西省运城市安邑镇）人，明万历二十三年（1595 年）进士，万历二十五年（1597 年）任知唐县事，在任八年。任内兴利除弊，兴修水利，增编县志，唐县县民为其修造生祠，名曰"杨公祠"。历任巡按陕西监察御史、兵部主事等。

渠沟，且下于渠三尺许。因沟为渠，则沟东地高，积渐以往，渠水难前；填沟就渠，则壅阻客水，为村民患。乃建木桥，腾之柱，从三行，横九行，其间相去各七尺许。柱下有石，石下有木丁梁，横数与从柱同板。从凡七节，节片不等，厚各四寸，板之合，一口一舌，相次而衔。左右栏各九节，节板各三，可以启闭如闸，有关键，可锁钥而守。共计桥长五丈，宽一丈五尺，栏高二尺五寸，柱上出，尚有余栏之板，可以增高，今不即增者，计城子之渠未广，高和、都亭、房庄诸堤尚薄，未能容多水，故不敢高其栏，欲水多便于滂溢耳。异日者，每岁春冬农隙，渠可渐开，则桥可加宽，栏可加高。渠广之后，自南雹水而东至西高和，尚可下浚四五尺。既浚，则腾桥可去，而渠可因，沟始大定也。为目前计，腾桥如渠之咽喉，然惟有不时察修而已。其修葺之费，则有二十五闸之会钱；在其木匠则有杜世荣、樊保；泥水匠则有王德良、郭道平；在其督修，则有阴阳官李廷芳、吏邸云霄、胡光业、于惟杰；在其他，别有奇巧。长久之计，则非余寡昧，所俟①后之高明君子云。

广利渠记②

明　杨一桂

唐县为查议唐河水利事，自万历二十九年十月十五日，蒙前抚院汪抚临本县，面谕前事。蒙此，本县遵依随遍历境内唐河二百里，查勘水田，备具图说，申送本院，蒙批图内有稍浚筑可成田者，听该县速设法劝谕行之，力不足者，或借给仓谷可也。西城子地方凿通五百步便可为唐民百世利，该县查勘既真即当速具仰，一面估计工程，约费银若干，以凭借发。田成后，每亩岁还谷数升，完过官银则止，此于官不费，而于民不劳也，限半月内议报查估。得分导唐河应用石堤百余丈，各匠工价并石灰价银百余两，查本职自到任五年，未经税契，今因是役合用银两已经出示印契，照例征税，或得五六十两，即可供费。傥有不足，设处接济，庶免借发追偿之烦。其修堤约用杂作夫役五千名。城子村地势高者一千三百步，约用凿渠夫役一万余名，共用夫万五千名，每名议给米仓升二升，总计约用米三百余石。查有仓贮赈剩米，请于内借，动三百余石。募夫垒堤凿渠，渠成之日，即摊派于水地，秋收征还估计。已定于万历三十年二月十三日祭河破土，合无俯将仓米批示借动，以凭支用，庶七十里水利可兴。此渠经过本境入完县曲逆河，即完民亦有赖焉，再加开广，从满城县方顺桥西，不放水之东南，挽令之东北，经大道接保定府河，可直达天津，足备一日兵荒转输之用，此其便大而功亦不劳，逐一估议，备由具申，蒙批仓米准照数动借，候田成，摊派还仓。其改河与该府渠合，听该县另勘酌详报。

---

① 俟，等待的意思。

② 选自光绪《唐县志·卷三·田赋》，原志文末注："百丈堤闸注云三十二年秋大水，堤闸冲损殆尽，此后浚渠加泞河水经注渠，不复用堤矣。"

蒙此本县遵依，随率典史王仰、工房吏邸云宵、阴阳生李廷芳及各管工员役夫匠人等诣唐河东岸古木厂处，乘其上游因势分导，视河之底游沙溜徙，投石忽没，安堤不固，乃布以木丁垒石，其上遂为堤六十丈。中流水深，功力难施，乃插木为栏，编以柳稍填之土石，为坝三十丈于堤之内，又建闸丈许，以时闭泄。转而东为南雹水村，水沟横来，沟下于渠三尺许，因之则渠水跌落，不能东行，填之则壅阻客水，淹害村民，乃以木为桥，使河水腾于上，山水穿其下，上下并行，而不相害。桥栏为闸，可以启闭，启则水泄注沟复入于河，过此为城子村，疏冈千余步，用夫万计，借米三百余石，皆费于此，过此以往，直至完县常丰河，计七十里，皆因古道疏之，不复劳费，而渠成矣。盖自本年四月，水已流通，申报去后，但河中之坝皆上腾桥，止三丈耳，加以往秋大水，坝与槽一冲如扫，又至九月，农功既毕，接理前功，又为石闸一丈七尺，石堤一十七丈，堤已半入，中流湍急，无所措手矣。延至于冬，河冰已坚，仿沉船意，堆田冰上者十丈许，其形如圈，迨今年春冰消土落，中流坝定，乃以手车十余辆，掣圈中水于外，一面督催匠役并力圈内，铺石基十五丈，砌台九座于上，分为九闸，每闸丈许，九闸已定，水尽归闸，蓄泄多寡，惟吾所主矣。乃重修腾桥，加长至五丈，加宽至一丈五尺，即秋水暴涨无害也，总计前功，导河渠七十里，经历村落三十八，分析闸渠二十五，浇灌田地一百九十余顷，沿河植柳一万二千九百余株，用过米五百余石，物料工价钱七万二千文，其桩木、地丁、荆囤[①]、荆筐数且不赀。是役也，回[②]惊累岁旱魃之虐烈，仰奉广兴水利之德意，为民永图，敢惜顶踵，但工属乍创，事无前式，水势无常，呼吸变易，小民难与虑始，吏胥难与务实，经营拮据，惟职一身，七十里水平，无一步不由推算，一百丈堤闸，无一石不经措置，五丈腾桥，无一机不由安排，数万夫役，无一时不由调度，牌票簿册，无一字不属朱批。工事方殷，本县呕血者六，日暴露风，日中奔驰，星月之下，食饮道路尘挨（埃）之间。先后共事，惟前任典史王仰，今典史张大繇，常见二官面目黧黑，经年不改，劳悴可知已。今已告成，民不徒劳，财不枉费，可幸无罪，但成之甚艰，败之亦易，溜沙难坚，秋水时泛，百丈之堤，蚁穴可溃，苟无后虑前功尽隳，为此备具前由，并河渠图说一经报水利之成，一以图善后之策，谨列议六款，乞赐批示，用垂碣石，异日者，遵而行之，罔坠厥绪，则七十里水利将为唐民百世之永赖矣。

万历三十二年五月。

六议：

一立河神祠，一设水手，一奖勤劳，一善修改，一禁窃夺，一救灾荒。

渠有六废：

---

① 荆囤，用荆条编制的囤。

② 回，还、返回之意。

一河身渐下不治则渠废，一渠口淤高不疏则渠废，一腾桥冲断不祉则渠废，一城子梁塌不挑则渠废，一山水冲决不补则渠废，一乱规窃水不禁则渠废。

修复尧泉林公泉碑记①

王　恪②

县署之右为帝尧庙，前有井久湮，碑石上镇颜曰“尧泉”，考之志，即善利井也，一名天王井，其水与麻潢通，因口底山尧庙有古尧泉，遂取以名。前明万历、天启间邑令陈公、张公后先修复，独莫考其所始及其废。又署之左有井曰林公泉，盖国朝邑令林公康熙年间所浚也，亦石镇其上。予窃疑之：“井以养为功，兹双井者，近在署之左右，何胥幕而不食也？”讯之邑人，或曰：“以其曾溺人，故幕之。”或曰：“形家者言，邑似龙形，二井乃其目，应出大魁，前令忌之，托为不利于邑，故幕之。”予意防人之溺，闭之足矣，若科目之盛，邑宰与有荣施，何幕为？辛亥夏旱，有里民请复林公泉者，予诺之，稍助焉，甃成署左之环居者咸饮其甘，孝廉崔君碑以记之。壬子夏，复旱，署右之民请复尧泉。予亦诺而助之，且曰：“此古迹也，帝尧之泽于斯寄焉，即非形家言，非值旱亦宜复，况兼斯二者顾置汪秽于泥中乎？兹届省试之秋，非独渴者被近泽，且以一验形家言，为士子鼓气也。”遂复之，其甘与林公泉同，予私幸双井之去幕而收于数十年之下，而其养遂可不穷也。至于形家之言，虽诞不足信，第尧泉之西为学宫，林公泉之东为义塾，两井并列，有丽泽之象焉，多士法之勤，讲习以兴文行，安知其言之不验乎？则教泽与利泽并悠，其在斯也，夫因徇邑人之请而书其复修之岁月云。

重修林公泉记③

崔　均

尝谓兴利以逮下者，抚宇之心也；歌功以颂上者，爱戴之情也。县治东有旧井一口，历年既多，井谷射鲋久矣，无舆无禽而为时舍矣。民用汲维艰，率抱井泥不食之叹。邑侯王公见之心恻，爰捐俸鸠工，不逾月，而元吉大成矣。殆所谓王明并受其福者耶。邑之人往来井井，拟立石以志公德，诣义塾而问记。余曰：“否，否而不见夫天乎？覆冒无方，非一管之所可窥也。不见夫海乎？浩瀚无际，非一蠡之所可测也。公下车以来，善政不可枚举，大约清而明，勤而慎，惠而普，挹之而莫殚，名之而莫罄。区区一井，何足为扬历者？”客有揖而进者曰：“何为其然也？井之象，巽下坎上，二五当阳，其德刚，中公之清而明，一井之洌而寒泉食也。勤

---

① 选自光绪《唐县志·卷一·舆地·山川》，原志注：“林公井在县治东，康熙中，知县林菁凿，一名林公泉。”

② 王恪，1670—1739 年，原名虑，字愚千，号蕙带，晚号长留山人，原籍嘉定（今上海市嘉定区），康熙五十六年（1717 年）改应顺天乡试中兴趣。第二年，中进士，后任唐县知县。

③ 选自光绪《唐县志·卷一·舆地·山川》。

而慎，一井之甃而无咎也。惠而普，一井之收勿幕，而有孚也。挹之莫殚者名之莫罄，一井之养而不穷也。亟宜表之，以垂不朽，即《彖传》所称‘改邑不改井’之义也。”余闻之不觉首肯，遂付诸丹。时雍正九年辛亥之孟秋。

望都县

通 济 桥 记[①]

明邑人胡应凤撰

邑南数百步有泉，平地涌出，涓涓不竭，亢阳亦如之，严寒不冰，潴之可池，挹之可溉，腋关左而东饮大河，而宿尾闾，邑之要津也。第湍蚀孔衢，为涉者病，佥议捐财值，创为石桥。工始于万历十一年春，而竣于十三年冬，征予记其始末。余以为，桥梁王政之首务也，矧庆弹丸小邑室鲜石储，丁不肩息，兹□□暇□，窃念夫政宽则民和，和则好修；上促下扰，扰则生乱。我邑侯赵公平易近民，煦民以和，抚民以慈，故民完公输之余得以徐记于此，不爱力，不惜财，徐而图亦徐而成也，盖于是桥，可以知侯之得民，亦可以知民之好义。是役也，屈力殚虑，抡材课工，则耆民李良知、王濯、郑守节、牟九叙等例得书于碑阴。

重浚龙泉河记略[②]

卫学诗[③]

望都之水同发源于九龙泉，蜒蜿而东有二道，其一涌鱼、灞龙二泉出双石桥，其一为北龙，为坚功，为清泉，为大小西堤、曲家、沈家诸泉，环绕城濠至连青而合流，东至于后营，又东至于高岭，为望民利。考邑乘，创始未详，其增浚修闸则有明邑令张刘原黄赵诸公、国朝陈钱沈诸公。三十年来，沙渍水壅，闸石崩坏，旱则涸，潦则益，利民之资反为民害。甲申[④]春，奉上谕修浚河工，望故沮洼，得与。而余以邑宰董其事，于是鞭石举土，饬匠鸠工，五阅月而工竣。择里老之秉公勤谨者为闸长，以司启闭，以杜争端。因记泉沉[⑤]凡九，而北龙泉称巨窟，旧有龙母祠，余复结庐于庙之旁，构亭于泉之岸，栽莲植柳，艺糯种粳，沙莽之区顿成胜境矣。

---

① 选自康熙《庆都县志·卷四·艺文》。

② 选自光绪《保定府志·卷十九·舆地略·山川》，原志注：龙泉河“在望都县北”。

③ 卫学诗，陕西韩城人，乾隆七年（1742 年）壬戌科解元、进士，曾任望都知县、刑部郎中。

④ 甲申，指乾隆甲申，即 1764 年。

⑤ 沉，水从洞穴中奔泻而出。

雄县

建造王村口拦河坝碑记[①]

清　王企堂[②]

皇上御极三十有七年，岁次戊寅春，巡幸霸州、新安等处，目击田野被湮，堤岸冲决，恻然动念，有同己溺，爰访其故，盖缘保定府以南诸河与霸州迤北浑河二水会流一处，壅积诸淀，不能容纳，以致泛滥，遂图分流，一劳永逸。浑河则命兵部尚书、都察院御史、总督直隶巡抚事于公讳成龙，保定府以南诸河则命原任总督河道部院王公讳新命亲加踏勘，绘图议奏。二公即体皇仁，遍度详询民情，因地制宜，绘图议覆，奉旨各发帑银二十二万两，八旗备办器具，提带部属贤能官员共襄其事。其浑河之开浚疏泄，永底安澜，与大清河之堵塞引导获跻，盈宁二公之克奏，肤功群黎之戴颂皇恩，已载史册而垂万祀，无容赘述，惟是雄县、任邱、文安、保定四县最为民害者，莫如王村口之五官淀，向承羊河，下流由王村口入柴伙淀，达天津归海十余年。羊河渐成淤塞，循王村口而西，葛庄一带诸村北面，逼临柴伙淀，多有深沟洼下，淀水泛涨，自北而南，倒灌五官淀，其如地势窄狭不堪，积聚泛溢，散漫涝没，四县旗民田地中有障水堤岸，枉费钱粮修筑，徒劳民力补救，一望无际，尽成泽国。逮至春，仍从王村口桥下细流而出。涸出之地，旋使播种。田稼方盛，已届伏秋，倒灌之水又至，不惟田稼无遗，即御水堤岸一概没于深涛巨浪，颗粒无获五载于兹。仰赖圣恩，频年捐赈，截漕减粜，出借仓粟，拯此灾黎，以延残喘。今幸王公恭逢特简，秉老安少怀之心，奏九载平成之绩，筹画既往将来，斟酌地形水势，议于王口村筑拦河坝一道，而五官淀一万二千五百丈有零之堤可以不修，并将上下所有水口尽行堵塞，以省钱粮，井然敷陈。荷蒙俞允命，遴委工部员外郎巴公讳什、候补太守孙公讳世昌、雄邑侯张公讳镛、候选县丞孙公讳绳祖、县尉曹公讳开毅、侯选县丞曹公讳儒英、儒真，监司其役，于康熙三十七年四月二十一日兴工，至六月二十四日告竣。是役也，官董其事，夙夜辛勤，民任其劳，踊跃蓐食，淋雨不浸，河伯效顺，坝基巩固，狂澜永息，鸥凫出没之乡竟作桑麻耕种之野。四邑绅衿旗民，自今而后均荷悠远生成，皆出圣恩再造，无由仰报高深，惟同普天率土稽首崩角，咸祝圣寿无疆。用是志之贞珉，以垂不朽云。谨记。康熙三十七年八月朔日谷旦立。

---

① 选自民国《雄县新志·故实略·金石篇》，原志注："王口村，今口上村，闸在村东半截河北口，赵王新河南岸。"

② 王企堂，字纪远，号雪坡，直隶雄县（今河北省雄县）人，康熙乙酉举人，雍正七年（1729 年）任荆溪知县，乾隆九年（1744 年）署江阴知县，有《雪坡诗稿》。

重修大清河碑记[①]

古之治河者，一则曰涤源，再则曰既陂。龄[②]读《禹贡》一篇，未尝不叹水之为害者深，而所以治之者不可不亟亟也。夫大清河为畿辅五河之一，每值水涨，新雄涿固一带均受其灾，而灾之尤烈者，惟雄境实当之。盖清河之入雄境，为九河下游，河身渐形窄浅，群流一至，水不能容，故其灾尤甚。溯查昔时，河道深，堤埝固，复有王克桥、西槐、马道各支河分减水势，沿河之民赖以安居，乃历年既久，形势顿残，数岁以来，各河水涨，群流汇归，更加以浑河金门闸泄，顺流而下，水势湍急，以致清河决口迭出，泛滥夺其正流，河底之淤愈高，横流倒漾，而河之源委几不可辨矣。此固天灾之流行，要以治理之未当也。清河堤工皆系民埝民修，兼以各村界址曾无定章，凡遇决口之时，难免彼此观望，至水落后，始行堵合，仍系堤根取土补修，虽顾于目前，而冲决旋见于日后，如次年河水复涨，其不至旧口再决，前功尽弃者几何？辛未夏，畿辅伏雨连绵，阳侯[③]肆虐，津门海啸，被水之处，指不胜屈。爵相李、方伯钱慨念时艰，亟思援手，派员分赴各州县查勘水灾，切切面谕，务须身亲其地，履勘周详，此民瘼攸关，非泛泛查灾可比。彼时龄奉委查勘安高等州县，于孟秋乘舟先赴安州，次高阳，过白洋淀，历雄关，抵新城，周视两月有余，查得大清河赵村南堤、十三里东岸、王克桥之村南东堤、古县村西堤、亚古城界之五龙宫、狄夏头、任家场、毛耳湾等两岸皆系著名险工，当时均已决口，河水横流，茫无涯际。雄境原属九省通衢，人烟辐辏，以水灾迭被，户口流离，野少禾苗，民多菜色。龄睹此景况，心实伤之，而恤灾救患之情不尽怦怦欲动也。正查勘回，蒙上宪委署雄邑，勘毕，即折整旋省，谒见各宪，于中秋后接篆[④]，当思拯救之方，遂即遵宪谕，设法筹画办理抚恤，后即分饬各村购备桩料，将十三里、毛耳湾等处各决口一律堵齐，惟赵村工程浩大，非开引河不能减水筑坝，而经费维艰，殊为扼腕。幸蒙爵相李与前观察陈筹拨借措廉银二千两，其中不足者半资民力焉。龄遂于壬申春动工修治，并请停征，分别蠲缓。以闾阎灾沴过甚，癸酉春，复禀请全境减免差徭十分之三，自甲戌年起五载后仍复旧制，如此或少苏民困矣。是年蒙宪谕将春抚米以代抚挑浚清河，于赵村筑坝以堵决口。甲午，又蒙局宪方伯孙廉访范筹款，以春抚银五千两加修河堤，以防水患。始终督率者观察使叶宪，而龄幸得奉令承教，从事期间，查户口之多寡，量经费之优绌，辨水势之缓急，审地形之高下，滞者瀹，壅者疏，溃者障，清源节流。越两年，其功始成，今岁夏伏雨盛，大水与堤平，而堤坝巩固，终不为灾，意此百姓之福耶，抑亦各宪运筹之所致也。龄智浅才疏，罔识政理，惟有矢勤矢慎，实力实心，上以副

---

① 选自民国《雄县新志·故实略·金石篇》。

② 龄，作者松龄的自称。

③ 阳侯，古代传说中的波涛之神，借指波涛。

④ 篆，指官印。

各宪好生之意，下以拯百姓陷溺之苦，从此苍生赤子比户得乐土而后居，皂堰虹堤盛世协安澜之庆也。堤工既竣，自应分立界址，勒之贞石，以为遵守，并将清河两岸尺丈及各村所分界段勒于碑阴，永垂不朽云。

同治十三年雄县知县松龄[①]撰。

易县

浮图峪新建敌楼水口记[②]

户部主事　昆陵刘乾

弘治甲子秋，北虏闯窃，阃檄数至。天子若曰：“嘻，予边民宜恤，惟斥逐之余，缮治疆圉，以守以攻，用成绥来，其在一二大臣祇若事。”乃简命通政参议丛公，玺书驰毂，历紫荆、倒马、龙泉三关，经略形胜，兼视我师。公受命竞奋惕，若巨盗临其室家，逾越险阻，当食屡妄，凡六旬遍阅关队，视其颓遗，召州县守令之能者，授以宿画，皆就坚垒。惟是浮图峪，实当我西户之北牗，东控紫荆，南扼倒马，北拒宣府、大同，要害为最。其西北为拒马河，当虏冲道，宜有以截御之者，而水奔迅疾，比至城东，以峻峡荡□，号怒益猛。先是或堰石为桥，势与水敌，盛秋积潦水，负城冒堰舂地数里如震，桥遂不支，以就圮夷。又或列栅参差，加铁棘数千，伏以木枅土石，水涨去如前，人无能策。公至，讯视其故，叹曰：“兹水之源，实受万壑，兼沿原渎渠淮，侵以束峡，射以城隅，其势已郁抑驱勤矣，益之栅堰，岂惟功徒费将，斯城实忧。古之善治水者，以不与水争地为上，兹其然乎？”乃悉命堕其遗址，以顺水势，即西峡东壁，藉石为崇台者二，高三丈，广益其高二丈已上，构重楼，堞橹、冲竿、击炮，百具皆修，水列儳木，拒马雨汇，凿石镇柱，锁以铁缆与水柔，遂水不为害，而峪之捍御益坚。工告落成，峪守备王君天府及蠡吾尹吴君子昇，咸率从吏，以伐石纪德告公，公谦避不允，二君遑遑，既则私谋于乾，惟公表仪朝著远猷大谟密勿于庙堂之上，不知其几。而兹经略特其一事，修筑金汤千里若干所，而兹敌楼与水口，特其一处一事。一处以纪公德，于公何有，而公亦安用此耶？顾惟古者有功德于人，用图永久弗忘，则斯举也，固吾曹弗能已者，不以渎公可也。公又奏讨帑银，鬻地三十余亩，以为演武之所，其保障边方之心至矣。系之诗曰：天地无外，物乃有私。繄我皇明，守在四夷。犬羊贪黠，谓天益高。触噬藩陲，居民以号。天子曰嘻，其斥而护。孰效厥成，以毗予度。时维丛公，既武既祇。走毂十城，设险视师。乃经乃略，金汤崒崒。维兹浮图，水暴而齿。不有键堰，孰遏敌冲。既键而堰，水怒则崩。卧桥列

① 松龄，满州生员，清同治十年（1871 年）任雄县知县。

② 选自《西关志・紫荆关・卷八・艺文》。

栅，岁熟城劳。神惫虑殚，如彼滔滔。维公大智，行其无事。势不与争，水顺而逝。层台嵯嵯，楼橹翚翚。拒马镇石，神呵鬼持。将闲决胜，士嬉待敌。利器具陈，孰敢予突。疆城安安，惟公之功。凭夷献力，维公之庸。公归庙堂，圭衮载锡。遗续斯石，永永无斁[①]。

护城堤记[②]

葛华

嘉靖辛丑春，我东鲁柘泉李公以部院交推领新命来司兵宪事，时朝廷方以疆埸为忧。公既至，按行城壁，则见楼堞虽存，而濠隍坦夷，实不足以御外而安内，欲即加修浚，以岁饥弗果。既而鲁寇充斥，边徼告急，公即提兵出井陉口防御，饬将卒分据诸要害，昼夜程督，历数旬乃解。刍犒军，实多所经度，补其亏缺，酌其盈缩，士马无伤而民不告病。计燕晋之冲，大郡数十，旁连诸小邑，不啻数倍，悉归统辖，地愈广，权愈重，其事愈繁，而责愈备矣。明年春，时雨大降，民用康和，公乃复修前议，于是召参佐及州之耆旧而告之曰："国家分画宇县，要于别封，圻慎防守，盖匪城则民孰与守？匪池则城孰与固？城池圮湮，废政之大者。废政不修，斯为怠职矣。"既询谋佥同，辄筮协吉，乃择日鸠工，仍命州判赵君梦熊、指挥朱希周董其事。于是相地之高卑而疏数其工，随势之屈曲而顺导其性。民子来，而水湍至不再，阅月而工亦讫功焉。嗟乎！仁人之用心，其利溥哉！谂其事之当行也，不疑于始而亦不挠于终，毅然必为之，中而有周物之思，因其人情，物理之宜而成保邦之绩，非其识之卓而持之决，焉能裕如而不劳耶？公始至，遭时旱饥，继以讹言朋兴，乡无宁夕，公忧形于色，思为安辑方略，于是开仓赈给，民赖以全活，复移檄诸乡，多方慰谕，俾各安其居，毋从匪彝[③]，即有显咎，诛罚将及，于是群疑消释，众志翕然，随以安定。又以疫瘟时行，特出命，令医广储药饵以救济之。呜呼！公之举指罔达，宜民如此。世有厚自封殖务残民以逞者，其于为人贤否高下相去何如也。壕隍既成，活水环周，金汤之固，而重城之险也，虽有外患，汔可无虞，庇覆吾民，奚啻大厦帡幪[④]然。于是阖郡官属师生耆宿人等咸歌舞称颂休德，谋镵石以纪其实。噫！斯石果不朽也，则是公虽往，而德爱常存如一日也，然德之纯驳、政之污隆，随之即有闻风兴起者，益留意于保境息民之大计，则兹石之刻，其为世劝，不既深乎？公名文芝，字元徵，别号柘泉，世为东平右族。以明经擢癸未进士高第，尝为内台侍御史，弹劾不避权要，又尝左迁尚书民部员外郎，迫于危险而不慑，两为郡守，所至辄有善政可称述，虽数取忤于时，而心志淡定，于

① 斁，意为厌倦、懈怠。

② 选自乾隆《直隶易州志·卷十六·艺文志》。

③ 匪彝，违背常规的行为。

④ 帡幪，本指古代帐幕之类的物品，后亦引申为覆盖，也指庇荫、庇护。

职所当为者力肩之，不稍瞻顾，固素所蓄积然也。于是乎书。

重修五里河桥碑记[①]

隰崇岱[②]

易城东偏五里许有河，河旧有桥，秋水时至，百川灌□□□□，渚崖之间轧盘涌裔，啮桥桥坏，人病厉揭，咨于途，乃有苾蒭[③]某某曰："嗟哉！兹桥当晋代要路，圮而不治，为行旅患，非所以云济度也。"合掌誓佛，募化修葺，乃有柳泉赵君、山南康君、范村张君，洎一切须菩提大迦叶□心而施，洪造功德，于是伐石程材，撤旧而新之。工起于崇祯八年之某月，告成于崇祯十三年之某月，遂树贞珉时日，而请不佞为之记。不佞闻夫太平之世，关梁通，道路治，若夫泽无陂障，川不舟梁，则乱亡亡象，单襄公之所以叹于陈尔。我国家定鼎幽燕，山西一带假道于此，凡夫朝觐讴歌之所归往，贡琛纳賨[④]之所走集[⑤]，昼夜杂沓，何啻数十万辈，而褰裳缘木，灭顶濡足，甚非所以表矢直惠行旅也。且佛氏所谓波罗蜜多者有六，而首之以檀。夫檀者，施也。彼夫一毛不拔，于世无所济，于物无所利者，即矫语羼提，妄谈般若，其于波罗蜜多乌当焉。今苾蒭率诸檀越一旦屹然成此永利，讵非王政之所攸赖而佛法之所兼资者耶。不佞执笔记其事，以告来者，并系以铭，铭曰：萧萧易水，带我□□□□神都，晋代攸归。（缺三十余字）人实疾苦。车覆蹄颠，哀哉行旅。乃执应器，三君之门。三君好施，性至匪敦。爰出菽粟，爰倂畚揭。长虹卧波，百川就东。陂陁既成，王路载平。车书四合，辚辚軿軿[⑥]。作记记庸，嘉彼震旦。敢告大千，来登彼岸。

创建龙神庙碑记[⑦]

吕守曾[⑧]

龙神之灵昭昭也，其得崇列祀典，肇一方之明禋而右享勿替者，则以其兴云致雨，能降膏泽于下民，而利益无穷也，民之崇祀乎神，俎豆、馨香、筑宫、建宇以钦奉之者，亦以其饮和食德，润泽丰美而不能忘所自来，姑以是享赛之仪，报神功于万一也。自予来牧易州，雨旸时若，年谷丰登，或偶愆期，士民望泽一祷祝辄应，甘霖之沛，皆符人意想所期，此岂俗吏所能感格，默应良由。神之供职于天，

---

① 选自乾隆《直隶易州志·卷十六·艺文志》。

② 隰崇岱，清初学者。清顺治二年（1645年），知州朱茂文主修、隰崇岱主撰《易水志》，共三卷。

③ 苾蒭（bì chú），指出家人。

④ 賨（cóng），秦汉时期四川、湖南等地少数民族所缴的一种赋税。

⑤ 走集，边界要塞，交通要冲。出自《左传·昭公二十三年》。

⑥ 軿軿，象声词，形容车声。

⑦ 选自乾隆《直隶易州志·卷十六·艺文志》。

⑧ 吕守曾，字松平，河南省新安县人。清雍正二年（1724年）进士，官嘉湖道、山西布政使，因涉卢焯案自杀。

效灵于圣世，作福降康于亿兆百姓使然耳。州人士食德思报，将立庙以享赛夫神。予重达其请，又惧民力不赡，或借端滋扰，神必弗响，因捐俸创为之，择治南隙土，外夹垲而中幽邃，可以妥侑神灵。爰经始其间，历两月告竣，中结堂宇享殿各三楹，南为重门一楹，周以缭垣数十丈，极南立歌舞楼，岁时士民报赛俱于此。予因念神之司掌雨云，授职于上帝，亦如司牧者之授职于朝廷也。士大夫受天子命以绥抚人民，其贤者除害兴利，以教以养苍生，戴若父母，去则攀辕卧辙，树丰碑以表其思，立祠宇禄位生祀之，以致其祝祷，盖如龙神之庙，比者无算也。其或方命虐民吮脂膏以饱，溪壑民就之，如在烈日炎风中，去之惟恐不速，尚何崇奉之有，至若因循退缩，见事至辄挂冠，碌碌在位，徒为食粟积俸计，于民间利病毫不介意，此岂非神灵之罪人、地方之赘疣乎？予用是自勖，且以见易民之醇良而好义，不徒颂扬神功而已。

修建二十里铺石桥碑记[①]

彭人瑛

道易州而东二十里有河，河旧有桥，西通紫荆关，东达神京，行人车马，络绎不绝，自元明建都燕京以来，即已有之，废而复修，由来远矣。但地卑水急，兼客水时发，迩来又渐倾圮，行人苦之。夫修废举坠，有司责也。予自莅任以来，即有志而未逮，今岁二月，本社旗民任应权、李遇俸、甘露等以时和年丰，人有余力，各捐赀倡众修之，诚善举也。计桥之阔仅丈有二尺，寻常小车固可由之无阻，若遇十六轮之大车，未免望而却步，宜于小而不宜于大。是桥之用固有时，而穷犹非尽善之道也，再广六尺，则小大咸宜矣。在城绅士、盐当诸商等闻之，咸跃然曰："山北社既修一丈二尺矣，应广六尺以宜大车。我等其助成之。"遂各捐助若干金以归。吏目张君经理之，任应权等亦各分任其事，迄孟夏月终而桥成矣。石桥三孔，阔丈有八尺，东西土坡俱砌石如制。工既竣，众咸丐予为记，且曰："事有可为则为之，固非以为名也。维是叙事纪年，使后之重修者有所考证，则似不可以无言也。"予曰："叙事纪年，俾后之人有所考证，固也。但世有席厚履丰[②]之子，穷奢极欲，竞为无益之费，虽千百金不吝，一遇义所当为、足以裨益当时者，反逡巡畏缩而不肯一为援手者，亦何可胜道？如今日之好义乐善，虽由于本心之诚，非以为名，而其名又何可不记，以垂久远且为后人劝也？"予故即其始末年月记之，并列其捐助姓名于左云。

---

① 选自乾隆《直隶易州志·卷十六·艺文志》。

② 席丰履厚，也作"席丰履厚"，比喻祖上遗产丰富，也形容生活优裕。

八、沧　州　市

沧县

龙井灵异记[1]

宋　韩正彦

州之东南距城八九里有池曰仵清。周环仅六百步，水味咸苦，冬夏澄清，大旱不竭，大水不溢，称为感应神祠，载于祀典。土人尊崇之，谓海神所宅。《舆地志》云："后魏延兴中，大连淀[2]水溢注，破仵清村，因成池沼，人时得海鱼，言与海通。"《十道志》[3]云："水味咸，又甚澄清，冬夏不变。"隋开皇中，改浮阳，以池名县，旋以乱而废。且废固已远，惟池水咸，与海水不殊。又其间尝得海鱼，则与海潜通，亦信然也。祠屋重建，堂庑粗备，神象重新，侍卫森列。郡人皆不知兴建之由，但能言祠之灵感。元祐二年，予假守至郡之三日，首询境内社稷载于祀典者，土人皆言祠神，前后祷水旱未尝不应。予始未以为然。明年，天久不雨，麦苗将槁，晚种不萌，旱风飞尘，埋翳田野，民心皇皇，坐忧流殍。州郡不爱牲币[4]，遍步境内之祠。又遣官诣祠下致祷神兮杳隔，寂然不启，赫日铄金，旱势愈强。刺史与郡僚相视，无以救者，或者谓池神灵应有素，须刺史斋洁躬诣祠下，必有所感。是夕，余斋诚异寝。翌日迟明，率郡僚出郭，未午，抵祠下，设酒具馔，冥心致祷，旅拜庭中，礼毕，盘桓久之，薄暮而还。日方晚，飚风倏起，阴云骈集。夜犹未央，膏泽滂霈，一夕沾足，向来憔悴之苗，顿然复苏，尘埋晚种，薿薿毕萌。郡人皆庆神之感应不妄。斗牛之分，远迩率被润泽，莫知为神之致福也。噫！神之默契于我如此，我岂默而无言耶。先是今枢密赵公、龙图李公尝守是郡，均以神之能济水旱，一方之福，剡章乞加爵号。而边地僻左，朝廷辽隔，章累上，为有司所阻而罢。今予亦欲闻于朝，虑势卑言轻，不足取信，徒有渎神之举。因寻前志，考合图经，略载兹祠兴起之由，且记其灵感之迹，以传后人之信云。

---

① 选自乾隆《沧州志·卷十五·艺文》，光绪《重修天津府志》有二，分别名《仵清池记》和《沧州仵清池记》，作者分别为韩正彦和浮阳李士隆。此二文内容基本相同，唯后者阙字过多。民国《沧县志》之《仵清池碑记》载："《仵清池碑记》即《龙井灵异记》，政和八年重立，在州东南五十里仵龙神庙。州仵清池记浮阳李士隆篆。"

② 大连淀，今大浪淀，在今河北省南皮县和沧县交界处。

③ 《十道志》，全称为《十道四蕃志》，唐代武周时梁载言撰，共计十六卷，为后世研究唐代地貌和疆域等提供了宝贵的重要史料，是唐代全国地理总志。

④ 牲币，牺牲和币帛。古代用以祀日月星辰、社稷、五岳等。后泛指一般祭祀供品。《周礼·春官·肆师》曰："立大祀用玉帛牲牷，立次祀用牲币，立小祀用牲。"

重修会应神庙记①

金　夏曾

天子幅员之内，山岳邱陵城邑之地，江海河渎川泽之水，咸有神以主之。然纪于经史，载在祀典，必有功德于民、能御大灾、能捍大患者，然后设为庙貌、岁时祭享，凡以为民而已。唐狄梁公巡抚江南，禁吴楚淫祠七百所；李文饶观察浙西，毁所属非经祠者千余所，皆以其无功于民，不能御灾捍患者也。沧郡居燕赵之冲，左海右河，土黑坟田，中下瘠卤而产薄，在昔为边陲地，惟神之镇兹土也，莫知其几年矣。昔宋咸平岁，名臣李公允则适守是邦，遭师攻围，举城震恐。神为保佑，全身示现，敌人畏惧，重围遽解，郡人至今能传其事。其后岁有旱干霖潦之灾，民忧荒歉，竭诚祈祷，龙尾见处，稼穑必稔，一方黎庶赖神之灵，养生送死，免流离转徙之患，其恩大矣，岂非有功于民能御灾捍患者乎？名额之降，以故老俱亡，无复考其岁月。宋崇宁二载兴修，今迎祥观用事者夺其旧址，迁其庙于观之东，经历兵革，岁久不葺，颓圮蠹坏，殆不可顾，凡过是者必思其德而伤之。郡之豪姓郭公立，乃择匠氏，经度材，同蠲日。兴工起于正隆元年四月初八日，成于正隆二年四月二十日。梁栋栏宇，体势壮丽，貌像严肃，侍从毕具，金碧彩色，焕然一新。邦人瞻仰，罔不祇敬，兴祠之岁，风雨顺序，禾稼大稔，一方相庆，咸掀为岁时之祀也。郭立尝率郡人兴复岱宗行宫于州之西南隅，独修经藏于普照寺，今又重修龙祠，邦人得以奉祀，则知积而能散，敬畏神灵者，在人之道为可尚焉，于是乎书。

沧州导水记②

王大本

夫水之澒洞泛滥，横流而旁出也，必疏瀹利导，使得其归，则民无昏垫，土无沮洳，而水由地中行矣。夏禹之决九川、距四海，而浚畎浍距川，用此道也。

黄河既南徙，九河故道遂以堙没。漳渎不与同归，独行二千里，会于今北海之涯。其流滔滔汩汩，视黄河伯仲间耳。垠岸高于平地，亦犹黄河之下成皋、虎牢而东也。皇朝定都于燕，漳河为漕运之渠，控引东南居货、千樯万艘，上供军国经用，巨商富贾懋迁有无，胥此焉出。故老相传，在国初时，波流犹未宏达，自江南内附，而其势日增。岂是水潜伏厚地，天下有道则见，川流隐显固自有时哉。

至元五年秋八月，大雨时行，河决八里塘之湾，为口子者三。湍悍喷激，如万马奔突，长驱而前。南皮、清池之境东西二十余里，南北三十余里，潴而泽，汇而渊，灶陉而蛙产焉，场圃而鱼生焉。荡析离居之民相与言曰："沧州古雄藩，其濠深广，又距海孔迩，水行故地，第有屯府，左卫曲防之阻，无由经达。泰定间，乡民吕叔范抗疏陈

① 选自乾隆《沧州志·卷十五·艺文》。

② 选自嘉靖《漕运通志·卷十·漕文略》，乾隆《沧州志·卷十五·艺文》为佚名。

情，奉旨开掘以便民，又为大渠以泄水，莫不举手加额，以承无疆之休。方命圮族者，乘时不备，遂以复塞。今则牢不可破。有能贾勇以倡，吾徒当负锸从之。水入濠注海，则还我壤地而修我墙屋矣。”

脱因不花者，故参政庄武公之孙，今江西宪副景仁公之子也，以国学上舍生[①]次置宣文阁。其人知学知义，又一乡之望，即以为己任而不辞。闻者壮其谋，从之如云，各执其物于两端，破其筑，若摧枯拉朽；去其壅，如决痈溃疣。义民所趋，水亦随赴。始屯军，亦率其徒数百人，盛气以待。我众直而壮，彼自度非敌，逡巡而去。

夫水之为民害也久矣。备御之道，存乎其人。使南皮清池之民奋于事功，而潦不为灾，首义之力也。其人又相与言曰："河决可塞，而来者未可卜也；曲防可溃，而人力其可复也；事可以稽旧典，而义可以激流俗也。”丐文刻石以遗后来，固斯民百世之福也。

重修仵清池壁记[②]

佚 名

至元丁亥春，董公珪来倅[③]是郡，自下车，履正奉公，兴学养士。越明年夏，亢阳为灾，询故老以祈祷之所。杖者曰："城之东南仅二十里，有庙曰五龙祠，有池曰仵清池。在昔守土者祀之，其灵验之迹在庙碑，不必喋喋。即今庙貌仍在，俨然有昭显圣后之像，独龙池久废，无复继其前功，良可惜也。”公闻而喜之，明日诣祠下，观池之旧址，喟然叹曰："今不修葺，他日求霖泽何？”于是募工度费，蠲日兴功，愿趋役者云集，不日而复完。池泉沸涌，不引流而深余丈许。其后有白鱼出游，忽沉忽浮，须臾作龙形示现，或兴云而升于天，或吐雾而潜于池，居民牧竖往往见之，神灵果如此其异也。公率诸僚属，以香楮之奠，祷祝诚恳，雨即大沛，其应如响。是岁禾稼大稔，农民欢于野，商贾歌于市，一方咸受其赐，比者公及瓜期[④]，朝廷擢为济州牧，邦人时思慕之。一日，郡之耆旧李君仲实暨任君器之，介予曰："先生，吾乡之名士，知池之废兴，龙之变化，神之感应，详且悉也。愿得文刻石，以寿其传，使后人虔信不诬。”余以乡中胜事，义不容辞，忘其狂菲，姑摭实[⑤]以书之而为记。

---

① 上舍生，是“舍生”中的第一等。

② 选自乾隆《沧州志·卷十五·艺文》，原志注：《重修仵清池壁记》元至正二十五年（1365 年）佚名，在仵龙堂。民国《沧县志》名《重修仵清池碑记》。

③ 倅，副，辅助的。

④ 瓜期，指任职期满换人接替的日期。

⑤ 摭实，指据实说明道理。

龙井灵异记①

宋　讷②

余自正统丙寅岁受命是邦，厥守兹土。越戊辰夏，亢阳为虐，雨泽愆期，黎庶惶惶，躬率耆老，诣神祠祷。盖缘香火年疏，人心日怠，以致庙宇倾颓，井池淤塞，三四慨叹，遂致诚焚香，与神约誓，若果获甘霖，以济吾民，其灵祠圣井，我当理之。自癸卯而告，甲辰乙巳，洪雨大注。逾明年己巳，天时复旱，四野悉叹。余又至祠下，恳叩胥酬前愿。疏涤其井，甃砌砖石，水深丈余，趋事赴工者数百人，不日成之，以牲牢告厥功。须臾，狂风荡埃，黑云捲雨，顷刻至壇。父老举酒奠拜，佥曰神明所感如是，勿以为惧。其年秋八月戊申吉，重建后堂三间、前门三间，周围垣墙三百步许。于是都转运使欧阳公一日喜雨，过访啧啧，叹赏神灵，神灵不诬也。至景泰庚午，又遭旱灾，民心忧切，余再祠祷。巡抚都御史萧公亦赴庙行礼，公拜未几三，灵雨滂霈，百里均沾，交庆丰稔。于是妆塑神像，焕然一新。其夏五月既望，白鱼出见三日，或沉或浮，人所习知，盖千百计，视董公庙记龙鱼故事若合符节。余恐后来君子将谓妄谈疑信，故镌石记之。

新建登瀛桥记③

长芦盐运使　阮尚宾

长芦滨卫河。卫河者，北通津。越河而西，直接河间，其往来由兹道者肩相摩，踵相接也。河去杜，则迹浪浞波，茸流荡漾，岁仍月削，愈下愈卑，辄遇阴雨，峙阻淤泞，徙（徒）步而蹨④盭⑤，马车而颠踣，竟流冲溃，漂物伤人，岁时不免。数年来，居民始置舟渡第人，夥济不及，又何云便。会不闻有义创之府，慨然捐赀，作令纠工饬材，并属黄冠缘募。余过而喜曰："此吉祥善事也！"亦捐俸以赞。厥成，厚土立以防阑负口之柱，大于合围，诚坚完坦夷，履若平地，即狂流暴激，永可无害矣。桥以东地隐桥五座，便于往来，仅免渐聚，坦然康庄。不骚民，而民不恫。转睫可至，欢呼载道，岂复有口不下二万金，究其利，可沿之千万祀。语有之："不一劳者不久逸，不暂费者不永宁"。失□□始之，功不易云。是为记。

① 选自乾隆《沧州志·卷十四·艺文》。

② 宋讷，1311—1390年，字仲敏，号西隐。元末明初滑州（今河南省滑县）人。元至正年间进士。明翰林学士、文渊阁大学士、国子监祭酒。年老告归。宋讷曾应诏陈边事，提出"备边在乎实兵，实兵在尹屯田"的观点，颇受重视。

③ 选自民国《青县志·卷三·舆地志·建置篇》，登瀛桥，在沧县杜林镇。清代，杜林一带为青县辖地。该桥修建于明代万历年间。

④ 蹨（yǎn），意为疾行。原字左为"足"，右上为"爫"，右下为"火"的合体字。

⑤ 盭，水曲。

重修沧州减水河东桥记[1]

清　王桐撰　丁际泰书

沧州减水河，延袤东注，距城十五里，枕河为村，曰于家茶棚，为沧盐二邑冲要之路，旧有板桥倾圮，今惟以小舟通往来，长为车马拥塞，或至移时不得渡，行者苦之，徒自焦思长叹，而无可如何。嘉庆十九年春，候选都阃府健庵刘公目击其状，恻然动怀，曰："吾沧当为之事，有急于此桥者乎？"即时鸠工庀材，辇石于山，购木于市，木石既集，择日兴工，不数月而工告竣。呜呼！公之为善，何其勇决如是哉！桥既成，遐迩忻忭，四方亲邻咸欲刻石纪公之德，属文于予，告曰："公生平趋善如鹜，罗缕难终，此桥之成，特一端耳。他如施棺以惠死，施钱以恤贫，施绵衣而冻者挟纩，施糜粥而饥者衔恩，见义必为，遇难必拯。凡此善端，他人当之，往往一事不能为。而公独举，数千百善并力为之，日以为常，子备书之，以为世之好善者劝，不亦可乎？"予曰："此亦视乎其志耳！公有长者之心，志存利济，独以为善为最乐，遇事当无迟疑，无姑待，不谋于人，独行其志，则是公之好善者赋性然矣。且公之行谊至高，异日必当载邑乘、垂国史。"予之言轻，亦未足以传公，兹姑即修桥一事，书其梗概，用志予私心之向往，亦以垂万世，为好善者之励云。

嘉庆十九年岁次甲戌夏四月谷旦公立。

重修登瀛桥记[2]

王荫桐　邑人

物无历久而不敝，事岂中断而靡兴，创始困难，图终亦非易耳，然莫为之。前虽美弗彰，莫为之；后虽盛弗传要，非薄利，赖于无穷矣，以传声称于勿替哉。杜林旧名登瀛镇，濒临滹水，向无桥梁，有之自明万历甲午始，盖因善人刘尚用目击病涉之艰，创造石桥，以便行旅，并利运盐，甚盛举也。故长芦运使阮公尚宾、瀛守刘公毓宽倡助为多，以及临封绅商好善乐施，相与有成。三百年来，履若坦途，人咸称便。不意于光绪甲午秋杪[3]，河水涨发，汹涌异常，遂于八月晦日夜间，冲陷西畔大小二孔。好义者屡欲兴修，以工巨款绌，畏难辄止。辛怜精卫，衔石何来？子少夸娥，负山谁属？且地非产石之区，人无攻石之业，事虑万难，变虞百出，人皆望焉，色阻迟迟者久之。越十四年丁未，末等锐意鸠工，弗渝厥志，而不辞劳瘁，不计利工，永矢苦心，佥谋公益。又阅六载，乃从擎易举，众志克成焉。从此东来路坦，临流无待；于乎，舟西去砥平，隔水何劳夫问渡。工既竣，爰志巅末，

---

① 选自民国《沧县志·卷十三·金石》。

② 选自民国《青县志·卷三·舆地志·建置篇》。

③ 杪，指末尾。

用告世之共登瀛路者。是为记。

何官屯筑埝护庄条约碑文[1]

查沧县水患，向称难治，人民偶有争端，动辄械斗，如遇南运河决口，水源导入宣惠河，以为宣泄。而宣惠河河身窄小，尾闾淤塞，不能畅流，附近居民防范稍疏，则堤岸必至溃决。水势逆行泛漫，经狼儿口等处倒灌，以大浪淀容纳，西官庄、东官庄、何官屯等处适当冲要，受害最巨。自前清同治七年以后，何官屯庄以筑护庄埝，堵塞各道口之故，与西官庄、东官庄等村发生争执，枪伤数命，缠讼多年，结怨甚深，莫可解决。逮至光绪十八年，始由各庄公正人议定条约八件，互相遵守，而于筑埝堵塞道口之事，竞竞注意，然虽解决于一时，久则鲜知其有是约也，是以各庄每年争执如故，意见纷歧。本年八月，运河决口，水循故址，逆流而上。该何官屯庄村正王秀峰等商之西官等庄，请求照约筑埝堵口，以防该庄被刷，田亩淹涝。西官等庄坚不应允，反纠合仵龙堂、东官庄等村聚众携械，阻止何官屯筑埝堵口，预备械斗等事。本县长闻风立即亲往查勘，并调集同治七年以后卷宗，集讯各村父老，谕以何官屯村筑埝防水裨益实多。复视查水势冲刷情形，仵龙堂、东官庄、西官庄等庄，仅受大浪淀泛溢之害，其祸尤浅。何官屯则直受冲刷，为害更深，如果灌入该村，全村居民生命财产房屋均将莫保。本县长目睹情形，权衡轻重，反复劝导，幸两造[2]各庄居民，深明大义，嫌怨顿消，均愿化除私见，遵照前约，履行其应行堵筑之处，刻日兴工，毫无争执之见，足见不负本县长劝导和平、息事宁人之至意，深堪嘉许。查此案历年争执，办法多歧，事后无一定解决，致令横生枝节，本县长深为隐忧，当经谕各该庄遵照，将本年上开办理由情形，于该堤埝之上刻石勒碑，以垂永久，嗣后如遇大水之年，何官屯村修筑护庄埝及东小埝，堵塞佟家道口等处，各庄并应相助为理，不得仍挟前嫌，不顾大局，致生伤人伤财之事。本县长有厚望焉，并将光绪十八年所订八项条约，暨此次订明筑埝尺寸，刊之碑阴，以资遵守，永息争端是为至要，切切此谕。

附：光绪十八年公立条约八件，民国十二年条约一件

一、遇大浪淀有水之年，何官屯庄、西官庄两庄年老董事之人，见面商议妥协，照旧堵筑佟家道口等处，以冀共保田庐，总要同心共济，何官屯不得节外生枝，西官庄亦不得藉词阻挠，方不负州尊一视同仁，保全两庄之至意。

一、大浪淀旧有南北东埝一道，因近刘姓邱垅，现两庄公议，如遇大浪淀有水之年，此埝挪在刘姓地东头草道边改筑。

一、遇有水筑埝之年，两庄首事各自约束年幼壮丁，不准胡言乱语，致起争端。

---

① 选自民国《沧县志·卷十三·金石》。

② 两造，指诉讼的双方。

一、遇筑埝之年，何官屯自备桩木柴薪，不准硬行伐树扒垛，如遇告急之时，西官庄甘心备送，亦所不禁。

一、筑埝之年，何官屯庄众，不准赤身露体辄入村内，如违，责问首事。

一、遇筑埝之年照旧取土，不准胡乱掘挖。

一、遇筑埝之年，何官屯自行看守，总要安静，西官庄亦不得上埝狡扰误事。

一、遇看埝之际，何官屯或由家送饭，或必须挖灶安锅，听西官屯庄指地，至所用柴薪，何官屯由家门自备。

一、东小埝应筑高六尺宽八尺。

重修风化店减河桥记[①]

朱桐荫[②]

减河为南运支流。自捷地分派，委蛇三百余里而入海，沧郡东偏，□依天堑，其间舆梁相望而据要津，扼通冲者，惟风化店之桥为最。原夫桥之创始也，值镇之东隅。前明弘治辛亥岁，支木为之，清乾隆间移于南，道光甲午重修，仍其旧制，至岁之丁未，犖石易木，肇建宏规。特历年既深，亦摧残日甚，于光绪乙未夏四月，河水涨溢，桥复倾圮，徂秋与冬，路隔南北。次岁上元节后，士民商贾集议重修，仲春爰始作事，垒石作柱，欲其固也。插木为栏，昭其朴也，度方面势[③]，移离向巽，为其引驿路、崇文明也。圮毁经年，一旦轩举，体势宏壮，历久维新，盖否而泰来者，造化之工废而复兴者斯人之力。噫！德莫大于济众，功必期于及远，宏影一弓而数千里之行人均利赖之。古之人梁成十月，所由垂为善政也。今往来经过于兹者，登高临深，而履道坦坦，斯桥庶以之不朽云。

北月桥碑文[④]

增广生员方子静撰文，蓝翎、州同衔、候铨主簿王以铭书丹，世袭云骑尉王化雯篆额。

一、桥南蓄水池，东至护城河，西至大道，南至朱张姓、北至桥道。现公议栽种芦柳，原为修桥道起见，诚恐日久，有无知之人从中取利，致生事端，天德水局会友已公禀立案。

一、桥南蓄水池，原有官基，并有梁家庄梁祇遹堂、宋种德堂王各家宅基，日久年深，皆成陉坎，兹以重修桥道，其陉内有基地者，皆情愿施归北月桥，栽种芦柳，永作岁修之费。

---

① 选自民国《沧县志·卷十三·金石》。

② 朱桐荫，生卒年不详，字月舫，清代河北省沧县人。

③ 面势，亦作“面埶”，方面、形势之意。

④ 选自民国《沧县志·卷十三·金石》。

一、芦柳出产，原为岁修桥道公用，悉归天德水局收存，秉公出销，再有余资，即添修水局器械，是在董其事者，随时秉公酌办。

重修李天木辛庄桥碑[①]

前清柏乡县教谕、李奉璋[②]撰文

大凡巨工之作，赖有贤人君子，以玉成其事。如河上建设桥梁，利千万人之遄行，为数百村之公益；易水泽为陆路，化险阻为坦途，较之义渡普及尤为便利，诚善举也，然工繁费巨，修造实难。吾沧李天木辛庄，地滨减河，旧有长桥一座。自清光绪初年，乐字营统领梅军门、郡候严州牧倡捐巨款，暨城乡绅富集资兴修，村董王君梅村经理其事，并助以田园七亩以为取土之用。当时工坚料实，本可为经久之计，无如经历三十余年，木柱朽腐，突于民国四年夏历正月间，被流冰摧折，遂至倾颓。王君梅村，吾乡善士也，关心桑梓，素具热诚，适在正定鹾务差次，同乡董事诸君，速为函致，邀请王君重建，俾复旧观，以利行人。王君展阅之余，潸然泪下，伤感交集，当即请假回籍，先谒见县长李容之公，继与刘绅祉庭会商，无不极端赞成。县长李公从重捐廉，以为首倡，刘君社庭慨捐巨资，并与王君梅村，邀同城绅多人，列名捐簿，劝勉本郡暨邻邑绅商士庶倾囊相助。王君梅村鸠工庀材，经营一切，煞费苦心。斯役也，自本年三月十五日兴工，至五月初一日蒇事，计用京钱七千余吊。报竣后，县长往验，以为工程坚固，赞扬者再。噫！大功告成，此皆王君梅村之力也，爰为之纪其事，实述其颠末，以贞诸珉。

泊头市

交河县墀左瑞应甘泉记[③]

明　主事　及万祺[④]

盈天地间，其利于民生切于民用者莫如泉，盖饮食之自出也。英辟[⑤]哲相[⑥]，所以长世[⑦]字甿[⑧]者，恒先于此，是以协气横流，井冽泉甘，称上瑞已。夫地德贞厚，穿之而泉溢，其味甘苦，皆一定不移，间有转苦而甘，乃人情之感，至和之

① 选自民国《沧县志・卷十三・金石》。

② 李奉璋，1850—1934年，字子峨，河北省沧县人，一生酷爱书法，书工六朝楷书，曾任河北柏乡县教谕官。

③ 选自民国《交河县志・卷九・艺文志》。

④ 及万祺，字维祺，河间府交河县（今河北省泊头市）人，明万历初年任顺天府通判。

⑤ 英辟，意为精辟。

⑥ 哲相，指贤明的宰相、辅臣。

⑦ 长世，指历世久远、永存。

⑧ 甿，在原文中误为“山亡”，见于左思《三都赋》。

应，反漓为醇之祥，无足异者。文德[1]间之甘泉涌出于云韶[2]，元丰间之苦水变甘于环州[3]，载在简册，可镜也。交河古洚阳区，号为难治，台臬每加意者。县治堂前左墀浚井及泉，右墀凿石象虎，其建置无所考，盖堪舆家设东西之属也，井堙已久。我瑞河马侯至之明年，实万历丙戌岁[4]也，交民因侯病，力请开之，开而尝其味苦也。民幸夫泉之开能起君疾，而不计其味之不佳也。侯于是抚封[5]敷贲曰："以泽民为虑。"渊衷[6]所蕴，心源所蓄，悉肫肫[7]渥下，意湛湛[8]覆露思，积今四年如一日。由是民戴其河润[9]之德，士颂其膏泽之究，商贾服其波及之远。前此民犹望其惠也，至此而忘其惠。前此当涂者犹核其政也，至是而信其政。臬牧举之台院，荐之卓然，称异矣。方学台杨公、按台徐公未荐之先，侯之心乎民者深契乎两院，以人事君之心，及侯将被荐之顷，两院之心乎侯者，又体乎天地为民之心，盖不欲显其绩者。侯之无为之衷而直欲扬其休者，荐者汲引之诚，诚可以通天地，诚可以格融结，彼其启皂囊[10]，簪白笔[11]，疏卓纵，扬英軓，在彼方动诸虑，而在此即通于感，何其以历世泉源之苦。斯时也，而若醴若露沄沄，旨且嘉者，岂偶然乎？盖格人[12]茂宰[13]，荐拔者既允斯玄符灵贶，潜通者自深，以水视水，非今之甘无以征泉出之佳，以人视水，非今之荐无以为宦成之美，上下之情既至于太和，则流衍之间自为之感格[14]，不然，仍此地也，仍此泉也，而今昔之流殊，甘苦之味异，孰使之然哉？彼文德之甘泉，唐君之熙事也。元丰之水甘，宋臣之休佑[15]也。降釐[16]者之意，岂不以政积之劳，历试诸苦，荐之累牍，实贻之甘，况堂墀之间，乃发施政令之所，无是政则无是荐，无是荐则无是瑞泉奚自而

---

① 文德，是唐僖宗李儇的年号，即 888 年 2—12 月。

② 云韶，黄帝《云门》乐和虞舜《大韶》乐的并称。后泛指宫廷音乐。云韶，也指云韶院，唐代宫中教习流行歌舞的场所之一。时宫中设教坊，有宜春院、云韶院。宜春院歌舞艺伎常在皇帝前承欢，凡演习大型歌舞人数不足时，则由云韶院的歌舞艺伎补充。

③ 环州，今甘肃省庆阳市环县，据当地志书记载，因"环江流绕城西委曲环抱"而得名，明太祖洪武二年（1369 年）改环州为环县至今。

④ 万历丙戌岁，指 1586 年。

⑤ 抚封，据有封地。

⑥ 渊衷，渊深的胸怀。

⑦ 肫肫（zhūn zhūn），指诚恳。

⑧ 湛湛，指露浓貌；深厚貌；浓重貌；聚集貌。

⑨ 河润，谓恩泽及人，如河水之滋润土地。

⑩ 皂囊，亦作"皁囊"，汉制黑绸口袋，群臣上章奏，如事涉秘密，则以皂囊封之。

⑪ 簪白笔，按汉代习俗，文冠奏事，一般都用毛笔将所奏之事写在竹简上，写完之后，即将笔杆插入耳边发际，以后形成一种制度，凡文官上朝，皆得插笔，笔尖不蘸墨汁，纯粹用作装饰，史称"簪白笔"。

⑫ 格人，指至道之人、有识之人。

⑬ 茂宰，旧时对县官的敬称。

⑭ 感格，谓感于此而达于彼。

⑮ 休佑，旧时对天、神等佑助的美称。

⑯ 降釐，即赐福。

甘。胡文定[①]谓："先天而天弗违，志一之动气也。"验于斯九[②]信。

泊头镇重修西城门记[③]

明 右中允 余继登[④]

泊头，交河支镇也，镇故无城。嘉靖辛亥，邑候蜀人袁公恒以镇西去邑五十里而遥，东滨漕河，郡之行河者分署在焉，又有驿传，以给舟楫之往来，徼司以伺商民之奸宄，思所以置卫也。于是，度地形，为土城三面，东临河，版筑无所施，则缘民居而稍饰之，加女墙于其上，为门六：东曰东作，西曰西成，南曰南讹，北曰北极，又南北二便门，则无额焉。每当夏秋河水溢，日夜啮岸，人力不能与水敌，岁坏民庐舍，并东作门没于河，日月既久，三方女墙亦渐以剥落。

隆庆戊辰，郡倅云中张公应武易诸女墙以砖，他未遑及也。予自入官，背乡井者十有余年。万历戊子，以使事便过里中，见巷街萧条，闾阎荒废，城诸门俱圮不治，而西门为甚，楼橹无复株遗。问其材木，已为黠者窃去，莫可究诘矣，因叹息者久之，乃稍捐俸，余为父老子弟倡。始诸父老子弟亦自以多寡应之，遂推择镇人常君守俭司出纳，杜君宗尧、王君应化时朝夕督佐之。募工庀材，经始于已丑春二月，至庚寅夏四月而门成。门视旧阔十之二，建楼于上，视旧倍之，以祠汉寿亭侯关公，盖公忠孝节义，人所信向，故祠之，从民意也。常君为予言："诸所经费，众人入之，一人出之，不可以无记也"，而即以嘱予。予盖终始其事，而重有感焉。夫镇之在郡中，犹黑子之著于面也，而镇市租输于郡者，岁数百金，其他供应，几当郡之半，在邑无论矣。年来饥馑，荐臻百姓，无以为命。游食渐繁，生事日蹙，交易不行，商贾离散，凋瘁极矣。邑大夫隔重关焉，郡大夫隔九阍焉，奚由悉其状而隐之也。故自始成城，以迄于今，才四十年，计工较费，视在昔二十之一耳。然始工成于期月，而今逾年始竣者，非人力有巧拙，盖物力之丰耗，倍蓰[⑤]而什佰也。

嗟乎！岁复一岁，曷其有极。所恃后之不困，节其力而不尽，在良人牧加之意而已。予不佞不胜桑梓之忧，因纪事而漫及之。若工用之详暨诸同志姓氏，别为序列如左。

万历庚寅秋七月。

---

① 胡安国，1074—1138 年，又名胡迪，字康侯，号青山，谥号文定，学者称武夷先生，后世称胡文定公，建宁崇安（今福建省武夷山市）人。

② 九，同"尤"。

③ 选自民国《交河县志·卷九·艺文志》，又见乾隆《河间府志·卷十九·卷典文志·卷艺文上》。

④ 余继登，1544—1600 年，字世用，号云衢，北直隶交河县（今河北省泊头市）人。万历五年（1577 年）进士，改庶吉士，授翰林院检讨，参加纂修《大明会典》，进修撰，直讲经筵。

⑤ 蓰（xǐ），五倍。

河间市

义 井 记[①]

唐 邵真[②]

义以发哀形外，昭施物也；井以下汲上导之，彰济人也。河间公作井于城垣之次，阳门通庄之右，扁署于义。正哉！导之深源，经以善利，庇彼邃宇，达于交衢。铁其瓶以永不羸，石其甃以终无泥。飞轮周散，泄窦前注。涵而平之，随用不私。主发生以流润，当赫曦以伏炎，在摇落而澂清，抵凝冱而不闭。环四序以施其惠，俾憧憧者知汲濯所尚焉。蔑燠暍之虞，济烦乏之艰；昏懵者得以涤荡，瘵痗者由之蠲愈。湔汰气坌沃洒蒸灼，淡然下攻，与地配久。化嚣暗为闭敞，邻梵宫之清净，修廊对开，连楼郁峙。啸真侣以晏息，速嘉客以盥漱[③]，指心而授，应日而就。彼丰福吉禄，繁祉崇庆，欲不萃于河间之门得乎？故北寺司刑上卿也，西台专席中丞也，戎府佐政司马也，参贰外阃，显荣当朝。骞骞青冥，前视万里，为济川之渐，斫轮为秉轴之兆，可转盼而待矣。公才蔚量硕，质贞气淳，名膺王官，心拂尘累。料物以经远，恤人以遂诚。回俸节财，蒇事彰义。将献祉于大君，贡休于元戎，归寿于高堂。三事体大公之宏誓，乃戒司翰者，书实刊记于井外。大历六年二月记。

瀛洲兴造记[④]

宋 曾巩[⑤]

熙宁元年七月甲申，河北地大震，坏城郭屋室，瀛州为甚。是日再震，民讹言大水且至，警欲出走。谏议大夫李公肃之为高阳关路都总管安抚使，知瀛州事，使人分出慰晓，讹言乃止。是日大雨，公私暴露，仓储库积，无所覆冒。公开示便宜，使有攸处，遂行仓库，经营盖障。雨止，粟以石数之，至一百三十万，兵器他物称是，无坏者。初变作，公命授兵警备，讫于既息，人无争偷，里巷安辑。

惟北边自通使契丹，城壁楼橹御守之具，寖弛不治，习以为故。公因灾变之后，以兴坏起废为己任，知民之不可重困也，乃请于朝，力取于旁路之羡卒，费取于备河之余

① 选自乾隆《河间府新志·卷十九·艺文上》。

② 邵真，唐代恒州节度使李宝臣的判官，后任户部尚书，曾劝李惟岳投降朝廷，李惟岳不听，反将其杀害，朝廷追赠为户部尚书。

③ 盥漱（guàn shù），指洗漱。

④ 选自乾隆《河间府新志·卷十九·艺文上》。

⑤ 曾巩，1019—1083 年，字子固建昌军南丰（今江西省南丰县）人，后居临川，北宋散文家、史学家、政治家。嘉祐二年（1057 年），曾巩进士及第，任太平州司法参军。熙宁二年（1069 年），任宋英宗实录检讨，不久被外放越州通判。熙宁五年（1072 年）后，历任齐州、襄州、洪州、福州、明州、亳州、沧州等知州。元丰四年（1081 年），以史学才能被委任史官修撰，管勾编修院，判太常寺兼礼仪事。谥“文定”。

材，又以钱千万市木于真定。既集，乃筑新城，方十五里，高广坚壮，率加于旧。其上为敌楼、战屋凡四千六百间。先时，州之正门，弊在狭陋，及是始斥而大之。其余凡圮坏之屋，莫不缮理，复其故常。周而览之，听断有所，燕休有次，食有高廪，货有深藏，宾属士吏，各有宁宇。又以其余力为南北甬道若干里，人去污淖，即于夷途。自七月庚子始事，至十月己未落成。其用人之力，积若干万若干千若干百工；其竹苇木瓦之用，积若干万若干千若干百。盖遭变之初，财遗民流，此邦之人，以谓役巨用艰，不累数稔，城垒室屋未可以复也。至于始作逾时，功以告具。盖公经理劝督，内尽共心，外尽其力，故能易坏为成，如是之敏。事闻，有诏嘉奖。

昔郑火灾，子产救灾补败，得宜当理，史实书之。卫有狄人之难，文公治其城市宫室，合于时制，诗人歌之。今瀛地震之所摧败，与郑之火灾、卫之寇难无异。公御备构筑不失其方，亦犹古也。故瀛之士大夫皆欲刻石著公之功，而予之从父兄适与军政，在公幕府，乃以书来，属予记之。予不得辞，故为之记，尚俾来世知公之尝勤于是邦也。

八里堤桥记[①]

明 李采菲[②]

河间地枕沧溟[③]，民巢[④]灉沮[⑤]。夫土下则水趋而钟之矣。水钟则河萃[⑥]而会之矣。以故诸凡西南河渠之水，率由此萦行，滂湃而达于海。嘻，危哉！望洋者嗟浩渺，涉浪者虞沦濡，矧[⑦]九河之间也与哉。故一遇水之暴涨，奔腾冲决，尽田庐而湖池之。一遇冰之未坚，蹶[⑧]僵覆堕，随任辇而沟壑之。微独职字，牧于斯者，举焦心蒿目[⑨]，缩手无策。籍竭[⑩]来宦，旅而过之，亦蔑不抵掌，而呀顿足而恨也。今余河间守恪翁钱公[⑪]，稔[⑫]知其患久矣，既抵任，乃褰[⑬]帷环水而视之，则喟然叹曰："长吏兀坐危堂，以

① 选自乾隆《河间县志·卷六·艺文志》。

② 李采菲，明代河间县（今河北省河间市）人，嘉靖年间任山东巡抚。

③ 沧溟，意指河间地处水地。

④ 巢，居住。

⑤ 灉，古河名，约在今中国山东省西部、河北省南部一带。从中国黄河主道分出又流回主河道的水。沮也为古水名。《尚书·禹贡》云："雷夏既泽，滩沮会同"。孔颖达疏："雷夏，泽名，滩沮二水合同此泽。"

⑥ 萃，聚集，荟萃。《易·萃·象》："泽上于地，萃。"孔颖达注："泽上于地，则水潦聚，故日泽上于地萃也。"

⑦ 矧（shěn），指何况、况且。《尚书·大诰》云："厥子乃费肯播，矧肯获？"

⑧ 蹶，倒、颠朴。《淮南子·精神训》："形劳而不休则蹶。"

⑨ 蒿目，极目远望。《庄子·骈拇》："今世之仁人，蒿目而忧世之患。"

⑩ 竭，离去。

⑪ 钱公，指钱楷。

⑫ 稔，熟悉。

⑬ 褰，揭起。《诗·郑风·褰裳》："子惠思我，褰裳涉溱。"又，褰为裤子的一种，即套裤，这里指钱楷卷起裤腿，涉水查看。

啖[①]民膏，不能为民甿[②]效咫尺之劳，减秋毫之戚。脉脉与庸，众埒非天也。遂劬劬[③]然有断鳌立极、鞭石镇海之想，谓水之不易于刜祓[④]，固矣。脱顺水患而捍之以堤防，独不可高枕而卧耶。河道之不易于瀹排固矣。脱相河道而济之以桥路，独不可以平步而往耶。诚不爱劳勚[⑤]掀眉，奋臂行之，一意修建，而无却顾，亦庶几哉？祸可振，而秽可帚矣。爰是决筴牒[⑥]诸当道而修堤，复得名能尹夏之臣与之戮力擘画，周旋其间。其修堤也，自苏家口[⑦]以逮于徐家口[⑧]，二十里余其远也，一丈余其高也，二丈余其阔也，三丈余其浚河也。府县各费金三百余，募工八百余者，其顷囊橐也。其地内穰，入盖数万石而有余者，其希遘奇观也。厥工肇自万历十三年三月，讫以是年五月，且也以堤难于修，尤难于守，而又笃临之巡视不时，铺夫之葺补无间。此夫所谓金坡玉垒，可以获百祀而壮千龄者非与？无何，朝天甫旋[⑨]，而又以修桥路事宜檄何[⑩]令尹夏之臣，编阅周督，酌地形之高界，为大桥一，为小桥六，为路，自堤至店，其长也七里有奇，其高也一丈有奇，其阔也四丈有奇，其捐俸也三百金，其募夫也一万工有奇。厥工以万历十四年三月始，以是年六月竣。且也牌坊之竖也二，石柱之竖也八，而又土与木相盘错，灰与石相纠[⑪]结。此夫所谓铁嶂铜陵，可以通两畿[⑫]而达八省者非与？盖堤修则功在一国，路修则功在天下，堤路交修则功在百世，财不费而成乎大，民不劳而永于逸。此即遐峤僻澨[⑬]，而闻风者犹将铭播齿牙，颂镌心骨于无既矣。乃余心在瀛，复同甲榜者，则是碑识夫复何辞？故因乡土大夫之敦焉请也，于是乎记。钱公名楷，字范之，别号恪庵，冠县人。

河间青陵桥记[⑭]

明　嘉靖　樊琛[⑮]

河间县城之东，旧有青陵桥，盖昔涧河之水自西南而注，沙河之水自东南而

---

① 啖，吃。

② 民甿，指民众、百姓。

③ 劬劬（kǔ kǔ），指刻苦、勤奋。

④ 刜祓（fú fú），除去灾害，刜，砍、铲除。祓，泛指扫除。

⑤ 勚（yì），意为疲劳。

⑥ 筴牒，这里指请示上级的报告。

⑦ 苏家口，在今河北省河间市南八铺村西。

⑧ 徐家口，今河北省河间市宿驾口。

⑨ 朝天甫旋，朝见天子回来。

⑩ 何，应为“河”。

⑪ 纠，连合、混合。

⑫ 两畿，指两京，即南京与北京。

⑬ 遐峤僻澨，意为遥远的高山或偏僻的水边。

⑭ 选自乾隆《河间府新志・卷二十・艺文下》。

⑮ 樊琛，字希渊，号西田，明代河间县（今河北省河间市）人，嘉靖十一年（1532 年）进士，官至邢部侍郎，嘉靖十九年（1540 年），撰《河间府志》二十八卷，是为古河间府有志之始。

注，胥经其下。此桥足以束其洚流，不致为田庐害，迨桥圮。而隆庆戊辰，洪波奔溢，直抵城下，汹涌之势，骇人心目。当事者遂开苏徐[1]二口分杀水势，城郭幸无虞。而东南极望，水无涸时。至今数十里膏腴之田，久绝秋获。往来行旅，多为篙夫楫儿所困，即时冱寒，又惕于薄冰之履。于是，前令夏公修城南桥[2]，道既效，城东尚阙焉。已而连城赵公[3]令河间，期月，政成化行，暇日顾之，喟然曰："梁杠勿修，攸往奚利。夏公底其绩于南，予不当底其绩于东乎？"爰鸠工饬材，创为桥梁，连亘六里许，胥垒土为道，高厚可障水。自万历十八年二月经始，以是年六月讫工。卿大夫[4]羡公此举足永赖，属予记其事。予惟国家兴作，重劳民，重伤财[5]长府[6]之，为圣贤讥之，亦为可以已而不已也。兹桥之作，固役之必不可已者，而赵公惜财爱民，距桥工竣计月凡四，工匠夫役合用数万，公悉出钱谷募之，无扰于民。时岁适饥，空乏者得反籍募值，以济困馁。是年春夏旱甚，民卒晏然，是不称劳且称便也。桥故无所，仍凡材木百物所需一出于公。人见其工之成，而不见其用之诎，是财不伤，且称裕也。赵公善政，可录者甚多，不尽述述。其大者，则兹桥道是已。爰采邑人之谣而为之歌曰：瀛城之东，滹沱所钟。昔称膏腴，今潜鱼龙。河伯其驻，冯夷是宫。极日蒹葭，行旅费通。卓哉赵公，鞭石架虹。成之不日，展也奇功。利济溥矣，陋兹艟艨[7]。浮盂横海，或云凿空。李冰七星，亦属夏虫[8]。惟兹桥构，孰悲途穷。烺烺[9]骏声，穆穆[10]清风。亿万斯年，沧海与终。

适合亭记[11]

知县 吴山凤[12]

丙子夏，凤自获鹿移河间之次年，恭值翠华南巡江浙，得执扫除役于道左。时维春和，始布宿麦苏，陇阳德所布，蒸蒸融融，天子顾而色喜。越二月，土膏大发，甘醴立渥，而宫保制府桐城公行部适至于境，赋喜雨诗一章，以示凤。先一年，凤迎公获鹿境上时，方奉使西回，初莅治，陬灵雨应候，蒙蒙湿旌，盖三月二日也。公喜为五字诗，至是，追意比年所

---

① 苏徐，指苏家口村和徐家口村。苏家口，原址在今南八里铺村西。徐家口，今为宿驾口。

② 夏公修城南桥道，指夏之臣修八里堤桥，参见本书《八里堤桥记》。

③ 赵公，赵完璧。

④ 卿大夫，指作者自己。

⑤ 重伤财，这里指滥用、挥霍钱财。

⑥ 长府，鲁国藏财物的仓库。

⑦ 艟艨，应为艨艟（méng chōng）之误用，东汉刘熙《释名·释船》载："外狭而长曰蒙冲，以冲突敌船也。"

⑧ 夏虫，指大禹。禹，《说文解字》云："虫也。"

⑨ 烺烺，应为"琅琅"之误，金石相击的声音。可形容骏马行走的声音。

⑩ 穆穆，仪容或言语和美。《诗·大雅·文王》："穆穆文王，于缉熙敬止。"毛传："穆穆，美也。"指贤能的官员。晋陆云《盛德颂》云："良宰内干，武臣外闲。"

⑪ 选自乾隆《河间县志·卷六·艺文志》。

⑫ 吴山凤，字翥堂，湖北汉阳（今湖北市武汉市）人，监生，乾隆二十一年（1756 年）从获鹿县（今河北省石家庄市鹿泉区）调任河间县（今河北省河间市）知县。

历之境不同，而雨之时近同，而司有土以躬迓道侧者，又同为属吏，凤于是并书前后二诗为一通。凤敬受而读之，下以志物土熙和之盛，上以体天子巡方布德之义，所以昭示兹惠，至深且厚。凤闻古者，巡狩必陈风，风自下也，十五国之风是也。而子夏序曰："上以风化下。"然则上之被乎下者亦风与大雅云，其诗孔硕，其风肆好。今敬读公诗，宣上德而达下情，虽谓风雅兼焉可也。凤以末吏，叠荷休美，拜赐下风，兹非其幸欤。爰岸地于郊二十里之兴村，敬勒二诗于石，为亭三楹，别置草亭一，左右时艺花木，余房二所，司启闭者居之，其前则为茶棚，以惠行旅，三月工始落成焉。窃思圣天子所其无逸时，巡万国无念不为民生计。而我公体仁恩，布渥泽，周历疆界，亦无非绥兹，兆庶而年，谷顺成，天庥兹，至阳雨，效征如乡斯，应形为咏歌，郁乎盛哉，斯石之勒，或亦俾我僚友士庶往来其间，飞扬风雅，流连咏叹，而知时和年丰之所自也，此凤之志也大。

适合泉记[①]

河捕同知　周嘉露[②]

河间兴村有适合亭者，吴君[③]自记详之。亭后余地不数步，旧有洼，长广丈许，潦水归其中。因稍扩为池，种藕可百本，周以栏循，雅与亭宜。今春小旱，水尽涸，谋凿之使深，甫聚畚[④]锸[⑤]集夫，掘未及尺半，池东南隅清泉特觱沸[⑥]，须臾盈科，味甘以厚，异他汲者。君乃甃焉收焉，以资灌溉，仍亭之旧而名之，且过谓余曰愿有记。按，河间昔当恒、卫、滱、滹沱四水交入之区，旁泽分润所在不少，近惟滹沱一水引流东郊，此外百十里间皆成平原，村落田畴，仅资井养。顾余以水曹来佐是郡，至经岁，余求足以兴举水利者而无有。而君一措施之下，为醴为荣，几若握筭[⑦]而致之，斯亦奇矣！夫斯亭之设，以勒喜雨之诗。斯泉之得，为斯亭之映缀。乃今年春夏之交，京畿各属颇患亢旸[⑧]，惟宫保制府方公仰体天子微悬，躬祷焦劳，万姓之至意，设坛清苑[⑨]，所以为民祈雨之术无不备具，而顾我河间甘澍早降，首蒙其福何幸如之。独是斯亭落成于既雨之后，兹泉发蒙于未雨之先，亭不与泉期，而泉偏若为亭应，此事岂偶然者？仍曰"适合"。君犹不自以为功，抑何廉也。村距河间城西北二十里，为府省往来孔道。

---

① 选自乾隆《河间县志·卷六·艺文志》，适合亭，在今河间市兴村，建于清乾隆二十一年（1756 年），为河间知县吴山凤所修，用作祈雨。

② 周嘉露，浙江省会稽县（古县名，在今浙江省绍兴市境内）人，清乾隆二十三年（1758 年）任河间府河捕同知，此文为应吴山凤之邀而作。

③ 吴君，指吴山凤。

④ 畚，畚箕，一种盛器，古代用草绳做成，后为竹编。《左传》："宣公三年，置诸畚。"《新唐书·隐逸传·张志和》："县令使浚渠，执畚无忤色。"也指用畚箕盛物。

⑤ 锸，即锹，指掘地起土的工具。

⑥ 觱沸，泉水涌出貌，出自《诗·小雅·采菽》："觱沸槛泉。"

⑦ 筭，同"算"，古代计数用的筹码。

⑧ 亢旸，指旱灾。

⑨ 清苑，清静雅致之所。

是亭也，不僻而幽，不华而丽，不深而秀。介于轮蹄杂沓之间，而置身眺听人动，江天邱壑之思，则又泉之所由然欤。是不可以不记。

任丘市

任丘县王君河碑[1]

屠应埈[2]

任丘去京师不数百里，当燕赵齐晋之交，水陆辐凑。河自滹沲而下，东南至河间，又东迤于郎庄，渟流萦□，又东南汇于陵城，凡商贾之所贸迁，区野之所浸溉，百利是兴，腴壤攸赖也。敷浚弗若，泉源堙沉，渊薮坟垆，获莽载望，于是民实病焉，盖岁且十越矣。邑大夫王君齐至之朞年，则喟然曰："夫令民者将导利而百播于下也，民赖其利而淤其源，则焉用令矣。"乃鸠工量才，孚上董下，物土之经因其便，故徒庸之费取诸羡资，顺民如流，民趋若赴，不逾月而万众之功聿成。盖溯源而达于邑，凡七十里，广十余寻，亘以巨堤，裒若横带，较之往形利兼倍焉。邑人士则相与言曰："嗟乎！夫自吾邑之建，而水陆之势兼便也。"自斯河之弗达也，陆挽车击，肩负而跣驰，凡百毂之任，千夫之力、弗若一舟之致也。引泉凿流，抱瓮行汲，数里而一罢。凡尽日之功，不若瞬息之便也。今兹之有河也，舟舰鳞次，帆樯下上，千里之材，五方之货，陆弗能致者，不逾日而集于城下矣。四民之所往来，习劳而就逸者，不行役而济矣。室庐相比，周城而居，挹之河而注焉，若家汲而户输之足矣。夫斯河之浚也，王君之泽弗可泯也，乃遂称为"王君河"云。而邑博刘生逵等叙其事，乞文于予。予闻而叹曰："懿哉！所以名河之谊乎？"予读召康公之诗，爱其人，思其所说，犹曰"召伯"、"召伯"者焉，而况于经营敷引，心力周咨之所建者乎！惠流者思，功远者世。渠称郑国，井美耿君，秦汉以来，未之有改也。夫高城深堑，邦邑之所以为固也；御暴兴利，循良之所以永誉也。夫斯邑也，任君城之，是故以任丘名焉，至于今民犹载矣。后之言"王君河"者，则自今始也。重休袭美，播之无疆，其将有征于斯文乎？

任邑金公去思碑记[3]

明左都御史　边宪[4]　邑人

侯名璨，字敷华，号丰村，嘉兴县人。嘉靖丙戌进士，宰吾邑未三载，丁内艰，服阕[5]，推刑部主事，寻擢御史。予往岁官山东，便道于家，接其议论丰采，心甚伟之。

---

① 选自［明］陈子龙等编：《皇明经世文编·卷二百三十六》。

② 屠应埈，1502—1546 年，字文升，号渐山，浙江嘉兴府平湖县（今浙江省平湖市）人，嘉靖五年（1526 年）中进士。

③ 选自乾隆《任邱县志·卷十一·艺文》。

④ 边宪，北直任丘（今河北省任丘市）人，进士，明副都御史。

⑤ 服阕，守丧期满除服。

及归休，耆老许珣、韩永乾辈白于前令郝侯，买地一区于北门之外，庀材鸠工，建生祠，塑仪像，俨如公状。既告成，乃托予为记。予既承乏史氏不得，以文词谫薄不足揄扬为辞，谨撮其大而核者数事，以勒石而垂后。如劝上类，则重行谊而勤考校，贫乏者优恤之，谕民以农桑，资以牛种，不能婚嫁者量助之。岁旱祈雨五龙潭，不惮徒步，而雨旋应。境生蝗，蝗神见梦，谒八蜡庙见神如梦中状，遂新神庙，蝗不为灾。其后又作，侯躬出郊，授民捕灭法，以粟易蝗，得数万斛，蝗乃息。邻邑水泛侵境，率民筑塞。是岁有秋，编差徭，列为九，则令民自相品第，其间更代低昂，务协群议。前令增户口，加银八百余两，帮沧州漕运，民不胜愤苦。侯曰："沧州水路也，或水涸，或冰坚，舟滞不行，皆经吾任邱陆路，今更帮之，是无一口暇矣。"极力申请掣回，以备他用。又有促侯均田者，侯曰："斥卤之地，若妄均之，适滋纷扰，仍不均为愈。"亦申请已之。邑之南有诸大淀，旧有渔课粮马之租，时淀水偶涸，言官奏欲升科以资驿站。侯详稽原委，曰："水淀之患十常八九，二驿之费不可少缺，今遇旱干暂涸，然沧桑之变无常，倘一旦水复大至，何以处之？"事遂寝。凡此数事，确有明征，略无溢美，其细微者略之。侯何以致此载？盖卓颖之识，廉慎之掺，发所蕴蓄，无非膏泽。凡沾被之民，未形口患已刻心铭，虽勒之贞珉而其入于民之饮食，寤寐中于民之心腹，臀肠者恐不与石而俱朽也。昔郑子产称为古之遗爱，今侯既去，而民怀之耿耿不忘其今之子产也夫。

鄚州水淀记①

康熙皇帝

康熙十八年己未，暮春之初，朕万几有暇，行幸鄚州。于是惠风拂地，淑景浮空，节应佳辰，时登令月，与群臣春搜于南浦，泛舟于河淀，庶凭欢心，以召和气。万物畅茂，顺阳和而布政，三光烛耀，赈贫乏以劝农。虽无山林台阁之趣，水村林薮，有淳厚之俗，沙鸥锦鳞，互相游泳，春花野草，参差万状。观之不足，因同侍从诸臣题诗赋，鼓瑶琴，俯仰古今，飞觞饮宴。昔人横汾昆明之游，皆所以洽上下之情，同君臣之乐，岂独流连光景已哉！故记之。

重修万寿桥碑记②

遵化学正　边中宝③　邑人

任城东北三十里许有桥曰万寿，盖滱水下流，而武溘蒲淀之总汇也。地旧无桥，前明万历间僧元庆创建之，迨崇祯间刺史李君储龙增修之，行人称便焉。嗣后岁月代更，补葺阙如。波涛之所激荡，风雨之所剥蚀，以及樵夫牧竖之所摧折，而桥乃日

---

① 选自雍正《畿辅通志·卷八·宸章》。

② 选自乾隆《任邱县志·卷十一·艺文》。

③ 边中宝，字识珍，一字适畛，号竹岩，直隶河间府任邱县（今河北省任丘市）人，生卒年不详，乾隆戊午举人，官遵化学正。曾与其弟边连宝合刊《南游埙篪集》，著有《竹岩诗草》。

废。每四月值鄚州庙会，车马辐辏，辄苦病涉百年于兹矣。康熙己丑，郭君□□曾为补苴，未久而废，乾隆辛酉，复矢志重修，生员吕□□辅而成之，出金若干，复倩同事人分道募化，乃于壬戌□月兴工，□月落成。长阔如旧，而工料坚致倍之。事既竣，丐言于余。余思世风之浇也，素封之家，大率子母相权，锱铢比量，遇有众擎之盛举，每难破其悭囊，即间有好行其德，讲求福田利益者，不过于修祠塑像，设醮饭僧[①]等事，踊跃捐输。求其下济行路之阨穷，上补王政之不逮，功德普被，永永无穷，如修桥之举者，不亦空谷足音也哉？若商子者真可以风矣。抑闻之，善作者不必善成，善始者不必善终。兹役也，以之踵乎前人，则为成而终；以之倡乎后人，则为作而始也。后之君子傥有闻风而起者，念缔造之艰难，悯徒涉之疾苦，接时而葺之，无俾大坏，则斯桥巩固可以亿万斯年矣。揆之昔人，以万寿命名者，意在斯乎？窃于将来谓运厚望焉。至同事诸人，俱属贤劳，例得书名，以志不朽。

黄骅市

常郭镇五村疏浚水沟碑[②]

拔贡邑人赵然[③]撰　乾隆三年岁次戊午四月立

古者以沟洫治田，里均画一，亦以备旱潦也。自后世此制废，而高阜卑下壅淤阻塞乡曲，积潦之患阅世不免。如城北常郭镇，地本瘠硗，素称洼下，又有上游子札、留村等庄蓄积之水汇归于此，每经霪雨即弥漫迭至。常郭、乔家庄，前、后商家庄，故县五庄村实当其冲。比年以来，雨泽并未霶霈，阡陌已属汪洋，濒危颠连，沮洳为灾。有力者，左支右绌，赋徭尚须强供；拮据者，荡析离居，国课[④]难期早完。向隅之苦，何时已焉。夫有蓄必泄者，天理之常。惟穷斯通者，人情之顺。常郭东西五村耆老共议，自常郭北浚一顺水沟以泄之，来商于余。余因思普天之下莫非王土，假邻国以为壑，大非情通。立曲防以遏水，有干厉禁然而无害也。昔余髫龄时，闻先祖雪宜公曰：“常郭北八里许有酆家河一道，上自沧境王桥、白草冢等庄，下达苇洼，渐而归海，若有可疏通之处以达之，水灾可免也。”雍正三年大水，凡受害各村居民向大路开通，直达此河。但人力不齐，沟身窄浅，屡就湮塞，旧迹犹存。今惟集众议，循旧迹，有益于此，无害于彼，而议遂定。维时有商琛、白显明、孟兆麟、赵立霄、刘进福、刘禄、刘进忠、高兴、杜进才等同递公呈禀明情节，蒙县批准，出详在案，并派委捕厅亲诣该庄逐段查验。随即鸠集民夫，督众兴工。要以阔九尺、深五尺为程式，起自关帝庙东为头，蜿蜒而至东北八九里，白家洼为尾，下即酆家河，顺流而东也。但恐久远难凭，爰砌石于关帝庙内，历叙颠末，永以为遵。

---

① 饭僧，向和尚施饭。

② 选自同治《盐山县志·卷十四·艺文志·金石》。

③ 赵然，字文炎，号履庵，直隶盐山（今河北省盐山县）人。雍正七年（1729年）拔贡，候选教谕，著有《芸窗诗草》。

④ 国课，犹国赋。

南皮县

南皮县浚川记[①]

元　河间路推官刘沂

治水之法，《禹贡》一书沿尚矣。迨及成周，惟以沟洫备旱潦。历秦汉而下，始开河渠以资灌溉，水利之兴良田于此。鸿惟皇元，尤以水害致其忧，以利遂民之生，都水司官于是乎设，岁以御河漕民间之粟供京畿，至亿万计，厥利懋哉[②]。

今之御河，源通漳水，东迤北流，经景、陵、沧等州地而入于海。南皮，沧之属邑也，与景之吴桥、东光接境，河水至是势益大。夏秋霖雨，堤岸决啮[③]，其害愈剧，不决于陵，则决于景，而无岁无之。邑东北去四十五里有狼儿口，遇河水泛涨，实受其冲。故疏则下达于海，塞则大衅民田。口之北率皆长芦万户府军屯地。泰定初，彼欲专其利，以力塞之，随遗邑民垫溺之患。前掌邑政者，上陈利害，奉都省移檄部属，遂命疏通，使彼此各安其业。典册具载，昭然可考。

迄至元五年，经涉十有六载，未尝有易。是岁季夏，河水决于陵之界，直趋河口。职屯田者谓岁月远而无稽，县邑不能御，复塞之。时怀来王公君美适尹是邑，极言其弊。奉省檄，体前议以行，民始不被其害。公既解篆，继任是邑者，有若县尹马公克昭、主簿宋公伯威、典史张仕廉，临政之暇，兴念及此，佥曰："河口水之所经，或塞、或决，终无一定之规。薄书仅存，恐不可久恃，异日复为水害。何若勒之贞珉，以示无穷，使后欲壅水害民者凛然知畏，不亦善乎？"乃各捐俸金为之助。既而耆老刘荣祖、里正[④]黄进道、社长[⑤]李泽首倡乡耆乐输钱谷若干缗，募工伐石，谋建鋈河垠之上，属予为文以纪之。

予谓水利之在天下，是犹人生血气，贯通于身，无一息之停，否则受患，四体非复吾有。水亦不可以一日壅也。《洪范》云："水曰润下。"《孟子》亦曰："水无有不下。"是欲顺而导之，行所无事。白圭[⑥]罪人，以邻国为壑；齐桓霸者，尚有无曲防之禁。孰谓隆平之世，而乃若是耶？呜呼！前之除民之害者，绩固美于一时。今则愈久而事愈著，又将兴利除害于无穷，深谋远虑，其功有光于前人矣，夫岂小补而已哉？忠国爱民者，固士君子喜闻而乐道，姑摭开决之本末，以为之记云。

---

① 选自嘉靖《漕运通志·卷十·漕文略》，又见民国《南皮县志·卷十三·故实志·金石中》。光绪《重修天津府志·卷三十八·金石》名《南皮县狼儿口浚川记》，并注："狼儿口，今沧州地。"

② 厥利懋哉，其利益很顺眼的意思。

③ 堤岸决啮，堤岸的决口象鼠咬的一样，形成犬牙交错。

④ 里正，古代一定户数居民的首领。

⑤ 社长，古代方六里为社，二十五家为一社。

⑥ 白圭，战国时期魏国人，名丹，字圭，曾主持治水。

重修五龙堂碑记[①]

嘉靖十八年邑人 高瑞麟[②]撰

邑之南六十里有堂名五龙，创始于宋至道丁酉岁，由宋而辽，而金，而元，兵燹之余，兴仆不常，莫可纪述。逮我朝嗣兴，首诏天下，罢淫祠，凡有功德于民者弗易，故堂缘是与存，亦以县志有龙乡晴云之征也。景泰时，祖有毕友表兄张昇继其坠。弘治时，普让葺其敝，然因陋就简，不无待于后人之充拓也。邑人毕君名钺，字势威，尚义人也，以是堂有灵异，每遇岁旱，有祷辄应，意欲鼎新其制，乃倡里闬[③]，捐囊赀，命傭甸，庀匠氏兴夫，木石砖甓，黝垩丹漆，所需备具。工肇于嘉靖丙申，迄于己亥春告成。其基址之定也，左抵李隆阡，右至脱裙堤，南临潴水之泽，北据有夷之行，经制昭也。其堂构之崇也，大势跂立然，廉隅矢棘然，鸟斯革[④]者栋宇，翚斯飞[⑤]者檐[⑥]阿，物采彰也。其环峙之雄也，翼以为辅者，伽蓝祖师；屹乎两庑，缭以为卫者，危垣巨壁。岿然于四周规度贲也，此则堂之大观也。去湫隘而就轩豁，视昔不啻百倍，厥功亦何懋哉？势威君又欲镵之石，以传不朽，祈余以记其事，余亦世家于堂之东南，先人之坟墓寓于斯，童子时钓游寓于斯，而又素荷甘雨之贶者，固不容以无言矣。管子曰："作而不记，非盛德也。"遂因而绎其说，曰：堂以龙名，神之也。龙以五数，位之也。神以位分，位以神定，故占法甲乙为青龙，丙丁为赤龙，戊已为黄龙，庚辛为白龙，壬癸为黑龙。盖分而定也。此则堂之名义已。夫位分则春夏秋冬，各一其时；神定则东西南北，各一其方。时一则曰雨、曰旸、曰燠、曰寒、曰风，五气皆顺而协。方一则出震、见离、说兑、劳坎、成艮，五谷皆利而贞，斯神庇而民之休也。反是则咎征著，而嘉殖罔成，斯民之辜而神之羞也。是岂后人崇祀之意也哉？

时 井 碑[⑦]

清嘉庆六年[⑧]二月南皮知县倪为炳[⑨]撰并书

时蕙坪[⑩]年二兄来兹邑司铎[⑪]，悯其署之左右邻取水甚远，捐赀凿井，泉洌而甘，汲者共衔其德，余故书此镌石以志井之所自来。《易》曰井养不穷，是亦可以见其志而

---

① 选自民国《南皮县志·卷十三·故实志·金石中》。

② 高瑞麟，直隶南皮（今河北省南皮县）人，明嘉靖七年（1528年）进士，曾任贵州黎平府知府。

③ 里闬（hàn），代指乡里。

④ 革，鸟张翅。

⑤ 翚（huī）斯飞，形容宫室壮丽。《诗·小雅·斯干》云："如鸟斯革，如翚斯飞。"

⑥ 檐，指房顶伸出墙壁的部分。

⑦ 选自民国《南皮县志·卷十三·故实志·金石中》。

⑧ 嘉庆六年，即1801年。

⑨ 倪为炳，字彦彬，江苏崇明县（今上海市崇明区）人，迁江苏太仓。乾隆戊子（乾隆三十三年，即1768年）举人，举乾隆四十五年（1780年）顺天乡试，授南皮知县。素工书法，善诗文。

⑩ 时大昕，字蕙坪，嘉庆六年（1801年）任南皮县教谕，在学宫前捐赀凿井。

⑪ 司铎，谓掌管文教，相传古代宣布教化的人必摇木铎以聚众。

惜其遇矣。

萧家桥碑记[①]

清　张大复

盖闻仙人掷杖，跨玉岽于三霄；神力鞭山，驾晴虹于万顷。役将乌鹊，天边则石齿横斜；叱向鼋鼍，江山亦雕栏缥缈。然而现来弹指，望去凌虚。或想像为美谈，抑矜张乎凿空。而欲喧阗车马，往来无病涉之虞；凌轹波涛，亿万怀利济之乐。苟非成城于众志，鲜不筑室于道谋也。南邑有萧家桥，据古鬲津河上，东西四达之孔道也。溯其伊始，创自吾宗，曲江[②]之流亚[③]，奋志[④]开先[⑤]。颖士[⑥]之苗裔萧某二人，同心合作。于是长虹竞渡，漫兴匏弃之歌；潦水横流，不藉瓜皮之载。无如陵高谷下，岁月易而势每更迁，浪啮波颓；木石顽亦质多朽勒。过或司马，柱折难题；喝任桓侯[⑦]，梁摧奚断。于是叔祖松露公慨焉伤之。盖公即建桥，绍闻太叔祖家嗣也，肯堂肯构，门纳驷而愈高；维熊维罴，宴扬鹰以弥显。增其式廓，百事方新，抚此平陂，寸心有戚。爰乃谘询同志，恢拓前功。酂侯[⑧]之裔萧君其能[⑨]，大有象贤[⑩]言扬[⑪]之俦；苑君征五倍多义气，或则元达，夙怀慷慨；傅君燕友或则濂溪，本自风光；周君其昌，或则负计然之能；辛君瑶泉，或则类公艺之睦；张君杰荞[⑫]，靡不倡予和汝，并力齐心。云委波属[⑬]，方畚锸之争趋；龙伏蛟横；遂蝃蝀之骤现。且也三梁[⑭]递后，温夸彩落之双；大路平连，宛似绿开之一。尔田尔宅，居守既作息有常；永日永年，风雨之绸缪无间。想昔年之草创，原期踵事而增喜；此日之周详，无负求为可继。设非一人倡于始，众志董其成，计虑深而愿力齐，施济博而规画远，又何能废兴堕举，成以三旬，马骤车驰，利溥万众哉？从此短长亭畔，

---

① 选自民国《南皮县志·卷十三·故实志·金石中》。

② 曲江，指张九龄。

③ 流亚，同一类的人或物。

④ 奋志，振奋志气。

⑤ 开先，开端、起头。

⑥ 颖士，指萧颖士。萧颖士，717—768 年，字茂挺，颍州汝阴（今安徽阜阳）人，郡望南兰陵（今江苏常州）。唐朝文人、名士，高才博学，著有《萧茂挺集》。门人共谥“文元先生”，有《萧梁史话》《游梁新集》及文集十余卷。

⑦ 汉桓侯，张飞，字翼德，三国时期蜀汉五虎上将之一，封桓侯。据传说，曾在当阳喝断桥梁。

⑧ 酂（cuó），酂侯是汉高祖刘邦赐给萧何的封号。刘邦平定天下后，论功行赏，分封诸侯，因萧何在“镇国家、抚百姓、供军需、给粮饷”方面功绩卓著，定其为首功，封他为酂侯。酂侯国都城约河南省永城市酂城镇。

⑨ 萧其能、苑征五、傅燕友、周其昌、辛瑶泉、张杰芬，都为人名。

⑩ 象贤，谓能效法先人的贤德。

⑪ 言扬，指举荐。

⑫ 荞，同“茱”，有香味的木头。

⑬ 云委波属，比喻连续不断，层见叠出。

⑭ 三梁，指冠名，为公侯所服。古冠以竹为衬里，有一梁至五梁之分。

绿杨新月，任客影之闲欹；应殊廿四桥头，碧水秋山，帐箫声于何处。翠珉[①]载勒，雁齿[②]长垂。

王知事金铭筑宣惠河堤碑[③]（附碑阴）

粤稽陆子治蒲[④]，第澄源以示；简文公莅蜀，首兴学以化民；郭细侯[⑤]之任并州，儿童迎拜；姚元之[⑥]之宦荆楚，民吏拥留自来。宣德达情，责归邑尹，理繁治剧，绩著循良，罔不载在简编，寿之金石。矧以地名渤海，阁矗[⑦]清风，路当水陆之冲，尤赖神明之令，恭维戒之。王老父台大人，星江旧族，皖水[⑧]英才，幼习戎韬，久参幕府，属当[⑨]跳梁就戮，圻辅[⑩]肃清。纪勋则铭勒燕然，酬绩则秩荣豸绣[⑪]。自光绪九年冬来莅吾南，遂使案无留牍，邑鲜[⑫]冤民，其施赈救荒也，神座盟心，公堂誓众，务使均沾实惠，不教仅被虚名。诰谕重申，活亿万生灵之命；簿书旁午[⑬]，惩胥徒渔蠹之奸。遂令歉岁如丰，白骨重肉，至若苏民之困，瀹民之灾，则河伯不仁，人思有豸；雨师助虐，民叹其鱼。用是代请宪台，重修堤埝、护城埝，固鼛鼓焉用。屡兴宣惠堤城，冯蠵[⑭]无能跋扈，苍赤共享奠安，闾阎永免昏垫，尤为保障一方，流芳百代者。今已河流顺轨，桑土既蚕，二麦有秋，三时[⑮]不害，灾销禾耳[⑯]。鞠人谋人之保居，泽洽民心，有干有年于兹土。亿万家心佩难名，数十村口碑载道。既御洚水，厥攸居合，勒贞珉，传诸不朽。例以渠名郑国，而此波涵泽，与潞河瀛海以俱长，拟诸堤号苏公，而贞石铭恩，偕片玉吉金[⑰]而并寿。

---

① 翠珉，石碑的别称。

② 雁齿，比喻桥的台阶。

③ 选自民国《南皮县志·卷十三·故实志·金石中》，原志注：“光绪十年十一月，绅董尹光燿、张之京、刘寿增、许心铭等并城乡同立此石于县署大堂前西阶下。”

④ 陆子治蒲，即子路治蒲。《孔子家语·辨政》云：“子路治蒲三年，孔子过之。入其境曰：‘善哉由也，恭敬以信矣。’至廷曰：‘善哉由也，明察以断矣。’”

⑤ 郭细侯，即东汉郭伋，字细侯。扶风茂陵（今陕西兴平东北）人。历任渔阳太守、颍川太守、并州太守，有政绩，所至县邑，老幼欢迎。后因以“郭细侯”借指有政绩者。典出《后汉书》卷三十一《郭杜孔张廉王苏羊贾陆列传·郭伋》。

⑥ 姚元之，即姚崇，651—721 年，本名元崇，字元之，陕州硖石（今河南省陕县一带）人，文武双全，历仕则天、中宗、睿宗三朝，两次拜为宰相，并兼任兵部尚书。辅佐唐玄宗开创开元盛世，被称为救时宰相。与房玄龄、杜如晦、宋璟并称唐朝四大贤相。去世后，追赠扬州大都督，赐谥文献。

⑦ 矗，高耸。

⑧ 皖水，又名潜山东河，俗称后河，长江支流皖河的支流。

⑨ 属当，适逢、正当。

⑩ 圻辅，又作“畿辅”，古代指京城附近地区。

⑪ 豸绣，原指古时监察、执法官所穿的绣有獬豸图案的官服，借指监察、执法官。

⑫ 鲜，指稀有的，罕见的。

⑬ 旁午，亦作“旁迕”，意为交错、纷繁。

⑭ 冯蠵，即冯夷。冯夷中国古代神话中的黄河水神。也作“冰夷”。

⑮ 三时，指春、夏、秋三季农作之时。

⑯ 禾耳，指禾头上的耳状芽蘖。

⑰ 吉金，指鼎彝等古器物，古以祭祀为吉礼，故称铜铸之祭器为“吉金”。

碑阴

谨按：南邑地势南高北低，县城西南而至东北向有护城长埝一道，以御马颊、覆鬴[①]之水，实为城乡内外及西北一带数百村庄居民田庐之保障，关系殊非浅鲜，此埝向归民工承修，由官绅为之督率。近来屡遭灾歉，民情拮据，以致年久失修，甚为可虑。况此埝工程浩大，势难全资民力，不得不量。予筹款津贴，以示体恤。本年秋间，公同禀请县主。详请拨款兴修，藉资保卫。现经周历履勘，逐段查丈，该埝自县境毕家庄西起，至年涝洼止，约长七千八百余丈，高宽尺丈不等，均属卑薄不堪。兼以客岁上游东光等县运河决口被水冲刷，多有坍塌，残损处所，已命各村公派人夫分段承修。自城东南各乡，上由许家庄前西岭子起，下至九拨庄前东岭官沟北止，计长二千六百五十二丈五尺，内除旧存堤身土方外，统计实增新挑堤身土方一万八千四百九十余方。又查宣惠河北岸堤身上由东光县界本境刘和睦庄西起，下至东光界林家方子庄前缺口止，计长一千五百余丈。该处上游北堤，其中形势高洼不一，且与长埝南北相对，上年被水冲缺数道，亦宜酌加培修，以免漫溢之患。现将此段河堤一律修筑平垣，统计新挑此项河堤十四段，共长一千五百零七丈，除旧河堤身丈尺工方外，实积新挑堤身土方一万七千八百三十六方，均已兴修完竣。至于堤埝，各段长丈、高厚、尺寸均有工房成案备查，禀明在案。伏查前项堤埝工程，将来年岁丰稔，应循旧章，官督民修，互相保护，不得援此次津贴为例。此系共成义举，均宜有厚望焉。

重修萧家桥碑记[②]

清　张之万[③]

光绪十五年十一月撰

光绪十有四年，余官京师，客有自吾乡来者，为述萧家桥重修工竣，嘱余为文记其事。余本谫陋，加以案牍劳形，承乏枢密，奚有清兴以搦管[④]为哉。然是举也，客所谈与余所闻者适相吻合，故□□□□□□□□□。吾邑东南有村曰萧家桥，桥跨鬲津河上，父老传闻以为九河之一。今则上接德州，下自河间、天津、武定诸郡入海，乃运河之支流，又当吾乡孔道。每四女寺启闸，或夏秋水潦，即浩瀚汪洋，行人病涉，此桥之所由建也。但其初稍具规模，未足持久。于是我从伯祖晞瞻公慨然首唱，邀集同人，易木为石，颇为巩固，故传之数十年尚未尽圮。我从叔又和公复为未雨绸缪之计，独力修葺，约费数十

① 马颊、覆鬴，均为大禹治水的九河之一。

② 选自民国《南皮县志·卷十三·故实志·金石中》。

③ 张之万，1811—1897 年，字子青，号銮坡，直隶南皮（今河北省南皮县）人。道光二十七年（1847 年）状元；同治间，署河南巡抚，移督漕运，历江苏巡抚、闽浙总督。光绪八年（1882 年），为兵部尚书，后调刑部。光绪十年（1884 年），人值军机处，兼署吏部尚书。后为协办大学士、体仁阁大学士、东阁大学士。卒后赠太保，谥文达，著有《张文达公遗集》。

④ 搦管，指握笔，执笔为文。

缗，而完事如旧，似可支拄无虑矣。乃自光绪十三年，直东有挑挖减河之役，河道虽稍就深通，而桥梁顿形倾倒。我从弟似斋，晞瞻公之童孙[①]，又和公之次子，惧大厦之难支，坠前人之遗烈，用集好义急公，诸君子求其董率，属以经营。富者赀，贫者力，荷畚锸斧斤而来者，日以数百，计自春开工，秋间蒇事，较诸昔年益形壮阔。余甚嘉从弟之有志竟成，且敬服诸君子之为善最乐也。爰记其颠末而并系以铭。铭曰：婉婉虹梁，用代慈航。作之者谁，吾乡秀良。群策群力，匪但三张。宗人附骥，名藉以彰。我闻为善，天降之祥。凡百君子，福禄尔康。卜其世数，应与萧桥之桥并寿，鬲津之水同长。

青县

重修新集镇会瀛桥碑[②]

戴枬　邑举人

滹沱古渎，南来入青，濒河之地，凡属通衢，咸有舆梁，以利行旅。兹桥之建，西达瀛州，东接会川，自昔然矣。岁久而圮，片木卷石，荡无存者。借云修之，虽因实创。维有历年群议不果，盖甚难也。今春正月，有王姓者，名曰履泰，只身鸣金，喧然闾巷，逢人稽首，询其所愿，以修桥请。乡之父老，犹共难之，谓兹巨役，匹夫有志，譬诸精卫，衔石填海，孰信其然。乃不百旬，而桥告成。长虹卧波，疑乎飞来。嘻，何神欤！度其址基，廓于昔焉。核其物料，巩于昔焉。仰其结构，焕于昔焉。仿之南桥，杜林石也。仿之北桥，盘古板也。此桥规模，上板其面，下石其底，岿然鳞次，若鼎三足，千金之费，转瞬之期，不动声色，大工以竣，伊谁力也？归之施者，施者不居。富倾囊橐，贫竭锱铢。集裘狐腋，酿蜜蜂须。裒多益寡，循分乐输。义在则然，何力之诩？归之募者，募者不受。婉转婆心，卒瘏予口。味尝酸辛，量包山薮。百计玉成，万家扉叩。义在则然，何力之有？归之监者，监者曰否。督课必勤，考察必精。会计必当，簿录必明。一出一入，玉洁冰清。义在则然，何力之矜？诸邑君子，不为利膻[③]，不为名弋。矢诚矢公，行所无事。不有其力，一归帝力。恭维圣主，践元之始。时旸而旸，时雨而雨。有麦有禾，人登四□。凡事易兴，不待鼛鼓。兹桥之成，丰年力也。是乃天也，人力奚与。勒诸贞珉，垂不朽云。

重修盘古桥碑[④]

献县举人　张润身

天地之所以长存，日月之所以久照，岂不赖有善人乎哉？善人之利赖，当时者千夫誉之而不为欢，众议非之而不为沮，艰苦卓绝，以底于成。凡前设施，百废俱举，修桥修

---

① 童孙，幼小的孙子。

② 选自民国《青县志·卷三·舆地志·建置篇》，该桥于咸丰元年（1851 年）重修。

③ 膻，像羊肉的气味。

④ 选自民国《青县志·卷三·舆地志·建置篇》，该桥应为光绪元年（1875 年）重修。

渡，其尤著也。夫一乡之善，一乡赖之，朝廷张官置吏，宜乎？奖助善人者，无有不至，保卫善人者，无有不周，即有庸下者，或惩而置之，即甚不肖，亦何至挟威以摧抑之哉？乃以所闻青邑封君之事，吾惑焉。封君姓郑，名升平，字储三，以子壬午科举人、二等教谕，职封文林郎，以侄庚寅科武进士，统带津胜军前营保尽先游击，貤封[1]武功将军，居县西南罗庄里，迤东为盘古驿，邑之孔道也，桥久失修，岁益倾圮，水潦方降，行人病涉，封君倡议鸠工，几成矣，以募赀违言于势人。势人以激怒其长吏。当是时也，公几陷不测，且又波及李锦堂、孙连璧、王秉焕、杨之林诸公。夫以正绅之望，群众仰赖，至使一豪吏侵辱之而不能止，亦邑人之羞矣。闻之者至不能以一简奏之朝廷，以声其罪，亦近邑旁郡有力者之羞矣。久之，事得解，豪吏亦去职，而河梁之圮而复兴。公实始终其役，为问今之履道坦坦者，是谁之力也欤？事往矣，余闻之而悲焉。且夫学商容者，见舌存而知守；柔师壶子者，观景柱而知持。后愤世之士，至有慎无为善之说，今者一豪吏之势能使为善惧，颠倾覆至于此，极前史酷吏，一传无言，不疾者真先得，人心之所同然矣。酷吏之心，惨于蛇蝎，是豺虎所不食者也，又何诛焉？闻之君子，为善福之至也，非其所求，故不伐其功，祸之来也，非其所生，故不悔其行。顷者，兴济南渡醵金筹修，又赖有封君之力也。善力之坚，正如澜翻而砥柱不移，霜落而岩松自茂。以视世人之罣误，小创遂嗒[2]焉。而丧其真者，其于为善勇怯何如也。嗟乎，越石蒙询晏子赎以左骖，公冶累囚仲尼伤其非罪。公之贞亮足以传矣，又奚藉此片石为哉！虽然，著之文，以俟后之览者知善非赖于人人者，赖之且使莅斯土者勿专与善人为难，又进而奖助之保卫之，庶乎善举日益增，后必有踵事而兴者。吾于此益信斯桥之不朽也，曰：以志彼遇，且旌善人。

东光县

重修许家桥记[3]

庄纲　邑人

东光县治西十五里，旧有石佛寺。寺前有古桥一，为许家桥，固驾曲区河，而由观津达汉阜通衢也。闻往时曾有碑志，今年远石勒，文字磨灭，独其名载邑志，而创自何代何人，皆不可考。乃数年来数经大水冲激，木石日就倾圮，每水浮冰盛时，往来跋涉，行人苦之。今年春，李君鸿业、国学生张君渐逵等锐意任重修事，而贾君士秀复为转告乡里，敛金帛助之。兹地既为要路，而是役又属义举，以故一时远近村墟，或输泉刀，或资人力，欢忭鼓舞，不数月而工告竣。夫以周道波横，舆梁瓦解，积年泥淖，忽履坦途利济，亦云良厚，乃董事诸公又大惧弗克及远，爰以余赀买田数亩，以为他年修葺之资，而犹恐传之既久，此事遂即湮没也。因属余文以记之，且刊之石。余惟吾人作

① 貤（yí）封，置官赠爵。清制，凡官员以本身受封之爵位名号，呈请移授亲族尊长，谓之貤封。

② 嗒，忘怀。

③ 选自光绪《东光县志·卷一·舆地志·桥梁》。

事，巽懦者功弗成，壮往者画弗周，今有废既举，而又谋及奕祀，俾有所藉，诸公之用心可谓深且远矣。后之君子有览于斯，尚踵其事而时修之。

重修宣惠河记[①]

李鸿章

宣惠河分两支：北支由石碑河出岐口；南支由金沙岭至海丰[②]合鬲津故道，出古大沽口，皆入于海。河无来源，受德州、吴桥、东光、南皮、沧州、盐山、庆云潦水。上游南运河决，辄漫溢为患。乾隆初，孙文定公开北支，地势洼，易受水而难泄，沧州数被浸。方敏恪公始辟南支，岁久未修。近年黄河夺运，决则大水至，灌数州、县，而东光尤甚。光绪九年，沧州、东光之民，因水掘堤，争斗相杀成大狱，于是议复宣惠河。始议行北支，既议南北分行。十年，乃檄天津道季君邦桢及候补道吴君廷斌、知府肖君世本会勘，北支既病洼，且已成平陆，无河形。南北兼修，则费巨，乃定议开南支。南支较长百余里，而金沙岭最称高峻，难施力，吴君力以为任，因檄与天津道共治之。其海丰境内，则移山东巡抚委员会修。季君迁运使署天津道，胡君燏棻、今天津道万君培因继之，而吴君驻工督理。海丰固谓“不患水”，知县徐君既承台檄，督民修浚，下游遂通。十一年三月兴工，四阅月而工竣。起自东光于家洼，至盐山入山东界，计工长二万六千余丈，建减水坝一，桥梁十有七。用银六万二千四百余两，视原议节省。而原议不办之工，仍增挑四千七百余丈。全河阔自七丈至十二丈，深自四尺至十六尺，大半视原议为宽、深。地中得古墓及旧桥址，深入土者皆掘出，高于今河底数尺，自昔开凿所未及也。河即成，伏秋大雨，运河决老虎仓，水大于九年，众流赴壑，民情静谧。岁修勿失，此后可无患矣。始议者，阻开南支，以为河势高仰，金沙中梗。即测以八线表，则海丰城子镇[③]河底低于于家洼河底三丈四尺；而河人海丰汇鬲津，形势辽阔，天然归墟。则以为下淤多沙、旋疏旋淤者，不足信也。自金沙岭至琵琶桥、罗疃皆一律深通，湍行无滞。则以为无从施功者，又不足信也。方事之殷，沧州、东光牧令，各以民情疑惧，至誊牍相抵。水之为患害旧矣，以黄河之大，其迁徙关乎天运，而汉元光中，宋自天圣以后，争河流者如聚讼。武安侯食邑在河北，利河南决，而邑多收。河之南北，非人力所能为也。当时势家且欲回屈，以便其私，况于百里之间，蚩蚩之氓乎？渠成水至，不知有灾，则信乎不可与虑始，可与乐成也。国朝督直隶者，敏恪最久。百余年间，余以乡人，忝次其后，既喜见旧迹之复，且嘉诸君子集议之善，而吴君力任其难，始终其事，事增而用省，其劳不可没也。爰勒之石，以示来者。

光绪十二年。

---

① 选自光绪《东光县志·卷一·舆地志·河防》，又见民国《南皮县志·卷十三·故实志·金石中》。

② 海丰县，山东省无棣县自明洪武六年（1373 年）改名海丰县。

③ 城子镇，今山东省无棣县埕口镇。

吴桥县

长河桥碑[①]

明　吴桥知县　张守身[②]

盖闻升仙万里，西蜀之灵境攸存；朱雀百花，东越之奇观斯著。兼以垂虹骆驼，均之卧波云龙；然而踪涉幽幻，或其胜假游佚。即属普济，亦藉捐施。故事有大而弗章，善无微而靡录。予令澜阳[③]，实当孔道。日惟鞅掌于轩辎，时复留心于营缮。自鼎新学庙而丕变士风，宏辟仓社而赈赒民困。他若城障园路，一切次第增修。虽未能臻荡平郅理，殊不屑袭溱洧小惠。距城而南拓里有许。长堤绵亘，蜿蜒如龙虎之蹲踞，古迹起伏，迴环若蜂鹤之腰膝。堤之巅而东岳行宫，堤之下为黄河故径。岁节行宫有会，人由故径而来，第势近洿湫[④]间，苦水患。为予目之所击，亦予怀之所轸。爰有何氏聿广德心，倾一己之赀粮，鸠群工之材力。架木为梁，凿石成堰。飞栏曲槛，纵乏华表巍峨；负担驰舆，庶免褰裳濡足。携婴扶幼、骏奔香火者棼棼；乘坚策肥，瞻仰庙貌者济济。不烦偕赞，独竭心裁。为便良多，厥功实懋。允称向善之民，信补行仁之化。缅维龙见火见，周制用之修，除徒杠舆梁，王政急为先务。即系便宜，且关职守。子即欠于总理，民乃趋于利益。斯称盛美，可勒贞珉。至于编竹渡蚁，犹食厚报于当年；解带助浮，曾享荣名于不朽。斯又天道之必然，而非若人之所计也。桥始于辰年二月二日，即于其年七月二日落成。横阔丈余，长五百余步。何氏名谨，住邑城南关。是为记。

疏渠碑[⑤]

端木长浤

粤稽周官之制，十夫有沟，百夫有洫，千夫有浍，万夫有川，所以备旱涝资蓄浅也。吴川古称瀛海之滨，邑西[⑥]上村等庄，地处洼下，一遇淫涝[⑦]，居民有沉溺之苦。恭逢纶綍[⑧]涣颁，兴修水利。邑西北旧有泄水古渠，今锡名宣惠河。上年奉檄修浚深通，凡滨河洼下之区，亦既水有归宿矣，而离河稍远仍多滞涝。本县蒿目以筹，相度地之高下，经营疏浚，自上村、刘庄西路起，向西丝瓜张庄、后围沟，从庄西北大路入古唐河、景家洼，

① 选自光绪《吴桥县志·卷十一·艺文录上》，长河桥，在吴桥县原县城铁城镇东南一里，原碧霞宫前，漳卫新河岔河上，今已无迹。

② 张守身，浙江省永嘉县人，举人，明万历二十八年（1600 年）至万历三十三年（1605 年）任吴桥知县。

③ 澜阳，古代吴桥一带称澜阳。

④ 洿湫，指低凹之地。

⑤ 选自光绪《吴桥县志·卷十一·艺文录上》。

⑥ 邑西，县城以西。

⑦ 淫涝，连绵降雨致涝。

⑧ 纶綍，皇帝的诏令。

转向东北至杨家桥接入（宣）惠河，且计长壹千七百五十丈，应挑口宽一丈二尺，底宽一丈，牵深一尺。上村仿照挑宣河之例，按地起夫。而上村、刘庄等士民，相率急公争先趋役。开工于春仲望后一日，落成于次月十六日。以千有余丈工程已完工在二旬之内，亦可见民之自为谋，无殊上之代为谋。从此以后长享奠安，永无昏垫。若夫善创贵乎善因，图始尤贵图终。嗣后夏秋之交，雨水过多，倘有淤淀，以利疏通，仍按亩以出夫，务并力合作，使宽者益宽深者益深，则又望于经理之善，而守者三致意也。是为记。

重修安澜桥碑①

孙景曾②

阅县志，城南大河世传有吴家桥，与乾石桥址对，直里许，盖邑所由名也。明初修筑古堤，浚泄卫水，至隆万间，漳河不由馆陶，其制遂废。百余年来，河为涸源，桥久无存，轮蹄日征逐沙尘中，所为吴家桥之故迹无复过而问之者。近漳复与卫合流，数涨溢，当事者亟议浚泄，求是河之旧而新之，亦即众求是桥之址而修之，名曰“安澜”。独其谋之不固，旋成旋圮者三，土人难之而止，弗议且二年矣。予闻之慨然曰：“是何可已也？事之兴革，惟顺人情，河流无滞而必虑，或有淤淀，岁聚千万众以从事，尺寸土则不如其已也，已之所以便民也。若夏秋水势弥漫而为患，及病涉之艰，劳力一时，足利千万人之行，以及于久，则不可以已也，之所以便民也。”顾予公务日冗，未遑躬亲，特捐俸为倡，嘱县尉杨君同前捐修之首事者协谋，以蒇厥事。自春徂夏，凡三阅月工毕。不惟其华惟其固，不惟复古之迹，而且便民于后。此杨君之能事，亦邑中好义者众也。余既幸藉手以伸利济之怀，又思有以垂诸永久，爰记于石，以告后之来者。

献县

重修单桥记③

御史秦嘉楫④ 东海人

献冲邑也，当南北孔道，舆马踵相践无虚日，南去十里而近，沱水出焉。故有桥，坏而修，修而复坏，莫可考也。盖水自西来，折而北，又折而南，汇而东奔桥，跨其下游。而夏潦秋霖，黄流怒沫，澎湃冲击，则南堤先受其啮，是故桥之坏往往自南始。正统、成化间至烦。疏请工部专官董役，合一郡三卫之力，始克就绪。迨嘉靖，则屡报坏矣，乃庚

① 选自光绪《吴桥县志·卷十一·艺文录上》。

② 孙景曾，浙江仁和监生，乾隆三十年（1765 年）任吴桥县知县。任内兴利除弊，不遗余力，后调天津。

③ 选自康熙《献县志·卷七·艺文志》。

④ 秦嘉楫，生卒年不详，上海县（今上海市）人，嘉靖三十八年（1559 年）进士，嘉靖四十三年（1564 年）任屯田御史，万历中任侍御史。据《南吴旧话录》卷六《廉介》载：“秦嘉楫，少悦行人，御史浙江佥事，左迁州判官，升汝宁推官、工部主事。《松江府志·科目》嘉靖三十八年己未科。”

申坏更甚，有司议修，以费侈卒未之举也。井里慓猾谋日操小舟以伺行者，乘其危急而多索其直，必如欲乃为一刺篙焉。不尔，则捩柁中流，纵而使之，颠人惴惴焉。惟身若货之溺是惧，而顾暇论直耶。又不尔，则群啸而攘之，孤远之旅直殷殷怒莫敢出一语也。予行部至献，廉得其状，取慓猾之尤者置之法，靡不人人快焉。顾窃念子产以其乘舆济人于溱洧，君子讥其不知为政。济人诚利之矣，而尤不免于讥，夫固为其歉于舆梁徒杠之成耳。然则斯桥其可以已乎哉？乃谋之有司，谓桥之下故事，商于沱者，视舟之小大，量榷其税，以备桥工之费。今积之几五百金矣。予洒然喜曰："事可以次第办也。"复计予俸廪之入可百金，檄河间守葛君慈，葛君请之诸当路者，而抚台嵩麓魏公则下天津兵备道黄君中议，巡院李村董公，鹾院后川冯公亦各出俸廪百金，相与倡之，余则取盈于府帑，合九百余金。命沈阳卫从事王辕、县尹董大众分而理之，鸠徒庀材[①]，彻故易新，以癸亥之十月经始焉，迄甲子之四月告厥功成。桥凡酾水十有四道，南三道当水深处，则稍宽之，以通舟下上，木林立水中，高一丈五尺，袤二百八十尺，广二十六尺，施横木其上而复纵之，覆以土焉，厚几一尺，左右楯栏翼如也。而南堤一带则栅以巨材，堤之下杂植榆柳以障水势，南北各竖一坊，北曰"北上神京"，南曰"南通藩服"，而皆榜之曰"柱史桥"。规制经画，雄伟夷衍，舆马交驰，宵征[②]若昼，无论行者利之，而丹黝[③]辉炳荫焉焕焉。龙卧波而蜃嘘市也，或亦献之形胜哉！诸父老曰："我辈自束发年目睹此桥凡几修矣，而材之善也，土之坚也，工力之勤也，程督之严也，费之省而成之亟也，未有如今日者，是可以百年计矣，谓一劳而久逸非欤？"予闻之又窃念曰："物之成毁有数，予不敢谓斯桥果可以百年计也。然物之毁也，必自微而著，以渐而成也。大厦之无补，隆始于一木之颓；而蚁穴不塞，则千尺之堤莫之固矣。吏兹土者苟谓斯桥不可以一日废，勤心防护，而时其修筑，即一木一土之坏，亟亟易而理之，使不至于著且成焉，又安知不可以百年计也？矧桥下之税，年可数百金，遁积之无贷他乏，即百年不足多也。是在贤有司哉！是在贤有司哉！"嵩麓公名尚纯，李村公名尧封，后川公名善，皆河南人。黄君中，浙江人。葛君慈，湖广人。余凡有事于桥者，皆书之碑阴云。

重修五节石桥碑记[④]

明　钱春[⑤]

余闻鼋鼍驾而周穆游，驰斯飞骏；鱼鳖浮而东明渡，济彼击弓。故通朝宗于万国，结流轸于九区。匪藉津梁，曷资利涉。惟兹汉献旧坏，称为瀛海通衢。孝弟力田，民仍标枝野鹿之世；兹歌诵读，士有菁莪棫朴之风。莫不矢念急公，同心赴义，苟有兴作，

① 原文作"鸠材庀徒"。

② 宵征，夜行。

③ 丹黝，指丹垩和黝垩，也指彩色。

④ 选自康熙《献县志·卷七·艺文志》。

⑤ 康熙《献县志》载：钱春，江南武进人，官户部尚书，尝令献县，故为此碑。五节桥即善家桥，正德中，五女为流贼所掠，至此不辱共沉水死，因以名焉。

鼛鼓弗胜。盖乐善之在人心，历千百年不替已。于是献之南境，以洪河为滹沱之下流，合徒骇而奔逝，轰雷喷雪，浴日吞天，灏淼汪洋，惊鱼龙之出没漂腾，智曶恍鸾鹭之回翔，虽底平矢直之途柱维若缺，即航海梯山而至飞度奚从，此王政首急杠梁，庶蒸涉无虞灭顶也。然斯桥也，创于正统之初年，再造于成化之辛丑，修于弘治之己未，重修于万历之己酉，屡经坠复，几费人徒，皆由水势建铃，涨潦暴溢，两涯激荡，啮岸崩陁，所以行者相顾，逡巡望之，莫不太息。兹又鼎新于今上之崇祯之壬申者也，诹日量功，略址程物。上培厚土，中隐金椎。取财则新甫徂徕，鸠工则奚斯匠石。盖不必劳精卫之力，扬驱海之鞭。忽见夭矫长鲸，腾洪波而张鬐；蜿蜒玉蛛，饮飞涧以流霞。水至此而潆洄，声澌雁齿；舟从中以迅迈，影落凫毛。于是前挽后推，啴啴轨联辐辏；彼视此履，攘攘踵接肩摩。朝觐会同，集珙球于载见；达情宣德，贲冠盖于遵途。真巨丽之崇观，不朽之盛事已。纵计得三百余尺，横计得三十尺，其倡之者，为刺史王逢元，主之者为县大夫李粹白。至若独肩其任，捐橐若干，兼募零星以成是举者，为邑之善人刘尚用、石守志、张元叙等。先是己酉之役，实余为政转盼，倏忽廿有四年，追惟畴昔，感念并州，趋事子来，后先若一。甚矣！献之人轻利而重义，乐善而效忠也。余故顺群情之请，援笔为记，且系以词。彼夫追攸暨而咏泂酌，念孔迩而歌汝坟，祇以增惭于予何。有辞曰：瞻彼滹沱，洪流汤汤。平津移锁，亘螭成梁。素波飞练，桃浪流香。云横奔骑，月满艅艎[①]。乘驴下托，牵牛南骧。汉兵可过，元凯宜觞。贞珉纪勒，厥功煌煌。

崇祯六年岁次癸酉炳月谷旦，赐进士第、资善大夫、总督仓场、户部尚书、前户部左右侍郎、通政使司通政使、光禄寺卿、通政使司右通政、太仆寺尚宝司少卿、浙江福建布政使司右参议、湖广巡按、福建道监察御史、知献县钱春撰文。

新修边马桥记[②]

明 晟[③]

献当深冀，委滹沱、漳、滏汇焉，水陆交冲，舆马络绎相属，其资桥梁以利涉旧矣。岁淹潦集，倾圮不常。有志者踵其事，金钱动计不赀，盖非一石一木之可咄嗟办也。而献之人士趋事急公，每有举，应之如响，可不谓慕义无穷欤？余初莅任，周视城郭祠庙，次及远近桥梁道路，其待于补苴更新者不一而足，私念土木功费繁巨，姑迟之谋，次第举焉。已而，邑北曰臧家桥者，当七省孔道，坏不可支，余捐俸倡修，邑人欣然和之，桥遂成。越明年，庀材黉宫[④]，鸠赀无虑数千金，巍然改观焉。又明年，节修樊屯八里庄等桥，或独力，或分任，日省而功完，先后一辙。余因叹都人士之勇于义，

① 艅艎，泛指大船、大型战舰。

② 选自民国《献县志·卷十八·故实志·金石上》。

③ 明晟，湖北省应山县人，清雍正四年（1726 年）进士，历任怀兰县令，献县令，京郊游巡使；清乾隆四年（1739 年），由仪部升迁吏部左堂（左侍郎），后为江西广信、上饶、九江、南康四郡观察使（道台）。

④ 黉宫，学宫。

而兴废举坠十八九矣。惟邑东北三十里村落曰边马，向有桥数十柱，下通泊镇，接山左，上经河间达京师，制久阙如，百年于兹也。余始倡诸工，时志即及之，顾力犹未暇。去年冬，邑人王君澄久慨然肩其事，乞余言谂于众。余嘉其志而乐成之。越数月告竣功，且砺石索记。余叹曰："甚矣哉，都人士之勇于义也！"夫立大功者，图始难，乐成不易，况兹百余年来沙涨波冲，一苇难渡，行者其咨，居人弗适，卒逡巡踯躅而莫为之所者，讵不以功巨而力难强耶。今则集众力而成之，不劳日月而举之，垒石其岸，植木于水，横以梁，覆以板，而土其上焉。高袤各数十尺，遥瞩之，凌虚跨缧，曲如卧虹，不且形，实具美欤！余何幸借手以偿夙志也。昔人云：一介之士，存心利物，必有所济，是其利不独在一物一时，而始事终事之功，且不朽矣。夫徒杠舆梁，为政所先，乃此邦之人并力同心，有乐而无罢也。志所称慕，义向风斯，其天性固然，抑由我国家荡平正直，遵道遵路之所化成也与。是役也，经始于雍正十三年十二月，落成于乾隆元年四月，计费二千金。凡有事斯举者，署其名于碑阴云。

九、衡　水　市

桃城区[①]

衡水桥记[②]

明　佚名

衡水隶真定属邑，居京畿要道，然而东控邹鲁，西连晋魏，豫州在其南，古北在其北，所以商旅输赋，络绎联属，莫不悉于是而之焉。距邑西数百步许，有河曰衡漳，博而且深，清而且驶，每值河水泛涨，徒涉者往往患焉。虽尝设桥，势弱不得与之相抗而倾颓，殆数纪矣。景泰丙子，沂水杨侯俨来尹是邑。越明年丁丑，政通人和，蔼然以兴废举坠为务，一旦诣河浒，见桥废驰，人病于涉，遂叹以为己责，于是会计其所需之木，备述恳请于上，命而许之，及深冀二州、武邑、枣强二县协理。侯率其一切在官之人，躬自提督，而其筹画措置有非他人所可企者。时则县丞胡志良、典史刘进亦皆尽心赞理。构桥一十八洞，阔一丈七尺有奇，长一百七十五尺，所用大小桥桩等木数若干。肇功于是年之九月，讫功于次年之十月，思为经久之计，于岸之西南水尝冲激筑堤防以杀其势，两傍植柳千余株，以固其基。落成之日，邑民行旅莫不啧啧称道其盛。耆老李

① 衡水市桃城区，前身为县级衡水市，由衡水县演变而来。西汉时为桃县地，东汉时曾设桃城驿。隋朝开皇十六年（596年），始置衡水县。1982年1月，衡水镇从衡水县划出，建立县级衡水市，隶属衡水地区。1983年3月，衡水县撤销，辖区并入衡水市。1996年7月，衡水地区撤销，设立地级衡水市，原县级衡水市改设为桃城区。

② 选自乾隆《衡水县志·卷十二·艺文志》。

从德等请予为记。予惟古者九月除道，十月成梁，有司岁治之耳。然岁一治之，则未免一岁一劳夫民力，一岁一费夫民财，未若侯今日之一劳而永逸也。于是桥工不扰于民，力费不伤于民财，视古之岁一治者，其劳其费其相去盖远矣，非特是桥而已也。观侯以恺悌存心，以廉明律己，政尚仁简，民不忍欺，率多善政，凡有力役之征，必指编户内仓廪有储蓄者发丁以应之，而下户则概不劝也。凡有财赋之需，必于居民中桀黠屡好嚣讼者罚赎以足之，而贫民则概未知也。会有顽不率化者数人持左道以夺民之田，侯廉得之，具章以闻，悉绳之以法。自是政声大振，遐迩皆闻。学校以之而兴，讼牒以之而简，田野辟而户口增，赋役均而盗贼息矣。一邑之内，弦歌比户，桑麻被野，而民咸遂其安堵之愿也。吾因是以知他日之超迁进用大异于人矣，又岂可以涯涘而窥测之哉？兹承其请，故不徒纪夫建桥之始末，因并录善政以备观风之采择云。

景泰丙子。

修建衡水石桥记①

明尚书　傅希挚②　邑人

衡水路通齐晋，乃畿南诸郡邑行旅踵相接也。治西半里许有河曰漳，旧有桥以通济，盖天顺间邑侯杨公俨奏请创建者，缘架木为之，水常冲射，易倾圮。迨正德末年，愈废塌而材木亦荡然空矣，行者罔不病涉。乃嘉靖癸丑，乡耆徐廷辈议修石桥，请告于邑侯暨诸当道，皆曰可。寻又援故事具状以闻，下工部议，移文抚按，勘报得俞允，遂蠲吉举事，采石于临城，载运有直征役于农隙，更番无扰，一切工费咸仰给于募缘。遐迩尚义之家靡不翕然响应，有输至千金如贾从仁者，即赵儒亦不下强半，其他量力罄囊，竞相捐助，罔或吝。诸所从事亦罔不各奏尔能，当道者又檄下所司，严程督，有司皇皇焉，奉行惟谨。至隆庆己巳，桥甫告成，乃闰六月水涨异常，复冲圮。见者悉顿足长叹息。徐廷更忧郁病卧，既而曰："劳费不赀，可但已耶。"仍与同志者誓图复，修惟是工费银巨，募缘难于再四，将安所从出？幸巡台罗公申饬有司行令隆平县，招船带石，协济急缺殊多。司礼太监冯公亦捐千金为助。余惟搜铢括两，积寸累尺，至万历甲戌岁且五易，约计工程仅仅十之六七耳。适古密槐堂孙侯来牧，甫下车，知桥工有待，即慨然许曰："是有司之责也。"亲诣河壖，指授方略，随出俸金，犒匠役，又为之多方省谕，诸凡捐助者皆给之花红，以鼓吹导送之，用示激劝。由是闻其风而乐施者济济然。又走书于冯公，司礼再捐千五百金，并大石五百丈，接济如许。乙亥秋，工且垂成，适徐廷赍志以殁③。侯乃命贾从仁、赵儒为之综理，诸所不足悉，二人力任之，桥遂底积。经始于嘉靖癸丑二月，落成于万历丁丑十

---

① 选自乾隆《衡水县志·卷十二·艺文志》。

② 傅希挚，号后川，京师真定府衡水县（今河北省衡水市桃城区）人。嘉靖三十五年（1556 年）进士。曾任淮扬海防兵备副使、顺天府府丞、户部右侍郎、漕运总督、南京户部尚书、南京兵部尚书、北京兵部尚书等职。

③ 赍志以殁，也作"赍志而殁"，谓怀抱着未遂的志愿而死。

月，计长三十有九丈八尺，阔二丈有五尺，高三丈有三尺，水洞三，旱洞三，各阔四丈有一尺，下覆之以海漫石，上压之以鹅眉檐石，阑秩如石坊，翼如穹窿，跨若长虹，驰驱坦如砥道，数十年病涉之虞一旦顿释矣，其利溥哉！其利溥哉！诸乡耆属余言以记岁月。余惟事之兴废，有数数之遭际，惟人桥梁事若琐屑，然关系民之疾苦实切，是故《周官》以司险知川泽之阻而达其道路，先王之忧民殊殷也，奈何后之长民者往往视此为缓图，以官为传舍，缩朒[①]者不肯为，阔略者不屑为，绵薄者不能为，惟从事于簿书期会，偷容苟延，计日以凯迁转去斯已矣，遑恤其他。兹桥之修，因循至廿余年犹弗绩，乃孙侯即不日成之，是固有数存焉。而其经画之多术，劝相之有方，任用之得人，殷勤恳切，不啻营家，诚得先王忧民之意，一举而有三善焉。政急先务智也，事不恕己义也，泽能宏济仁也。仁斯爱，义斯信，智斯服，后之人将颂侯之德不衰，且三载嘉绩，尤更仆未可终，将来勋业殆未涯也。是何幸邑有良牧，又何幸邑有良民，能劝于义，以成侯之良，信不容于无记也。是役也，徐廷倡义，贾赵同心，成始成终。大工允赖各给冠带殊协，舆情典记者李大知也，出纳明允调度常充庀材者李天爵也，往来跋涉艰苦备尝程匠者营缮所官周山也，综事训工不慭于素董役者李岳甲也。戒期均劳，丁夫乐趋，其余好义效劳者难以概叙，悉附名氏于碑阴，用以诏诸后云。

嘉靖癸丑。

钦建安济桥记[②]

方观承

《禹贡》言："覃怀底绩，至于衡漳。"盖谓使衡漳之横决，亦如乎覃怀之坦彝，易危而安，以是为万世无穷之利。顾衡非水名也，乃自《禹贡》，而后郦氏注《水经》于元魏时，直谓之衡水，从此一水有二名。今凡河朔漳所经由之地志乘，皆引衡漳为说。而衡水独以名县者，考《旧唐书·地理志》云："衡水古无此名。隋开皇十七年，河北大使郎尉之分信都北界、武邑西界、下博南界始置县筑城。"则旧县志谓衡水置至后魏者，殊无稽矣。县之有衡水桥也，明天顺初创建木桥，嘉靖间改为石桥，万历初圮而复筑，今百八十余年，日就倾颓，而地处畿南，当齐晋水陆之冲，盐运粮贩行旅之所往还。桥亘数寻，跨迅疾湍悍之水，以扯捂之嵌欹，际梳刷之荡涤，自非[③]重加架构，曷克永利康庄。爰于乾隆乙酉绘图贴说，疏请兴修。皇上轸恤民瘼，发帑鼎建，储材于乙酉之冬，鸠工於丙戌之春[④]，共用白金四万七千六百余两。及秋以工竣上闻，蒙恩赐名"安济"。夫安之时，义大矣哉。古者桥梁之掌属于司险之官，所司在险，所治在安也。惟是水，由地行，今昔

① 缩朒，指行动迟缓貌，退缩不前貌。

② 选自乾隆《衡水县志·卷十二·艺文志》。

③ 自非，倘若不是。

④ 春，原书作"舂"。

异轨。在昔滏合漳，流经县治西门，患特在漳耳，自顺治戊子，滹沱南徙[①]，分流入滏，康熙戊子漳别入卫河，不与滏合。而滹滏之会以北行者，其力逾横。近年河更改而西趋，于是向之患在水洞者，今并旱洞，顿穿大溜，桥石一堕，壅溢堪虞，此形势之不同也。旧桥东三水洞，西三旱洞，燥湿分而砻砥亦异，今则水洞底石已残，旱洞券墙尽陷，坑堑之成，深入数丈，必须先挑越河，以清河底，继拆旧桥，以平地基，且改六券为七券。连延三十余丈，弯窿坡陀，合形辅势，而衽席之安始得焉。此规制之殊宜也。仰惟圣天子宏济苍生，务使五土四民一赴步无不得所。《易》曰："安贞之吉，应地无疆。"又曰："既济定也。"即一桥之成，而可见出作入息之伦。履周道，颂康衢清晏之庆。有所自致，此即大禹民溺由己之心，先后圣有同揆者也。夫是以史书河渠班志沟洫，并推原九川九泽之成功以为诸夏，又安功施乎三代，而岂独衡漳一隅感明德之远矣哉？若其桥身、河底、券门、泊岸一切丈尺高宽之数载在册籍，此不具书。

敕建安济桥碑记[②]

方观承[③]

乾隆三十年四月，太子太保直隶总督臣观承言右，臣伏见我皇上闿泽酴[④]化，子惠兆民，于畿辅水利加意修防。不惜帑金数十百万。经营指示，疏瀹剔釐，大工具举，比岁潦浸无虞，缓丰屡告。万姓实利赖之。臣所属冀州之衡水县，自后魏时以水得名。县之西门，为滏合漳水支流所经，舟楫云集其上，经涂则京西南九达之衢也。明之中年，建桥跨水。凡水券三，旱券三，小券五，以通往来。我朝顺治五年，滹沱河南徙[⑤]入滏，水势日涨，嗣漳水别入卫河，不与滏合，而滹沱一河全汇于滏，经由桥下。上年夏汛后，河势西趋，激射旱券，桥石间冲陷倾欹，倘不亟加整理，势难扯拄。将来大石坠塞。滹滏两河别无去路，下壅则上溢，必致泛滥旁郡，侵壤田庐，且陆路舆梁断绝，顺德、广平、大名诸属，盐米商贩，均苦阻滞，民生不便，所关系甚巨。臣请亲往相度形势，经理修筑，以称圣天子嘉惠元元之至意。制曰可，事下直隶布政使司、按察使司、清河道、通永道。司道下之冀州，州下之衡水县。知县臣陶淑，受事唯谨，乃疏瀹河于滹沱故道，至八蜡庙西，袤八百二十丈，河面四丈五尺，深二丈有奇，引桥下之水别注之。桥两端筑坝，南四十丈，北三十丈六尺，以防水下，大埽费茭楗数十万，桩木千以固坝，坝成而桥基始出。越十有一月，臣观承率清河道臣周元理、通水道臣玉神保亲临河干，谋所以经久者，议撤而新之。去旧底，平桥基，下桩立脚，易以新石，计袤三十丈，广二丈五尺，改水孔七，中空，高丈有八尺，左右依次各杀尺有五寸，皆广三丈一

---

① 徙，原书作"徒"。

② 选自乾隆《衡水县志·卷十二·艺文志》。

③ 原书误作"陶淑"。

④ 酴，指味道浓烈的酒。

⑤ 徙，原书作"徒"。

尺，桥南北雁翅各袤三丈，广四丈。石岸四出，北长六丈五尺，南长四丈五尺，共高二丈八尺。桥下立墙三丈，毗连南北分水，统四丈九尺。南分水出桥外七尺，北分水外石簸箕五丈，底广六丈，固以立桩，培以新土，灌以灰浆，铃以铁板，镇以石狻猊，翼以扶拦百有十二柱，必坚且固，庶垂永久。再奏再报，闻发帑金四万七千六百两有奇。通水道臣玉神保董师厥事，冀州知州臣单功擢加督率焉。臣淑以守土吏鸠工庀材，奉行兴作如上件。始事于乾隆三十年五月，讫工于乾隆三十一年十月，臣观承以桥成告，敕赐名“安济桥”。铭曰：禹贡厎绩，厥要衡漳。道元注经，衡水以名。漳既东徙，不汇于滏。有来滹沱，巨浸攸处。维县西门，有桥鷈鷈[1]。陆阻轮蹄，水窒舻檝。懿惟我皇，嘉予兆姓。南北河防，永安大定。大吏奏朝，夕乃报闻。发水衡钱，逾四万缗。伐石唐山，浮木易水。万杵万锤，其来如子。越岁有半，厥功造成。削牍上告，肇赐嘉名。孰胎以安，天子之恩。孰赖以济，兆民之利。安济万年，永垂自今。小臣纪事，敢镌碑阴。

老龙亭新闸记[2]

陶　淑[3]

去城西南里许，曰老龙亭，又曰南田，广袤数十里，地衍势凹，为众流委注。西有县属绳头等庄之水，东受盐河，南接海子，每遇霖雨，三面积水皆汇，汪洋浩淼，弥漫无际，夺民稼穑之地，成巨津焉。父老告余曰：“此潦水也，深为民患，顾无力以处。此得于老龙亭堤埝建闸一座，则数十村皆膏壤也。”予周行相度再三，高下原隰，瞭然在目。父老之言，不余欺。乃绘图议请于诸大吏。乾隆二十九年，制府方公奏请兴筑，得动公帑八千五百余两，以檄委予。是时，余甫到任，他务弗遑，奉行唯谨，乃大召匠氏，戒卒徒，朝夕趋事，计金、木、土、石之工百有余人. 输木千章，铁以钧计，石材凡数千有奇。基纵十三丈，横三丈。闸门三空，面阔一丈六尺，深一丈八尺。东西坝台二座，木桥三座，闸板六槽，上下方广皆如法。经始于是年春首，越九月告成。惟是，衡界大陆、滏阳、滹沱之冲，居民田庐皆藉堤埝以防水患。堤以外为河，堤以内为渚，两面皆水，日冲月消，不惟洼地渐成湖泊，即一带长堤，易致溃决。今建闸于老龙亭之堤，则水出入甚便。洼水渐积，则启而宣泄之。大雨暴涨，则闭而堵塞之，各随其时，水不为患，迩来年谷顺成，高下丰收，民乐其业。夫费出自公家，而利归于小民。余适宰斯土，得尽一日之劳，而为吾民万世之利，盖深有厚幸焉。故乐得而为之记。

---

① 鷈鷈，动摇不安貌。

② 选自乾隆《衡水县志·卷十二·艺文志》。

③ 陶淑，字韦苍，号秋山，江西省南城县人。进士，曾任卢龙县令、临榆知县、衡水知县、保安知州、枣强县令、陕西麟游县令等。前后服官共计四十余年，任职内曾主管撰修《衡水县志》《保安州志》《枣强县志》等，有《秋山诗集》。

冀州区[1]

冀州长堤碑记[2]

本道勘得，黄龙洼系冀州地方，近堤亦有冀州居民，而接壤即新河村落，烟火相错，阡陌相连，堤之护冀州即以护新河也。年来亦系新河修筑，但两州县志书俱未开载，或协修，或分修，总无确例。今岁淫雨连绵，滏漳诸水自任县、宁晋流来，奔腾泛溢，堵御维艰，以致此堤冲溃。本道亲至黄龙洼堤上丈量决口，长一丈六尺四寸零，随传该州县官民人等查验堤界，计议修筑，遂令冀州知州宗之璠、新河县知县王培丈量堤界，并集士庶确议。据该州县回称，此堤系冀、新紧要之堤，即系冀州、新河应修之地。北自黑风口起，南至朱家庄官路口止，共长三千三百六十六步，议令冀州承修一千六百八十三步，新河县承修一千六百八十三步，均分一半，以断葛藤。巡抚直隶都察院崔批。仰将勘明界址，勒石存纪。

冀州开渠记[3]

清　贺涛[4]

滏水自西南来，至州北境，折而横亘衡水界中。县城俯其南，并岸而西四五里，左转至州城东，地洼下，广五里，狭亦不减三里。北二十余里，隶于县者，名衡水洼；南十余里，隶于州者，名海子。州东北之水潦汇焉。城西十余里少北，有泊名尉迟潭。水之来自西南者，委之不能容，则溢而旁趋，与东北之水会。而城南之九龙口，亦受州南之水，挟以东注，众水所潴，遂为巨浸。乾隆间，方敏恪公道使入滏，立闸以为闭纵。嘉庆、道光间犹稍疏瀹。后弃不修，闸已圮坏，水遂萛而不行。而冀东衡南之地，无阡陌畽畛，而为耒镈所不加者，盖十余万亩也。桐城吴挚甫先生既知州事，欲开渠通滏，

---

① 衡水市冀州区，原为河北省冀县。1993年9月22日，经国务院批准，冀县撤县建市。2016年7月5日，经国务院批准，撤销县级冀州市，设立衡水市冀州区。

② 选自乾隆《冀州志·卷六·乡闾·堤津》，标题为本书编者拟定。原志载："长堤，即护河堤。绕州西北，自黑风口起，至东兴村尚家窑止，长七十一里，高一丈，阔三尺，上接新河县堤，下接衡水县堤。又自焦旺村起，历郑家河，沿邵家庄，至侯家庄止，长十里，高阔同前，系衡水县堤，本州协修。按，高庄埝与宁晋黑风口长堤相接，州民与新河同修也。康熙五年（1666 年），新河民孙文进等，私筑州民纳粮地为新堤，壅水病州，几以高庄为壑。村民张豹等具呈到州。知州李显忠移檄新河张知县，公同踏勘，禁止新筑，复还旧制，高庄之民始得安居。康熙八年（1669 年），邑民孙文进等复抗不修堤，纷纷诉讼。知州李显忠仍同该县查勘，明确照原派步数丈量分工，役竣勒石堤上，以正界限。康熙二十四年（1685 年），黄龙洼堤决，本州进士杨国贞等，以今邑息筑河堤具控。知州宗之璠详诸本道李踏勘，转详巡抚崔批准，分修丈尺，立案勒碑。附载道勘院批于后，余详石镌。"

③ 选自民国《冀县志·卷三·河流·滏阳河》。

④ 贺涛，1849—1912 年，字松坡。清末桐城派著名作家，著名藏书家。直隶武强（今河北省武强县）人。是同治九年（1870 年）举人，光绪十二年（1886 年）进士，任刑部主事，主任冀州信都书院兼讲席、保定莲池书院数十年。有文集刊行。师承于吴汝纶、张裕钊，在中国近代散文史上有很高的地位。

复方敏恪公旧迹，亦未尝不虑民力之凋毙[①]，官帑之匮竭，而惧功之未易就也。后行部按巡其地，水方盛，纵横演迤[②]于数十里中。念疲氓久罹重灾，怛然闵伤不能自已。光绪十年二月兴工，经始于下流，递进而南，抱城右旋，过九龙口北，迤西达尉迟潭，六十余里，十月工毕。明年复深之，又明年广之。广七丈余，底杀三之二，深丈余，堤高五尺，厚倍之，或三之。置桥八，于旧闸处设闸，高二丈四尺六分，去一以为广，费白金十万两。司其事者州人张君廷湘、张君增艳，县人马君景麟、刘君玉山、深张君廷桢、武强贺君嘉楠、先生之甥苏君必寿，诸君皆占毕之士，性朴而力勤，赋丈受役，缩盈汰冗，人毋刻休，材不寸弃。既讫工，有久治河者见之叹曰："此役属他人者非三十万金不能卒事也！"渠善淤，岁请白金二千两于盐运使，为修浚之费。后又置白金万两，取息助工，仍属其事于州人与斯役者。使贺君定章约，以为经法。水既有归，田皆沃饶。今七八年，所获倍蓰所费。而夏秋水盛，舟楫往来，商旅称便，州境遂富。于初工之初兴，人苦烦扰，或妨其私，怨讟[③]并作。至是，皆歌颂之。时国用空乏，行省鲜偫余。大灾、要工犹不能赡。冀以僻左之地，故无河害事，非所急而遽恩兴作。仰给于官，议者颇疑事之不集。先生躬谒大府，退而上书执格，则更端以进，违覆十反。制军合肥相国李公，故重先生，而先生仁民恤患，迫于诚心者尤足感人。故终听先生所为，人不得而间之，而其功遂成。吏治颓坏久矣，其号称良能，率如职而止，或择事有美名，易见功，绝无怨咨者，张皇之动人耳目，而实无裨于民。至于利害，所在元元，托命为之，甚难且易。得过不为，亦不亏所职，则漠然不以厝意。官勤而事愈废，政美而民愈困，岂非俗吏拘文法，而循吏多伪饰，为势所必至者哉！先生独行志学，无所趋畏，苟利于民，虽薄书所不责，计课不以此殿，最无速功近效，而不悦于人。甚或忤上官之旨，亦必毅然为之，以要其成。故所措施于州者，恒有百年之利。若责以吏事，参之时论，则较号称良能，举高第而得显名者，或不逮也。涛惧先生所为，或不见谅于时，故推言之，以明先生之志。至于新渠之利效已验白，无烦深论。谨述颠末，使后人无忘其始，善持其终而已。而州人士心，先生之心，造福乡里，其功勤不可没，亦备列焉。

景县

重浚惠民渠记[④]

清　州人　张华年

水利为立政重农之本。贤士大夫无不极讲焉。故疏瀹决排，行所无事，凡皆以利为本。利得则害除，害除而利大矣。景固下隰，方幅百里，地势平衍无所施，其引溉，其利

---

① 毙，同"敝"。如生齿凋毙、民力凋毙。
② 演迤，绵延不绝貌。
③ 讟（dú），怨恨、诽谤、憎恶。
④ 选自乾隆《景州志·卷六》。

宜泄。德州、故城上游沥水，逾溢入境，田畴庐舍几被沦胥，民社城垣屡遭侵啮。往时筑护城堤，仅固吾圉，而环带汪洋，罔知归宿。前明宣德间，州大夫刘公深自城北堤外开渠导入千顷洼，直达交、青，由运入海，久复不治。嘉靖间，马公进阶，更自城南堤外，转西而北，凿渠引注，民怀其惠，号其渠曰“惠民”。盖治功成而颂声作也。隆万间，卫河水决，许公东周复自城东堤外，辟土开沟，绕堤北注，合于大渠，东顾可无忧矣。

本朝顺治十年，河决老君堂、罗家口，水势浩瀚，护堤崩溃，城复于隍。王公瑞驾舟督浚，积水顿消。康熙四十二年，恒雨为灾，周公钺疏渠拯溺，民始又安。是我州之利害集于惠民渠之通塞，不大彰明较著矣乎？虽然，智必出于几先，功每成于善后。临事而图者，非哲也；苟且幸安者，非忠也。雍正四年，赵公宏烈博谘水利，寝不果行。乾隆二年、四年，叠（迭）被水患，民甚困迫。杨公裕祖，计欲永除其病。绅士吁请，如曩年原议，甫筹集事，被论去官。署篆程公士麸，如议浚之。乃于上游众水来归之处，南曰大洋村，西曰江江村，各穿一渠，以杀水势。其起自大洋者，沿古道穿凿，直抵城南故渠，以收南来之沥水。其起自江江者，绕西北，屈经而达于向化屯桥下，与大渠合，以收西方漫漶无垠之水。工未竣，而海虞屈公成霖以进士来守兹土，下车周览，喟然曰：“大洋、江江，州之气口也。惠民渠，其腹背，千顷洼，其尾闾也。血脉常通，病何由入？”爰踵其事，益加畚锸，而工始告成，即地起名曰大洋河、江江河，示不忘所自也。嗣于乾隆十年，缮完城役之后，排筑护城堤，延袤一十六里，又访许公所开城东水道，疏浚支河，达于大渠。自是，一州之水，悉汇惠民渠，东北入千顷洼，而水患可永息矣。此固讲其事于几先，而不安于苟且者也。

公之惠民，不与刘、马诸贤牧先后一揆，而集其成也欤！华年宦游四方，近归梓里，睹我公兴举废坠，善政多端，而水利聿修，尤农工之切务，生民之大命也。我州之服畴食德，拜公之惠，颂公之绩者，其能一日去诸怀乎？是为记。

勘沙碱记[①]

明　周大鹏　山东东平州人

隆庆六年，季春望日，余辈蒙罗公[②]牒移，丈量民田沙碱之有词者，各给数札一册。静庵王君、师禹陈君分勘西南，余则分勘东北。

出郭北行至榆林，有任某者迓诉云：“某沙碱具告得量，而某之沙碱尤多，恨未及投告，被累久矣，奈何？”余晓之：“曷不早陈？汝自诬耳。”尚谁尤渠，低头泣然泪下。余甚悯焉，因代为补词。以是知有是地而未及陈者，不特一任某也。余履亩谛观，惟恐或疏，乃命丘头、知实并保长、地户同为丈量，阔若干，长若干，每段备如其所告之数否。

① 选自民国《景县志·卷十一·人物志·政绩》。

② 罗公，即罗许，江西庐陵（今江西省吉安市）人，明朝隆庆五年（1571 年）始任景州知州，周大鹏为副职。

窃惟备员于斯，已阅年矣，尝迎送于南北大路之间，则见黑田弥望，禾亦秀实。自以为景土宜稼穑，谅在是也。孰知地之沙碱于北者，若此之甚也！又尝往来视河于安陵之间，则见白田平厚，禾尤坚好，自以为景号富庶，谅在是也。孰知地之沙碱，于北者若此之多也。呜乎！是地也，余之得于目击者，殊为恻然。又闻西南之沙碱，绵亘数千顷，难用丈量甚矣。西南之民尤可哀也。则夫同寅之得于身亲者，其勤恤之心又当何如也？

前此，闻均地有法，迄今称善。然沙碱犹在征税之中，不曲为之开除何也？以是知均地之法为未善，犹弗均也。盖其为治，亦惟日从事于簿书奔走之间，而于民隐之所存，初未暇理也。余昼则炊爨小刹，夜则止宿土舍，甚至风尘迷冒，炎气蒸逼，殊不为劳。盖苟可以竣公托，苏民生，底至齐信，一身之劳，安足辞先。正谓一命之士，苟存心于爱物，于物必有所济，尝以此言为金石。今日之事，实利民济物之举，此余之所以乐于驱驰也。

先王巡狩之法，入其疆，土地辟，田野治，则有庆；入其疆，土地荒芜，田野不治，则有罚。若夫景之东、北、西、南，安得土地之尽辟，田野之尽治乎？盖景郡勃海，自古有勃海之名，地多沙碱，职是故也。人知景土之肥，而不知景土之所以瘠；人知景民之富，而不知景民之所以贫。往岁富民百有余户，今仅可支者数户耳。是则富者如此，贫者可知矣。兼以前岁诸河泛溢，郡之南北地尽鱼鳖之区，民之被害又不特沙碱而已也。

且夫人者所以承天也，道者所以经世也。世有不治之人，未有自治之世。则成能由于人谋，维持本于道法，所赖司民，牧者为之，爱养生息。而罗公江右豪杰也。所用之人，悉体公心，小民以为有真父母可告，咸以沙碱赴诉焉。公察其情之可衿，而子惠之，乃得理焉。又虑夫所告者之未可尽信，而均地者之未可专任也，乃属诸僚采焉。公之为民也，可谓深切矣。以其数凡六十余顷，余之所分勘者，计二十八顷四十四亩。夫以久不可耕之田，而方获蠲豁之幸。驱积苦之民而跻之，更生之域，仁人之举，其利溥矣，岂特宽一分则受一分之赐而已哉。

安平县

安平建水关记①

安平当滹沱横激之冲，城外东、西、南三面濒河，城内四隅潴水，深者及丈，民庐浸水者强半。翌自甲午来令，登城眺望环视，胥溺恻然，若己推之也。无何，都宪李公开示方略于石王二府，专其责于余。余委典史鲁子裕，役民千余，分任省祭官王都等，

① 选自光绪《深州风土记·记十一下·金石下》，《深州风土记》原注："右碑载县志，无年月，盖万历二十三年立。"作者何翌，泰兴人，明历元年（1573）进士。

培城址千余丈，筑外堤四里许。乃于城东隅，开水关以泄三门之水，役始四月七日，迄六月三日告成。念兹役关一方安危，后之君子，相其盈涸，时其启筑，实可为吾民保障。遂书以记之。

安平滹沱河徙碑[①]

明 何继高[②]

滹沱河故弗浸安平，自隆庆三年夏河决束鹿，始入安平西境。万历十六年又决，则去县仅十里许。廿一年，又决，则坏堤逾城，民舣舟[③]编筏以居。踰年，大中丞李公以道学宗盟奉命来抚兹土，日讨治水之策而施行之，曰："改河则遏冲难，迁城则经费难，倪修城堤以御，建水门以泄，庶少瘳[④]？"乃檄饶阳令王君之纪规度之，并陉大参吴君道行同协守真定石君三复、王君梁往来讲求之，属安平令何君錖至，遂肩厥任。公又出帑镪，给钱谷，佐其劳，大参吴公蠲金以佽[⑤]，真定守杨君瑰倅、刘君检、节推[⑥]王君纳言、知晋州王君志远共襄懿美。何令君庀材兴役，培城坚堤，开沟隧，凡两阅月工就。廿三年六月，水盛发，而城内外堤不坏。至七月而河徙，父老走相告曰："河忽自束鹿界上南流，离安平百里去矣！"滹沱患安平卅年，今一朝徙，盖中丞公倦倦忧民，何令君协谋而善成之故，冯夷效灵，其应如响，令君树珉石，授简继高。继高往守关中，迩承乏瀛东，两为中丞公属吏，爰不辞而纪之。

深州市

深州园池记[⑦]

乙亥春，予奉檄修州城。仲冬工竣，顾城内四隅皆平旷，北或间营畦圃，南尤斥卤，荒弃日久。夫宇内无废壤也，予拟于城南隅建书院。丙子春，购柳万树、桃杏百树、红白芙蕖，蒲藻百本、金鱼千尾，召民开池塘鉏园，垒石为峰，支桥池上，旷废余地，顿改旧观。其东南隅近奎光楼者，桃浪池也。池畔桃英具春，浪飞腾之致，池中植红芙蕖。五月中，率僚友燕游。是夜，莲萼大放，相与乐之。池之北为聚星峰，壁立矗起者凡五石。其西则万柳园，园中特起一峰。予手植一柳，万众各植一柳，鼓三通，园

---

① 选自光绪《深州风土记·记十一下·金石下》，原志注："右碑长芦盐运使何继高撰。继高，山阴进士，见畿辅通志。立碑无年月，盖万历廿三四年间。"

② 何继高，字汝登，山西省山阴县人，嘉靖四十三年举人，万历十一年（1583 年）进士，为南京刑部郎中，出守临江，知福州府，迁江西布政司参政，撰有《明安平滹沱河徙碑》。

③ 舣舟，停泊船只。

④ 瘳（chōu），指损害、减损。

⑤ 佽，指帮助、资助。

⑥ 节推，"节度推官"的略称，为节度使属官，掌勘问刑狱。

⑦ 选自光绪《深州风土记·记十一下·金石下》。

已成林。园之西池，莳白莲，畜锦鳞，凭芜蒌亭，俯临之，荷风飘乡，游鳞出入，致足乐也。西南隅为杏园，予所规书院地也，可为室数十间，环园植柳，凿为曲池。绕池而南，又西行，水面汪广，可植荷芰，池边间植桃杏。其北为文明台，高原隆起，矩方砥平，可登览游息。池之水曰“墨泉”，土黑纹如墨，而水甘清宜染翰池，曲为小瀛州，潆纡成渚。池上为桥，以柳干骈栽嫩枝屈曲盘错结而成桥。新柳绿沉，小红映发，虽在城市，有若林野。予率僚吏理兹废区，更为佳境，既乐其成，复恐其久而废毁，所冀来者护而畜之，以贻于无穷。乾隆廿一年尹侃记。

深州滹沱河神祠碑[①]

深州南五十里磨头村，咸丰二年滹沱灾浸禾稼，三年益涨，粤逆[②]南来，踞州城四乡多被贼，而州南水阻，风鹤无惊；同治二年三月，马贼张锡珠肆扰，恶氛侵凌，村南河水陡长，贼不得渡，村人固守，转危为安；七年春，捻匪张总愚北犯，六窜州境，而是村恃河之险，四方避贼者麇集万计，临河协守，幸保无虞，迨贼退月余，河亦涸而北徙矣，是滹沱之来适以御灾扞患也，神之功岂不大哉！村长老郭君凤舞合众力建滹沱河神祠，八年五月经始，八月落成，谒余文为记。余考滹沱之祀不常见，《礼》云，晋人将有事于河，必先有事于恶池。恶池，晋水也，《周礼·职方》为并州川。战国时燕有滹沱、易水，赵亦攻中山以擅滹沱。滹沱发源并州，而燕赵阻河为界，北方巨浸也。而秦诅楚文乃亦告于丕显大神亚驼，则神之威灵远矣。深州河所经地，粤匪、马贼、捻逆之患，神先后扞御近磨头卅余村生灵万数，皆赖保全，庙祀之修乌可以已哉？记之传示后世，俾无忘神功。

同治十年春，州判平定张映棂[③]撰。

武强县

武强天平沟记[④]

武强县治东，旧有渠名天平沟，起自县之西，将至城折而北，又东北趋献县以达于滏。岁久湮塞，比岁苦水患。

光绪十九年秋，武强告饥于州。州牧太仓钱公亲行县视灾，问民所欲，咸以复天平沟为请。公归为书问县：沟长几十里？其宜施工者几所？起讫积若干丈？深广以丈尺计者宜几何？下游两堤增高厚宜几许？并沟几乡，量田使分治，濒沟田有几？其委在献，

① 选自光绪《深州风土记·记十一下·金石下》。

② 粤逆，清政府对太平天国的蔑称。

③ 张映棂，字星阶，号彤翼、行一，山西平定州（今山西省平定县）人，生于清嘉庆二十年（1815 年）。获平定州优廪生，清道光乙酉科拔贡。官直隶深州州判，加知州衔（从五品），兼任河北枣强、安平县知县。

④ 选自光绪《深州风土记·记十一下·金石下》。

工之施于彼者何方？县以州书询县人。于是吾族子嘉枬墨侪，寻访沟旧迹，测量地形，察采众论，条书所问，具图说以告。

明年，公列状上大府，请白金五千，僦民治沟，既得请，则疾驰到县，与献令期境上，周视工所分界赋役。众情欢跃，若急已私。四月某日始作，某日卒事。沟起吾县西，东至献之三汊口，六千五百二十六丈，深六尺，广二丈二尺，底杀四之一而强。堤自三汊口上至吾县界首，四百四十九丈，高五尺，址厚二丈，面得六之一而弱。尽斥所请五千金，无赢缺，而种树以止侵占，为桥以便往来。则令民自为岁时修浚之约，因所分界，责之两境民深广，一视今所为，岁三月备报所宜修浚工于县，县亲督巡如约，则以达于州，其费令民自给。迄今三年，水不泛滥，连岁丰穰，民困用苏。

县志载，天平沟五，其四已湮灭，今所复者其一也。乾隆四年、道光五年、咸丰元年履修之，今乃有迹可寻。其工旋修旋废，未尝久获其利也。盖县既僻，左患虽巨，特雨潦所积，治水者莫及焉。守土吏以非薄书所急，亦听其自废，熟视而不问，其为之者，又仅张皇目前，不思善其后，故此沟久不复，而民坐受困。今所兴治，其深广皆加于县志所载，又能疏瀹不失时，而数十里沮洳庳下行潦之区遂为沃壤，连岁收获倍高田。然则委岁丰歉于天，以为不尽关人事，岂不诬哉？墨侪书来，请记公成绩。予既喜吾县去宿患，又慨兴事之难，而废之之易也。为记其本末，俾吾县人无忘始事之劳，而永守贤君约束勿怠，则无穷之利也。

赐进士出身[①]、刑部江苏司主事、邑人贺涛撰，廪生张宠寿书。

枣强县

义 和 桥 记[②]

清 张大本 邑人

九月除道，十月成梁，古之制也。枣邑东有黄泸河，久涸，民田其中。岁乙亥，水突至，行旅苦之。花园十三村众鸠工庀材，建桥以通往来，不逾时，河水泛涨，桥圮。众议重修，规模加扩。肇工辛巳，越岁乃成，为桥十三空，长十六丈，阔一丈二尺，翼以扶拦，树坊两端。桥之东建茶棚三楹，良党村民复于桥西修叠路长一百二十步，阔一丈五尺，高七尺。又为南北堤一道，长三十步，阔一丈五尺，高七尺，于是行者歌利涉矣。爰镌之石，以志不朽。

---

① 赐进士出身，明清两代，科举殿试一甲一、二、三名（即状元、榜眼、探花）为赐进士及第，余下通过殿试者皆称赐进士出身。

② 选自嘉庆《枣强县志·卷十八·艺文录上》。

重修毛庄桥碑记①

清　王屋霨　辉县人

邑东二十里许有村曰毛庄，黄泸河故迹在焉。伏秋水发，行旅辄阻。康熙丁丑，邑人建桥于村西，既改北，复徙南。岁壬午，前令蒋鸠众葺之久已渐圮，村民董希尧等合众力新之扩之，数月工竣。予惟治道成梁，王政所急，苟无良图，何以善后？爰免毛庄徭役，俾专司岁修，且勒诸石，以告后之君子。是为记。

十、邢　台　市

桥东区

大　贤　闸　记②

明　万历十七年　邑人　傅来鹏③

大贤有永利闸旧矣，先郡守费公实创之，原欲邢民岁时攸赖无终极也。自是，东鄙数里即不敢称沃野，亦庶几免凶年焉。以邢之渠利邢之民，理固然，第其初可稻，后不赡而菽麦，甚至甘心倾败弗为所者将二十载。呜呼！此岂泉有盛衰，民情恶利乃尔。盖激于主郡者源流不察，市私恩以为公，建为封闸分日之说，舛戾殊甚，其转遂废坏而莫可收拾，弊正（政）坐此矣。乡父老切齿拊膺④，惄惄深惧，宁能旦夕傎⑤恚⑥，无所之耳。此岁大旱，适过南阳朱公⑦令吾邢，下车初，召询利弊。乡民遂请焉，历历以往事控于公。公怃然太息，曰："有若是哉？若郡独我邑最冲。土垲而议者十有八九，幸藉尺寸、水田缓急佐之，今复为彼有力者夺，其何以堪？"即日命驾临其所，徘徊熟视，见遗迹几就泯没，属若等曰："尔辈信不必他求，惟即此而整旧为新，杜其将来足矣！封闸分日之非谬极当反，吾即见郡公为尔民请。况是渠以利邢之故而兴，以旁邑侵邢之故而废，尤当专溉吾邑，无足疑者。"于是白于郡守张公，报曰："可。"乃命匠属工，督众趋事，更深其沟以遂衍流，高其堰以防涨溢，缺者补、堙者疏、废者灿然聿

① 选自嘉庆《枣强县志·卷十八·艺文录上》。

② 选自光绪《续修邢台县志·卷一·建置·山川》。

③ 傅来鹏，北直隶邢台（今河北省邢台市）人。明嘉靖三十四年（1555 年）举人，曾任河南新野县知县，万历五年（1577 年）年编纂《新野县志》。

④ 膺，胸膛。

⑤ 傎，古同"颠"，意为倒乱失次。

⑥ 恚，恨、怒的意思。

⑦ 朱公，即朱诰，河南南阳县人，明万历十四年（1586 年）丙戌科进士，万历十八年（1590 年）至万历二十三年（1595 年）任邢台知县。

兴，而昔之告封闸、告分日者无复置喙[①]其间，足以征公议之足以服人云。是役也，上续勿戒之绩，下杜两邑之争，工成于阅月，而泽利于万世，永利之名今而后获其实矣。愚方沐乃德，歌乃功，靳记诸贞珉，故忘固陋，为之记。

邢台水磨记[②]

明　万历　李启源[③]记

不佞往司理平凉，见水磨，甚奇其制，而嘉其利于民者溥，欲以其说为邑大夫告，使利于凉者为吾邢利，后亦不果。会南阳清令朱公来牧于邢，以文章饰吏治，以仁慈培风俗，即孔道诸务旁午，而所为斯民计永利者，恒孳孳焉，无所不用其心。时税驾[④]阡陌间，睹水数区，若豫让桥等诸闸，水势东下，辄慨然曰："此生民利具也，何不作水磨以利民用？"遂以告。郡守左海张公力为之，顾工人铁冶，邢不产一，乃不惮劳费，咸自晋中购，致之遂成水磨焉。功竣，侯与太守公既往观之，喜。而一时父老子弟相携来观者如堵，惊其创见，感其永逸，无不欢呼诵祝。不佞因亦有观之，不觉鼓舞，遂叹曰："因天地自然之利，遗斯民永远之泽，人情欲利则赐之利，人情欲逸则赐之逸，仁哉！我侯即父母之为子孙计，不过如是。不佞亦何幸，往见于凉者，今果获其惠于邢乎！"遂笔数语，识其事，俾与水磨并垂之不朽。若夫斡旋之才，展为奠安之政，书之国史，自有不可磨者在，又奚俟不佞言。

鸳 水 桥 记[⑤]

顺德府[⑥]知府　徐景曾　武进

郡治北四里许有桥，旧名鸳水，俗传为豫让。鸳水者，取达活、野狐二泉汇流于此而名焉者也。豫让则何以称焉？意郡故赵地，豫让，晋义士，当日为智氏复仇伏桥下，故以此名之，用志不忘乎。不知晋都在今山右赵氏，即今赵城襄子于马惊处，不应在此。今蒙城驿所传，豫让桥大抵近是，移其名于此，则流俗之传会，非其实也。故鸳水桥之所以失名，抑亦有故。盖达活、野狐二泉本出郡城西北，岁久就堙，无复涓滴可资灌溉，于是郡之人并鸳水而忘之宜乎，桥之名亦与俱湮也。丁卯夏，余自河间移守顺德。甫下车，虔祷于神，二泉相继涌出，今汪洋汇流过桥下，鸳水于是乎复。鸳水复，而桥之名不宜与之偕复乎？己巳冬，巡幸嵩洛之命，制府桐城方公以勘道至顺，过此桥，遂以鸳水命之，桥之名乃今大定。爰勒石于此，以告后来者，天下事惟从其朔为近实也。是为记。

---

① 置喙，指插嘴、参与议论。

② 选自光绪《续修邢台县志・卷一・建置・山川》，原志载："明万历年间知县朱诰建水磨。"

③ 李启源，顺德府邢台县（今河北省邢台县）人，明嘉靖三十四年（1555 年）举人，曾任山西兵备道。

④ 税驾，指解下驾车的马，停车，有休息或归宿之意。税，通"挩"。

⑤ 选自乾隆《顺德府志・卷十五・艺文上》。

⑥ 顺德府，今河北省邢台市。

桥西区

邢州新石桥记①

元好问

州北郭有三水焉：其一溙水；其一曰达活泉，父老传为佛图澄卓锡而出，“达活”不知何义，非讹传，则武乡羯人之遗语也；其一曰野狐泉，亦传有妖狐穴于此。溙水由枯港行，并城二三里所，稍折而东去，为蔡水。丧乱以来，水散流，得村墟往来取疾之道，溃堤口而出，突入北郭，泥淖弥望，冬且不涸。二泉与溙水旧由三桥而行。中桥，古石梁也，淤垫既久，无迹可寻。数年以来，常架木以过二泉。规制俭狭，随作随坏，行者病涉久矣。

两安抚张君耘夫、刘君才卿思欲为经久计，询访耆旧，行视地脉，久乃得之。经度既定，言于宣使，宣使亦以为然。乃命里人郭生②立准③计工，镇抚李质董其事，分画沟渠，三水各有归宿。果得故石梁于埋没之下，矼石坚整，与始构无异。堤口既完，溙水不得骋，附南桥而行。石梁引二泉分流东注，合于柳公泉之右，逵路平直，往来憧憧，无褰裳濡足之患。凡役工四百有奇，才四旬而成。择可劳而劳，因所利而利，是可纪也。

尝谓古人以虑始为难，改作为重，重以恶劳而好逸，安卑而习陋，此天下之能事无所望于后世也欤？且以二君之事言之：有一国之政，有一邑之政，大纲小纪，无非政也。夏官之属曰司险，山林之阻，则开凿之；川泽之阻，则桥梁之。僖公春新作南门，《传》谓“启塞有时”。门户道桥谓之启，城郭墙堑谓之塞，开闭不可一日而阙，特随其坏而治之。修饰南门非闭塞之急，故以土功之制讥之。是则道桥之为政，不亦甚重已乎！子路治蒲，沟洫深治，孔子以恭敬而信许之。子产以所乘舆济人溱洧之上，孟轲氏至以为惠而不知为政。若二君者，谓不知启闭之急与不知为政，可乎？虽然，此邦之无政有年矣！禁民，政也；作新民，亦政也。禁民，所以使之迁善而远罪；作新民，所以使之移风而易俗。贤王付畀者如此，二君之奉承者亦如此。犹之陋巷有败屋焉，得善居室者居之，必将正方隅、谨位置，修治杞梓，崇峻堂构，以为子孙无穷之传；岂止补苴罅漏、支柱邪倾而已乎？仆知石梁之役，特此邦百废之一耳。异时过高明之壤，当举酒落之。二君勉哉！

盛流闸记④

顺德府通判　陈九功

郡西阻山有泉焉，出清风岭下，循郭南而东注，与百泉、珍珠、黑龙潭泉合，

---

① 选自《遗山先生文集·卷第三十三·记》。邢州大治时期，张耕、刘肃、郭守敬负责修治牛尾河，经过四十天的劳苦，郭守敬划旧谋新，使河流顺畅，将淹没近三十年的豫让石桥挖出，元代文学家元好问作《邢州新石桥记》以颂之。

② 郭生，指郭守敬。

③ 准，一种测量平面的仪器。

④ 选自乾隆《顺德府志·卷十五·艺文上》。

是谓七里河。其北数里许，又有马跑、野孤、达活诸泉从豫让桥而出，二水交流，汇归于东北大陆泽，故郡名鸳水云。先是，太守白川刘公大兴水利，教民建立堤闸蓄水，灌溉南和、任县，遂用而不尽，往往导入隍沼，养莲为娱。邢台地高泉下，独百泉水附近数村，咸利赖之。及岁旱泉微，百泉东溢，入葫芦套者又尽泄于七里河，而邢民不获涓滴之用。万历丙戌，左海张公自计部郎来守是郡，岁值大祲，饥俘相籍。公拯之百方，民有来言葫芦套水可导，而南则邢、沙二邑，不无少佐焚燀[①]之急。公以其事属九功，谓九功先令括苍曾董筑堰役，颇习水利。于是躬率诸父老，往相度之；其泉原与地埒；又南为土岗所障，北无堤以束之，安得不溃而入七里河也？若坝其北，而渠其南，则水必行，东南一带皆可溉矣。民欢趋之，凡六阅月而渠坝成，计村落邢台五：曰孔桥，曰王快，曰东市，曰南市，曰南市屯。沙河二：曰南徐王，曰北徐王。计役夫：邢台四百三十七，沙河六十二。计溉地亩：邢台四千六百三十，沙河八百四十。渠深七尺广五尺，皆不烦官颗粟文钱，而民自办。工既讫功，南和民乃以为病己也，相与讼诸监司，监司檄郡，又属九功为之调停，遂召两造庭谕之，大抵弃有余争，不足尔民之情也，虽然谷盈川竭，彼能无少损乎？当于坝上建为活闸，视水之消长，增减其粟，则邢、沙、南三邑均受其利矣。条其议上报，可之，而民争始息。当斯时也，达活泉亦涸，九功读郡志，有感于佛图澄咒龙事，访诸达活泉畔，旧有广源庙祀之，岁久庙圮泉湮矣。移书长公，为文致祭。又请出粟，募民淘浚。越明年而泉复大发，戊子稔，己丑[②]旱不为灾。九功以是秋迁秩，行民咸遮道，请为之记。徐应之曰："尔独不见工乎？大匠授意，众匠运斤。又不见马乎？圉人控之，贵人乘之。尔徒知运斤执辔者之为旁，曾不知授意由大匠，坐乘则贵人也。第知其颠末之详，果莫余若耳。"众曰："诺。"遂持是说勒之石，以志不朽云尔。

清冷泉记[③]

明　王聘贤

朱公治邢，甫下车，询民疾苦。知邢邑西逼山，土干石峻，村民苦无水，妇汲远出十余里，甚苦之。乃捐俸傍山根凿井，在侯兰村得水涌出不竭，又去侯兰十余里为岗西村凿深七丈，石据土中，阻不得出，匠者难之。公祷山灵，令复凿。顷，石穿，一孔泉涌出如射，须臾没腰股。观者罗拜，咸称神。时五月，旱禾赖以浇，民赖以济。迨秋，一本四五穗，民亦神之。是举也，盖请命于郡伯张公而为之者，及井成，禾又瑞，公以报张公。张公往观焉，命取水尝之，寒而洁，甘而香，甚喜，因名其曰

① 燀（chǎn），烧的意思。

② 己丑，指明万历十七年，即 1589 年。

③ 选自乾隆《邢台县志·卷十八·艺文志·碑文》，光绪《邢台县志》注："清冷泉在城西南岗西村。"

清冷，盖朱公别号，志其功也。时王子聘贤以郡伯命，与生徒讲《易》书院中，岗西耆老适请记其事。王子曰：“《易》有之。《井》之《象》曰：‘君子以劳民劝相。’则养民者莫若井然。初六则‘井泥不食’，为其下也。九二‘井谷射鲋’，为无与也。九三‘井渫不食’，则人恻其可用汲。六四则‘井甃无咎’。至九五，则‘井洌，寒泉食’。至上六则井道大成，而‘井收勿幕，有孚元吉’，盖位渐高，则井之功渐著也。今朱公位非下矣，得张公有与矣，人汲之而井且甃矣，寒泉将不食之宇内，而勿幕也。”功将不有孚而元吉之哉！吾囿于《易》乎占之也。张公名延廷，滨州人；朱公名诰，南阳人，并记。

浚达活泉记[①]

顺德府知府　徐景曾[②]　武进

顺德绕城之泉有七，而野狐与达活久湮。乾隆十二年春，阁臣沈阳高公、武刘公奉命视水利，至顺德，见二泉枯塞于烟草砂碛中，为太息良久。然野狐出冈下，望之燥烈，石罅中绝，无水痕。达活则旧有一洼土微润，似其脉未息。二公爰有疏达活泉之命，时以湮废年远，土人殚于兴役，议遂寝。余来守是邦，相度土脉，泉源故在也。急命工浚之，未及尺，而涓然如乳窦者数孔，深之即瀵出四注，广可盈亩。余喜不自胜，而土人亦乐其演为民用也。相与酹酒赛神，决渠筑堰。己巳夏四月，余复履其地，则见净泓坦迤，茭蒲一碧，是皆昔年来龟坼枯焦之区，而今且掘而及泉矣。夏若是，是又可以知秋冬矣。厥利岂仅二麦哉？即营置稻田亦可。昔耿伯宗祷疏勒水，泉奔出以为神明。余之诚远不逮古人，而泉凿若此，始由两相国至诚宜民默中崖窾。余特奉行以观厥成，喜而记之，以庆斯泉之遭也。夫民可乐成，难与虑始。任事者计目前，而惮民怨，鲜克有功。世有如前明之左遗直徐孺东，其人乎将见北地水利皆如此一隅之泉矣。

顺德五泉记[③]

顺德府知府　徐景曾　武进

乾隆己巳年冬十有一月，皇上有巡幸中州之命，将道由顺德。制府桐城方公以勘道过顺德北门桥畔，见水流洋溢，问曰：“冬月水归于壑，而此水独盈，其源奚自？”景曾趋而对曰：“此郡志所谓鸳水者是也。发源达活、野狐二泉，达活离城西七里许，野狐离城西北十里。二泉州汇流至北门，名鸳水。向者建闸设渠，溉田千顷，今湮塞垂二十年。景曾于春日以劝农至达活泉旧穴，浚之瀵出，未甚旺也，

---

① 选自乾隆《顺德府志·卷十五·艺文上》。

② 徐景曾，江苏武进（今江苏省常州市武进区）人。清雍正八年（1730 年）庚戌科殿试金榜第二甲第 25 名进士出身。乾隆年间以翰林院庶吉士任顺德府知府，修《顺德府志》。

③ 选自乾隆《顺德府志·卷十五·艺文上》。

近则弥漫流溢。而野狐泉亦忽开合，而复归鸳水故道。不宁惟是，且二泉之左右前后有紫金泉、白沙泉、莲花池，为前志所未载，今皆由塞得通。悉汇诸此，故流益大。”公曰：“美哉！此殆天人协应，上下同流，因有此洋洋大观哉！《河图》言：‘天一生水。’《易》言：‘天数五。’水之为物，成于地，而实本于天。兹泉有五，复符天数。而顺德间有九水注于大陆泽，九与五合，有飞龙之象，殆由銮辂时巡，经胜地，百灵效顺，预献嘉祥，以答圣天子敬天勤民之至意欤！子盍为文以记之。”景曾谨按，《礼纬》云：“王者刑杀当罪，赏锡当功，得礼之宜，则醴泉出。”《周颂·般》之章云：“允犹翕河，敷天之下，裒时之对。”令皇上彰瘅昭明，巡狩时举。顺德当畿南要地，德洋恩普，耕田凿井，歌咏太平。昔年高刘两中堂相度流泉，虽一再至，无涓滴水，即前置稻田，亦寻废不举。迩者重开五泉，顿使数十年几千顷歇绝之水利，一旦复其旧观，非由湛恩汪濊，感格神明而能若是乎？大《易》[①]师之象，地中有水，以容民畜众。比之象，地上有水，以建国亲侯。顺德伫望法驾幸临，诸臣执壤，奠以来朝，白叟黄童，亦复熙熙效顺，喁喁乡风，斯真太平之盛观，而荡荡无名之气象也。《诗》云：“沔彼流水，朝宗于海。”则即此五泉而可以观四海矣。景曾待螭坳备员侍从，虽不敢远希金縢玉简册府诸文，而铺张对天之鸿庥，扬厉无前之伟绩，亦臣子分内事也。爰应制府命，恭纪原委，勒石以垂永久，俾后世知此五泉重开自我皇上有巡幸中州之命始，法天下息，行地无疆，亿万斯年，演为民用，其休征之应在斯泉乎？

邢台县

珍珠堤碑记[②]

邢邑西二百里，太行峙焉，不可以田，其有平野足耕，又苦旱无水，惟东南数里有泉得溉，而鲜创兴之人。今有楼下村辛兴宗、孔桥村许子良志切生民，毅然倡于众曰：“当此旱魃为虐，与其冥而祷诸天，何若显而求诸河伯也？”佥曰：“善。”遂状于县，李侯批准，复饬役督工。正统六年季春，两渠告竣，派流条分，井然不紊焉。因地命名：一曰小坻水田，由楼下村中流，通孔桥前，按序使水，为名分水；一曰瓦河水田，由楼下村后，昼夜不息，号为长流沟，灌田二村，利莫大焉。自此，田肥美，民殷富，咸曰此诚兴宗与子良功也。因伐西山片石以记之，用垂不朽云。

---

① 大《易》，即《周易》。

② 选自光绪《续修邢台县志·卷一·建置·山川》，原志注：“珍珠堤在百泉闸东南一里，嘉靖间知府刘应节，知县何岑创开。”

武家庄小汪闸记[①]

明　嘉靖三十三年

邢台者，古邢州之域也。县治东南七里，有泉平地涌出，名曰晋祠河，经流入于沙河，大旱而不涸，祁寒而不冰，其灌田最有益于民。旧常筑堤疏渠，引水以溉，历年既久，堤堰阙毁，渠亦浅狭，不能引溉。乃嘉靖甲申春，近水居民王宣知斯水足以大利于人，人不能大为之用，是自失其利也，乃遍谋于人，曰："请修闸，开其渠以溉。"乡人皆悦，曰："诺。"各备功力以报县，县以呈府，府又以申院。巡按王钧准其请，批行于府，府守罗公玉亲临河所，考察形势，乃喟然叹曰："美哉！洋洋乎，诚可以为斯民溉田之利也！在吾属犹当与民兴利而为之，矧民皆欲自修之乎？"遂决其谋，命县尹章君完之，以董其纲，又命众民推择杨宾、李达充以理其细，乃创闸焉。上下俱基以石，高六尺，阔丈余，闸口高六尺，广四尺，启闭各有其度，深疏四渠以引水，又为籍而掌之，度功力多寡为用水之节，量时行引，远近悉综理惟周。肇功于是年三月，越四月告成矣，逮至六月大水间，渠俱冲毁。次年以来，老人杨宾、李达充大惧，闸渠沦壤，上无以副诸公成闸之望，下无以为斯民灌溉之功，乃自费功力，砖灰以重修之，遂不日而成之，名其闸曰"小汪"。此闸既开，复通四渠，其利则自闸而北而东引水以溉者十有八村，均沾其惠者十有万户。四渠既通，一方名沃壤，流潦泛滥，则水归其渠，地无淹没，旱既太甚，则启水以溉田有沃若[②]。呜呼盛哉！诚所谓民利之大者也。噫！北方若此者，盖亦鲜矣。邢台东境而有之，生斯地而为斯民者，何其幸哉！夫水利兴而后民富庶，民富庶而后礼乐兴，而后风俗厚，风俗厚则人人君子，比户可封[③]，可以驯致矣。是以民皆请为之记。予乃图其水利建置之形，而为之记云。

开翟村闸记[④]

明　嘉靖四十年　邑人　赵孔昭[⑤]

郡城西北郊，故尝有水田，仅千五百亩，在东南者亦不足万亩，乃今殆数万亩云。盖西北引达活泉，建石闸二，开渠二十四，灌田若干亩，城东南引珍珠、晋祠、武家庄等泉，建石闸三，开渠四十，灌田若干亩，实郡守刘公功也。初，公被命来守郡，在庚申春暮，即夏四月不雨，至秋七月始雨，八月又不雨，至辛酉夏五月，民间大旱，无禾麦，老弱转沟壑，壮者散四方。公恫呼为己辜，则竭心力拯济，以期苏

① 选自光绪《续修邢台县志·卷一·建置·山川》。

② 沃若，意为润泽貌。

③ 比户可封，原本指差不多每家每户都有可受封爵的德行，这里泛指风俗淳美。

④ 选自光绪《续修邢台县志·卷一·建置·山川》。

⑤ 赵孔昭，生卒年不详，字子潜，号玉泉，北直隶邢台县（今河北省邢台县）人，嘉靖二十三年（1544 年）进士。历知县、御史，出按浙江。万历时官至协理京营戎政、兵部左侍郎兼右佥都御史、兵部尚书，死时六十五岁。

息，发廪不足，劝粟继；劝粟不足，蠲租继。诸凡弭盗[1]禁奸，荒政有裨[2]者无不举，故岁虽凶，民逃亡视他郡独未甚焉。尝巡省郡郊，见诸泉觱发，顾左右曰：斯衣食之源也，何乃率弃不用，间用之而利殊未尽也。昔周之制，稻人掌稼下地，其治水，则潴畜而坊止，沟荡而遂均，列舍而浍写[3]，是故滮池浸稻，国之屡丰，而室盈妇宁之胥庆。前此迁豳者观流泉，后此盟葵邱者戒曲防。盖因地之利以利民，故民之受利也，水旱不能灾。夫宋寿阳尝苦旱矣，义欣[4]引淠水灌引陂田而获稔。西门豹于邺不引漳水，史起[5]笑之，卒开二十渠灌田以富魏。嗟汝邢水利不大兴，故兹旱虐视寿阳烈矣，将无蒙史起笑哉？且不常者，岁之丰凶，与其凶而后仓皇措置以救之，曷若开衣食源流惠无疆耶？或曰："费。"曰："成大事者，小费不靳。"曰："劳。"曰："图久逸者，暂劳可忘。"爰谋诸僚谢君莆、史君臣、许君自新。议克协[6]，乃择官才肇事，以邢丞王尧士任之，公亦率浒，随坻，揆便度宜，指区隅，立程限役[7]，召之地民，无所逼，直给之，赎粟无所敛。渠有沿旧，新者数倍之，闸悉创造，要者始筑之，导汇澜而翕其涣，夷填阏而通其塞，不与水争利，而务宜其民。故役者输厥力惟恐后，董役者殚厥心罔敢逸。自经始至毕事，凡九月，民不告劳，功乃崇。闸竖屹如渠，浚廓如畛，塍刻如疆埸，翼如诸泉之水，涓涓泠泠，经出安行，支沿逆折，遐交迩溢，隰渥原沾，土以之沃，农以之力，树艺以时，禾黍被野。是秋也，果收倍恒数。而邢旱余遗民赖焉。君子曰："兹功也，据水势，由水性，可谓智。易峣确[8]而膏腴，变闲波为井养，可谓才。不烦诸征科，而群黎受赐，可谓仁。垂恩[9]将数百世，可谓久。循往迹而能大，可谓通。动众而弗扰，可谓理。戒期奏绩，可谓敏。"昔先王制典，有功及民者祀。祀者，思也。兹功也，邢之民思曷时已哉。咸窃念曰："我公勤恤，我众向使来之，匪暮不识备凶，又当何似？使诸泉而早遇公，不识润泽，又当何似？使遍畿郡，效公水利，不识富庶，又当何似？使公异日辅圣明，康兆民，不识溥济，又当何似？"于是士大夫王崇德等相率砻石，乞余言曰："兹功也，刘公遗我邢者钜，永远矣。徒付诸口碑，令后世何状也？愿文其事颠末，以垂不朽。"余尹偕其僚乃谋计。未几，余尹调任，继之者何尹岑，屡促书。余叹服公救荒多奇策，与

---

① 弭盗，平息盗贼。弭，平息。

② 荒政有裨，指可以对懈怠的政局有所补益。

③ 《齐民要术·水稻第十一》："《周官》曰：'稻人掌稼下地。以潴畜水，以防止水，以沟荡水，以遂均水，以列舍水，以浍写水，以涉扬其芟，作田。凡稼泽，夏以水殄草而芟荑之。泽草所生，种之芒种。'"

④ 义欣，南朝将军。

⑤ 史起，战国时人，仕于魏，魏襄王时任邺令。他在西门豹兴修水利的基础上，进一步加修水利工程，引漳水溉田，使农业生产得到发展，当地人民歌颂他为"贤令"。

⑥ 克协，指能够谐和、符合、统一。

⑦ 限役，指供职，官吏每天在限定时间到职，故称。

⑧ 峣峭（yáo què），同"硗确"，意为瘠薄、贫瘠。

⑨ 垂恩，施予恩泽。《三国志·蜀书·先主甘后传》云："大行皇帝存时，笃义垂恩，念皇思夫人神柩在远飘飖，特遣使者奉迎。"

其他善政迹不让。古循良吏尚需太史氏采其全而传之，兹水利一政不尽公功，聊代邑民识思云尔。虽然水利纪，余可次序求矣。

修百泉闸碑记①

明　隆庆三年　平乡王可信②

邢治隶顺德，为附郭，控地甫百里，西入太行，居之七八，野多峣嵂岗阜，土杂山石，不纯可佃种，独东南一隅水涌百穴，因名曰百泉，傍地平坦广衍，可为耕耨区，履东行不数里，民暨田尽割属他邑，隶邢者止十之二三而已，且势逼山脊，西高东下，若建瓴然。每夏秋雨集，山潦横至，则冲突邢阜之土，淤溃东南诸邑田，一淤辄沃饶二三岁，愈于附粪，而邢之田乃或洒为沟壑，甚至尽涤槁壤，止遗沙石，不复成田者有之。旱则诸邑之民引泉水溉田，坐收兹渥利，而邢地近泉者，反陇高水下，非大排激之不能入田。以故山川形胜虽萃于邢，而利卒归之他邑。民之籍邢者率苦，窳寡蓄藏，轻流易窜，而他邑接邢壤之民，视邢为颇饶，识治者每用恻然而力不能为之趋避，邢民嗷嗷待理者不知凡几阅岁，几历官矣。隆庆己巳春，山东新城耿侯以甲第人豪，奉命来知是邑，视篆未几，遍询休戚，故乃骇愕，叹曰："是尚可以理他邑之政理之哉。"于是薄赋缓征，赈穷恤匮，与民安养休息之。民之因踣展转者始略息肩，乃侯则谓人曰："是皆权济一时者也。为政之道如理弦然，坏则解而更张之，否则不调，今时则亦然矣。"遂以其利害兴革之宜，厘为条款，檄之郡主，移之监司两台，咸可其请，乃不惮跋涉，躬历邢土，至石垒沟壑地，则曰："此可却税者也。"履峣嵂瘠薄地，则曰："此可减税者也。"诣高原广旷地，则曰："可常税者也。"抵百泉波处，乃谕曰："尔其筑堤于斯，罔使泄已。"及涯涘津溢处，则曰："尔其建闸于斯，罔使泛已。"顾隰阪广衍处，又谕曰："尔其开渠分溉于斯，罔使专已。"于时，民之从观者举手加额，亟口称便，而闾阎父老愿少须臾无思，见仁政之行。侯于是筹之以量人，折之以算人，方弓勾股疏导汲筑之，方胥畀之，耆艾土居之，人力役则征之，分溉共利之家，石砖则取之古沟废磨之址，且尤监之以僚贰，会计之以笔牙，而考成督责，拊循劝相之勤，侯以身当之不辞。肇于是岁九月，越月而蹙额待毙之灾用除，川泽自然之利用兴，历任司牧所不能行者，侯以一时兼举之矣。乃司渠老人耿于亮、郭有德以状谒余，曰：是不可勒之石垂永乎？殚一时之虑，以贻百年之利者，立法之良也。泄地利之藏，以补天工之不及者，立心之仁也，故禹功与沟洫，并利周泽，协亩陇共流。凡以立法，善而立心仁，故垂之百世而无弊焉已也。自兹以往民之思之，将有指闸渠而谓之曰："此耿公之甘棠也。"享轻徭之惠，而颂之曰："此耿公之堕泪也。"或祠而祀之，或日而录之，殆将

---

① 选自光绪《邢台县志·卷一·建置·山川》。

② 王可信，字子忠，河北省平乡县人，明嘉靖三十二年（1553 年）中进士，授卢陵知县。因政绩突出，升户部主事。嘉靖三十八年（1559 年），到辽宁赈济灾民，抚慰军队。嘉靖四十二年（1563 年），升为户部郎中，后出守襄阳。

与都河洛而思禹绩者同永也。侯之此举，岂不为仁政之特异者哉？其他善政可录者居多，顾自有存，永之石纪，常之史在，而此不及悉者，重仁政故也。侯名鸣世，字茂谦，别号敬亭，东齐新城人。

创普润永润二闸记①

王守诚②

顺德之地多硗确而鲜污莱③，民间辛苦，汲凿始小有获，否则薄入。邢台县东南七里有百泉，下注南和、任县封内，故二县有沃野而多获。民之于是水也，莫不有羡心，亦莫不有吝心。羡则欲得溉之，吝则惟恐人之得溉之也。予万历庚辰来守是郡，比岁大旱，民有以水利讼者，其一则郑一凤等之与贾栻，其二为刘启等之于杨宗琦。盖栻、琦则羡之，而一凤、刘启等则吝之也，此亦民情之常也。为人上者之心则不然，譬之家翁之予其子也，金谷之积必以均，牛马之畜必以均，田庐之数必以均，此无他，皆子故也。天下鲜不争之兄弟，而无不均之父母尔。父老图之又何争焉？于是始相率罢讼，羡者如愿，吝者回心，彼此相溉之，相安之也。窃念兄弟之异其产也，为之父母者必以券，惧它日之有争心也，况异籍之民乎！予不得不为之券。

九 龙 庙 记④

万历十六年 张延廷⑤

万历丙戌春，予奉命守邢襄。自谓一割之才，奚胜连城之任，殊鳃鳃抱深悚焉，乃入境问俗及郡之故实。佥曰："国有大事在祀，然常典外，赫山九龙神庙则其大者也。"予异之。且云往有功，令每祭以岁之六月六日，赵魏三郡侯实主之，近以沙邑供应惟艰，二郡皆不至。独吾守若令往耳，又比来或止以邑令代之矣。予又异之。自惟诸侯祭其境内山川，何广武、天雄二郡偕往，且龙神于水，何至为赫山主耶？会郡苦旱已久，予甫至，即率僚躬祷遍诸神祇，卒不应。乡民数十辈泣告予曰："旱既太甚，无可为矣。山有九龙，远在百里，往祷多应。盍迎诸？"予唯唯，遂命经历郭巩往。比抵山十余里，忽油然云作，须臾肤寸合，而雨虽沾沛。无几，而望云如金翘，瞻雨若琼液，众已欣神应之不空矣。既而广大二郡民皆远道争相迎致龙神往，将祈之，始知向二郡偕与祀事者以此，既而竟弗雨。至明年夏五月，旱益甚，地无青草，民无生气，九城之居皆若狂。乡之父老复泣请，迎神益力。予亦泪堕如雨，乃复命照

① 选自康熙《畿辅通志·卷四十·记》。

② 王守诚，字时化，号环伊，河南省嵩县人，明隆庆五年（1571 年）辛未科进士，任翰林院庶吉士，刑礼二部司官。1581—1585 年任顺德府知府，扩修顺德府城。后任山西提督学政等，编纂《嵩县志》。

③ 污莱，指荒地。

④ 选自道光《邢台县志·卷十·艺文》。

⑤ 张延廷，明代举人，1586—1588 年任顺德府知府。

磨王鸿往。鸿儒重予之任，使遂斋三日，请徒步以往、徒步以旋，且曰：“使此祷不应，将以身徇，无苦上下为也。”比至山，辄洒然一雨，若速应焉。而辄晴，乃迎以归。盖乡民相从，而舁神者不下千余。予偕僚属走迎于郭，已见密云叆叆①布四郊矣。即祷于神，曰：“使天而果雨，当为神近创离宫，不复仆仆劳神为也。”此入夜雨大注，次日复雨，又三日复雨。百里沾儒，皆不出予境，诚异颖。遂获在秋。越明年，有麦寻大稔。皆兹一雨，先之也。于是乡民有捐宅为庙址者，有以身佣者、出粟者、输料者、携酒浆者，若驱之使然，而不得其故。计工兴于万历十五年八月二十三日，成于万历十六年六月初一日。庙之外为桥，桥之北为门，门之内正以工代赈三楹，左右翼室各三楹。金碧荧煌，垣墉缭绕。伟哉翼翼，久为闉阇②，为一巨观矣。无何，四方箫鼓雷动，倅褚云嗡，士民川至，源源而来，以称报赛者，殆不可御。兹非神之灵应，孰隆施是耶？乡民因叩予曰：“是工也，唯君侯之命，不可无记。”予惟国依于神也，能御大灾，能御大患，礼所当祀。境风名山载在郡典，法所当祀，且庙肖赫山祠建关市在彼乎？在此乎？合两地而盼享之，可以义起者也。事又便于祀，维自今五风十雨，一登二升，神之听之，其不中和且平也耶？语竟质诸寮采，佥曰：“韪哉！”于是乎记。

葫芦套闸记③

明　万历十五年　邑人　侯师颜④

邢古附郭，邑西几二百里，太行峙焉，下皆沙石不可田。其平野可田，无水遭熯⑤干即赤。惟东南数里赖泉得溉，故其田少登，其额属上等，凡百征输视他处最繁。其民终岁勤动于畚锸桔槔间，仅足供上租，无三六之积也，吁亦囏⑥哉？然是水也，可以补一时之雨露，而不可以当连岁之愆阳，前年夏稍旱，百泉水即缩而不足，以灌田苗之槁者十分而五。去年春，又旱，水益缩，日止溉二十亩，苗之槁者十分之七。至秋，复大旱，泉壅而水涸，日夜蓄泄，止溉十余亩，苗之槁者十分而九。民不聊生，赴诉于邑侯郝公。公为出钱谷赈之，详为处分，俾各得更生。而频年被灾，储蓄告匮，思所以永济之而未得也。父老有识者请曰：“今百泉虽缩，而下流有葫芦套者，开一渠，自马场东，抵楼下西止，里许即达旧瓦河。因而下注，势若建瓴，可助百泉溉田。”公欣然命驾往视之，临河而叹曰：“美哉！洋洋乎固菽粟之源也。”即欲鸠工兴事。会沙民具牍于太守张公，欲共事而分其利。事下县，公奋然曰：“水出于邢，其所坎者我土也，其

① 叆叆（ài ài），云盛貌。

② 闉阇（yīn dū），古代城门外瓮城的重门，原文为“门”字内一个“垩”字。原文应为误字。

③ 选自光绪《邢台县志·卷一·建置·山川》。

④ 侯师颜，监生，京师顺德府邢台县（今河北省邢台县）人，曾任镇江府通判。

⑤ 熯（hàn），干燥、热、烘烤。

⑥ 囏（jiān），古同“艰”，意指艰难、灾害、险恶。

所征者我民也，彼何为而欲分之？”遂以不可拟上。沙民怏怏，复诉于张公。张公怜之，共判府陈公议，令邢沙三七，以均其利。两邑民奔告于公，公知事不可已，乃谓之曰：“我邢既东，尔沙既南，勿得乱我百泉旧利方可。”沙民唯唯。遂刻日视工，赴者千人，不日厥功告完，父老偕众拜于庭。公喜曰：“此渠成，吾六乡赤子免于冻饿，实无穷之利，且非独此。尚思朝廷之德，念太守之功，以时输租谓忠，其少壮免于耕凿。竭力供甘旨，谓孝；邻里相周相给，谓睦。语曰‘富好行其德’[①]尔。父老其图之。”众再拜，受教归，恐忘公之德也，乃镌石以记之，而请文于予。予惭不文，不能揄扬善政，第叙其首末如此，庶后之君子知百姓之艰难，后之小人知我公之德业云尔。

流珠堤碑记[②]

万历十八年 邑人 胡三省

流珠堤者，郡丞刘公、邑侯朱公[③]建之，以利民用者也。邢岁苦旱，而溪涧之间往往泉出，泓然深也。故莅兹土者率以筑堤兴利为务，载在邑志可考也。乃治东南十里外有堤曰珍珠堤，自珍珠而下有清水诸泉，亦源泉也，而无其制，然俗旧以腰堤名。名义首珍珠也，岂往哲曾肇创之，岁久湮没乎？举而兴之，又待其人也。朱公省观，初议及此矣，而未有事，适刘公绾符之日，民以其状上焉，得报可。公遂毅然为之，民趋赴者恐后，浃三旬而功成，延袤五十丈许，诚一大汇泽也，灌田可五十顷。百姓欢然有之，以为利也，名其堤曰“流珠”，盖谓其接珍珠之下流云。然意则以流寓刘，谓斯堤也，刘公主之也。以珠寓朱，谓斯堤也，朱公成之也。古者名贤有所建，辄以其人名，以识不忘，若苏长公守杭州，为筑堤障水，民称之曰苏公堤是已。今何不号曰刘公、朱公堤，而第曰“流珠”？流珠，云夫以卑名尊，不敢直呼，故以浅言蓄深意，令人思也。且珠，水精重宝也，迩天熯无雨，农人视水如珠，兹举以人力补天工，即流珠不翅矣，溢润邢襄[④]，岂浅鲜者哉？粤考珍珠堤创自前郡守北海刘公，今堤复建自刘公，后先一致，而我朱公实底其绩，则所称待人而兴者良不偶也。余固嘉其事，因百姓之请而记之。我刘公讳应科，山西洪洞人，治郡一以轸民是念，德政种种类此。朱公讳诰，河南南阳人，水利之制多所建置见他碣中，一是守令，信相与以有成也。

建小龙泉堰记[⑤]

明 万历十八年 邑人 周一科记

万历庚寅夏，邢侯朱公以查旱灾经治东南。至于华家庄之东，有水曰小龙泉，可堰

① 富好行其德，是《史记》中对商圣范蠡的评价。
② 选自光绪《邢台县志·卷一·建置·山川》。
③ 朱公，即朱诰。
④ 邢襄，古代河北省邢台县的别称。
⑤ 选自光绪《邢台县志·卷一·建置·山川》。

以灌，而民任其溃溢，竟归于河，则何以故，以其有主之者也。泉旧有渠，田家皆引以灌而纳其租，迩来亢熯，无以租也。于是主者禁焉，佥亦任其放焉，其地其水委而弃之蔑如也。公询其实，叹曰：“天乎？人耶？夫当时和年丰，天雨泽矣，水道通矣，耕者租者各有其利，何便也。今旱矣，复不得灌，益重其困也。而泉之主者以有用之水委之无用之壑，孰若与人？吾其捐俸给买之，以公于民。”众欢呼者动地，泉之主闻而质于公，曰：“愚民不知向义，辱教化久矣，今愿输于官。”具道悃愊[①]。公曰：“闻风而慕义者，良民也。”嘉与之，乃命民筑土石为堰，计灌田可十余顷，民甚便之。今年夏，众请公曰：“若义举也，欲以其事镌于石而垂诸久。”公可其请，而属不佞为之记。不佞曰：“信若良，然公德化不可诬也。《传》曰：‘君子之德风，小人之德草。草上之风必偃。’于斯可验矣。”遂书之，俾睹者识公道德齐礼之政，且以昭慕义者而示劝云。

永泽闸记[②]

明　知府　张延廷

夫叔敖灌雩娄之野[③]，而国以丰，翁卿[④]导南阳之渎，而田以广。自昔所称良吏，歌咏当年，而歆艳异代，易尝不因天察地，而厚利生民哉。余不佞，自丙戌春，奉命由南司农来守兹土，深惟庸愁费克，肩有是偲，且连值岁旱，民饥靡可救济。每暇辄偕僚间俗遍于四野，大都西北多山，地皆岁月崅以亢，沙砾磊砢，不可胜穷也。东南多水，地皆衍以沃，畎洫沟渎，不可胜用也，故西北之田多夫东南。因进白头数人而询故，佥曰：“兹先大夫白川刘公之所遗也，不则亦犹西北之所获矣。”言出泪落，盖不啻孙召之树绩于当时也。因褰裳导前，引余马首而周游焉。曰：此某某乃先大夫某公之所浚也，此某某乃先邑侯某公之所导也，不则亦由西北之所获矣。余益抚然因叹：“生利在天，导利在人，是何可缓图为也？”时同僚晋斋刘君、象台田君，佥不厌睥睨泉流而上下之。先是戊子岁，予偕寮采让所陈君已开葫芦套水，名曰盛流闸，由东南而下，可灌邢、沙二邑田数村五十余顷。今用之盖前此所未兴之利，而百泉之分泻衍派至此尽矣。今庚寅夏，复大旱，有乡民数十辈，持状向余曰：“予等居国南乡，华氏庄近亦觅得一泉，势漫泛不沿于河，渠流纡曲惟循于疃落，倘明公出一令，委吏督众俾，效疏凿而通渠焉。即非浩淼之泽，宁不为十余村数百家之利耶？”余欣然曰：“果尔何靳而费为也。”即谋诸朱邑令，令亲往观之，归报曰：“异哉！是泉殆天开地肺，以畀斯民耶。何当此干旱之期，而泉源若是潏汩也，第源痹而流涣，渠分而浸微。不如堤其封，闸其

---

① 悃愊，恳切忠诚。

② 选自乾隆《顺德府志·卷十五·艺文上》。

③ 语出《淮南子·人间训》：“孙叔敖决期思之水，而灌雩娄之野，庄王知其可以为令尹也。”

④ 召信臣，生卒年不详，字翁卿，九江郡寿春（今安徽寿县）人，活跃于西汉初元至竟宁年间。曾任南阳太守，兴修水利，后世称之“召父”。

流，毋支析厥，疆吠顺道而趋俾左右，浚决以溥灌溉之利。”便遂选择，而使邑之艾薄如所议而从事焉。大势一循周道，由晋祠路，而张家圃、王家庄、鬼家庄、新张庄、朱庄、田庄、梁家庄，直抵张村，下流入干河。肇工于六月二十五日，告成于八月中秋，渠阔七尺，深倍之，袤二十余里，灌田之村凡九，计地百十顷。兹亦前所未兴之利，而百泉之支流，余润至此穷矣。后之民傥，由是而恒守厥度，益衍厥泽，毋喧豗以竞，毋隳玩以驰，其利赖宁可涘涯哉？因命曰永泽闸。时庚寅[①]秋九月望日也。

黑龙潭闸记[②]

明 万历十八年 邑人 毛炯[③]记

大凡兴役举众，因民易，强民难。故非常之举，黎民惧焉，以未睹其利也。惟夫天地有自然之利，民利之，上之人从而开导之，乃能不日成矣。邢治东南有黑龙潭者，旧无水闸，有之自朱公始，盖潭之蓄也。其深莫测，其水固可引而灌也，往岁民苦旱常引以灌田，但引而东则必堰其南，而近潭之芦苇率被淹没，必春而堰之，冬复掘而注之河，一掘而东行之，渠必壅。民又纠众浚，岁而堰，岁而复掘，岁而浚，岁而复壅。民亦既劳矣，咸欲闸而未能也。先令郝公曾议及此，以迁去未果行。朱公莅政以来，悯岁苦旱，诸水利闸建者视昔过半，至是民以为请，公命驾往观焉。乃大相度之，经画既周，鼓舞复善。民争负土石，往役者如云，不阅月而闸成。水顺流下之性，而无溃溢之虞；田有灌溉之益，而无沮洳之害；民享沃饫之利，而岁省锸畚之劳。盖在以补地利之所不及矣。谨按邑志，潭之得名，以有黑龙潜之，天旱祷雨辄应，可谓奇矣。夫龙，神物也，所居必多飘风暴雨，四泽常满而溢，遇旱则享其利，遇涝则受其害。雨旸时若，而余波所及，壅淤灌溉加焉，则利与害相半。惟能障之使不致横流，通之使可为用。闸之时用大矣哉，朱公其斡旋神化矣乎？考古《禹贡》所称雷夏，既泽夫夏泽，亦云有神龙身而人颊，鼓其腹则雷鸣，故名雷夏。惟禹助所及，则彼上流有归，下流有泄，不致奔腾而为泽也，有由然矣。诠若黑龙潭之可闸，则与雷夏之既泽，事不同而理同哉？《书》称，禹治水，民作父，万世永赖。藉令兹潭之闸也，世世永存，则世世永赖矣，固宜。其役民，而民易从也。于是乎记。

永泽闸碑记[④]

明 万历十九年 黔进士潘应相

出邢南门，折而东七里许，华家庄有泉二区，隐隐在草泽间。中多泉孔，如百沸，广袤相距里余，其利原不减于百泉。第其流散漫，固蓄竟泄于七里河，盖以有用而弃于无用

---

① 庚寅，明万历十八年，即1590年。

② 选自光绪《续修邢台县志·卷一·建置·山川》。

③ 毛炯，京师顺德府邢台县（今河北省邢台县）人，明万历十九年（1591年）举人。

④ 选自光绪《续修邢台县志·卷一·建置·山川》，笔者在收录时有节选。

也。邑令朱公初下车，巡行阡陌间，即注意焉，顾民艰于虑，始避回[1]者久之。客岁春，省耕[2]历兹土，集父老申命曰："尔辈胡徇安目前，坐失无穷利乎？"咸曰："为之奈何？"公曰："夫水有大分之小者，有小合之大者，制用存乎人耳。斯水也，大势南注，而分流不可为用，宜于西南低下处筑堤，高丈许，长数丈许，合二水而汇为一区，则巨津矣。由是开渠引而北之，以资灌溉，利不溥乎？"众领其意，以其状上郡伯张公。张公固好为民兴利者也，见正于朱公合，遂檄下竣其事。朱公相度原隰，指授区画，鸠工筑堤，而阖辟之以闸。往役之夫，取诸用水之民，量多寡而均节之，酌高下而先后之，时犒赏以鼓舞之，民不知役，工不告劳，凡五阅月而工成，计浇田五十余顷，百姓欣然颂公德焉。不佞滥竽校文，役寓邢馆，一日随公同二三文学往观。其上四顾，久之乃叹曰："美哉！洋洋乎仁人之泽哉！无桔槔制，而免抱瓮之劳，旱不能灾，硗可使肥，可谓裁成天地之道矣。《易》有之，泽无水为困，泽有水为节。节故蓄，蓄故不困，此造化亦人事也。迩来河伯失职，邢邑赤地十之九矣，公凡陂塘水闸，建者屡屡，黍谷赖以熟者强半，岂非以节之道胜哉？泉旧有名，张公命名曰'永泽'，盖泽加于民而冀其永也。"佥曰："善。"请书于石，树之河畔，庶为邢永赖云。是役，太府张公主之，少府刘公、别驾田公、司理王公赞成之，县令朱公经营之，而身自督率者，县簿艾君也。法得并书云。

小石庄古井记[3]

潘相应

尝闻"帝者因天地以致化兆民，承上教以成俗"，亶其然哉。盖风俗美恶之故，沿于习而转移化导之机，操于上，靡资于富则不能训，靡有以兴起感发之欲，其翕然向风，莫由也。邢襄古燕赵地，其民固多慷慨仗义者，流亦有僻居山谷啬吝相沿，而近日始晚其故态者，盖可纪焉。邑令朱公为政之二年，劝课农桑，导利布下，若井侯兰、岗西、沙窝等处，耕者、灌汲者、负行者免逐日之病，蒸蒸化治矣。邑有庄二，一曰大石，一曰小石，相距不二里许。其以大名者，旧有井，深可三十仞，下窥隐隐，至日之中始见井底。庄之汲之者相次以户，相继以绳，相多寡以口，视如琼浆玉液，不以予人。小石庄求之，靳弗与也。吁嗟吝哉，偷亦甚矣。《传》云："民非水火不生活，昏夜叩人之门户，求水火无弗与者。"[4]乃今有是哉！一日，小石庄之民奔告于县，曰：吾民苦积习久矣，饮污泥惫矣。今幸有令尹仁，盍以井侯兰、沙窝等者，井我属乎？"朱公闻之，以闻于府守张公，公意嘉与焉。于是募工相位，掘土七仞而得古井焉，其遗干宛如也，又石数仞，而泉乃汪然渫井矣。不知创自何代，更迭兵火，流离湮没淤塞，以至于今。始固若石岗圣井者，流而地闷其灵。今有待而开辟乎？良足异矣。且其源清

---

① 避回，即回避。
② 省耕，古代帝王视察春耕。
③ 选自光绪《邢台县志·卷一·建置·山川》。
④ 出自《孟子·尽心上》。

其味甘，视大石之井更佳。大石之人利而取之，忘其昔日之吝也。于兹之民始亦弗与，衔其昔日之愤也。久之不尽用，任其取焉，恍然公共物矣。夫天地之间取之不穷，用之不竭，莫若斯水。厥民若是亦可矜矣。第斯二庄一则始有而靳人取，既因人之有而取之；一则先求于人而弗得，后为人求而与之。其事虽小，堪以喻大。太守张公闻，笑曰："此一可为吝戒，一可为仁风也。"乃约同僚往观焉，且相与谂于众曰："瘠土之民，向议尔二庄之民一也，何公私顿异若此乎？子舆所云无弗与者，至足也。今大石之井仅可以供大石人之用，我知尔民之吝生于不足故也，然不有绝，少分甘周恤保爱之意乎？考古蓝田乡约法令民出入相友，守望相助，疾病相扶，持即入家，同井[①]谊也。尔民未服习[②]此训乎？蛮貊之人望烟聚食，尔民弗若乎？凡我黎庶，其共勖之哉！"因命朱公记其事。朱公走，使属不佞为文。不佞私窃叹曰：大石之民吝，是溺于陋习，而暗于大道也。小石之民始吝而终不吝，是导其源而裕其流也。近者嘉禾产邢襄，在在[③]不可胜数，会见菽粟如水火[④]，民相率于仁义，则又渐摩乎大石，而消融乎小石矣。不佞不能文以侈其盛，故述其颠末并训辞，以仰承化民劝俗之美意云。

侯兰村朱公井记[⑤]

吴应甲

夫邢越在太行之麓，距治郛西三十里而遥。尽瓯蒌沙碛，不独苦灌溉之资。至于石庄及侯兰、贾乡，连数十村，日绝井养之利。民间妇子捆载荷担以汲水于他乡，且不一二返。夏日暑时，争取沟浍之水以自给，视涓滴之水不啻仙掌之露，盖从古而非一日矣。清泠朱公以进士初宰漆园，治最。越己丑，调繁襄国。适岁穑大虚，民且累累溪壑。公毖于天戒，劝农桑，兴教化，纤如鸡豚、韭薤、锄钩，沟渎靡不注念，脱阽于陷阱。而庆泽之濡，洗濯全植，理道之隟，跋涉山川，咨求民瘼，艰水之地，因以其事白于车尘之下。公即相厥方所，慨然曰："地中有水，发于山下之蒙，在《易》记之，可诿于及泉之难，令尔众爝然涸辙之渔耶？"于是为文祷，遂捐俸，命役殚力疏凿，一时地效其灵。而石庄诸村为井，凡若干，深皆二三十丈，彻底尽石，为费不赀，旷古之稀有者也。百姓喜得便易，奔告于郡伯张公、分府刘公、通府田公，咸往观而骇异焉。乃取意于公之身，而志之曰"清泠""朱公"等泉，而所谓等泉者，乃在侯兰。乡民恳邢幕方均属甲记之贞珉，俾公之泽与此泉而俱永。甲曰：天下非常之事，必待非常之人为之，亦必待非常之人共成之。何者？获上治民，必无所壅淤，而后闿泽翔治其窟宅然也。令天下尽如公之洵喆渊懿，以拯斯民于清波，复得凝湑沉净之长，以提衡共济

① 同井，指共一井田，《孟子·滕文公上》："死徙无出乡，乡田同井，出入相友，守望相助。"

② 服习，熟悉。

③ 在在，指处处、各方面。

④ 菽粟如水火，语出《四书·孟子·尽心章句上·第二十三节·易其田畴》。

⑤ 选自光绪《邢台县志·卷一·建置·山川》。

不溺，其职则湛恩。汪岁浸淫衍溢，将陬滏暗滺，流膏[①]浸澜，而名溢竹帛[②]矣，岂第区区沾渍此邦哉？

修百泉闸碑记[③]

万历四十年　邑人　吴道明[④]

邢之南十里有地曰百泉者，澧水之所自出也。旧有堤蓄之，而东溉楼下等九村，然秋辄决，春复筑之，颇烦民之财力。隆庆间，山东新城耿侯始议创石闸以时启闭，而堤用是不隤，堤之有闸自此始。于是九村之民得永享其利，而不敢忘侯之功也。相与尸祝之，而名其堤曰“耿公堤”，沿于今历四十余年。车马之所辏□，风雨之所搓剥，湍激之所齿蚀，堤渐坏而树渐髡，即闸亦磷磷就圮。昔耿侯虑始深，惟今昔之故，印籍分水，井井界限，丝毫不可拦入，民守以为令甲者，今亦蠹损不可读。万历壬子春，九村民佥举吴缟为三老。缟乃建白于县，欲筑堤修闸，造册请印，以为后世永赖之计。时南海吴侯习知水利而保民如子，因慨然主其事。盖不数日而功竣。长堤蜿蜒如龙蛇，新树桃柳遥望郁然，而照前册印造，且批照如山岳之不可动，比前更严，事事为之一新。于是，九村之民感侯之德如耿侯也。呜呼！莫为之后虽盛弗传，耿侯虽兴利，得吴侯而名益永。自此以往，又食吴侯之德于无穷矣。

关家湾闸碑记[⑤]

袁嗣忠　万历四十六年

邢侯王公自钜调邢，会十六村民许思玉、王三乐等告开关家湾一沟，今蒙抚、按两院详允，将府县申详看语开列于后。

一、本县知县王大受为便民开沟引水浇地以救旱灾事看语：看得本县十六村民许思玉告开百泉河新沟引水浇地。以泉水邢台水也，沟地邢台也，邢地高而水落先，旧顺河边止开六耳闸，此六闸中南和县又分三闸。南、任二县地低而水流长。南和顺河连前三闸开十六闸，任县顺河开桶百道，水出邢而邢民使水曾不当下县十分之一，此思玉等之因旱而思开也。职恐工大，始问以开沟之地价，不阅月而有价矣。继问以开沟之夫役，不阅月而有夫矣。复限以买地而后举工，不越日而沟地尽买矣。大要以邢台之民，用邢台之水，其势便，以如焚之旱需杯水之润。其时急，因而本府哀其呼吁，亲临水次，见正流入两县，而此不过旁开耳闸也。乃较旧闸二丈六尺减去二丈，准开六尺，以九分与两县，以一分与新沟，少救邢民之危，不失两县之水，彼此相济，定期兴工。但行之府

---

① 流膏，一指流脂，流出油脂。二指滋润土壤的雨水，借指恩泽。

② 名溢竹帛，比喻好名声永远流传。

③ 选自光绪《续修邢台县志·卷一·建置·山川》。

④ 吴道明，字元暗，号石兰，京师顺德府邢台县（今河北省邢台县）人，万历三十一年（1603 年）进士。

⑤ 选自光绪《续修邢台县志·卷一·建置·山川》。

县，不过一时之利，定之道院，乃成万世之功。伏乞俯允三县会议，以救旱灾。万历四十五年五月二十日，奉本府批，仰候道院详示行缴。本年五月二十一日，又奉本道焦批，仰候两院详示行缴。本年五月二十四日，又奉按院刘批。岁旱极矣，以邢水救邢地，于势良急，于理亦顺，既经该府亲临查勘，更分明白，即建六尺耳闸可也。如云水利，须南、任二县称便才定，候抚院详示行缴，又奉抚院王批，仰道查议报。本年七月初十日，又奉本府推官洪信牌，准本府牌，蒙本道焦宪牌，据邢台申前事，仰本县掌印官即便会同南和、任县掌印官从公查勘，建立前闸，会议妥当，甘结状具由，申来以凭会议，转牒施行。

本县知县王履议邢台新旧七闸，每日闭一开六，看语：看得本县百泉一水，南和建闸一十三道，任县立桶百余，本县止开六闸，主客之水既不相侔而多寡之，闸又甚悬绝。此十六村之民而告开一闸也，无何天不吊？邢大力者傍争致烦，当道苦心调停，始议减邢二丈六尺，新沟为六尺沟矣。今又议轮闭邢新旧七闸，仍用六闸水矣，不失两县之水，又不毁邢民已成之沟，调停至此，民何敢违？但生员袁化鹏、谢封伯等，村民许思玉、王邦宪等，已遵递闭共有减闸。减日之哀告者，总为改闸为沟，已非兴水之初心，而以闭为开，依然旧闸之故水。伏乞台宪俯念民穷，少减一日，民沾一日之惠；少封一闸，民吐一闸之冤。议已归一，但求减数。至本县结状，详参院道原行止，令南、任出结，未敢擅专。

本府推官洪看语：看得畿南累岁旱魃，桔槔亦代雨露。邢邑有泉，南、任共利，彼各子其民者，各幸天池自然之利，以治此涸鲋。此欲受增，彼不欲受减，此情也，亦理也。即挈以利害之大，较则此垂成之功不宜中止。彼久沃之泽不宜乍阏，此情也，亦理也。今议于邢邑六闸之水，通融七闸，则新利虽拓于本县，而旧水未分于邻封，以故各邑士民抱所欲而聚讼者，各厌所欲而缄口，此穷于情，亦揆于理，勿庸甘结矣。

本府知府陈看语：看得邢台百泉之水向与南、任均利，著有成规，迩缘邢台新建一闸，二县争讼。业经会议，与该县旧设六闸通融，闭一用六，但择人司水，未有一定，恐难示信。覆行查议，于南和县选委老人一名，司邢台七闸之启闭，日就本府经历司给发[①]标封，令其轮次递闭。如初一日闭一闸，用六闸，次日依序而行更番迭用，周而复始。仍勒石闸傍，明示遵行，似此可垂永久，自杜分争矣。

本道焦看语：看得百泉发于邢，经于南，而达于任，三县实共利焉。年来蕴隆肆虐，桔槔无功，泉流所及，遍城沃壤，士民各择其利，有司各子其民，何怪三县之有异议哉？惟是，邢之旧闸六，新闸一，闭一用六，以旧济新，在邢不为增，在南、任不为减除。南、任上七下八，业有定期，无容再议，外合无以南、任司邢闸，责令该府经历司给发封记，依次轮闭，周而复始。如此，则启闭以时，灌溉适均，争端杜而久利垂，

① 给发，即发给。

又何用甘结为也？本年十月二十一日，奉抚院王批，邢闸既经道府酌议妥当，悉如议行，永为遵守此缴。本年十月二十六日，又奉按院刘批，据详三县会勘，关家湾新开是沟非河，且启六闭一，则在邢不得独溢于上流，在南、任不致少减于水源，更令南、任日司之，犹足示信靡争矣。既各邑士民从公审议，俱乐从无辩，悉如议行，永为遵守。

永济闸碑记①

明　崇祯七年　邑人　孟国祚②

尝谓井田法坏地，有原隰高下，兼以雨旸，弗若开创水利之制，未兴，闾阎之民病于耕获者多矣。况邢民府治附郭③，要路冲繁，且土瘠民贫，屡逢亢旱，至隆庆二年，乡民景珠等以建闸告赴府主，费公深嘉其举，遂议大贤铺迤东相度地宜高下，开一水桶，下注景家屯等村，而灌溉田园之利兴矣。有任县民争水，具告本府，费公勘的水源出于邢台，申准抚、按两院详允，永不封闭。各乡村庶得以应时溉田。迨后山水冲没，其遗址尚在。于万历十二年府主王公准令照旧修理，以灌稻田，迄今食惠四十余年。不期连岁山水泛涨，将桶冲毁无存，比岁不登，饥窘于荒歉，田野之仰望争济者不啻饥之思食，渴之思饮也。时有景家屯乡民景伯延等赴诉于予，□称桶地成坑，难以建闸。予甚恻然。景启昌具状赴县，蒙我仁侯张公申准抚道，移桶于郑家湾，更其名曰“永济”。因命择日破土兴工，经始于崇祯六年春，落成于崇祯七年五月戊戌。其闸阔四尺，长丈余，渠流数十里，灌田三千亩，凡服田力穑之家，皆得以高黍而下稻。阡陌间禾生陇亩，有秋可望，原隰皆熟。则国家之赋税，民用之饮食不至匮乏，虽鳏寡孤冗独之人亦有所赖藉。而民无徂饥之患，则吏事简而田亩治，野无旷土，黎民家给，我张公之功德于民极其大矣。昔魏令西门豹疏导漳水灌邺，而河内免于凶荒；郑国渠成，而关中号称沃野千里。比类而观，水之为利大矣哉！自是而旱魃不虐，乐利无穷矣。各乡士庶蒙被重兴水利厚恩，咸愿竭诚纪颂公德，以志不忘。予因是为记。

百泉闸碑记④

崇祯十四年　钜鹿张绍先⑤记

夫为政之道多端，大要与民兴利而已。利莫重于民食所望于父母，斯民者甚殷也。乙卯之夏，公来治邢，为民生计者，咸登怀保。越明年庚辰，旱魃为虐，公方尽力沟洫，补天地之憾。遍历邢封，诣百泉顶头，原有旧堤见溃，因立闸，名永利。未几，而沙民无端启讼，且蚁聚蜂屯，欲决百泉之堤，以槁邢东九村之禾。公即力为砥柱，申请上台，蒙批

① 选自光绪《续修邢台县志・卷一・建置・山川》。

② 孟国祚，京师顺德府邢台县（今河北省邢台县）人，明天启二年（1622年）壬戌科进士，曾任大理寺卿，赠工部侍郎。

③ 附郭，我国古代行政区划用语，指县政府治所与州、府、省等上级政府机构治所设置于同一城池内的状态。

④ 选自光绪《续修邢台县志・卷一・建置・山川》。

⑤ 张绍先，1584—1666年，字善述，号重光，河北巨鹿县人，明清两朝重臣。

已成铁案。公又虑之远矣，命生员孟仲曾用时值价银三十五两买五道隆地三十二亩，为蓄水之源地，堤外众家地胥计共地若干亩，卖与东九村，有闸老人葛汉卿等监管，以为关锁。念百泉与九村皆属邢人，务期境内相安，仿古耕者讲畔之风斯已矣。功成而利兴，岁荒不能为之灾。俾室家妇子幸有秋而歌宁止，伊谁之功？昔赵大观宰永昌，筑堤灌田，以绝水讼，民比杜召，又为民蠲荒地之税，怜俵马[1]之苦害，惟恐其独累事。惟举于众，轻绅衿，跻堂称贺，小民途歌巷舞，种种善政，姑述其一二大端，余未易更仆数。行将秉台衡道济天下，则永利闸之流膏其肇端耳。韩公讳接祖，号湛中。崇祯十四年立石。

百泉闸定案碑记[2]

清　顺治二年　工部侍郎　钜鹿张绍先

邢东南七里河，南有源出焉，盖天开之以苏邢困也。邢之人因名之曰“百泉”，费百万余金筑堤浚渠，立百泉闸。南为郑家堤，一泓澄碧，鱼鸟游泳，亦为邢之巨观。百泉之东立葫芦套、重兴等闸，以溉泉之接壤者，余水入七里河。河之左岸复立关家湾、东汪、溥济、永济、永利、龙兴等闸，总名耳闸，以溉泉之远犹足以及者。顺流而下，循南和境而入于任县大陆泽。两县因沾水之余润，疏沟渠而用之。时久弊滋，讼狱烦兴。彼时民牧矢恭矢慎，以水之上下定日之多寡，南七、任八，非南任与邢分水之期也，二百余年未有更易。去岁五六月间，旱魃为虐，苗皆立枯，民视涓滴如珠玑。初则任与南争，继则南任合而与邢争，而沙河复从傍置喙。南任之言曰：“上七下八，水有定期，天旱则邢人壅水以自利，天雨则邢人决水以病邻。”其说似也。沙之言曰：“郑家堤距沙咫尺，挹彼注兹，可以救邻，邢不得以有用之水置于无用。”其说亦似也。三县之民相讼不已。上台廉别驾蔡公有听断之才，乃付审理。公实心为民，劳瘁不辞，利害不避，炙日村落，溯其渊源，览其形势，考之记载，询之父老，了然于心。乃属四邑绅衿黎庶而谕之曰：“源出于邢，而利于邢，情也，理也，势也。邢用之有余，南、任始受邢之惠，亦情也，理也，势也。未有邢不足而舍己利人者也。至于淹没之说，因秋水暴涨，自和顺、辽州透太行而下，此泛滥之水，邢受害于先，而南、任递及之，岂百泉一掬之水为害哉？亢阳不雨，天屯其膏，地爱其宝。即郑家堤之水，亦有泉竭之叹，安得波及于南、任哉？故南、任受水之利，当以邢为德，南、任受水之患，不当以邢为怨，则南、任之说穷。沙河争郑家堤之水尤属无谓。邢人筑堤以蓄水，肯决堤以散水乎？况沙河地高，不能搏而跃之郑家堤之水。非怀襄澒洞[3]，又何必凿龙门而泄尾闾耶？倘堤决而遇霪雨，势必将邢丰腴之地而夷为水乡，沙未获水之利，而邢先受水之患，安可毁已成之功而为无益之害也？则

---

① 俵马，指明朝的俵马制度，主要是解决明政府战马所需，以及减少政府在购买马匹等马政事务方面的开销。

② 选自光绪《续修邢台县志·卷一·建置·山川》，该文标题为本书编者所加。

③ 澒（hòng）洞，意为弥漫无际。

沙之说穷。”公从容数语，排难解纷，四县之民莫不帖服。盖邢因感公之德，而南、任、沙亦钦公之明。公据颠末，报之上台。上台皆曰可。公自书石为记，著为令甲。百泉士民复砻片石，求余记之。余素慕公善政，不暇悉举，即此一事，非公明鉴独断，鲜不为众口所挠。公以无私之心，行所无事，而邢民安耕菑之。故三县息争斗之端，则公之明德当与河洛同不朽矣。勒之贞珉，后之君子过而问焉，庶可以垂永远之规，而享无争之福。公讳应登，号仰溪，江西南昌人，由选绩，顺治二年任附。

米公闸碑记①

顺治七年　邑人　李京②记

邢东南十里有水，自平地出泉百孔，遂名百泉。上下两泓，中立闸，通村径。泓如比翼，又名鸳鸯水，《水经》书湡水是也。明季诸年官邢台者因势导利，浚之疏之，立闸开渠，灌东南十余村田，遂为邢之上壤，而地之赋亦赋上上。缘邢之西北及东南之无灌者，地多岗阜峣屵，沙咸不毛，以一隅补一隅之不足也。水未计亩，水之面计空，上地八十四亩，水之计堤，计空，上地两顷六十亩。水计亩也，水之外有小渠，渠有岸，计岸之空地，则无算，皆不得种植而供上地之赋者也。每岁春，闸之老人率村之小甲、镰大，荷插持器，壅者广之，高者下之，岁有常规，是未收水之用，而先兴水之功者也。近二三年来，雨霪且驶。自万历年间，闻蜀人几生王公重修后，已三十余年。岁月日时，复为鱼龙之蚀，触波涛之撼荡，旱干水溢之，冻消剥落。及昨岁五月，水决闸崩。崩则水不存，东南村田不成水田，然亦不得为高田矣。米公闻而单骑来，立闸上，召闸之老人，命之曰：“是役也，不可不急为之，勿谓雨水可置之而缓，值无雨筑之则晚矣。”属丞龚君督之。于是老人董村之人，课功计日，礱石畚土，三旬告竣。去旧闸东三步许，坚固完好，视昔有加。入今岁，正月不雨，至于六月，千流将涸，万亩腾烟，地所谓岗阜峣屵沙咸不毛者，无麦复无禾。此一隅赖此一水救麦之枯，布禾之种。非公勤民之政，先事而兴作者，此又安得收麦粒而见禾苗者哉？不将与彼隅同悲旱而苦饥乎？《周官》大司农有水利之政，故汉倪宽师其意，开六辅渠，定水令以溉田，民享其利，咏歌其德无斁。太史公志循良吏，首书之，宽后代不乏人，永无废流，宽启之也。宋苏轼治杭，辟西湖田，芟葑成堤，杭之民以富于百年，僧以苏公名堤，美其事。吾邢百泉创，虽非吾公始，闸崩决，不为理，创者意亦湮没，尔小民又恶劳，是知继守者更美于创也。公明德之政，泽及邢黎，声流后世，与倪丙史、苏文忠可同日而语也。闸更名曰“米公闸”，不亦宜乎？公讳襄，陕西蒲城人。龚君讳光美，浙江上虞人。邢人请余记之石，余虽不文，敢辞敬为记。

① 选自光绪《续修邢台县志·卷一·建置·山川》，该文标题为本书编者所加。

② 李京，字都五，直隶邢台县（今河北省邢台县）人。1655 年前后在世。清顺治间岁贡生。曾任巴陵县知县。纂有《邢台县志》十二卷，于康熙十一年（1672 年）成书。

永泽闸碑记①

康熙四年碑记

永泽一闸，其来旧矣，浇灌晋祠、王家庄、张家庄、梁家庄、黄家屯共五村，而他乡不与焉。自明季以还，四民失业，农者避乱山林，以致沟渠填塞，变为平土②，水利不行。迨国朝定鼎，民适旧土，始修本业。顺治二年间，旱魃为虐，河伯失职，数乡徘徊无计。有张家庄生员刘泉喟然叹曰：“吾昨行华家庄，见有泉隐隐，有碑森森。读其文，是前辈仁人君子活我数村者。尔等胡狃于自安，失无穷之利，坐以待毙乎？”佥曰：“善。”于是相率渠长王鸣凤与旧小甲镰夫若干，鸠工开渠，循故道而复新之，约计修闸、筑堤、浚渠用银数百两，用夫数万名，荣苦酸辛，不知凡几，而始获此涓滴之水，苏再生之民命也，况岁筑堤修渠之费又所不计焉。是役也，一家出夫一股，谓之一张镰，出夫十股，谓之十张镰。每岁按镰分刻，按刻分水。期间虽至亲者不得私，至贵者不得霸，至贱者不得缺，祖以是传之父，父以是传之子，子以是传之孙，犹修屋宇，然基业祖也，堂构祖也，子孙世世守之，他人不得而争之也。自开之始计之，明朝迄今已六十年矣。自重修之始计之，国初迄今又二十余年矣。合而计之，年历八十，朝经两代，各循旧规，并无争端。不意忽有田家庄、朱家庄无籍棍徒健讼为生，不思牛马不及之风，妄兴埋石泉底之讼。今蒙本府王公祖与本县蒋父母高悬秦镜，电察奸伪而责惩之。断水如旧，不得依势强争。四郊欢呼，阖郡称快，有以符乎前仁人之心，即包龙图不过是也。数乡士民各愿竖碑刻铭，以志不朽云。

重修关家湾易名申公闸碑记③

窃思贤者之为民牧也，政治多端而兴利为最，即兴利亦多端，而水利为最，鸳郡之有百泉也，源发于邢，以于南，达于任。南开六闸，任空百桶，悉食美利于无穷。而我邢曾不沾涓滴之惠，识者未尝不三致叹焉。万历四十四年，幸遇王公自钜调邢。值旱虐之极，亲临水次，详览地形。于东汪村西开一耳闸，名曰关家湾闸。闸仅六尺，所灌者止十六村之居民耳。较之南、任二邑所享之利，仅万分之一也。二邑之乡绅百姓得水忘源，争论纷纷。蒙抚、按两院并道府各上台批示，以邢水灌邢地，情通理顺，争论何为？众论遂息。而此闸毅然兴，至今犹颂王公之德于不衰。无如顺治九年，霪雨连绵，洪水滔天，而此闸颓废三十余载。至康熙三十年，旱魃肆虐，野无青草，嗷嗷待毙者数万家也。我申公莅邢十余载，课农桑，建义学，政教兼举，难以悉数，而其所尤注意者，水利也。访之父老，闻有关家湾之废沟，遂单骑亲诣闸口验其迹，询其由，乃毅然详请府道院。蒙抚院于老爷

---

① 选自光绪《续修邢台县志·卷一·建置·山川》。

② 平土，指平原地。

③ 选自光绪《续修邢台县志·卷一·建置·山川》，原志中标题为《康熙二十二年重修关家湾易名申公闸碑记》。

批允，未及数日，复有文催，二次仍令申公出仓粟，以助不给。阖闸人等感其恩惠，踊跃兴工，弗逾月而功成。报院，不特于老爷之奖语频加，即大名道梁老爷、本府殷老爷无不悦利泽之广被也。此与前之各上台爱民如子之心若合符节焉。自我申公高升，继任我吴公于春日出示疏壅塞，修桥梁，务期一劳永逸焉。何邢民多福，有王公创之于前，而复有申吴二公继之于后之恳且至也，阖闸感诸君子之德于不忘。于是为记。

沟头泉东沟大石桥断案碑记[①]

雍正元年　奉天范宏偲[②]

邢台东南旧有沟头泉，分流递注，为利滋溥。前令扼其南北沟之吭而闸之，一以杜争端，一以均水利，意至善也。大约南沟隘地微高，而引南沟以灌田者仅一村，北沟宽，地势下，而引北沟以灌田者有八村，故老恐高下不齐，利有不均。故于闸口建牙石二，以捍水门，于闸底平铺砥石于内，以平水势。牙石如人之有牙，所以卫而固之，不使直出也。砥石如周道之砥，所以防陷而备淤，不使停蓄也。比岁亢旱，视水如金。北村人有镂牙石之空，去砥石之底，私图多得升斗之水者。南村人有直浚到闸，硬挑至底，以一妨八者，皆穿凿之类也。近士民相竞不休，互讼到官。官为理之，发审于县，绘图于学。本府按临之，排解之，条约之，南村人于闸前三丈六尺之内挑浚者有罚，北村人有镂牙石去砥石者有罚。士民允服，各具遵依，依然同沟共井，不终讼致凶也。是为记。

邑侯戴公修百泉渠堤碑记[③]

雍正二年　邑人　胡名山记

邢邑之南有百泉，百泉之间有巨溪，源远而流长。民资其水，筑堤浚沟，用以灌田，名为永利闸。其来久矣，自邑侯马公希爵重修后，历年滋多，沟洫堤堰颓废殆尽，是以百泉虽生水之地，不能享水之利。我戴公莅兹邑，宽仁明恕，以除害兴利为念，凡所加惠元元者，无所不至。甲辰春，三月不雨，民忧旱。公即以民忧为忧，日夜焦劳，食不甘味，寝不安席。惟水利方可救旱，凡有水之地，无不躬亲踏勘。见百泉、郑家堤之水可以浇本村之田，又虑岁荒民穷，力不能为，捐米施银，为买石觅工。民见公况瘁如此，佥曰："吾侪小人，何各不以身先之？"由是云集响应，踊跃赴工，旬日之内，沟渠疏通，堤堰告竣，水势汪洋，日出不穷，地之属在百泉者，皆得蒙润泽之利，虽有旱魃，不能为灾矣。民感公德，工首胡昌汉，老人吴上起、柴子贤等咸属为记立石，以垂不朽。予曰：凡功在一时而不能及后世者，当时颂之，久则已焉。故须记之。若我公之德，惟在水，水之流，民日食水之利，即日沐公之德。水无一日不在，民目中则公之

① 选自光绪《续修邢台县志・卷一・建置・山川》。

② 范宏偲，奉天（今辽宁省沈阳市）人，岁贡，雍正元年（1723年）任顺德府知府。

③ 选自光绪《续修邢台县志・卷一・建置・山川》，该文标题为本书编者所加。

德亦无一时不在，民意中也见水如见公矣，奚记为？至于碑之立，不过注其年月日时云尔，奚足志公之德哉？公讳天球，字伯玉，奉天盖州人。

重兴闸碑记[①]

乾隆九年

郡治东南旧有重兴闸，盖百泉、葫芦套二闸之漏派也。灌田五村，为利甚普。因历年久，地基坏，石闸往往溃决，不沾利者数载。雍正十三年春，有王快村民孔学士者，明万历年破产开闸孔自才之七世孙也，欲率祖攸，行备酒食，邀孔桥五村诸有力者，公议移地建新闸，蓄水灌田。众称善，因具禀本县，徐公面谕各闸公议。内有奸民阻挠，公锁押速修。复控于本府朱公，蒙批本县汪确查报。汪太爷深知民依，于五月二十三日亲至河朔，临流惊叹曰："壤地之脂膏也，何废弛若是？"乃相其阴阳，度其原隰，于旧闸东八丈许，地基坚厚，可建新闸。卜吉六月初一日，委经历房，虔祭破土。初七日动工，复有奸民阻挠，公毅然叱之。遂点阅监工人，谕令速修，至十月内成其半，而公归不复矣。幸天不遗斯民，分府吕公下车，生员姚起元复具禀，公毅然自任，曰："是予之责也。"遂拘阻挠者，各加责惩，差押速修。自二月至六月，费金百余，夫万余，而石闸告成。民获大惠，室家相庆，共沐渐被之恩，同仰明德之远，不啻与流而俱长也。遂公勒诸贞珉，以垂不朽。

关家湾闸记[②]

乾隆十六年　贡生李九华

自古养民之政莫重于农田，农田之治莫要于水利。溯自神禹治水，决江距海，浚浍距川，而烝民因之乃粒，功垂史册，泽流万奕。至成周而远，沟洫浍之制咸大备焉。遂人辨野土以预田，法良意美，民庶殷富，永享乐利，没世不忘，良有以也。我邢邑地虽不尽沃壤，城东南百泉一泉源远流长，灌田有余，即以邢邑之水治邢邑之田，取利殊属甚便。此关湾一闸所由创于万历年间，成自邑侯王公，勒之石右，旧有明征。迨其后或因天雨连绵，水冲沙淤，河流遂不无壅塞之患，其间递废递兴，难更仆数[③]。方今圣天子念切民生，以直隶全省地多硗薄，特命大臣巡行相视，因地制宜，大兴水利。此诚子惠元元之至意，而即关湾之闸复开之一机也。维我邑侯陈公，仰体皇仁，痛民瘼，重稼穑，遍览河流，详考遗迹，遂慨然有兴复旧河之雅意焉。爰是，以闸百工皆兴，鼛鼓弗胜，不逾月而闸渠橙槽之功聿观成焉。美哉，洋洋乎何其成功之速而获利之甚便哉！虽其间派工监督者太学生梁大梁等众，而主其事以开大利者则邑侯陈公也。所谓因天地自然之理，尽裁成辅相之宜，则其功究不在神禹下，斯又焉可湮没无传哉？要之，斯闸

---

① 选自光绪《续修邢台县志·卷一·建置·山川》。

② 选自光绪《续修邢台县志·卷一·建置·山川》。

③ 难更仆数，原意是儒行很多，一下子说不完，一件一件说就需要很长时间，即使中间换了人也未必能说完。后形容人或事物很多，数也数不过来，出自西汉戴圣《礼记·儒行》。

也，灌溉有一定之期，自上而下，一月一周，强弱不得而异。同修筑又有一定之分，按镰分派，上下偕作，远近不得而推诿。水利既均，浚治尤公，熙熙然有古同井亲睦之遗风焉。则又何惮乎五十余里之绵长，何忧乎七十二座之烦苦，何虑乎一十八村之迭用循环，斯又我邢邑之世世永赖无既者也。是为志。

重浚关湾河详定条规碑记①

乾隆二十六年　钱塘金文淳②

关湾河者，七里河支流也。七里河发源郡西山，东流迳郡城东南，汇百泉河，又东流迳关家湾。前明万历间，知邢台县事王大受于其北岸凿渠建闸，引流而北，以河所首起，因以授民。北流二十里。贯达活河，又北流，稍折而西，迳小吕村。又东北流迳大色、辛兴铺、苏家屯、王家屯、吴村、李道、杨村、西大树、南大树、张家庄、西孙採、孟家庄、东孙采。又北流迳铁炉村、东大树、盖宗村。凡以灌十八村之地，一万六千八百亩。其下流入于达活河，以注于任县大陆泽，长五十余里，广丈余，深七八尺，跨以桥槽，凡七十有二，诚千载之良规，一方之美利也。当开河之始，关家湾西有黑龙潭，沟头诸泉，分支东流者凡十有七，东汪村之西二，大贤村、袁家店、王麻村、双楼村之渠各一，争安之渠五，双楼、石井、祝村、唐家庄之渠一，吴城、南小吕之渠各一，北小吕之渠三，分灌诸村之地。十七渠东流，而关湾河北注，纵横交叉，势必截断诸渠之流。于是用腾桥之法，甃石为橙槽，驾水东行。十七渠行于上，而关湾流于下；十七渠自西而东，关湾河自南而北。一纵一横，两不相妨，而后十八村与东汪诸村均得享灌溉之利矣。又以开河之故，中断诸渠，筑槽驾水，尽出十八村之力。每岁橙槽或有圮坏，亦惟十八村公修。十七渠用水诸村不与焉，迄今二百年矣。然年久则法弊，而人众则心生。夫十八村以隔村之人，岁事修筑，人劳力费。而十七渠用水诸村或借口昔年成例，费不己出，视同膜外，易致倾毁，更或得橙槽之废，横截河流，使诸渠挟关湾河而东，已得畅用，使下流诸村不沾涓滴之利，此尤弊之大者。乾隆二十四年秋，七里河水涨决，关湾闸淤填，河身橙槽多圮。于是上流诸村横河筑坝。其明年，予为按行，谕十八村修复水利，顿还旧观。时有诸村用水之民藉词兴讼，十八村之人，亦以向日苦累来告，互相构结，既为判其曲直。因思橙槽之设已二百年，其始既皆十八村建筑，其后又皆十八村修整，处更岁换，计厥劳费，亦足以塞其挑断诸渠之责，而偿各村用水之民矣。况时移代易，又未可以前明之旧规为本朝之定制，致橙槽易毁，水利或壅也。乃定为每岁小修，五岁大修之例。小修则十七渠用水之村各自修葺，大修则十八村协同公筑。永禁拦河筑坝专利之弊，并革生监充膺老人之习。俾前此良规以变通为遵守，讼端息而水利兴。申详各宪，批允立案，伐石勒文，垂之

---

① 选自光绪《续修邢台县志·卷一·建置·山川》。

② 金文淳，字质甫，号金门，浙江仁和县（旧县名，今为浙江省杭州市辖地）人。乾隆中试鸿博未用。第进士，改庶吉士，出知直隶顺德府（今河北省邢台市），深于经术。奉直隶总督方观承檄，修《直隶水利书》，著有《蛾子录》《读史厄言》。

永久。自今以始，岁修各任，以息争讼，大修公举，以存旧制。黑龙潭、沟头诸泉之东流者，橙槽常修而不废。关湾河之北注者，土坝永禁而无虞。用水诸村各利其利，民气和而年谷熟。官斯土者有厚望焉，至十八村用水向有旧规，兹不赘叙云。

晋祠闸分水碑记[①]

乾隆二十六年　钱塘金文淳

七里河发源邢之西山，其伏流而窍出者为泉，不可胜数，皆在郡城东南隅。晋祠村泉，其一也。泉凡三，曰砌坡，曰明沙，曰黑泉。三源奇发，汇为一流。明万历间，引溉各村地亩，于泉左方建闸，曰“晋祠闸”，开渠，曰“晋祠闸渠”。渠分为二：一东流里许，专灌小汪村之地十余顷；一北流六里许，分灌七里桥、大黄家屯、小黄家屯、朱家庄、田家庄之地二十余顷。东流者如故，北流者久湮。晋祠村南向有苇地数十亩，接攘东流之渠。村人于渠南岸私凿阴沟放水，于是晋祠、小汪二村互相讦讼。予亲为查勘，则见北渠中断。询之土人，皆唏嘘以对。谓自开渠以来，雨水荡潏[②]，故迹无存已七八十年，数村之人因而日贫，朱田二庄之地有鬻于他村者矣。因为寻其旧迹，令重开浚。五村之人罔不踊跃。未一月，渠成。又虑一水两流，各村争用，日久构讼必有甚于晋祠与小汪，复令于分流之处小汪村建一闸于东渠之首，名之曰东利闸；朱田、大小黄家屯、七里桥建一闸于小渠之首，名之曰北利闸。又于北渠之中分建二闸，一在朱田二庄之南，一在大小黄家屯、七里桥之西。设闸老人一名，小甲十名。又令公议分水，每月三轮，每轮各以十日，自初一至初五日，十六日至二十日，凡十日为两黄家屯用水之日；自初六日至初十日，二十一日至二十五日，为朱田二庄用水之日；自十一日至十五日，二十六日至三十日，为小汪村用水之日。设遇小建，仍按三轮，每轮各减四时，如小汪村用水则开东利闸，闭北利闸。朱田、大小黄家屯、七里桥用水，则开北利闸，闭东利闸。而朱田二庄于大小黄家屯、七里桥用水之例，一准于此。计东闸月开十日，北闸月开二十日，朱田二庄闸与大小黄家屯、七里桥闸又各月开十日。复恐两渠用水，泉或不给，则令六村公修三泉。又于晋祠闸加筑一尺，以蓄水势，皆用水之村通力合作，而后利不弃地，水无漏泽，复百余年之旧制，为千百岁之良规。惟尔民守此不废，则数村者殷富可渐臻矣。故为叙其修建之由，均分之制，俾勒之石。

重开退水闸碑记[③]

乾隆四十七年　钱塘金文淳

百泉闸创建有年，楼、孔二村以东七村共沾水利者也。嘉靖间，有老人葛天臣与

① 选自光绪《续修邢台县志·卷一·建置·山川》。
② 荡潏，涌腾起伏。
③ 选自光绪《续修邢台县志·卷一·建置·山川》。

小甲公出银四两六钱，同中人周明买董敷大闸以北地二亩六分，为起土修闸之用。载在水簿，碑文可考。后又开退水沟，未及成，至乾隆四十年大水，有七村老人、小甲见堤堰污下，不敢严闭，则退溢横流，七村不能沾利，而行人有阻滞之患。因议继昔人之志，重开沟渠，使水北注，不得西流以浸堤堰阻道路。又此地葛姓久受价银三十六两，偷当与王姓。夫地原是七村公地，本非葛姓自买。即是其自买，先已受水十名，况十名之水原非与地相换，不过因其有统领修闸之劳，岂有既许以水而又许其当地者乎？众问及此，实无言可答，而仍执意不肯出银赎地。育、曹、吴、冀、辛、胡、李诸人，因念讼狱不可轻兴，忍事凑银三十六两，将地向王姓赎出。自南而北，开成退水沟通，将堤堰道路筑修坚高，从此严闭闸口，不但水不能上溢，亦不至下浸。七村共享用水之利，而行人咸得往来之便，一举两得之矣。工告成，念兴作非承官命，然事出息讼，和乡闾，当亦官所乐闻也。

七里河桥碑记[①]

恩　立[②]

环邢皆泉也。涓涓然，混混然，萦阡纡陌，无肥遗为厉者，水之利也。其或淫潦乍集，阻塞夷庚深厉浅，揭车殆马，瘏则又水之害也。欲兴利以祛害，则非良有司与夫一二好义之士以相助为理焉，则愿亦虚抱而莫偿。余蓄此愿也，盖有日矣。丙申春，姚令定元宰是邑，告之故，诺而退。未几而款集矣，未几而村庀矣，未几而功成矣。余嘉其能，对曰："此皆县尉、邑绅力也。令不过宣布上德耳。"观其工，则郭之北起豫让桥，讫翟村铺，轮长一百六十丈，广宽二丈，高四尺，中实以土，而旁辅以石，翼以柳。壤之松者实之，流之滞者疏之。向所谓轮折蹄陷者，至斯而周道坦坦矣。郭之南跨七里河建石桥一，长八丈，宽一丈，桥空凡七，畅河流也。替[③]高八尺，虑其漫也。桩以柏，余以石，固以鐍铁，沃以矿灰，向所谓济盈濡轨者，至斯而梁成可舆矣。总计用土二千一百六十方有奇，用石一千二百丈有奇，用工五千五百有奇，用制钱一千四百缗有奇。兴作于二月十日，蒇事于五月二十日，凡百日而告成。利兴矣，害祛矣，诚可嘉矣，余尤嘉夫令之能成吾愿也。余嘉夫尉之能以令之愿为愿也，余尤嘉夫士之竭诚尽力，跛来报往，沐雨栉风，以上副夫守斯土者之素愿，以下慰夫居斯土者之大愿也。是役也，督修者孙少尉德基，监修者白生振纲、张生德华、刘生振镛、郑生清泰、刘生振魁、田生凤龄、王生绍曾诸良士也。其余捐赀以助者，具列其名于碑阴，以见斯邑人情之厚焉。是为记。

① 选自光绪《续修邢台县志・卷二・建置・桥梁》，原志注："光绪五年，知府恩立、知县姚定元创建。"

② 恩立，清光绪初年任直隶顺德府知府，光绪十一年（1885年），因"才具平庸难资表率"，著开缺以同知归部铨选。

③ 替，原县志为上"夫"下"日"合体字。

柏乡县

通国桥记①

马健　唐山②举人

柏乡畿辅名邑也，当南北之冲，为诸藩之会。治西南有二水焉，曰午河、槐水。虽由地中行，而旧沟与桥狭隘，不能容。午河则夷于淤淖，漕浒莫分，又无以为容。每遇霖潦，阛阓之外，奔涌泛滥，皆为水国。邑之人输租税，走会期，适市廛，以及出途之旅，观光之宾，皇华之使，阴险而望洋兴叹者，动以浃旬。盖二水出太行之东麓，霖潦下注，势则然也。前明嘉靖甲申秋，我皇上入承大统三年矣，孝思不忘，乃遣重臣往荆襄。潜邸奉迎，兴献皇帝神主。值潦水澎湃，厉揭无功，急则渡人膏鱼鳖之腹，缓则使臣祗星火之命。守土者错愕惊惶，莫知所措。乃强取匏筏，岌岌焉履险犯患，侥幸③以济。时则县令高侯领中丞刘公、大巡王公命乃进檄。得报许，首捐俸资，以率邑人。众心感激，不约而同，输工助佣，争先耻后。邑之大姓有役在官者，乐其便利，捐金帛，驱车牛，用资成功。而鸠工募财，伐石取锻，则乡耆张拨辈与有力焉。桥既成，名以“通国”，举其功之大者也。其袤以丈记者十，其广得三之一，翼于桥之上为石栏盾者若干楹，通之桥之下为石梁，以成于次年之冬。不待督责而大功之就其速且易如此，非忠爱动人之诚能有是耶？夫辰角见而雨毕除道，天根见而水涸成梁。五政所急也。孟轲氏以民不病涉有取于舆梁之成，而独惠夫溱洧之乘，其意有在矣。尝窃悲夫士君子得志于时，居可为之位，操得为之权，乾乾于簿书期会间以取津要者，则有之矣。其视民之垫溺犹己，而汲汲以利济为心者，几何人哉？今若高侯可谓知所先务矣，可以例见其行政之仁矣。今也车马携负、不限昼夜，若履康庄，民之出入者，相与庆于道，行旅来者相与诵于途，使轺骁骁者，相与乐道乎。原隰作宾王家者，相与延誉于京都，利泽及人，其溥矣哉！邑之缙绅士大夫感侯之德，不忍没其善，相与醵金砺石。以庠生王子磐尝从予游，强余为之记，义不可辞，乃为之记其岁月，以传永久。夫桥之大势，归乎高，覃乎长，确乎固，望之若蝃蝀插天，履之若鲸鲵跨海。柱可题也，惭余无长卿之志之才；川可济也，惟侯有传岩之功之能矣。侯讳举，关右汧阳人，以大学贡士拜令职。其募财督造、左右成功者，诸君姓氏并勒于碑铭之左。铭曰：伐高山之贞珉兮，甃桥惟磊。翕揽流之洚水兮，朝宗于海。拯垫溺以亨屯难兮，惟高侯幸介。贞珉以余流涧矣，将千百载。

---

① 选自隆庆《赵州志·卷二·建置》，原志注：通国桥“在北门外，明嘉靖六年都御史刘公命柏乡知县高举建。”

② 唐山县，古县名，今属河北省隆尧县。

③ 侥幸，做非分企求，希望获得意外成功，由于偶然的原因而得到成功或免去灾害。

柏乡县新修西门便桥碑记[①]

褚宦[②]　乡进士

西便桥者，柏乡县西门之便桥也。桥甫成，友人杨子明道、赵子子传、王子缙卿，重佥议而嘉其事，请予言勒石以示后。且曰："桥何名？"以义起而名曰"便"，系之以西，以为东门之别也。因记之。西门旧有小桥，其方不能余丈，于是无大水患亦可略免徒涉。正德辛未之交，流贼压境，所在浚城垣，完壁垒，严为戒备，议者撤石而更为悬桥以代之。未几事平，悬桥废而堤障不修，湮没日久，拳石不存。往往架木积薪，以便徒行，只可为目前之计，而不能当湮没之虞。前此旁流外入者，为一二雨集之余而已，他未有所受也。后以槐、午二水不安故道，昔尝远在城郭之北，二水相望里许，顺流东下，既而沟渠横决为灾。县治西南三十里外，午水逆折而西，又北而东。槐水南徙而合于午。春冬之际，时或断流，而人迹可通。至霖雨盛行，上承山涧，陡下以助其湍悍，下收潢潦从流，以资其泛溢。邦之人每观风气而听雷声，知西山雨多，则朝发夕至，迅急而来，直会城下。其壕堑既不大有所止蓄，且周回委曲，又无以直，遂其东行之势。以故汇积汪洋，茫无畔岸，及于济渡之处，尤不可测。前水渐杀，后派方割。城内之不出入者，动经旬月。商贾之不售，农作之不时，都坐此患，既三十年无可奈何矣。城之寺僧无明者，始欲成舆梁而难其事，乃谋诸耆老王天禄者数人。众皆悦从，各输赀费，更要四境之乐施者与之共事。于是，伐西山之石，鸠工度日，椎凿以兴，凡百所需，已集十之七八矣。又明年，事犹未竟意者，将有所俟耶。嘉靖己亥，邑侯杨公来知县事，问民疾苦之余，即以兴衰补敝为任，谓是为有司之责，而不可缓也。乃度其所不足，而捐禀食以资之，仍以前人领其事，时为率作劝导，不数月而桥成。桥之长过池之半，圭其下而为空者三，两旁卫以石栏，上则宽平，车可方轨。作始于戊戌之秋，而以是年二月前工告竣，兹非有动于民而费公家之需者。俾数十年昏瞀[③]垫溺之区巍然成一巨观，吾民之不病涉者永永无既矣，岂非其政绩之大者哉？

重修通济桥记[④]

柏乡知县　张延廷[⑤]

昔岁甲戌，予分柏人符，深以才微学制，依依乎靡所适从。时则有楚侗耿先生之至于斯也，予请见而问焉。先生曰："予知尔之知是邑也，何居？"予未有以对也。先生曰："三阶绿緌，半尺青纶，畴非王臣，乃郡邑守。若令独以知名，盖义重于知也。府

① 选自隆庆《赵州志·卷二·建置》，原志注："（西便桥）县西门外，驾壕城上，僧玄明建。"

② 褚宦，《河南通志》载："褚宦，北直柏乡人，举人，嘉靖年任（兰阳县知县）。"

③ 瞀（mào），意为昏乱、眩惑。

④ 选自光绪《赵州属邑志·卷七·艺文》。

⑤ 张延廷，明代著名地方官员。字君简，号左海，山东滨州（今山东省滨州市）人，举人，万历二年至万历七年（1574—1579年）任北直隶柏乡县（今河北省市柏乡县）知县。

知在府，州知在州，县知在县，故钱谷有一弗知则蠹生，狱讼有一弗知则冤集，礼制有一弗知则事敝，桥梁碑隍道路有一弗知则治隳。郡与邑一也，故县以知名，尔其无负哉？”予始幡然悟，怦然省，夙夜殚，厥心力。七载以来，缮城郭，饬学校，疏槐午，新馆宇，崇文教，考邑乘。百里之政，廑廑几而理焉。邑四门故有桥，其在西北者圮坏，独先稍为修葺，可通徒舆。今用其在南郭外者，工巨而用广，时诎未可举赢，因循岁月，竟未就也。予啖然久之。自庚辰叨转以而南，每询诸邑人之南者，佥曰：“桥犹故而圮倾日甚矣。”越六载，予叨转而北，则时时过柏人，盖睹斯桥而颜甲矣。越明年，万历丁亥夏，邑侯李君至，慨然新之。于是输赀者邑之庶士魏君太平等、乡民杨万粮等金谷各若干，督工则有李尧琴等十数人，筹画当而费有经，僝鸠速而工易就。不逾岁，而予再履其地，则龙蟠鳌负，霞矫虹飞，翼翼言言，商贾往来，胥愿出途而诵声。作桥之余，复建坊通衢，以壮国门之观，题曰“登科坊”。数千年遗墟顿新，李侯之造福于民，岂浅鲜哉？于是，乡之庶士若民乐大功之有成，皆归美于侯。以予与侯曾先后兹地者，遂请予言，以纪时日，予不克辞。因叹事之废举，有时人之遭逢有数。乃兹桥为予夙，昔坠绪，而今适睹厥成，得非幸欤？侯名大化，字时熙，号省衷，吾乡济宁人，为人悃愊，无城府。予庶几近之，乃识趋高明，力肩宠钜，清徭减赋，兴废补偏，建柏人无疆之业，则区区当退三舍避之矣。是为记。

柏乡县重修利涉桥记[①]

清朝 魏裔介[②]

天下地势莫雄于河朔，河朔莫要于真定。柏邑在真定之南，邢州之北，太行之东，大陆之西，诚山河襟带要会也。昔五代之际，梁遣王景仁伐赵，赵王镕求救于晋，晋王李存勖为出兵，战于柏乡，距野河而军，即今城北水也。是河，人皆称之为槐水，驿亦以此名。然考河发源西山，自高邑之城南逶迤而来，乃赵州之沙河，亦名槐水。岂槐水漫衍，合泲水而名之欤？抑今昔异称也。河旧有桥，余为童子时尚见其峣然而高，去地丈有四五。康熙丙午，请假旋里，则颓然与河身平，山水暴涨，数为民田患。前一岁乙巳之秋，穿堤决渠，排城闉将入。邑侯章公以少牢投而祝之，水乃退，城之不没于波，臣幸也。于是，邑之耆老咸为余曰：“经之营之，舍其旧而新，是谋何可也乎？”余曰：“是义举也。”即捐百金，倡其事，而邑之士民各称量捐给，以营其事。有赵姓者，平山人，作一蜗庐于道旁，自荷畚锸，修堤数里。堤之傍植以柳，葱翠可观。邑尉鲁子一贯因书牌于上，云“新筑沙堤”。盖以余方谬厕端揆[③]。而是堤与桥适以次告成，故耳桥之高及长皆过于昔之半。作于丁未之秋，成于戊申之夏。冠盖相望，如过枕席。担夫舆人，不劳厉

① 选自光绪《赵州属邑志·卷七·艺文》。

② 魏裔介，1616—1686 年，字石生，号贞庵，又号昆林，直隶柏乡（今邢台市柏乡县）人，进士。历任工科给事中、左都御史、太子太保、吏部尚书、保和殿大学士、太子太傅等职，谥文毅，著有《兼济堂文集》。

③ 端揆，宰相。

揭，行者、居者，咸叹仁政之克修而又无劳民伤财之事。复来求余文以记，并请更以新名，曰："利涉"。盖昔先王之教，雨毕而除道，水涸而成梁。营室之中，土工其始，典聿重矣。河之大者不可石则以木。今之河小，故不以木而以石，一劳永逸之计也，岂不有合于先王之教，而得子舆氏民未病涉之旨乎？余于斯更有感也。自北魏李唐宋元以来，邢赵之间常为兵冲。明季，天下多事，秦、豫、楚、蜀援兵往来无虚日，遗民鸟惊鱼窜，荷担而立。自我朝定鼎以来，干戈不作，耕田凿井，斯民得安。其室家父子之乐者，谁之力也？欧阳文忠云："百年之间，徒见山高而水清"。呜呼！若斯语也，征天下之太平矣，后之览者，其亦有所感焉。既为之记，爰继以铭。铭曰：槐水清，泲水平。溉民田，波盈盈。桥可登，石可撑。乐妇子，事耘耕。篝车满，黍稷秔。忘帝力，无能名。

临城县

临城县知县余公新建石堤记①

赵惟卿②

王公设险，周官掌固，藩障存焉。此牧民者之要道魁柄也。临邑虽小，亦古赵地，西面当河之冲，岁五六月旬，雨集水溢，势急吞城。前司捍患者蒉土为堤，暂弭患于一时，未坚且久也。迩年秋雨倍常，河决不循故道，城之坤隅覆于隍漂，民庐舍患孰甚焉。维时，高侯版筑城垣于先，邓侯改门，博植雉堞于后，其堤则未之逮也。抵万历丁丑冬，余公以黄甲荣任。公家世科第，代不乏人，孝友清修，刻意问学，日以慕古人、追前哲为事，循循然有德之君子也。及守官临政，则精明刚正，不避权豪，人不能欺，亦不能夺。视篆余，观风叹曰："大哉城乎，其被河之害乎！险哉河乎，其为民之苦海乎！"不先时而为之备，则襟抱亏盈，风气宣泄，邑居弗宁。此邦遭逢疾威，若坠若覆，民无所恃而恐何忍焉。匪堤以为之防可乎？匪石以为之堤可乎？众谋佥，同捐俸金，易石出禄粟，赎灰。命陈莲幕以分理其事，召诸耆老以各督其工，技桩匝地，以固其根柢；淘尽泥沙，以定其涯岸，稽匠人之法，示劝惩之典，省试勤惰，量加赏罚。方月，灰石俱足。又月，厥功遂成，灰以胶石，石以连灰。戊寅二月六日兴工，四月十五日工讫，七旬成功。若神默相之者，雄峙壁立，陡然天堑，规模维新，气象改观矣。临之学教谕李向阳，训导刘名久，致政王谧、赵进修等，暨通学生员孙志义、薛学之、杨守志等致书，付耆老郑昇、李纶等致币于怀堂子，乞言以纪岁月。怀堂子感其礼意，动渠念。公为邻邦父母，不敢辞，姑述书之以广其说。考诸古之故事，隋有长堤，姿嬉戏也。唐有沙堤，行宰相也。东坡作堤于西湖，乐时游也。世亦有梅堤、柳堤、芳草香堤，不过徒为玩赏而已，要皆无益之费，不急之务耳。举不若公造石堤于城池之外，立千年之保障，镇不拔之鸿基，安堵生

① 选自光绪《赵州属邑志·卷七·艺文》，又见康熙《临城县志·卷七·艺文志》。

② 赵惟卿，字梦弼，号怀堂，直隶柏乡（今邢台市柏乡县）人，进士，授山东邹平令，擢工部主政。艰归，起补户部升郎中，督饷辽左。甲申迁按察司副使，备兵宁夏。丁亥调归，遂不仕。

民，巩固社稷。若金城之有金堤、玉河之有玉堤也。可以固风气，亦可以为邦郛；可以压巨浪，亦可以砥中流。是堤之功，诚为无前之烈矣，足见公心匪石殆不可转焉者。指日简书擢异，正色立朝，启沃君心，夹辅王室，扩卫道之勋，而济天下之溺，贞介石之操，经拯生民之患，将奠国家于磐石，屏翰万邦为宪焉。一石堤奚足以尽公之能哉？是为记。

野狐铺修井碑记[①]

张近诚

古之称仁政者，必使农夫愿耕于其野，行旅愿出于其途。临邑所辖野狐铺七里，南北通衢，夏日酷烈，行人苦嗟。历奉上宪植柳道旁，用垂旬荫，又量地凿井，以资灌溉，其为行旅计者甚深且远。而顺德郡侯鲁公[②]旌旆经临，复捐俸结庵，施茶济众。于是车马往来，咸托此以憩息焉。奈历年久长，故井顷圮。灌树者既鲜挹注之便，施茶者亦苦远汲之劳。会我侯杨公来宰兹土，留心民瘼，登图邑事，利日以兴，弊日以革[③]，三年之间，百废具举。遂备砖甃，募工役，捐赀修葺，不数日而告成。灌树煮茶，两得其益。是诚各宪之良法美意惠我行人，而亦我侯阴雨之膏而甘棠之爱也。于是乎记。

便程桥碑记[④]

王　肱

余邑治西六十里，庙菴岭之西，白云山之东，清泉潆绕于太行之左侧，蟠于泜水之上流，南扼顺广二府之要，西通山陕之途，后据清龙，前临巨浪，往来之经商客旅绳绳不绝，本地之耕农樵牧云集鸟会，四通八达，人行者众，此津梁之所以急急于宜□□。旧有上桥，时常圮坏，行者颠越，观者惊骇，名山大川，几几乎塞而不通矣。有孟家庄善人武臣，发心立愿，以便往来。又恐独立难成，昼夜图维欲得一人共襄大事。思九龙口白云庵开山和尚，道号养元，其前乃阀阅名家，出身仕宦，捐万金而不顾者也，非此人其孰能终厥功哉？于是就而谋之。养元慨然曰："善哉，此义举也。予独隐处林泉，无日不思大开方便之门以广济天下，今立桥乃与人方便之事也。更兼涧下之水冬则如汤之温，夏如冰之凉，此又济人之地也。予胡为乎不共成其事哉？"遂命其徒悬真同心募化。临近村坊，各乡人等，或舍赀财，或捐粟米，无不翕然向风，不约而至也。又得昊天观高隐道人徐泰康与其徒王青松，董厨造饭，供应所需。即时命匠开山运石，不期年而功成。当此桥成之日，余经此，目睹其事，千百人由之，则便于千百人，万人由之，则便于亿万人。由是，而程途得便，无往不通焉，因名其桥曰"便程"。所以不忍没人之善，乃勒石以垂不朽，永为乐善不倦者劝云。

---

① 选自康熙《临城县志·卷七·艺文志》。

② 顺德郡侯鲁公，指清康熙年间顺德府知府鲁僖。鲁僖，荫生，在顺德府有惠政。

③ 革，县志中误作"草"。

④ 选自康熙《临城县志·卷七·艺文志》。

创建永济桥碑记[①]

乔已千

世人慕善而不知为善之道，率耗其财于无用之地而不知恤，有识者心窃嗤之，当局者不悟也。如修桥路、施茶汤、赈贫穷、救灾难，此实惠可以及人者，乃谓之真为善耳。予邑之西三十里有石城村，居民众多，村落宽广，为众村贸易之地。村之东十二里有深沟焉，秋水时至，沟浍皆盈之际，则道路为之断绝，是东西往来者之大患也。昔人屡有议建桥者，而心不坚，力不前，卒成画饼，则首事者之难其人耳。邑人刘君昌祚，好义乐施，凡邑中美事无不倡先为之，非独丰于财，实由明于理也。伤行人涉沟之苦，倡议建桥，而独力不可以成功，乃先捐己资，而后募化于众。或以钱，或以米，贫富不同，多寡不一，前后约费八百余金。于乙未春月兴工，至丁酉春月桥成。坚致牢实，可耐久远，从此行路者无艰难之叹矣。近之可济知千万人之艰辛，而远之可以垂数百季之长久。刘君之功德既博且远，较之世人为善而耗其财于无用之地者，奚啻霄壤[②]哉！其赞助刘君者有乡民张友、张列宿主募化之事，僧人真童分经营之劳。而一切规画调度则刘君独任之。事竣，众乡人不忍没刘君之劳，属予为文以纪其事。予特名其桥曰“永济”，而以俚语勒之于石，以传永久，使后人知桥之所由建，共志刘君及施财诸人之功德于无穷云。

隆尧县

建马栏桥记[③]

推官　赵宦[④]　邑人

邑之社有马栏，邑之村有马栏，不知始于何时。因村建社，而其名盖有指欤？其详不可得而考也。按，旧城之桥距马栏之桥十里许。先时，马栏盖为陆地，而今走鱼鳖于乡衢矣。先时旧城盖为河身，而今走车马于运驼之地矣。变迁者时之靡纪，兴废者世之无常，君子于此，重有所感焉。马栏之乡之民于桥成之日请予记以名桥。予曰：“桥为马栏设也，请以马栏名桥，可乎？”夫古人信以传信，疑以传疑。传其信以记实，传其疑以俟考，此公物之道也。予闻永州有铁炉步[⑤]，人走于其步，求釜、锜、钱、镈、刀、剑者，经旬不得一，然步之居民，凡有兴建，皆悉以铁炉名。柳子厚作记，盖云铁炉者，昔固有，人以冶擅名，而今无之矣。人亡而步之称如故，从其旧也。今以马栏名

① 选自康熙《临城县志・卷七・艺文志》。

② 霄壤，指天与地，比喻区别之大。

③ 选自隆庆《赵州志・卷二・建置》，原志载为隆平县。

④ 赵宦，北直隶隆平（今属河北省隆尧县）人，嘉靖十年（1531 年）辛卯科举人。

⑤ 步，同“埠”，南方多称码头为步。铁炉步，是当时永州城北潇水河畔一个船只靠岸的码头，因曾有铁匠在此打造铁器而得名。

桥，亦从其旧而已。况岭有陡绝者，关有险塞者，马不能行，古人以回马、倒马名之，则夫桥渠利济，车辙马迹日驰骤焉，而以桥之为马栏也，固宜。栏者，栏楯之谓，马过斯桥而有栏楯，可无泛驾之虞，信然，是桥果不可不以马栏名也。使是乡不以是名，则已如以是也，宁不取快于乡人之称哉？考其费约三百余两，距其成约十有五旬，其始终颠末皆乡民薛景恕、段强、康得山、李隆等之力也。履其桥者思其人，思其人者想其泽，望其栏杆，瞻其坚固，皆有嗟咨羡慕之意，其利于人亦溥矣哉。是为之记。

新　沟　记[①]

邑令　袁文涣[②]　崇仁[③]

去县治城北八里许，地衍而势凹，有若釜焉，每遇伏秋，众水所归，恒夺稼穑之地，居心苦之。父老以为此潦水也，深不过二三尺，浅才尺余，疏而决之，可成膏壤。予因时勤相度，周行咨访，去大河约八九里，辟地为沟，可以导而出也。乃大召乡人，相与谋之。农工既毕，户出一丁，命各执田器往焉。壮夫齐力，稚老馌之，皆欣欣有趋事之乐。不匝月而沟成，积潦渐消，污泥横塞，岁收倍于常田，民以为乐业。夫地有余利而故弃之，民有余力而故逸之，此高谈治理者狃于安静之说也。用民之力以尽地之利，此因利而利民之道也。昔宋太宗伐刘继恩，下并汾以其地平衍，遂易县为隆平。予受事之初，按其图记升高远，望紫栢青畴，漠然大野，及遍历村落，高下原隰，潦涸不一，新沟之地，特一区耳。予因记之，俾知百世之利，一日之劳，官与民无徒自诿矣。

南宫市

周家庄牌断案修堤碑记[④]

清　康熙二十八年　给事中　周根部[⑤]撰

县西离城五六十里小周家庄等八村，逼近漳河，旧有水患。去岁丁卯七月，巨鹿县之苏家口堤决。水自南来，小周家庄适当其冲。孙光廷率领北数村于小周家庄村北挡东西堤一道，遏水北流。小周家庄庐舍坍塌，极力争持。北村人刘守福等捏词诳告于巡抚案下，批县查明申详，各予责惩，缴图存查在案。今岁戊辰，夏秋间，苏家口堤复决，北村仍筑此堤，小周家庄舍命相拒，以是堤不得筑。刘守福于本年八月间又以平堤，立淹数村，持刀杀伤三命，控告巡抚于，批详到府县，令蒙本府宪票躬亲踏勘具详云：卑

① 选自乾隆《隆平县志·卷十·艺文》。

② 袁文涣，江西省崇仁县人，清朝乾隆年间隆平县知县，编撰有《隆平县志》。

③ 崇仁县，隶属于江西省。

④ 选自民国《南宫县志·卷二十四·故实志·石刻篇下》。

⑤ 周根部，字稷裔，号逊斋，直隶真定府南宫县（今河北省南宫市）人，顺治十八年（1661 年）辛丑科进士，任上犹县令、兵科给事中等，为官清廉。

职恪尊宪委，于十八日查勘，南至巨鹿界，北至新河界，遍观形势，逐一细勘。大河东岸护河古堤，东至大周家庄，约有八里，俱系洼地，而水不及居处焉。孙家庄在河西岸下，地势稍高，而水患亦少。惟小周家庄、南庄、庞庄、贾庄、阎庄五村在洼中，细阅堤岸，一以为乔知县所筑，一以为金凤凰太监所筑。按，小周家庄之东，自正南巨鹿漳河涯，而北至新河闸板堤，则有顺水堤一道，是乔知县所筑也。巨鹿地界正南而北，约水贴堤西北流，由庞庄、阎庄以泄之，仍归大河北流。而五村各修护村堤，于田禾无伤损。即苏家庄口堤决亦不过走水地少受损伤，而护堤内之田禾无患也。人力勤者修护村堤而收其利，惰者不修护村堤而被其害，何怨何尤。此乔公所筑之堤，大公无私、同仁一视者也。自金凤凰太监于小周家庄之东北角筑东西堤一道，以御水患，仅为籽粒地计耳。将乔知县所修顺水堤止留南半截，西折而为横堤，顺水北半截俱平，其遗址犹十之一焉。此横堤为小周家庄之大患，原是阉宦之私心，置民瘼于罔顾，县乘不载，盖由此也。祸因今岁苏家口堤开，水势甚大，而庞庄、南庄各修护村堤，全无水患，惟阎庄、贾庄不修护堤，只率众挡小周家庄村北之横堤，不使北流入河。水积一尺，则培土一尺，使小周家庄之房舍俱将浸塌，四面汪洋，父母妻子并无出路。而刘守福各持锨镢立视其死，小周家庄舍命放水，而相与殴也。俱由乡总孙光廷主其谋，约人挡水亦刘守福为率领词状，所以不息。孙光廷一乡之总练，攒七村之钱财，使告小周家庄人。而刘守福水洗光棍，借众人之财而告不休之状，一日不告则一日无衣食矣。卑职将孙光廷、刘守福责惩，以儆刁风。细勘水形，横堤为起讼之端，原是阉宦私筑。今七村公议妥帖，愿将金筑东西堤俱平，仍修乔公所筑顺水堤入洪河口，有水则同开洪河口堤，水由大河北流七村，仍各修护村堤。即水势暴发而田禾亦无伤，此可以垂永远而决讼端。今将所绘形势并各村公议认状一并粘连申送本府。本府加看，详院批准，在于七村公议应修堤处所勒石垂示，永为遵守。据此见天下无难处之事，惟在区画得宜。大中丞于老公祖为国为民，以己溺己饥之心定永远利赖之计。道宪刘公祖保厘阖属，兴利除害。郡守马公祖视民如子，委县踏看八村，一视同仁，不至偏苦。县令刘父母亲视河干，详查堤岸，经书妥确，同施德于吾邑吾民者，真无量也。自兹八村之民生生世世歌功颂德，必勒之石乃可以垂示永久。予邑人也，县令刘父母以碑文属予。予不能文，即将捏词之批驳始末原委叙之以实，其事勒诸石。

闸板堤碑记[①]

清　光绪十三年　增生　周树棠撰

邑西北六十里有闸板古堤一道，以御西泊九河之水，所以保城池护田庐，此通邑之责也。惟八村附近堤所迭经官民会议，禀明上宪有案凡堤上应用材料、夫役出自八村，其皇差、军需并一切杂差概行豁免。兹因多年失修，以至光绪九年水势浩大，冲决数

① 选自民国《南宫县志·卷二十四·故实志·石刻篇下》。

处，堤内之民莫不深受其害。是年严公来宰兹土。十年春，公履堤所视堤将近废圮，因此饬令八村复筑旱堤。但八村村小民贫，修筑维艰。公甚怜之，助银二百两，借谷四百石以为修堤之资。工竣计修得底宽五丈二尺，顶宽一丈五尺，身长并漳河沿四千六百二十八步，详明各上宪存案。嗣后新河民在州呈称堤宽不及原报，恐有后患，又蒙吴公断。今仍照原报丈尺补修。三丈以内，取土内外，各留护堤地五尺。断结在案，而新河民又赴京呈控督院，饬委江大人于十一年四月间至州会同南邑李公、新河张公赴堤勘验，勘明断结。结得洪河口迤南漳河沿南宫地面、迤北闸板堤新河地面共计四千六百二十八步，堤上修守仍归八村承管，不与曹、仙二庄相干。但不准盗决侵耕内外护堤地，原议五尺，各改留三尺，日后修堤取土，仍在两面，按平方担取土。其余堤坡道口应修十字迭道，断在南宫地面南宫修筑，在新河地面新河自修，两造情愿遵断具结。然州尊吴公犹恐其界限不清，于十二年饬委新河言公、南宫陆公亲往堤所，栽立闸板堤地护堤地界，以垂永远。而新河民又赴京呈控，臬宪饬委容大人于十三年五月间会同州尊并两县尊亲履堤所，勘明断结。洪河以南旧漳河沿照旧修守，迤北闸板堤仍照断丈尺修守，两造俱息讼端。此所以藉不朽之物，以传不朽之事耳。

重修闸板堤漳河沿堤碑记①

民国八年　邑人　齐煦庵撰

天生人，亦能杀人。惟爱人之君子独体彼苍好生之心，天有时欲杀之，必竭力以与之防，与造物相抗，非逆天也，盖不如是爱民之心终歉然。尔南邑西境旧有闸板堤、漳河沿堤以御宁晋大泊、滏沙等河诸水泛滥之害，但历年久远多坍塌。丁巳夏，淫雨浃旬，泊水陡涨，波涛横溢，二堤漫没于巨浪之中。村舍倾倒者十七八，茫茫数百里尽为泽国。邑西鄙大周家庄俾②之八村受害尤剧，房屋多被冲坍，田禾全行渰没，室家流离，父子兄弟不相顾。该脾绅董赵日修、贾凤藻等以灾呈报邑侯。晓岚丁公身亲勘验，乘舟船至村落，见炊烟断绝，鸡犬无声。夜宿荒村，闻风声与水声相激，汹涌澎湃，与海相若。灾民处破屋中，夜色昏黑，穷不能购灯火，闻户外雨声如注，皆相对作鬼色，惨苦之状目不忍睹。丁公爱民之心愈恻然也，先行发谷以救饥民目前之急，并申详上台蠲免钱粮，拨发赈款，派委查放。公又首先捐廉，劝办义捐，创立粥厂及男女留养所、因利局，均派妥人经理，按名授食，借资营生，灾民赖以不死。水即涸，公以二堤冲刷殆尽，后遇水患愈无力遏止，复将被灾情形申详上宪。且言若不筑此二堤，后日之害无已。时上感公言，发给银洋三千五百元，更由地方筹款二千五百吊，以工代赈，更八村之民，复为修筑。乃邀仪亭霍君、焕章齐君襄办。二君能任劳任怨，督率工作，片刻不敢自逸，惰者则严为之督责，勤者时加奖励，至彼此邑地争而互相口角者则力为劝解

① 选自民国《南宫县志·卷二十四·故实志·石刻篇下》。

② 俾，通“比”。原书作“脾”。

之，宽猛并用，阅七旬始蒇其事。计闸板堤二千五百九十四步，底宽五丈二尺，顶宽一丈五尺，漳河沿堤长二千零七十六步三尺六寸，底宽三丈五尺，顶宽一丈二尺，较前尤为坚固。除工支外，尚余洋二百八十五元。公言他处灾款待支，上宪将余洋提回。二君可谓善体公心者已，公可谓尽保民之责者已。末流吏治之坏，只知图一身之利，而不谋万姓之安，空言沽誉，实惠及民者无有也。公则异是，当闾阎穷困之际，复兴此钜工，微论旁观，以为不急之务。即身被其灾者，亦畏难退避，不思踊跃以趋功。公于人所难为者而必为之，他年纵有水患，而该处之民定能安堵无惊。盖爱民之君子，其流泽之长在百世，不在目前也，岂不懿欤！八民之村感公之德，勒诸石，以垂不朽云。

南和县

澧水[①]石桥记[②]

隋　佚名

功斯□有道存焉，其义大矣。至若□□之职掌士□□□□□□□□□□□□□□□□□□民庶夫弘割舍之业，宁崇劝导之旨？自智桥孤耸，宝航独泛，引邪迷于觉路，拔沉溺于死河。无尽慧灯，散照百丈之室；上妙甘露，流布娑婆之境[③]。

以前我皇帝垂衣[④]秉历，纽地补天。二曜连晖，五精[⑤]合彩。轻徭缓赋，仁被草木；好生恶杀，泽及豚鱼。洒法雨以润群生，建宝幢而导黔首。四民迎化，九服[⑥]从风。洺州[⑦]南和县者，星膺胃昴[⑧]，地连赵魏。水陆交会，人物殷阜。斜眺衡漳，金凤凌波而耀色；却瞻瀛碣，玉马映雪以腾光。

于斯时也，使持节、仪同三司、刺史辛公，以明德上才，搴帷[⑨]此境。公名亶，字士信，陇西狄道[⑩]人。风神秀起，雄图杰出，博览书传，总括艺能，行成规矩，言

① 澧水，古代百泉河，现名澧河。

② 选自康熙《南和县志·卷八·艺文志》，根据现在原碑及其他文献，该碑文名为《大隋洺州南和县澧水石桥碑》。

③ 本段根据《全隋文》添加。

④ 垂衣，这里形容天下太平，无为而治。《易·系辞下》载："黄帝、尧、舜垂衣裳而天下治，盖取诸葛亮乾坤。"

⑤ 五精，五方之星。《文选·张衡〈东京赋〉》云："辨方位而正则，五精帅而来摧。"薛综注："五精，五方星也。"

⑥ 九服，王畿以外的九等地区。《周礼·夏官·职方氏》云："乃辨九服之邦国：方千里曰王畿，其外方五百里曰侯服，又其外方五百里曰甸服，又其外方五百里曰男服，又其外方五百里曰采服，又其外方五百里曰卫服，又其外方五百里曰蛮服，又其外方五百里曰夷服，又其外方五百里曰镇服，又其外方五百里曰藩服。"

⑦ 洺州，中国古代行政区划名，北周宣政元年（578 年）置，因境有洺水，故名。治所在广年县（隋改永年县，今河北省邯郸市永年区广府镇）。

⑧ 胃昴（mǎo），我国古代天文学家把天空中可见的星分成三垣二十八宿，东西南北四方各七宿。胃、昴是西方白虎七宿中的两个。

⑨ 搴帏，指称高级地方官履任或撩起帷幕的意思。

⑩ 狄道，今天的临洮县古称狄道，古代为狄人所居，《史记·孝文帝本纪》《后汉书·百官志五》载："县有蛮夷曰道"。所谓"道"，与内地的"县"是有区别的。秦始皇统一六国，拓疆辟土，开始在民族地区设"道"进行统辖。元、明、清曾置临洮府，府治狄道县，狄道县名称沿用至 1929 年后，改为临洮县。

为楮则。是以曳裾[①]棘座，高步礼闱[②]，市朝[③]迁革，位望弥重。建旗之部，威惠俱行，名闲宪章，深练治体。推诚化下，竭心奉上。奸豪悚叠，黎庶来苏[④]。翊军将军[⑤]司马田威，冯翊[⑥]广阳人也。志业平允[⑦]，操履[⑧]廉白，举目持纲，弼谐蕃政。野绝带牛之暴，市息饮羊之欺。又有宣威将军，县令马君，以美誉清风，制锦斯邑[⑨]。君名晔，字士晖，扶风[⑩]始平人。器量闳深，风韵清举。信义闻于州里，孝弟著于闺门。历官二朝，频宰三邑。明于剖断，善于绥养。留心庶狱，小大以情，寇盗出奔，囹圄空寂。故使乡闾敦睦，风俗和平，家识廉耻，人知礼让。芃芃之麦，竞秀两岐；泄泄之雉，共标三异。县尉，兖州陶县孔经，泗州高平县魏君遐，并地望清华，人才谨素，当官理剧，烦而不拥。

县城之北，有澧水焉。其水也，上引七里之源，旁吸百泉之口，控清引浊，冬温夏凉。喷气朝兴，则白日昼暗；澄波夕映，则朱霞夜朗。厥水之上，虽有旧桥，每经泛涨，随流漂坏。车牛陷溺，行李艰辛。有县老人宋文彪等，悟镜像之非真，知水泡之难驻。薰修十善[⑪]，回向一乘[⑫]。各竭赀产，兼相劝化，敬造石桥，以济行者。以开皇十一年，龙集于渊献，月躔于降娄。爰共经始，数年乃就。碧柱浮空，烟云等色；金堤枕浦，杞柳交阴。浩浩乎似应龙之导盟津[⑬]，峨峨乎若灵鳌之冠方丈。以此善因，广渡危难。

仰愿皇帝陛下，尊居太乙，道迈虞[⑭]唐；皇后配象，阴精[⑮]德高任姒；皇太子比曜前星，三善光备；内外文武，州县官僚，法界含生，咸蒙斯福。窃以洛阳路首，犹

---

① 曳裾，牵起衣服的前襟，原是贬义，是一种卑躬屈人的样子，是说干谒权贵仰食于人，本文是说刺史谦逊的样子。

② 高步礼闱，汉代尚书省在建礼门内，又近禁闱，故称之为礼闱，原指官居显位，后也指科举登第。

③ 市朝，犹朝野。

④ 来苏，形容百姓盼望明君来解脱其苦难。《尚书·仲虺之诰》："徯俎之民，室家相庆，曰：'徯予后，后来其苏。'"南朝宋虞和的《明君大雅》："民庆来苏日，国颂熏风诗。"

⑤ 翊军将军，古代武官官职名。

⑥ 冯翊，三国魏改左冯翊，置冯翊郡，长官称冯翊太守，治临晋（今大荔），辖境相当今陕西韩城、黄龙以南，白水、蒲城以东和渭河以北地区。北周时废置。隋唐时曾改同州为冯翊郡。是古代出入秦晋的关隘和交通要道，素有"三秦通衢""三辅重镇"之称，为兵家争夺的战略要地。

⑦ 平允，公平适当。《后汉书·虞诩传》载："祖父经，为郡县狱吏，案法平允。"

⑧ 操履，指操行、品行，《北史·庾质传》载："操履贞懿，立言忠鲠。"

⑨ 制锦斯邑，《左传·襄公三十一年》："子皮欲使尹向为邑。子产曰：'少，未知可否。'子皮曰：'愿，吾爱之，不吾叛也。使夫往而学焉，夫亦愈知治矣。'子产曰：'不可……子有美锦，不使人学制焉。大官、大邑，身之所庇也，而使学者制焉，其为美锦不亦多乎？'"后因以"制锦"为贤者出任县令之典。

⑩ 扶风，今扶风县，位于宝鸡市东部渭河流域，西汉时此地为京官右扶风的封地。西晋武帝泰始三年（267 年），在扶风郡治槐里置始平郡，领武功等五县；迁扶风郡治至池阳，即今泾阳县，领美阳等六县。今境域分属武功、美阳二县管辖。

⑪ 十善，是在松赞干布时期，大臣吞弥桑布扎最初翻译的几部佛经中有一部，名为《十善经》。

⑫ 一乘，佛教用语。

⑬ 盟津，孟津的别名。孟津，古黄河渡口名，遗址在今会盟镇扣马村南邙山之下。

⑭ "道迈虞"三字据《全隋文》添加。

⑮ 阴精，指月亮。汉丁鸿《日食上封事》："月者阴精，盈毁有常，臣之表也。"

传超石[①]之书；成都柱上，尚题长卿之笔。况复业隆遂古，功济生民，不有标扬，孰弘劝奖[②]？于是立碑路侧，以彰厥功，树之风声，悬诸日月。其词曰：

星汉西转，川渎东倾。导通云及，津梁乃成。悠悠行道，隐隐车声。虽言利济，讵免危城。（其一）

大悲拯物，宝珠斯现。泻水疑瓶，贯花似綖。深宏利益，广开方便。若断疑网，能除毒箭。（其二）

我皇负扆[③]，君临万方。下调玉烛，上叶珠囊。白环献祉，丹书效祥。藻心玄寂，迈彼轮王。（其三）

邯郸北走，澧渊旁射。桑麻隐映，川畴平易。是称爽恺，实为滋液。士女连衽，车马叠迹。（其四）

明明州将，垂恩不已。忧国若家，视民如子。温其玉润，油然云起。竹马赴期，蒲鞭示耻。（其五）

穆穆良宰，达于从政。导之礼乐，申以法令。行合韦弦，清同水镜。盗贼休止，黔黎歌咏。（其六）

有国耆老，闾阎俊民[④]。断除三毒，（归依四真。故楼危坏，愍彼沉沦。烁金运石，共造良因。（其七）

洪基蹇产[⑤]，飞梁□□□固□□□□隐□□□□□□□□□□□□□□□□□仁□（其八）。

仙　井　记[⑥]

元　柴登　邑人　隐士

井以仙名，记异也。何异尔？与众不同也。南和县城北有古台，台上有井，深不可测。井北有神祠，未详其所始。按蔡氏《补正水经》云："澧水东过南和，城北有井，水与地平，岁旱祷之辄应，俗曰为仙井。"即此地也。余家是邑，日常游览，具得其实焉。至正甲午岁，自秋八月不雨，至于夏六月大无麦与苗，人忧其失业，官惧其政隳。邑令尹泰昌僚吏父老辈涓洁走群望祷于是祠，是月丙午果雨，民大悦。越三日己酉，令乃谕于众曰："今旱而祷，祷而雨，是使饥者得食，寒者得衣，官政修而民事举也。"盍备牲酒，具威仪，谢于祠下。又命台之缺者补筑之，庙之坏者增治之，像设之剥落者

① "石"字据《全隋文》添加。超石，即朱超石，南朝宋沛国沛（今江苏沛县）人，龄石弟，虽出自将家，兄弟并娴尺牍，除中书侍郎，封兴平县侯。

② 劝奖，劝勉鼓励。《北齐书·崔暹传》载，"暹谢曰：'此自陛下风化所加，大将军臣澄劝奖之力。'"

③ 负扆（yǐ），原指户牖之间的屏风，天子见诸侯时，背扆而坐。《淮南子·齐俗训》："（周公）摄天子之位，负扆而朝诸侯。"沈约《奏弹王源》云："陛下所以负扆兴言，思清敝俗者也。"

④ 俊民，贤人，才智杰出的人。《尚书·多士》："乃命尔先祖成汤革夏，俊民甸四方。"

⑤ 蹇产，形容高而盘曲，西汉东方朔《七谏·哀命》云："戏疾濑之素水兮，望高山之蹇产。"

⑥ 选自康熙《南和县志·卷八·艺文志》。

修饰之。既告完矣，儒士韩融、张道贞等相谓曰："非令之诚，无以格神之赐，无以表令之诚。"矧兹井与庙之迹古。虽之纪载，然今不可不永其传，以昭示于后来，俾知所谓诚之至与不至、神之享与不享，在乎其人也。故刻石以识之。

门侯水利记[1]

李东阳 大学士

泄地利之藏以补天功之不足者，事之难也。捐一朝之劳以为万世之佚图者，功之大也。故禹功与乾坤而俱垂，姬泽与沟遂而偕流，末代苟简，莫克与此。间有循良之吏，师古圣人之意，则亦随其惠之所及，而起斯民之跂慕，或庙而祀之，或指而姓之，各与其所修创相终始。若白公之于泾，召信臣之于南阳，苏子瞻之于杭是也。后世有克任其难而大是图者，虽未可即与，于圣贤之事，而一时民心之所归，亦独非君子之所嘉与而乐为后世劝者乎？

顺德府有百泉河，自邢台东注南和之河头郭村。旧有石桥，水门止二券，水汹难于容受。岁一奔溃，怒气喷风，泛滥有声，及或为患，且能激沙淤民田，多所垫溺。又有故渠，士民所仰以溉沃者。苦山水涨，日就湮塞。吏其地者率相习以为难，至置不问。成化丁未，宣府门侯往莅南和县事，信孚政通，百隐皆达。爰曳石鸠工增广其桥，为三水门，以杀水势。而又筑堤，以豫捍之，继疏六渠以灌田。用是，旱备涝攘，天时不能为之灾；利兴害除，地灵不能秘其宝。声随事彰，泽以功流。在上者以为能，欲夺治他邑。而邑民不忍侯之去已也，相率留之。既得请，且度小邑之不能久莅，侯一日或去，无以嗣其功也。于是耆老范英辈候于道，奉书求予记，且言侯之振颓起弊类此者若干条。其大者则建郭门桥而构楼其上，夺所占牧马场三百余顷以赡贫民之补马者，余皆息盗止讼之实惠。要之，侯今之良有司也。不然，则簿书期会，亦足以塞责，而何汲汲焉犯此难且大者之为慊邪？予故乐为之书，以告世之怠吏，若其民之德侯，果如召父之云。而所称述，必欲如白渠、苏堤然者，则有此渠与桥堤在。至于役之岁月，工之名数，桥堤与渠之丈尺及费所自出，则虚左方以俟民之自书，庶得其详，且实俾后之记河渠者有所考云。

波溉闸记[2]

张应诰[3] 邑人 知府

波溉闸者，盖邑大夫赵侯创开之，引百泉之水灌河头郭东北隅安民、广溉两闸之间之田，而名则自命焉。若曰惠而不费，益则吾损，吾取此两闸之余波，以溉此云尔。邑城西十二里有河，发源于邢之百泉，经流河头郭之村。放乎任之大陆，延袤百里许，置闸导

---

① 选自康熙《南和县志·卷八·艺文志》。

② 选自康熙《南和县志·卷八·艺文志》。

③ 张应诰，1570—1639 年，字仲锡，号澹如，明顺德府南和县（今河北省南和县）人。

水，民享其利所从来矣。其间如安民、惠民、广溉等闸，利赖不为不多，然其弊难言也。余家亦有田数亩兴工居人之先，用水居人之后，至不得等之齐民，余处之泊如也。每见岔争格斗走死如骛者，利与否几牛，此何以故大都强梁者、恃力巧佮者、恃利俱可以无不如意，彼有不乐于恃力、不局于恃利者，不得过而问焉。嗟嗟诚难言之矣。崇祯丁丑，侯来令吾邑，至则他务未及，先均水利。欲使司水者不得居奇，奸巧者不得贿买，即强有力者不得独专斯。不亦爱民之美意乎？此犹尽力于沟洫耳。波溉闸则前未之有也。去冬迄今春夏不雨，几于折胶流金。侯于步祷之余，流览河上，见有蒹葭采采、荷叶田田者，有禾黍欲焦、桔槔不遑者，询之则有渠无渠之异也。偶至安民、广溉两闸间，既隙其地，又枕其流，曾不得分一滴而窃润焉，不几地有遗利乎？吾召父老而指之曰：“是不可闸乎？一闸岁溉田不下数百余亩，亦尔数千家百年之利也。”父老曰：“然！计非不及此也，盖有欲闸而不能，能闸而不敢，敢闸而不欲者矣。”侯曰：“何居？”曰：“一渠逶迤数里，不知需几家之田，非数倍其植不售，故曰欲闸而不能能矣。秋水泛涨，或淹没人田，非官府主持其谁任之，故曰能闸而不敢敢矣。又虑夫今日苦力兴功，异日未必享灌溉之利，异时徒手据利，未必即今兴功之人，故又曰敢闸而不欲。”侯曰：“噫！如是哉？虽然第闸之毋虑，吾为若平其值，即倍而不必，数量亦易辨，多积土石，根基坚固。庶几无溃决，立石垂后，非镰户不得与斯利，如是而犹不可闸，吾不信也。”父老曰：“诺，惟命！”侯明日则吉服正笏，告河伯而畚锸之。经营量度，自大河至某村，曲折又至某村，纵若千里，横若千丈。镰户若干名为置碟碣，置斗门。董工者则公直赵庄也，老人则赵自庄也，小闸则赵天胤等也。未几阅月，而厥功底于成。乡民感侯之利泽罔既[①]，欲勒石以志功德，而请言于余。余曰：“大夫之功德宁止此耶？抑何必不尽于此耶。古人有言曰：‘观侏儒者观一节，一节短则全体俱不能长。’余亦曰：‘观岭表[②]之篁者，亦观一节，一节长则全体俱不得短。’侯之开渠立闸，其一节耳，而惠爱小民之心闵闵无穷，他政之善自不必言矣。西门豹决漳水以溉邺，至为万世之利，今犹俎豆[③]之不朽。然则官于地方者但有一事之不朽，即不可朽矣，侯何必减于西门豹也。”余故就闸而记闸如此。

宗义桥记[④]

明　陈与郊[⑤]　吏科给事

余佐邢之季年，道经南和，涉澧河，河涨几不涉。则有购大石大木其旁者，问之，曰：“民李宗义，年六七十岁，老矣，且不子。故请于郡县，将桥之。”余问：“费几

---

① 罔既，不尽。

② 岭表，岭外。

③ 俎豆，祭祀和崇奉。

④ 选自光绪《南和县志·卷十一·艺文》。

⑤ 陈与郊，字广野，浙江海宁（今浙江省海宁市）人，进士，明万历十五年（1587 年）任顺德府推官，有惠政，民为立去思碑。

何？”曰：“千百缗。”余因发叹曰：“嗟！嗟！世之嗜义，谁如宗义也者。老而不倦，厚积而不私，宗义哉！宗义哉！吾佐而国甚愧焉。桥成若必告我，我为若作记。”后五年，余再起给事禁中。一日，见褴褛老人蒲伏余马首乞记。扣之，即宗义也，桥成而家荡矣，而颜不加衰，且曰：“民为是桥，上不烦官府，下不告乡曲，龙见而作，潦降而止，三年而后成，使君莫忘沙土之言耶？”余曰：“有之吾不忘，自吾入邢而涉诸县，道有汎舟之渡，河有官葺之徒杠，独未闻有以民济民者。且为永久计，矧历风险，闾里耆民，独舍千百缗，斯不称高义乎！”呜呼！昔周穆之架鼋鼍，东明之鱼鳖，只一时耳。要以布衣之徒，罄室树义，与之絜难而量久，何可同日论也！尔名宗义，吾以宗义名尔桥。尔其归刻之桥上方，岂惟不没尔名，庶其后之官其邑、居处其乡、及车马来往其上者，览而葺焉。

邑侯周公疏浚澧河碑记[①]

王锬[②] 邑人 举人

南和城南，澧河自西南而来，蜿蜒于境内者南六十里，以汇于大陆泽。其源发于邢台之百泉，经大厂村西北入沙河北祝村，北至段家庄东南交县境，辛庄西南界。其旁支为狼沟，由邢台之小厂村北漫流至沙河北祝村始成渠，经善下村西入县境，左村西南界又经砖瓦固村西北至王家庄，与澧复合为一河。形虽在，而迁徙不常，亦难问其故道矣。自沙河之水岐而为二。其南支由鸡泽韩固村流入邑之宋家庄，以达于任县之骆庄。北支则故道已湮，今自辛庄直冲入澧，再冲而入狼沟。三河横流，一遇秋水，浩瀚奔放，沙随水至，水去沙存，膏腴变为瘠坏，庐舍化为邱墟。元郭守敬所谓澧河失其故道，没民田千余顷者，疑或此欤？民受其害者不知几何，年议疏浚者不知几何，人盖好逸者，但只恶劳乐终者，难与图治，此所以废坠历久而莫为之兴举也。今天子神圣，文武度越往古，爱养黎元，时系宸衷，曰功永利更切，咨筹以州县牧。令为亲民之官，特加选择焉。乾隆三年春，江津周公奉命来宰是邑。凡所以宣布朝廷德意，以教养斯民者，无不备至，尤念和邑受澧河之害，比岁不登，思所以安全之。爰集我绅士父老，共谋开浚之。究其源流，考其要害，上其事与制宪孙公请于朝，发帑金若干两，兴工代赈，循故道，就形势，疏浚开拓，各相其宜。宽六丈，深六尺，两岸堤捻共一十二丈，自砖瓦固村东至郝桥西共四十二里。我公朝出暮归，明杂与民夫畚锸之日，经营劳瘁，殚此心力。自乾隆五年春正月，迄夏四月而厥功告成。自此，秋水涨发，畅流无滞，滞涝不为灾，民食其惠。向之叹流离嗟鲜食者，今则登衽席乐丰亨矣。恶劳者方与之共逸，图始者且与者乐终矣。举历久之废坠而振兴之成效立睹，安见其为难也。使非公之善筹画，肩巨任以实心利济斯民，何能臻此？绅士父老谋立在以颂公之德，公闻之辞

① 选自光绪《南和县志·卷十二·艺文》。

② 王锬，直隶顺德府南和县（今河北省邢台市南和县）人，清雍正十三年（1735年）乙卯科举人。

曰："斯河之浚也，上费国帑，下劳民力。达下情，宣上意，吏之识也，又何德之足云。"余曰："圣天子勤恤民隐，特发库藏，以奠安斯邑之民，孙公体天子之意，为民请命，此皇恩浩荡，宪德汪深也，乌可以不纪。斯河之源流久湮，得公考核之，俾形势了如指掌。疏浚工程既繁且大，而兴工之月告成之期，关乎一邑之利害，又乌可以不纪。至公之德泽，自在人心，且将铭诸肺腑，传之无斁，又岂独勒之贞珉哉？公又奚辞！"公讳章焕，字蔚陶，号梅轩，四川重庆府江津县甲午科举人。

宁晋县

宁晋县重修东桥记[①]

高推　邑人　御史

宁昌东桥者，余倡义以建者也。余邑襟带滏阳，枕屏元赵，作洨河尾闾，河自封龙，历平棘，建瓴而下，三面环城，东注月关，为清源轮蹄地。故有板桥，厚不及咫，狭称之。潦水时至，被于雨涘啮桥，桥坏，车马之颠踬者徨徨相望也。余里居之暇，恻如儆子，乃捐金募众，檄王衖等督修之，命日量功程材，略址撤旧而新，易木以石，其力不以烦民，其事不以烦有司，其费不以烦公帑。不数月而桥屹然告成，增壮百倍于昔。乃思伐石纪岁月，而为之纪。盖惟自古工役之兴，鲜不劳民。劳民易，劳民而以惠民难，不劳民而以惠民抑又难。是役也，不劳而惠，赞王政杠梁之万一，视劳而惠之者有间矣。余尝东涉淄川，南临漳水，揽辔河西，慨然有共济之志。而力不从心，褰裳濡足，由已之溺，阴愧厥心。夫陈蕃不事一室而欲宏济天下，识者讥焉。余敢薄一桥之惠，不为吾邑图永利也哉。士大夫一念不忍于物，必有所济。余之素心或藉斯少慰尔已。若夫三代盛时，关梁通，道路治，商不困旅，民不苦役。迨其季也，川不梁，泽不陂，商困于途，民叹于室，道路惨舒，实天下治乱之机，则斯桥之成岂特利赖一邑？盖将以告天下之同有是心而津梁一世者与！

八里桥记[②]

高　推

闻之，辰角见而雨毕，天根见而水涸。则令民除道成梁者，制也。而昔有刺史王周见桥有覆民租粟，辄引为己责。晋公优恤梓里，鸠工伐石，而犹以绿野名桥。若是者，借以为桥梁系[③]民至重，故一以乐天时，一以饬人事为修举计者，非耶。已复披览舆图，见桥之著于闽者曰洛阳，洞其下乘而植之者百有余。架梵其上，每石以丈计，纵横各三，而计桥之延袤数百丈奇不止也。近而畿南若方顺，若卢沟，即未悉广长，而栏楯

---

① 选自光绪《赵州属邑志・卷七・艺文》，又见民国《宁晋县志・卷十・艺文中》。

② 选自民国《宁晋县志・卷十・艺文中》，原志注：八里桥即"武家桥"。

③ 系，原文为左"睿"，右上为"又"，右下为"糸"的合体字。

其上者各百数十楹。列诸贾肆，则其所縻者何不赀，而成之者何难甚。然当时竟不以其不赀与难阻而玉腰蝀蝃[①]金背鲸鲵。至于今，若康庄而蚁队以行也。惟是，我宁城西八里许有洨河焉。其地襟赵带鄗，通槐水，达大路，车辙马蹄，骖骖轧轧，往来于其上者，绎络无间，为西南孔道。斯其有藉于桥者，讵不至重且棘欤？于其建若桥也，讵不于乐天时，饬人事，尤所宜耶。第期间，聚族而居，有武姓者，先是曾以木植跨河成梁，似可若河谋利涉矣。而历年既深，木朽且不能为虹霓之三跃，而方车驷马直望之而欲走，即是而木梁之利复穷之。夫是宁昌西南丰壁至有赖于桥，乃至难于修举，岂真好善者之无其人，抑亦与人为善者之无其人耶？不然，即其难且不难于洛阳百一，曾以彼且举之，而此竟以难阻也。季茅有见于此，乃慨然动于中，而浡然兴于念，辄临流而叹曰："美哉！洋洋乎微桥何克济此。因念不暂劳者无以遗永佚，不小縻者无以集大功，余即不能与茅公、蔡氏其人相颉颃，亦以究吾一念好善之心与与人为善之益而已。"由是，解橐中装得若干缗，施之以为好善事者矫矢，而又夫同志董子董而成之。若远近之四民有能以一缗一枲襄厥功者，咸听焉。于是乃戒事，及致用，乃成。成毕，各随其宜而酌办之，遂成底于成矣。顾一时预斯役者，董子为最，而乐趋之士人各有功，各不自居其功，而仍各其桥曰"八里桥"，一以志不忘簪履之旧，一以起斯人与人为善之心。余同嘉其事，而立石记之，志不朽也。季茅讳拔，董子讳明光。

邑侯张公去思碑[②]（节选）

岁贡生　邑人　明　高去伐

吾邑在昔为大陆泽，大陆之下播为九河，入于渤海。先儒吕氏曰：不惜数百里地，以分其势，不与水争利也。是邑东南一带为汇水之区也久矣，后河渐南徙，从淮入海，大陆如为平壤，茅境内，滹沱滏阳洨沙诸水，夏秋霖潦，时遭渰没，滹沱南徙则害增，滹沱北徙则害减。是以民生其间，豊岂腴之时少而悉怨之时多，大势然也。……

子年钟县长德政碑记[③]

国家慎牧令之选，以其亲民而化俗也。然非具仁德，不能亲民；非施善政，不能化俗。吾宁数十年来辅世长民、称职无愧者，其惟我县长钟公乎？公名刚中，字子年，世为广西南宁县人。其先公西耘[④]侍御，以名翰林官台谏，励风节，久为同朝所器重。民国丙辰九月，公以名进士莅宁任，殆秉于家学之渊源，以为善政之敷布欤。下车后，即询民间疾苦。凡关于兴复除害诸要政莫不勤，求民隐以尽厥职。丁巳，滹水涨发，邑城适当其冲，而三关尤甚。当时围垣不没者三版。我公亲督商民撤小屋、补罅隙，巡视竟

① 蝀蝃（dōng dì），即蝃蝀，虹的别名，借指桥。

② 选自民国《宁晋县志·卷十·艺文中》。

③ 选自民国《宁晋县志·卷十·艺文中》。

④ 耘，原志中为"艹""耘"上下结构的合体字。

夜，而阖城得以保全。后查视被灾各村庄，驾扁舟，凌巨浸，几几有性命之忧，而我公仍巡行不怠，非其关心民瘼，曷克有此。迨水患稍平，所有突出钜工，如瓮城，如牢狱，如邑之墙垣，塌者修之，缺者补之，绝不任其颓废，以贻后人忧。越明年戊午，尤恐河水复发，乃亲历沿河一带，令其疏沟渠，备堤防，为一劳永逸之计，至今河流顺执，不至泛溢者，皆我公之赐也。又越明年，市野蝗生，遮天蔽地，几莫可驱除。我公亲冒盛暑，巡阅各乡，令沿途掘壕捕捉，不遗余力，而悬价购买，经鼓励群伦。虽不敢谓蝗不入境，尚不至为害，百姓之受惠岂浅鲜哉？……

清光绪壬寅同年举人张震科[①]谨志。

平乡县

三堤告成记[②]

明　邑令　唐泽[③]　歙县进士

平乡之地，外高而中卑，左宽而右窄。东七里为滏阳河，又东十里为旧漳河，又东十五里为新漳河。邑西五里为落漠河，又西五里为沙洺河。滏阳、旧漳在境内，沙洺在境外，而落漠、新漳在东西界之上。旧漳河窄，不足以容水，其水无常，西徙辄入滏阳，东徙辄入新漳，沙洺水发时，辄合为一，溢入平乡境，与漳滏均为民患。民以水入之易而出难也，故患水视他邑独甚。正统间，兰阳邱公令兹邑，尝合邻境旧漳与洺滏，而水各安其流。既而冒城郭，荡室庐，患卒不减者，堤决上游，患生于所难禁，河徙他道，变出于所不虞故也。弘治辛酉冬十月，泽承乏由进士来知县事。是时，旧漳以西洺滏诸水溢而迟退，秋稼尽腐，以东则漳水适至，环数十里内，蛙产灶，陆行舟，而麦之入土无期也，民用嗷嗷。泽谓是邑之害，水为急，而诸水之害，漳为甚，不亟治则民失所赖而生，虽十龚黄百卓鲁亦安所施乎？即言于巡抚都御史王公希曾，请与曲周，各沿新河聊筑长堤以障漳水。既得请，吾堤告成，而曲周苟且以塞，命屡移文督之，弗悛也。佥曰："水从彼来，彼堤不坚，水发必决，决则吾境虽以铁为堤，何益哉？"乃即其侧筑斜堤，属于旧漳之左，以备焉。未几，曲周堤果决，水抵斜堤而还河，河东民赖以有年，因名之曰"东安之堤"。漳甫毕工，会榆林贺君泰来为丞，而典史泾州陈君谏亦继至，乃协谋修落滏诸堤。本府同知马君公载适以公事至邑，闻之，力赞其决。遂言于巡按御史尹公尚德，请与鸡泽、南和诸邻县，各照县堤，因旧堤之遗迹，薄者培之使厚，卑者加之使崇，缺者补之使完。既成，虑邻堤之或类曲周也，乃于落东、滏西两间斜筑长堤以相联，而邑西无患矣，因名之曰"镇西之堤"。滏东堤旧越鸡泽罗官营，抵

① 张震科，1863—1936 年，字镜蓉，河北省宁晋县人。光绪二十六年（1900 年）乡试考中举人，在宁晋县首创女子学校，任宁晋县劝学所总董。民国时，任宁晋县女子师范学校校长，总编《宁晋县志》。

② 选自同治《平乡县志·卷十·艺文志上》。

③ 唐泽，字沛之，南直隶歙县（今安徽省歙县）人，弘治年间进士，曾任平知县，后官福建、浙江副使。

曲周五间房而止，水发每自彼溢。乃躬诣其地而理谕之接筑斜堤，上属于旧漳堤之右，而邑中无患矣，因名之曰“奠中之堤”。堤之旁每二里筑一墩台，立铺其上，每铺编夫十名，堤塌则补修，水发则觇守，取土必于河之内，土去渠成，水流益利。役之始兴也，民方告饥。议者难之，因请发粟赈饥。即赈饥之粟募民以从事，民免于饥而事集。分工则十夫一甲，每甲分地五步，各植柳株以为界。甲夫不哗而界柳成树，根盘堤固，春夏之交，万绿掩映，足助遐观。斜堤之创，邻邑皆以为厉己，群起而相排。泽曰：“汝堤坚则吾斜堤为长物，汝奸民利水之速退，决汝堤以壑吾土，则吾斜堤障之，使修堤下之渠，复还故河耳。初无汝厉也。”文移交驰，第据理折之不为动，众乃帖然。漳堤始于壬戌之春三月，而成于其夏五月。滏落诸堤始于癸亥之春二月，而成于其夏四月。役夫凡四千人，趾阔三十尺，高减三之二，顶阔如之，通计为里一百七十有奇。自是，环境皆堤，至今三载矣。屡有邻决水徙之变，而吾民晏如也。众方欣欣然以喜，予独窃惧焉。盖水患方殷之际，不惟民不堪扰，勇于赴工，而司民牧者憔悴之态，呻吟之声，目击耳闻，恻隐之发，自不容已，故能一旦而成百年之业。逮功已成，劳已息，数年之后，官更事异，凡前日艰辛之状，不惟官不及知，而民亦自忘之矣。其于是堤也，宁无平其土以广地，伐其木以为薪者乎？如是则前日之忧固足以致今日之喜，而今日之喜亦足以来后日之忧也。《传》曰：“以旧坊为无所用而坏之者，必有水患。”予为此惧，乃撰其事刻于石，以告来者，祈以时修之，俾勿坏。邑人有劳是役者，医学训科史大武其尤也，余皆附名碑阴。

调停河防夫役碑记①

明 主事 马之服② 邑人

平乡之地，左漳滏而右沙洺，外高亢而中卑下，素有水患，其来旧矣。滏阳在县东七里许，旧漳在县东十七里许，新漳在县东界，离城三十五里。洺水则在县西界，离城甫十里，沙则在县西境外五里许。秋水时发，诸河溃溢，辄合为一，冒城郭，荡室庐，伤禾稼，恒为民患。而漳水泛滥，迁徙无常。西徙辄入滏阳，东徙辄入新漳，其为患尤甚。弘治辛酉冬十月，新安唐侯来宰是邑。睹厥横流，轸念民艰，遂请于抚按，筑三河堤以障之。其障新漳，邑之东界也，因名之曰“安东之堤”。其障沙洺，邑之西界也，因名之曰“镇西之堤”。其障旧漳与滏阳，邑之中央也，因名之曰“奠中之堤”。通计为里一百七十有奇。自环境皆堤，而诸水之患始息，于是敕民之近滏者防滏，近漳者防漳，各自为防，不相侵扰，庶心力齐，一堤防永固。以故嘉靖间新漳暴发，弥漫东界，赵情等鸠众堵塞，因与曲周民相斗相讼，至获重罪，而沿滏之民弗与其难也。万历间，新漳又发，浩荡无际，洪涛啮岸，亦近漳之民自当塞，而沿滏之民又弗与其役也。近被

① 选自同治《平乡县志·卷十·艺文志上》。

② 马之服，字充宇，京师顺德府平乡县（河北省平乡县）人。明万历三十二年（1604 年）中进士，任泾阳知县。他为官清廉，颇具才干，深得上司赏识，逐步升为刑部郎中。

沿滏居民黄峨紊淆成轨，捏词上告，假名疏河，派夫概县，此劳人便己，不遵旧约者也。近漳之民马连业、姚应杭等亦具实上诉。抚台批本县暨任县、南和县会勘之。本县幸值梓潼方侯以进士上第，莅抚兹邑，诸凡民情吏弊，洞若观火，遂廉得其真，使遵旧约。近滏者使疏瀹滏水，近漳者俾修辑漳堤，酌民之便，息民之役。民用是感侯之德，且惧其事之久而湮没也。勒碑刻石，以志不忘，而恳余文以记之。余窃谓为人上者之于民，譬如父母之于其子也。金谷田产之积，必均基数；捍御役使之劳，必均其力，此无他，皆子故也。顾子之异产也，各为其私，容或抱回遹之，想亲之待子也，均平如一，更无有偏颇之念。若峨之溷告，是子之异产而为其私者也。如侯之调停，乃父母之一视而公其爱者也。盖至均者父母之心，而不均者子之各心其心者也。以至均者均其不均，则各得其均矣。各得其均而不为之券，安知异时之后无狡狯狙诈者出而乱其均者乎？故一家之异业析产也，犹必为之券以为凭，惧他日之有争端也，何况异籍之民乎哉！余世家田禾，在旧漳之东，新漳之西，与连业等同其利害，故乐为之记，以为异日左券，且以彰我侯之德于不忘也。其近漳诸村俱附载碑阴。

修新漳河堤碑记①

清　代

欲息两县之争，必均去其害。而欲去两县之害，必专杜其源。曲周踞平乡之上游，沿河绵亘，原有大堤，自此堤堕坏，一遭水涝，漳河遂由曲入平。平地洼下，而平北巨鹿复有高堤，水入而不能出。平民遂急修旧堤以自救，而曲周因有水难下泄之患。是水之害平、害曲者，其害源皆在曲周，而不在平也。曲堤修则水不入曲，何由入平，堤竟成无用，留之不损于曲，废之亦不损于平，两县之害均去，争俱息矣。若曲堤不修而欲去平堤，则水过曲而入平，为曲害者小。水至平而遂不能出，为平害者大。曲争息矣，平争不又起乎？况曲亦未免过水之害，则何如修曲堤而两县俱利也？臣相度地形，溯源上流，目睹漳水来自西南入肥乡，历曲周，稍东北折至杨家、漳路等村，转为正南正北，顺平乡西界之堤直下。曲在上游，平居洼下，若曲周顺河有堤，则水不至曲，何由入平。两县均可无患，平之斜堤有无何必争也。臣随面谕，令修曲境顺河之堤，以十分为率，曲修其六，平修其四，此后曲周自行修葺，不得仍扳平乡。如曲周再有异议，则平乡任置横堤，以保其境可也。奉圣旨：“工部速议具奏。”工部覆疏略曰：“看得平乡地洼下，曲周势居上游，皆漳河所注之道也。曲有旧堤，圮缺未修，洪水每由曲入平，两邑均以为患。平邑筑堤自防，而曲周又以水难下泄，构讼不休，均之不得其平也。今经该督勘明，谕令协修曲堤，曲认十分之六，平认十分之四。邱、广两县虽处河东，亦各自修其堤，共相捍御”云云。奉圣旨：“依议。”又总督直省部院李告示曰：“照得顺、广二府：有漳河一道，顺属平乡，广属曲周，二县接壤为害最甚，各执己见，舍堤不修，连年构讼。本部院于去年

① 选自同治《平乡县志·卷十一·艺文志中》。

九月内阅道详，念濒河昏垫，民命攸关，单骑亲诣，相度形势。曲在上游，平居洼下，议修曲周顺河之堤，曲修其六，平修其四，水不至曲，自不至平，以后堤坏，曲周自修。如曲周再有异议，则平乡任置横堤，以保其境，业经具题。”奉旨：“依议钦遵。”通行在案，今曲周刁民龚二等擅毁平乡旧堤，以致平民具告，除重责示惩外，合行[①]晓谕二县官民人等知悉。如曲周不坚修本县顺河之堤，是自逸以壑邻也，任平乡修理横堤自卫，各宜遵守。如再有抗违刁告，定重究处死不贷。

修夏庄桥还河口北岸碑记[②]

生员　刘本原　邑人

大河以北，水不胜以名计，而漳最大。漳有二：一发于大黾，曰清漳；一发于鹿谷，曰浊漳。二漳异源，而下流相合，滔滔漭漭。于是河之腹狭不能受，乃疏支河分其势。其河距原河或遥或近，多有还河口以导水复入，如江之有沱有汜。由曲周而北至任之邢家湾，亦不胜以地计，而在平乡东之夏庄桥者最大。夏庄处河口南，地高亢，踞屋之脊，而河口以北夹大小河居者，由田庄而杨村，以至原之乡节固店[③]北，廿余村当其下，地洼水易趋，河流一溢，则建瓴之势，一方尽为沼矣。因是，夹河民恃河口北岸为防河，口宽丈余，其深入地过之，而岸则高三尺许。初肇于前令雪门江公，继修于工部主事朱襄陈公，事已，著之邑乘。近三十岁，故夹河民所以安土重迁，勤耕稼而乐供输者，有河岸为之卫也。乾隆庚子夏大水，忽值溃决之变，平野如湖，四望云畴尽没，夹河一带沉灶悬釜甑炊，夜或卧屋上，而崩颓之声比相闻也。其不葬鱼腹，盖已幸矣。水稍息，众与原谋，为葺治计。而夏庄以三户乡凭高自固，乃恐其不利于己，哄然大挠之。时邗江郭大宗师由部郎出守邢州，政尚循良，有慕乎朱邑召信臣之为人，殷殷然农田水利是务。其疏邢之牛尾河与任之澧河，惠凯遐流，万声共祝。原与众以公谙于兴除也，相与投状，县治毕，随诣府诉之。公一披图，即灼然察其形势，呼夏庄民面诘之曰：“河口旧有成岸，非创也。尔何据而阻之，且尔一乡利害，孰如廿余乡害，一人以利，千万人尚或为之，况尔固不至于害耶。”其人无以应。公念夹河民百昏垫中，不堪重劳[④]，因慨然捐俸钱十千修之，有坏者以盗决防论。

均分修城夫役碑记[⑤]

邑令　张应麟

平邑属古邢地，后名平乡，宋祥符间徙此。然系土城，不任风雨，时修时坏，殊烦

① 合行，指应该施行。

② 选自同治《平乡县志·卷十一·艺文志中》。

③ 节固店，今河北省平乡县节固乡节固村。

④ 重劳，指增加劳累。

⑤ 选自同治《平乡县志·卷十一·艺文志中》。

民。第以外捍内守，保障一方百姓，虽劳亦乌可已。但修城利弊一在分界，毋致紊争；一在考工，毋致烦费；一在坚筑，毋致速坏。何也？界不分，则互相推诿；工不考，则见年十载一轮，类延挨时日，以科各甲之费；筑不坚，则里长苟且塞责，必至速坏，以殚百姓之藏。考工而俾之速且坚，此县令事也。至于分界，今徙十四社里长之请，命阴阳医学官暨各社里周围丈量，计一千八百四步四小尺四寸，每社应分一百二十八步四小尺六寸。界立一石，角铺一十四座，每社修筑一座，城门六座，两社合修一座，其二社每一社协修三门。著为定例，无相纷扰，于以永固金汤，人和地利得之矣。爰是，立碑以垂于后，俾遵之勿失云尔。

筑堤存案碑记①

本郡王太尊详稿：

平巨二邑所控修堤事，大关民害。盖因巨邑于顺治九年间漳河水涨，淹没田苗，百姓赴诉。该县升任傅令在贾庄前修东西横堤一道，约七里长，不过一时私批。况西至大宋岗地势高阜，迤西相隔三百九十步又有南北斜堤一道，往南半里许止，西北至府君庙。其贾庄前横堤北系巨鹿地方，南系平乡地方，每遇漳水泛涨，北有贾庄之横堤壅塞，西有大宋岗地势高阜，故水有来源，去无归路，遂致平民之田产尽为淹没。故士民将私筑横堤决开，以泄水势，几无形趾。今巨鹿士民拟修横堤，平乡士民虑罹水患，各将受害情由呈申宪台，蒙批卑府，从公勘议。案查，顺治十年间，广平府曲周地方不修堤堰，以致平乡苦受淹没。该县升任陈令具申督宪李亲勘，具题议，令曲周修筑堤堰，平乡协济三分之一。后不为例，遵奉在案。今倘令巨鹿复筑横堤，则平乡百姓必致束手受淹，势难两全。卑府再四从公勘议，总因曲周、鸡泽等邑皆系上流，不修堤堰，致令漳水泛滥冲决之故耳。理合仰请宪台轸念两邑之民害，严檄上流各邑，漳河冲决，堤堰速行修筑坚厚。则下流之地土自无受水之害，而两邑民心自安，控扰可杜矣。详申报道，转申报院，蒙允令上流该管地方官督工修筑完固，存案照详施行。

重修复兴闸记②

汉阳守、署邑篆　陈文言③　奉天人

余丁卯罢汉阳守，来署平。值岁旱，询县治东南滏阳河有闸三，一曰“复兴”，旧建闸而无沟渠，未获水利，名为复兴，实未兴也，盍亟修之。谋诸士民，踊跃乐从，推候补鸿胪寺序班张子溥禧等董其事，不阅月而工毕。计渠长五里许，筑坝三十有九，可浇地一十九顷九十三亩有奇。柴口、阎庄二村各设闸头二名，专司启闭，岁

---

① 选自同治《平乡县志・卷十一・艺文志中》。

② 选自同治《平乡县志・卷十一・艺文志中》。

③ 陈文言，奉天承德县（今河北省承德市）人，丁酉举人，乾隆十六年（1751 年）九月任丰润县知县，升江南无为州知州。奉天承德县，清康熙四年（1665 年）设，1913 年改称沈阳县，1948 年 11 月沈阳县撤销。

给工食各五两，使尽力看守。并督令业民于农隙时浚筑高深，俾无壅滞及旁溃患，酌定条规，永为遵守：如闸有崩坍，通力合修；闸仅淤塞，闸头独疏；堤坏，责在本地；主坝坏，责在众浇户；沟在地头者，自挑沟，属协济者公挑；至于浇地次序，则自上而下，周而复始，毋越次，毋截流，庶免争端；如其地原不需水者，一切挑筑工费与彼无涉，勿得强派；第不许窃掘堤埝，图赖包赔；其浇地亩数则据实注册呈县钤印，如有隐匿，罚谷十石为修闸费。凡此，皆闸头所督理者。是役也，齐力作，杜狡诈，转歉为丰。虽遇大旱，不致于灾，岂曰小补之哉。众请磨石，余为叙其条规以勒之，以垂永远云。

复兴闸告成碑记[①]

邑令 杨乔[②] 缙云人

平邑当滏水下流，城东南有闸三，复兴其一也。旧建闸而无沟渠，自前汉阳守陈君署平，命张子溥禧董其事，规模粗立，而以调任去。余自丁卯莅是邑，簿书之暇，历览河干。见滏阳之水实利吾民，乃叹平民之有利而不知所以兴也，叹陈君之有志而未竟其功也。命张子复董其事，修筑其坍塌之岸，疏通其淤塞之渠。犹恐勤惰不一，苦劳不均，为之悉心筹画，详立规条，务期众志成城，争端永杜，以继陈君者利吾民，此予踵修复兴闸之初意也。闸之内有坝四十二，桥四座，闸板二道，内外两边俱令坚固，沟宽五尺，深如之，堰愈高且厚。其浇地之法，每坝自上而下，左右挨次，不得齐开水口，致乱次序；地高不能上水者，既封堵地头水口，放浇下地，不得久霸有误下坝应浇之地。修闸与协济挑沟，按地五亩出夫一名，轮流派用。闸头二人，每岁持条例六张，贴示各村，晓谕浇户。如有违犯，罚谷十石，为修闸费。至闸头工食银二十两，按地每亩出银一分，秋后方给，短则加增，多则存贮修闸。其闸头不称者，许共议更换，凡以职司总理，尤宜得人。至若因时变通，则存乎后人之调剂，不得预为胶柱也。庚午天中[③]，渠堰告成，灌溉循序，因张子请为记勒石，使复兴者永远遵守，而不至复坏云尔。

重修落漠桥碑记[④]

邑教谕 郑广绪[⑤]

县城镇西堤外有落漠水，盖洺河分流也，自城西北而合滏阳。考《水经注》，漳水历经县故城，西有故津，谓之薄落津。又考《寰宇记》，落漠水在县西南十八里，故薄

① 选自同治《平乡县志·卷十一·艺文志中》。

② 杨乔，1695—1756 年，又名杨成乔，字南木，号迁林，浙江省缙云县人。年十四即考中秀才（补邑庠），弱冠选为拔贡。任直隶省顺德府平乡知县五载，为官清廉，办事公正，深受百姓爱戴。

③ 天中，旧历五月初五。

④ 选自同治《平乡县志·卷十一·艺文志中》。

⑤ 郑广绪，直隶枣强（今河北省枣强县）人，乾隆年间担任平乡县教谕。

落邑也，语讹为落漠。而《府志》亦云落漠河在县西南，本洺河分流入滏阳河。夫水性无常，城郭屡迁，以今县治。考之诸志所载，盖聊同也。洺河发源自辽州，经彰德府武安县西北三门山，下入广平境内，经邯郸西，又东经永年西，又东北经鸡泽界，又北入南和界，则沙洺合流，其经于平乡者，支流耳。县西地势平漫，兹河临城堤仅数十武，当水小时一泓清浅，褰裳可涉，每夏秋水涨，则为巨浸。旧有板桥，倾圮欲尽，乡人好义，谋利久远，思易以石，群请于邑侯徐公，公可之，遂共捐赀。经始于丙寅冬底，告成于丁卯春正五月。乡人磨石求记于余，余曰："是役也，可谓义举矣！"平邑土瘠民贫，其俗俭朴勤劳，有唐魏遗风，乃复慷慨好义，勇于任事如此；况邑城东近滏阳，西逼沙洺，城西所恃以无恐者，惟镇西一堤，而是桥当其冲，是桥固岂止堤西之人实嘉赖之？然则是役之一劳永逸，利济无穷者，其义举可以不朽也。忆春正初成时，乡人请余辈往落焉，余时与徐明府暨鲁少府徘徊桥上，见其坚固浑朴，虽宏敞未足，而青龙雁齿，规模聊备，往来行者，尔徒我车，俱有喜色。因西南望紫山临洺，二百里潆洄湍激奔赴而来之气，宛乎可接。东北望刘累鸡爪蜿蜒而赴大陆，其郁积磅礴之势，仿佛于烟云缥缈间。东顾金堤，粉蝶如倚，翠屏叠障，标兹胜概，是亦可观矣。夫详其源流则如彼，纪其形胜又如此，以见是桥之利济攸关，而义举不可无传也。若其捐募有数，督役有人，兴竣有日，当共记碑阴，以图不朽。而始终襄是役者某某也，当与附书。

修复平邑夏庄桥还河口北横堤记①

府太尊　王大年②　庐陵

乾隆七年二月初三日，平邑生员于士杰等以匿碑平河等情并绘地图捧邑乘具呈上控大名道宪秦。案批发到府，本府遂移河厅查勘，嗣因河厅奉委兼摄正定冀州两篆于五月内以未遑分身往勘关覆。本府爰于五月十八日亲临河干，相度形势，切查夏庄桥还河口北岸原系横堤，访于前明知县事雪门江君衍汶，继葺于顺治年间知县朱襄陈君天清，及顺治十七年重修于郡守邗江郭公讳础，源流利害，具载邑乘。先是，有明邑令唐君泽于漳、滏两河要害处肇修三堤：左曰安东，在旧漳河迤东；右曰镇西，在滏阳河迤西；中则颜以奠中，适当旧漳滏阳之冲，防护周密，阖邑胥庆安澜。迨万历壬寅，漳河入滏，堤多坍圮，水每泛溢。迄崇祯乙亥，漳河东徙，水尤散漫靡常。雪门江君因是就旧漳河之右浚小漳河以杀水势，然止从下游，导水使去，不能于入口处挡水归漕故界，滏阳小漳河两河居民仍难尽免水患。此还河口北横堤所以旋创筑于江君，而陈君续培之，回澜障川，居民实嘉赖焉。讵越廿余载，庚子大水，堤尽荡然无存。夹河士民刘本原等共图葺治，而挠于居址凭高，只知自固，不顾病邻之夏庄。幸太守郭公理枉扶直，断令修

① 选自同治《平乡县志·卷十一·艺文志中》。

② 王大年，字拙山，江西庐陵（今江西省吉安市）人，清康熙五十四年（1715 年）进士，曾任平乡县知县。雍正五年（1727 年）至乾隆十年（1745 年）任定州知州，后任顺德知府，主修《定州志》十卷。

复，功成勒碑，而夹河居民乃得安堵无恐。斯堤在小漳河之右，滏阳河之左，长不过百余步，高仅三尺许，形势虽无几，而横亘河口。南堵曲鸡一派之汪洋，北循小漳河以放于大陆，洵为田庄以下二十余村之保障，顾自郭公修复后，今逾八十年矣。沧桑变易，还河口北堤址并小漳河咽喉西埝若断若灭，碑碣亦湮没无踪。故雍正十一年及乾隆二三四等年，叠（迭）被水害，夹河田庄等居民之共图葺治，与夏庄、及屯等村民之自固病邻无殊曩时，无惑乎？生员于士杰、李永达、刘国栋、李楷，民人李宗恭、刘烈、徐青云等虑患心切，连年以来，控县控厅控府，并奔控道宪，不清不止，不结不休也。本府细勘地方利弊，考据邑志碑文，查所控匿碑平河之处，虽非尽属有情之辞，然夹河田庄等众立意修复古堤旧埝，被夏庄等村居民专利阻挠，情理实属难容。旋谕该县知县苟系林，将阻挠抗延之谢宗文、李士玘、段光冕，并武生郑铎等分别责惩诫谕；又旋令该县典史李绍炳督役修筑，今已畛域如昔，堤陆聿新，成似不日，美在百年，本府为民捍患之心用是一慰。该乡士民等佥曰：“是太守郭公重来也，宜勒石镌文，昭垂永久。但生等识囿管蠡，末由摛藻抒词，颂扬恺泽，如从前刘生之于郭太公祖，操觚记事以光邑乘，仰恳太公祖宗师，挥如椽之笔，志兴复斯堤之由。计立三石，一立府衙前，俾九邑通知；一立县署；一立所筑堤侧。使县属地方谂悉保护，长峙斯太公祖宗师之功德与斯文并垂不朽矣。”余应之曰：“兴利除害，余责也。矧踵前人之旧功德，余何有哉？记惟其实，不惟其文。”除据实详覆道宪外，遂援笔纪其实迹如此。

清河县

修护河堤记①

明　贾待问②　都御史

清河在前代为望郡，又曾置王国，其所辖地有运河。二哥营在其南，贾家口在其北。厥东岸属夏津县，西岸则属清河。旧有护河堤，长四十里，每遇秋水，县大夫督夫千余，昏旦堤防。诚虑河一决，则败田庐没禾稼，灾及城邑，不可救药。无论元宋以前，在我朝世宗时，庚寅水决自庙口，会天雨大注，合境弥漫，运河舟楫通城门外，至有系婴儿于树上，民患苦之。迨戊戌又水，迄甲辰，视戊戌尤甚。穆宗时己巳，夏水更溢城下者三版焉，以故，是邑河防视他务为要。若二哥营铺内，有谓邵家庄圈地方，即尤其更者。其地故堤，频年屡决；决辄病民，汹汹然莫知死所。邑侯王公忧之，焦毛发，甘握吐，周询广诹者再四，计于故堤外益以月堤。盍既为民防川且以为国重漕，厥

---

① 选自光绪《清河县志·卷四·艺文志》。

② 贾待问，1533—1602 年，字学叔，别号春容，广平府威县（今河北省威县）城内人，隆庆二年（1568 年）进士，历任咸宁知县、礼部给事中、怀庆知府、松江知府、山西参政、山西按察使、湖广布政使、南京光禄寺卿、都察院佥都御史、右副御史、陕西巡抚等职。威县人习称他为“贾都堂”。

计诚亟，厥虑至深远也。于是请于督河潘公、安抚宋公、侍御何公，咸下檄于兵宪于公、郡守乔公反复议查，皆报可按公所议。月堤长一百八十丈，底阔三丈，顶阔一丈五尺，高一丈二尺许。分工十工各一十八丈，夫一百名，共千名。原设浅夫四十八名，今各雇余夫一名，共九十六名。工食皆已有者，此外止派夫九百四名，每名日给工食银三分，于概县行差地亩均摊。每地三顷六十八亩二分七厘一毫，佥夫一名，给花名以地数印票，计日收讨工食，不得预支，亦不得私摊帮贴以滋他弊。随委管河典史周制督之，仍遴选义官高惟岳等分工修筑。公不时躬亲查勘。以是堤坚而固，可垂永久。工始于万历十七年十一月十三日，成于十八年二月十七日内。隆冬寒沍，工暂停通止，计工二十四日，费省而工用以完。今二十年，淫雨作沴，临清之杨家集，威县之邵固堡，平地水深丈余，淹没腴田万余顷、室庐难以数计。清河二哥营一带，地方俱安堵如故，得免冲击之虞。清治部士致仕州判邵子书、生员王学词等感公之德，沐公之泽，托余言以纪岁月。余以公之性澄以澈，公之量汪以蓄，公之才晶以敏，公之猷塞以壮，公之守冷冷耿介，皎皎乎不染一尘。是故其泽物洗冤而狱无沉滞，捐繁疏秽而政尚清严，厥令持平而法除深刻。一令出则如源之开，即猾胥奸书不敢稍有壅遏，以索一钱；一害去则如流之迅，即土恶衙蠹不得幸脱纲罟，以恣大奸。邻邑诸若令，悉愿执鞭，当涂者极目其贤。下檄旌褒，更题疏剡，荐者屡良以公心如水。故治邑有冰蘗声，旦夕跻显登崇，即大君子作舟楫以济天下，或亦以此治河之政拓之耳。公姓王，讳守礼，字秉节，号亨吾。以文学登岁进士，西凉之永昌人。余以提戎抚若地，知公谊重乡评；又威距清河未百里，濡公至教久荷公爱最深，不敢以不文辞勉为记。

万历十八年三月谷旦。

新开井记[①]

卢士杰[②]

清河斥卤地也。遍地如雪霜，其水咸不堪饮，日用所需皆取汲于城南小井中。城之内外虽民居寥寥，然一井之水岂足以赡汲者？故旋取旋竭，竭则势必用咸水，人皆苦之。远而取之十数里之外，人尤苦之。夫水为日用所必需，乃珍贵如是，艰难如是！无他，食者众，而生者寡也。今欲期其至足，惟别穿一井以佐之而后可。余自下车以来簿书鞅掌，忽忽数年，虽有志而未逮。兹幸政简刑清，民安物阜，春光烂熳，化日舒长。读击壤之歌，曰："耕田而食，凿井而饮。"真乐事也。爰捐俸鸠工，择地卜吉，新开一井于旧井之西。数日之间，不两轫而及泉，甃围坚整，味色甘清，汲者源源而来。因忆昔人廉洁自爱者，动曰：仅饮某地一杯水耳，若夫清河之水，诚不易言饮也。斥卤之地，勺水维艰，涸鲋待润，远莫能致。今因民之利而利之，其养而不穷之谓乎！自有斯

① 选自光绪《清河县志·卷四·艺文志》，民国《清河县志》作《卢公井记》。

② 卢士杰，奉天锦县（今辽宁省凌海市）举人，康熙十二年（1673年）担任清河县令。

井，吾愿饮此水者，可以洗心，可以涤虑，政刑清于上，有如兹水焉！风俗清于下，有如兹水焉！夫而后，清河一杯水，上以成廉吏之操，下以贻万世之利，两有裨焉。若曰："期后人饮水而思源，则固非余之初念矣！"《礼》云："井居五祀之一。"今井成而祀之。偶笔数言，勒之于石。

康熙十七年岁次戊午三月谷旦。

重建沿河岁修偏苦免差碑记①

邑人魏金铭书　咸丰十年

嘉庆十年案，蒙钦名直隶分巡天津、河间等处地方兵备道兼管驿务、河道、漕运、粮饷、盐法事务，加三级纪录五次胡亲临查工，察其偏苦，士庶即将前情禀明叩恩。授照乾隆元年张大人免斋戒碑文，出示晓谕，仍照旧例，重建碑石。嗣后，吏胥又不遵示，仍以杂差屡行妄派，至咸丰八九年间，又以团练按亩办理河堤抢险防护工程，此外一切杂差概行免派。于嘉庆年间经天津道批饬该县遵照立有碑记，该县自当遵循办理。惟该乡长等呈叙冯家庄地方该县，何竟将一切杂斋戒仍妄行派至团练，原以卫民富者捐资，贫者出力，籍收众志成城之效。该县何以按亩派钱，所呈如果属实，不合已极。仰广平府速饬清河县查明集案，确讯据实，祥覆核夺，一面查照碑记，按照旧章办理，毋任吏胥舞弊安妄□□□，行文到府，□特用道直隶广平府正堂金札，清河县知悉。咸丰十年闰三月二十七日，蒙布政司文批，据该县民人宋素信、韩心富等呈称，窃身系临河居民，向系办理河堤差务云云，施行等情；蒙批查该县冯家庄云云，粘单碑文附藩宪并报本府核夺查此案。宋素信等赴府呈控，已将碑文□发在案，所有碑文毋庸重抄，外合亟札，饬札到该县立即查明碑记，按照旧章，毋任吏胥舞弊妄派，干究毋违。特札檄文到县，蒙特署清河县正堂要批示冯家庄沿河三地方应办事宜，与免派杂差均准照嘉庆十年所立碑文分别遵行等。因蒙上宪、县台体恤，恐年远湮没，用是再建碑石，以垂久远。

重修龙王庙碑记②

民国二十年　杨蓬山③撰

茶堂为清河古迹之一。故老所传宋太祖微时，尝饮茶于此，以是得茶堂名。茶堂者，茶店村迤北之龙王庙也。予畴昔时来游憩，见殿壁画宋太祖来此历历饮茶状，所谓龙爪槐曝衣其上者。予固疑之，而庙址故井犹在，泉冽甚，茶店且以名，村又信而有征焉。呜呼！盖神之庙，食兹土所由来者远矣。清光绪九年，黄太史孝卿来宰斯邑，祈雨

① 选自民国《清河县志·卷十六·金石志》。
② 选自民国《清河县志·卷十六·金石志》。
③ 杨蓬山，清末民初清河县文人，有《清河金石志》一卷。

而应，因捐俸以新庙貌，为文而志之碑。故旱魃雨暘之不时，此间人民之祝祷者皆于是乎走集。然久久而不葺，风雨剥蚀，不免有颓垣败瓦之慨。向之所谓画壁者不可复睹，倘他年访古之士当烟霞澄鲜，缅茶堂之故址，而秋风黍离无复存者，此亦考古之羞也。民国二十年春，茶店村孙君四敬素操凿井业，于北平惧庙址之废，募北平同业者醵资，得钜款，谋所以重葺之。兹地之乡人乃鸠工，共襄其余举。工既竣，将以继黄太史之勒石与共志不朽。因属予为文，予既为文以记之，复录旧所吟《茶堂七绝》一首，曰：龙槐作爪原异种，宋祖啜茗亦异人。今而树与人俱古，野花啼鸟一般春。

任县

重修澧河碑记①

明　嘉靖　高大经②

任之东，有漳、澧、沙、洺、蔡、马、百泉、达活、滏阳九河，皆来西南，趋东北至卫河入海。弘治时，九河举发，坍决堤坊，下流淤窒壅塞者四十余里。水失其性，泆溢而泛滥，隆、钜、任均被其害，袤广各三二十里。而任之患居多，以田亩计千有余顷，以村落计三十余乡。其民乘涨缩为去留，皆茅舍而居，渔泅而食，售产业、鬻妻奴以供两税者数年。其往来民牧无肯代民任患者，故久而弗治。嘉靖四年，陈公玑③既至，知水之为患也毒且久，乘舟而往溯九河之流，寻壅塞之故，深用悯恻。即绘图具牍以请，巡抚刘公韪之。未几，陈调去，刘亦谢政。既而何公代，至下其议于郡守于公，于公以别驾董公专其事。董复亲谒何公，面请以地接隆平，当两府分调夫役，同管修理。何如其言，命顺德起夫七千，真定起夫三千，以真定别驾白公同督之。董公亲驻河干，席野而署，行厨而炊。因顺德之患特甚，夙夜筹咨，毕殚心力，量功命日，躬冒风雨以先之，民皆效力。功昉于九月，至十月告成。自穆家口至羊毛圪塔，上下相距四十里，其深广各丈许，水得其性，奔突涌沸，视不容瞬。隆平、钜鹿尽成沃壤；而任之水退亦几半。盖以九河所钟，而一河泄之，难卒涸也。董犹少之因白于公，严戒巡捕，官时察形，便量起夫役，渐加疏浚，务底平焉。今田亩可耕，村落可居，两税可输，售产业、鬻妻奴可免矣。旬日之间，而除数十年之患，厥功懋哉！任幕李君珣尝佐兹役，欲勒石以纪其事。而问言于予，予曰："陈公之创议，仁也。刘何二公之不格，智也。于公之重其事，诚也。董公之亲执其役，贤而有劳也。诚皆可颂也。虽然，不常者气数也，无定者水脉也。恐他时窒壅淤塞犹夫昔也，其为害于民，犹夫昔也，其民牧之莫肯适任，患犹夫昔也，今镌于石，后或不幸而有变，庶或指之曰：'昔者之害，诸公能除

① 选自民国《任县志·卷一·地理》。

② 高大经，顺德府任县（今河北省任县）人，明嘉靖八年（1529 年）己丑科进士，任知县。

③ 陈玑，字天仪，河南郾城县（旧县名，原地现分属漯河市郾城区、源汇区和召陵区）人。嘉靖元年（1522 年）举人，次年进士，历任河北新城县知县、任县知县（1529 年）、户部郎中、汉中知府、湖广按察司副使，官居正四品。

之，今日之害，吾辈宁忍安乎？’则动举有据，而上下顺适递传，以至十世百世，虽塞可通，皆今诸公之力也。”其功不既永乎？李是其言，遂命工刻石，以为记。

永济闸碑记①

赵文炳②　邑人

邑东北三十里许有河，曰滏阳。发源于磁州西山之麓，潆洄曲折，经邑境之东偏，称巨流焉。河之西地形洼下，岁苦淹没；其东则高埠，岁又苦旱。职斯土者恒思经理而未遑也。万历乙未春，徐侯奉命宰任邑，问民疾苦，水患最甚。于是单骑北巡滏阳河上，西望张家泊，波涛汹涌，害民禾稼。乃督乡民疏其淤塞，增其堤岸，引巨津而北流，岁遂大熟；东望中魁等处，苗将就槁。因喟然曰："河水若斯，而临河者不得勺水之利以润焦土，是固民之惰，上之人亦与有责焉。"乃属其父老而谋之。诸父老贾班等因进曰："先年苦旱，民等筑土坝于河中，蓄水中流，苏润枯槁，家获厚利。第土功旋废，事非经久，若建以石闸，是吾民万世利也。顾工费颇钜，创始甚难，其若之何？"侯曰："吾责也。"乃檄一方父老咸造于庭，谕以建闸意。诸父老翕然一词，曰："明公为百姓兴永利，工料之费，民等任之，不以烦公帑，鼓舞劝率，惟明公留意焉。"侯大喜，遂与诸父老计工程，度财用，需费七百余金，计水利所及者履亩税之以二分为率。佥谋既定，人心悦服。因上其事于当道，咸报曰"可"。于是集工匠，召夫役，凿石于山，伐木于原，镕铁于冶，炊灰于陶，择谨厚乡民三十余人职出纳钱谷，经始于丁酉春三月，越戊戌功成强半。是岁漳河决曲周郑家口，溢入滏阳为患。侯复开月河，厚堤堰，躬亲督视，不惮寒暑，仍设储谷三十石，以劳石工。越明年己亥，功告成，闸高一丈四尺，阔一丈八尺，旱则闭闸蓄水，东救槁苗；水足即开闸，以通舟楫。诚一方胜概，万民永利也。是役也，财征之地，而民不怨，力取于民，而众不劳，非所谓佚道使民者耶？无何，侯有东平之擢，甫戒行，复进父老而谕之曰："闸功成矣，顾子闸不建，奚以便蓄泄，沟洫不通，奚以灌溉，闸为虚器矣。今与尔百姓约，闸之南建子闸数座，首曰天口闸，次曰田家庄闸，次曰吴家口闸，又次曰邓家口闸，又次曰王家湾闸，又次曰贾家闸，最下曰边家庄闸。其用水也，由天口而田庄以至边家庄，各随地势，挨次灌田。仍于各村北境横筑小堤，高二尺，阔五尺，以防用水溢额，为下流患。其东岸大堤当倍筑高厚，夹植垂柳百万株以固之，使漳水不得冲决。庶几哉，有水之利，无水之患乎。吾行不暇为此，尔父老亟图之。"噫！世之受职者孰不曰吾无愆于簿书，期会吾分毕矣。孰肯竭力为百姓兴无穷之利？即兴矣，孰肯谆谆为百姓图久远之计于去之日哉？侯之爱民可谓至矣。昔召杜官守南阳，开沟渠，修陂池，以兴水利，故当时比室殷

---

① 选自民国《任县志·卷一·地理》。

② 赵文炳，顺德府任县（今河北省任县）人，明代隆庆年间科考中举，隆庆五年（1571 年）中进士，先被任命为知县，后提拔为御史。曾经出按湖广，万历年间巡按山西，居官清廉。

足。有“召父杜母”之谣，迄今为良吏首称。侯之建闸渠，以厚民生。视召杜奚啻过之，异日灌溉功成，百姓歌咏盛德，宁出南阳后哉？余因乡人之请，为之记其始末，以俟后之撰循吏者采焉。侯讳璘，号毓初，江西临川人，以省魁治任六载，善政难缕述，建闸其一端也。

万历二十八年岁次庚子秋八月。

南永固闸断案碑记[①]

道光五年，县尊谢为出示晓谕事：西留村及河头后街人等禀称，河头村西北旧有永固闸一座，后又于村西南添设闸座，二闸用水分按上下半月。不料河头前街李秋成等忽违旧章，独霸水利。当经诣勘集证讯结，仍恐后起争端，合亟出示晓谕。为此示，仰西留等村人等知悉：河头村南闸每月自初一日起至十五日止，河头村北闸自十六日起至月底止，各按半月闭闸蓄水，以均水利。

北永固闸断案碑记略[②]

牛尾河，入任境河头村，首绾其枢，来源不旺，经流甚微，去水稍远即无从分其润，所以永固闸之蓄水灌田，止西留村、河头后街数十家，纵横数十顷，以水固有限也。两村灌地分上七下八，定有章程，立有水簿。设小甲以董其事，故闸夫以任其劳，永远遵行，从无争执。乃光绪初年，有河头闸夫程照私开旁沟，通至南西，为卖水自肥之计。西留村民控诸前县尊张公，断令程照不许复充闸夫。而未追其水簿，讼籐终未断也。不数年，程照之子景春霸占闸座，蹈乃父故辙，不特通南西之私沟未塞，将顺行西留之官渠填平。禀生李文炳等复控于今县尊吴公。公亲诣河干，逐一验视，督令地保将私开者塞之，旧有者通之，并饬村中另举闸夫，将景春父子留匿之水簿当场追出，霸占之计无所施，村民之愤有所泄矣。爰叙巅末，当勒诸贞珉，俾世世子孙戴吴侯之德于弗谖焉，时光绪二十七年。吴公名庆祥[③]，字颂云，赐进士出身，江苏嘉定县人。

南北永固闸断案碑记略[④]

南北永固闸建闸开沟历有年所。光绪三十二年，府宪李谕：令仁义沟下游等村接挑南北新沟，专取关湾河之泻水，与永固闸无碍。惟新沟上游亦接河曲村仁义闸、乘间取水，易夺牛尾河下游水利。经董事李同等在郡呈控，蒙府宪饬邢任两县会勘核办，邢县尊龚、

---

① 选自民国《任县志·卷一·地理》，原志注：南永固闸“在牛尾河上。”

② 选自民国《任县志·卷一·地理》。

③ 吴庆祥，江苏嘉定（今上海市嘉定区）人，光绪十六年（1890 年）进士。同年五月，改翰林院庶吉士。光绪十八年（1892 年）五月，散馆，著以知县即用。1900 年前后任新河县知县。《清实录光绪朝实录》卷五百三十一载：“光绪三十年，甲辰……任县知县吴庆祥，役吏弄权，优柔昏聩……均著开缺另补。”

④ 选自民国《任县志·卷一·地理》。

任县尊谢亲诣河干逐一勘验，思得两平之策，筹议未定，李同等复控。旋经邢县尊断令新开沟只许使关湾余水，不准用牛尾河水，河曲仁义闸自按两节闭闸浇地，至白露节启闸放水，不准余水放入新沟；其河曲东广义沟自可接大河引水，亦不准筑桩当坝。广义沟许河曲灌溉，弗许永固闸拦阻；河曲灌田已毕，亦不准放水归仁义沟，以夺永固闸水利。两造各具结完案，永息邢、任争水之讼，恐时异势殊，或有翻异，因勒石以垂久远。

仁义沟记[①]

邢境东隅村皆濒水。河曲、李道二村，南迫牛尾，北近关湾，地夹二河，十年九潦。而任境西隅与邢接壤，吴岳、安庄等村地多沙咸，常苦亢旱。若自邢境开沟下及任境，邢可去水害，任可享水利，一举两得，诚为善策。数十年来，屡次会商，未得允协。光绪丙午，幸值李公祖轸念民依，睹邢、任交困之由，思欲澹邢境之灾，增任民之福，谕令两县绅董，先行会议。适有邢邑廪生胡绪、任邑贡生丁习祥等协商定议，禀请府示，相地开工。其间纠葛百端，动有窒碍或妒嫉以毁渠，或搅扰以争水，甚至汹汹欲斗。赖公祖多方开导，始获帖然，而沟得开矣。沟自邢境牛尾河仁义闸，上接废沟，挑挖下通蔡河，计开大沟三道，支渠数倍，自李道村到安庄。在任境者长九百九十丈，在邢境者长一千一百一十丈，连仁义旧沟，共长四千四百六十丈；底宽四丈五尺，口宽一丈二三尺，深三四尺，至七八尺。自沟引水，可溉辛留寨、吴岳、安庄等村田百余顷，兼溉邢之蒲州屯、徐旺屯田三十余顷；而李道等村积潦之田百余顷亦皆涸出。方详定溉田泄水章程，李公祖适交卸，遂详禀督宪袁，蒙批侯饬委勘验，旋经藩委、府委，同邢邑两县会勘沟形，丈尺悉符原禀。嗣于三十三年四月蒙袁督宪委候补道邵亲诣勘验，禀覆存案。呜呼！此水之在邢任不知更历几何年，我民之欲却其害而获其利不知更历几何人。守斯郡者罔识自然之利，不念小民之依，亦不知更历几何官。独我李公祖能因民所利，起污下为高田，变瘠硗为膏壤，此滨河之民所由世世戴德，将与斯水而俱长者也。李公祖，名映庚[②]，字啸溪，江苏海州人，赐进士出身，署顺德府知府。

蠲免埃湿地杂徭碑记略[③]

明　张绍先

大陆泽，九河汇流之区。隆万以前，由鸡爪泄入滏阳，虽有波涛，不为大害。厥后漳河入滏阳，泜水通鸡爪，淤泥沙滩壅塞于下，致泊水蓄为巨浸。沿泊民田颗粒不获，赔累租税者久矣。迩来国家多故，杂徭愈烦，催科者必缘赋增，摊派者岂因地减

① 选自民国《任县志·卷一·地理》。

② 李映庚，1845—1916 年，字耀西，一字啸溪，江苏省沭阳县人。清末廉臣，中国现代军乐创始人。光绪十五年（1889 年）中己丑科进士。初任卢龙、迁安知县，任满后升任永平知府，后历任正定、大名、天津、保定、顺德等七地知府。

③ 选自民国《任县志·卷一·地理》。

茕茕。遗黎何能堪此？丙子秋，芮城李侯申请按台，恳求蠲派，果蒙批准。奉文查明被害民牧地共二百余顷，除正项外，夫役、均滋、会马等俱行豁免。己卯春，复有阳城卢侯祗承简命，抚兹残邑。时值大军之后，国用不足，催征之檄纷如雨下，势不得不按亩征敛以为输将计。然公义虽急，我侯恤民苦衷，犹自倦倦，见被害民牧地，不胜恻然，曰："畿地凋残，犹望制中薄敛[1]，洼田沦没，敢云额外滥征？"于是覆申两院，备陈偏苦，永除杂派。真所谓前有召父，后有杜母者。爰命镂人[2]，勒石以垂不朽。时崇祯十三年也。

重建大宋桥碑记[3]

王原祈

《禹贡·开田赋》："功莫先于疏河导江。"大司徒、稻人所掌专修浍川以泄水。而史迁则书河渠，孟坚亦志沟洫，盖以田赋皆出乎水利。水得其利，则农田乃可无虞，夫然后菽粟丰而租赋足，衣食裕而礼义兴，其所关岂细故哉？故大者足以遍天下，垂无穷。其次亦利一方，泽数世。田赋不可一日不治，则水利必不可一日不讲也。渚阳之大陆泽为九河下流，每遇秋霖，则九河汇于大陆，大陆泛滥于平畴沃野间，禾苗尽成巨浸。而百泉河至大宋村又冲决民田数千亩，共淹粮地三分之二，是以民日穷，财日尽。当事为之束手无措。不知大陆本皆耕作之地，向有泄水二道，一自西北流至古滏河，经隆平、宁晋入卫河，而注于海。明嘉靖间，正顺二府起夫合浚，而民赖其利。一自东北鸡爪河出新滏阳以达天津，明时尚通。顺治十八年，邑令吴怀忠复为修浚，所以大陆乃可耕作，而农田不至淹没也。今则隆平之河尽塞，民皆筑室以居，新滏河亦淤成高地，彼此牵制，俱难议浚。余不得已，于癸亥岁筑沣河长堤二十里，可救二三千顷之良田，乃以子丑连潦，水势汹涌，堤既成而复坏，人咸惜之。至于百泉河，发源太行山，经邢台南和之境，而环任之东南，为大宋村废石桥所淤遏，遂横决杜科等村，被患最剧。余为筑口者两年于兹，屡合而屡决。去冬乃议撤石桥以达其流于大陆，而大宋士民执风水之说，物而不化。余再三开陈其利害，于是翻然乐从。今正月始捐俸兴工，尽发桥石之陷于地者，重建高石桥一座，梁高一丈，阔倍之，其规模视昔有加，五阅月而告竣。众因请余记之。余惟为民牧者惟问田赋之所从入，而不问田赋之所从出，因循成习；委天地之大利，而不知视斯民之疾苦而莫之救，可胜浩叹。昔大禹治河，首凿龙门，而水性始顺。今通此桥，其功之大小不同，而顺水之性则一也。但桥下河沙易积，每岁水涸时必常加疏浚，不致复陷于淤泥中，则为功易而为利久，后有为国计民生。考渚阳水利，因此桥而并议大陆之疏凿者，庶几信而有征。东坡谓水利不可诿之于天，专咎人事之不

---

① 薄敛，减轻赋税。

② 镂人，用金箔刻成的人形装饰品。

③ 选自雍正《畿辅通志·卷九十九·记》。

修，真千古知本之论哉。若两村人士皆有乐输襄事之功，亦不可没也，例得书名于后。是为记。

环泊十六村建碑记事略[①]

环水十六村，共有纳粮地若干顷，先是被水侵占，豁除粮额，嗣于雍正七年及乾隆二十三、四年陆续涸出地二百七十五顷有奇，奉文每亩征银二分零。以认垦新荒获利有限，而征输无额，易起争端，诚善法也。至乾隆五十一年岁旱水涸，泽内复出地四百五十九顷七十八亩有奇。经制府刘莪题请，每亩征租八分，共计岁额应征租银三千六百七十八两二钱五分。内除扣地粮正耗银七百二十五两七钱七分五厘，其余银二千九百五十二两七钱七分五厘作为租款，解司充公，已与前涸出地亩参差互异。自五十二年征银以来，至六十年积欠租银二万有奇。于六十年及嘉庆四年先后奉文豁免。又自嘉庆元年至五年应完租银一万四千七百五十二两八钱零，分厘未纳，非输将之不前也。泊为水钟，民无所惜，追乎？虽迫鬻质，难偿征租。充公之银亦徒有其名而无其实耳。六年大水，泽内泛溢更甚。邑尊马父师于癸亥惠临，察知其害，立其牍请豁除租额，专征粮银，慷慨陈词，绘图入告，部中始以成议见格，马父师申请益力，制府颜嘉其诚于为民，据情再题。部议援水冲减则完课之例，议准将原塌复涨地四百余顷，每亩专征地丁耗羡银二分二毫，免征租银五分九厘八毫。总计粮赋按上中下折算，每亩征银一分五厘八毫，于九年十一月奉准。恩德深厚，吾民爰戴世世矣。然非马父师再三笃请，力除民患，曷克至此？泊民故详志之，以传不朽。

嘉庆十年公立。

威县

重修威邑岳秀门外永济桥碑记[②]

古者最重路政，缮固津梁，类以官掌之。后世缺而弗讲，行路难所为作也。今者中外大通，路政綦要百倍。曩时天子锐意振兴，京师浚筑诸桥道，首董以亲王。凡在外大小治所，谁不当仰体宸廑，以修复合，方氏之职，矧畿辅哉。威邑故僻壤，亦畿辅地也。岳秀门外旧有桥一所，以济池水之穷。光绪九年，余季父硕卿府君自赣江解组后，曾倡议修之，于今二十有二年矣。车辇马骈，沟逆地勒，桥石之硼礑如故。行者至此每股弁有战色，诸君子恐单襄公之笑人也，乃重议兴修。集赀度势，鸠工庀材，因其旧而新之，工简用省。越二十余日而工成。广三弓有奇，长五弓有奇，两栏外向作六角形，而截其体积之半。桥之前后及沿池诸岸，或覆以土，或甃以砖，亦皆纲举而目张。于

① 选自民国《任县志·卷一·地理》。

② 选自民国《威县志·卷十九·金石志下》。

是，挽篮轝[①]者、将薄笨车者、笠閒首而适野者、百贿[②]负戴而入市者，咸傱傱[③]然称便焉。工既竣，字是桥曰永济，以谂来者踵事之意，且购石版[④]而属记于余。余考《唐六典》，凡石柱、木柱及造舟、巨桥，皆国工修之，其余则所管州县随时营葺。今州县中既有其权，克勤其政者，信美矣！诸君子无其权而克襄其政，斯其志之可嘉与事之足风尤为何如也。顾此工之兴，余适馆他乡，不获与役用特撮其颠末，以著其功，为世永赖，兼以备后之讲路政者观焉。

光绪三十年七月，邑人尚希宾[⑤]撰。

新河县

新河县修堤记[⑥]

明举人　邢可久[⑦]

新河县西域迩河滨，旧有堤，无记。乃兹修也，奚以记，记县幕周君赞政之功也。先是，岁丙子，堤告成，是为邑侯林公莅治之三年，君赞政甫五月也。今岁己卯春三月，乡先生宋西溪公状其事，付赵生缙请为记。是则邑侯庄公继莅之年余，君赞政既四年己未，御灾捍患，言有堤举废饬备，必以人著往诏来，是用记是堤也。一邑之钜防，万世之永利也。不修则不饬，不记则不传，是恶可以无记？记曰：新河古钜鹿之堂阳也，旧治界于河泽之曲。唐开元间民苦水患，曾筑长提数百里，岁久而湮。元世祖二十七年，患弗能支，始改置令今所。顾其治之西北，相距滏阳河虽各三十里许，然且为九河分流故地，是以泛溢之害犹多及之，而筑堤于左焉。明兴因之，比岁加修，历洪永成正矻如也。嘉靖癸丑，秋水溢，旧址冲没，复为堤防，自先汪庄至侯家口与旧堤相接。癸亥复大水逾，邑从莫能御。隆庆己巳，水涌流尤甚，田舍洿池，市肆舟楫，黎老惶惶，流移过半，司民社者宁不恻然乎？万历癸酉，我林侯来莅兹土，深切慨恫，预戒缮防，乃无虞。乙亥八月，君由楚山陂驿丞晋今职。林侯奇君有干略，越明年丙子，欲大修堤防为悠久计，即以事属君，颛名请于抚台孙公，曰可。林侯慎之申画，示劝笃，谋务成，比事事。君又慎之，分区布位，补缺柘制，督蒸黎趋工弗怠，不逾月遂底绩。时稽厥功，南抵南宫、隆平，北抵冀州，卑崇隘廓既竣既固，模增往昔。盖高

① 轝（yú），古同“舆”。

② 贿，资材，货物。

③ 傱傱（sǒng sǒng），疾进貌。

④ 版，原志为“石”“片”的左右合体字。

⑤ 尚希宾，1867—1940 年，字渭南，河北省威县人，清光绪二十八年（1902 年）举人。光绪三十一年（1905 年）留学日本，与孙中山等号召推翻清政府。民国初，上书大总统孙中山政府提出政治建议。1923—1925 年任《威县志》总纂，晚年出家，有《人生三分哲学——过去、现在、未来》《渭南诗文集》等。

⑥ 选自康熙《新河县志·卷十·艺文志上》。

⑦ 民国《新河县志·第一册·营缮·堤埝》载：“明祁县知事、邑举人邢可久撰。”

一丈，广一丈八尺奇，长沿三十余里。是秋水果不能为患，民咸感悦。又明年丁丑春，林侯丁内艰去，张侯至，寻亦丁外艰。冬十二月，我庄侯戾止。越明年戊寅春，循行境内政绩，届兹瞩兹，躍然而叹曰："雄绝哉，斯堤也！其新邑万年带砺哉？"夏秋以霖雨，河决，又付君往视其诸道路经口，稍毁者一一修补。告其故，即水涨汹涛，顺流而下，汩汩如也。民藉是得安堵乐业，信可为吾新万世之永赖矣。夫是始而兴厥功之端者林侯，之终而考厥功之成者庄侯也，始终勤劳得以有猷有为以树翊赞之勋者周君也。乃邑人睹君视祇事戴德难忘，故勒石作纪，凡以顺舆情云。呜呼！周君济事者才，成才者德。志以气确，纷议不惑，明也；出力效绩，劝励无懈，敏也；强悍不怵，权贵不挠，勇也；奉公却私，克谋克断，义也。夫敏由明，作才斯良矣。勇由义奋，德斯懿矣。御灾而捍，患虑周而备饬，惠则延之，誉则永之，于万斯年不泯不灭，修筑者之功也。理废而举，坠日营而岁计，卑思崇之隘思广之于万斯年以嗣以继，请记垂远者之意也。因并识之，俾后观者兴焉。林侯名士芳，字汝沿，别号小葵，上谷人。庄侯名杰，字文兴，别号企菴，登州人。周君名杰，字子高，别号号亭，浙之余杭人。

计开堤自红河口起，至朱家庄止，共一万三千一百九十步。

西流村修四百五十步，南接南宫界，北接马庄铺修界。

马庄铺修四百五十步，南接西流村修界，北接苏田村修界。

苏田村修四百五十步，南接马庄铺修界，北接孙家口修界。

宁晋孙家口修四百五十步，南接苏田村修界，北接申家庄修界。

申家庄修四百五十步，南接孙家口修界，北接曹李庄修界。

南杜兴村修四百八十七步，南接曹李庄修界，北至毕家庄街口止。

宁晋毕家庄村修二百一十九步，南自本村后街口起，北接沙洿村界。

沙洿村修三百二十步，南接毕家庄修界，北接杨马庄修界。

杨马庄村修六百三十步，南接沙洿村修界，北接陈海庄修界。

陈海庄修七百九十六步，南接杨马庄修界，北接城招村修界。

城招村修二百八十步，南接陈海庄修界，北接董夏村修界。

董夏村修五百六十步，南接城招村修界，北接王府集修界。

王府集修五百六十步，南接董夏村修界，北接沙井村修界。

沙井村修五百六十步，南接董夏村修界，北接杜兴村修界。

北杜兴村修四百六十八步，南接沙井村修界，北接城北村修界。

宁晋城北村修二百五十步，南接北杜兴修界，北接南北秋口村修界。

南北秋口村修五百五十步，南接城北村修界，北接南北闫仙庄修界。

南北闫仙庄修六百六十步，南接南北秋口修界，北接曹庄村修界。

宁晋曹庄村修二百步，南接闫仙庄修界，北接荆家庄修界。

荆家庄修五百六十步，南接曹庄村修界，北接侯家口修界。

宁晋县侯家口修二百九十步，西南接神首村修界，东北接神首村修界。

东西神首村修六百二十步，侯家口村西南接荆家庄修界，东北接辛章集修界。

辛章集修二百八十步，西接神首村修界，东接千家庄修界。

东西千家庄修二百八十步，西接辛章集修界，北接冯招修界。

北冯招村修二百八十步，西接千家庄修界，东接碗庄村修界。

碗庄村修二百八十步，西接冯招修界，东接梁家庄修界。

南北梁家庄修二百八十步，西接碗庄村修界，东接亭则头修界。

亭则头修二百八十步，西接梁家庄修界，东接牙家寨修界。

牙家寨村修一百步，西接亭则头修界，南至原申朱家庄官路口止。

直隶冀州新河县东南两路顺城士民公立永免协修堤工感恩碑[①]

盖闻识属人任者，固不必引责于己，分任己内者，亦不得嫁祸于人。如吾邑迤逦西北，所谓李八庄之月埝，掘地筑防，以御漳水之泛溢，历有年所。先代贤宰相地度形，计户授工，分派西路顺城诸庄，奉为定例，在载赋役。以水出乾位，列土而居者，人地相近也，万一冲决，西路之田庐攸关。故遇河水涌溢，西路戮力同心，按工任事，相沿久矣。至若东南两路，则各有公务，不相混淆。康熙年间，偶遭水患（原县志注：按系指十七年大水事），江左杨公亦曾传令协修。复亲谕，云此系暂时义举，因立永不为例之执照，至今炳在东南顺城。衿民等惟虑年深岁久，后辈莫识缘由，或因推卸争执，致有违误，故竖石载明，永远存照。

时皇清乾隆七年岁次壬戌梅月中皖之吉，東南顺城两路矜民公立。

巨鹿县

县尹宋公功德碑铭[②]

元代　吕巽　沙人

除民害而割己之有，此在昔之罕闻，当世之鲜俦也。夫除民害者，则当祀，割己有者，则当嘉。既祀可嘉，可不勒诸石以纪其功德也欤？巨鹿古有漳河，源发紫、古二山，经邯郸达广平、曲周，迤逦而北，至巨鹿县东北，与葫芦河相合。逮夏越秋，继以霖雨，波涛驾轶，浩浩而来。巨鹿北有村曰腊姑湾，其河渠狭窄壅遏。水遂从腊姑湾而南，泛滥漫流数十余寨，淹没民田不可胜概。朝廷累差官相视便利，疏瀹水势。而所差之官，干没[③]利欲，漫不省视，故其害自若。至正五年夏六月，宋公来尹兹邑。公正直方严，谨慎乐易。下车之日，首以去邪革奸，兴学息民为务，故滨河之民俱以河害赴

① 选自民国《新河县志·第一册·营缮·堤埝》。

② 选自光绪《巨鹿县志·卷十二·艺文志》，参见雍正《畿辅通志·卷一百七》。

③ 干没，指投机图利，冒险侥幸，侵吞公家或别人的财物。

告。公携持告民，聿相河势。既毕，戚然语众曰："民害若兹而不除，岂上委任之意哉？"于是鸠集民夫，疏通河势，浚涤淤塞，去其龃龉。其流既通，水势孔殷，而河害悉除。噫！百年之害而一朝去之，非仁者之用心，能若是乎？逮至正六年，巨鹿饥荒，阙食之家十室八九，饿殍相望，而朝廷以常平鲜储和籴是县。公星奔上司，诉以民时缺食，非敢遏籴，上司不许其请。公还亲诣各乡，谕以上意，民感公德，俱以已食之粟应之。其不支者，公以所收俸粟百余石以充所籴之数。今公既割己之有以惠民，其肯嗜苞苴以欺其天乎？是则公满腔子皆恻隐之心也。呜呼！今之莅政者为民之害者有之矣，其肯除民之害乎？《语》云"虐政苦于蝗"，喻害民者也。今之盗天之有者有之矣，其肯割己之有乎？《语》云"劝民以自封"，喻盗天有者也。夫廉者，士之一善也。然澹然无欲者实鲜，故虞朝有饕餮之名，盘庚有货宝之戒，非人其吉，惟货其吉，穆王之所以训择三有事，亶侯多藏周诗之所以讥。则公之捐俸粟以惠斯民也，岂无所见而然哉？故巨鹿耆老韩克宜等感公功德，状其事以请。余乃编叙其先后以为文，仍系之以诗曰：功加于民，祀典所载。我公之功，百世而在。救民饥寒，曰父曰母。拯民水火，早闻前古。民害既除，击壤而歌。民感公德，其怀如何。我公之德，粟食布衣。无以报德。树石刻辞。

县尹李公生祠记①

明　教谕　王都　唐山

鸿荒之世，洪水为灾，禹宅司空诞膺治水之责。维时恒卫既从大陆，既作驯是以往，至于降印宅土，地平天成，以故后世睹河洛而思功者，乃曰："微禹，吾其鱼乎？"九峰，注书谓大陆，即今邢、赵、深三州之地。钜鹿、隆平、宁晋等处为三州之属邑。按许氏《说文》："钜，大也。"古者"鹿""陆"通用，则钜鹿、大陆，一也。肆今地势洼下，斥卤沮洳，愚乡邻之。萑荻菰蒲，黄茅白苇，灌莽极目，秋霖暑雨，百川灌河，倾泂无涯，不辨牛马，奔腾汹涌，水天一色，海若冯夷，扬威簸荡，固有神慑而魄丧者矣。况望其奠，生而安居者哉，其有垣墉涂塈者，已为幸矣。况望其树稼粒食者哉？迨隆庆六年壬申，父母汉中李公悯其陷溺，以为三邑之民。岁至兴讼，至有挟弓矢戎器周旋从事于决口之间，是岂民之自作不靖哉？亦以利害切身则然耳。于是闻之监司，报可，乃身督邑民具畚锸，储土石，饬堤堰，时蓄泄，旱则引之而使溉，涝则导之而使流。天时有相，地利有成，人力有绩，不屑仍其弊而乃去其艰，不惟去其艰而且获其利。可见公经纶之方，康济之猷，所以承流宣化，而不负师师之大任者也。钜鹿之民方将久沐公之德泽，铨部佳公绩最，擢守深州。虽相去伊迩，然申画郊圻，各有分守。则民之戴公之德者，不足以偿其去之之惜也。乡民谷悦孟等思公之深，感公之至，乃相与立祠，作主碑于

① 选自光绪《巨鹿县志·卷十二·艺文志》。

地，以永公之思焉。相率以白于幕尹王公应奎。王公曰："李公之抚尔民，真若恫瘝疾之在身尔。民不以公之去留而替其心尔，民其义哉！"祠成，砻石介，愚之表兄儒士张治教问记于愚。愚以禹之治水而开世道之一，治固卓乎为万代之瞻仰矣。至于白圭治水，孟子以邻国为壑病之，盖治水一也。相于时，协于势，权其利害，顺其自然，是固君子之所歆艳者也。盖势之所在，贵斟酌以求；当时之所在，贵度量以合宜。斯固无恶于行水者也。若圭之所为者，未见耕获之利而先罹昏垫之危，未见衽席之安而先葬鱼鳖之害，此固君子之所不与者也。公之利民者，固将等西门豹之渠，邺史起之引漳，芍贾之勺陂而上之。夫岂止郑国之凿泾而已哉？唐山之于钜鹿，均统顺德，愚稔公之善政。昔人谓河润九里，固公之余波所及也。畀悦孟等而刻之以溥公之遗泽可焉？从事间代政者安邑仁山孔公适至，悦孟等以其事白之。公欣然曰："前事之不忘，后事之师也"。愚于是嘉李公之福民、孔公之协恭、至公之永德、悦孟等之知报，固三代直道而行者也，孰谓不足以追隆古之治哉？孔公又愚宦游之故人也，学富而才雄，守廉而德粹，谅必有以匹休于公矣，故不辞而记之。其同事者之姓氏、工役者之禀饩、陶甓者之多寡，则列于碑阴。

巨鹿重修二堤记[①]

明　御史　张智[②]

巨鹿之北一舍，计祟垣浚壕居者。余千家阛阓，推望肆廛，矗矗为宫亭，乃英庙给国戚安昌伯钱公之墅。厥田八万亩，东西两枕漳干，水大溢则下地、荡然一壑，民物多葬鱼腹。及退为沮洳，宜稼者少为患素矣。正德庚午，令杨君督农事，曰："租视田之丰歉，田视水之吞吐。巨室虽不恃此，然天恩民困，奚可坐忘？先人尝堤于东，允为保障，堤于西久而汩没，不肖可不承先志邪。"召佃户数千人，具畚锸以临事，增旧徒新，间他邑民地则代修，接上流高阜则减筑，值科坎下桩草，峻二丈，广倍之。自普盛营抵北长芦，长二十五里，监督有法，四越弦望，而毕蛢幪延于邻邑。正德甲戌秋，淫雨如注，洪涛啮堤。君驰赴，从之者如归市。但緜[③]水茫茫，难于得土，遂取泥于河，以田毛绞其汁，以汀苇作其骨，堤畔土覆其面，渐叠而踏之，水不能入，须臾与平，如此者不已。君骇，谕曰："事危甚矣！独不念父母妻子乎？"众感奋，虽冒雨奔波，若湿禽泥龁，而胼胝愈力。妇女老幼亦负薪跋涉来助，仅仅胜之。逾旬天霁水定，豪侠谋潜凿，君誓众分守，夜则鸣金举火，伊方止，复籍近村以递防，仍建副堤。潘庄至南长芦，高阔盈丈，长十五里。未几大蝗，躬斋戒祷，神蝗果去。爰立河伯、虫王祠，重修府君堂，以祈报水弗为害。时乃大熟，人相语微君吾其鱼矣。今万灶炊烟，报德之香与旄倪，趋谢途次如织，君孝祖妣，友少弟，重斯

① 选自乾隆《顺德府志·卷十五·艺文上》。

② 张智，河北省巨鹿县人，明成化辛丑科进士，官至御史。

③ 緜（luán），南緜县，西汉至隋代县名，位于汉置钜鹿郡东北，在今河北省巨鹿县、平乡县一带。

文，代娶代纳，养鳏孤。设义阡十亩，为邑宰十年，施书布粟材药之类不能悉。君名杰，字景英。

蠲 赈 记[①]

清 朝

钜鹿地界漳河，古广阿泽也。其风直，俗多已逐末，水苦，土半卤，家无蓄储，凶年引水灌禾，禾即槁。顺德九邑，惟此堪怜。己巳秋，余忝牧斯土，正罹灾祲，赤地千里，乡村蔀[②]屋，烟火闃[③]寂，僵卧之人饥不能起，乞食道路者累累。余忧不辍，单车亲历，惨不可言，赋诗云“行行且止问行人，行人未言泪先洒。百谷家家无一收，间有收者不盈把”痛之也，幸总宪于公有奉命查荒之举，邑士庶合词哀鸣。余据状立申太守，太守鲁公以实转报各宪，随蒙于公特疏入告，圣心悯恻，下诏蠲本年正赋银四千九百五十两，复发帑金一千七百两，仓粟一百石一斗。命少司马王公、齐公督赈，余同协赈，内黄令王公综其事。开赈之日，欢声雷动，摩夹负戴而来者，遐迩之声颂我皇恩如沸，其后续报饥民。余不忍食禄，转详蠲俸，外勉为文，遍告邑之父老绅士，量助谷钱不等。一时诸从事如丁梁二广、文陈干戎、赵县尉靡不殚厥心力。饥民道远难归者，赀以糇粮[④]；至颠仆将毙者，药以参苓。一时先后赈者近万有奇，俱指天誓日，悉皆无告之民。是时总宪于公与少司马均有特奖。大哉皇仁，拯饥溺而肉白骨，岂臣愚所能赓[⑤]颂乎？时至今夏五月犹旱，余为文泣祷关圣夫子，至再而三，刻期雨降。今幸岁功告成，年书大有，长吏得与民休息，父老有田畴之乐，闾阎获康阜之休，熙熙皡[⑥]皡，皆我皇上深仁厚泽暨各宪嘉谟规画，有以涵煦于亿万年之深也。使无以记之，岂不以臣愚而隐君赐耶？遂书其事以告来兹。

钜鹿县分工息讼碑记[⑦]

大陆，九河下流也，水患维均，而城西南隅受滏阳漂没之害为尤甚。姑无远稽，即历汉唐宋以至元明，宰兹邑者，贤能辈出。睹河伯肆虐，徒切咨嗟叹息而已。惟宏治二年，县令陈公来莅斯土。目击心伤，斜筑长堤一道，俾水顺流而下，固非邻壑不仁者。彼时，近堤一十八村分工修筑，咸有定则，毋容紊也。但历年多，诡弊渐生，将路家寨迤南一工五百三十八步，南北二路家寨，东西四坚台，彼此推诿，讼狱繁

---

① 选自光绪《巨鹿县志·卷·十二艺文志》。
② 蔀，搭棚用的席。
③ 闃（qù），“阒”的讹字，形容寂静。
④ 糇粮，指干粮、食粮。
⑤ 赓，通“更”。
⑥ 皡，古通“昊”，广大。
⑦ 选自光绪《巨鹿县志·卷十二·艺文志》。

兴。虽值胜负立见之日，非立石，即批照，要皆私而不公也。以致浪费金钱，不顾典衣鬻产，忍污血肉。迨我皇清康熙十八年，幸遇郡守殷公讳作霖[①]、军厅王公讳曰翼、邑侯陈公讳可宗者，宣德达情，判决分晰，遂举数十年游移不决之案，数百人抑郁不平之气。一旦是非曲直自不觉其悉化，较诸胜者怡然得，负者爽然失，大相径庭矣。不特此也，又有儒学教谕陈文瓛[②]、训导智惟静、捕厅赵文锦、贡生李麓、生员李楧、百姓徐怡之等犹恐天良易昧，人心叵测，异日未必享无言之福，故从旁处释。令坚台、路家寨愧悔靡已，感悟益深，各愿分工二百六十九步，中立石碑，以示亿万斯年，永杜争端之意也云尔。

滏阳河建闸溉田记[③]

知县　进士张文庄[④]　祥符人

顺德九邑享水之利者多，而广宗钜鹿不与焉。广宗去河远，苦于势之无所乘，独惜钜鹿以三百余丈之滏水弃而不之取也。乾隆岁癸亥，余莅是邑。访所以利民者，一岁中凡数至其地。与诸父老详筹熟商，确知其利之可以兴也。爰于甲子春相度形势，鸠工庀材，于濒河建闸一座。凡三月而闸成，由闸开沟，由沟分支于农隙之时，次第经理，凡十月而渠成。于是，开闸引水，以次灌溉，畇畇万亩，一时滋沃。士民之享其利赖，莫不鼓舞称庆，遂共谋立石以志成功。予窃惟前数十百年，此闸未建，民无为利也，相与安之而已。今既以为利矣，利之所在必争，争而不已，必有戕贼狱讼之事兴于其间。是始见为利者，旋见为害。其究也，势必并其利而弃之，而且归咎于始创者之多事。予深惧，无以辞于后也，由此观之，可为功成乎哉？特始基云尔。夫与其侈陈功德，漫作夸大之词，无补于万一，何若申明条约，刊垂永久举，异日之争端而预有以弭之，使世世无有所害，而予亦不至以滋事贻讥也。不亦善夫，爰述其梗概，而并勒其条约于碑阴。

灵井祠记[⑤]

闽县　林穗[⑥]

戊寅春，穗承乏是邑。值亢旱异常，玉帛交瘁，靡神不举，卒罔一应。邑人告余曰："城之西南隅有井焉，虽久旱不竭。邑之人炊爨者，咸仰资焉，盍祷诸。"穗即率属祷求，果得大雨。农田遍植，比舍腾欢。既而入伏，又复苦旱，禾苗焦槁，民心惶

① 殷作霖，光化人，广平府知府。

② 瓛（huán），玉圭的一种，多用于人名。

③ 选自光绪《巨鹿县志·卷十二·艺文志》。

④ 张文庄，河南祥符县（今河南省开封市）人，进士，乾隆年间任巨鹿县知县。

⑤ 选自光绪《巨鹿县志·卷十二·艺文志》。

⑥ 林穗，1825—1892 年，字子颖，一字富平，福建闽县（闽县，旧县名，历史上辖境大致为现今的福建省福州市区和闽侯县的一部分）人，光绪二年（1876 年）进士，任直隶巨鹿县、任邱县（今河北省任丘市）知县。

惶。穗复率属祷告，甘霖滂沛，四野均沾。众以为是井之灵殆有龙焉，实凭之，噫！其井之灵欤，其龙之灵欤，礼有之能为民御灾捍患者，皆祠之。先儒刘氏云："水不在深，有龙则灵。"即以是为灵井焉可。

十一、邯　郸　市

邯山区、丛台区、复兴区[①]

邯郸浚河记[②]

明　正德　李东阳

广平属县曰邯郸，在府治西南五十余里，盖七国时赵所分晋地。漳、滏二水抱其左，葛、堵、邯、紫诸山发自太行山者，环其右。有泉出于紫山，曰渚沁，水东趋数十里，抵县城，始折而北。每秋雨暴至，势极湍悍，城辄坏，民弗堪其劳。无锡华君来知府事，以为河流不改则终无善策。相地势，泝流而上，可一里许，改河故道，避城而北，以入于漳。画地计功，分职领役。凡为新河七百二十丈，深丈有八尺，阔十丈五尺，障以长堤，高厚各三丈。受水之处甃石百丈有奇，贯以铁锭，关键旁午。沿堤植柳万余，根节交错，峙为崇丘，牢不可动。城故为水啮者，即加筑三面，卑薄者则增之。楼橹铺舍，百废并举，水患既息，城亦永奠。经始于正德甲戌三月，至丙子十月而成。

广平府为严定闸坐启闭日期事告示[③]

广平府张[④]谕：

为严定闸坐启闭日期事照得：

滏河闸坐原为商民两便而设，不准村民闸头人等擅自启闭渔利，历经遵办在案。现据苏曹、张庄桥煤炭等行呈控霸闸渔利，当经本府堤郡委员，会同该县杨令断令，于十一月初五日先闭罗城头闸，十一月十五日次闭柳林闸，十二月二十五日再闭苏里闸，次年正月二十五日三闸齐启。若遇旱涝早晚不过十日，以外经本府转详，究结在案。前奉

---

① 邯山区、丛台区、复兴区，原为邯郸县行政区域。

② 选自康熙《畿辅通志·卷三十九·记》。

③ 选自光绪《重修广平府志·卷十九·水利略上·闸规》，该文标题为本书编者所加，原志注："嘉靖年间邯郸苏曹张庄桥煤炭等行控邯民霸闸渔利，知府张翔断定邯郸三闸启闭日期，立石北门甕城。"

④ 张，指知府张翔。张翔，1782—1854 年，山东潍县（今山东省潍坊市）人，嘉庆十三年（1808 年）进士，历任直隶省献县知县、河间府知府、广平府知府等职务。

蕃宪饬令，由府颁给示谕，转给该村，自行照立石碣，永远遵行，免滋讼端等。因合行出示给发。仰该村民闸头及店户人等，嗣后各闸启闭，务须恪遵定期，不得擅自启闭。若遇旱涝，准禀请该县查勘启闭，倘有无赖棍徒藐抗不遵，串通闸头人等，藉灌地为名挡船渔利，定行从严究办，各宜懔遵勿违。

特示。

北关修石桥记①

明　张我续②

沁水自邑西建翎而下，由城北关东注于滏。旧建浮桥，以利攸往，及桥久啮就窳，秋水暴涨，远迩病之。沙门宗信者募化营修，越数载，弗克底绩。

万历丁巳秋八月，郢都王公来宰吾邑。悉其状，下车二日，出装中金谋缮治。于时省祭官魏邦俊者，首输千金以应。爰咨廉干者，得引礼官郭应举俾往监役，仍饬义民马相等倅之。庀材鸠工，分功程力，易木以石，越戊午夏四月告成。雁齿凌空，蹲鸱椓地，视昔盖增雄焉。邑父老谋伐石以纪其事，属记于余。

余按《周礼》："司险周知川泽之阻，达其道路。"郑氏注云："达道路者，川泽之阻，则桥梁之。"《孟子》曰："岁十一月徒杠成，十二月舆梁成，民未病涉也。"今之号循吏者，亦或经理桥梁矣，糜费资财，玩愒岁月，炫虚声而少实效，遂使民视上令尽属空言，其何建树之有？

我公念环城之水涉之者众，雨集川盈，咫尺千里，谁司民牧而令艰阻？至是愁然毅然，需之旦夕，而弗遑倾诸囊箧，而弗计勿狃目前之陋，乃图不朽之基。阖境闻风向慕仁沁于心，义呈于色。积年之患顷刻而除，往来津梁者肩摩踵接，毂击镳联。美哉！晃晃乎讵不伟欤？乃余之谂，我公尤有进于是者。

太史公曰：邯郸，漳河间一都会。自文皇奠鼎幽燕，南北憧于斯，京藩会于斯，列辟朝宗，琛贡走集于斯。彼其累累在路者航大河，浮漳水，坦步王畿，方且洒然动色，遥瞻尺五清辉，则道途通塞，桥梁修圮，实国家治忽之征，讵仅仅利病吾邑也哉？因知公之所以为砥柱、为舟楫者胥，于是役焉肇矣。

---

① 选自民国《邯郸县志·卷十四·艺文志·记》。光绪《重修广平府志·卷十五·舆地略·山川》记该桥名学步桥，并有《学步桥记略》云："沁水自邑西建瓴而下，由城北关东注于滏。旧葺浮桥，以利攸往，及秋水暴涨，汹涌澎湃，桥久啮就窳，远迩病之。丁巳秋八月，郢都王公奉简命来宰吾邑，悉其状，甫下车之三日，遂出金缮治。于是，省祭官魏邦俊者首输千金，以应风草之机，诚捷也。爰咨廉干者，得引礼官郭应举俾往监役，仍饬义民马相等倅之。计寻丈，揣高卑，庀材鸠工，分功程力，戊午夏四月告竣。易木以石，撤旧为新，雁齿凌空，蹲鸱椓地，视昔盖增雄焉。邑之父老相与酌酒讴吟，谋伐石以纪其事，属记于余。余按《周礼·司险》周知：'川泽之阻，达其道路。'而郑氏注云：'达道路者，川泽之阻，则桥梁之。'孟子曰：'岁十一月徒杠成，十二月舆梁成，民未病涉也。'是故有惠心者然后有惠政，有远识者然后有远图。今之绾绶号循吏者，往往玩揭岁月，炫虚声而少实效。我公今日之役，遂令积年之患顷刻而除，永赖之功，翘跂而定，讵不伟与！"原志载："学步桥在县北关，跨沁河上，明万历是，知县王曰善建。"

② 张我续，1560—？，明代京师广平府邯郸县（今河北省邯郸县）人。万历己卯（1579 年）中举人，庚辰（1580 年）中进士，官历礼部曹官、河南巡抚、川贵总督等职，最高至户部尚书、太子太傅。

公讳曰善，字惟果，别号祁连，湖广荆州府江陵县人，登万历丙辰榜进士。

筑城西堤记[①]

郑方坤[②]

邑在西山之麓，沁水经其西。冬春涸，不见有河。夏秋之交多雨，则狂涛怒吼，奔溃跳踯。万历间大水，邑令欧阳公特于西陂口筑堰，使北趋，折而东，与滏水合。不为城患者，百有余载。今岁六月，霪雨经旬，山水骤下，河决西堰，入西陂二里许，突城西南隅，大雨挟流，澒洞之势，猛不可当，城坏须臾耳。余躬督民役，持锸千柄，筑坝城下，人皆立巨浪中，与水争持，一夕竟成，城藉以全。呜呼危矣！次日稍霁，水势渐杀，即向所决处速具桩苇柳梢等物，作堤务艰且厚，复成外堤一道，长亘倍之，逾旬报竣，有请为文以记者。伏维四海升平，圣天子威德远播，川渎之神靡不安澜为职，而邯处辇毂之下。今日之事，所宜大书，垂示无穷，且天下事为之则难者易，不为之则易者亦难。方水之至也，所触倒垣屋，崩土石，观者变色。余则以水必可遏，城必不可使坏，毅然以身先士卒至无虞。可知一念之诚足开金石，如其不然，又手蒿目诿诸时势。自古以来，坐此败事，曷可胜数？今从客之请，亦用自勖焉，并告邑之人，如见令之有懈政，即持斯言为规，是又余之所极不忘者矣。

治河建察院碑记[③]

唐　龙

邯城之西，紫、葛诸山雄拔而耸峙。其下有渚、沁二河，秋夏泛滥，则水薄城下而啮其垣壕焉，可惧也！先是，治之者筑堤以障之，而城仅无灾。然水潦集而无所容，汪洋漫漶，比十里沦而为壑，土田淹溺者且百余顷。行人濡滞，裹粮以待之。郡守王之衮临之，曰："筑堤障水，是与水为难也，庸知水之变不可斗乎？"距城三四里曰滏阳河，固水之归也。乃檄邑令长安沈子麒者俾浚渠二道，引渚、沁之流而南北分注之，水患顿息，居者行者罔称病矣。县又当往来之冲，官人上下接轸连軔。而廨宇弗葺，无所授馆，咸议赋民缮其役。守曰："民且贫，乃重困之，乌乎忍？"复谕邑令，俾度诸淫祠法当毁者，得二所，遂因其基而借其材，以为察院，惟轮惟奂，缭以周垣，官之攸赖，民弗扰焉。民胥戴守之德，而多令之能赞襄以有成也。令亟请记之。余每读《诗》，至"乐只君子，民之父母"，未尝不慨然而思。夫父母于子，提之抱之，寒燠

---

① 选自民国《邯郸县志・卷十四・艺文志・记》。

② 郑方坤，1693—？年，字则厚，号荔乡，福建长乐（今福建省福州市长乐区）人，郑方城之弟。康熙五十六年（1717年）举于乡，雍正元年（1723 年）进士先后任直隶邯郸县知县，先后担任景州知州、河间州同知、登州知府、沂州知府、武定府知府、兖州府知府。

③ 选自民国《邯郸县志・卷十四・艺文志・记》。

饥哺，抚[1]其疾痛，慰其疴痒，无乎不至也。守令近民有父母之道焉，挈其利而纳诸怀，驱其病而纾其患，此之谓如保赤子矣。奈何世之牧民者，骜[2]者峻法，惏[3]者餍货，而残民以逞哉？若记载所称贾父杜母，可多得耶。夫水为民灾，瀹而除之，役民之职，勿忍劳之，诚加恤于斯民，视其利病，若吾之欣戚然也。余嘉广平守为能，茂其实，扬其美，若令者，毋亦有所观而兴乎？

邑令单公祷雨记[4]

杜受全[5]

单进之，奉天金州厅人，名传及。岁贡生，以教习得知县候补来直，历署平山、卢龙、万全等县，均有善政。丁丑冬月，摄篆来邯。当是时，灾祲之余，讼狱多，而盗贼炽，而且赋敛则议缓议停，差徭则南北辐辏。君于是劳可知矣。日鸡鸣起，中夜不能寐，其为政爱民如子。暇则督课书院，为之口讲手画，孜孜不倦，因得士民心。以劫窃之案屡出也，捐募壮勇四十人督捕之。今年春旱太甚，是时奉上檄赈饿民并办平粜。正不遑暇食[6]时也，乃君勤劳之余益以忧岁。圣井岗有铁牌调雨符也，相沿已久，祷辄有验，君将数十里徒步往迎。或劝曰："君年六十四矣，筋力衰矣，恐致病，何必徒行，代步可也！"君曰："亢旱如焚，民命在旦夕，敬益于民，死且不惜，病奚恤焉？"遂迎而归。归果病，爰誓身于城隍神，为民请命，诵《云汉》之诗，至"宁丁我躬，大命近止"诸句，辄泣下。复不雨，病遂笃，辗转床笫[7]间，时时问雨，仰天叹曰："天乎！天乎！许以予一人命，活万人命可乎？"言讫而绝。大雨倾盆，四野沾足。时四月十五日未时也。既卒，士民感之，咸以君以雨死，雨以君致，远近歌其事。余于五月下旬瓜代来邯，适阅邸抄[8]，见山陕两省道员张公树葵、绛县牧陈公世纶，均以赈务积劳卒，议得恤典，士民等亦欲援例而为君请也，嘱余作传。余曰：进之之德行政事见于家乡与各任所者，余未得万分之一，焉敢作传，谨掇其誓身祷雨事而为之记。

沙东水利条规[9]

第一条　沙东新沟经行路线，在罗城头闸中沟以南系旧闸，各村代表公同指定之地

---

① 抚，原文误作"墲"。

② 骜，马狠，引申为凶猛、勇猛。

③ 惏，意同"婪"，指贪食、贪心。

④ 选自民国《邯郸县志·卷十四·艺文志·记》。

⑤ 杜受全，1825—1894 年，字仲容，号芳坪，山西省太谷县人，举人，光绪四年（1878 年）任邯郸县知县，后任获鹿，邢台等县知县。辞官回乡后，获鹿县民众送来"青天白日"褒匾一面，此匾一直悬挂至 20 世纪 50 年代初。

⑥ 不遑暇食，连吃饭都顾不上，来不及。

⑦ 床笫，原指床和垫在床上的竹席，泛指床铺。《周礼·天官·玉府》云："掌王之燕衣服、衽席、妆笫。"郑玄注："笫，箦也。"

⑧ 邸抄，亦作"邸钞"，即邸报。

⑨ 选自民国《邯郸县志·卷三·地理志·水利》，本书编者注：该碑立于 1928 年。

点，呈县备案，定为永久不易之沟线。

第二条 罗城头闸旧有南中北三沟，沙东新开之沟命名曰东沟。

第三条 东沟通河沟嘴，较南沟提高五寸。

第四条 东沟上下游分为三段：自滏河东岸至李家口村西小桥，系公共新挑，计长十三里，为公干沟；自李家口村西至堤南堡村东北亦系新挑，计长十二里半有奇，为南干沟；自李家口村西小桥至刘家庄村东北系原有沟渠，计长十五里，为旧干沟。

第五条 公干沟占地一顷五十七亩八分三厘八毫九丝三忽，一律从优价买，所有粮银，除学田地向无粮银不计外，共拨出粮银八两二钱零三厘，如数呈请豁免。南干沟占地一顷十四亩六分九厘四毫七丝四忽，亦系价购买，其粮银在未经豁免以前，仍由各地户照旧完纳。旧干沟粮银尚系地户担负。

第六条 旧年闸座，沙东各村未摊闸费，故每年夏历十一月初五日闭闸时由东沟所属各村先期备办闸板。

第七条 东沟所属各村担任修筑罗城头地界之河南岸，其河北岸仍归三旧沟修筑，均得就近用土，地户不得勒索钱文。

第八条 水手三名，原议每年共津贴京钱四十五吊文，今照旧。闸原有地三十五亩有奇，又买地十二亩，均按三股分种，以后永无津贴。堤夫二名，每年每名津贴京钱八吊，暨秫秸二百个。

第九条 东沟开放之期，以南沟第一二坝河水上地时间满五日后为准，惟历试三年，均系十一月十一日河水入地，故东沟以十六日开放为原则，但迟早得活动之。

第十条 自十一月十六日起至次年正月十八日止，为沙东各村浇灌之期，自正月十九日起至二月初一日止，为中堡、大北堡、罗城头灌溉之期。

第十一条 公干沟凡每年修浚，一切经费均由公按地出钱出夫，灌溉时按地分期。沿沟一带桥梁为县有公共之建筑物，应归附近各该村庄永远保护。

第十二条 东沟两岸，除岸外另买之顺畛[1]地由沙东自行栽树外，其各地户有必须栽树、保护堤埝之义务。但树株成材后利归地户，只准剪伐，不许翻根掘底，以免妨害水埝。下游旧干沟，无论横顺，畛树株之利均归地户。

第十三条 沟渠为地方水利，无论何人不得阻挠破坏，如有决堤放水，或塞口断流，应按刑律科罪。其损坏桥梁、偷伐堤树者，亦各照章从重罚办，并责令加工修筑，加倍补栽。凡警团、村董、水手、堤夫及诸色人等，有能破获前项案犯送官审实后，即在罚款内提五成充赏，容隐不报者连坐。似此明定赏罚，使大众知所儆戒，守望各有责成，庶几杜绝弊端，永资利赖。

第十四条 以上各条沙东、沙西双方条件：其沙东各村相互之关系另有详细规定，于西张策国民小学前刊石记载之。

① 畛，井田沟上的小路。

沙东新开水利官绅功德碑记[①]

中华民国十七年

邯郸滏阳河旧有三闸，罗城头、柳林二闸创始于明万历之季，苏里闸至前清顺治时乃增修之，是为吾邯共闸之发轫。然详查县志，并不载创修人之姓名，饮水思源，每以为憾。顾邯民之享有水利三百余年矣，追溯始功，敢决为爱民如子之贤令尹倡率于上，热心公益之众乡绅襄赞于下，乃克成兹伟绩，利赖万世，斯则堪共信者也。

考三闸灌田，统计不过千余顷。而以罗城头闸所灌为最少，才八十顷，其抛弃余水之多可以想见。数十年前，屡有人建议扩充沙东水田之利，辄以沟恤费巨。而三闸定章启闭限期无丝毫伸缩之余地，又恐激起诉讼，更多纠葛，往往畏难而止。民国十年春，大吏适有扩充水利之训令，于是王安堡乡绅李君献之等商同劝业所长王君文山，谋所以扩充水利者。遂呈请前任陆县长荫楣，拟由罗城头闸迤东开挖新沟十余里。可灌田一百数十顷或一百顷。陆公极端赞成，乃邀同三闸绅耆迭次磋商，毫无阻碍。遂绘图具说，勘定沟线，克期兴工。越一年而工始竣，计增多水田一百六十八顷而强。是役也，陆公总其成，何公麟皋善其后。而始终其事，不辞劳怨，如警长孔纯洁，及乡绅李献之、劝业所长王文山，率皆餐风宿露，奔走于灰尘烈日中，尤为人所难能。

今沙东各村食水田之惠者几二年矣，中间迭经困难，诸多棘手。壬戌夏，何公继任，进行尤力，因续开水田四十七顷九十亩。次年，代召等村又请引用余水，得灌田数十顷。何公复为酌定期限，免致争执，所有经费按亩均摊，较在沟水田认缴半数，总计新开水田一百六十顷有奇。吾于此窃有感焉。自有此三闸，垂三百余年，及今闸未加多。忽增出二百余顷之水田。而此二百余顷之水田，每年减少水田之利，竟有三百年之久，其损失为何如耶？然从此享水田之福，又岂止三百年而已耶？乃知官绅扩充水利之功德，将与水田俱永矣。是不可以不记。

永年区

广济闸记[②]

申佳允[③]　邑人

成化二十年，郡伯李公仿西门豹遗意，始创利民闸，城南攸赖。嘉靖间，高公斟酌水利，由大慈村凿堤砌石，引水灌护驾等村，分浚沟洫，教民秧稻，万姓便之。后

① 选自民国《邯郸县志·卷三·地理志·水利》。

② 选自光绪《永年县志·卷六·水利志》，括号内文字补自光绪《重修广平府志》。

③ 申佳胤，1602—1644 年，字孔嘉，又字浚源，号素园，京师广平府永年县（今河北省永年县）人。崇祯四年（1631 年）进士，历任知县、吏部文选司主事、吏部考功司员外郎、南京国子监博士、大理寺评事、太仆寺丞等职。甲申之变，佳胤殉国死节，赠太仆寺少卿，谥节愍。入清，褒扬忠烈，赐谥端愍。《明史》避雍正皇帝胤禛之名讳而作申佳允。有《申端愍公诗集》《申端愍公文集》传世。

来建闸六道，李公实开始焉。七闸之一曰济民闸，（地界西阎村堤上，创于嘉靖四十一年之秋，）盖倡自司理石南杨公，至乙丑（之）秋，则适庵李公再修之（襄厥事耳）。崇祯十三年，岁大饥，人相食，土人计无复之，拟引水灌田，以救残喘。西阎村堤居民李联芳拟于济民闸之东百步许另议建（辟一）闸，嗟乏资，具予附马眉白先生之后，先输百金首倡，并禀请太守欧阳公。公曰："善值郝侯，由肥乡移吾邑，轸念民艰，锐意修复。"乃于三月初九，请启堤土，红币金钱，重加奖犒。又捐俸四十镮为助，躬亲劝课，（众心咸奋，按亩趋工，杵声震野，）风雨勿辍，抵四月八日告竣，锡嘉名曰"广济"。闸落成之日，土人索余一言载贞珉。余喟然曰："救荒无奇策，自古记之矣。千百未有之凶岁，尚有孑遗哉？"高宗命传说曰："若大旱用汝作霖雨解者。"曰："霖雨蛟龙之灵也，何能作？"盖桔槔制而抱瓮息，井泉通而粪滓弃，人为之能信足以夺天工之巧。侯家视邑，子视民，以因为创以地补天，单厥心矣，助其懋也。《诗》曰："泂酌彼行，潦挹彼注。"兹侯其有焉。欧阳公讳主生，江西庐陵县人。郝侯，山东齐河县人，进士。

重修惠民闸改名利民闸记[①]

王衡[②] 知府

余友曲沃李君时勉以甲辰三月由户部郎中来知广平，遭亢旱，循行阡陌，田稼枯槁，无可救者，忧形于色，于是谋诸僚采。同知王君经、通判叶君相、刘君宁、推官张君公玉，乃相城外，巽隅五里，滏阳河曲，地势高厚，可引而救焉。相视莫逆，断然鸠工，民皆乐从。决渠北注，闸而落之，时其启闭，以蓄以障，以受以曳，支分东西，灌田若干万亩，抱城凿池，导水环流，种荷植柳，芬芳阴翳，因其名闸曰"惠民"。前此未尝有之也。丁未三月，时勉以外艰去，王君以佥宪升。余与朝邑刘君让代之。思其人，而美其绩，有余慕焉。若夫甃之未备，灌之未均，经界之不正，人事之不齐，凡可继而行之，以既时勉已成之功者，余将何辞？初闸名曰惠民者，时勉名之也，谦词也。余复僭易之曰："利民者何不曰民之所利而利之乎？"不言所利，此时勉之所以为大也欤！

惠民闸记略[③]

成安 张润身[④]

广平城南有河曰滏阳，成化间太守李公始开利民闸，灌田约三千余顷。时虽大

---

① 选自光绪《永年县志·卷六·水利志》，原志注："成化二十三年知府王衡重修，改为利民。"

② 王衡，明代山西省稷山县人，进士，曾任广平府知府。

③ 选自光绪《重修广平府志·卷十五·舆地略·山川》，本文整理时参照光绪《永年县志》。

④ 张润身，广平府成安县（今河北省成安县）人，明正德八年（1513 年）癸酉科举人，明正德九年（1514 年）甲戌科进士，任山西平阳县知县、平阳府知府。

旱，而东南方独称丰岁，且宜稻宜麦，始知水之为利也。嘉靖己丑旱，太守高公谋诸同僚出郊诣十二里东阎村之堤，察其土脉形胜，可以闸焉。又度地，自南胡贾村至北胡贾村，凡七里，迤逦而东，则陈义诸村，可以沟焉。转而东南入城濠为壑，庶几无患也。遂令先沟事，复檄照磨孙镗、典膳卢弼、义官刘汝皋董治堤下荒田。乃仿井田法，十亩为坵，九十亩为一井，井立一长，外八坵别以八卦。又采孟子仁政，必自经界始，二十字编为田号，沟涂封植，均齐方正。既而请于巡抚钱公、侍御段公，咸允之。复建亭三楹于闸之上，建水神祠一间于堤之最高处，筑以周垣，庀以杂卉。经始于五月庚午，落成于七月壬申。凡工役材用悉取给于地，而民不与焉。额曰“惠民闸”。斯役之名称，情也哉！然继其事以永惠吾民者，不无望于后贤。因采教授张时亨所录而并记之。

重修惠民闸记[①]

李进[②] 知府

弘治元年仲春记

距府南五里有滏阳河，其味甘温，引之可以灌环城之田。成化甲辰春，进奉命来知府事。越明年乙巳，遇岁旱，日夜焦思，计无所出。遂相河堤高厚处，通一渠引水灌田，以纾民忧不再。月沟道通，续用桩木、砖石包砌临河闸口二座，引水灌田。田间东西开通总渠一道，南北分开副渠六道，副渠之间又各通小渠，支分区别，以便浇灌。其浇灌之序，每年二月初一起至九月终止。自东而西，周而复始，计所灌田总若干万亩，然虑无人时常看守，及委官往来巡视提督，未免豪强搀越水次，愚民盗水灌田。及日后闸口渠堰损坏，无人修理，水利废弛。遂以其事白于按治柱史柯公，准令闸口佥设老人一名，人夫三十名，总渠设总甲一名，副渠设小甲六名，各蠲徭役。责令看守巡视，仍专委官一人总理其事。由是巡守有人，灌田有序，修废有托，而水利可行也。兹将建闸始末永勒于石，以纪岁月。若夫随宜增损，使我民享无穷之利端，有赖于后之爱民君子云。

惠 民 闸 记[③]

崔铣[④] 安阳

嘉靖戊子冬，太原高侯守广平。是岁，北域旱且蝗，再岁矣。明年己丑，春大饥，高侯再雩。夏又雩不雨。乃诏父老谋曰：“今郡南滏水东流，越直沽入于海。郡北故有

① 选自光绪《永年县志·卷六·水利志》，原志注：“利民闸，成化十二年知府李进因元人旧迹建闸，本名惠民闸。”
② 李进，明代山西曲沃人，进士，成化年间任广平府知府。
③ 选自光绪《永年县志·卷六·水利志》，原志注：“惠民闸，嘉靖九年知府高汝行建。”
④ 崔铣，1478—1541 年，明代学者。字子钟，又字仲凫，号后渠，又号洹野，世称后渠先生，河南安阳人。父崔升，曾任延安府知府、四川右参政、礼部右侍郎。

堤防其溢。夫水决则害，引则利，聚则溢，疏则平，是在长吏。今若闸阎村之堤，可溉沟胡贾至陈义之污，可达壑。城东南之濠可潴，则变灾为利何如？”父老曰：“幸甚！”其僚同知张越，通判张廷用、张介，推官翟镜承其志。越五月庚午，遂下令先沟事。民大聚，五日成阎堤。下有荒田二千亩，高侯又令曰：此得水皆为腴田，予役若一日予一亩。民家有三百愿赴工，一月闸成。时启递达以灌，遂令十亩为圻，九十亩为井，井设一长，号以字表，界以图识，遂业役者。是秋，广平熟，巡抚桐溪钱公、巡按段公可其请，广民孚其施，大夫士旋者伟其为。夫天生五材以裕民，用水之利为元。《禹谟》曰“六府”，《洪范》曰“五行”，府言其钟，行言其切。府则修之沟渠，行则作之臭味，论者昧于人而荒诸天牵，附迂诞明诘其谬，暴君庸吏弃而不志。是故知敛财而无地，欲养民而无资，强施化而无本，邪民生异端，倡游谈售，贪德安于戏，高子之政大矣哉！高子字修古，正德辛未进士。

通利闸记[①]

明　吴惠

古今民利，莫大于水，害亦莫大于水。广平府治，洺河在西北，滏阳河居西南，流皆东北向，越直沽入海。府城其旧颇下，即夏秋之交西山雨或久，则两河泛溢。甚至漫堤越濠，民胥假筏以渡，及四门垤小径曲行，延三四年水始涸，民咸病之。李侯至，询知治不可缓，乃上其事于抚巡，皆报“可”。于是委官往为经画，俾先修堤筑防于东北隅，置一闸以障其入，又经陈义等村沿古路凿沟以导其流。作始于嘉靖壬辰[②]二月，于六月工告讫。嗣后，滏决则趋下有渠，洺决则复入为泛，盖举数十年之患而一旦除去之，其惠利一方为何如哉？

安民闸记[③]

余有丁[④]撰

广平郡东南五里许多沮洳弃地，民茭牧其中。顷年大水漂庐舍，闾滭为河，民弗得宁。亦缘污泽，故益下注之。于是，广平被水害视他处独倍。郡守柳侯至，则视地形势相机宜，计之曰：是地卑土疏，水无从泄处。计及即无如闸者，又可得以溉田。遂抡日料工下楗，旁筑崇基，重甃累石，中设层版，为水道闸，就水降土升不相溷。由是，百年弃地皆沃野矣。兹役也，始于壬戌夏四月，毕于六月，报成仅阅百日。安民闸，侯所自命云。侯，直隶庐江人，进士。

---

① 选自光绪《永年县志·卷六·水利志》，原志注：“通利闸泄堤内稻田之水达牛尾河，嘉靖间知府腾霄建。”

② 嘉靖十一年，指 1532 年。

③ 选自光绪《永年县志·卷六·水利志》，原志注：“安民闸，嘉靖四十三年，知府柳希玭建。”

④ 余有丁，1527—1584 年，字丙仲，号同麓，鄞县（今浙江宁波市鄞州区）人，嘉靖进士，后任内阁大臣。

重修阜民闸记①

申佐② 邑人

阜民闸，前太守瞿公所建，事在嘉靖庚申岁。至万历戊寅③，夏淫雨，闸被大水冲啮，邑侯马公愍然曰：“是闸养稻四千亩有奇，顾恝然坐视耶。”明年春，即亲临相度，聚材鸠工，戒程廑省，以复民旧业。经始于二月中旬，告成于四月中旬。公喜，动颜色，谓：“兹闸之建，穑是其有成，养育其有资，吾政之龉④，幸一葺矣。”呜呼！《传》所谓“治民祇惧，不敢荒宁”⑤者，非公也耶？公河南陈留县人，甲戌进士。

重修惠民闸记⑥

肥乡 张学颜⑦

万历丙戌，岁大祲。丁亥旱愈甚，阎村、胡贾亦且无禾。乡官池守杜君与令王君相与谋曰：“吾乡之田赖高公之闸，民得致力于启闭，岁获有秋兹，不荒诸天者也。兹岁久闸圮，沟渠壅塞，修之不在人乎？”乃白其事于郡守蒋公、邑令张侯。惟时方以民饥理赈事，闻之喜，庀材鸠工，俾佃田之家以人力佐役，彻其旧而新之，不阅月告成。泽流潺缓，禾亩云栉，民皆欢然相告，欲立石纪功以劝来者，问言于予。窃谓天生五材，民并用之，而水本天地自然之利也。兹闸之建，高公创之于前，蒋公暨张侯修之于后，使长民者其作用皆如是，不称治世哉？乡人感德弗忘，亦可以观民心矣。蒋公讳以忠，号贞庵，吴之常熟人。张侯讳可久，号心泉，河南巩县人。

修 城 记⑧

明 陆泰

广平古冀州域，尧所都，畿内近服，固神明之区，而六合之上游也。入春秋隶晋，战国为赵地，自秦置为郡，其后沿革靡一，而城亦徙筑不常，往无论已。

我朝建都幽燕，广郡实为畿辅，北通燕涿，南达郑卫，东连齐鲁，西接秦晋，史

---

① 选自光绪《永年县志·卷六·水利志》，原志注：“阜民闸在府城南田加堡西。”

② 申佐，字懋良，广平府永年县（今河北省邯郸市永年区）人，明嘉靖三十四年（1555 年）乙卯科举人，嘉靖三十五年（1556 年）丙辰科进士，初授岳州府推官，升浙江道御史，又提升为山东佥事、陕西参议，升扬州、岳州参政。隆庆元年（1567 年）在降伏俺答孙把汗战争是有功，后升都察院都御史、大同巡抚。后致仕归乡。

③ 万历戊寅，万历六年，即 1578 年。

④ 龉（yà），指缺齿，引申为缺损。

⑤ 治民祇惧，不敢荒宁，出自《尚书·无逸》。

⑥ 选自光绪《重修广平府志·卷十五·舆地略·山川》，原志注：“惠民闸明万历十六年知府蒋以忠，知县张可久重修。”

⑦ 张学颜，1523—1598 年，字子愚，号心斋。明代广平府肥乡县（今属河北省邯郸市肥乡区）人，嘉靖三十二年（1553 年）进士，历任由曲沃知县、御史、辽东巡抚、户部尚书、兵部尚书之职。

⑧ 选自康熙《永年县志·卷十七·艺文志》。

称漳河间一都会也。正统、成化间，王伟氏、熊怀氏守其地常相继城之。而累土列墉，每易剥蚀，殊无可恃为久安计。嘉靖壬寅，北敌突犯太原，广与接境，是时郡侯陈俎氏乃倡议砖之，而缮葺始固。二十年来，刁斗不警，夜户不扃，民获安于无虞者，陈侯之功也。

第城濒洺、滏二河，其源发自太行明、紫诸山。山高而源深，每秋雨至，势极洊悍，若建瓴然。癸亥秋，霪潦浃旬，河辄泛溢，平地水高丈余，而城为之淹，冲门荡堞，几不浸者数版。生灵汹汹，咸自分所，不能免幸。而守土诸君子百计衣袽以砥障之，仅仅免于鱼鳖。呜乎！亦阽于危矣，然而恃有此砖城以施其计也。水既定，则砖为尽圮，其存而完者不什之三。于是即议修复，而时诎未果。

甲子春，侍御愚斋董公学奉命按兹土。观风省政，厘弊振衰，见垣堞倾塌，喟然叹曰：“是郡为京辅近地，即崇城峻廓，忧虑弗戢，矧可颓圮。若此是役，庸可缓耶？”遂以属诸有司，有司祇承唯谨。爰即捐公资千金以倡兴之，而命继以府储之积，于时经始。其谋者先任柳侯希玭也。卒成其功者，今任催侯大德也。而同知张君九一、何君尚贤、通判傅君希孟、推官李君承嗣则先后分任其劳，永年令朱君泰则终始综理其烦也。于是筮日诹吉，鸠工聚材，经费节力，较若画一，工肇于甲子之夏四月，越秋八月而竣事。其环亘高阔，楼櫓、铺舍、楹券、门垣，悉因乎旧。复于门外各加重垣以防水患，巍然焕然，视昔有加焉。所谓雉堞连云，崇墉刺日，屹若金汤之固者非耶。于是广之士庶胥庆得保生聚，靡有荡析，凡旨成城之功也。乃乡大夫杜公秉奔为状走，使乞言于予。予与临溪催侯同年也，谊弗容辞。窃尝铀绎古训，而知圣人之忧民至深远也。其日守在四裔，曰在德不在险，则力行仁义，修明正教，于以奠邦保民，不啻足矣。而犹重门设险，复孜孜于厉禁之闲者，岂过计欤！诚以防水未决，保邦未危，固复隍之虞，而苞桑之道则然耳。乃今郡城之守固，为不逞之徒斩关走圹者设，讵虞水之为患哉。不此之直而顾彼之为虑，岂适然之数莫可料度耶。寇盗孔棘宵昼，勿虞犹得，以侦缓急，谨封围以御之。而水之为势，奔腾澎湃，横溃而四溢，岂人谋所能与力哉？癸亥之患，设非是城以障之，则广平之为郡其沼矣。不此之用而顾彼之为赖，岂预然之防有待而然耶。知此，则是役之不容缓也彰矣。而是役之有功于民也，抑又伟矣！

尝读《甘棠》之诗，曰：“勿翦勿伐，召伯所茇。”夫甘棠，非召伯所自植也，又非有封培庇覆之泽也。爱其人尚思其所说，而况屹立保障，悉心殚力，以捍御大患，而贻泽无疆者乎！惠流者思功远者，世固理也，亦情也，其孰能忘之！夫是举也，侍御董公主之，太守催公成之，功归有自其永无骞矣。吁谟赞画，聿相厥成，杜公秉彝辈亦与有力焉，予故并记之。

河　口　记[①]

明　万历年间　郡人王端[②]

滏河自邯郸经府东达曲周，悉由地中行。独府城东南至利民闸，北至宏济桥约七里许，地势极下，两岸筑堤障之。堤于西者而为城，计者阔皆一二里许，基址坚牢，虽嘉靖间一以洺水溢而城北之堤溃，再以山水发而城西之堤溃，而城东漳滏之堤终如故也。至堤于东而为民计者，则阔者止十余步许，至杨家口、吕家口、铁窝口等处仅三五步许。且当水之外弦，坍塌恒易，兼地势倍下于西。是以稍有泛涨，民即凛凛，惧其鱼也。然恃协力严防，卒亦不罹于患。至万历乙巳[③]迄丁未，秋水灌滏，汹涌异常。河西居民设不必然之虑，藉口仓库为重，宜决滏东之堤以泄水。守君未审滏之未尝为城患也，遂听其说，误于铁窝口再为开决，而河东二十余村之田舍漂泊尽矣。时张公凤翔[④]为司理，屡争于守君而不获，乃毅然以杜口为己任。鸠畚锸，督理经画，昼夜不辍。于是水患息而罹灾者始幸安堵。未几，公以铨曹去，而民如失慈母矣。迨公以巡抚来，民复如见慈母矣。遂投词，准照以永绝开决为请。公即批而行诸郡县，曰："准立碑河旁，永远遵守，毋得议决，以殃小民。"呜呼！公之所以护卫我民者，不又深且远哉！

滏阳河筑堤记[⑤]

邑人　杜霁远[⑥]

衡、漳昔在列人[⑦]，去郡颇远，频年北徙。漳、滏合流者十余年，滏水夙称安澜。记丙寅堤溃，西郊为壑，郡固无虞也。自戎马在郊开莲花口引水卫城，屡开屡塞，土不坚实，兼之漳水南来，势益汹涌，虑且难支。癸巳漳返故道，里人举手庆宁居矣。甲午[⑧]大霖雨，洪涛接天，鱼游树杪[⑨]，赖邑大夫朝邑育万王公，拮据备至，仅以无患。郡形卑下，识者忧之，安危恃在一堤，而堤之薄脆难以终。幸王公为虑久远，出俸银买地改

---

① 选自光绪《永年县志·卷二·山川志》，该文标题为本书编者所加。

② 王端，明代广平府永年县（今河北省邯郸市永年区）人，万历四十年（1612 年）壬子科进士，任南直隶安庆府推官。

③ 万历乙巳，指万历三十三年，即 1605 年。

④ 张凤翔，字稚羽，号元蓬，山东省东昌府堂邑县（今山东省聊城县），进士。历任广平府推官、文选司主事、文选司郎中、南京太常寺少卿、左副都御史、兵部尚书、吏部左侍郎、工部尚书等职。明亡后归顺清朝，任户部右侍郎、吏部左侍郎、工部尚书。

⑤ 选自光绪《重修广平府志·卷二十·水利略上·堤堰》。

⑥ 杜霁远，直隶广平府永年县（今河北省邯郸市永年区）人，顺治三年（1646 年）丙戌科举人，顺治六年（1649 年）己丑科进士。顺治九年（1652 年），任庆阳府安化县知县，招抚流民八百余户，垦田七百余顷，颇有功绩。康熙年间任山东沂水县知县，莅任未久，卒于官。

⑦ 列人，战国赵邑，在今河北肥乡东北，汉置县，北齐废。魏惠王八年（前 362 年）伐邯郸，取列人；更始初故赵王子刘林说刘秀决列人河水以灌赤眉，均即此。

⑧ 甲午，指顺治十一年，即 1654 年。

⑨ 树杪，树梢。

凿，塞其故流，使避堤而南。此万世之利也。

东便民闸记[①]

叶腾凤[②]　邑人

永年东南距滏不数武，旧有便民小闸，为一方利赖。漳水入滏，溢流溃圮，只遗旧址。邑侯余公巡行阡陌，见而动念，谓此闸复修不毛，可为沃壤。诸绅士闻而德焉，率乡民叶正旺、李君宠等以复闸请。侯曰：“善。”乡人按地出资，鸠工集材，不阅月告成。是岁旱，吾乡以有秋，爰勒诸石，以志不朽。侯，新安婺源人也。

禁封闸碑[③]

永年民呈称：城西大堤外稻田百余顷，用滏水浇灌，开闸八道，每岁三月浇麦。小满下秧，若不得水，则麦槁秧枯，一岁生计遂绝。不知始于何年，小满前数日，吏胥朦胧作奸，禀封八闸，席贴土填，涓滴不漏，云欲引水入城河。夫城河关系城守，诚不可令干。但小满以前，为时尽多夜灌城河，昼浇民地，未尝不公私两便。今于小满封闸，乘隙扼吭科钱无算，必饱欲壑而后得开，此民间隐痛而无所控者。蒙洞见原委，早令开放，吏胥不敢为奸，小民大受其惠。但恐异日前弊复作，恳乞大张明示，勒令八闸镌石，小满前夜灌城河，昼浇民地，自小满以后不许封闸，垂为定律。

永年县十三村浇灌稻田碑记略[④]

广宗　郑元善[⑤]

考滏阳一河发源于磁州神麇山，自邯郸入永年，历曲周、平乡等县，源远流长，味甘而温，可灌田数千顷。前明知府高汝行[⑥]、知县朱泰等建惠民等八闸，挑挖沟渠，培养稻田，收水利而裕民食，沿河州县民皆富饶。秔稻之利，永年甲于畿辅。然上承邯郸，横闸为梗。万历年间，知县刘芳誉会四县同勘，力主毁闸。磁州籍隶豫省，雍泽上流。雍正三年，和硕怡亲王奏请以滑浚等县易磁隶广。一时，圣天子忧勤，贤宰执经度，为之改易版图，筹画蓄泄，岂非为永年数千亩稻田之故哉？历年既

---

① 选自光绪《永年县志·卷六·水利志》，原志注：“闸顺治十九年知县余维枢重修。”

② 叶腾凤，直隶广平府永年县（今河北省邯郸市永年区）人，顺治四年丁亥进士，任江苏淮安府同知。

③ 选自光绪《永年县志·卷六·水利志》，标题为本书编者编者自拟，原志注：该碑“清顺治年间知府许瑶请监司立石府治前。”

④ 选自光绪《重修广平府志·卷十九·水利略上·闸规》，此为康熙四十四年（1745 年）永年知县钱敏断令。

⑤ 郑元善，1799—1878 年，字体仁，号松峰，直隶顺德府广宗县（今河北省广宗县）人。清道光五年（1825 年）中举人，道光二十一年（1841 年）中进士。以知县衔派往河南，署理汝阳、汤阴、桐柏、固始、洛阳各县，任罗山知县、陕西汉中知府、河南按察使、河南巡抚，同治元年（1862 年）降职。捻军平息之后，清廷赏加三品卿衔。

⑥ 高汝行，山西太原人，进士，明嘉靖八年（1529 年）任广平府知府。

久，上三闸广仁、普惠、便民等闸屡被洺水淤塞，地势高峻，不能浇灌。雍正十三年，由大慈等村禀请丁县主案下，不种稻田，不办米差，情愿闭闸，耕种旱地，因而具结准闭。虽有废闸三道，业已报上永远关闭，不准私开。至乾隆年间，上数村私开废闸，违例筑坝，乃于下五闸稻田收获之后偷开，用水灌溉麦苗。十三村不为已甚，任其偶窃余波，不从深究。后遂变而加厉，当稻田用水之时，拦河打坝，壅泽上流，违禁取利，卖水分肥，致令下五闸有水之稻田不能浇灌。乾隆四十四年，经十三村南沿村举人李灿、西王庄生员王勋辅等禀控西大慈等村违例霸水，唐县主指示，西大慈等村即系旱地，不办米差，曾经具结，前县将广仁等闸关闭，立有案据。陈五玉何得私开拦河筑坝，使有水之田无水浇灌？殊属强霸滋事，准传讯究堂断，专以稻田为主，不许伊等筑坝。陈五玉亲供，嗣后再不打坝，情甘任罪，仍令工房原差查八月闸口坝迹。近年西大慈等沟村抗违前断，恃强筑坝，敛金卖水，讹诈商船，私开沟渠，通年霸水，雄拒上流，涓滴不下。上三闸曲防多少余水，下五坝旱坏无数，稻田地之水旱无分，民之生业何寄。今又经十三村西王庄贡生王邦彦、王永安、廪生王师仁、南沿村生员刘元璧等禀控在案。蒙钱县主秉公查卷讯断，饬令仍照旧章使水。上三闸公村系旱地，二八月用水浇灌麦苗，惟三月内上下八闸通流伙用，其余俱属下五闸十三村稻田用水，浇至秋分日止。不许西大慈等村私自拦河筑坝。如遇天旱，伊等须通知十三村商议，会禀候示，借水浇灌，两造各遵堂断，情愿具结完案。恐年深日久，上三闸复萌异志，因刻石历叙其事而记之焉。

敕建惠民闸记①

侯可大②　邑令

按前志，城东之闸三，南曰利民，引水入濠，即以濠为壑；北曰便民，以灌堤外田，今久废；东曰安民，在宏济桥南数武，入闸口经马头分流官路两旁，以灌岸上之田，余水则流于西北，其地遂艺稻，而北郭地势下，居民病之。康熙四十一年，邑令于公有庆从民请复开，用以灌田，亦不复艺稻。嗣后，磁州改属广郡，启闭既时，泉流斯溥。京南局营治上八闸稻田，稻颇登，田亦渐辟，官民赖之。乃度地至安民、利民两闸，见沟渠如故，议兴复水利。虑北关非受水之区，既而升堤，见凤凰口废闸旧基，喜曰："水可从此出矣！"规画既定，绘其图而上之，上可其奏，特发帑金，遣官营建，高一丈六尺，宽二丈五尺，砌以砖石，外筑月堤护闸口。始二月初旬，告竣于四月既望，（各闸前后营田二百余顷，）一时有小江南之目。（水出闸口流二里许，达牛尾河，经鸡泽县入泊。）惟堤外水暴涨，恐乘以入，相时度势，加筑增修，莅兹

① 选自光绪《永年县志·卷六·水利志》，原志注：该闸为"雍正年间水利营田府遣官建。"括号内文字补自光绪《重修广平府志》。

② 侯可大，河南省西华县人，举人，清雍正五年（1727年）任永年县知县。

土者之责也。

龙泉西北庙碑记[①]

李汝霖[②]

水之在地中者，无之而非是也，掘地得泉而曰："水专在是，众共知其不然。"则即其所不掘之地，而曰："水不在是，岂理也哉？神之在，天下何以异于是"。孔子曰："其气发扬于上为昭明，焄蒿凄怆，百物之精也。"神之著也。夫物之精即神之著，此直于其著者言之耳，吾恶知其所不著之处有一。而非神之所在者乎，又恶知空无一物之处。神之临在上，而质在旁者。有可以视之而见听之，而闻搏之而得者乎，故曰："体物而不可遗也。"距龙泉之里许，旧有丛祠。托基高邱之巅，其峥嵘突兀之势，雄踞西北一面。前临古路，有东西阶皆石级，西北东缭以短垣，西阶上者殿宇少庳，而象实雄伟自东阶上者，前为泰山行宫，后则大殿，殿之上为层楼，耸立摩空，俯视一气。余时以春暮风日晴和，蹑阶登焉。下见平畴远树，麦垄青青，春容潭淹，宛然身在画图，若将遗物离人而立于独者。然旧无碑亦无匾额，其作始何年祀神，何意乃至所祠，何神询之，乡人耆老举不能知，不能知则吾之精神何自而与神通，亦何自而为德于此土，而因以食报于此土也者。顾吾念之神之在天地间，无适而非是也，若必一一而目之曰："此为某之神，此神何功于某之土，此土何年而创某祠祀某神。"则自此神、此土、此祠而外，遂无所谓神与祠。而自此祠未创之先，不知几千万年，神岂无所栖？万一此祠即废，之后又不知几千万年，神将遂无所泊乎哉！果若此，则正所谓掘地得泉，而曰："水专在是。"其所不掘之地而遽谓水不在是也。是果何理也哉，祠以每岁二月七日，香火极盛，亦不知于神有当与否。但使一瞻拜而肃然生敬，则精神已与神通。虽其未获瞻拜，而凡东西行过祠下者，仰视盘基之巩固与其耸势之巍峨，亦各想象威容，因敬生悟，而默以自戢其邪。心是即神之，所以为德与此土，而亦所宜食报于此土者欤？予实不能文，然以重拒乡人之请，亦不自觉凝神静虑，而邪心于是乎顿息也。因以为之记。

洺河坝成复故道碑记[③]

李鸿章　直隶总督

洺源出晋之辽州，经武安入直境，山河七十二道，回漩东注，汇而为一。与之西毗者为永年，古洺州地。两邑之交，峰峦错峙，皆太行支麓。临洺关以东，平衍多沙，河流承束，迫之余得宽博之所。夏秋山涨，浩瀚迅厉，势若莫御。由是而东北，折入鸡

---

① 选自光绪《永年县志·卷三十七·艺文志·碑文》，原志注："西北庙，俗名疙瘩庙。"

② 李汝霖，字雨人，直隶永年县（今河北省邯郸市永年区）人，清咸丰十年（1860 年）庚申科进士，选户部主事，改选山西襄垣县知县。

③ 选自光绪《永年县志·卷三十七·艺文志·碑文》。

泽、南和，再北入任县，经大陆泽，汇于宁晋泊，逶迤而东注于海。永、鸡、南各邑闸挹洞注，田稼以肥，俗曰“福河”。乾隆中叶，决辛村南入牛尾河。牛尾者，泄滏阳八闸及郡城西南无源潦水，钟而成泽，亦由鸡、南、任汇南北泊，槽故窄，不能兼容。时时泛溢为患，曾六次堵塞，迄不就，沿洺农田失溉润之利者垂百年。余莅直之明年，南和士民王荣焕等以复故道请。因檄永年钱令履勘，顺德任守会同广平长守，相度经画，佥以河身高仰，决口有建瓴之势，非逐段挖深不能挽流归土。故而塞决大坝非草木所能抵御，余以石坝费巨，三合土夯碱如法，亦足经久。议既定，以邑绅综理其事，而以鸡、南绅董助之。凡筑大坝一，长五十七丈，底宽三丈，面宽二丈，高一丈七尺，入地三尺，立基中贯木桩，内土外灰，合筑成一，其形如弓。迤西护堤一百八十丈，高广减于坝，复以坝之当冲也。于其北筑土埝五十丈，以障其前，且以溜之直射也。埝之右建迎水坝三十丈，以杀其势，堤防既固。犹虑大溜至此，无以停顿游衍[1]，将河口拓宽加深，以遂其东注之性。其上皮坡庄南岸筑土堤四百五十丈，以堵决溢，逼水下行。以下辛村起，辛庄堡止，河身七千六百有四丈。下为鸡泽境同家庄起，沙阳村止，河身八千八百二十丈。再下南和境丁家庄起，双蓬头止，河身四千六百八十丈。再下任县境，南接双蓬头，北讫甄庄，河身六千三百丈。俱系官督绅办，连次挑挖，一律深通。甄庄以下西北入北澧故道，泥壅沙积，不复知为大陆泽地。既升科，道亦迂远，惟并入刘累河，则工力大减。刘累者，牛尾河委与洺委东西，只隔百丈，盖刘累本入洺。洺既上决中涸，下尾随变为刘累。兹复其旧以达于澧，由澧入宁晋，下游既治，复念上游。坝工为全河关键，一有蛰陷，全功皆堕。又饬署永年王令镛补修新坝四十二丈，用灰沙拌土，将大坝加高，帮阔其南北，参用黄土，接长百余丈，沿河堤岸多栽柳枝。永南二邑皆建龙王庙、义塾于河滨。总计是役经始同治辛未仲春，讫于癸酉夏末始蒇事，役夫多者几逾万人。承修坝工之员，则永年前令，今涿州牧钱敏。帮修之员，则候补令戴垂勋、训导高海风、典史罗继勋、驿承周祖楷。总理绅士，则前刑部副郎武汝清、河南候补县李待时。中段河工，鸡泽则章故令淡如夏、前令子鎏、候补令言家驹，南和则尹前令开先，任县尾闾则曹前令德森、何令庚生、候补令张春熙。验收各邑工程之员，则吴直牧荧。统筹上下游则广平守长启、顺德前守、今开归陈许道任道镕，及薛守斯来。总提大纲，督催成功，则前方伯、今河南中丞钱公鼎铭也。各项经费坝工最大，永、鸡、南三邑合捐京钱一万二千串，其余堤工、挑挖工、土木工，及下稍地价皆各属士民按亩匀派，而余与司道府县捐廉为之助。其善后修坝截沙经费，永邑捐二千串，鸡、南各捐一千串，分存殷贾，按月生息，由钱令筹劝绅士轮管。盖此举也，钱令与武部郎之勚为多。河既成，山水暴至，激荡冲涮，槽道深，利沿河之民，既免泛溢，复得沾溉。则相与赛神报社，庆抃[2]歌舞。欢然如登衽席，而当其初占种河身者，均以水害为言，案牍纷陈，几

① 游衍，恣意游逛。《诗·大雅·板》：“昊天曰旦，及尔游衍。”

② 抃，拍手，鼓掌。

若利未必而害先至。岂知转盼之间，全河顺轨，乐利之至如斯哉！凡民可与乐成，难与图始。今幸克底于成，以后修守之责，图终之道，官绅当共任之矣。余前阅伍过洺，亲临勘验，慨然于群策群力，趋事之效，因为文以纪其实，使后之官斯土者获有所考也。

同治十三年。

洺河复议章程[1]

一、每年二月官绅祭龙王庙，查勘河口大坝，如有淤垫残缺，随时修浚。

一、民间决堤灌地，即责成决口村庄赔修，并不准侵种堤岸。

一、遴选沿河公正绅董八人，分四班，每年两人，经营生息、岁修及义学各事宜，开岁二月交替。

一、大坝东土堤上盖汛房一座，雇附近村庄人夫两名看守。自五月至七月底止，昼夜住宿，遇水发漫溢，鸣金集众堵筑。近河农民约闻声毕集，不得推诿。

磁县

老　母　泉　记[2]

张文振　邑人

磁陆开村[3]山羊寺侧，叠岭重岗，涧随回曲，泉源出焉。涧之北泉，窦尤幽邃，其水自半崖而下，莫测其所从出，涓流绵远，亦不知历几千百祀。俗传曰："婆婆港既而山羊寺。有尼时见一老媪来此游息，容止异于恒人，问其所在，则曰居是港久矣。时人异之，乃复以老母名泉。"是说或疑其怪诞。有识者则以为能利万物者莫如水。此泉终古悬流，虽大旱未尝匮竭，其于万物灌溉长养生生不穷，有母道焉，且历年辽乎远矣，名之曰老母，固宜。而尤有异者，比年每值春温疫气流行，居人多病，喉肿甚，则为疮疡。有黠者冥想老母之灵爽而敬祷之，以饮泉水，则厥疾旋瘳。由是远迩闻之，操觚汲水者日踵接，而病者往往获痊，人皆以为神，乃肖老母像祠祀之。有訾[4]之者曰："山有是泉久矣，何至今遽神乎？"不知凡物能疗人之生命，蠲人之疾苦，皆谓之神可也。如医方立神丹圣散之名，要之一草石之功耳，而动有神效。泉之愈疾更捷，于是其间岂无神物护持，谓之为神又何疑焉？尝考神农书注泉水之说，美其能消疮肿，今散[5]。《博物志》云："凡饮水疗疾，当用新汲清泉。"《扁鹊传》亦云："疗疾饮以止池之水。"是各缘其水之性，以成治疾之能。在昔用之常验，何独至今而疑之，且人之或夭

① 选自光绪《永年县志·卷二·山川志》，该碑立于光绪四年，即1878年，该文标题为本书编者报加。

② 民国《磁县县志·附录·艺文》。

③ 陆开村，现分为东陆开村和西陆开村两个行政村，属河北省磁县南城乡。

④ 訾，古同"咨"。

⑤ 今散，今天已经失散。

或寿原于命也，人之有贪有廉赋于性也。乃饮南阳之菊水，则人人得寿；饮石门之泉水，则比比怀贪，似水能移人之性命而变易之，则是泉之能愈人疾，亦犹是也。呜呼，得不谓之神矣乎？《春秋》传曰：“山川之神，水旱疠疫之不时，于是乎荣之。”《礼》曰：“御灾捍患有功于民者，则祀之。”是泉也，驱疫御灾，有功于民者甚钜，岁时以祀之，又谁曰不宜？余愧目暗不能仰瞻神像，听众议之纷纭，恐后怪诞而废此祠也，因为之记，而勒诸石，以当朦诵焉。元大安三年庚午夏五月望日谨记。

修　城　记[①]

刘戬[②]　明翰林院编修

成化十八年秋，河南北大雨，漳滏水俱溢。坏公私庐舍，磁州城漫漶倾圮，存者十有二，如饿夫强支，立势岌岌将仆。知州事张侯梦辅顾瞻咨磋，谓天下虽安，惟备乃无患，遂以闻于道。适副都御史赵公文博抚治河南，因卜其事，责成于侯。侯勤，夙夜一心，力度材之所宜出与工之所宜役，要之不弊于民。民大喜，具备畚锸桢干[③]，趋事恐后，相杵之声闻于数里外。经始于十九年八月初吉，仅阅月告成，用人之力，以工计之，至数十万。木甓瓦石之材，其费称是，环城楼堞，焕然改观。于是致政千户张承同、耆老武旻辈走京师，托其乡仪部主事阎君天叙请余为记。予闻磁古邯郸地，其有城郭自赵简子始。盖当时所恃以敌强秦，震撼燕齐韩魏。至赵宋时，宗泽修之，犹足以抗金人方张之师，其险阻可知矣。然则张侯之用心于此，真知其先务哉！因书其绩，而并系之以诗曰：于赫皇明，苑囿无外。有城无城，何足蒂芥。守臣远虑，安不忘危。厥咎恒雨，复隍以障。乃疆乃理，费不及民。役以其暇，民喜津津。登登冯冯，百世之防。舆人之颂，溢于康庄。南仲在朔，山甫在东。不劳而集，异事同功。异世同功，邦家之庆。亿万斯年，文熙武靖。

修　城　记[④]

于若瀛[⑤]　明河北道佥事

磁守刘君既分滏水，为渠建闸，灌田尽水利矣。则蒿目磁民已食之，胡恃以防之。于是请曰：“是畿南一重地哉！豫八郡，邺为北屏，邺七郡邑，磁为北屏，举全豫惟磁障之。又北控赵，西邻晋，丁子午道，为古今必争之域。国家分潞州千户所御

---

① 选自康熙《磁州志·卷十七·艺文上》，另见民国《磁县县志·附录·艺文》。

② 刘戬，1435—约 1489 年，字景元，号晋轩，吉安府安福县（今江西省安福县）人。明成化十一年（1475 年）谢迁榜进士高中榜眼，授翰林院编修。成化二十三年（1487 年）升任侍讲。孝宗登极，命刘戬出使交趾，后升任谕德，第二年便去世了。有《晋轩集》。

③ 桢干，古代筑墙时所用的木柱，竖在两端的叫桢，竖在两旁的叫干。

④ 选自康熙《磁州志·卷十七·艺文上》，另见民国《磁县县志·附录·艺文》。

⑤ 于若瀛，1552—1610 年，字元絅，一字文若，号子步，晚号念东，明济宁卫（今山东省济宁市人），万历十一年（1583 年）进士。

其间，意深远矣，二百余年所特土覆也。守土者奈何籍一日之役，失百世之险。难者谓土覆二百余年所矣，岂无所虑？虑动众征役百姓耳。矧时诎哉？不见南汝开归流徙者乎？嗷嗷僵殍漳江之涘踵相接也。不此之虑而虑未必，然以防民弃命孰缓急矣。守曰：不然，拙则拙矣，能无征役百姓，亡久动众，亡虚帑金，藉嗷嗷者城，藉城起嗷嗷者，不两利哉？必曰劳民防民，一隐一显，营始有口，诵德时迁。而意沮迟回，因沿废职，乌在其守郡为也。此二百余年所土覆之耳，请益力。”御史大夫赵公与真指陈公曰：守也，才以度于兹，议其必成也。守尝分滏水矣，人难渠，如难城也。卒之闸成，尽水利而民不知也，于城何有议？既定，余从河上调河朔，首询磁父老子弟曰：“请城与仍旧贯孰便。”磁父老子弟亦曰：“亡难，守以度于兹议，其必成也。守尝开滏水利食我矣，我食之不知其所自出也，胡难防我哉？”先是，城东西门守御者昼夜严斥堠[①]，省楼橹，力不逮也，遂废。废之不加小，而东西郛血脉不流贯，盖恢复此两门为完城，实惟监司与守之惠，于是守遂营焉。图石于山，图灰于石，依城而窑，深隍为范。自七月至十月城成，增以两门，磁民大悦。计费七千六百四十五金，动官帑仅六千有奇，余则取给条鞭，米谷羡金曾未征百姓。计工虽三月，除风雨辍工，实七十有三日耳。嗷嗷者日藉三十钱糊口全活，不可以指教已，于事而竣。磁民谓余按察河北三郡，上观厥成，宜有记。余曰：“磁城二百余年所土覆之耳。莅兹土者不知其几，乃亡敢请者。惟是畏事长吏，惮于谋始，不虞大役难竟也。今亡征役百姓，亡久动众，亡虚帑金，且藉城起嗷嗷者，而不沮于一时之议，成百年之险，卒符御史大夫直指两公言亡失磁父老子弟之望与。分水建闸之议两决两利，而百忽自有之不知所自出，则斯役也可以记。守讳安仁，字汝勉，云南人。

重修偃月桥记[②]

郭朴[③] 郡人 明太傅

滏河者，磁之钜川也。源出西北鼓山、神麇二山，去州治一舍而远。夏秋之际，霖雨盛降，会诸溪谷之水，奔泛湍激，悍决莫制。而州境密联畿辅，当南北传制之冲，四国之输贡，宾旅之往来，冠盖旁午，轮蹄杂遝，日以夜继。其不病涉而尼行者，赖有石桥存焉。桥在州城南一里许，跨河为梁，厥始久远，盖自金元至于明朝屡修之。嘉靖癸丑夏六月，山水暴涨，忽坏其半。后渐颓圮殆尽，岁逾一纪修建之议莫有倡者。隆庆戊辰，河南佥宪广平申公佐分按兹土，力任其事，请于抚按两台而协。乃择人授略，鸠材

---

① 堠，古代瞭望敌情的土堡。斥堠，古代的侦察兵，因直属王侯手下而得名。分骑兵和步兵，一般由行动敏捷的军士担任，是一个相当重要的兵种。

② 选自康熙《磁州志·卷十七·艺文上》，另见民国《磁县县志·附录·艺文》。民国《磁县县志·附录·艺文》原注：“偃月桥位于磁州城南关滏阳河上，又叫滏阳桥，磁州人叫南关大石桥。”

③ 郭朴，1511—1593 年，字质夫，世称东野先生，河南安阳人。嘉靖十四年（1535 年）进士，选庶吉士，累官礼部右侍郎，入直西苑，特加太子少保，擢吏部尚书。四十五年（1566 年），任武英殿大学士，进入内阁。隆庆元年（1567 年），致仕。万历二十一年（1593 年）卒，赠太傅，谥文简。

选工，檄州守罗君潮董厥役，撤旧石而增新之。会以迁去泰安，萧公大亨来代。方事督作，未几亦迁。嗣任者洪洞晋公应槐综理益密，克底于成。中为大券一，两端翼以耳券，筑堤上流，远杀怒悍，垒石傍岸，预防溃啮，敷以砥石，卫以植楯，制仍旧贯，功同创作。事匪棘欲，民不告劳，率作屡省之功。申晋为多，先后赞襄郡守陈公应麟，而下咸与有功焉。已记在别石，兹不具述云。闻之君子曰："春秋之法，兴作必书，重用民力也。"古昔先王之教，川有舟梁，子产乘舆济人，孟氏直讥之。令甲梁桥堤防职在有司者，申饬孔严，是可以忽乎哉？是役也，质之古训，则协揆之宪令，则宜且费少而利博，一劳而永逸，讵非韪欤？凡我邦人，因桥成之利，以绎思二公之德，则不朽之图。乌可已已，是宜砻石勒铭，以验诸后之人。其辞曰：有明御宇，于燕建都。万方会朝，骏奔麇[①]趋。磁惟孔道，咽喉筦枢。宾旅络绎，纷错骑车。滏水汤汤，翕受川渠。奔流激湍，横截长途。中有石桥，驾为广衢。驰驱往来，靡害靡虞。久而剥啮，因仍怠疏。阳侯肆虐，荡于须臾。半余仅存，尫毙枝梧。行者惴慄，观者嗟吁。毅哉申公，安分按方。隅秉宪贞，度奠民攸。居兴兹废圮，周虑覃谋。萧晋继之，毋替厥初。任必得人，费罔溢虚。程功饬事，惟怀永图。克底于成，终始契符。钜鳌盘屹，长虹亘敷。偪仄疑阻，化为坦舒。负载愁叹，易为忻愉[②]。伊谁之绩，三公吁谟。释老炫俗，崇侈宫庐。黠吏要名，丰饬传厨。岂若兹桥，万民所须。人各有心，公私夐[③]殊。政尚体要，事有急徐。介惟道嫌，庸安陋拘。哲人达权，絜我政模。费细利博，仁与智俱。颂声载扬，众志允孚。邦人怀德，永矢弗渝。文于贞石，以厉懦夫。

重修偃月桥记[④]

李已[⑤]　州人　明　佥都御史

记云，滏水州西四十里，经绕城南，婉蜒北折。方夏秋水潦，西山诸谷之水皆会，漫为巨浸。南关距城里许，旧有石桥一所，以通往来，靡稽起自何代。其制南北楗石为崖，中垒石为券，高约二丈五尺，阔三丈，长四倍，两头耳券各二，状如蛾眉。当金太和、元至正迄明正德间，屡加修治，盖征诸往石云。乃嘉靖癸丑六月，大水桥颓太半，不可以车行者。告难积有旬岁，而吏兹土者率因陋就简，置弗究心。隆庆己巳兵宪，永年申公节钺甫莅，览而叹曰："磁为中原孔道，齿牙北畿，咽喉南服，天下百司之朝觐，海外诸番之贡献，军民运输，商贾贸易，悉经于此。而桥梁倾圮，罔克攸济，有司之责其奚辞？政有似缓而急，似轻而重者，兹役实吾事，吾敢后哉？"乃请于抚台山东

---

① 麇（jūn），獐子。

② 忻愉，欢快，出自唐权德舆《侍从游后湖宴坐》云："家人亦恬旷，稚齿皆忻愉。"

③ 夐，远的意思。

④ 选自康熙《磁州志·卷十七·艺文上》，另见民国《磁县县志·附录·艺文》。

⑤ 李已，字子复，河南彰德府磁州（今河北省磁县）人。嘉靖四十四年（1565 年）中进士，授太常寺博士，后升任礼科给事中。明神宗起用兵科都给事中。擢顺天府丞，迁大理右少卿，因得罪旨意，被贬为常州同知。后因功升任南京尚宝卿。三迁右佥都御史，保定巡抚。

李公、按台江西蒋公，咸报如议。于是程费综工，稽期授略，捐俸为倡，集材兴事。檄彰德知府陈君应麟、本州知州罗君朝，计县征夫，开山伐石。而以羽衣赵得秀领其事，抡工而良，选材而材坚，趋事有严而力无怠。功半及绪，申公乃以升任去泰安，萧公代厥任。其乐事劝成，犹申公云。未几，萧公亦转任去，而洪洞晋公复代之。驻节旬日，首重其事，即申令督率躬劳省试，刻期布约，商功计犒，继美前猷，务底成绩。乃命桥之南北各石其岸，氐之齿木，坚之键铁，架石成梁，窿然雄峙，俨若飞虹御空，长鲸卧波也。虽崇广高袤，悉如旧制。而栏楹风藻，牙窦螭文，蟠绕拏据，眭盱翕欻，灿然华彩迥异。昔时再于桥西流，南辟河身若干，北辟河身若干，障水截之，以堤滨桥，甃之以石。俾水势顺趋，逸夫啮防襄岸之害，而桥可以永不毁矣。隆庆辛未九月，绩用告成，溯经始岁时仅三十又一朔耳。用取赎金，工庸徭役，而公复综理周密，措处精详。故财不见伤，民不告劳，大功速成有如此。既竣事，士民观叹踊跃，谓宜勒石以昭来禅。走谒请记，余惟子产乘舆济人，轲氏诮其惠矣。而昧于先王之政，纷纷纶纶，不知其几。然徒杠舆梁，犹必记时而考成，其故何哉？无亦以其甚重而不可忽也。今三公先后协心克成是举，使民不病涉，往来称便。其自有德于是州者不浅，而过于昔人远矣。非洞烛政体，奚为能尔后之利此桥者？不忘所自，可也。用述其概，爰识攸始。申公名佐、萧公大亨、晋公应槐，俱以进士起家，分宪河北。其宣猷振米，靡可纪悉，此特建桥一事云。

磁守孙公筑堰开渠记①

明　阙名

初，公下车甫五越月。夏天之旱，悯人之穷，见于滏水之可以田，而土人不习于水之利也，思以导而布之。于是移文请于诸司，其略曰："天有时，地有利，裁成辅相之道在人。人非能自为之，惟有司率作而兴起焉。滏水发源郡西，建瓴下至槐树村，渐衍渐平，可以堰，可以闸，分两渠而引注，可以获美利，可以救旱荒，惟幸计之。"咸报曰："可。"公乃饬材庀具，揆日兴工。而父老子弟之信者半，疑者半。余闻而私论之曰："我与若生长斯方，未见水田。幸公视尔如于视尔辈困苦，若恫瘝之在躬，而为汝图永利，汝胡疑焉？公闻父老言不为病，闻余言不为喜，毅然独断，特出方略，揣度计虑，揆程经用，以身任之。虽焦劳其心思，胼胝其手足，弗之恤也。居无何，而堰渠之工屹然就绪矣。是役也，以工计则横河之流为石堰，堰长十有二丈，高五尺。堰之上流为副堰沙堤，堤广三丈。堰之下流为底石，广一丈五尺。堰之两端为台，台各广半亩，高一丈二尺。台之中，闸之傍为渠，两渠皆广八尺，工何巨也！以利计，两渠可分溉田八百顷，一岁所入较旱田倍之，可赢谷八万石，利何溥也！以费计，盖千五百金有奇，而支之公藏，则仓谷三百石，库银仅四十有七两，抑何省约也！盖公以至诚感人，故输

① 选自康熙《磁州志·卷十七·艺文上》，另见民国《磁县县志·附录·艺文》。

佐者多以励精督事，故偷怠者少。工始二月，讫于十月，从来动众举事，不苛不扰，而功成之神速，未有若此者。于是向焉父老子弟之疑者尽信，而诸司闻之咸啧啧称嘉，以为千年之利数月而成。是以勒石，以示久远。而公乃走书来问记余，余惟地之利莫大于水，民之利莫大于田，引水溉田兴利首务。然水性一也，而因地以异。说者谓南方水弱，北方水强。余则不以为然。大抵地陡峻则强，直下则强，遇坎则强，束隘则强，有所阻则强，坦彝漫衍之地、迂徐委曲之流则弱。此自然之势，非有分于南北也。故治强水者宜分疏，不宜障塞；治弱水者宜载之使高，不宜导之使下；为强弱中半之水，则分疏障塞可以兼施而并用。是在善作者审其势而已矣。昔史西门豹尝引漳水溉邺，而召信臣亦引唐邓诸水灌南阳，皆载在青史，号为循吏。然邺下故迹久已湮灭，而独南阳之利至今赖之，此岂人事之得失异哉？盖唐邓诸水本皆安流，而漳河泛溢，流徙靡常，是以为利有永有不永耳。今公舍漳而就滏，滏固安流，而治之又有法度，则此渠此堰且必千百世不改，与召父渠并存，而陋起豹之业。不足言，是可记也已。又思天下事有经始之难，有垂久之难，难在经始者一久之任，而难在垂久者众人之任也。一人之任可以自尽，众人之任安可预，必倘继今而后来牧兹土者知公兴事之难。若此又思公用心之勤，若此美意成迹，循而行之，仍戒民以时修葺，俾无坏，则州人之福也。公之心也，若坐视其壅阏溃决漫焉，不知省且不为所而徒诿，曰：“是水之为害也，则岂前人之失也哉？”敢并及之。公讳健，字用纯，别号毅所，云南鹤庆籍，浙之余姚人，登甲戌进士；同知丘君皋，协公屡省；吏目司君调元，分督作渠。皆与有劳于斯役者，得并书云。

重修龙王庙碑记①

邵世贤　州庠生

盖开神居洞府，修出名山，所由来矣。贤裔彰德府儒学生员邵世贤于崇祯九年四月二十三日携赵府、汤阴王府、镇国中尉载泥②同礼香山玄帝。经由清明山之右，遇故王时英举称敕封应天侯、巡雨龙王李公。由将军出身，原属汉中府人。志踵黄吕，术精三六，威加海外，望镇中原。精忠透九重金阙，渥恩普四海同春。岂意悟中稍略，偶失上帝重珍，刺幽清明山静明洞，系白土里、天保镇、南两岔口地方。潜修数载，至我朝万历二十七年五月十八日愆期圆满，始出隐而离潜。然其灵威之赫奕呵护善类，苛谴淫朋。尤其末节，至际运时艰，祈天泽而甘霖四沛，问殃祥而灵应不忒。有功德山主索宗道施地一段，劈山寻经，开道通衢于宝山之南，蜡烛印台山之东，即明山洞府之处也。建置殿宇三间，中立娑婆圣像，左立五龙尊形，右坐敕封应天侯李公，而法肤现焉。告吉告凶，遐迩称颂，尝善罚恶，保障一方。延至于今，风雨为之飘摇，殿舍为颓废。有

① 选自康熙《磁州志·卷十七·艺文上》，另见民国《磁县县志·附录·艺文》。

② 泥，原字为“土屋”的左右结构合体字，与“堀“字近似。堀，“泥”的异体字。

淘泉村佣工李得富，目睹心忧，念前修之有德，慨我辈之无功。内捐苦来之物，外募八方之资，于崇祯八年重修后堂殿三间。中李公、右宗公、左刁公，前对洞口，后坐龙潭，其栋宇峻彩，庙貌森严，诚一日之观瞻，实千秋之表范也。不于当时，而同有休光也哉。今同山主索应对建碑刊名，列代天之伟猷，旌无上之洪恩，而俚言略备，以垂不朽云。

渔 洋 桥 记[①]

张　溍[②]

大清定鼎十一年，岁次甲午，霪雨三月，居民罹其鱼之厄者，邺郡为最。司牧交章上吁，天子恻然，深己溺之痛，停征议蠲，甚盛心也。相台南逼浊漳，洪涛澒洞，实界子午[③]之冲，轮蹄错道。每入秋，水落辄建草桥于丰乐镇、讲武城间，以济往来。然河身浩阔几三百丈，岁费临安磁[④]金钱万计，而沙土流徙，旋葺旋圮，里下骚然。是岁积雨助之，河流骤发，视前不啻倍焉。屈指营构，届期策无所出。比稽州志，漳桥初建五吉，后始下移。今昔异，宜五吉之水，且分为二，有未易议。复者少参抒赤胡公悯然忧曰："漂汤孑遣，奚甚重困，深惧无以上承王命，乃进士民而商之。余时以省侍家居，忆襄者林虑[⑤]之行，道经渔洋。即见河流潺潺，褰裳可涉，土人支木其上，覆以茅，终岁勿坏。盖由山此地西接太行，水泻石上，两岸土固而陋，以故横漳奔逸底[⑥]是，怒者以平，漫者敛其势然也。则居今而议改桥渔洋，殆若天设云。"遂悉其颠末。偕阖郡绅士为胡公言之，公曰："不伤财不劳民是余心也。"刺史文远何侯奉命亲莅河干，度道里之远近，相洲渚之广狭，亦谓莫便于是。一时起而难之者，仍不能不鳃鳃过虑，曰："驿骑得无罢顿呼？荆棘初剪，伏莽乘之，致贡乘轺而过，得无有戒心乎？"胡公曰："不然。由邺抵磁七十里耳，益以数里，不足为马病也，且孰与病民？其间阛阓栉比，置守望司之，复何意外之虞？"其议遂定，乃请于制府李公、抚军亢公，并报可估财庀工，计日告成。其费仅十一二，而基广厚有加。适值大兵南来，摩肩击毂[⑦]，言言将将，绎络而渡，凌风涛于踵趾之下，如履砥视矢[⑧]，不亦伟哉？余因而知可与乐成，难于虑始，不独凡民为然。昔晋杜预改桥富平津在廷议阻者半，比落成，武帝率百官会集

---

① 选自康熙《磁州志·卷十七·艺文下》，另见民国《磁县县志·附录·艺文》。

② 张溍，1621—1678 年，字上若，磁州（今河北省磁县）人，进士，著有《澹宁集》《读书堂杜工部诗集注解》等书。

③ 子午，指南北，古人以"子"为正北，以"午"为正南；通衢，四通八达的道路，宽敞平坦的道路。

④ 临安磁，指临漳、安阳、磁县。

⑤ 林虑，旧时地名，今天的河南安阳林州市，古时称林虑。因为汉朝时汉武帝的姐姐隆虑公主嫁到此，而封地隆虑，后因避讳，改称林虑。至今当地还有林虑山。

⑥ 底，古通"抵"。

⑦ 摩肩击毂，肩膀和肩膀相摩，车轮和车轮相撞。

⑧ 履砥视矢，语出《诗经·小雅·大东》："周道如砥，其直如矢；君子所履，小人所视。"

举觞属预曰："非君桥不立也。"预后亦以功晋位镇南将军、丰乐亭侯。后世士人一行[①]作吏，凡所以为身家计，不患不工。及行一便民之事，辄多回惑于中，非惮始事之艰，乐于因循，则惧浮言之起，罔敢执咎，即昭昭乎灼见无疑。亦以为一官如传舍侥幸无过，量移而去。吾事毕矣，何役役[②]分更为？余谓此皆未于民瘼深加之意耳，果加之意，则视斯民利弊不啻痌痒之中，体饥寒之切身，有万不能已于抑骚服食者，又谁得而御之？惟我胡公，平日兴利厘弊，凡可为民请命，惟力是视。故磁者改桥渔洋，毅然必行，功约利溥，泽在奕世，以宽民力，至仁也。不挠群议，至明也。上承圣天子停征蠲免之意，轸恤元元，至忠也。推是心以往出，而建牙旬宣柔，远能迩屹乎？为国长城，入而补衮[③]调燮[④]，必能以民为邦本之旨，朝夕进规勤勤[⑤]乎？用人行政，期于拯兆姓之艰危，跻一世于仁寿，行与杜元凯功名先后齐徽，信乎？可以为天子大臣矣！是役也，始于八月十一日，竣于十五日。桥纵三十丈，横一丈五尺。州及两县分营，各十空，木植物料，取诸旧贮之余，给之不以烦民。檄查会计始终之者，参议胡公养忠，辽东人；理其事者，州牧何侯中举，沈阳人；而安阳傅侯龙腾，江阴人；临漳万侯廷仕，宜兴人。共襄厥成。夫珥笔以纪循绩，固余职也，且以示后之人无忘斯烈也。

艮方桥记[⑥]

清　张溍

磁为后魏临水地，太行诸山峙其背。滏水出鹫驻、神麇两山麓下，潺潺西泻，折而南，又折而东，盖环城三面焉。城百雉崔嵬，池广十丈，深二丈，宽堤周属，高广各丈有奇。其水则西引滏河，自五爪渠注之，一望弥漫，树以菡萏[⑦]，夏秋之交，馨闻十里。城东城隅池岸去滏河三百武许，地势洼薄。冬，土人决堤泄水，搴菱撷藕，遂不可塞，久之冲啮，近堤六七丈皆圮矣。老僧雄仪，浙人也，以堪舆名游磁，见之惊曰："此艮方也。艮为山，宜耸乃缺。又西北天厩，东北天马，马陷禄空，虚名浮利。以吏治则蹇，以民藏则耗，以士气则颓，以宦履则滞，无一宜者，非建桥以关阑[⑧]之不可。"回思吾磁，已事历历，如操左券，乃不能不疑于风气使然矣。前此莅兹土者间议缮修，率以冲繁中罢。巡宪杨公莪蒿来治邺都，戊戌夏，周览地形，慨然曰："因势补救，以兴利此子民者，事奈何弗图？"乃割清俸，鸠工饬具，建桥水口上。经始于某月日，越某日告成，桥亘二丈，阔丈有二尺，高二丈，甓甃一券，表里坚凝，内置石闸司

① 一行，指一面、一边，表示两个动作同时进行。
② 役役，劳苦不息貌。
③ 补衮，补救规谏帝王的过失。
④ 调燮，典故名，犹言调和阴阳，调养，调理。
⑤ 勤勤，指恳切至诚，勤苦，努力不倦。
⑥ 选自康熙《磁州志·卷十七·艺文下》，另见民国《磁县县志·附录·艺文》。
⑦ 菡萏（hàn dàn），即"菡萏"，指荷花。
⑧ 阑，通"拦"。

启闭，而向之泄者以固，缺者以完，疑者以释。吾于是叹公之加意于磁甚笃，而所及者远矣。尝闻青鸟[①]家言，挟山川向背之势，决人贡吉凶之机，过张其说以愚人，人亦从而信之，往往为儒者所不道。然稽占《周礼》，大司徒建邦国以土圭之法测土，深求地中，而公刘居豳，既相阴阳，复视流泉，比周公营洛，乃卜涧水东，瀍水西[②]。《诗》则美其允荒[③]，《书》则赞其作休。是古圣贤宁民福国，又未尝不以度地相宅为首务，而汲汲从事第。从政者猎取声华，辄疑山川形胜之说，近乎迂诞，吉凶皆未猝验，而畚锈之兴，上非申于功，令次不登于荐扬。于是置其所绥，图其所急。惟公不假帑金，不烦里役，毅然举之。盖□视吾磁犹一体，灾祥之□，有感必切，疴痒之发，有感必周。以故人视若缓□□为急而殷殷，在所必举，则凡人所共急，其无不举可知也。治行之难也，长吏苟赈饥寒平冤，抑所济仅一平一时，犹足传诵弗衰，诗不云乎？无俾城坏，今者艮方破坏，全城受之，其为利害当不第一二世已也。则我公此举嘉惠来兹，又谁能量其所不及耶？不宁惟是，公自驻节来，善政鳞次难具述，若南征数万之甲，云屯[④]滏上。公再理刍糗[⑤]，神其用于不激不随，间士饱马腾[⑥]，市肆无扰，厥绩尤著。今天子雅量，吏治每简，参宪高等人弼九卿，公真其人也。则朝廷行且不次，用公以既其长，吾磁又何能私公独是？吾磁自是风气维培，井里少充，党庠[⑦]少振，士之出而图吾君者少，克日自见皆公有以造之。他日所以相与俎豆[⑧]公者，又宁有量哉？公名春芳，北直兴济人。是役也，捐金襄之者，州牧张君瑞午，辽东人。终始董其事者，都阃宁府君敬武，顺天宛平人；州判任君佺，山西沁源人。三君负伟略，故能协恭以取盛事云。

东闸碑记[⑨]

薛所蕴[⑩]　礼部侍郎

石何以立也？曰："为滏渠也。"滏渠何以立石也？曰："纪功德以息争也。"渠何以有争也？滏有水，滏人建闸渠以自溉，邻封窥之，故争也。是石何以息争也？直镌滏水源流闸渠颠末，以见直道，省之迴不相涉，故息争也。争息故民被其休，志功德也。时余复命过滏，滏青衿父老征余言为记。余不敢以靡词掩实事，因质言之。按，滏

① 青鸟，神话传说中为西王母取食传信的神鸟。

② 乃卜涧水东，瀍水西，语出《尚书·洛诰》。

③ 允荒，确实广大。

④ 云屯，形容多。

⑤ 刍，喂牲畜的草，亦指用草料喂牲口。糗，干粮，炒熟的米或面等。刍糗，指粮食和草料。

⑥ 士饱马腾，指军粮充足，士气旺盛。出自唐代韩愈《平淮西碑》。

⑦ 党庠，指古代乡学。语出《礼记·学记》："古之教者，家有塾，党有庠。"

⑧ 俎豆，俎和豆是古代祭祀、宴飨时盛食物用的两种礼器，亦泛指各种礼器，引申为祭祀和崇奉之意。典出《论语·卫灵公》。

⑨ 选自康熙《磁州志·卷十七·艺文下》，另见民国《磁县县志·附录·艺文》。

⑩ 薛所蕴，1600—1667 年，字子展，号行屋，河南孟州人。崇祯元年（1628 年）进士，仕清，累官至国子监司业。福王时，以曾附李自成，定入从贼案。复降清，授原官，累官礼部左侍郎。

河闸二道，一建于郡西十里之槐树村，分南北二渠，一建郡东北二十里之琉璃村，是为新渠，创起不自今始也。迨我清朝鼎兴，藩司苏公首分巡滏上。公允文允武，克刚克柔。念邦家新造，鸟惊兽挺之余，收拾人心为第一事。抚赤子则鸿雁集泽，肃寮采则河朔风清。灭土寇于窃发，无敢有饮马漳涘；靖妖氛于蠢动，远屹然巩我封疆。大兵突临，刍糗告急，公处之，裕如权宜，酌于一时，经济准之大道。至于请兵以卫金汤，观风以作髦士，凡利必务兴，弊必务革，一切宪政聿新，不能仆仆数。自其初下车，咨民利病，即为兴水利，爰命官分治，授以方略。躬历三渠，于中废者更凿之，壅陷者排瀹之。民安享乐利，庆维新圣治焉。滏北与直隶广平府接壤，滏水经其地。考历来雨旸时若，之年，源盛流长。余润可以及邻国，若乾封[1]则滏人自溉不赡矣。乙酉岁，旱魃为虐。邯永之人将渔邻之利为利，恳诸广顺道，以竿牍致苏公，求启滏闸必泻滏水。公以理应之，谓此闸一启，则滏人之苗槁矣，舍其田而芸人之田，无乃轻重倒施耶，拒拂许。邯永人谋无已，复恳之直隶抚按，移文豫中两台以及公。谬谓滏河发源于沁水，且其境石碣所载有分水等语。公曰："吾不可干以私，独可慑以威乎？"遂檄滏郡守，溯流穷源，期以实报。乃滏水则自郡西三十里黑龙洞中发源，而沁水源出山西之泽州境，相去数百里行。峰巉嵂即，飞流溅泳，不能相及，何啻风马牛也！果发源于沁，沁之人岂不能为闸，而磁且先邯永而涸矣。稽碣石所载，及邯永二县之人计月分水，并无一字与滏阳干涉也。公毅然秉直，历叙滏水源流闸渠始末，以详复豫两台。两台咸直公，如公文以复直隶使者，邯永之争遂息。则滏人得永食其利，皆公赐也。滏青衿父老恐日远无据，邻封复生觊觎，故谋立石碑，遵久不渝，永杜争端于来祀。乃余阅诸青衿所持广顺道参文，内云滏水由磁州递及邯郸、永年，此水势也。永年不能求涓滴于邯郸，犹邯郸不能求涓滴于磁州也。磁州之闸建于磁州之河，昔日之建，邯永之人谁能禁之？今日之闸，邯永之人又谁能启之？求其放，既不可转，云借亦难强，谁不从地方起见，肯以一勺与人？至石碑所载，计月分水，永民能持此与邯郸争，终不能与磁州争也。此俱文中之言明白简直，可做永邯供案，以来文处来事铁案如山。公以是不可不存诸石也，考《周礼·民功》曰："庸书于太常。"今记庸广乐利于无穷，息邻境之争。予滏人以永久之利，乃分巡河北道太参苏公之力之功也，镵于石，使百世下称功颂德不衰。且俾后之人知渠成不易，岁修举勿替，以衍于靡穷。邻封再有启争隙，如今日者，视此刻文。

重修苍龙庙记[2]

清　蒋擢[3]

人能充其浩然之气，可以生，可以死，而不可以屈挠。盖其至刚至大，周流布

① 乾封，晒干新筑的祭坛。封，封禅时所建的祭坛。"乾封"，后泛指天旱。

② 选自康熙《磁州志·卷十七·艺文下》，另见民国《磁县县志·附录·艺文》。

③ 蒋擢，生卒年不详，顺天大兴县（今北京市大兴区）人。监生，康熙二十二年（1683 年）任邻水县知县，有政声，越四载，以丁忧去。康熙三十五年（1696 年）任磁州知州，后升户部员外郎，纂修《磁州志》。

濩[①]，历千百载而灵爽常存，则为功于世也大矣。余考左氏所传，用物弘而取精，多则魂魄强，是以有精爽至于神明。况忠臣烈士，成仁守义，其享庙祀而泽蒸民，尤理之不诬者与？磁之西佐，里有苍龙庙，以祀昭灵侯窦公者。按州志，窦公名宗陵，川人。隋末沧州刺史大业与窦建德相持未决，移军磁之苍嵬山。建德围之，粮尽援绝，窦弃甲呼天，西向再拜，而立槁于山头。磁人葬之，立庙以祀，诏封为鼓山之神。迨周世宗收河东，感神阴助，赠护国昭灵侯，敕有司岁时致祭。明正统间，迁庙山下，每祷雨辄应。以庙原立苍嵬之巅，而神沛甘霖，以济民困，故又称其庙为苍龙庙。修于明天顺丁丑，迄今二百五十余年。梁栋渐颓，瓴甓半勒，鸟鼠风雨不能蔽除，无以壮观瞻而肃祀事。而田家之春祈秋赛亦以懈弛，崇德报功之谓，何而可听其荒废也？诸生康椿、郝文升、张大信等慨然以修葺为任。余乃捐俸资助，同城文武僚属亦各有所输，而庙乃得焕然一新。余稽祀典，莫大于以死勤事，及捍大灾，御大患，窦公之正气浩然，立节不苟，固载在简编矣。而其灵爽之昭著，凡雨旸之祈求辄应，若桴鼓[②]，亦不惟礼典允合，更有有造于我磁民也。以明神而具龙德[③]，庙称苍龙宜矣。逐书修建日月暨捐输姓氏，以贻后祀云。

磁州东闸闸规[④]

康熙三十九年，磁州知州蒋擢查防东闸奸民许铉恋充老人，竟不更换，且科敛各村工食，卖水放船，随经责革，立规勒石。

一、管闸老人一名，专管闸上夫役。司蓄泄启闭之事，以本地有田业之人轮流报充，分所当然，不用工食。定于每年开印[⑤]，旧老人即报，新老人更换，勿得违误。

一、闸夫六名，专管下板蓄水，提板泄水。亦系新老人于各村报出，每年轮当[⑥]，自二月半起至八月半止，不许擅离。闸夫每名年量准给雇价银三两，亦于各村派定。豫备修闸、修渠夫三十名内，每名出银六钱，共计银一十八两，均于八月初一日送州，以凭当堂按名给发取领。附卷。

一、凡修闸、修渠之处，每年有候用夫三十名。据各村公议，按照地亩之多寡豫为派定，临时照依分数出夫公举。此后永定为例，不许擅自更张，自取究责。

一、遇春月闭闸下板之时，管闸老人赴州禀领封锁，及时固闭。若遇滏河水涨，老人即同乡长赴州禀报以凭，差役持签验明封锁，启闸泄水，事完即行封锁。如报迟致淹民田，查出将老人乡长一并重究。其客商货船装齐聚多，老人同船埠亦即赴州开报以

① 布濩（hù），指遍布、布散。

② 桴，鼓槌。桴鼓，比喻响应迅速，出自《路史·后纪三·炎帝》。

③ 龙德，指圣人之德，天子之德。

④ 选自光绪《重修广平府志·卷十九·水利略上·闸规》。

⑤ 开印，指旧时官府于年底封印，次年正月开封用印，照常办事。泛指官吏办公。

⑥ 轮当，轮流。宋制，官员轮值上殿策对时政利弊，谓之“轮当面对”。

凭，专差查明，开闸放行，仍加封锁。如敢仍前藉端[1]需索客商银钱，果有实据，许被害之人赴州喊禀，以凭拿究。

郡侯蒋公开渠碑记[2]

清 郝震男 州人 明经

尝思雨露润物者[3]，天之泽也。河渠灌物者，地之泽也。若夫大溥水利，溉以河渠，因而旱叹无灾亦如润以雨露，贤侯之泽也。贤侯为谁？即我磁之神君蒋父台也。父台自下车以来，挥弦七载，凡所以阜财解愠，兴利除害者，无所不至。征之口碑，固已啧啧载道，乃其开渠一事，尤称惠政。每当春月，亲步郊原，督其疏决。凡近水之区，莫不次第沾惠宁。永旺一村，甘自遗明德之外哉？先是明季崇祯七年以开北大渠之故，剜永旺村地二十余亩，以通其流。当日永旺之分余润者原有支渠一道，以资灌溉。嗣后塞北渠口不知始自曲沟等村何人为之，作俑专利，至今。以永旺之破地为渠，而田畔渠流不能稍分涓滴，其可悯孰甚。康熙四十一年三月，永旺民人控禀蒋父台案下。父台以至公为心，因亲履其地，察其形势，洞悉情理，遂赫然为之明断也。今永旺作速开渠，出夫二名，杜后争也。令永旺速具认状，公同乡长持以正也。具甘结者并及曲沟等村，防故智也。立文卷者，判有结状，批勘计久远也。蒋父台为民公利之计一至于此，其泽之淙也，一地泽之江河也，一天泽之雨露也。幸哉！永旺亦得均沾千百年之水利于无穷也，使非撰文刻石何以垂德于不朽哉？永旺村被泽农民祁彩等求纪开渠之事于余。余方幸亦在公润之中，且喜民感忘其固陋之不足以为文也。遂述其始末而为之记。

创建双济桥碑记[4]

乐玉声[5] 州人 进士

粤籍《夏令》，九月除道，十月成梁。《周礼》司佥掌山林川泽之阻，以达道路，通远近，是桥梁，实王政之一也。而缓急则视乎其人。磁之西闸在磁之正西十二里，闸之左北渠一、中渠一，相距数武，深广各以丈许，凡东西往来之络绎不绝者，咸取道焉。自有明以来，架木为梁，久之风雨剥啮，屡易屡颓。致徒者不能并济，骑者不能并辔，或担或负，重足而步，如履薄捧盈，无不叹为畏途矣。岁庚辰，州守蒋公以省农，历磁西郊，至其地恻然动念曰："杠梁弗治，此子民者责也，曷图所以永之。"乃倡捐清俸，鸠工饬具。两渠各建一桥，阔一丈，亘倍之，高二丈有奇，规模尽善，表里坚

① 藉端，假托某一事由作为借口。

② 选自康熙《磁州志·卷十七·艺文下》，另见民国《磁县县志·附录·艺文》。

③ 者，原书作"各"。

④ 选自康熙《磁州志·卷十七·艺文下》，另见民国《磁县县志·附录·艺文》。

⑤ 乐玉声，磁州（今河北省磁县）人，清康熙三十六年（1697 年）丁丑科举人，曾任广东琼山县（今海南省海口市琼山区）知县。

致。事既竣，徒者、骑者、担者、负者莫不瞻望踊跃，啧啧称善，遂名为双济桥云。乡耆张泽等感公之德，谓宜勒石以昭来兹，请纪于余。余观春秋之法，凡有兴作必书，重民力也。而子产乘舆济人，孟子谓其惠而讥其昧于政，岂非以徒杠舆梁，各以时成，有不可忽者哉？是役，稽之古制则协，考之令典则合，揆之人心则顺，真善体民情而深识政体者矣！余愧不文，无能殚公之德，于是舆人进而为颂曰："天生哲人，实为民谋。建闸凿渠，不忘厥初。支流蜿蜒，横截长途。构木为桥，略约支吾。孰计久远，孰创厥谋。幸逢我公，惠泽覃敷[①]。循行阡陌，自击唏嘘。计工选材，庶民奋趋。不日告成，居然广衢。行旅愁叹，易为忻愉。伊谁之德，维公良图。岂弟君子，众志咸孚。文之贞珉，永怀弗渝。"余闻其言，朴而不浮，真而不谀，即此可以见公之心乎民，而民自不能忘公之德也。爰志之，以垂不朽。

开河村修渠碑记[②]

蒋 擢

磁地之平衍者，半资河渠。而河渠不经之处，又有沟洫。沟洫之利，必因时修浚，壅者疏之，缺者防之，旱蓄而涝泄，全在人力之经营。欲为久远之利，不可不预为之规也。北关外五里铺南之迤东开河村居民开渠一道，以备蓄泄。公举管渠老人郭世珍、郭茂泽总其事，又议黄士钦等十人助之。每逢春时淤塞，各按地认工，协力挑浚，具有呈词立案，但恐日久弊生，拟勒石以垂永久，因阖村人等之请，为举笔而书其略焉。

创浚张二庄新渠记[③]

清 蒋擢

磁境东北隅有村曰张二庄，北接邯郸，地势洼下，众水难归。每逢霪雨连旬，庐舍田园多致淹没，其为患非一日矣。按，磁治形胜，脉发鼓山，龙从左落，州北贺兰诸岗实为后嶂，层层缠护送迎趋于东南，故随龙分落之水多归东北。是庄既为镇水之星，则其田即为流神之墓也。丙子仲夏，余承乏来磁，道经其地，目击民艰。惟时阴雨过多，流波泛滥，蓼花塞路，土锉蛙鸣，惨目伤心，盖非大为疏浚不可救也。居无何，谋诸父老，咸曰："道路昏垫，畚锸难施，水涸秋冬，庶几为便。"余惟是缓催，科免徭役，苏其须臾以待耳。孰意久雨早寒，水未涸而冰坚益难动众。迄今春孟，土膏虽发，农事未兴，爰躬覆其地而为之审，高下察分，合计远近，因其流而利导之。自西而南历东而北，将开一渠以达于滏河之内。佥谋已定，而民多乏食，群请贷谷。因念比年未登之

---

① 覃敷，广布的意思。

② 选自康熙《磁州志·卷十七·艺文下》，另见民国《磁县县志·附录·艺文》。

③ 选自康熙《磁州志·卷十七·艺文下》，另见民国《磁县县志·附录·艺文》。

户，输见年应赋之粮已不堪命，况增此畚锸以劳民力乎？于是案查无碍若干石，申请各宪。蒙抚宪李大中丞恻然动念，惠泽弘加，不惟赐谷，亦且捐金，谆谆诫谕，惟期水患悉除。宪虑周详，毋使民生滋扰。擢凛遵德教之，下益景覆，载之仁伏。念中丞节钺天中，疆域辽阔，经营庶政，区画殷繁。今以弹丸之地，犹且忧深虞，远则八郡之广，万民之众，兴革攸关者，当不知几为忧勤，几为动念者矣。进是而推，则朝廷之上，方域之中，国计民生之大，所眷怀而不能已者，又不知其更当何如也。于是，父老子弟交相劝勉，更相佽助，不逾月而渠已成。计深一寻，阔倍之，长四千三十步。今者春余夏始，嫩绿连阡，麦秀黍苗，田畴尽辟。尔其轻波荡漾，蘋叶参差，花落纹圆，风来浪皱，傍篱而迂，曲缘芳树以迢遥，绕隔岸之桑麻，映林中之屋舍。乃不禁慨然曰：嗟乎！此百姓之福欤？而实李大中丞之所裁，成辅相以，厚利斯民也。抑余于吾民有进焉，以彼犹是地也。向者弃诸波臣而狃于宴安[①]，今者勇于赴工而竟成乐土。然则苦与乐之相因，乃勤与惰之相远也。自兹以往，惟愿吾民近灾者思患预防，毋得归怨上流之灌注，远害者通力合作，毋忍坐视下地之漂流。按，今岁各输人工，为将来永远之定例，共守其法，修治以时而勤以保之，毋惰以隳之，则一庄之水既治，六村之水将通，将筑场纳稼，多黍多余，国赋可以早输，盈宁可以永庆。官斯土者因而省催科之繁，免覆餗[②]之耻，亦且均咏膏雨芃[③]苗之什矣，岂仅尔百室之庐舍田园获免水患已哉？李公讳国亮，字朗庵，三韩人也。丙子秋月以藩翰晋秩开府，属吏擢躬承提命。因渠之成也，谨撮其颠末而勒诸石，以使斯民世世不忘公之德教云。

重修偏闸碑记[④]

清　龚哲标　台州庠生

国家之所重者，莫大于田畴，而田畴之所需者，莫切于灌溉。苟势处丘陵，而灌溉无术，斯亦已矣。若夫清流映带左右，而不早为蓄泄之方，以致旱涝，皆受其害，殊足悲也。如州北吴家庄等村，其东一派流沙，其西率多苴泽，所赖偏闸以为生计。独是历年既久，闸坏矣，而水无所蓄，渠壅矣，而水无所泄。茕茕村氓，惟袖手叹息耳。幸值郡守蒋公来莅兹土，锐意兴除，百废俱举，而尤留心于水利。当驰驱南北之际，见两岸水光接天，辄慨然念曰："奈何以有用之利，置之无用之地？"毅然创新渠，浚故道，所活无算。由是仁风广被，凡远道村落有可灌溉者，争来取法。而吴家庄等村父老更欣欣然相谓曰："郡有神君，我辈何不申请以求水利重兴乎？"乃卜期纠众控于公，既许可，复委之米公董其役。未匝三月，而坏者已修，壅者已通，材良工坚，务使一劳永逸，揆之草草乃事者，不大相经庭耶。且单骑以往，不动声色，即日用饮食亦取资公

---

① 宴安，安逸享受。

② 覆餗，比喻力不胜任而败事，典出《周易》卷五《鼎卦》。《易·鼎》云："鼎折足，覆公餗。"

③ 芃（péng），形容草茂密的样子。

④ 选自康熙《磁州志·卷十七·艺文下》，另见民国《磁县县志·附录·艺文》。

署，并不遗累民间。凡此皆体我蒋公治水之成法，爰东之真心，而行无所事者也。从此，北流活活，五村咸庆安澜，南亩畇畇[①]，万井蔼然雨润。于戏！向非蒋公实心实政，重田畴而切灌溉，安能有是哉？众父老恩沾高厚，欲报之德，爰寿诸石，以志不朽云。

重修西闸碑记[②]

清 张榕端[③] 州人 内阁学士兼礼部侍郎

滏水之利，磁氏以东西二闸据上流，灌田独广，以其束上流也亦易圮。有明万历十五年，刺史孙公建之。又七年，刘公增立七空。又十余年，牛公增凿南渠。本朝康熙二十一年，秋水冲决，闸几坏，刺史任公修之，历二十余年矣。客夏山水骤至，坏闸二空，人心惶惶，闻于刺史蒋公急往视，则有成竹曰："是固余责也！"而涨溢未杀，农事方殷，姑以荆囤纳土石御之，禾登水涸从事焉。可今春二月，乃集绅士里民谋焉。首计费，割俸倡，先而享渠利者分三等，曰"平水"，曰"岸水"，曰"余水"，捐金多寡视诸此。每村令沟头核其数，若经收，若支发，维绅士任，不暇胥吏，不旬日而金钱集矣。次议工，浚底必深，筑基必坚，条石整齐，厚视旧五倍，铺板平正，阔视旧三倍。梅桩坚致，铁拨层密，亦视旧有加。筑杀坝不开月河，规画指掌，厥工兴矣。次督工，总理则属之州佐朱公，曰："是能以干济才，赞成渠利，历有工劳绩矣。今兹相机宜，察勤惰，非君不可也！"分督任之吏目吕君，曰："劳身以利民，君所弗辞也！"犹未足，则益以生员魏允武、书办李秉信、老人张鹏章各有分任。而公一再曰："至指授董，率俾[④]奉成[⑤]焉。"夫役雇而不派，息争绝弊，且以辨远近也，而人各尽力矣。善后二空既完好，于是，台墩加耸，石堰加长，其五空亦重加整护。其上流荒芦蚀岸，致河流斜注，为闸害者，则斩剔以疏之。下流则责成沟头每年春仲按大小渠道循而浚之。引溉则循次渐及，而强弱不偏。防汛则慎选老人而暴涨无患。是役也，以二月始，以五月竣，重修欤创始弗异矣。里人谓不可以无纪，以属之余。余惟春秋凡用民必书其所兴作，虽时且义亦书，而兹则更为进焉者。盖从来修举废坠，以利其身家，与尽其职守，官与民罔弗踊跃也。顾事众意殊，此急者彼缓，彼公者此私，虽有官长为之倡率，而平日之敏干未信于民，当念之痌瘝，莫窥其实，则因循梗阻，以至于废。即不废，而所举之工，惰窳[⑥]浮冒[⑦]，弗能经久。中间酿争滋

---

① 畇畇，形容田地平均整齐。

② 选自康熙《磁州志·卷十七·艺文下》，另见民国《磁县县志·附录·艺文》。

③ 张榕端，约1619年前后在世，字子大，一字朴园，磁州（今河北省磁县）人。康熙十五年（1676年）进士，授编修，曾视学江南，奉命祭告泰山，以内阁学士预治河之役，兼礼部侍郎。

④ 率俾，意为顺从、率领。

⑤ 奉成，谓相助促成。

⑥ 惰窳，意为懒惰懈怠。

⑦ 浮冒，虚报冒充，出自《圣武记·卷九》。

事，窃窃訾磬[1]，而不惬于者比比矣。兹则公一倡而无敢或缓，无敢或私，举之而成，为之而固。盖公莅磁以来，于地方利弊孜孜亟亟，唯曰不足。而每举一务，澈始澈终，精神贯注，承下风者，不惟感之，而且信之，举无不成，为无不固。十余年间，兴修之迹，可胪陈[2]而指屈，兹闸特其一耳。然读旧记所云："经始之难，一人之任，经久之难，众人之任。"又曰："循而行之，州人之福，坐视而诿之，非前人之咎。"诚以渠开之利，创之首一举而已，踵而修之，靡有纪极。若是则能修綦，重于能创。独是前乎此而修者，其程工核费，已无稽考。今则谋始观成，由计费以讫善后，井然有法。而一切夫匠、物料、价值数目厘然[3]，可得而书。即今贞珉之勒，以便后人不仅以纪公之德正，以吾磁水利自公日辟，亦自公可久也，而岂徒时且义云尔哉？公讳擢，字试可，大兴人。州佐米公讳恺，字令宜，宛平人。吏目吕君讳调阳，字枚臣，秦州人。是役也，两公宵日露处，以勤其事，皆能体公意，以水利吾磁者，例得并书。

重修西闸分水龙神祠碑记[4]

张榕端

州城西十二里槐树村为西闸。其南岸旧有分水龙神祠三楹，肖像其中。旁奉建闸明刺史余姚孙公健，增修临安刘公安仁，重修博兴顾公颐以配之。郡人每以岁二月二日致祭。我朝康熙四十三年夏，山水暴发，坏西闸二空。越明春，州守蒋公擢集议重修，阅三月而告成矣。乃神祠亦以岁久倾圮。呜呼！主川泽而司云物，仓赤沾润，何莫非神力耶？凡我邦人，崇德报功，宜何如者？而顾听其荒秽，荆榛摧残，风雨其何，荐溪毛，申妥侑乎？余磁人也，与诸父老荷神庥，均乐利。顾兹神祠，惕然不安，爰治小引，遍告同志，各助涓埃[5]，共谋修葺。邑人胡大田又施地七分八厘，增置道院，视旧加广。起工于六月初一日，落成于七月廿八日。神像庄严，庙貌整饬，焕然改观。又念始建东闸之刺史李公为珩、杜永邯争水之刺史赵公缵尚缺祀典，应增入配享。而今刺史蒋公捐资重修，利垂永久，并宜奉长生禄位焉。余闻之财用取之川谷，雩祀必先百源。故川泽之祭，备在祀典。而财成辅相之道，则神固不能无待于人。吾磁西南近山，田多硗确，东北洼下，田多斥卤，乃滏水中流，不知其几千万年于兹，而民不能藉以为利。今者眺览全磁，山林川谷，岗阜而外，园圃盛列于西南，稻藕杂植于东北，何一非两闸沾溉之功，盖国家福泽蒸黎，有明神以默佑之必有贤牧，以显庇之，而莫为之先，虽美弗彰，莫为之后，虽善弗继。如诸公者，或经始于前，或增修于继。迨我公而整顿倾圮，经营完固，后先辉映，滏水共长，以附龙神，

① 訾磬，亦作"訾嗷"，意为攻讦诋毁。

② 胪陈，逐一陈述。

③ 厘然，形容有条理，也指清楚、分明。

④ 选自康熙《磁州志·卷十七·艺文下》，另见民国《磁县县志·附录·艺文》。

⑤ 涓埃，细流与微尘，比喻微小。

宁有滥欤？记曰：“法施于民则祀之，能御大灾捍大患则祀之。”又曰：“有其举之，莫敢废也。则夫祠宇之不可不廓崇，报之不可不备固，千秋奕祀之，垂而庶几，不失磁人饮水思源之义也已。”是为记。

修路碑记[①]

张榕端

《礼·月令·季春》，天子之命司徒曰：“开通道路，勿有障塞。”则夫治平道途，固邦土者，若所以惠民立政也！吾磁西彭城镇与邑南鄙之偏西岳城镇相去五十余里，中间历石庙、梧桐、钟里诸村，路多险仄，虽专输无稳步焉。彭城为陶冶之场，东南诸会相通，居民行商贸易，轮输往来如织，或谋所以拓之者屡矣。然而计工度程，损费役众，欲谋始而观成，未易言也。丙戌秋九月，刺史蒋公毅然起而式廓之，命乡长秦忠就近董理，捐俸倡先，不为派役。而秦忠亦仰体公意，能勤其事。迄冬十月告竣，五十余里，俱成坦途，阔一丈五尺有奇。于是，载者歌于前，担者和于后，载道欢声，远近腾布。念公自下车以来，披图布置，凡所以利民者，莫不修举。如重建西闸，水利永赖，是其整圮加固者也。如东城增闸筑堤，以备蓄泄，向之污莱，悉成膏腴，是其转害为利者也。公以尽力沟洫，务民本计如是，而又以其余经营于桥梁道路之间，如双济、广济、濯缨、永固诸桥，游屐屐之所必通，轮蹄之所必历，莫不修建。十余年间，废者新之，缺者补之，以一心作百姓之司南，而为之示彼周行，去其险阻，固熙熙然登老幼于春台之上，而游之荡平之路矣。今复辟兹山径，豁然康庄，不啻轮者益之以膏，跛者健之以足，以便行人，以通财货，不独以利吾磁民，亦东南诸会之福。固非徒除当道之瓦砾，悬曲巷之夜灯，作曲曲小善比也。从古，司牧之良，留心四境，无微不至，如公可数数觏哉？宜乎！居民之立石纪德，不能自已也。余以里人，因从之请，不揣荒陋，乐为之书云。公讳擢，字试可，析津人。

屯庄渠碑[②]

吾州南左良营与屯庄壤地相错，左良溉地引水入屯庄，屯庄既不能当水之来，又不能泄水之去。于是，田庐淹没，禾稼污莱，数年来沉灶产蛙，力不能支，因具控州刺史蒋公。公恻然念曰：“左良吾民，屯庄亦吾民也！乌可利于此而不利于彼乎？”乃历畎亩，履阡陌，相泉源之势，酌高下之宜，筑堤于吴家庄南左良以捍水。复令屯庄民契买南左良地为渠以泄水。又念屯庄贫瘠，又为之捐俸，以给地价。而南左良之私自决水溉地者，公执法斧断，批照森然。自是屯庄去水之害，受水之利，其得以安于耕凿而优游于衣食者，皆公之赐也。因感而刻石，以永公之惠，并镌其批照于后。庶乎屯庄之与左

---

① 选自康熙《磁州志·卷十七·艺文下》，另见民国《磁县县志·附录·艺文》。

② 选自康熙《磁州志·卷十七·艺文下》，另见民国《磁县县志·附录·艺文》。

良不相为害，可以永息争端云尔。

左良营修渠碑记[①]

磁东北四十里有吴家庄、左良营等村，曩接上流余水，家西建立偏闸，赖以糊口者，仅居其半。而家东偏地沙卤，风雨调和，犹得树植，一遇亢旸，则土碱泛滥，绿野化为白田，兼之风猛沙厉，洒落禾巅，倏就枯槁，谁能悬河而润、凿井而灌之哉？幸际丁亥春，左良营纠众建桥，贤守蒋公于课工之暇，见偏闸出水沟，忽惊喜曰："是水也，盍引而东！"即着乡保度地开渠，示以灌溉法，不日工成，汪洋满目。斯时，春雨未足，而夏麦秋花早见，彧彧芃芃问犹有悲碱叹流沙者乎！较之家西膏壤肥田，当不是过也。美哉我公，德政难以悉数。即如吴家庄等村重修偏闸而西畴益沃，创开新渠而东亩亦丰，改建石桥而捆载永藉，狂澜无虞。从今左顾右盼，悉出鸿仁，鼓腹高歌，陶然醉饱，士民岂敢忘所赐耶，而遐福嵩龄之祝，应同川流不息矣。

磁境水田原始记[②]

天地自然之利，取之不尽用之不竭者莫如水。禹平水土，复尽力乎沟洫，盖因民之所利而利之，惠而不费之。政所宜先务之为急也，顾疏瀹导引，使之旁通曲达，则实有赖于人功。磁境滏河引其流以溉田，旧有南北中三渠，中渠为州牧包公宗达开于前明洪武年间，南北两渠则州牧孙公健、牛公维赤先后开于万历年间。三渠分溉各村稻田二百余顷。国朝州牧蒋公擢又于各渠接开小渠，溉稻田二百余顷。民生用是饶裕，佥谓仁人之利溥焉，而不知开大利之源，尤有前于此者。尝阅朱平涵《涌幢小品》有云："辛丑，余南归，经磁州。遍野皆有水沟，深不盈二三寸，阔可经尺，纵横曲折，随地灌注，禾黍蔚然。余异之，问仆夫水何自来。遥指西山，曰此泉源也。问泉那得平流，则先任知州刘国徽从泉下筑堤障之。高丈许，堤高，泉与俱高，因地势相引而下，大抵高一尺可灌十里，丈许则灌百余里，一州遂为乐土。"据此，磁州水利刘公实为开山之祖[③]，当与包、孙、牛、蒋诸公并传不朽，乃姓名不载于府、州志内，将毋掩前人之善[④]与。夫前人必非近名[⑤]以为善，后人讵容被惠而不知。爰述纪事之词，窃比表微之意，是则食德饮和[⑥]者，所当馨香永奉，无忘始事之人。《传》曰："有功德于民则祀之。"盖贤侯之利泽直与滏水以俱长也。

---

① 选自民国《磁县县志·附录·艺文》。

② 选自同治《磁州续志·卷六·艺文》。

③ 开山之祖，比喻某一学术流派、技艺的开创者或某一事业的首创之人。

④ 毋掩前人之善，不埋没前人的功绩。《国语·周语下》："犯则陵人，迂则诬人，伐则掩人。"韦昭注："掩人，掩人之美善。"

⑤ 近名，指好名，追求名誉。

⑥ 食德饮和，享受先人的德泽而得以安乐舒适。语本《易·讼·六三》："食旧德。"《庄子·则阳》："故或不言而饮人以和。"何启《曾论书后》："夫人生于中国，长于中国，其宗祖千百年食德饮和于中国者，虽身居异地，亦莫不欲高抬宗国，盛称故乡，以天下交游之光宠。"也作"饮和食德"。

大名县

德泉亭记①

滑台 宋讷

自昔王者为民立五祀，井居一焉。井之德，惟能养也，而生也赖之。古文王作《易》，于井卦九五曰："井冽，寒泉食。"井以泉言，其权舆于万世乎？且泉之在井，或有苦甘，非井不善，水之本殊耳，甘者固有功于养民，苦者亦有利于灌溉。祀典则未始分也。惟民非水不生，喜甘恶苦，常情孰能变哉？大名为郡，在《禹贡》冀兖二州之域，地皆平下，（郡城之内卑湿刚卤，凡）井多苦少甘。（金源（元）之后，城罹河水之患屡矣。矧河朔久厄干戈，居民逃散，故老皆无在者。井之甘苦堙于瓦砾，埋于蒿莱多矣。皇明受天命一海宇选贤治郡，斯民来集郡井。悉苦）稚耋病远汲之劳，欲访甘泉，何道可得？洪武丙辰冬，北平分宪经历王君思永以府治未完，（谯楼未克壮，）勉谕成之。（君时出以察民役，）一日斩蒿而平地（拓，发石而旧）井出。乃（临井而再观）命左右汲而尝之，寒甘可食。爰召工（人）浚（下而）甃，（上功告成。人民）来汲者，欢声腾溢，谓免远汲之苦，遂构亭于上，扁曰：德泉。盖取《龙井记》"此泉德致"之语。父老咸（曰："近则人辞乎劳，甘则人乐乎养。宜）请文刻石以记感召。"（耆民某走滑求）予（为记。伏）惟圣神御极，万物咸睹，川效珍岳，修贡奇祥，异祯洋溢乎天下。斯泉也，晦于前（者久），显于今（者速），有俟德之道焉。昔耿恭为疎勒匈奴绝水，恭曰："闻李广利拔刀刺山，飞泉涌出。今汉德神明，岂有穷哉？"乃整衣拜井，涌泉辄应。君高持宪节宣扬帝德以纠绳，郡邑除荒秽得甘泉，岂偶然哉？然则是泉之德，施泽于民也无穷，受祀于民也宜亦不匮矣。

小滩镇广济桥碑记②

大学士 徐溥③

弘治二年，黄河改徙，迫于汴梁，合于洹，入于卫河。河隘而堤卑，水势所至，汹涌汗漫。自大名而下，坏民田庐不可胜计。朝廷以为忧，令都察院右副都御史昆陵白公时以户部侍郎奉命偕巡抚右副都御史余姚张公等往治，而大名府临汾李侯④以其

---

① 选自明正德《大名府志·卷二·山川志》，括号内文字补自明代宋讷编写的《西隐集·卷五》。

② 选自明正德《大名府志·卷二·山川志》，原志注："广济桥，在小滩镇，一名天桥，又名高桥；架木为之，高跨卫水。弘治十年创立。"又见同治《元城县志·卷六·艺文志》。

③ 徐溥，1428—1499 年，字时用，宜兴（今江苏省宜兴市）人。景泰五年（1454 年），登一甲第二名进士（榜眼），授翰林院编修。先后任太常卿兼翰林院学士、吏部左侍郎、文渊阁大学士、礼部尚书、武英殿大学士、内阁首辅、吏部尚书、谨身殿大学士、少师兼太子太师、华盖殿大学士等职。

④ 李侯，名瓒，进士。

事自任，相度经营，辟增卑，置牌节宣，令因其宜。水由府南数十里，其势冲激尤甚，历大名府元城及山东之馆陶、邱县，悉被其害。既大发丁夫修筑，而居民始得无事。故京储自山东、河南而来者，悉自小滩镇兑运。先此，率造小舟以渡，当水泛涨，屡致覆溺，人以为病。于是，侯欲易以桥，而僚属合谋，皆以岁未有秋，费将何出。时义官李琰、耆老邢刚辈进曰："是举甚利于民，吾属当任其责，何烦公家之措置耶？"乃计材召工，相兴役，自府南之艾家口、浚县之李家道口至小滩镇，各造小舟七艘，以为浮桥，联以铁絙，卫以木桷，渡者俱以便。乃即小滩镇之北架木为梁，施板于上，面覆以石，中空丈余，以时启闭，而舟行无阻，称便者益多矣。工始于三年八月，至十月而成，名其桥"广济"，而治河之役终焉。民以侯能奉大臣之旨，劳心规画，其功可及于久，非苟且于一时者。比宜记其事，乃来请文，刻之于石。惟大名府为界于河南、山东二省之间，其地要害，自古已然。今国家建都北京，为畿内之地，而河水为患辄及于此。自大臣有治河之役，为守令者以其事为大，暴露于外，不遑宁处，务使民得免于患，以享其利乃已。然则向之所谓汹涌汗漫者，岂可尽委之天数哉？今李侯以其余力复为此桥，以济乎人，其利不益特哉？昔郑子产以其乘舆济人于溱洧，孟子以为惠而不知为政笑之。此举非知为政者乎？故书以记之，俾后人无忘其功，而琰等之好义亦因以附见云。

饮牛口新开官渠记①

开州人翰林院检讨　晁瑮②

大名地枕卫河，有曰饮牛口者在郡城东，阻河十里，大名元城二县之近境也。势故下，每秋雨霖潦，或河流泛溢，辄浸淫积于其中，没牛马，灾禾稼。即水退亦平地为沼，耕获鲜利，民甚苦之。委之为壑者殆若干年矣。嘉靖乙巳冬，县民邢保等相率以请于府，时知府东公以兴革为己任，即闻简于抚台，舜泽苏公大巡近山，传公分巡脉泉。李公咸曰："可。"乃檄大元浚乐四令相视开泄，创为大渠。土去其壅水，归之河，凡越数旬成功聿告。无何，有不逞之夫倡言纠众荷畚锸聚土障之，居民惶然，则又诉于府。陈太息曰："御灾捍患，吏之职也。挠令忤法，是弊民也，渐曷可长。"亟执为首者一人置于法，复择县令有风力者，重加督浚。时大名令华君舜钦、元城令王君赉适当其选。二君者亦以境内故严禁令拓规制，储货食，募案役，揆日之吉而施工焉。盖视昔尤虔矣。渠之制则沿官道而疏之，与民田渺不相涉，广二丈有奇，深一丈二尺有奇，其上架木为桥，以便行者。延袤共一千八百余弓，约其地之可垦者踰八百余顷。经始于丙午仲冬，未逾月而竣事。今年夏即大稔，得麦凡十余万斛，厥利可谓弘且溥哉。

---

① 选自民国《大名县志·卷七·河渠志》。

② 晁瑮，1507—1560 年，直隶开州（今河南省濮阳市）人，嘉靖二十年（1541 年）进士，授翰林院检讨，官至国子监司业，目录学家、藏书家。

修 堤 碑 记[①]

明　成靖之[②]

邑之有水，如身之荣液，然无之不可，以为身也。顾其性善溢，溢而蔑，以障则害，还中于邑而罔所控告。于是，堤之用急焉。尝考诸古，若孙叔、史起、西门豹、召信臣辈，或称能吏，亦惟是河渠陂堰之利，功烈较然，为足述耳。大名固弹丸地，漳、卫二水实环向之。漳出上党，宋时引入雕马，遂与卫合。卫出卫辉，当邑西南，北流达直沽入海。其所汇河距邑不二里许，每秋深涛壮辄阑出，为禾稼害，邑人患苦之。又先是，府之长吏用形家言，欲导卫入郡，横开支口于上流，绕经邑之西北，腹背受水，几无虚岁矣。前令赵公念莪[③]力请于上，得湮所开支口，增地以障。而旁邑令肘掣之，竟拂衣去。堤虽立，实未尽坚好也。会岁壬子，淫潦倍常，遂复冲决，原田化为沮洳，民益嗷嗷无所倚命。适关中李侯甫下车，首出行河，睹漂没状，不胜喟叹。水退即鸠工大修堤防，起张二庄至邢家道口，长百余里，高逾丈广，称之其崇比完缮，百年可恃无恐。众皆欢呼，走郡中属余为记。余唯唯，曰："噫嘻！侯可谓仁民知所先务者矣。吾侪获有宁宇，其敢一日忘侯之赐？"顾堤之始，难在创，堤之成，难在守，创之难，责在上，守之难，上与下实交任焉。闻往者濒河居民嗜利忘害，每依河为圃，桔槔致之，或穴堤以通沟洫，水至而后涂隙，深涂浅溃多由此。上之人不早觉察，至患成乃从而督过，又奚裨耶！嗟乎！尺堤夜雨，千仞蚁穴，虑后乐成，先号后笑，古不有成说乎？正犹爱身者养其神液既束之，使无偾张又极滋培而获惜之。不忍毫有泄越，然后液融而神王久安永固，道必由之矣。诸父老业悉堤之利，其交勉以翼侯，务令侯享有成绩，俾孙叔、史起辈不得专美前代可耳。侯名永年，陕之三原人，其治状不尽于堤，识所急也。

匡 公 堤 记[④]

山阴人　朱赓[⑤]

匡公堤者，大名知府匡公所筑，以捍水患者也。堤成而岁大稔，民曰："微匡公不及此，愿世世无相忘也。"堤是以名，犹史氏所称郑陂、白渠云。按，大名府城之东南曰铜台铺者，实元城大名二邑之交壤，而漳、御二河合流处也。漳之源二，其发于山西

---

① 选自咸丰《大名府志·卷十八·艺文志》，又见民国《大名县志·卷七·河渠志》。民国《大名县志·卷七·河渠志》注："御河旧堤，明隆庆五年大名知县李本意就成化间署府李瓒所筑堤址增修，起张儿庄，至曹道口，约八十余里，高一丈，阔二丈。万历间知县赵一鹤、李一鳌、李永年连加修筑。"

② 成基命，字靖之，避明宣宗讳，以字行，大名（今河北省大名县）人。明万历三十五年（1607 年）进士，历任司经局洗马，署国子监司业事。累官至礼部右侍郎兼太子宾客，改掌南京翰林院事。崇祯三年（1630 年）三月，为首辅，当年九月致仕。崇祯八年（1635 年）去世，赠少保，谥文穆，著有《云石堂稿》。

③ 念莪，赵一鸣之号。

④ 选自民国《大名县志·卷七·河渠志》，原志注："匡公堤在旧大名县北三里，明万历初知府匡铎筑。"

⑤ 朱赓，1535—1608 年，字少钦，号金庭，浙江山阴（今浙江省绍兴市）人。明穆宗隆庆二年（1568 年）进士。万历中，累官礼部尚书，兼东阁大学士，参预机务。是年，即卒于官。赠太保，谥文懿。有《文懿公集》等。

乐平者曰清漳，发于长子者曰浊漳，而卫之源则发于河南辉县，相距盖千里云。漳之湍悍自古记之矣。盖以三水合流，来自千里，秋霖衍溢，势若建瓴，固非寻丈之渠所能滀也。以故河壖之地累为巨浸，二邑之民即欲菱牧其中不可得，况所谓耕获哉？万历元年春，匡公至，则首问长老疾苦状，叹曰："嗟乎！民之害有急于此者乎？"乃周视地形，壍土而堤之，经始于六月初三日，越十日而告竣。延袤三百九十余丈，崇丈有四尺，广二丈有奇。自是，河流顺轨，不啮田壤，秋获倍蓰于前。府属人士享堤之利，且议勒石，以示永久。而谓纪河渠者，史氏事也。乃介余姻大名幕章君宏孝以征余言。余闻之章君，曰："始公之议是役也，召父老而策之。曰吾欲循漳河故道，引之北，以杀其势，或由大名县西厮新河入艾家口故道。此二者不为非计，顾兴繁巨，民力不至于此。其堤乎，吾为堤费必公出，工必佣致，无苦尔百姓也。父老咸稽首曰：'便。'于是争具畚锸，趋事恐后。君子曰：'匡公可谓急民义矣。'古之言治水者伙矣，堤之制起于中古，议者以其不务疏而务捍往往卑之。"余以为此非通论也。欧阳子曰："知者之于事有所不能，必则较其利害之轻重，择利多害少者为之。"藉令公斤斤焉胶于前议，悉难继之，力以激不可必成之功，利与害孰重？夫川犹盗也，今有御盗者，其一人殚厥储，不惮征募以驱之，盗未必屏而家疲矣。其一人崇吾墉坚，吾垒仅备之，而已力不尽，而盗自息。此二者利之与害则有辨矣。疏与堤之形何以异？是往公为给谏其所言及国家利，便若析秋毫以故。庙堂多采用之。今举而治府诸所以佐百姓者，与向所言亡弗仇[①]，是堤直一事耳。嗟乎！兹可书矣。公名铎，山东胶州人，乙丑进士。

小滩镇浮桥记[②]

明万历　陈秉忠[③]

《大明》之诗曰："造舟为梁。"孙炎曰："造舟比舟为梁。"杜预以为造舟即浮梁。《尔雅》释乃曰："天子造舟，诸侯维舟，大夫方舟，士特舟，此又何也？总之，济人利涉，令无褰裳濡首之虞者。"近是小滩镇在郡治东北，相去三十里而遥，户口近万家，卫水所经道也。卫水发源卫辉之苏门山，历大伾、外黄，受隆虑、修武诸水，下流过清源，会闸河，至天津入海。先是，镇有部使者一员，督中州粟若干石，舟而输之京师，以佐军饷。万历甲申、乙酉间，部使者奉功令移署馆陶，而豪商大贾犹不时辐辏，鬻贵征贱，操子钱而息之。故大河以北号清源，曰小姑苏，号镇曰小清源，盖诚赵魏间一大聚落云。镇旧有浮桥三，至各里许。一桥创自今山阳少尹肖易君大王父[④]某，至隆庆间废。独二桥屹然相望，镇人赖之，不即于危，而犹蒿目相叹，谓不如三桥便。于是肖易公慨然

---

① 仇，相对、相当的意思。

② 选自民国《大名县志·卷二十八》。

③ 陈秉忠，字良佐，大名府元城县（今属河北省大名县）人，明隆庆年间（1567—1572 年）贡生，先任湖北襄阳县知县，后任博平县（今山东博平县）知县。

④ 大王父，曾祖父。

曰："吾先人功果不宜中废。"因捐金首事，而镇中好事之家亦各输金助成。盖不数月，而比舟于水，加木于舟，若驾鼋鼍，偃蛟螭，而横卫河之涯也。余与君有瓜葛，尝一至镇，往来俱从，枕席上过。文皇①所云："水摇文鹢动，缆转锦衣荣。"②拾遗③所云："天寒白鹤归华表，日落青龙见水中。"④似为是桥咏耳。昔崔亮为渭水桥，以利百姓，名崔公桥。陈少游创越州桥，以渡流水，号大夫桥。公无两公职守，而独以先人之故勤勤焉，谦金鸠工，易横流为康庄，令千户万家各享利便，此其祖孙功德宁讵微细哉。然则是桥也，谓之张公桥可也。工始某年月日，讫某年月日，其同事者姓名则书而碑之阴。

贺公堤青杨古道记⑤

大名知县　顾咸泰⑥

西出县广义门达郡城，约五里而遥，负郭廛连，轸拒阡陌间。每轻舆往还，风烟披薄，触目怡情。惟水潦时至，辄深泥及踝。询之，曰："古有贺公万元所筑，傍植青杨，岁久冲没，一带平沙衰柳，无复曩时观矣。"集土工运，畚锸不连，罔以为高，不因阜以自远。未几为堤，路软尘轻，验准步武，皆与其便。再植青杨若干株，频督灌补，冀复旧观。乃扶疏⑦交荫，蒨葱⑧绮合⑨，缮治者不言劳，谣歌者自相和，羁旅行人徘徊攀条而不忍去。及晨光初起，夕景斜晖，时有丹霞自云游曳。其上流烟半垂，缨带原曦，轩驻月驾，岚褰雨霁，始辨远山。盖遗爱自古，芳越来今。嗟矣后人，幸勿有伤。康熙壬子二月记。

峰峰矿区

黑龙洞碑记略⑩

明　杨性鲁⑪

黑龙洞者，滏水源也。水从山根散出，如万斛珠玑状，与鼓山泉合流东注，即

---

① 文皇，指唐太宗李世民，因太宗谥文武大圣皇帝故称。

② 水摇文鹢动，缆转锦衣荣（荣：应为"萦"），语出李世民的《赋得浮桥》。

③ 拾遗，指杜甫。

④ 天寒白鹤归华表，日落青龙见水中，语出杜甫《陪李七司马皂江上观造竹桥即日成往来之》。

⑤ 选自民国《大名县志·卷七·河渠志》，原志注："贺公堤，在旧大名县西，两旁树青杨千株，迤逦五里许，道连郡城。"

⑥ 顾咸泰，湖广蕲州（今湖北省蕲春县）人，举人，康熙九年（1670 年）任大名知县，康熙十五年（1676 年）编成《大名县志》二十卷。

⑦ 扶疏，形容枝叶繁茂分披貌。

⑧ 蒨葱，即"葱蒨"，形容草木青翠茂盛貌。

⑨ 绮合，各色锦绮会合在一起，比喻文采灿烂。

⑩ 选自光绪《重修广平府志·卷十五·舆地略·山川》。

⑪ 杨性鲁，字纯卿，磁州（今河北省磁县）城里人，万历二十年（1592 年）进士，出仕初授高平县令，因不善迎逢上司，仅两年就罢官谪居。

滏水之正源矣。嘉隆以前，每旱，州人赴洞取水，官民相率拜祷辄雨，用是，神之弗敢亵。山半有明月阁一间，抱厦三间，阁下肖龙神像祀焉。登阁瞰泉，喷薄迴旋，潺湲奔泻，沙鸥上下，游鳞潜跃，心目开爽。顾其经，陡削不受足，而栋宇湫隘，背不容旋，登者苦之。董公应芳署郡事，览而叹曰："美哉斯地，奈何以险隘，故俾览胜探奇者不得尽其大观耶。且封内山川，祀典攸重，芜废祀塞，亦守者责也。于是捐俸若干，慨为开拓，爰从阁后开山，广明月阁为三间，阁东为厅三间，馆游客，西为道房三间，供庖膳。自山腰达阁为石梯二，登厅者东上，登阁者西上，可并行二人。山巅石隙植柏数十本，望之蔚然。鸠工于万历三十二年三月，落成于三十三年四月。

馆陶县

去思碑记[①]

元　修撰王思诚

近民之司莫如县，亲民之职莫如令，故令贤则宣化布，令不崇朝而偏乎百里，治教之成若反手耳。吾于馆陶尹李藻子洁见之矣。子洁，世颍川人，父正郎，知泗州，又知归德府。弟黼，字子威，以国子生为大定丁卯进士，擢翰林修撰、河南行省检校，拜监察御史。子洁亦以国子生为壬戌进士，擢大[②]常大祝。至元二年来尹馆陶，杜门绝请，察民隐，询土俗，兴利祛弊，斥无籍之胥吏。旬日间，邑人逋而复者类百户。民相讼，召两造谕以礼让，陈以德，义不假刑威，往往悔谢而去。民有诬争同宗财产者七年不决，子洁为之剖析恳至，欣然退服。若决此讼者又十余辈。上官若臬司行县咸嘉之。不忍以属吏待，且移疑狱鞫之前后以十数，咸称明允。尖塚仓[③]若县仓，岁起时发民完之，乃告谕曰："汝辈衣食所需，故役之，他役不轻汝及也。"众欢然趋役，而民不扰。先是，邑民输税悉为揽纳者所困，子洁禁之，曰："尔勿鱼肉我民。"课农植桑枣杂果，视旧如加数倍，仍严盗斫、私卖之禁。夏，大雨浃旬，河溢堤决，平地水深丈余，弥漫入城廓，厅事前亦深数尺，庐舍泛没，民丛沓避市中高地，僚属皆遁。子洁独不去，曰："我为邑长，既不能弭灾，又不能拯民之溺，纵独生，如吾民何？誓与吾民同死而已！"挥泪巡视，民莫不感泣。既而水息，乘小舟督丁夫塞河决，补堤防，未尝知倦。田野民或升高陵，或栖大树，采木叶，掘草根以食。子洁劳来存抚，先发官米，赈其苦甚者。不足，劝富室出粟以济之。又请于朝，赈以钞二千锭。又上章乞蠲，是年民租罢，和市绢二千七百匹。若圣庙，若二皇祠，若

---

① 选自雍正《馆陶县志·卷十一·艺文志》。

② 大，通"太"。

③ 尖塚仓，康熙《馆陶县志》卷三载："尖塚仓，在县治西北，宋置，元至元二年知县李藻修，今废。"河北省邢台临西县南部今有尖冢村，位于卫运河北岸，与山东省临清市隔卫河。

县庙俱圮于水，以次葺而新之。倡僚属割俸，储供亿[①]，置什器[②]，饬馆。传命巡尉[③]，练弓兵，勤警逻，盗贼屏息，犴狱[④]为空。在职二十月，移病而归，父老遮留不能得，至有号泣者。其东北境曰大章堡，实松滋监霍尔赤彦举之别墅，子洁既去之二年，彦举来自松滋，因邑人追思不已，乃代石勒其遗爱，走京师谒余为之文。呜呼！今铨曹于守令极难，其选而得人为鲜。子洁在任未久，居而民安，去而民思，一邑之民无愚智大小，靡不皇皇然，若孺子之失其父母。是岂可以声音笑貌为哉？使满考治效之，臻不知又何如也？吾闻子洁之父为州、为府，所至著称。子威又尝与予同为太史氏，相知有素[⑤]，为御史多所建白，故并及。庸见其父子兄弟文章政事源委有所自也。至正元年三月记。

孚应通利王碑记略[⑥]

都士周撰

御河者，古永济渠也。按史，隋炀帝大业四年春正月，发河北诸军百余万穿永济渠，引沁水南进，于河北通涿郡。七年春二月，帝御龙舟渡河入永济渠，夏四月至临朔宫。今名御河，盖更之也。国朝以燕为大都，自江南平定，又开会通河至临清北，横截而去于此。后南方诸国贡赋殊无壅滞，数道钱粮悉达于京师。濒河上下津渡处多有孚应通利王之祠，土人祭之甚严。馆陶县西约二里许故堤上旧庙，其所从来远矣，故行军千户、濮州太守讳暹于庚子年间为馆陶令，即于故址创，起至元己巳，焕然一新。

李公堤记[⑦]

明训导　陈留刘克敬[⑧]

堤以公名，志喜也，示不忘也。昔者范文正令朝阳，因海溢而筑长堤以御之，民不忘其德也，故名曰“范公堤”。苏文忠守杭州，因湖涸而积葑草以为堤，民不忘其德也，亦名曰“苏公堤”。二公之堤立意虽殊，命名无异，然志喜而示不忘一也。兹卫河近陶城三里许，每岁夏秋泛涨，淹没禾稼，漂庐舍，溺生灵者，计数岁中或一二焉，诚可悯也。奕城葵严李公以进士宰陶邑，闻而恻然，曰：“民之溺，由己溺之也，盍堤乎？”于是命三尹曲泉浦公董治斯事，不期月而告成，既而龙渊徐公继至，

① 供亿，供给，供应。原志误为“俱亿”。
② 什器，指各种生产用具或生活器物。
③ 巡尉，官名，负责巡捕盗贼的县尉。
④ 犴狱，古代为牢狱的代称。
⑤ 相知有素，指一向互相了解的好朋友。
⑥ 选自嘉靖《漕运通志·卷十·漕文略》。
⑦ 选自雍正《馆陶县志·卷十一·艺文志》。
⑧ 刘克敬，陈留（古地名，今属河南省开封市）人，贡生，明隆庆四年至隆庆六年（1570—1572 年）任馆陶县训导。

其规度区画，因势增修，亦与有力焉。自窝头至于连环铺，长十余里，高二丈有奇，宽一丈有奇。植以林木，以固堤也。加以铺舍，以防堤也。则河流故道，堤耸岸边，环拱屹立，望若层峦，民私喜曰："自是禾稼其无淹没矣，自是庐舍其无漂流矣，自是生灵其无沉溺矣。且烟柳依依，高低掩映，鸟语和鸣，渔歌互答，亦可谓临流之一盛观也。"噫！非吾李公之慈仁，又谁能为堤若是乎？因喜而不忘，有侔于二公之所为，故纪之以石，亦名之曰李公堤。

鸡泽县

重修通济桥记[①]

刘　锡[②]

顷吾邑又殃水，通济桥圮焉。乡义士刘冕等重修就绩，蕲子言纪岁月。按，桥在邑坤方八里许，陆洺水要，泜水西居民半，需桥急甚。洺上灌远且伙，秋霖越日，河便溢，不可制，桥功视他水偏难，桥料圮水后余无几何，人在凶岁，举事又难，故宦家子负气抱义，雅重乡评，协诸同志事事，乡人喜，竞输所宜费不吝，刘虚册琐列。适咸阳云山张公再尹吾邑，铲弊锄奸，嘘孤植弱，宿蠹顿革，齐民欣欣，听令以生。刘与诸人转励事，夙夜罔懈，乃八月二十二日桥成，功仅月。桥凡十三柱，象岁之月兴闰，杜十六尺，象地十坤，六梁十八尺，象乾，再九延三十步，象月之日，复以长料创滏河小桥，一人无留行，口碑称便矣。夫火伏[③]道茀，观国[④]所嗤，乘舆济人，君子曰惠。张公复尹，桥遽成，如待循良，余绩厥施，惟溥哉？如闻郡西南受山潦，百十注洺，渠浅狭，将不能为之，委平乡，居邑下流，横旦坚堤高厚，河怒溢，即堤南为壑，八角寨勘议藋停，河正应北入莲华泊，泊西南有所障，又不能使河不怒。癸亥、己巳秋，蕞尔城雨，困水中央，岌岌待溃，四野森然巨浸，禾稼云沉，室庐波荡，人且不乐生，独奈桥何哉？独奈桥何哉？虽然，桥定不可缓，后来者念之。

邑令朱公治河记[⑤]

齐望祖

天下能利人、亦能害人者，莫如水。吾邑之水四，利害各殊。洺利多害少，漳利少害多，沙及旧滏皆有害无利，而旧滏害少、沙害大。岁戊申，前令姜公以旧滏道纡不

---

① 选自乾隆《鸡泽县志·卷二十·艺文》。

② 刘锡，河北省鸡泽县人，明嘉靖六年（1527 年）进士，曾任绍兴知府。

③ 火伏，谓心星（大火）隐没。

④ 观国，指观察国情。

⑤ 选自乾隆《鸡泽县志·卷二十·艺文》。

利。别穿渠约二里改水注之，自是害遂息，冯郑诸村民称便。而沙水独嚣张不可制，其害较旧滏十倍，工且百倍，前令既不欲任怨任劳，而被害诸人，各负气不相上，甲可乙否，此是彼非，处同舟之势而不思共济，亦惑甚矣。比来无岁不水，水必大且久，河流所及十五村，淼然巨浸中，自夏涉冬。率四五月始涸，居民不得农，有流离他乡者。时山阴朱公令吾鸡三载矣，恻然恫之曰："嗟！害至是极乎？吾为令所司何事，而恝弗念此？"于是详府道，相地高下，以求水势所必归。今年春，亲诣河，仿汉武沉璧马故事，祀以少牢，颂胙于十五村，总甲刻期事事，起自浮图店，因旧迹分疏三渠，至城隍合流入南和。计地授工，人三丈，诸有力之家弗得，复其贫民无产者，乃复渠，以深一丈、广三丈为率，不如式者挞以徇。令既下，乃择谨厚役，得赵逢吉，命督上流；陈志典，命督下流。诸甲者督其十家长，长督散丁。典史雷君以时巡，公亦间日一出，体其不率者惩之，勤者赐以酒，民乃益奋。无何，工告成，公曰："未也，浮图之南，渠尚浅，恐不任水，且决口存焉，不疏、不塞，水必溢。溢则浮图一带仍受水如故，非计也。"皆曰："诺。"于是，诸转村励事，夜以继昼，不半旬而毕，民大悦。初，公将举事，谤者十七，未几十五，未几十三，至是，乃踊跃大呼："恨遇公不早！"呜呼！小民不可与虑始久矣，向使公惧谤而不为，为而中辍，则吾侪亦安睹此千百世之伟绩哉？天下事惟智者识之，勇者任之，信非庸琐辈所德与也。且吾闻之，水为物，不善治之，则横决而为害，善治之，则蓄泄而为利。漳水多泥以灌田，则亩收数倍，古已有行之者。北洺川居民遇岁旱，辄漳而溢之，禾得不槁。又近今已试之，效也。水害除则水利可兴，当亦异日所次第及者。公之惠吾鸡，厥未量哉！厥未量哉！按，公讳冕，字宁文，号存蓼，浙江山阴人，工诗能文，庚子中，副车[1]游京师，声名籍甚，己卯授鸡泽令，承前人严厉之余，诸尚政宽，小民怙恃公即兹父母。兹举独毅然不挠，固知天下之智人勇人，皆天下之仁人也。夫典史雷君佐，字公辅，陕西渭南人，敦厚信义，有吏才，奉是役尤锐，功不可泯，故并志焉。

新浚兴隆渠碑记[2]

教谕　尤淑孝[3]

鸡泽为畿南僻邑，然其名最古，春秋时会盟地也。胜国时邑之东南乡十五里曰旧城营，建闸开渠，引滏水灌城濠，近河畎亩各浚小沟，溉其禾稼，民赖以济，因水来自巽方，遂名之曰"文明河"。而邑之西亦有闸，自金龙口引牛尾河之水灌田，以泄于城河，东西二水环绕城隍，俗呼其城为"二龙戏珠"。三百年来，科第绵绵，士民殷富，

① 副车，意思是皇帝的从车，在清代称乡试的副榜贡生。

② 选自乾隆《鸡泽县志・卷二十・艺文》。

③ 尤淑孝，生卒年不详，字孟仁，大兴（今北京市大兴区）人，以拔贡举孝廉方正，曾任鸡泽县教谕、即墨知县，政声显著。

风水之说容或有之①。明末，漳河溃决，旧城闸北河淤，民失其利。康熙年间西闸亦坏，城壕涸废几十年于此矣。乾隆甲子，诏修畿辅水利，前邑侯李公从民请，欲复文明旧河，而侵种河身者百计阻之不获已。循滏河而北，于邑之正东邢家堤建闸一座，名利民。未几，李公去，任民力未齐，数年来渠不成，闸几废。庚午七月，昆陵王公来涖兹土，甫下车，遍询利弊，兴革必果，知斯闸为利之大者，思开渠续成之。往来相度，卓然排众议，任怨劳，捐清俸，改官道为渠，勿伤民田，绵亘十四渠，既广且深，直达于城河。沿河、沿渠植柳，防其冲溃，民且借以为利也。闸有启闭，渠有蓄泄，中设桥以便民，设偏闸以达小沟，计渠南北可灌田数百顷，农既隙矣，按亩计夫，按夫给食。侯坐卧河干者不十余日，而河渠沟洫次第以告成。侯向宦东粤，而治海疆，固才大而识远，志坚而量宏。既已子视其民，而民亦若趋父事者，故不令而行，不疾而速若此。渠成于辛未四月壬申春，又捐赀复建金龙西闸。于是邑之形势乃复其旧。是年特开万寿恩科，郡廪生杜君学诗获隽②副车，癸酉遂登贤书。张君顕又武闱中式。余未知是渠，较向所谓文明河，果何若？而固已有其效矣。堪舆家云：天下之水皆东南流，反是则吉。允若兹将鸡之士与民不特，盖藏日富，而人文之尉起，科甲之鼎新，更可操左券已，因颜其渠曰兴隆。是役也，侯不自以为功，每偕予及汛司李君共襄之。予乐观厥成，因不避固陋，历叙目击之巅末，有如此者。是为记。

邑侯王父师治沙碑记③

杜学诗④

鸡以泽名，洼下区也。滏东洺西，交流境内，夏秋雨潦，泛溢为害，而资其灌溉，则厥利维均。其有害无利者莫若沙，盖其浮沙坏田，非滏洺水肥能沃可比，故治之亦较难于他水，比来沙之为害更烈。自雍正八年，上流决永年界，贻害我邑，普高以北，水势漫衍，纵横一二十里，粮田洎成巨浸，堵筑迄无成功。每当水发之时，柏枝、东柳等村一望漭养，高低阡陌变为千顷汪洋，必待秋水尽涸，稍种二麦为生计，数村居民辛苦垫隘，思欲洒瀹之而不得。癸酉重九，余自京应试还，友人谈及秋雨霪潦，洺滏诸水皆溢，惟沙帖然。余备询其故，得我王父师治沙始末，不禁喟然曰："河西数村困于沙水者凡二十年，我父师可谓驾慈航者矣！"彼沙河土散而水猛，散故易淤，猛故易泾。康熙间，邑侯朱公于正河外设二支河，以杀其势，源流分合。前进士齐东柳所撰碑文言之最悉，不复赘。夫凿沟渠以利导于先，前人之事也，而议疏筑以补救于后，继人之言也。补救无术，虽有沟渠，不能历久，无壅下流，壅则上流溃，必然之势耳。论者不穷人事，而归诸天意，过矣。我

① 容或有之，即或许，或许发生过这回事，出处自朱熹《论语集注·里仁第四》。

② 获隽，会试得中，亦泛指科举考试得中。

③ 选自民国《鸡泽县志·卷二十六·艺文》。

④ 杜学诗，清代直隶广平府鸡泽县（今河北省鸡泽县）人，乾隆十八年（1753 年）癸丑科举人。

父师以济川长材来治兹土，莅任后百废俱兴，既而闻沙水为患，毅然以拯溺为己任，亲勘河形，谓大工不能以一日理，须先理正河，使水归故道，然后可再理二支河，爰率吏民兴工挑挖，不数旬而告竣，复为文祭告，备极诚敬。河伯亦遂效灵，洋洋括括，卒无狂澜。然则西乡数万亩桑田不至变为沧海，与数千口生灵不至没为鱼鳖者，皆我父师之赐也。以视朱公之明德，诚足后先辉映，而沙水将与洺滏同其利矣乎。乡人乐我父师之德，足以生死而肉骨之也，属余为文以记之，因述其事，寿诸石，以垂不朽，且以告后来父母。

临漳县

西门大夫庙记①

钱塘杨蒙

元祐八年②癸酉，秋七月，予奉檄策定武。将辞衡漳，迟舟于客馆，里父老拜堂下，曰："此地之东有祠，曰西门大夫，虽时祭不乏，而庙制湫陋，仪像坏，剥冠衣，非古邑大夫。"王君行农而谒焉，怆然虔瞩曰："清尘尚可仿佛，衡宇一何摧隳。"乃鸠材之余，访利之遗，不繁于民，不迫于工③，增亡新敝，门庑洞严，楹藩蔽密，命服像仿，一规古制。予曰："彼榱桷之衍广，筑室之固洁，与讫之始终，故不足道，独西门君一邑之长耳，生有令名，死秩祀典，越岁且久，乡人敬事如在。夫杀人，仁人不忍也，杀一人生千万人，则杀之劳人，仁人不欲也。劳一时，逸千万世，则劳之而岁登，直气英风，伟矣哉！"

邺二大夫祠记④

明　孔天胤⑤

邺二大夫祠者，祀魏邺令西门豹、史起也。《河渠书》曰："西门豹引漳水溉邺，以富魏之河内。"《沟洫志》曰："魏文侯时，西门豹为邺令，有令名，至文侯曾孙襄王时，与群臣饮酒，王为群臣祝曰：'令吾臣皆如西门豹之为人臣也。'又曰：'史起为邺令，引漳水溉邺，以富魏之河内。'民歌之曰：'邺有贤令兮为史公，决漳水兮灌邺旁，终古泻卤兮生稻粱。'是二大夫者，劳定于国，法施于民，名显策书，义乎祀

① 选自嘉靖《彰德府志·卷四·祠祀志》，杨蒙为北宋人，原志把作者误为"元钱塘杨蒙"。

② 元祐八年，即1093年。

③ 工，嘉靖《彰德府志》为"三"，光绪《临漳县志》为"工"，故以光绪《临漳县志》为准。

④ 选自光绪《临漳县志·卷十二·艺文·记上》。

⑤ 孔天胤，1505—1581年，字汝阳，号文谷子，又称管涔山人，死后门人称文靖先生。太原府文水县（今山西文水县）百金堡村人。嘉靖十一年（1532年）榜眼。任陕西按察司佥事、提督学政、祁州知州、河南按察司佥事、布政司参议、陕西按察司、右布政使、河南左布政使。以精研理学闻名于世，有《文谷集》。

典，贤哉！邈矣！”旧祀于古邺城西南大夫村，去临漳治遐逖[①]，彰德府代祭，邺民报德之忱与夫仕兹土者仪刑[②]，靡朝夕睹，诚缺典也。路君王道以名进士来宰是邑，问俗兴理，绰有成绩，修祀与戎，用秩礼乐，睹庇缺失，则喟然叹曰：“于古之作者不专祀也，后何述哉？”乃选地诹日，创建缺祠，为正殿五楹，抱厦三楹，大门三楹，二门一楹，东门翼室各三楹，中塑二大夫仪像，质之坚固，文之华采，轮奂之美，赫奕之观备焉。遂定正祀期，每岁以季春三日，季秋九日，用羊一、豕一从事。其役经始于三月五日，落成于五月望日，木石则取诸废司，瓴甓则得之措处，力役则假之祗侯之人，以故事而功易，民悦而神安焉。二大夫盖尝慕之。今筮仕，适得其旧邑，及访遗庙，不可得矣。行安阳丰乐镇，盖有二大夫祠云，故为特建一祠于我邑，所以彰往而察来，存费而补略，复私企灵贶，傥惠我元元，如曩时者。然《春秋》有举必书，况新作乎？公旧岳牧，之尝分兹郡，其记言以表之碑，余于是叙述其端委而记之，曰：夫周道衰微，列雄各以其智力相竞，知富国而不知富民，知强兵而不知强本，弊也久矣。当是时，因天分地以厚民之生者，二大夫行之，岂非文武、成康之遗泽哉？然自子长、孟坚[③]一表著之，而知德者鲜，乃今有意乎推本之也。弘旷典[④]，发幽光[⑤]，自路君始。冉子自信足民，而未遑礼乐，曰：“以俟君子。”路君敬神和民，礼乐庶有兴哉！

修建漳河神祠碑记[⑥]

清　万廷仕[⑦]

《禹贡》曰：“覃怀底绩，至于衡漳。”此漳河之所由昉也。其水有二，一出上党沾县大黾谷，曰清漳；一出长子县发鸠山，曰浊漳。二水异源，而下流相合，同归于海。自大禹治水时，斩木通道，经营已始，诚古今来一大川也。今皇帝御极之六年，余应诏入都，道经丰乐，见汪洋澎湃之势，波撼气吞，震动天地。中有鱼龙隐没，雨吼风搏，穷奇万状，以沛泽此一方而沃饶百里，青紫相错，则又大河以北之膏壤也。今年春，余承乏兹土，莅治甫阅月，邑人有南郭庙事之举，立碑致享，问序于余。余以受命漳邑，则漳神之妥，侑与社稷等分不容辞，而又惧荒略不克，道扬其盛，窃念漳之为利亿万斯年，民殷土沃，生生有庸，邀神之惠，匪朝伊夕，其频岁以来，荡析离居，罔有定止，岂神之怒此一方，抑亦守土者不修政事，不蠲祀享，致神之恫，以贻毒百姓。昨岁告水患于上，请蠲请缓，奔命不暇，而册籍隐没，里胥那移，小民不蒙实惠，良可浩叹。继自今伊始，城郭人民，惟神是赖；年丰物阜，惟神是祈；商贾辐辏，惟神是祐。

---

① 遐逖，指远方。

② 仪刑，指效法、楷模、典范。

③ 司马迁，字子长，西汉史学家、文学家，著《史记》。班固，字孟坚，东汉史学家、文学家，著《汉书》。

④ 旷典，前所未有的典制，稀世盛典。

⑤ 幽光，潜隐的光辉，常用以指人的品德。

⑥ 选自光绪《临漳县志·卷十二·艺文·记上》。

⑦ 万廷仕，字大士，江西宜兴人，恩贡士。顺治十年（1653 年）知临漳县。

且雀台岸碛之下，拍浪飞涛，天下之大，文章在焉，得数伟人应之。为霖为楫，则又河伯之助也。予初受职，愧未能修西门令灌田之绩，而待泽下流，知恩将及，惟尔有神，尚克相余[①]，以无忘今日之祝也。

磁临河滩地碑记[②]

陈大玠[③]

临漳西壤接磁州界，与漳河迁徙无常所，民多有粮无地。向例南坍北种，北坍南种，乃大河北滚，中有滩地。而地南夏秋水涨时，偶有支流，以故磁临百姓藉口纷争，案悬已久。方今圣天子德化远被，普天咸敦礼让，而磁临密迩畿南，涵濡圣化，尤为神速。迩年来，化争为让，悉以滩地为闲田。雍正六年冬，磁州牧万承勋、临漳令陈大玠后先莅任，相与宣扬德意，民益兴于礼让。然《礼》有云："货恶其弃于地也。"因于七年秋，为定厥疆域，自金凤台西北为临漳之三台、景隆、上柳、邺镇四村，素耕老地，仍旧贯此，外立二封堆以表之，东堆得地八百二十步，西堆得地九百步。磁北临南中分各半，又恐其久而罔别也，于八年夏，委州判范坊、典史乜广生，公筑土岭，听民各播嘉种，永垂久远，从兹输将有赖，俯仰有资，是亦正经界之遗意也欤。抑闻之圣人在上，则耕者让畔，行者让路，是故文王兴而虞芮成，有明征也。我皇上德媲唐虞，业隆文武，薄海内外，夜不闭户，道不拾遗，况地近天子之光，民号醇良，俗称温厚，如吾磁与临者乎，宜其礼让相成，以垂休美于万年也。夫金凤台西北老地东西九百步，南北一千七百步，属三台、景隆、上柳、邺镇，固村民旧种地，往西土岭北属磁州，南白道村民种，北至大河为界，土岭南属临漳，东西太平村民种，南至河支流，岔水为界，自岔水以南至兴隆寺地，九百五十步，俱系东西太平村民旧种老地。是为记。

万 公 渠 记[④]

陈大玠

渠自义城、彭城、乐安等村，经邢固村前青龙渠，汇百阳渠，入洹河、通卫河，而达海。曩旋开旋淤，而石桥岸柳，陶令碑迹皆昭著。兹蒙郡宪万公亲勘旧址，饬令疏浚深广，刊示永禁淤塞，百姓均沾惠泽，群称为"万公渠"，因铭石以垂悠久云。

---

① 惟尔有神，尚克相余，意为你们这些神，一定要帮助我。语出《尚书·武成》。

② 选自光绪《临漳县志·卷十二·艺文·记上》。

③ 陈大玠，字元臣，号笋湄，晚号损微，福建晋江人。雍正二年（1724 年），以五经连捷进士出身。雍正六年（1728 年）出任临漳县知县，雍正十三年（1735 年）离任。迁祀部仪制司主事、浙江道御史、吏科给事中，升太常寺少卿，卒年七十六。有《筍湄内篇》《四书文初稿》等。

④ 选自光绪《临漳县志·卷十二·艺文·记上》，原志注："万公，讳国宏，字西庚，江西南城人。"

福惠渠记①

陈大玠

邑城自旧县移建于兹，几四百年矣。漳水忽北忽南绕四围，退则泥淤，积岁月而成膏壤。郭外地高半于城，城之形若釜若瓯，若出水荷。余甫治兹邑，即培筑护城堤逾门额，宽称是。今岁夏秋之交，雨积水涨，临堤者屡。仰赖神庥庆安澜，是堤之大有造于城也。惟城无出水处，久雨则室惟水宅，洼者蛙产灶，居民患之。余劳心思为民谋安袵席计，访有旧水闸，在城南西偏，因外濠高倍，内濠久已塞，复再四筹。北门差可出水，仿吾闽置水车五，募夫数十，俾更翻昼夜作，将水倖外濠，乃堤为之障，潜滋暗润，水由地中复涌内濠，遍度地势，于东南堤角暂开一水道，自堤至于河，凿一渠计，长可四里，深广各七尺，而后乃今得畅流。又虑途经纡，于堤外元帝庙前驾一梁，俾车马得通。及乎水出地干，即以内濠土培城，而城益厚，即以外濠土培堤，而堤益丰。自是居民有寝处之安矣，农夫获灌溉之利矣，行旅免跋涉之艰矣。漳民赋烈文之章，曰：锡兹祉福，惠我无疆，子孙保之。余更望后之君子踵事增华，使斯民永歌乐土焉，则幸甚矣。

重建邺二在夫祠记②

陈大玠

邺大夫西门君讳豹，时与田子方、段干木同称，盖贤者也。其令邺也，有止河伯娶妇奇绩，终不若引漳水溉田，长流遗泽于邺；史君讳起者，后数十年踵而继之，功并著邺，人称为二大夫云。按《礼》，以劳定国，义合祭法，二大夫诚不可不礼，而况有其举之莫或废也。苟盛典修于前而缺于后，是谁之责哉？余戊申冬奉天子简命，承乏兹土，即拜谒二大夫祠。见其榱瓦欹倾，阶墄污剥，无复可观，询诸父老，谓漳水尝灌城，祠基洼甚，遂颓落日久。余乃不揣力薄，集邑中绅士，议徙高阜，相与相协阴阳，于城东隅有直指行署废址。余曰："地势敞崇，是二大夫神灵所歆享也。"众论翕然。鸠工庀材，予悉肩之，为庭为堂，黝垩一新。复缀其后三楹为书院，又后数楹为僧寮，其详具载县志中，盖所以谋久。此祠者，固予之志，而亦邑令长之责也。祠成，复进邺人而告之曰："若知二大夫所以不朽之故乎？自神禹疏浚百川，后世因而为渠。故史迁云：'渠可行舟，有余则用溉浸，百姓飨其利。'秦令凿泾汉、谋引渭，皆师西门之智而行之于国，国以富饶，夫民庶必加富，圣人不易。二大夫利在一时，功流万世，即朝夕尸祝，亦所以报福佑于无疆。是祠也，礼与义合，声施益用烜赫③，以视晋魏间园寝遗迹，使人竞指而哂笑者，其贤不肖为何如也。"众皆曰：

---

① 选自光绪《临漳县志·卷十二·艺文·记上》。

② 选自光绪《临漳县志·卷十二·艺文·记上》。

③ 烜赫，昭著、显赫，声势很盛的意思。

“然。”于是勒其词于丽牲之碑。

西门闸记[①]

清　吕游

西门闸在铜雀台西，可三十里，其南为漳河故道，其下流则投巫之处也。闸之东南约十余里，有村名稻田、净渠。盖河伯娶妇之害既除，引渠灌田，可以种稻，至今犹啧啧在人口也。

予生平好古，每见前贤遗迹辄徘徊不能去，况漳滨乃桑梓之乡，水之利害最为详悉，西门君事业尤所寤寐不忘者。因沿渠而上溯之，至于闸口，不禁喟然曰：“思深哉，圣贤之用心固如此乎！历年虽多而无少损坏，有以也夫！”盖相其高下，度其土宜，厥土惟刚也，故可以久而不溃也。南流之水既少，则不能为害也。分之而北，则临漳、成安等处之田，皆可以获其利也。为水门者二，则其流不至于太急也；建梁于其上，则人行可通也。两旁各砌以大石，则虽有激湍，于闸无损也。而又恐历年既久，冲决靡定，不能无唇齿之忧也。于是大石之外附以小石，用灰涂之。盖为夏月水势暴发，石子或被冲决，则随时修补，而大石可以安然不动也。善为沟者水漱之，善为防者水淫之，观于此皆有所不足言矣。呜呼！西门君之为此也，岂非欲一劳永逸，使后之人乐其乐而利其利哉！孰意功难成而易废，水变迁而无常，任其自行自止。数年之后，将合者不可复分矣。逮至曹魏之时，为元武池以练习水军，则惟恐其不合也。极合流之害，至于伐大木，彻墙屋，毁城郭，禾稼为之一空。当事者忧之，于是筑堤以捍之。或以至柔之土御至刚之水，而堤为必坏之堤；或堤筑于此，河迁于彼，而堤为无用之堤。劳民伤财，动以万计。至于水大冲决，当事者束手无策，焚香默祷，曾何补哉！幸也，西门闸依然无恙也！但一反手之劳，可以分而疏之，则水之势必弱矣，此虽至愚者可明也；较之筑堤之费，其利害不大相悬殊乎！

《诗》有之：“高山仰止，景行行止。”予是以每携友朋来观斯闸，未尝不神游于其世也，安知后人无闻风而兴起者乎！今而后，知西门君之庙食百世非偶然也。

张公请移桥渔洋碑记[②]

吕　游[③]

《书》曰：“以功作元祀。”大凡载在祀典，皆有功于民者也。自禹疏九河，尽力沟洫之后，西史二公既庙祀矣。自时厥后，若李仁绰、郭守敬，皆能分漳水灌田者，而祀典缺焉。亦越我朝而有翰林张公生于漳水之滨，无守土之责，是时磁州犹属

---

① 选自光绪《临漳县志·卷十三·艺文·记下》。

② 选自光绪《临漳县志·卷十二·艺文·记上》。

③ 吕游，字乐天，直隶广平府临漳县（今河北省临漳县）人，清乾隆二十七年（1762 年）岁贡。任南召县训导、南阳训导加一级。

河南也，目击官路草桥为民之累，乃请于郡守移桥渔洋，其用心深且远矣。盖渔洋渡口在西门闸石桥之西，相去不过二里，往来行人或有观感而兴起者乎。孰意九十年中竟无有言及此者，遂使张公复古之心湮没而不彰。总之，人非困于饥渴者久不知饮食之甘，今大桥之病民久矣。是以丁酉之岁，友人冯公为请复旧制以苏民困事，在磁州具呈，事虽不行，然读其文，前贤在天之灵亦凛凛有生气，因之有欲立石以传不朽者。友人杜公即慨许捐一石碣，予不禁欢欣鼓舞，何好义者之多也！若是，再有继起者，即为西门公立庙于闸口石桥之上，凡有功于民如李郭二公及张公者，皆配食于其侧，使后之览者不能为他乡名宦，必勉为本境乡贤，岂非漳滨一大快事哉！时乾隆癸卯[①]十一月。

重修临漳县漳河神庙碑记[②]

骆文光[③]

漳河，冀豫间一巨浸也，溯其源来自太行山右，汇清浊二流，东至旧闸口。闸以上山石夹护，虽湍流迅激，不能为害。自雀台以下，一带平原旷野，夏月水势涨发，汹涌异常，往往淹及田畴，甚且为城郭村墟之患。而临之民处漳下游，耕凿为业者，独能当横流而不惊，集中泽而无虞，非有神明为之呵护乎？世传乾隆间，有汜水孙孝廉，北上渡河，殁于漳水，遂为兹川之神，其详载旧碑记中，不复赘叙。而灵显迭著，能捍大灾、御大患，是即有功德于民者，固宜列入祀典也。同治二年秋，山左会匪由范、观等县进窜临境，蚁聚者三四千人，比渡河，覆溺无算。七年正月，文光宰是邑，皖捻北窜，时正水浅可涉，先二日，上游忽暗涨，溺毙者几至断流。二月杪，贼又回窜，官军、民团拒至河干，水复漫溢，歼毙以千计。嗣积雨连绵，溜势倏分数道，向东北奔注，一似蹑迹追踪，驱令入海隅。俾戎事得以合围成捷，神之灵佑昭著，不特临境蒙其庥，即豫疆亦因之巩固。军事竣，文光禀陈于李抚帅，蒙奏准敕加“昭惠”封号，颁给“双源汇泽”匾额。呜呼！圣世崇德报功，祀汉祭淮，列在钜典，神之功配四渎得荷，褒荣尤足，传之史笔，炳曜鸿文，而为临民所永仰也。于时，临漳正办善后事宜，葺雉堞，新各坛宇，爰趋子来，争先赴庙工，丹楹刻桷[④]，鸟革翚飞。逮庚午秋，工告成，邑民来与会者不下二万众。文光因倡议，以每年九月九日兴会半月，五年缮整庙宇一次，其一切献牲、演剧、修葺之需，均按沿河四十庄派费，载在规约。庶几岁修有例，而庙貌常新，勉厥同人缵承无斁。至管键庙门，向由住持僧职掌，尤虑玩忽从事，或致庭阴芜秽，今议仿西史大夫祠，亦设义学于庙之

① 乾隆癸卯年，指乾隆四十八年，即1783年。

② 选自同治《临漳县略·备考·二》。

③ 骆文光，字子木，清代直隶清苑县（今河北省保定市清苑区）人，监生。清同治六年（1867年）至同治十年（1871年）任临漳知县，纂修《临漳县志略备考》。

④ 丹楹刻桷，形容建筑精巧华丽。

东厢，取赡书院地租，延师授读。选邑中端谨士，昕夕在庙，兼察住持勤惰。凡此，皆所以崇神烈，隆祀典，而令邦之黎元蒸蒸向化，知乐利所由来也。文光不敏，承乏于斯，览殷墟之遗俗，慨想播迁，缅滏水之分流，溯洄大泽。不揣固陋，乃拜手而为之歌曰：

清漳浊漳流汤汤兮，下润郊原兆丰穰兮。

堤防不设庆顺轧兮，灌溉无遗仗神庇兮。

神之格思民居奠兮，四郊多垒赖垂鉴兮。

吁嗟么魔忽歼灭兮，拯民水火登衽席兮。

煌煌天语辉轮奂兮，郁郁明禋荐玉瓒兮。

神之功烈媲岳渎兮，谷我士庶绥福禄兮！

临漳漳河神庙碑记[①]

李鹤年[②]

水莫大于四渎，其秩祀等于诸侯。唐时有请以漳水备四渎者，岂以其独行入海，源远流长，为足以镇坤舆而膺帝秩乎？余尝以事往来漳水上，窃考是水，导源于发鸠山，纳绛雍诸流，至交漳口而清浊相汇，遂合流入于海。测厥地势，河纵而漳横，故《书》曰“衡漳”。其水湍流迅激，汪洋奔驶，称为河朔巨浸。读“覃怀底绩”之篇，景然于大禹之功德，为不可企及也。若夫支分派衍，沟渠四达，启闭宣泄，沃壤交错，无堤防壅决之患，而因势利导，灌溉沃于田亩，益想见西门豹、史起诸贤，其功在一时，而泽在百世也。至其襟太行而控壶关，倚铜雀之荒台，访元武肄师旧迹，宁惟俯仰古今，喟然发临流之思，盖又觇览形胜而念及筹边设险，斯固捍卫畿疆之重地也。然则是水虽不足喻江河之大、淮济之长，而包络群流，润千里以庇四境，其功顾可一端罄耶。临漳之有河神庙，由来久矣。水旱祈祷辄验，邑人奉祀惟谨。同治二年，山东会匪自范观[③]扰至临境，其众三四千人，及渡漳，人马淹没过半，势以孱削。同治七年春正月，捻匪北窜，时值冰结水浅，先二日，忽暗涨覆溺，贼党复亡以千计。由是骇异夺魂，不敢复渡漳河。是岁自春及夏，天多雨，河流忽分数向东北奔注，若蹑贼所在，驱令陷溺者，俾大军合围黄运之间，聚其党而歼灭焉。时余方督师驻天雄，闻其事者远近传为神异。师还逾年，邑之人举以白余，遂以闻于天子，乃敕部臣议加封号，命翰林书额以颁下邑。于是临漳士民欢欣鼓舞，乐夫天听聪而神人和也。爰妥灵居，聿新庙貌。九年夏六月，邑宰骆令文光具牍来告成，且愿为文以勒石。余惟河神赫声濯灵，以福佑我黎庶也，岂

① 选自光绪《临漳县志·卷十二·艺文·记上》。

② 李鹤年，1827—1890 年，字子和，号雪樵，奉天义州（今辽宁义县）人。道光二十四年（1844 年）中举人，次年登进士。历任翰林、编修、御史、同考官、给事中、掌印、通海道、按察使、布政司使、河南巡抚、闽浙总督、将军、侍郎、都御史、兵部尚书等职衔。御赐头品顶戴，紫禁城骑马，从一品武官，著作有《豫军纪略》。

③ 范观，指范县和观城县。

守土者所倖邀欤良由。圣天子德威远暨，感孚达于川祇，而犹复俯顺舆情，尊崇河伯，明禋肇祀，丕应休嘉。揆之古者，四渎之祭为何？如讵不足彰，一代美备鸿规[①]而垂为中兴令典哉？是为记。

新建桥工料厂碑记[②]

刘骧龙　首昂

丰乐镇桥工，向照旧章办，习以为常，均安简默，不赞一辞，历有年所。光绪辛卯秋七月，邑侯傅芗泉父台以直刺史来宰是邑，甫下车，接见绅耆，即问民利弊，誓与兴除。洎初冬，适遇丰桥轮值，临漳搭造，邑侯不事更张，亦不规规故辙，惟因时制宜，酌派绅董来丰鸠庀，犹不时亲往督理，与绅慰勉交加，务期工坚料实，精严巩固，并属撙节度支、裁冗费于焉。各色踊跃趋公若私，不匝月而蒇厥事，犹羡余数百缗，更商购庄院一所。越明春，缮葺完整，榜曰“临漳县桥工料厂”，准备撤桥存储料物，以免朽损，为异日需，谓非邑侯开诚布公，洁已节用，讵能使素不敷用之款而今且用之不竭，为我邑留有余地耶？在工者亟欲勒之石，以昭守法，而邑侯谓：“不尽然。是幸水落岸窄，孔数较鲜，故稍有余赀，余何力之有？庶无使余愧。”既而，共仰公之让善不居，敦祈益力。邑侯不欲违众，允所请，故揖实而纪之，以为后之踵事者藉镜焉云尔。

曲周县

新开弘济闸记[③]

邑人　牛山木[④]　山西佥事

按志，以曲周名邑者，谓县在河曲，水旋而周自来，邑之人莫不欲其开闸引流以滋灌溉，此固心所深愿而势难必遂者也。癸亥岁，宁乡复斋王侯以己未进士补令兹土，下车未几日，忽大水自西南淘然泛广平地方淹没而来，洪涛汹涌，闻者寒心，邑之老幼举皆落魄。侯曰：“无畏，吾当为尔御之。”乃单骑冒雨更立四门，令居民各出沙囊于城门下，且捍且筑。由是，水沿[⑤]北下，而城中乃安堵。吾民得免于鱼鳖者，侯之力也。水既去，即出郊视民伤稼恻然，召耆庶而谓曰：“水泽为吾民利，而今反为吾民害，不为之所而任其为害，吾之责也。吾将以尔为害者为尔利，何如？”

① 鸿规，犹言根本大法。

② 选自光绪《临漳县志·卷十三·艺文·记下》。

③ 选自顺治《曲周县志·卷四·艺文·志》。

④ 牛山木，字子美，曲周县东牛屯人。明世宗嘉靖二十八年（1549 年）已酉牛山木考中顺天乡试，成为举人，嘉靖三十二年（1553 年）癸丑科进士。曾任任山西按察司佥事、口北道兵备副使。

⑤ 沿，同“沿”。

耆庶咸稽首称愿。侯乃议陈生民利病关切者，条为六事，首列开闸可以兴民利，上两台，诸公谐议举行。适巡台浙江愚斋董公方受命按畿辅诸郡，恤水灾，访民瘼，得侯所议，深相契合，遂移檄输本台，贮赎一百二十金，以为修闸工料费。侯乃尽自心裁，鸠工聚料，拣官属谷济民等董其事，相其地势水势所宜者，一修于济川桥北，一修于七岔路东南。闸制水口三层，广三尺，深一丈，下砌以砖石，临河构小亭数椽，近堤起闸庭三间。闸河广一丈四尺，深一丈，直流东北隅，近城建护城闸，引水周隍，以为城卫。由城东北隅浚渠二，各广八尺，深八尺，一达东南迎春亭后，一达正北，经王家庄、陈家庄、里民屯、柴家堡东，抵七岔路前，会于北闸，通流于河。沿堤西迤北浚渠一，广深如前，以通南北两闸。每渠旁五十步各穿一井，以便渟注，周还数村町。旱则通之以灌田，涝则因之以泄水。城北连陌素为卤薄，水利兴，堪为沃壤。千百年来，人心所深愿而难得者今始得之，百姓欢腾如趋父事。经始于四月十九，告成于五月念五日，不月余而工乃竣者，可以观民情矣。闸既成，侯请名于董公，公以弘济名闸，其深知侯之心哉！侯之开是闸也，广同大闸轮，得十二焉。大闸之上为团亭一座、官亭一座以时憩。视外为护闸堤一道，以御湍悍。凡用砖木灰石各若干，计而侍御公所发赎锾，沛然犹有余焉。县上状侍御公告成，公命其闸曰："弘济"，王君乃遣使问记于余。考滏水自神囷发源，郭景纯谓至列人入于漳，地志又谓自临漳入漳，则漳滏尝合流盖久。漳旧由曲周而北达于巨鹿，既徙而东，则滏经县境者当由漳故道，今曲周有漳河枯漕在县东十五里，而滏仅去城里许，安知非前人导之而西，以资汇浸耶。顾纪述无存，不可得而考矣。欧阳子有言："作者未始不欲其久存，而继者常至于殆废。"①昔西门豹引漳水溉邺，史起继之，修其遗法②，邺人遂享其利累世。漳水今自如也，不闻为邺利由继史者，无其人耳。以侍御公之劝民，而王君承之，毅然为曲周建长利若此，嗣续而修葺之，将无望于后之人乎？余故不辞王君之请，为著其建置始末，俾来者有考焉。

开　渠　记③

华亭　陈继儒④　高士

开渠，古法也。农，天下之本，农重则水田重，水田重则泉流灌浸，以育五谷，而渠更重。古有堰渠使，有都水备使者，则其官也；置碓、置碣、置斗门，则其规制也。史渠、白渠、郑国渠、浚仪渠之类，则治水者之成迹也。王介甫好兴水利，自熙宁三年至九年，穿渠凡一万七百有余，诸路凿空应之，多诡而少实。吾朝重河不重

① 欧阳子，指欧阳修，语出自欧阳修《偃虹堤记》。

② 遗法，前代遗留下来的典章法则。

③ 选自同治《曲周县志·卷二十·艺文志下》。

④ 陈继儒，1558—1639 年，字仲醇，号眉公、麋公。华亭（今属上海市松江区）人。明代文学家、书画家。诸生，年二十九，隐居小昆山，后居东佘山，杜门著述，工诗善文，书法苏、米，兼能绘事，屡奉诏征用，皆以疾辞。

渠，行河使者岁糜水衡钱无算，而渠则委之郡邑长，曰有司者治之耳。有司秦越视民，强半掩耳掉臂去，即遣掾相视蓄泄、启闭、兴复之宜，执引为忧者，以余所闻，曲周邑大夫赵公独异。是曲周者，滏河绕城而曲周之，故邑得以名。其水去邑十二里，自西而东，渐近关之东隅，稍北置闸，导滏灌隍，俄有漳水阑入之。漳性剽疾而多浊，石水常五斗泥，非特淤闸，行且城患。故宁涸隍，无敢通滏水者垂二十年。滏水不通，则盐井苦涩之味无以解，绠而食之，往往得病。赵大夫流览忾叹："此水泉上腴而湮为恶田污池，可乎？"乃乘筑堤之役，缘堤为沟，建二闸于漳所不到之处，一截河，一倚堤，而滏水从此满隍矣。有青鸟家过而相之曰："此城外河内渠，水望巽入，文运其昌乎，利一。清流匝城，鱼鸟下上，蒹葭采采，荷叶田田，利二。有土可耕可稻，有畦可灌可蔬，利三。浚盐井、饮甘泉，如去壅而疾苏，如出否而鼎洁，利四。上不关领诏书，下不科配丁夫钱谷，劝诱子来，畚锸云集，利五。此数利者，皆大夫闵闵皇皇，朝不朝，夕不夕，经营擘画，以底以成，厥绩伟哉矣。"大夫在邑五年，修学、成城、新坛壝、创社学，兼置田以助岁饩，开渠特其善政之一耳。陈子曰："嘻，无轻视渠也。"吾读书喜搜僻事，汉颉羹侯尝置一门三堰于舒城，《河渠书》不载。刘贡父为卢州从事，见此始表而出之。魏筑千金碣五龙渠，立一石人，若腹若东西胁皆有记，其略曰："后当兴工，宜就西迹，故书之于石，以遗后贤。"古人不忍轻毁故渠，并不欲掩作者之姓名盖如此。今曲周渠成，虽赵大夫不伐功，不市名，而蓄泄启闭兴复之，故不可不以尽告后之人。后之人约束而拥护之，以无忘大夫之艰难，虽世世名"赵公渠"可也。故笺纂其始末，而镵于代言之石。大夫姓赵，名脩昌，号芝庭，万历丙辰进士，山东掖县人。

重修东桥碑记①

邑人　王显②　佥事

予待罪蕲阳已匝月矣，思欲有所建造以少逭吏责，而物力不敷，加之性疏才拙，即琴瑟不调，未能解而更张之也，无所短长之效，已见于此矣。而儿辈自里中来，乃称我公德功不去□云。盖天下事莫坏于苟可以为而止。苟可为而止，或涂饰于耳目，优游于岁月。前人卸责于后人，后人复姑待于来者，传舍于官，秦越其民者，固已多矣。公承积弊之后，甫下车，即问民疾苦，犹复下询刍荛，言及浚隍修城复兵建桥数事，恻念民隐，抑何恳挚而周详也。诸事尚多掣肘，而桥则不阅月而告成。盖滏水环城，仅清流一线与漳合而势始壮，春冬稍涸，夏秋则波涛汹涌。癝孤城之若块，民未易方舟渡也。桥梁倾圮已久，前人屡议修葺而辄中止，亦有深意。谓邑东界青齐，时

---

① 选自顺治《曲周县志·卷四·艺文·志》。

② 王显，字纯伯，明末清初曲周县（今河北省曲周县）人，崇祯十年（1637 年）进士，官户部主事。入清，先后任河南道监察御史、湖广佥事等职。

有探丸[①]揭竿之雄，一水盈盈，聊限戎马足耳。公询及久废之故，昕然笑曰："隔此衣带，能禁其投鞭渡乎？奈何以此示弱，而久不便吾民也。"不派民间一钱，自捐清俸，办材置料，公余自行鸠工，迨成坚致，壮丽有加于昔，且两旁翼以楯栏，东西防以锁钥，鼎新雄峙，屹然一邑巨观也。亘长虹于波面，见青龙于水中，舟楫鳞次，商贾蝟集，万民歌舞于路途中矣。绅襟里老感佩公德，思立丰碑以志不朽，乃千里缄书，来乞余文。予久滋公之河润，不敢以不文辞，然考《周礼》，桥梁仅上事之一节。考公德政，未能仆数，则建桥正我公德政之一。然在桥言桥，则便民通商已，可窥豹一班矣，故谨拜手而为之记。公姓李，讳时茂，号蔚芝，系辽东辽阳人，顺治戊子贡士。

涉县

任公渠碑记[②]

明 李熠 邑人 府同知

谈者恒以水利觇有司经济，然当事者类泄泄委之民间，而齐民亦泄泄视之。噫！是何异决东海之波，引西江之水也，鲜克济已。万历癸丑，闽中任侯分符莅涉。踰年，风清庭闲，览城郭幅员之胜，谓邑缙绅曰："沙阳四面耸翠，开门可以见山，顾安所得水乎？"诸缙绅曰："漳从涉西北来，距城五里许，盈盈一水，咫尺不通，是在一疏瀹之间耳。"侯欣然诺，曰："善。"遂泝漳流，登圩岸，察源委，鸠工治粟而从事焉，砻石坚砌开其源，因势利导浚其流。不匝月渠成，而黔首呼为鬼工。清波一派，流衍村居，灌禾凡三十顷，漫渍盎萃。又自北关泻城中，达泮桥，穿衙舍而入，绕县治而出，环注城濠，起脉回风。临斯渠也，耳听潺湲之声，目击活泼之趣，顿令人心旷神怡，洒洒乎若有所得也。山岚水光，两相带映，清冷之气沁脾彻骨，习习两腋生清风也，自是另一奇观哉！噫！侯胸中有泾渭，源头有活水，故一指顾而厘然就理如斯乎？尼父[③]云："仁者乐山，智者乐水。"则侯之所钟情可知已。侯之清操善政，难以缕悉，即此渠而知。经费为廉，创始为勇，远虑为智，其或继侯者通流穷源，无令淤塞，渠将长续而弗断。是勒片石，用告来牧，敬系之歌。歌曰："濯漳水兮悠悠，润九里兮侯，嘉谋挹长流兮徘徊，羡陇陌兮栽，培达泮宫兮育贤才，流闿泽兮无穷哉！"侯讳澄清，字纯夫，陕西盩厔[③]县人。

---

① 探丸，指行凶杀人。

② 选自嘉庆《涉县志·卷八·艺文志》。

③ 盩厔，县名，在陕西省，今作周至。

重浚任公渠记①

清　戚学标②　邑令　太平人

邑西故有渠一道，曰任公渠，明万历间邑令任公澄清所凿也。先是，附郭之田常苦旱，及任公为此渠，起七原山下，引漳水入渠，屈曲流经城北。由是清泉灌注，虽遇亢旱，他田龟坼，而此环城十余里，黍苗芃芃如故，邑人食其德，至今思之。余读《史记·河渠书》及《汉书·沟洫志》记西门豹、史起引漳溉邺事，并言河内为富，今任所溉仅在一隅，计田不过三十顷，其为利甚微，然均为后世所利赖，且特其所治小耳。设处其大，亦必能为西门豹、史起之事也。是渠雍正五年尝疏浚，迄今七十余年，渠道渐淤，且或侵为民田，村人更从他道挑治，浅流涓滴，若续若断，则所谓任公渠者，已名在而实失矣。今年夏，北关绅耆以白于余。余因周视故道，俾从旧开浚，凡半月而渠复。更以其力之余，引水自北关入城，穿泮池，入衙舍，盖皆任公之遗迹，而非余之敢于创也。嘉庆三年戊午七月记。

魏县

魏县修河记③

李养正④

赵魏之间以水名者凡十数，其在武安者曰洺曰滏，其在阳平者曰卫曰漳。洺滏卫之水皆清，而漳独浊；滏卫之水者皆柔，而漳独悍。今年夏，大雨连日夜不止，漳水暴决，平地深丈余，禾黍变为鱼鳖，车马变为舟樯，室庐变为池沼。方是时，泾阳胡公适署魏篆，作而叹曰："河伯不仁，咎诚在我。"于是白之兵宪俞公、郡守涂公，请筑堤以塞之，皆报可，且命二守某公司理，某公董其事。公又以临漳、广平、成安皆受水之患，是不宜坐视，乃移檄诸县，各发丁夫若干人，亲授方略，畚锸如云，不越月而告成，水以安流，民获播种。按史，漳水难治，自昔纪之，魏文侯、襄王时有西门豹、史起者前后为邺令，豹凿十二渠，以泄水之势，起引水灌泻卤，田以肥美，百姓歌之。今去两公时久，不知彼时漳水状何似，又不知两公凿渠引水状何似，但就今之漳水论之，汹涌汗漫，迁徙无常。凿于此，旋崩于彼；引于彼，旋溃于此。未睹其利，先睹其害。假令豹起两公而在，恐亦将束手无他，叹苦苦而已。惟是度其势，

---

① 选自嘉庆《涉县志·卷八·艺文志》。

② 戚学标，1742—1824 年，字翰芳，号鹤泉，太平县泽国（今浙江省温岭市泽国镇）人。清乾隆三十年（1765 年）拔贡。乾隆四十六年（1781 年）中进士。乾隆五十九年（1794 年）任河南涉县知县，一度兼理林县，捐俸钱疏浚境内任公渠。在任 13 年，体察民情，治有政声。因得罪学使鲍某罢官。嘉庆十八年（1813 年），出任宁波府学教授，后历任杭州紫阳、崇文诸书院讲席。

③ 选自雍正《魏县志·卷四·艺文志》。

④ 李养正，1559—1630 年，魏县人，天启二年（1622 年）任南刑部尚书。后进太子少保。

相其宜，当其盛也，则清野以委之，当其杀也，则筑堤以塞之。涝不逾时，种不后期，麦亩得一二钟，民有水之利，而无水之害，魏可以称泽国，亦可以称利薮，斯不失为上计耳。由此言之，使公与豹起两公分符共理，彼犹当雁行而兄事之，矧后之戋戋者哉？公名琏，号道育、山乙，第为邑博士。其署魏也，任劳任怨，百废具兴，盖真济时器云。

邑侯鲍公筑堤修桥记①

李 岳②

魏在昔周时地名洹水，汉置魏县，至国初，因水患徙治五姓店，乃为今治，去大名郡城四十里，东北抵京畿，西南通诸藩，郡实为要路，而漳水莅焉。往年虽或浸涨入境，岁但一至，民之二税尚获□收，不为甚病。越成化壬寅，水荐至浸逼城隍，田卒污莱，前令虽尝堤之，徒为文具，不能固久。弘治戊申，水大至，弥滂冲突，官民宇屋以倾，登高四望，茫茫江湖，近城田土适为鱼虾之巢，往来无着足之途，舟船无可登之岸。适侯鲍琦廷璋来令，既视篆一日，率僚属诣水侧，相其原隰，谋之乃心，于是谕众以期，处分以法，沿城筑堤以护，高丈余，广倍之，皆布以柳，柳活土固，人谓之木城。城之东门外，官路阻滞，乃构木为桩，畚土为桥三百余间，桥之侧亦植柳数百千，中空流水，近路实之，逶迤十里，望之若长虹然。越岁，廨宇、学校、廪库之类焕然一新，而堤桥复成，朝臣驿使过而阅之，无不嘉赏。抚按宪台旌擢有章，岂非魏民之幸。与夫不为于前，无以垂后，不文以石，虽美弗彰。侯之德政，纪于堤桥，则他美可知，是可书也。已复为歌，使邑人诵之，歌曰：吁嗟鲍侯兮才智孔长，来官吾邑兮庶事惟康，何以得侯兮帝选其良，加惠吾民兮富庶而强。彼漳为害兮其势汪洋，污我田畴兮危垣倾墙。侯心不堪兮四顾彷徨，设法为桥兮城复堤防。水有归宿兮路有桥梁，杨柳依依兮桥之两傍。昔为渊薮兮今复麻桑，黍稷嶷嶷兮风清稻香。吁嗟鲍侯兮邦之祯祥！

蒋 公 堤 记③

翰林院庶吉士 王居建④

魏环洹卫漳水，而处泽国也。《禹贡》称："覃怀底绩，至于衡漳。"又曰："恒

---

① 选自雍正《魏县志·卷四·艺文志》。又见民国《大名县志·卷七》之《鲍侯筑堤修桥记》。民国《大名县志·卷七》注："鲍公堤，在西区境，明弘治四年魏县知县鲍琦筑以护城垣，周八里。正德二年知县高夔因堤为城，八年知县张汉卿加筑，复筑御水小堤于四周。"

② 李岳，明代北直隶大名府长垣县（今河南省长垣县）人，明景泰五年（1454年）甲戌科进士，官至副都御史。

③ 选自雍正《魏县志·卷四·艺文志》，又见民国《大名县志》卷七。民国《大名县志》载："蒋公堤，在西区境。清康熙四十四年魏县知县蒋芾创建长堤三道，一接魏郭西北护城堤，至义井村，长十里，谓之斜堤。北有闸口，以泻西来漫水放新闸支河，又于支河两岸各筑夹河堤一道，均长畏一十二里，与支河首尾相称，高一丈，底阔五丈，顶宽一丈。雍正初，斜堤西地淤高，闸口不能分泄，南堤几为冲决，知县马襄采舆论废之。"

④ 王居建，清代直隶大名府开州（今河南省濮阳市）人，康熙四十二年（1703年）癸未科进士，翰林院庶吉士。

卫既从，大陆既作。”《传》称：“声伯[①]梦济洹而歌。”皆其地也。第洹卫，水性柔而善下，遵循古道，不为民害。独漳水清浊异派。《传》称清漳源出太原乐平县之大黾谷，浊漳源出上党长子县之发鸠山。今清并于浊，合流东注，迁徙靡常。自邺郡之丰乐镇而东，势更汹涌湍激，且涂泥胶滞，遇土性柔脆之区，最易啮决，南抵内黄，北距钜鹿，中穿成永肥周广魏，地半变为沮洳。魏之北乡诸村受害更剧。数十年来，户逃地沼，皆漳水肆虐所致。康熙三十七年戊寅冬，大中丞今晋秩蒙宰安溪李公填抚畿甸，巡视漳流，悯此一方民遭厉昏垫，建议分疏漳河支流，以杀水势，历广平元魏馆陶归运。次春疏入，报可，下其事于有司，开渠泄水渠成而水患稍减。近因广平之军营古道冲决，汪洋浩瀚，又漳河正流淤高，遇有泛溢，南温村以上漫水凭陵堙谷而至。前令少事堤防，辄为邻疆豪强梗阻，且兼天不悔祸，频年数困阳侯，商羊叠舞，每逢夏秋之交，诸村落一望弥漫无际，以致陇畔不分，沟洫莫辨，民且扪首为鱼矣。虽羽檄往来，旁午交驰，迄无成功。癸未冬，督河郡司马豫章李公来职其事，甲申仲夏，会清湘蒋侯啣命来绾邑符。侯，岭南世胄文定公[②]，家学渊源，宰割百里，不翅弄凡承蜩。下车伊始，饥溺民艰，适因郡司马李公有疏浚漳河支流之行，遂相与面决机宜，曰：“堤之不筑，河将焉制？徒议治河，不先治堤，是犹撤围以防盗也。乌乎可？”郡司马是其言，凡侯缕陈堤款，次第允行。魏人难之，侯乃进父老而醮于庙曰：“间尝遐稽往牒，称西门豹决清漳、疏十二渠以灌民田，运钟成云，决渠散雨，芦荻弥望，凫雁唼喋，民歌乐土，史起不肯祖其意，更为变法，因依浊漳，化斥卤为膏腴，瓯窭污邪，满篝满车。同此漳水也，二公不受其害，反用为利。自古有治人，因有治法，故用之之术，何如耳？筑堤防以护民田，此效之易见者，请身先小试，以信吾言。二三父老胡不我许？”魏人闻此，乃曰：“惟侯是命。”诘旦，佥与子弟约，谓：“三时农隙，疆理南亩，王政所有事也。长民者不惜沾体涂足，身为民先，吾侪敢不勉力？”由是，畚锸齐兴，南起魏之疃上村，直接护城堤，西起广平之李家庄，俱东至元城之杨儿庄，其堤三道，计长三十四里，顶宽二丈，底阔五丈，身高一丈，内堤外河，疏筑坚广，环抱魏北数十百村。河之深阔倍之，或数倍之。一切规度尺寸，手自擘画，始工迄终，晨出暮归，罔有间日，抚恤力作，不畏强御，凡豪有力者，悉皆输心趋工，驯良丁壮，不事鼛鼓，无不子来恐后。自秋杪抵冬初，曾不逾月而工告竣。竣日，父老执名香而前曰：“今而后知侯之经营底定。心与神明通，非徒劳苦我子弟为也。从此漳不苦溢，居有宁止，经我疆里，惠我田畴，百谷斯活，筐筥黍稷，崇墉栉比，将见歌乐利者，不在一世，而在百世矣。”愿以蒋公名堤，是不可以无记，因丽牲伐石，乞言于余。余与侯同产弟石塘公同榜同馆，先得识侯，邸次觇其言，论风采，空前轶后。余私意曰：“是何可以百里限士

① 声伯，指子叔声伯，？—前574年，姬姓，子叔氏，名婴齐，谥声，又被称为公孙婴齐、公孙婴、子叔婴齐、叔婴齐，是鲁文公的孙子，叔肸的儿子。鲁成公时，子叔声伯为卿。

② 文定公，指蒋冕，1462—1532年，字敬之，一字敬所，号湘皋，谥号文定。广西全州人。

元[①]哉？”及长名榜出，侯果剖竹[②]魏邑，今任甫三月，而令覃怀底绩之速如此，其系人望之重又如此，则余向之期侯不可以百里限者，非私也。余受鄘邻壤，谬厕史官，谊不敢以不文辞，爰采其状，俾付贞珉纪实也。凡今之父母斯土者，倘亦闻言而兴起也。胥溺之疾，其在瘳乎？蒋侯讳芾，字肆柯，号觉山，康熙丁卯科举人，广西桂林府全州人。时共襄兹役者，儒学教谕刘君国枢、县尉赵君方魁、孝廉刘君翔仪、崔君缉麟、程君希颢、王君丕诚、郭君寿辅，明经路君趋光、刘君从倬、郭君台辅，例得并书，余备列诸碑阴。

① 百里限士元，《三国志·蜀志·庞统传》载：“先主领荆州，以从事守耒阳令，在县不治，免官。吴将鲁肃遗主书曰：‘庞士元非百里才也，使处治中、别驾之任，始当展其骥足耳。’”

② 剖竹，古代授官封爵，以竹符为信。剖分为二，一给本人，一留朝廷，相当于后来的委任状。

第四编

河南省

河南省地跨海河、黄河、淮河、长江四大水系，其北部和西北部为海河流域，共有5个设区市及36个县市区，占河南全省面积的9.2%。该省海河流域范围西部上游为太行山区，南部以黄河流域北缘为界，东邻山东省，北靠河北省，地势西高东低，主要河流有卫河干支流、漳河和徒骇河、马颊河。该省林州市20世纪60年代修建的红旗渠，是全国著名的水利工程，至今仍然发挥着重要作用。

本编共选录河南省历代水利碑文40余篇，涉及河南省海河流域的安阳市、新乡市、焦作市和濮阳市四个地级市。从所选碑文所属的现行县级行政区划单位来看，共涉及11个县级行政区划单位，其中林州市最多，其次是新乡市牧野区，另外涉及武陟县、浚县、卫辉市、安阳县、安阳市北关区、滑县、修武县、濮阳市龙华区、濮阳县。

从所选碑文年代来看，最早为宋代，大部分为元代、明代、清代，部分为民国进时期。从碑文的作者身份看，各级官员所写的碑文占主导地位。从碑文主要内容来看，涉及河渠湖淀、桥梁堤埝、庙宇、排水等方面。

一、安 阳 市

北关区

彰德路创建鲸背桥记[①]

元　许有壬[②]

圣朝既平宋，经画遐迩，大都小邑，石枝疏脉，贯际天所覆犹身焉。政令之宣布，商旅之通迁，水浮陆驰，舟格梁济，荒陬僻壤，无远不达，犹气血周流，百骸用康，一或壅塞，则身为之病矣。故桥梁若道路，路若府州县，皆专官董之，岁时巡行而察其废修，此朝廷著令，示为政之先务也。彰德实古相河亶甲[③]所居，《禹贡》冀州之域也。世有废兴，邑有改徙，而山川之流，峙形势之雄伟，津涂之要冲，有不得而变者焉。我朝为路，路则今制，而名则昉自石晋宋，若今皆因之。郡直孔道，驿传屝屦[④]，历涉尤剧。郡北四里洹水所经，夏秋受西山万壑之流，奔横駃[⑤]悍，灭防啮涘，荡然四溢。官舟济人，而要需[⑥]阻尼，上曝下淖，负挈奔渡，挤排跳蹋，𣂹满中流，惴惴及溺[⑦]，水涸作桥。因肆掊敛，聚良用恶，薄覆弱揞，行者杌陧[⑧]，莫不股栗。岁一修拆，民大有输，缔构之用，百才一二，蠹财病民，不知其几年矣。西域荀公凯霖，尝监安阳县，位卑力小，有志未就。余待罪中书，适赴调京师，尝语及是，慨然曰："使不武长郡，必作石桥。"余既纵臾[⑨]之，且语之曰："果成，予为若记。"俄升路达鲁花赤，至元二年岁丙子春莅事，首号于庭，曰："洹桥病民，耄倪具知。为永逸计，非石不可。"且尝请诸冬官，冬官可之。总管冯公思温继至，而同知阿蓝、判官毛剌真暨幕属诸君莫不协恭赞画，乃相旧渡，沙深水阔，抵难为置，疏凿引水，人用重劳。东一里水硙废，渠

---

① 选自嘉靖《彰德府志·卷一·山川》。

② 许有壬，1286—1364 年，字可用，彰德汤阴（今河南省汤阴县）人，元代文学家，延祐二年（1315 年）进士及第，授同知辽州事。后来官中书左司员外郎，又任集贤大学士，不久改枢密副使，又拜中书左丞。他看到元朝将士贪掠人口玉帛而无斗志，主张对起义农民实行招降政策。

③ 河亶甲，生卒年不详，甲骨文作戋甲，子姓，名整，商王太戊之子，商王仲丁和外壬的弟弟，商朝第十二任君主。在其兄外壬死后继位。河亶甲在位时，商朝再度衰落，无奈之下，他北上迁都于相（今河南内黄），以缓解内外交困的局面。河亶甲还曾出兵征伐东南方的兰族和班方，在一些方国的帮助下，使叛乱的诸侯重新安定下来。河亶甲在位 9 年病死，后葬于相。

④ 屝，古人称用草、麻、皮革做的鞋。屦，用麻、葛等制成的一种鞋。

⑤ 駃（jué），指迅疾。

⑥ 要需，指需要、急需。

⑦ 溺，原志为"弱"。

⑧ 杌陧，倾危不安的样子。

⑨ 纵臾，亦作"纵踊"，指怂恿、鼓动别人做坏事。

上土性坚良，面势惟允，基是缔构，事半功倍。相距几举武，后先几年，莫有迹者。目力一及，若发蔀物，莫不跃然以喜。地为天宁寺，业世不可牟也。乃召其徒，以其法语之曰：“佛以慈航济渡，故凡世之弘益于人者，多若辈为之。且闻有所谓八福田者，若桥梁居其一焉。则是役也，若辈宜为之，况而地乎？惟其力之有不及也，其亦难强于而哉。诚捐此地，吾有司自为之福田利益，其亦肇基于若乎？”师徒闻之，聚而谋曰：“是诚吾徒之当为而不能为，有为者出尺寸地，尚可靳乎？”相与署券入官，约又不畔。既得地，以府帑赢息募工购财，惟石之用以尺计者数余二万。攻琢输挽，费劳实繁。得石水冶近而易致，盖昔产地也。甓灰铁铤，靡不具集安阳。县尹赵时敏实集其材，复董其役，恪共朝夕，用底于成。经始丁丑二月，凡四阅月而建，其堤未广，而浅未浚，卑未陻，而防未坚者，明年夏始克讫功，其长亘十五寻，碇基于渊，两端碱岸，中作三墩，析水为四，而锐刃其西，以劈水怒，四环顺列，一脊穹起，植栏两翼，其广可以行四车。凡材假于民，直有未归者，冯公入为刑部侍郎，总管杜公德远适来，乃共发帑，悉酬之。予得请归，二公率其属请曰：“桥之成，国家之福，民庶之力，而适归，而身履之，昔之言，今其酬哉？”予亦昔之冬履危而夏冒险者也，纪功示后，宜为记也，况有言可食乎？天下之事成于有志，一僧孑然而储无宿，春植一标于荆蓁瓦砾之场，万间金碧不日突起。天下之桥以雄伟名者，多其徒为之，孰有儋天下之爵，操得致之柄，而反不彼若哉？愚者不能，黠者不为也。其或励志率作，而同僚嫉之，上官搤之，自非先之以定[1]，见守之以定，力奋不顾流议，而勇于必为者，鲜有济焉。初，是役之兴，有言韩忠献三守相凡渠水之利莫不修复，使桥可作，则必先矣。盖不可作也，殊不知[2]古人盖亦有不及为，而后人为之者；未闻古人事事尽为，而后人无一可为者也。昔杜预起建洛河桥于富平津，众论以为殷周所都经，圣贤不作者，必不可作故也。预曰：“昔造舟为梁，则河桥之谓也。”遂作。桥成，则知古人之立事亦未免哗于浮议，而成于定力也。噫！作者之难若是，俾其功勿坏，而施于无穷，则有望于继者焉。既为记之，只采舆人之谣，为之颂曰：

洹水漎漎，载伏载流。始于滥觞，俄而胜舟。胡为悍肆，奔腾喧豗。扬为惊涛，激于堆埼。怦驰孔殷，商途攸出。乘危将坠，济险虑覆。岁狃日偷，安斯匪今。孰急其病，而疚其心。岂无徒杠，亦有舆梁。朘民之膏，视为故常。膏朘靡恤，事功奚益。枯株槁坏，载胥及溺。乃有长人，职思其忠。心匪石转，询谋复同。浮言诡诡，谓古有贤。而不此作，岂昧于前。我不尔咎，尔亦匪诬。我病诚切，孰兴孰除。千夫运斤，山石为竭。曾不逾时，横空巀嶭。鳞集栉比，坚犹累玉。蜿蜿龙卧，岧峣云矗。昔也江海，今而堂闺。伛偻络绎，昼提夜携。凡今之人，盍究所适。旦播未周，夕求其实。有为远虑，人即迂之。惟略近效，久大可期。继今有位，勿怠其成。水厌横流，岸虞善

① 以定，犹言一定、必定。
② “知”字为本书编者所加。

崩。洹水滶滶，颂声洋洋。百世而下，于戏不忘。

五 龙 庙 碑[①]

元　中书左丞　许有壬

龙于天地间为物最神。乾首六十四卦，独是取象，其以神变不测，时乘御天，云作雨施，烝民乃粒，功莫与京乎。大塞堪舆，小为蚕蠋，能短能长，能幽能明者，神之谓也。管子曰："龙，水之神者也。乘水则神，立则虽神物，其亦择所，可依而后能神其神哉？江河湖海，固其家也。天下之曰潭、曰湫、曰岩、曰洞、曰池者，非一必皆幽深僻险，有水可依而后居焉。士人往往时见光怪，不敢亵也。而又旱暵，有祷则从而祀焉。彰德路安阳县西北五里，洹水之阳，有五龙庙，庙之下水黑而深洹。水至是潴而后泄，其龙居之渊乎？太原元裕之效虞初书言，明昌[②]中，风拔庙树，印地有迹，事颇涉怪，而不及庙之建始何时。其号五者，具五方为象，设尔以其祷之，屡乎也。达鲁花赤荀公凯霖、同知阿蓝、判官毛剌真尝修其废，筑台其前。至元四年戊寅，夏旱，甚甫事请祷。六月二十日甲申，总管杜公德远始下车，忧惶无措，曰："不才之来，丁旱之会，又数日不雨，则苗尽槁，人何食，赋何征，责何以逭。"盍走灵祠而祷诸荀公曰："五龙庙效灵。自昔协恭精祷，神其悯乎。"于是率僚属斋沐，具香币祷焉。戊子行事，云乃起，是夕微雨，越翼日，雨大作三日乃止。苗之槁者浡而兴，市之闭遏者发，人之转徙者息，病者以苏，讹言以寂，丰凶笑颦，变乎旦夕。既报祀，安阳县尹赵君时敏请刻石以昭神贶，以达邦君之休。夫龙与人异处，昔斗洧渊。子产以为吾无求于龙，龙亦无求于吾。惟其无求，则子产之言是已。为天子牧守其土，养其民以供其贡赋，而岁将告饥，人将转死，苟可弭灾？当即致其极，则其能无求于龙乎？且龙之托于兹水，以神其神，人象而祠之有年矣，应捷桴鼓，亦其宜也，否则将不与抟土绉刍等哉？抑闻之雨由乎神，而亦由乎人，至诚贯金石，信及豚鱼，况龙之神。人之诚，有不格者乎？然而龙之德不可忘也。《祭法》曰："山林川谷丘陵，能出云为风雨，见怪物，皆曰神。"洹水有龙，龙能出云为雨，祠亦宜哉！书其概，申以迎送神曲，俾祀而歌焉。其词曰：

洹之水兮冲瀜，祠其涘兮惟其潀。羌自珍兮神龙，沕择胜兮实所宫。魃之虐兮蕴隆，龟吾田兮槁吾稑穜。将竭泽兮及尔躬，哀吾氓兮疲癃。忍及喙兮弗充，龙之怒兮奋飞丰隆。前驱兮屏翳后随，腾清波兮淋漓。沛为霖兮鲜厥萎，报祀兮孔时。冷风肃兮满旗，鼓坎坎兮吹参差。荷神嘉兮无期，膏泽施兮不屯。留其杰兮木欣欣，牲之腯兮醪之醇。琮深席靓兮萦燎薰，享不仪物兮享以人。龙之去兮逡巡，嘘云气兮氤氲。归九渊兮深藏，敛大惠兮庇一方。时潜飞兮则其常，有扣斯应兮惟尔之臧。百谷充羡兮遗秉在

---

① 选自嘉庆《安阳县志·金碌》。

② 明昌，金章宗的第一个年号。

田，龙兮龙兮人不尔谖。

安阳县

白龙潭庙碑①

元致和元年六月　王博文②

距城西南二十里潘流村有白龙潭者，丛祠蔚然。其水不经见，其详不得而考焉，盖山泉细溜，泓渟洄洑，汇而为潭者也。故老相传，中有神物，居之顷年，旱暵③有祷辄应。泰定丙寅，燕人马合谟来守是邦，德化昭昭，民物熙熙。越明年丁卯，秋旱，祷而果雨。遂割俸金，一新庙貌，所以答神贶也。又明年戊辰，实致和改元，正月不雨，至六月蹇阳肆凶，麦无完穗，罹旱之禾，日就焦槁。太守有忧之，躬率僚属，绝膻荤，去巾袜，行香致恳，遍告诸祠。越五日，佥判侯公思明乃谂于众曰："彼潘流龙祠者，曩因旱请，不旋踵而雨应。今兹旱虐滋甚，公等何待而不往祷焉？且岁事不登，饥馑洊至，司民牧者为之奈何？祈禳救荒，固下策也。虽然，《书》不云乎？至诚感神，第恐吾人不能尽其诚耳。吾其往焉。"幕僚知事王德晖、照磨汲宗黯实佐其行，协共乃事，择日涓洁徒步而诣所谓白龙潭者，即事之。始先以绛帕幂二瓶，置香案谓之"请圣水"，得请则水满其瓶，不得请则瓶空如故，亦可以卜雨之有无。于是祝奠如仪，肃拜无算，水几瓶中，水满而绛帕不濡，斯为灵也已。既而举水以归，崇奉惟谨。居二日，阴云四合，而雨乃大作，槁苗浡兴，人心敉宁，岁号小稔。呜呼！龙固灵物也，不有佥判等之精诚，无以见其神异。佥判等固循吏也，不有太守闵农忧，无以尽其虔祷之劳。太守固贤，二千石不有视民如伤之心，无以回天地之和气。呜呼！盛矣哉！

万金渠修治记④

按：《郡志》，洹水发源上党，迳林虑入安阳境高平村，万金、高平二渠同出洹水而流别。始魏武起石堰引洹入邺，迳临漳东达洹水县，溉田有万金利，故名，古迹久湮已。唐刺史李公景，自高平堰水置渠，东流溉村二十，至郡西郭南流，越官道东入广润陂，后人以旧称万金，名美大书，刻石置官道上，然实高平渠也。万历己酉、丙戌两岁，雨旸愆期，河北大歉，禾麦罕成，流移载道。彰德知府漳平陈侯夙夜殚心拯救，若恫瘝厥躬，博采群策，谓洹水历代治渠，溉田厥利甚溥，高平古渠湮圮岁久，宜寻旧迹修浚，兴利赈荒二政兼济。郡侯闽产，习知水利，协议于同知清苑王侯、通判垣曲赵

① 选自嘉庆《安阳县志·卷十·金石录》。

② 王博文，1223—1288 年，字子冕（一作子勉），号西溪，东鲁人，徙彰德（今河南省安阳市）。至元十八年（1281 年）累迁燕南按察使，历礼部尚书、大名路总管，后迁南台中丞。谥文定。

③ 暵，干旱。

④ 选自民国《续安阳县志·续金石录》。

侯、推官内江张侯，行田相度经画规制，鸠材选工，因势顺导，以安阳知县兴安刘侯董其事。维时，上简命都御史洪都衷公来抚两河，入境深悯时艰，大修荒政，班教郡邑，发仓廪，兴工役，修城池，浚川渠，豫防微兴利，因散粟以寓赈郡。侯业治渠事，即以上请，报可，继请允于监史吴郡徐公、广平王公。上下锐志竭思，分任率作，程劳授粟，厚直宽庸，群力竞劝，羸瘠云集，赖以全活者甚众。功将半，刘以忧行，郡倅张侯摄邑篆四阅月，综理周密，拊循备至。新城刘侯嗣来，和众饬功，克襄厥成。渠堰砌以巨石，空洞长五寻有奇，阔四之一，前闸启闭以时。四偶石作雁翅，内制奔湍，外导溢流，中河石埭，横遏奔悍。堰上叠石为基，庙祀玄武重轩，前覆石槛，外环渠，左创筑巨堤里许，下石上土，防秋泛涨。堰口两傍石岸长阔有差，迤东间置小闸七，以便蓄泄。且分支渠数十，循渠浚筑，逶迤抵广润陂，几百里。官道东置堰，漳水逆入城壕，周卫崇墉；北置小闸，泄归大河，后仿古制，造龙骨水车、桔槔诸器授民。经始丙戌夏六月，至丁亥讫工，最佣夫匠十三万有余，费谷八千石，溉田顷亩不可胜计，收获视他处独饶。夫用天之道，因地之利。民事之要也，难与虑始，可与乐成，民俗之恒也。水之性，导之则顺而利兴，壅之则逆而贻害，所贵仁人在上，倡率之有道尔。盖俗多安于故常，而事每惮于兴作，即兹渠之废兴可征已。今际两台衷公、徐公、王公教诏于上，且行部临视，守巡藩参晋阳戴公、任丘徐公、宪副桐乡冯公、东莱齐公按郡督成。郡侯始终尽力渠事，加惠恂黎，及诸僚采感著勤勚。兹渠一开，郡蒙永利，歌颂诸公之仁政未可以世数计也。善乎崔文敏公之论曰："渠之利不其大哉？凡渠皆引名川石水，得泥数斗，且溉且粪，长我黍稷。春夏不雨，汲灌园蔬，足裕乏绝，西门史公之绩远矣。自魏暨唐李仁纬以来，所开诸渠湮废已久。予少时犹见高平之利，夫水从无恒，暴长则塞，相地因物，彼塞此开，存乎人焉耳。"真名言也！郡守勒石纪绩垂后，朴为载笔，且有感于文敏公之论，故附载云。

万历十有六年，岁次戊子，春三月既望。

赐进士、光禄大夫、少傅兼太子太傅、吏部尚书、武英殿大学士、郡人郭朴撰。

重建万金渠石桥碑记[①]

明　安文璧[②]　大理丞

彰德密迩畿甸连络都省，当午衢极冲之会，若川若渠，设州梁以通行者，有司事也。其在安阳，北阻洹水，南带万金，环拱郡城，济涉尤众。郡伯柱峰李公修洹桥，既成，谋于二守王公、别驾赵公、节推张公，移檄邑侯刘公，重建万金渠桥。守牧诸僚各捐俸金以倡，郡中宗藩大夫士佐以己资。邢大贤辈间以募购益之，佣工僦役，采石陶

---

① 选自康熙《安阳县志·卷八·艺文志上》。

② 安文璧，河南安阳县人，字仲书。明万历年间进士，官御史，首劾都尉不法，贵戚敛手。出按淮阳，顺天升大理丞，在任上卒。

灰，裹粮供馈，撤旧为新，一梁窿然，栏楯傍翼，高阔倍增，车可并轨，骑可五驰。经始乙酉之夏，三阅月而竣事，用计数百金，工计千余，力财不滥费，民不知劳，皆刘侯经理之绩也，乃命作记。纪成，文璧曰："守牧其达治体矣乎？通渠惠民，成梁利涉均王政之所急。然事有相因，而成相资而备者焉。吾郡自西史引漳水开十二渠，称良于昔。其后唐李景氏导洹自高平入广润，溉田万亩，利侔万金；下流经南郛贯市阛中，行旅四集，冠盖相望，往来纷沓，晨夕弗暂停，非石梁孰济之。迄今渠流壅塞，潦涨泛溢，浸田襄亩石，啮梁垝宁，惟厉农且厉涉矣。客岁，郡守常公凿渠、筑堰、障潦、通淤、广溜，遂成永利。兹乃石梁踵建，如有待焉，非政之相因而业之相资者乎？"守牧其知立政之体哉！呜呼！怠忽则因循，纷更则劳攘，政举非难，宜民惟艰，业成匪易，惟难于可继，因民以举废，固幸诸大夫之识治抚事思艰则有望于后之人也。因为之记，而系之以辞：瞻彼清洹，发源自西。高平有渠，伊谁浚之。涓涓其流，清且涟漪。蜀水既合，马泉注之。艺我黍稷，益溥益滋。潆回郛南，直贯东陂。郛南万室，载集载居。中有石梁，历年百斯。障弊未去，逆流其支。岁月因仍，孰整崩摧。穆矣郡公，询谋允宜。乃命我侯，经之营之。五丁伐石，初平是驱。郢人运斤，公输悉思。功成不日，巀嶪[①]崔嵬。长虹蜿蜒，玉龙委蛇。周行如砥，大道迟迤。行旅载歌，四民孔愉。玉帛万国，朝宗四译。来宾来同，不卼不危。穆穆郡公，令德令仪。民之父母，邦家之基。清渠源源，石梁巍巍。翊我圣朝，万古如斯。

林州市

林州西门月堤记[②]

郭嘉[③]　元人　翰林国史院编修

节使之延李公任林州之三日，行香谒祠庙，驻马城西门，望西山，愕然曰："太行壁立万仞，其势倾东，抵城如井底，水雨暴集，涧溪之流横出，吾当曷支？"其命工环作月堤。父老遮道言曰："公毋以堤为也！氓虽愚，昔未龀龇今齿豁矣，髫未垂髻发白且黄矣。提孩吾子，子其孙孙矣，林无水害也，公何以堤为？"公不顾而督役曰："第为之。"越明年七月，山西水下，河北怀庆水，卫辉水，大名、顺德水，民不干土居者数百万家，水死者以万数，而林民安堵，盖月堤水不没者，计寸才四五焉。于是，父老相与扶携，泣涕而告语曰："微月堤，吾其大名、顺德乎！公其生我者乎！天其阴相之乎！曷其见之先而防之预也。"请立石以著功。公曰："以守土在我者，曷功为？"拒

---

① 巀嶪（jié yè），高峻、巍峨貌。

② 选自万历《林县志·卷六·艺文志上》，又见民国《重修林县志·卷十四·金石上》。

③ 郭嘉，？—1358 年，字元礼，濮阳（今河南濮阳县）人，元朝大臣。为人慷慨，生有大志。泰定三年（1326 年），从国子生升登为进士，授予林州判官的职位，后来历任翰林编修、广东帅府经历、京畿漕运副使、监察御史、广宁路总管。至正十八年（1358 年）战死。

之者于此二年矣。至元戊寅，余来自京师，父老坚以立石请，余曰："然，是亦在我者也，曷以公功为？"公本仁义，动以读书，其逊是也，是亦道也。夫人有未然之见者，斯亦有未然之功；存未然之功者，所以防未然之患。天灾流行，不可测也；人任材智，不可必也。使知材如公常留林则已，公或朝趍云举，时推岁逝，吾老者眊眊，幼者昧昧，则城之堤或废为通衢，或夷如坦途，或山水之下来，将可以支，吾其不鱼鳖乎？他日言诸公，公亦曰："然。"遂志诸石。

修浚桃园黄华洪谷渠道记①

熊远寄②　清建昌人

元至元五年，知州事李汉卿凿渠，导天平山水，自西南引入城濠，人汲甚便。明弘治十七年，提学副使王敕凿渠，导黄华山水，自北引入城濠，与天平山水合，立碑曰"广会泉"。后二渠皆塞。万历十九年，分巡河北道李公廷谟开渠，凿池于旧南池之右，引天平水注之。至二十一年，知县谢思聪，以本池狭浅渗漏，捐俸加浚，铺砌灰石，蓄水不涸，题名"阜民池"，民咸便利。十九年，知府何鲤，以黄华水分引灌溉者十一，入池中者十九，榜示修举，自源头开至城外西北隅，建引水石桥二空，买民地一亩，凿池蓄水，以便城西汲取，曩之所谓"广会泉"，又分而为南北池矣。北池久废。顺治十七年，知县王玉麟浚黄华旧渠，重修过水桥，引入北关，注于城濠东北流。时南池亦废。顺治十六年，府经历洪寅署县事，引桃源水，由元都观前东流，注南关阜民池，引入南门，过县衙，注学宫泮池，流出东门城濠。堪舆家言，阖邑风水所关，往时长流，科第极盛，后壅塞不利。康熙二十七年，知县徐岱详请疏浚，照旧灌注，未几，黄骏果登贤书。又新浚洪谷涧渠，下注辛安池内。嗣因连年亢旱，桃源、黄华、洪峪三水，断绝不流。康熙三十一年，知县熊远寄修浚，渠道坚固。三水复注，有便民汲，次年牛孟图又捷秋闱，士民立石纪之。

新开天平水记③

胡祗遹④　元人　应奉翰林文字

人之生也，水与谷而已。人不食饮七日死者，水谷俱绝也，得水则犹可以活。年饥避兵，有以药辟谷者，唯水不可废，养生者亦以咽玉池之水为能致寿。龟蛇不食不死，

---

① 选自民国《重修林县志·卷十七·杂记·附文》。

② 熊远寄，清代建昌县（今辽宁省建昌县）人，举人。康熙三十一年（1692 年）任林县知县，在位时间四年。

③ 选自万历《林县志·卷六·艺文志上》。民国重修林县志·卷十四·金石上》作者为佚名，《康·乾旧志》皆载《新开天平水记》，胡祗遹撰。并载明石刻今不存。祗通，见《元史·列传》，字绍开，磁州武安人。至元二年（1336 年），授应奉翰林文字。

④ 胡祗遹，1227—1295 年，字绍闻，号紫山。磁州武安（今河北省武安市）人。于世祖朝历任户部员外郎、右司员外郎、太原路治中、河东山西道提刑按察副使、荆湖北道宣慰副使、济宁路总管及山东、浙西提刑按察使等职，以精明干练著称，所至颇具声望。

以得太阴之精，而阳不能涸。花木土植而生，折置瓶盂养之以水，则自芽而叶，自叶而花，旬日终月不死。然则水之利万物，万物之秉命乎？水其利溥哉！故五行生成后先，而水为之冠，布五气而行四时，流而为江海河汉，霈而为雨露霜雪，虽天地复资以荣，岂特万物哉！林州当太行最佳处，民居图画间，五材俱美，唯水为难得，凿井浅者百余尺，深者倍蓰，绠如牛腰，一人不能举。岁当暑旱泉缩，居民环井而立，炊时瓶罂不盈，民大以为苦。村落凿井尽土而无水者，潴雨水以饮。抚字之吏，前后相承，无如之何。州西三十里，水出天平龙洞，历山而来，甫逾中路，阻以巨石，伏入地下，不适民用。至元五年春，前江淮等路[1]安抚[2]李公汉卿来治是州，下车抚民劝农，问以利病。教条既布，询谋于众，导水以东，以济渴、以溉枯槁。众踊跃从命，不督而疾。于是公同僚达鲁花赤石抹乞打歹、州判李让亲畚锸，碎巨石以火，堑高湮卑，顺流而行，滔滔汩汩，直抵城下。役不再集，工不三宿。阖境之人，以公有润物之功，而感公之仁，能见前后临民者之所未见，而嘉公之智，刻石纪事，求文于余。闻《诗》云："岂弟君子，民之父母。"唯岂弟之人，则可以子民。子民之道，顺民之所好，去民之所恶。知天地岁运之丰歉，而预防其祸；开山泽林薮富藏之秘，以适民用。至于办赋敛，集户口，警盗贼，给土役，此一芥里胥亦能之。古之人所谓循吏、良吏则非也。余识李公旧矣，天资恺弟，疏水之政固美矣，消癃闭壅肿之疾，流淤塞滓秽之恶，濡枯润槁，其利非一。虽然，是特仁政权舆也。异日如黄颍川、龚渤海惠政良法，所去见思，此亦未可量也。磨以岁月，汝众当自知之。众喜曰："唯。"请勒诸石。

青白龙神庙灵应记[3]

张翰[4]　明人

龙于天地间为物最神，灵变不测，升潜以时，能大能小，或跃或飞。故嘘气而成云，乘云而致雨，以致时和岁丰，家给人足，功用莫之与京焉。然龙虽神物，亦必择所可依者依之，而后能神其神也。彰德府林县西南七里许，有青、白二龙神祠，祠西距天平山仅一舍余，中有青龙洞、白龙洞，潭广狭邃深，莫究奥妙，其二龙所居之渊乎？土人往往时见光怪并龙于上，罔敢媟慢，因建祠于兹，蒇祀事以安神栖。号称青、白者，具甲乙、庚辛之色为象设尔，抑以水旱疾疫祷之屡孚也。先是旧令尹文林郎无锡周侯冕，暨二令修职郎临邑周侯尚文，至诚感神，凡为民祈，应捷桴鼓，愈敬信之。成化甲午夏旱，新令尹承仕郎迁安郭侯谋诸同寅曰："琳奉今天子命到官之初，丁旱之会，若数日不雨，嘉谷尽槁。人何食？赋何征？责何以逭？盍走灵锁而祷诸！"佥曰："青、白二龙之神，效灵自昔，协恭精祷，神其闵乎！"于是率僚属斋沐，具香而祷焉。既而

① 前江淮等路，即江淮六路，即江南东、江南西、淮南、两浙、荆湖南、荆湖北六路。

② 安抚，常指安抚使，此处意为安抚司官员。

③ 选自民国《重修林县志·卷十八·补遗》。

④ 张翰，字文宗，彰德府林县（今河南省林州市）人，景泰元年（1450年）举人，任直隶冀州学政。

行事，云俄起，比归县，微雨徐至，是夕大澍，越翼日乃止。苗之槁者勃然而兴，言之讹者寂然以息，继锡明贶，遂获有秋。今岁复感雨旸时若，物无疵疠，神之灵应，昭昭如是，则象而祠之，征文刻石，用垂悠久，亦其宜矣。噫！神之来兮离洞府，油然作云兮沛然雨。苏万物兮水下土，德施兮斯溥。腯牲兮荐芳酭，荷神嘉兮无斁。神将去兮之何方，归九渊兮深藏。驾风霆兮肆翱翔，应扣兮孔彰。福我民兮无水旱伤。永依大造兮其敢忘。

浚复永利渠记①

马卿②　邑人　都御使

太行为天下名山，而隆虑当其最胜。层崖连峦，倚叠霄汉，错若烟霞。山多悬泉，洒落云际，而黄华、桃源为最胜。黄华水出盘峰之巅，瀑下西崖，挂流千仞，若引晴虹、鸣急雨，喷射石潭，入于乖龙沟。硲谺漱溾，洄折隐见，咫尺异状，不暇接览。桃源出天平之龙洞，峰崖奔峡，峭壁忽断，石门如辟，淙泻渊溢，入于落瀑渠。奇峰回合，石梁天成，下溉山田。然二水并至麓而洑，岂出高注下，势固然耶？抑造物者灵秀蕴秘，而辅相之待人耶？邑城西距二十余里，周池燥涸，风气散越，而西南诸乡尤艰于水，民患远汲。元江淮等路安抚李公汉卿来治是州，尝浚桃源之水及城，已复湮。弘治甲子提学副使历城王公敕渠，浚二水汇于城西北隅，入于池，名渠曰永利。既桃源夺于民溉，而黄华为涸，溪中断。嘉靖春，予以浙江右布政使谪云南鹤庆府知府。过乡，见县尹汉阴王侯纶，语及浚复之利。慨然曰："是有司之任也，敢不竭力从事！"翼日，乃偕彰德卫指挥佥事丁始然、主簿曲阳崔璠、典史鄠县王相、教谕寿阳张彦、训导唐山罗纹暨予，观二水之源，相势度工。议既协，乃择委耆民彭纪浚黄华之渠，曰："筑石堰于上流，架木溜于横溪。"郭某浚桃源之渠，曰："其省吾民，我不禁溉，尔勿绝流。"各竞厥事，未及旬而渠成，复王公绩，既郡贰莱阳王侯某行县观于渠曰："美哉！信永利矣。其犹有遗乎？"予曰："木溜易漂朽，其为石梁以度，斯固为可久；南渠之水微，泉出截于巨石，半入绝涧，凿石水倍。"侯曰："是则吾之任也。"遂大为经理，加工劳役，官民竞劝。邑人某某等各输费以赡石梁之工，某月某日梁成，架流于陆。黄华之流，通流无滞。月日桃源之石刊，民溉有余，渠犹涌溢。二水之导也，皆凿山椒、下翠微、经平野，遍绕乡落，取汲漭苍，引溉町畽，好事者为亭榭临之。及城则周池潴环，输涟映带，会盛挹秀，至者改观。池东北隅皆为石坝以蓄，泄入于陵阳河。于是邑之父老相率请于予曰："维二守王侯，廉肃明惠，蠲逋戎，罢滥赋，以康我人。吾邑侯轻刑薄敛，于今六年。兹复浚二渠，以利无穷，胡可无纪？以昭今示后，敢即图

---

① 选自万历《林县志·卷六·艺文志上》，又见民国《重修林县志·卷十五·金石下》。

② 马卿，1480—1536 年，字敬臣，号柳泉，彰德府林县（今河南省林州市）人，明朝官员。弘治十八年（1505 年）进士，选庶吉士，明朝通议大夫。历任工科左给事中、大名府知府、浙江按察司副使、浙江布政使司右布政使，云南鹤庆军民府知府、南京太仆寺卿、总督漕运巡抚凤阳地方。编有《林虑县志》《马氏家藏集》《补文献通考》《攒云粮储疏》等。

之。”予曰：“二侯任立功，予亦任立言。”既叙其绩，复系之以诗曰：瞻彼西山，极天矗矗。有泉自巅，坎沛而洑。是凿是导，溪汇于城。伊谁之功，二侯是成。乃作石梁，庶民来攻。架于横溪，黄华是通。梁成屹屹，水流激激。环此邑居，有永其绩。南有桃源，东流涓涓。阏石既巉，泌泌其川。川流泌泌，民之攸溉。布我西郊，汤池是卫。孰作孰废，载复而治。匪棘匪疚，维民之利。二侯而迁，孰其来继。无圮无湮，尚觌[1]于志。

重修横水桥记[2]

明　邑人　冯栋[3]

洹出山西之洹氏县，过山而东，黄华诸谷之水会焉。至陵阳河而南，经横水村，在县东南二十里，路当相州上党往来之冲，叠石为桥，以其绝道横流，故以名地与桥焉。桥不详所始，重修于晋太和三年，盖其来远矣。凡十有一甃，最东者隘而庳，故尝坏于水，坏必更为之，然不一二岁辄复坏。夫屡坏则行者病，屡更为之则劳，费且不赀，议者谓非稍为高大不可以经久。嘉靖甲子六月，江陵崔公宰吾邑，入境经兹，桥坏已两岁余矣，即慨然欲为之，而初政[4]未遑也。今年六月，公还自觐，召诸父老谋焉，佥请募诸四方之裕者，公不许，曰：“不欲以烦吾民也。”乃捐俸金若干两，米若干斛，不给，则取之赎金之余。工始于本年三月二十八日，迄于四月二十八日，凡用石工佣夫若干人，一钱一力之费，居民罔与焉。桥既成，高大视昔有加，水虽汹，不复为桥患矣。诸父老请立石以诒来者，公命于栋记之。栋曰：“国家自南北多事以来，郡县之征调无停时，有司罢于供命，苟办目前不暇，利民济物之政不复讲矣。桥梁修废，往往付之缁黄之流，与乡人之好义者为之。夫桥梁，王政之所有事也，语曰：‘雨毕而除道，水涸而成梁。’故乘舆济人，君子讥国侨之无政，川梁臏而单公刺焉。概谓未务细故，而莫之省视也，即其政可知矣。夫政以宜民也，可已而不已，与不可已而已方，其于厉民均尔。公下车首询民隐，饬学政，表贞淑，举乡约，裁公费，正刑平赋，□□谕民，凡先王之政，可为生民利者，罔不次第举之，以苏我疲民也。独兹洹上之一桥也哉！”

重修断金桥路记[5]

李画[6]　邑人　户部

断金桥及桥西路至玉峡关，桥东路至月堤，绵亘五十余里，乃邑人宋庆与弟某氏出

---

① 觌（dí），见，相见，观察，察看，显示，显现。

② 选自民国《重修林县志·卷十七·杂记·附文》。

③ 冯栋，字汝隆，号东庵，彰德府林县（今河南省林州市）人。明朝名臣，文学家。嘉靖二十二年（1543 年）北畿乡试第十七名举人。授宁津知县，后升为平度州知州，又遭人陷害降职为沙河知县，著有《东庵小令》一书 。

④ 初政，谓开始执政。

⑤ 选自万历《林县志·卷六·艺文志上》。又见民国《重修林县志·卷十五·金石下》。

⑥ 李画，字元素，彰德府林县（今河南省林州市）人，嘉靖二十年（1541 年）进士，官至户部主事，被诬陷罢官，返归故里。

赀重修者。桥在县西天平山之吕谷，绝崖为之，西抵潞安，东通彰德，实山左右之要径，行旅趋焉。宋征河东，尝积粮草于此路，以兵守之。盖一验云，桥故石，开创之世与人不可考矣。俗传为鲁班造，亦异之云尔。至于岁当嘉靖戊子，草寇窃发，当事者不谙守险，而妄议撤之，东西为阻，谬矣哉。寇平岁余，庆倡义惟构以木，避时禁也。且桥之东西，涧水冲啮，牙口磷如，道路偃塞，行者惮之。乃戊申复募李某等凿石为埒，因板为平，越三祀而工就绪，过之者如履坦途焉。桥如旧而路途昔矣，伟哉！宋君之为乎？窃尝怪之，道路桥梁之修，载诸国典。设险守国，王公所以体坎之象，官土者不知守险而务绝道，不能率典而反禁修葺，谓之何哉？况王者有分土无分民，就使吾邑幸无事于此桥之彻，山西之蘖非王民乎？蔡人即吾人，何苦于自狭如也！余因桃源店居民某等欲立石永世，漫书此以告夫后之御寇者。

新建青龙庙记[①]

马尧[②] 明 邑人

吾林西拥太行，峰峦耸矗，载在《地理经》，谓之虎山，虎宜驯伏。而此山势颇疆峙，识者谓不利于邑城，自昔官师沦滞，士庶贫瘠，与夫习俗之拗僻，争讼之繁滋，率多由此，盖有见云。所恃东山为龙，迤逦而南，环抱于城，有趋向之意。最南一山，俗名拐头，旧有竹马先生羽化遗迹，以其显异，故又号圣符山。然均之于人事无关，数十百年鲜有能出奇见而易之者。万历庚辰春，我张牧父奉命来莅兹土，政平讼简，士悦民怡。自博洽典籍外，兼治地理。方入境时，即睹西山之为虐，而切切为居民恐焉！思为多方以制之。今且诸政备举，暇则谋及师儒，谋及耆老，谓形胜风水之谭，即古善治者不废，兹可弗讲与！议培龙而抑虎。佥曰："善。"遂改拐头山为龙头山，取左青龙之义，建庙其巅，为之像青龙，神以主之。癸未四月肇工，六月事竣，徒役欢呼，匠民鼓舞，石斫诸山，砖陶诸冶，庙制广深各三丈许，弗栋弗楹，厥功告成，吁，亦伟哉！夫龙扬而虎自伏，事治而效必随，嗣兹以往，来宦则受知龙扆，举业则掇锦龙头。百姓亦恬恬熙熙，若龙抱之卵焉，皆青龙护佑之力也。张侯诒福于林者，盖巨且远矣。董是役者，耆老秦大经、申来贡暨杨富辈，仰称侯意，相与督率精敏，区画有方，若灵台之子来者。事甫毕，诣予请曰："可无言纪岁月乎？"遂僭为之记。

洪 山 水 记[③]

任禄[④] 南郑人 林县署教谕事

林虑当太行下冲，而居民多艰绠汲。夫民安能一日去水饮，而匍匐牵引，动以数

---

① 选自民国《重修林县志·卷十八·补遗》。

② 马尧，字叔钦，明代彰德府林县（今河南省林州市）人，中隆庆元年（1567 年）乡试，授陕西平凉府推官。

③ 选自万历《林县志·卷六·艺文志上》。

④ 任禄，陕西省南郑县人，举人，万历二十一年（1593 年）任林县教谕，后升南京国子监助教。

十里计，岂其情哉？前宰牧知之而未悉，所以便之也。岁乙未，邑侯谢公恫有忧于骄阳之憔悴也，敕民陈地势高下、源泉通塞，凿渠以便民用。于是循辛安而西，西行一舍，林箐蒙茸，峦岫崒嵂，隐然若有灵物呵护。逼而视之，则洪峪宝岩院也。院之西偏有泉一区，澄泓潋滟，可以濯缨而鉴物。公慨然曰："有是哉，宵行[①]固让大明[②]，然窅[③]室藉其光矣。桔槔固推雨露，然枯荄资其润矣。忍令此水之置诸无用，而坐令赤子之焦燎也？则安所称父母为？"乃命匠凿渠，甃渠以石，锢石以灰，盖自山以至池，凡三十里，皆石为之。每逢沟堑，则叠石为桥，凿道于桥之中，既通水且利涉。共计渠底口阔二尺，深三尺。桥二架，阔各一丈五尺，其在东者一券，在西者二券。夫利贵溥也，虑贵远也，事贵敕而密也。匪浚匪则涓潆之注汇，何如㵘[④]之澎湃，故水引而利斯溥矣。凡事为目前计，效旦夕期功则偷，偷则旋构旋圮，终亦何补？故渠成而水不患于泄，桥成而水不患于断，夫不泄不断则虑何远乎？然非常之原，常人惧焉。倘取谋于道旁之舍，而畏难于耳属之垣，吾见其不朝发而昏息者，鲜矣。则督效之严，其戒而视成之别其程者，公固有敬事心矣乎。夫二水利也，而熟计而永图，熟计则周，周则可大；永图则密，密则可久。可大可久，公之开斯水也，可记矣夫。公宏经济饶干略，行且携天下以内沟之耻[⑤]。禄区区窥公一斑，敢谓为公铺张，聊以纪岁月云尔。

新开阜民池记[⑥]

郝持[⑦]　邑人　工部郎中

盖闻民非水火不生活，吾以为水尤甚切。夫耕田食，凿井饮常也。亦有不克凿者，虽贤豪辈出，无奈何矣。我林邑幅员峣峬高亢，独城北附近为井易，其他方无论远者苦于汲，即关之南且艰焉。每掘井数十仞，辄不及泉，是以汲水者猬集相待，而间有弱者，至终日不获举火，倘所谓"丰年啼饥"，非耶？士民嗷嗷然，闻于仁侯谢公。公仁且智者，即恻然思曰："噫嘻！与其凿井之难，孰若掘地之易。与其待汲而未便，孰若随取而随足。与其无本之水易涸，孰若浚其源，导其流，蓄其波，以需不穷。"乃下令南关社刘勋等相行概，依旧池之右始劚焉。引桃源涧，尽疏瀹功，以是而两池俱溢，遂命名曰"阜民"。夫民非钱帛无以裕用，非菽粟无以粒食，曾一池之足阜？是不然。斯池成，往来汲者，不问后先，无限晨昏矣。耕与织咸赖举火而不艰于汲矣。将钱帛菽粟

① 宵行，萤火虫。
② 大明，泛指日月。
③ 窅（yǎo），深远。
④ 㵘（màn），大水。
⑤ 内沟之耻，《孟子》云："思天下之民匹夫匹妇有不被尧舜之泽者，若己推而内之沟中。"
⑥ 选自万历《林县志·卷六·艺文志上》，又见民国《重修林县志·卷十八·补遗》。
⑦ 郝持，河南彰德府林县（今河南省林州市）人，万历八年（1580 年）庚辰科进士，授邢台县知县，升南京行人司司副，南京工部营缮司员外郎、郎中，万历二十一年（1593 年）京察降山西平阳府赵城县县丞。

之不及利者，需斯水以生全而安养矣。是谓不费之惠，是谓膏泽之施，而一劳永逸者也。民何阜如之！《诗》曰："岂弟君子，民之父母。"我公有焉。第德愈大，人易忘；岁愈久，名易湮，匪志胡以延不朽？予尝以此试邢襄，幸于我公今见之，殆天性然，岂偶合也。因同社之众立石而僭言焉，庶公灌溉斯民之德，常在人心目也。凡我苍赤，其盍世念云。

重修淇河大石桥记[①]

杨潮观[②]

淇泉在县南八十里史魏社，闻诸耆老言，其源故出于山西，过辉县侯兆川，由忽岭口入林虑境，下流与淇泉合。余观其河身甚大，然惟夏雨甚泛，水涸便成干沟。迨东行三十余里至临淇集，平地有泉一泓，旧称淇水之源。自此以东，乃长流不绝矣。其泉方不盈亩，深不盈丈，泉口建有石闸，以资蓄泄。复东行里许，南园村有泉会之。至大石桥下，其流始盛。又东行里许，至鳌头山下罗圈村，有泉会之，而其流益大。一路山回水转，两岸皆有良田水磨。又东行十三里至蔡家堰，则两山逼束，一水中流。过将军墓，入汤阴界，始行平地焉。辛未初夏，余以勘立水磨，亲溯淇泉而上下。爰登大石桥，周览溪山形胜。其桥凡长三十，六空，用青石鸡心分披水势，用腰鼓铁定钩连，石才以为巩固，盖亦深山中一伟观也，为徘徊久之。是年夏雨异涨，坏桥几半，断岸落星，攸往失利，行者告困。洎九秋，余复以勘事，重过其处，则清激激，白石粼粼，长虹蜿蜒，已复旧观。舆马遄行，坦如也。盖里阎从礼等之力，余深嘉其义。里民因告余曰："此桥非其古也，创建于乾隆二年丁巳，有故民张大受者纠民为之，工费颇巨。桥成而大受卒。迄今民不病涉者，十有五年矣。而当时役罢人亡，未遑纪其年月姓氏。桥坏于水，民等复集众鸠工，砻琢修治。是役也，工费亦复不易，勉为之。倡者阎从礼、徐国谨、刘瓒等十有余人；而共襄其事者，河东十五村，河西十七村民之力也。今厥工业云告竣，而日久尤恃护持，恐遂旦夕迹湮。幸纪其始末，勒之碑石，以劝来者，俾知有基勿坏之义。余益嘉之，爰从其请而为之纪云。

重修望仙桥记[③]

戚学标 嘉庆

余数以公事至林邑南乡，庐舍相望，有桥穹然起，高三丈余，长二十八丈，阔亦几

① 选自乾隆《林县志·卷四·山川下·桥梁》。

② 杨潮观，1712—1791 年，字宏度，号笠湖，江苏金匮（今江苏省无锡市）人，清代戏曲作家。乾隆元年（1736 年）中举，入实录馆供职。后历任山西文水县、河南固始县、林县知县，江苏邳州、四川邛州知州等十六处地方官，有政声。有短小杂剧三十二种合编为《吟风阁杂剧》。

③ 选自咸丰《续林县志·卷三·艺文》。

三丈，俱甃文石，远视如虹跨水，瀌瀌鸣其下。计费亿万，筑需数年，甚难，其工之巨而能成。讯贡生水何名，曰沾水。以来自山西浙水村，又称浙水。南小山何？曰神山。其前则龙堤岭也。桥何名？曰望仙。以媲于蜀之升仙也。讯桥巅末，曰是为自北而南之孔道，每秋涝发，水势坌涌弥望，为行人阻。康熙七年，里人募建以济往来，乾隆间两修，旋啮于水。今嘉庆二年又重修。问修者何人？曰某世家，此先人董此役屡矣。兹工之兴又堂兄名士超者首创输，因以告助远近，积五年，心力始就。倚北阜为柱基，锢以西山之石，坚固视昔有加，难亦视昔而倍，愿得公文记之！余读《卫诗》有云："在淇之梁。"又云："在淇之厉。"解者据《水经注》云："段国沙洲记吐谷浑于河上造桥，谓之河厉，厉即桥之属。"《匏叶》章云："深则厉。"《说文解字》作"砅"①，履石渡水也。据此"砅""厉"，古今字亦桥也。沾水出壶关，东入淇，并见《说文解字》，盖与淇异源而同流。古人庐行道之阻，于有水处，必有桥以济。今淇流所经故迹尽湮，见邑志者为断金桥一记，感今思昔，此桥当与淇泉永传矣。若郭公者，其功抑又不可没已！

创修河神党将军庙碑记②

王建泰③

自辛丑岁④，余从江右改官洛下，三襄事于河壖，谒南北两岸河神黄大王庙，俱以将军从祀，且有专祠。虔考之南河所刊《黄大王事迹全志》内载："将军党姓，讳住。我朝顺治二年，金龙口决，三月不治，天使问策于王，王令稽畚筑者，见将军至，王曰：'是将为神，赠金恤其家。'裸将军于埽中，入水少顷，一蓝手如箕出水面，王许以封将军职，手遂隐，而堤工成。"是诚御大灾，捍大患，有功德于民者也。以故沿河人感之，称为挡埽将军，享祀不忒。相传将军为河南彰德郡林县人，治河时甫十二龄，余以为将军家于林，人与地俱未远，当更有轶事可考者。癸卯春，适官于此，检志乘未之载，县南五乡有党家冈，殆即将军故里，户族既微，又忘于数典。乃遍询都人士，谓嘉庆初元，前县石公昂，为勾当公事渡黄河，舟几覆，相随多林之人，赖将军护持不及于难。石公归，于城隍庙为位以祀，议立庙，未果而去。嗣修隍庙，众以余金于西院建数楹，梁栋苟完。又以费不赀而中止。余恭诣西院，谒荒宇，慨然曰："将军以甘罗为相之年，即尽元冥勤官之节，庙貌遍河干矣，乌可于故里转乏明禋之奉，且以石公济河事按之，是将军于梓乡之吏若民眷眷焉。庙既有基，踵而成之，有司之责也。况余又数役，河壖乌得无情哉！"于是偕僚采捐廉以倡，近郊绅士商民，以逮庶人在官者咸欣欣解囊。庀材鸠工，增户牖，涂丹获，拓月台，肖

① 砅（lì），踏着石磴渡水。

② 选自民国《重修林县志·卷十八·补遗》。

③ 王建泰，曾三任黄河堤防助理。道光癸卯年（1843年），由洛阳调任林县知县。后曾任开封知府。

④ 辛丑，指道光二十一年，即1841年。

象装金，不浃月而蒇事，从此神归里第，得所凭依，而石公未竟之志，亦可慰矣。兹工既讫，谨记其大略如左。

仙岩桥记[①]

李见荃[②]

合涧为林虑商贾会萃之所，南临淅水，水从壶关来，行太行山中，至合涧，山渐低，地势开放，河宽数十丈，势如高屋建瓴，夏秋盛涨，骇浪惊湍，声震天地，数十围之木与大如牛马之石，出没波涛中，冲击而下，无坚不摧。以故距市里许，为南北要津，宜建石桥利行人。而自古无之，民有急须，绕道下游十余里之望仙桥，始达彼岸。否则冒险冯河，辄占灭顶，交通不便，一方以为憾事。邑人郭君兴义，善士也。晋豫之交，山路崎岖，经兴义与其兄兴诗捐修，化蜀道为坦途者，不知凡几矣。喟然曰："天下无难事，顾立志何如耳，吾虽衰老，誓修此桥！"命其子树森曰："凡事难于图始，我其倡捐若干缗。"又谓郭书等曰："孤掌难鸣，众擎易举，诸君皆好善者，其分途募捐，并监桥工。"又曰："捐款未必敷用，灵迹村有煤矿试采焉，获利悉以修桥。"人曰："此桥在望仙桥上游，仙人多岩居，可名曰'仙岩'。"谋既定，诸君踊跃趋事，于民国七年某月兴工，已而矿果佳，获利以万计，捐款亦以万计。资用既充，程功遂易。十一年，兴义年八十以寿终。诸君子承其遗志，始终不懈，至十六年十月告成，屡经大水，屹然无恙。计桥长若干丈尺，高若干丈尺，宽若干丈尺；尺共九孔，孔最大者五，高若干丈尺，宽若干丈尺；桥基入地若干丈尺。共用款若干缗。桥北建老君庙，桥南建太王庙，老君庙东建兴义祠堂一楹，在事诸君子之尤出力者，将来得配食焉。落成之日，远近观者数万人，佥曰："伟哉！此桥诚一邑之大观也。"当事者曰："是不可以不记。"属余为之。其词曰：

滔滔淅水，合涧之阳。地当孔道，古无桥梁。洪流暴发，震荡天地。无坚不摧，莫敢尝试。番番郭公，见义斯赴。灵沼灵台，若有神助。更赖多士，同心同德。踊跃任事，各尽尔力。挥金鞭石，成此巨工。晴空百丈，忽睹长虹。车可方轨，马可成列。荡荡平平，康庄奚别。阛阓洞开，高入云际。凭栏俯视，骇而欲坠。万井参差，百廛交错，合涧全市，资为锁钥。东大小店，南原康川。高瞻远瞩，气象万千。此桥经始，孰不谓难。一夫奋臂，遂成大观。勇逾贲育，巧并般倕。精感河伯，气慑冯夷。崇德报功，馨香弗替。从此仙岩，津梁万世。

---

① 选自民国《重修林县志·卷十七·杂记·附文》。

② 李见荃，1856—1934 年，字备聪，河南林县（今河南省林州市）人。清光绪二十年（1894 年）甲午恩科进士，官湖南靖州知州，河南怀庆府知府、民国徐世昌大总统府顾问、河南通志局总编纂。

二、新　乡　市

牧野区

邵公桥记[①]

北宋　政和元年　从事郎郑滂

西北一望，青嶂迤逦，拱太行而屹立者，苏门诸山也。苏门之麓有水出焉，喷涌汪洋，南过云门，合寺庄水。东逝者，御水也。御水经新乡城北，水清而涟，以渔以溉，浸润无穷。平时水浅，横木可蹈，夏秋之交，诸山水集，则汇为洪涛巨浸，行人断绝，即有操舟河浒，而一叶之细，仅渡牛马。或累数月然后舆梁方成，民固已告病矣。前为政者，狃习故常，棓木构梁，苟为近利，奸蠹随以虐民。梁仅岁辄坏，坏则复取于民费，无虑数千缗，而吏胥劳扰，莫宁厥居此，固人所共悯，拯之无术也。阳羡邵君，儒林之英，来宰兹邑，思以必能有志于民，然后无愧于长吏，讲求利病，尽得要领。于是以石易木，躬为经营，复听讼于此，以董兴作。功起于政和元年辛卯三月十四日，丙子几成矣，会水至止役。是年秋八月三十日庚申，毕诸事越十月初八日丁酉，率僚佐落成之，一时咸鼓舞焉。其度地也，取故址，增其长一百四十尺，阔二十有一尺，捣其虚实，而上下皆实，以御怒涨，屹如山麓。析五门以行水，两傍十六尺，积至中为十八尺，高二十尺有奇，积五寸，中独侈一尺，为容舟地。刊石含刃，拶[②]如贯鱼，肋若隐轮锢金，铁翼槛楯，其水射故碛。斯二股以东流，乃复合，南薄于城限之小，防势逼滋甚惧，日月之浸远也，不便于城。岸以薪茑辟，而斫去潬土，为持久虑，所以息民之害，为往来之利者，迨非一朝夕矣。方桥之初营也，议者咸谓水中不可以图掘，或曰埽而堰之，功可致也，筹其费颇大，大则民益劳。于是有献计者不用骈桩，列箔贮以限水，挽龙骨车以迁水，水已涸，土立焉。费不加于前，功克施于后，民虽至愚，咸知其利我也，宁不欣然以出力，以取成绩，而鞭朴之威曾不一施，其情可知也。昔者，南楚之井，号曰韩公；贾令之贤，又有生子[③]以名之者。桥名邵公，则推其志于民，而相与成名，有不可强者。人之情，古今一也。虽然民心知其可德，而不能口宣于词，徒使是惠政异时传于途之人，途之人莫知其谁何。于是属予摭其实而勒诸琬琰[④]，道民德邵公之意觊万一，以垂不朽焉。

---

① 选自乾隆《新乡县志·卷十·关梁志》。

② 拶（zǎn），逼，挤压。

③ 生子，刚成人的少年。

④ 琬琰，原指琬圭、琰圭，也为碑石之美称。

政和元年[1]辛卯岁十二月。

创建衍庆桥记[2]

明 弘治元年 进士王嘉庆[3]

惟国家诞膺天命，宠绥四方，经画遐迩，通达道里，凡大都小郡，枝流脉贯，而普天率土，犹人之身焉。政令之宣布，商旅之通迁，水浮陆驰，舟格梁济，无不四洽，犹气血周流而百骸用康，一或壅塞，则身为之病矣。故若桥梁道路，于府州县，皆专官董之。岁时巡行，察其修废，间亦民有富义者，募力造建，此著令为政之先务也。卫辉，《禹贡》豫州之域，周武王封康叔之所，路递卫辉，而汉唐宋皆因之。我朝置府郡国，名焉新乡，去城西里仅半百，以雄邑称世。值孔道津途要冲，西通关蜀，南会荆楚，暨滇两广，驲传屡扉，历涉尤剧，四通八达之地也。城之西南，黄沁二水所经，夏秋受诸山万壑之流，初泛则奔驶荡溢，势甚汹涌，渐消则上曝下淖，虽测难履。前此尝设木桥芦束以济，不堪久负，契载奔渡者，往往惴惴及弱[4]。俟涸作桥，监修者聚良用恶，薄弱不固，岁一修拆，蠹财病民不知其几年矣。尹兹邑者王公素，予之叔，尝谕予曰："道里艰涉，莫阻于河梁，功称特急于桥渡。"言犹在迩，兹宰是邑。下车未逾年，率值水灾，城门皆决，计以囊土而塞。民赖以免患，语此水为民病久，为久之计，匪石不可。事将作，又值旱，而人相食，前旱莫此甚者。赈济不暇，何暇此，因恒冲已焉。幸邑之大赵社有义官臧姓名荣者，因乏后嗣，发心叩天，赴告尹曰："尝闻积德者功及人，必有后德，惟在济人。每见世之人衣饭僧道、构塑寺观以希福，是何昧也？不惟施有用于无用，且滋异端，以妨世教，天奚为之佑？故不为也。"遂底囊罄有，舍财鸠工，计费白金四百余两，以鼎建斯桥，为万年计，庶来天之福耳。尹以其言意达诸太守张公辈，咸可之。然计石数奇二万，甓灰铁锭，悉各咸集。其桥碇基于渊，碱岸于两，作三连洞，安四中墩，析水为三，而锐刃其前，以劈水怒，上列石栏，狮座四十有二。经始于丙午八月，其狭者广，浅者浚，卑者湮，防者坚。至明年夏始完讫功，其长亘十五寻，其广可以容并车，盖美完而久固矣。率僚司耆英士民往视之，慨然曰："桥之成，予之心，臧荣之力。民来往负载之便，费不侵官，力不损民，其功多矣。国家道里通而政令宣，身之气脉周而百骸康矣。"遂原臧荣之心，而名之曰"衍庆"。夫人有善，天必知；有功，天必报。天人协应，理固然也。征古人积德获报者多矣，吾知臧荣必将膺嗣绵绵，瓜瓞蕃盛，异日禄于朝，显于家，著名于世，未必非天之佑也。噫！桥已成功矣，功已成记矣。俾知成之所难，而功之勿坏，则有望于官之继者焉。有感于民之义者焉。是为记。

---

① 政和元年，宋徽宗政和元年，即1111年。

② 选自明正德《新乡县志·卷六·文翰》。

③ 王嘉庆，四川洪雅县人，明成化二十年（1484年）甲辰科进士。任蜀王府长史，后为云南姚安知府。

④ 弱，应为"溺"。

民乐桥记①

明　弘治七年　金溪宗伯徐琼②

赐进士临川王君统，字必元，以御史奏，才堪治繁，弘治七年，自罗山调于兹。下车以来，农桑、学校、司府、舍馆、社学、关市，百废具举。卫河滨邵公桥圮，又东西南门外亦有河无桥，夏绝渡，冬病涉，溺者相继。必元愀然曰："禹思天下有溺，犹己溺之。牧民者可坐视乎？"乃请于左参政王公俨继、郡守襄陵金公舜臣，皆可之，诞兴厥工。无几，义官臧荣成西桥，致仁官王贯成东桥，惟北门桥工钜，非独力可成。义官杨生、张琳并耆旧郭珍、陈兴等协力成之。取材苏门之麓，坚石版于上，巨木桩于下，冶镕镂铁以联其石。桥计十丈有余，横计三丈六尺，总计七孔，中孔一丈六尺，余孔各一丈四尺，两傍为栏，刻兽其上，计费百十镒余。乡聚贾输，官以井泉之俸，民以舆负之力，肇工于是年冬十一月，讫于明年十月。桥将成，必元考绩，以其始末告予。予曰："官不忍民之溺、不惮于图为而乐救之；民体官之心，不吝其财力而乐助之，非所谓乐民之乐，而民亦乐其乐哉？"然则斯桥之成，宜题曰"民乐"。

重修民乐桥记③

赐进士、礼科右给事中潘铎④撰

夫不有所废，焉有所兴。若废而不兴，则天地之间洪津巨川皆溺人之所，又安有长桥大梁以通徒舆哉？此废兴成毁所以循环不已也。新乡，卫属邑，去西北四十五里，苏门之麓，有水出焉，是为共城之百泉，东南流经邑之城北，由卫入淇，以达于海，汪洋浩瀚，一泻千里，诚川之大，非沟浍比也。况夏秋益以众壑之流，加以黄沁之涨，奔腾澎湃，势甚汹涌，民之涉者往往病焉。宋政和间，县尹邵公搏尝凿石为桥，以济不通，百余年间，民赖以便，历岁既久，兴者不能无废，成者不能无毁，石崩桥圮，徒舆不通。后之作县者，虽尝构木为桥，然水一泛滥，则土木漂流，涉者复病。岁修岁圮，劳民伤财，不知几何。弘治甲寅，临川王君统以财堪治烦，自罗山调于兹，谓土木非经久计，乃易之以石，名曰"民乐"。盖以官乐主于上，民乐役于下也。奈何，未几告成，顿有衢府之升，厥工既寝。迨癸亥之夏，沁决水溢，怀山襄陵⑤，前水莫此甚者，桥遂以圮，绝渡溺人，观者兴叹。越明年甲子，颍州储君珊以名进士奉简命来尹兹邑，新政令，兴百废，目是桥之圮，恻然曰："禹思天下有溺者，犹己溺之。予为民牧，斯溺者

---

① 选自乾隆《新乡县志·卷十·关梁志》。

② 徐琼，1425—1505 年，字时庸，又字东谷，明代江西金溪县人。天顺元年（1457 年）进士，为榜眼。先后授翰林院编修，参与编修《大明一统志》《英宗实录》，主持应天乡试，任礼部尚书，加太子太保。

③ 选自明正德《新乡县志·卷六·文翰》。

④ 潘铎，？—1863 年，字木君，江苏江宁（今江苏省南京市）人，道光十二年（1832 年）进士，历官至河南、湖南巡抚，署云贵总督。

⑤ 怀山襄陵，谓洪水汹涌奔腾溢上山陵。《尚书·尧典》云："汤汤洪水方割，荡荡怀山襄陵，浩浩滔天。"

非予溺之而谁耶？宁忍坐视其患而不急救之乎？”于是募财鸠工，命匠取石，凡百物料，倏然毕具。择义官杨敔课其工，老人王政、杨鼐董其役。民之趋是役者如子趋父事，不召自至。经始于乙丑季秋，讫工于丙寅[1]孟夏，不数月而桥成。长几十丈，广可容并车，下为七连洞，如虹架海上。复作石栏于两旁，壮丽坚致，视昔不侔。计金之费若干镒，工之役若干人，初不侵帑藏之积，妨耕敛之民也。工既毕，往来称便，四野欢腾。士夫耆庶佥谓有功于前者不可无闻于后，争出赀立石以彰厥美。时适余奉命西还，敔辈请余文其事于石，以垂不朽。余惟兴废举有司事也，矧桥梁为王政之一，徒舆所赖以通行者乎？今储君以兴废为心，不忍斯民之溺而殚力以拯之，是以民不告劳，用抵速成。《易》曰：“说以先民，民忘其劳。”其以是夫故，仍以民乐名桥，而无所改焉，使后之为令者皆能体储君之心、行储君之政，废者兴之，毁者成之，俾是桥亿万斯年而恒存，则储君之惠及于万世矣。先正谓：“一命之士苟存心于利物于人，必有所济。”不虚言哉！虽然，穷之所养，即达之所施。昔郑子产以乘舆济人于溱洧，孟轲氏讥其惠而不知为政，且示以岁十一月徒杠成，十二月舆梁成，民未病涉也。储君之兴是役，其有德于孟氏之胥论，而知为政之大体者欤。吾知行将陟要津总枢，务以兴于新乡者以兴天下之废，以济于新乡者以济天下之民。功勒鼎彝，名垂青史，可预料也，又奚容余之赘耶。余与储君有同年之雅，故不辞鄙陋，有序其事，以勒诸石，俾后之睹斯石者知夫桥之所由成，经斯桥者有不忘惠之所由，大与周人见甘棠而思召伯同一意云。

民 乐 桥 记[2]

明 嘉靖二十三年 明教谕南临聂勋[3]

新乡距北，有源自苏门来，曰卫河，枕行负盂，杰然一大津。前人建桥以便于民，岁久倾圮。有司率多因循，民恒苦之。侯公伯启，古渔阳人也，以进士举于乡，来临此邑，爰振国法，修举废坠，恻然以桥梁之未建为政之未尽，乃请于当道以便修，佥可之。于是，纠工聚石，经画维谨，又虑厥费侈而难支。有浮屠长庆者，素以道行著，爰用为募，士民咸乐助之，及医官赵绪等督其事，各勤乃绩。起嘉靖二十三年冬，止二十四年夏，凡十八旬。连洞易七而九，猗槛增昔。而又峻分水以截渍[4]，坚砥硎[5]以绝污，规制益轩且拓，亦桥之雄也。而东西南桥亦先后并起，公因征言以纪其成。夫国家设守令，凡以为民兴利除害也，若桥梁，实民之大利存焉。昔公孙侨[6]，郑之闻人也，其为政之迹载诸史氏，至以乘舆济人溱洧，则孟子讥其不知为政。今公乃毅然不牵于

---

① 丙寅，指明正德元年，即1506年。

② 选自乾隆《新乡县志·卷十·关梁志》。

③ 聂勋，云南临安府（今云南省建水县）人，明嘉靖十九年（1540年）庚子科举人。曾任新乡县教谕、内乡县知县。

④ 渍（fén），水边的意思。

⑤ 砥硎（dǐ xíng），磨刀石，也作硎砥。

⑥ 姬侨，？—前522年，春秋时期郑国人，杰出的政治家、思想家。姬姓，氏公孙，名侨，字子产，号成子。

俗，不诡于众，躬其劳以责成，未逾年而数桥皆落成焉，谓非识大体者哉？则公之为政可知矣。书此以纪岁月云。

修块村堤碑记①

邑人　郭从可②

块村堤在县西北隅，高八尺，长二十里许，自块村营跨陈保而戒海王村、辛庄等社相联，属堤与辉邑接壤。堤之下有河一带，通泄卫河，阔三丈，深尺许。洪武间，前令胡公南溟所筑。嘉靖间，邑人方伯潘公铎曾一修之。辉邑地故高，块、原庄诸社地势低洼，且当诸山之口，才一雨辄成巨浸，岁不一收。自有堤以止，有河以泄，则辉之水大都有所归矣。但岁久人玩，堤河在辉地者多为豪右所侵，水无所泄，一遇水溢，即盗决堤口。况辉邑近多稻田，春作藉卫水以灌溉，秋收之后无复用水，堤口不掩，彼水渗漏，此地淤湿，不能犁锄，及水涸则冰胶，而麦不能逮种矣。坐是，民半逃窜，岁额摊诸见在一二残喘之民。比岁令新者间亦悯其弊，思为复筑旧堤，而两邑君往往各自为心，近堤土民方且聚讼。堤决愈久愈大，而用力愈艰，逡巡坐废有年矣。万历丁丑，邑侯余公下车，细询地方利弊，闻及于此，为之蹙然叹曰："夫民害孰大于今。兹堤敝者耶，堤不复，吾诚不能晏然县庭视他事也。"于是即躬诣堤所，相地高下，度工难易，且毅然卜日经始矣。会郡伯暴公孟奇方念切民瘼，辉令聂公良杞素称卓荦，敷政不胶故辙。余公乃上其议于暴公，暴公可之。即移檄辉，而聂公遂慨然许协力，旋号集诸夫，使典史顾一鹤、省察崔伯友、赵光代、寿官③朱宠董其役，不逾月而堤筑如故。夫郡邑之吏，各受地而长之，即孰不急其所部民也，乃仁人君子视天下有分土、无分民，利害劳逸之间，要在各安其所，宜居而已，于势之难者犹欲委曲调停而均平之。盖应利而不尽取，不应害而不尽却者，宁有之矣。矧可不计所宜居者何如，而概欲损彼益此，以市惠哉？且天下势，利害鲜不相依也，奈何数十年辉享上流之利，而委其害于新，新受下流之害，而固未尝割利于辉乎？今兹堤筑而河浚也，是新才以却其害为利耳，固未始挹取诸辉所利也。若辉不免见损于新者，则豪右失其所故侵者哉？乃两邑协供役，是亦比舍居者，天雨各疏其渠，要不以相加也。故新与辉其利害劳逸所宜居，而兹堤今昔兴废应否状岂不章章较然哉？顾数十年来堤与河日就湮废者，则狃于苟安，惑于私恬，两邑各有当其咎者矣。今一旦余公毅然图之，暴公为断于上，而聂公与协力，无异议焉。吾于是而知仁人君子相参会，而后天下大功可成也。斯不谓千载一时耶。因详记之，以谂后人，俾勿坠三公之绪。万历七年孟秋。

---

① 选自乾隆《新乡县志·卷十四·河渠上》，原志注："万历七年知县余相修块村堤。"

② 郭从可，明万历年间河南新乡县人，南京诰赠右通政。

③ 寿官，明清官职。按照明代的制度，这是个虚职，又是一种荣誉。奖励"德行着闻，为乡里所敬服者"，只有官帽官服、没有爵位。受赐年龄最初为百岁，到万历以后降为七十岁。只在恩诏颁布时才得以赐给，整个明朝三百多年里仅授过十九次。外，已受旌表的孝子，寿官可提前到六十岁授予。

大慈西渡桥记[①]

李长年[②] 知县

桥云大慈西渡，取与九莲庵偕构而名之也。每值秋水泛溢，周道以西，一派巨津，止此路高阜可行，而不免一沟为厄，往来苦之。因于建庵时演大慈悲意，随构此桥，以通徒舆，亦几于木柸西渡云尔。工肇于天启四年，落成于五年，事虽草创，而基有可因。至于坚丽增葺，并庵之规制恢扩而备美之，不无俟后之仁人君子，而非今所敢。必定名，谋勒诸石，则首事输赀善人李时德等，以及施财助工姓名例得并书不朽。

崇正三年[③]。

民 乐 桥 记[④]

康熙二十八年 邑人任璿[⑤]

邑北门外跨卫河为民乐桥，造于宋政和之邵令博，民赖其惠，称邵公桥，以志不忘。至有明正统，诸令、贤正[⑥]重修焉，至弘治而王令统续其功，增七洞，金溪徐宗伯琼记之，以民之乐成也，更名民乐。至嘉靖，而侯令东踵，其成，增九洞，弗易名。迄今百余年，而复圮几及其半，邑人危之。岁己巳，为圃臣周侯[⑦]莅吾邑之六载，业已饬百度而新之矣。暇日登北城戍楼，眺积翠之远来，俯御水之环抱，作而叹曰："是鄘之咽喉要地也，当吾世而不为一邑捍大患，安用长吏为乎？"谋于众，而殚心尽力以为之。官割俸而不伤廉，民力作而不为辞。兆功于春三月之廿三日，讫成于闰三月之廿二日，规模无所殊乎旧，坚完巩固，则严然白虹之属于天，而青龙之亘于地也。邑人咸喜以归功于侯。侯不受，曰："吾一人何得专之。夫率作省成，有邑绅士及三老四民在。量程助功，有滨河往来商贾在。审势定制，饬旧为新，有生员茹大椿、义民赵钦旨、霍沛然在。吾一人何得专之？"不佞闻之，慨然曰："吏之传舍其官也，非一日矣。或以非常之原，黎民惧焉，虽目睹其废附而监司不督责，簿书不期会，一切迂阔视之，相与刻日待迁，掉臂而去耳。即锐意兴作者，未必胸有成算，或惑于堪舆，不可知之事，或惮于纷，更不可竟之。功始而惧，继而疑，不得不姑且报罢，以俟后之人。嗟乎！使吾邑而不遇周侯其人，此桥其能久支耶？周侯之为是役也，财以用给，人以说使，不因陋而就简，不拂民以从欲。今而后诸父老子弟庶可长保无虞矣。昔夏后氏之治水，曰行所

---

① 选自乾隆《新乡县志・卷十・关梁志》，原志注："桥在来宾门外九莲庵西，明天启五年邑绅士公建。"

② 李长年，湖广麻城（今湖北省麻城市）人，选贡，明天启年间任新乡县知县。

③ 崇正三年，即"崇祯三年"，因清朝避雍正皇帝"胤禛"音讳。崇祯三年，即1630年。

④ 选自乾隆《新乡县志・卷十・关梁志》。

⑤ 任璿，1687—1698年，字政七、号具茨、别号在庵，卫辉府新乡县（今河南省新乡县）人。康熙八年（1669年）己酉科举人。康熙十八年（1679年）己未科进士。任户部广东司主事、户部江南司员外郎、刑部广西司郎中、中宪大夫登州府知府。康熙三十三年（1694年），修《登州府志》，著有《研斋集》等。

⑥ 贤正，贤良方正的人。

⑦ 圃臣周侯，县令周开元，字圃臣。

无事，夫胼胝于外，历八载，绩用乃成。而谓行所无事者，何率其性，适其宜，瀹排疏凿，以水治水而已，无与焉，如无所事云尔。因思易之序卦也，震之后继以艮。夫不得不动者，震也。亟舆民休息，其为艮乎？”侯于是不禁太息于缔造之不易，而慎守之维艰，曰：“�人不听长吏，舍渠以就驰道，盖以贤者之法，或不可更也，岂惟邑一日之幸，且以告诸来者。”

重修迎恩桥碑记①

乾隆五年　邑人　杨为枝②

苟有济于物，皆道之所许也；苟无乘于道，皆心之所然也。心之所，而力行之，虽以乂安宇宙，无适不可，矧一桥也。牛女之间，星横云汉，桥之象悬于天。王者法天以利民，故火朝觌，而徒杠成，后人因之。赵充国治桥七十，汉世攸赖。夫水割地而分之，鸟不穷于翼，而人穷于足；能以智力自接其所穷，虽惠而不免于费，然固不谬于道矣。余邑城东迎恩桥，盖有明弘治时王贯所建。嘉靖间，邑侯侯公东一修之。国朝康熙己巳岁，邑侯周公毓麟再修之，迄今五十余年，又复倾圮。夫物之成毁有数存焉，十二万九千六百年终始，乾坤数之所然，大冶无所逃之，桥岂独能长少年也？顾此地为出入城者之所必经，又齐鲁楚蜀四达之衢，桥虽小，固康庄矣。一旦断去，行者非自崖而反，则难免于病涉。苟坐视而不为之，所固道之所不许而心之所不然也，故捐赀特为修治，木石工役，费白金近三十两而不足，以得关中明经卫霍跳来助余。故经始于乾隆庚申三月，越月遂告成焉。夫物无久而不废之理，适当其废者，任兴③之责。愿后之君子嗣而葺之，庶斯桥可以不朽云尔。

西大门桥记④

邑人　张缙彦⑤

国朝奠神京于燕市，海内朝觐进贡咸奔走焉，大一统也。新乡为卫郡属邑，地当冲要，滇南两粤秦晋楚蜀尽取道于兹，盖八省之咽喉云。西门外洼下，地连卫水，西达沁河，冬春近涸，秋夏雨集，往往成巨津洪涛，不惟编氓苦之，荐绅君子輶轩⑥四出，佥

① 选自乾隆《新乡县志·卷十·关梁志》。

② 杨为枝，河南新乡县人，生活于清代康雍乾时期，例监考职、州同。

③ 任兴，尽兴。

④ 选自乾隆《新乡县志·卷十·关梁志》，原志注：“明万历年建，四十三年，乡耆张登等偕僧兴魁募修，乾隆五年邑生员张资汉、贡生卫霍捐赀重修。”

⑤ 张缙彦，1599—1672 年，字濂源，号坦公，又号外方子，别号大隐，河南省新乡县人，明崇祯四年（1631 年）进士。崇祯末年任兵部尚书。贰臣，无能误国。清朝顺治九年（1652 年）后，张缙彦历任山东右布政使、浙江左布政使。清康熙十一年（1672 年），逝于流放地宁古塔。

⑥ 輶轩，古代使臣乘坐的一种轻车。

称艰也。故东西五梁之桥建之旧矣。南北各三梁肇修于万历庚辰，迄今几三十余祀[①]，日久圮废，几成断津。不佞先祖登、同乡耆李君时德及杨君先夏、阎君君宠等佥恻然曰："前人待之后人，后人复然，坏将何极也！"于是各捐缗钱，鸠工役，共图修葺，又虑其费甚夥，欲仰给于县官，适值东事方殷，议后议饷，不暇给也。无何，约浮屠兴魁募化一时，仁人长者各输赀缗，共厥乃事，三阅岁而东西南北之桥俱造成焉，如虹如梁，坦坦焉，乐由之矣。兹役也，始于万历乙卯，成于天启壬戌。暨捐金君子一并勒之，以示永永。

浚县

重修沟洫记[②]

黄 璟[③]

光绪丙子[④]秋，予之京师过浚，闻父老颦蹙[⑤]恤恤[⑥]惟水患，以谓二渠既徙，宿胥不通，其势使然，固未能悉其梗概也。越六年辛巳，承乏来兹，矢以煞患为己任。时冬水涸，考图志，咨耆旧，闻见皆影。向爰度山原，历平隰陂池、畎浍堤堰之属，躬履而熟察之，越同山，过白寺，蹑善化之巅，广视远瞩。邑西北诸山皆在掌握，陂陁起伏，蜿蜒而来者，太行之分也。盖蟠屈绵亘七十余里，平地出者成坵，陷者成谷，突然呀然，不可胜状，而同山、白寺二陂之间，弥望沙砾，浩乎无垠，实为长丰之泊。嗟呼！水之患其在是哉？明年春，议渠之为导水入河计，工既作，或有柅[⑦]之者，谓渠始明弘治间，历嘉靖、万历，令陆公光祖、董公元儒、徐公廷裸、魏公澧、任公养心疏凿之，役无虑六七作，国朝张公中选复大修之，至于今，湮塞如故，顾重劳胡补不如已。予闻而叹曰："于虖[⑧]！此所谓见其害未见其利，知其一未知其二者也。"卒不为夺，以劝以惩，躬督视工。阅四十余日，南起蛟谢村，北抵屯子镇，七十五里，而渠达于河矣。又明年春，益浚治深广之，视沿渠桥梁石底为高下引沟悉备。而渠工以成，其秋淫霖山水交注，河流不容，堤堰故庳狭，于是河决新镇郭村之间，泛滥及屯子、马头，一望无涯，淹没民田亩计逾三十万，独近渠之所，水有所泄，民始更获，有效可观。由是，亭子、新镇、道口等渠以次举矣。且不待董劝，而民争请相

---

① 祀，这里指年。

② 选自光绪《续浚县志·卷三·方域·河渠》。

③ 黄璟，清代监生，祖籍广东南海。光绪年间历任浚县、沈邱、祥符等县知县，禹州知州、陕州直隶州知州，善诗章，长书法，晚年隐居。

④ 光绪丙子，指光绪二年，即 1876 年。

⑤ 颦蹙（pín cù），皱眉蹙额。

⑥ 恤恤，指忧虑、忧伤貌。

⑦ 柅，挡住车轮不使其转动的木块。

⑧ 于虖，同"于乎"。

度，惟恐后矣。方河渠未修时，值水潦，周道不通，由新镇至道口无行迹，必纡走中寺，顾地势亦洼，旧有乐输等桥四五处，倡捐修之，循桥垫路，凡五里，达黄河故堤，无阻遏。又循大道种柳五千余株，其亦氓旅咸便者欤。嗟夫！凡事作之难，持之尤不易。向自陆迄张，凡所兴筑，皆不数十年，远者亦不能百年，悉废败不治，有待更作，诚如所虑。然而一经疏导，利犹数十年，必久不治而后废，而复水患，然则渠之开，固惟享其利，而害有所不任咎也。今予所为诚不敢望于陆董诸君子，顾目前之效不庸有愈于已乎？若夫因势利导，稍稍持久，不遽蹈废坠之辙，是则有望于后之贤者。因记于石，以当息壤，浚之人以为何如也？

重修河堤记[①]

黄　璟

自古治河，堤堰最下策，而今之世，惟此尤亟，然亦非实力不能有实效。去年春，予既穿渠，长丰泊陂不为患，比又浚新镇渠，俾水自汲来者有所泄矣。而卫河受淇泉二水，异派合流，上接太行之麓，伏秋雨甚，河患迭作。入浚境者，南自双河头与汲县界，北至五隆固与汤阴界，凡百七十里，中经县南道口镇、西门、新镇，渠之所入也。稍北经县城，而西而北曰屯子，马头、长丰渠之所入也。凡境内沟渠悉达于河，二渠为尤著。河故有堤，资民力，惜其制庳狭，兼日久冲啮。时白寺各所连年受泊患，而自淇门及新镇，自大屯及中寺受汲患尤剧。以是故先之渠既通，乃倡议修堤，工且作。七月朔，大雨，城西堤濒溃，大王庙月杪又雨，稍南属罗村堤，亦就圮，并乘夜防护，得毋决。八月二十日，河涨郭村马头，挟淇水，势益湍悍，撞激冲突，堤不能守矣。予既悔绸缪之晚，未能弥患于未形，且近城太王庙、罗村之险虽廪廪勿溃，而地属小坡，在亭子坡、十里铺二堤之内。今二堤既夷为平地，郭村之决，大坡北注，而河害皆波及也。立偕县丞朱君澍驰骑往，民按田计工，通力合作，悉如旧章，既众且奋。予复躬率堵筑，目不交睫者两昼夜，谂工料浩大，民力维艰，捐俸钱筹继其食。越翌日，庚午八月二十三日，堤工合龙，水归长丰渠，田野涸出，麦种无失时。方工之亟也，泛滥茫茫，堤内外皆巨浸。予与朱君躬与沾涂，引长绳绵络九十余丈，属薪实土，以治黄河者治之。夜以继日，星月在水，灯火焜耀[②]，千倡万和，邪许之声，泅没之状，迄今思之历历在耳目。朱君少随宦东河。是役也，谓险与河埒，殆非訾言。先是戊寅岁嗛，转漕于浚。余麻袋数千，至是悉以载土，仍市褚棉之属袽补之。既塞矣，已而复溃，卒用朱君言乃固，深维河决之由，若大堤巩固，必不溃。即溃矣，若十里铺、亭子坡堤皆无恙。溃在郭村，彼近城西南，濒险而固，何以

① 选自光绪《续浚县志·卷三·方域·河渠》。原志注：“此处河堤指双河头月堤，西接卫河大堤，由东而北，工长一千三百十七丈五尺，光绪九年，村人修建。”

② 焜耀，光彩夺目。

坡水北下，沛然莫御，一至于此。亟寻其迹，乃知二堤相属，自乾隆五年鲍君志周增修以来百五十年矣。爰以十月之望一律兴工，沿河大堤起讫依旧制，统高加五尺，厚倍之合旧，得若干丈，详于碑阴。小堤南自亭子坡之晏傅庄，北接十里铺至东西侯、胡寨，迤逦而东四十有余里，悉踵鲍制；稍广之以为南北堑，分捍河患且东，即以为河之缕堤，而西又以拒长丰之渠，昔人之创是盖其虑如是周也。又大堤自双河头与汲县界，今属浚者，既培既筑，而汲尚未举。汲居上游，每秋水涨溢，利河淤肥美，又势处建瓴，下注若漉，故独利无害。及泻入浚，若淇门，若大屯，若新镇，浸及中寺道口，则久淹为大患，而双河头独当其冲，莫可谁何。今创西自卫河大堤由东而北，轡环十余里为月堤，以卫双河头田庐。予既惩河患之剧，悯吾民之颠沛，而又喜绅民之输趋踊跃，俾无久泛滥，其勤不可没也。因悉书在事之姓名于石后，并详堤工之段落、道里之远近、高宽之丈尺，俾后之人揽而观之，咸有可指，进不掠美，退无诿谤，其亦征实之微意也夫。

重修金龙四大王庙记[①]

黄 璟

庙以移称，移必有处。今李碑眥然不言所自，志亦不详，独载明徐渭所为王传，具姓氏，事实甚晰。吾以知王之忠愤而神也。传王谢姓，讳稽，其功绪之绪，宋会稽诸生曰金龙，因王葬地曰四大王，王生时行列也。方度宗[②]十年甲戌秋，大霖雨，天目山颓，王会众泣誓，卒赴水死宋难。明初，神异特著，诏封用王仪，迄今江淮河汉四渎之间遇险灵助，不独黄河为然。矧在于浚，然浚之仰沐王休有不可不纪者。璟治浚三年，光绪癸未七月大雨，卫河承西山挟淇水下注，湍流涨溢，城西堤岌岌将溃，即庙前石堤也。又南五里，罗村堤亦就圮，乘夜捍御得毋溃，非神默呵护，岂璟之所勤及耶？厥后，郭村既决，势益弥漫，淹没民田逾三十万亩。会璟所重浚长丰、亭子诸渠，先一年成，赖有所渫。横潦立涸，播种无失时。其冬，禹王庙成，都人士碑之，备述其事，归德于予。于虖！予滋愧已。夫职司民牧不能先事预防，灾至又不克力捍，廪廪补苴其后，所伤多矣。都人士不以咎予，转相歌颂之，以辱贞珉。然则神之默相呵护，城关居民得安然衽席，其受福于无形者，璟又乌可嘿嘿已耶？虽神之灵威广运不专在于浚，而吾浚之受惠于神将使金堤永固，官与民常享无事之福，非神是赖而孰赖也？十年春，既重新王庙，爰制为迎享送神之诗，以贻浚人，俾春秋时飨歌以祀焉。其词曰：天目山兮江之浒，苕之水兮龙飞舞。笃生异人兮我王，山其颓兮王悲伤。从彭咸兮汤汤，帝下诏兮巫阳。炳灵光兮战吕梁，蛮子慑伏兮金甲辉煌。河北流兮志遂，奠狂澜兮千万岁。康

① 选自光绪《续浚县志·卷四·建置·庙坛》。

② 度宗，指宋度宗赵禥，1240—1274年在位十年。

吾民兮利济，永芘覆[1]兮神之惠。

重修城隍庙记[2]

黄 璟

城，盛也。言乎盛，受国都也。隍，潢也，属之城者，见于《易》，训于《尔雅》，而其制自黄帝始。呜呼！此城隍之名所由昉欤？《记》曰："伊耆氏始为蜡，而坊与水庸属焉。"《说》[3]者曰："坊所以畜水，亦以障水，庸所以受水，亦以泄水。"是有神焉，以主其营，为所须之事，故祭之。呜乎！此城隍之祀，所由昉欤。今上自天子之都，以下逮于州县吏之所治，无不有城，无不有隍，即无不有庙焉以祀其城隍之神，典甚盛也。为之说者谓神司善恶之报，操祸福之柄。官治于明，而神治于幽，阴阳屈伸之理不可诬也。夫神道设教，先王之微意，吾何敢知？抑重有感者。璟之治浚也，越三年，癸未秋霖潦大作，卫流涨溢，城之西故以河为隍者也，无事则西陂之田蓄泄利赖。是年之决，当郭村马头，挟淇水下注，势湍悍不可御。城西既以河为隍，即以城为坊者也。西岸大王庙堤且立溃，仓猝捍备，无所措。予默祷于神，力防护得勿溃。呜乎！非神之灵，有以默赞之欤？庙旧在城外，明隆庆中重修，碑言神灵异甚晰。是年夏，余因其旧制，完葺而丹垩之。平时雨旸，祷縻不应，神之福，惠吾民者，岂有穷哉？予既感神之灵佑，而益信坊与水庸，所以资保障，利疏泄者，非人力所可及。宜乎，上自伊耆以来，奉为祀事，而历代诏封典制益隆，有独超异于蜡之群祀中也。呜乎，懿哉！

重修禹王庙记[4]

黄 璟

予既修禹王庙于大伾，落成拜谒，望黄河故道而不能无慨然叹也。曰：嗟乎！河水之害盖自唐虞然矣，世言治河无善策，其信矣哉。虽然九河入海，禹之故道天津是也，自是厥后安澜者千数百年。迨九河既湮，东汉永平时河稍南徙，抵千乘入海。千乘今之武定，由济而下者也，安澜亦九百余年。迨八河复湮，至宋南渡乃折而南，吞淮入海，所谓南河者也。今南河复涸，复由济而下，其殆复千乘之旧乎？异哉！向之安流者垂千年，今几何时，患乃至此。嗟乎！是亦未得水之性而已矣。贾让之策曰："决黎阳遮害亭，放河北入海。"当世难之，后之人亦訾让，以为迂诞，不知让之策非好为迂诞，亦顺其就下之性，爰以复禹之旧，斯已耳。予向游京师，取道津沽，见自分水龙王庙下，势若建瓴。由德州至天津，其地势何如也？今水之不北者果水之性耶？其溃溢渟淤于东，重为民患者，又果水之性耶？南河淤矣，不可以复折而东灌乎清济，仰而受者不可

① 芘覆，即"覆芘"，同"覆庇"。

② 选自光绪《续浚县志·卷四·建置·庙坛》。

③ 说经，指讲解儒家的经书。

④ 选自光绪《续浚县志·卷四·建置·庙坛》。

遏，俯而注者无所归，清者浊，浊者塞矣。欲河之不溃，弊弊[①]焉增卑培薄之，是务是欲止孺子之啼，而塞之口也，得乎哉？今河之势其亦欲复禹之旧乎？吾不敢知。顾尝妄论导河之易可以久安长治者。固无愈于由津入海之为便也。无他，就下则然也。孟子曰，禹之治水，行所无事。岂不以是也哉？或曰："河北行无害千年，固已。黎阳东郡之役，非汉时事乎？"呜乎！是又不审时势之说也。夫汉承周末列国纷争，各曲防自卫，禹功大坏。今圣天子在上，天下一家，河行南，南不免于害；河行北，北不免于害。亦权其害之小者处之耳，惟不与水争地力，且可使地享水利，无曲防也，无淤塞也。水得其就下之性，尾闾泄，利仰而承者有以翕受，何患之有哉？夫乃知禹迹之必不可改，而明德之远，垂千万祀而不朽于虖微哉？庙既成，谨书于石，愿以质诸治河者。

卫辉市

重修德胜桥记[②]

明　王英[③]

卫辉治之西有桥曰德胜。盖国朝天兵下河北，守者率先归附，因是而名桥云。桥旧架木为之，虽数易而辄坏，行者病焉。汲县尹新淦黄润欲作石桥，为经久之计，白郡守叶宜[④]。宜善其言，驰奏于朝，诏报可。宜乃鸠工市材，又劝其邑官民出赀以益之。以正统四年[⑤]秋九月肇功，再明年夏六月告成。

夫卫辉，河南大郡也。实西北要冲之地。国家承平，圣天子在御，大敷文德，四夷万国，莫不臣伏。而卫为孔道，朝贡往来者所经，可使其病于涉乎？桥成，余嘉其有惠于卫之人也，遂为之书。

卫辉府重修德胜桥记[⑥]

明　于准[⑦]

汲县有桥，在府城之西、卫源驿之前，北接京师，南通诸藩，轮蹄络绎不绝。其下之水，源发于共城百泉，演迤百余里，与三桥河相合而流。始，大国初，天兵至，民皆

---

① 弊弊，辛苦疲惫貌。《庄子·逍遥游》云："之人也，之德也，将旁礴万物以为一，亡蕲乎乱，孰弊弊焉以天下为事。"

② 选自明万历《卫辉府志·卷四·建置志下·关梁》。

③ 王英，抚州府金溪县（今江西省金溪县）人，永乐甲申进士。入翰林，累官侍讲学士、春坊大学士，为经筵讲官、国史总裁。修实录成，进礼部侍郎，升南京礼部尚书，著有《泉坡文集》。

④ 叶宜，字守义，福建南平人，进士。宣德中，以户部郎中升任知府。政术精敏，振励有为，作新学宫及邮驿、谯楼，焕然修举。德胜桥初构木为之，创易以石，行者称便。其诸兴废举措，声绩甚佳。升浙江参政。

⑤ 正统四年，指明正统己未年，即1439年。

⑥ 选自万历《卫辉府志·卷四·建置志下·关梁》。

⑦ 于准，生卒年不详。从文中看，与邢表为同僚。《明一统志》卷九《松江府·名宦·于准》："成化中，松江府同知。为政本仁恕，先教化而后刑罚。开益渎河，不笞一人而事就。城中失火，势烈甚，准衣冠向火再拜，火随息，盖一诚也。"不知与本文作者是否为同一人。

望风归附，桥因以德胜名。旧制，架木为之，以通往来。正统间，前守叶宜、汲令黄润[①]因水势漂悍，木不能支，合谋易以石。上甃垠岸，以固木趾；下疏五洞，以通舟楫。逾年而成。是时翰林学士王英为记以记之。历年久远，车辙马迹之深，河流激荡之广，石栏石洞俱就损坏。成化六年，邢侯[②]来守是邦，遂命匠伐坚石以修整之。自是人无病涉之忧，桥无数圮之患；南北往来，如履平地，不知有一水之阻，侯之力也。耆老校英等嘉侯之德，请余记其始末。

余与侯同僚，素知侯之美政善治非止一端。兴学校，劝农桑，谨河防，新传舍，修坛壝，救荒弭盗，百废俱举。又每岁七月十五日于桥上施米数石，炊饭以济往来之饥者，其与修桥以便行旅同一济众之仁，皆非人之所易能也。

侯名表，字居正，顺天文安人。登丁丑进士第，授获嘉令。寻守彰德，改调卫辉。蒙旌异，封其父母。兹因郡人之请，特书美以劝方来。

改建西关龙王庙记[③]

清　胡蔚先[④]

郡城西关之龙王庙，既无碑碣以考创始之由，搜之志乘复无有纪其事迹者。予麾守[⑤]是邦已三载，自愧凉德[⑥]，岁每歉登。壬申[⑦]自春入夏，亢旸不雨，益忧心如焚，寝食殆废。躬率僚属步祷坛社、城隍诸祠，亦可谓圭璧既罄，靡爱斯牲矣，而蕴隆虫虫，旱魃尤炽[⑧]。

郡耆老徐壮行辈于六月己亥[⑨]率众来告曰："龙王庙有井实灵，凡昔旱时能斋诚恳祷者，响应如枹鼓。"盖王道本乎人情，心切忧民，爰允所请，恭拈瓣香付之。越三日，壬寅[⑩]，而甘雨果沛，四郊沾被。遂播秋禾，士民始有起色。予率汲令佟国

---

① 黄润，江西新淦（今江西省新干县）人，汲县知县。创建德胜桥，以石为之，经始之计，规划实多。

② 邢侯，即邢表。字居正，顺天文安（今河北省文安县）人。天顺丁丑科进士。任获嘉知县。居官清慎，莅事公勤，升户部主事，寻以卓异擢知彰德府。因疏论赵藩骄横，成化六年（1470 年）调卫辉，有政声，民怀其德，入祀三贤祠，有去思记。历山东参政、布政，四川巡抚、都御史。

③ 选自明万历《卫辉府志·卷四十四·艺文志·碑下》。

④ 胡蔚先，字季豹，四川省井研县人，荫生。清康熙二十九年（1690 年）任卫辉知府。翌年，续修志书，延李芳辰、任昌期等六人纂修，成《卫辉府志》十九卷，康熙三十四年（1695 年）刊印，康熙四十年（1696 年）任分巡荆州道。

⑤ 麾守，古语有"一麾出守"的说法。原指阮咸受排挤，而出为始平太守，后指京官出任地方官。麾，排挤，后"一麾出守"指京官被人排挤外调。

⑥ 凉德，薄德，少德。

⑦ 壬申，指康熙三十一年（1692 年），农历壬申年。

⑧ 圭璧即罄，靡爱斯牲矣，而蕴隆虫虫，旱魃尤炽，描写求雨无得，干旱肆虐之状。语出《诗·大雅·云汉》"靡神不举，靡爱斯牲。圭璧既卒，宁莫我听。"（尽管祭祀了所有神灵，供上所有牺牲，但上天就是不听世人的祷告）"旱既大甚，蕴隆虫虫""旱魃为虐，如惔如焚。我心惮暑，忧心如熏"等。

⑨ 六月己亥，指康熙三十一年（1692 年）六月二十一日。

⑩ 壬寅，指康熙三十一年（1692 年）六月二十四日。

瑞[1]谒谢神祠，睹其庙貌，湫隘仅尔一楹。瞻顾徘徊，瞿然兴念，曰："凡神能捍灾御患，有功于民者，斯祀之安可以灵爽式凭之区，任其卑陋若是？"乃捐俸三十金，购庀木石，倡建三楹，奈限阛阓之基勿能扩拓耳。举凡材力所不逮者，复赖佟令毅然肩之。丹垩[2]焜煌[3]，藻绘轮奂，落成之日，灵雨应期，获布来麰[4]，何莫非吾神之贶也？

庙原有田三十亩，向属明季时潞藩所给，蠲除徭赋以供僧人香火资。迨圣世鼎新，优免[5]粮差，相沿如故，非特徐壮行辈言之娓娓，即核之县卷亦符，并列记中以恤饭僧。官民诸义助者，例刊姓氏于碑阴以为之劝，并勒改创岁月之由，俾后来有考云。

卫辉府重修小石桥记[6]

清　胡蔚先

府治德胜关西三官祠之左为西北诸乡村子午通衢，而地势洼下，适连丹沁涨决之冲、卫水旁趋之所，每当春雨秋霖之际，辄成巨津，水天一色。向赖小石桥横亘其间，利济轮蹄攸往。乃历岁既久，基址崩摧，值兹夏霪雨兼旬，山水迸下，蓄而不泄，一派汪洋，吾民褰裳病涉，竟以斯途为畏。余怃然念之，欲集众倡谋，奈时绌举裸[7]，恐成筑室道旁[8]之事。然既承乏是邦，蒿目斯患，忍坐视弗恤？爰节俸五十金以为鸠工庀石费，因其废址，叠石鼎新，期月而落成，深喜吾民无病涉之忧矣。

盖徒杠舆梁乃王政之亟务，守土者所宜尽心。倘继起者能同是心，勤加葺治，毋俾于圮，则竭来斯道者宁有畏途之视也哉！桥落成，特志其重建事迹岁月，勒之贞珉，用告后之为政者云。

滑县

河侯祠记[9]

裴处权[10]

明皇帝怀柔百神，以功济四渎，蒲股肱，郡实祠宗，由是划旧图新，庙貌甚设。国

---

① 佟国瑞，字辑五，奉天（今辽宁省沈阳市）人，荫生，康熙二十二年（1683 年）任汲县知县。乾隆《汲县志》称："居官清廉正直，丝毫不妄取，常于催科寓宽恤之意，无追呼频数之忧。治事敏练，有能吏才。葺学宫，整祭器，集乐舞。生天旱，祷雨辄应。增修衙舍，多立义塾，培养人材，省刑节用。一时士民皆乐其业，汲为改观。"

② 丹垩，涂红刷白，泛指油漆粉刷。

③ 焜煌，明亮。

④ 来麰（móu），也作"来牟"，古时大小麦的统称。

⑤ 优免，准予豁免租赋、力役等，以示优待。

⑥ 选自乾隆《汲县志・卷四・建置志下・桥梁》，该文标题为本书编者所加。

⑦ 时绌举裸，应为"时绌举赢"或"时绌举盈"，比喻在困难的时候而做奢侈的事情。

⑧ 筑室道旁，又作"筑室道谋"，道谋，与过路的人商量。比喻做事自己没有主见，缺乏计划，一会儿听这个，一会儿听那个，终于一事无成。《诗经・小雅・小旻》曰："如彼筑室于道谋，是用不溃于成。"

⑨ 选自咸丰《大名府志・卷十八・艺文志》，《全唐文》指《祷何侯庙记》。

⑩ 裴处权，唐文宗时任官户部员外郎，大中时迁司封郎中，出为河东少尹。

有祀典，蒲侯职之。然天下郡县濒于我者，多曲架榱桷，庙神乞灵。滑临洪波，神有宁宇，且曰渎侯古神也，故神以侯称。六年夏不雨，尚书博陵崔公惧兹农事，凡明神灵迹有可以膏稼穑者，必命牺牲箫鼓以动之，卒无应。一旦，监军使阎公曰："郡濒何侯庙貌具存，姑用旱祷，宜干流以苏大田。"五月庚午，公会阎公幄河壖，列旌旆，率府从事，合牙门诸将郡县吏，罗为侯拜。声以具乐，酾以清觞，腥烂燔炙，苾芬交错，版书精意，以耸侯听。六月辛未雨，乙亥始霁。自乙亥至秋七月壬子，以烈日下烛，南亩复燥。公曰："时雨难再，将奈秋成何？"阎公曰："河侯利吾州，前应如答。吾且祈且报，庶终侯功。"癸丑，公复会阎公，仪若庚午。丙辰雨，乙未乃霁。噫！公祷之虔，神应之速。祷不虔无以徼侯贶，应不速无以协农时。既贶既应，多稼布野。寒耕热耘之子，其有京坻之望乎！昔王尊舍熊轼卧金堤，却惊波也；公仗戎钺祷于河滨，勤甘雨也。惊波缩，所以完居邑也；甘雨零，所以遂嘉谷也。则知前贤后贤之推诚济物，吻若符契。矧乎食民天也，宜拜侯赐。阎公揖曰："齐诚以动神者，尚书公之德也。"公揖曰："始谋而获应者，将军氏之力也。"于是相与拜宇下。或曰："昔河流滥泛，将鱼滑人，滑人祝侯，骇浪帖息。今日拜侯赐，未若记侯之感通。"公乃召从事河东裴处权文其功，客有博陵崔应书于石。

会昌六年[①]九月一日记。

三、焦　作　市

修武县

温公新甃龙泉池记[②]（节录）

怀孟路中选儒人张杰记

承务郎修武县尹兼管县诸军奥鲁、劝农事温惠书　教谕赵宜中篆额

邑之西偏五十里，土壤肥润，民物蕃庶，有里曰苟泉村，亦云苟泉陂。里之右有水源出平地，号曰龙泉。庙之隅止有断碑，字刻剥落，所可辨者，"龙泉神庙""灵迹"，祈祷辄应，民鲜灾咎[③]。盖《祭法》所谓山林川谷邱陵能出云为风雨者也。至元丁亥，太原温惠，字仲宽，由安西省椽竹来尹是邑。下车之初，谒祠下，四顾荒陋，乃召集社众，谕以浚泉脉、敬致祭祀。众皆喜跃，承教定议，浚以为池，导水东注，内可

① 会昌，唐武宗李炎的年号。会昌六年，即846年。

② 选自民国《修武县志·卷十三·金石》。

③ 灾咎，指祸殃。

以壮神祠，外可以灌溉民田。凿池深仞，得宋熙宁甲寅岁孟州录事参军唐州桐柏县令之孙温宁重修是庙碑石，与今之尹姓氏相同，兴替之遇，岂非数也。以是，民益用劝，子来忘劳。池之广袤为方一百尺，自二十六年五月十五日经始，二十五日落成，龙池一新。舆情起，敬奉为香火资福之地，讵不韪哉！

至元二十七年。

武陟县

县尹江侯重建厅桥记[①]

何　瑭[②]

武陟学康生进、毛生嵩来补国学生，至都下，间以其县尹江侯修县治、作浮桥事来告，请为之记。因问侯政何如，曰："侯，岂弟君子也。其政详审不苟，凡民利益必斟酌，既定，然后兴罢。于士类告迪振厉，皆有常法。"问修县治、作浮桥始末，则曰："旧县治湫隘卑陋不称，侯始下车，慨然欲新之，顾财力方绌，遂已。视篆三载，政通民和，岁复大熟，乃鸠材庀工，悉撤旧治而改作之。为正堂三楹，后堂三楹，东西幕厅、六房吏舍以及大门、仪门、库楼、鼓楼皆鼎然完美，高明广大，既足以集众庶而出政令，深邃严整，又有以怡心志而快耳目。县之城池人物，若有增于昔者。又县治北枕沁河，旧架木叠桥以通行者，每夏秋霖，潦水泛溢，桥辄崩塌，民既病涉，而修缮复劳费不赀。侯乃命比舟为桥，絙[③]以铁索，贯以铁环，水小至则任其与波上下，水大则暂撤而舣[④]于两涯，民之往来者既得无阻，而复无修缮之烦，民甚便之。此其大凡也。"窃谓古之观政者，入其疆，则视田野之易治，桥梁传舍之修整；入其邑，则视官府之辨严，阛阓之克□与否，因以占其政之美恶。信如所言，则江侯之政之美□□见矣。抑民愚而神有不可以空言欺者，侯之□□□于民，则民之跻堂而拜、履桥而行者，必曰："斯堂也，斯桥也，我侯之所作也。初非有所利于是，是真能为公私长久计者，我侯而去，谁其嗣之？"其爱慕眷恋如此，否则反是。噫！民之情亦可畏矣，江侯念哉！吾见武陟士民爱侯敬侯，与县治、沁水相终始也。侯讳璋，字良圭，直隶徽州之歙县人，乡举高第，礼部试不偶，乃就吏部选，知是县云。

---

① 选自道光《武陟县志·卷二十三·文词志下》。

② 何瑭，1474—1543 年，字粹夫，号柏斋，怀庆府（今河南省武陟县）人。明弘治十四年（1501 年）中河南乡试第一名，次年中进士，历任翰林院庶吉士、编修、修撰，以不屈于刘瑾，辞官。后刘瑾伏诛，复官，任开州同知、东昌府同知、山西提学副史、浙江提学副史、南京太常寺少卿、正卿，北京工部右侍郎、户部右侍郎，南京都察院右都御史掌院事等职。明嘉靖十年（1531 年）告老还乡，成立"景贤书院"，设馆讲学，着书立说，有《柏斋文集》。

③ 絙，指大绳索。

④ 舣，停船靠岸。

灵泉引水南注宁郭镇城濠记[①]

袁　楷[②]

灵泉之南注宁郭镇城濠也，在崇正九年[③]丙子秋七月。先是，天启元年[④]，知府王景以堪舆法引于宁郭镇城濠水之所经，凡壤田为渠者，即檄修武除其地之赋，且偿以直，其渠已不为民田矣。而渠壅水不南者十余年。崇祯五年秋，流寇至，自晋络绎为害者三年，宁郭几无遗孑。宁郭为驿，驿失而王命废，所殃不仅在此，镇民当事者疏以闻。天子有命，责守于分署者通判，且以筑城凿池，刻期须竣。予实守河北，奉厥旨牒，下将观成焉！其城既赖通判窦光仪、知县董兰芳力，克底厥绩。城不池，城不足恃，乃浚北来故渠，俾灵泉水注隍以为民卫，即以此报天子命，则此水从兹而南也，敢障者罪不赦。相传，晋杨生醉，仆于途，野火焚将及，所随者犬以力为泉，泉见，犬水其身，辗以灭火，杨生得不死，灵泉之所由得名也。流寇之烽较焚杨生者之焰孰烈？宁郭镇城之千万人较杨生之生死孰多？湛湛灵泉，仅令其活一杨生而止，有地方之责者不其获戾于斯泉哉？况兹所决之水，在泉村东南隅，其委虽汇，而于源则已为馀，其可以利民田者皆在北，此者之上流名曰"光河"，光河东注至三空桥，此决固毫无所损。后之人倘有阻此流于不南者，泉灵当殛之矣！且泉欲活一杨生而犬能成之，泉欲卫此千万人于一城而人反阻之，可以人而不如犬乎？郭村西北一泉久窒，疏之以增此澜，东入石桥下交流。并记于此。

分守道张公新筑沁堤记[⑤]

清　赵奠丽[⑥]

沁之为患，其来旧矣。然赖人力，可幸无患，虽患亦不称忧。独壬辰迄甲午三载之内，叠遭淫霖，益大其势，而沿河一带，堤岸卑薄，久渐化为平壤。于是水之怒如无所砥，一决而北，直达于卫，再决而南，直抵于河。上下百里间，极目烟澜，鱼龙跳舞，田庐尽为漂没，城亦几沼。事闻致廑宸[⑦]忧，谓"非属之重臣不可"。爰简张公以参知分守其地，而治水一事于我公为专司焉。公曰："水不可与力争也，求其故道，竣其堤防，俾中无散漫，下有归宿，则怒可渐衰，而势亦徐缓，吾但行所无事而已。"因请水衡金钱，广置物料，复飞檄六县，调集丁夫，相度地形，增堤四处。起自傅村决口，纡折而西，曰"大樊"、曰"小董"、曰"南王"，各限工程，添筑下

---

① 选自道光《武陟县志·卷二十三·文词志下》。

② 袁楷，陕西凤翔县人，明天启五年（1625 年）进士。

③ 崇正九年，即崇祯九年，公元 1836 年。

④ 天启元年，即 1621 年。

⑤ 选自道光《武陟县志·卷二十三·文词志下》。

⑥ 赵奠丽，字建先，开州（今河南省濮阳市）人，清顺治十二年（1655 年）乙未科进士，授河南武陟县知县。

⑦ 廑宸，指皇帝。

埽。公单骑来往，视其高卑坚薄而劝惩之。人事效用，畚锸云屯，岁未周，工成保障，水约中流。从前涛鸣波滚之地，又变而为耕耘树艺之场矣。噫！公之明德远矣哉！总计堤长九百二十六丈，高八尺，阔一丈三尺，而小董、大樊则高一丈、阔三尺，地当水冲，故工尤加峻云。一日公行堤上，告奠丽曰："此陟民百世之利也，善后之策，仍当与邑宰图之。夫水性无定，难以预料，吾于堤旁设堡，堡有夫，候水消长，得为之备，则暴涨可无恐已。堤岸无柳，土亦弗固，吾广为种植，接阴不断，期根以下盘，而稍堪储用，则颓壤可无虑已。抑某又闻之：'神有所依，乃不为厉。'吾前筑傅村堤时，即阙地一区，建河伯祠宇，今工已告竣，酒牢虔备，钟鼓时闻，神之格思，宁不垂蕤[①]而降祉邪？昔人于长桥广堤镇以金铁者，谓蛟螭之属性畏之，兹铸铁为牛，置诸决口，且牛丑土也，上以克水，五行之理，或非诬与，凡此皆所以保堤也，堤保而患消矣！"丽曰："唯！唯！辱公明赐教，当永守之。惟是公既底绩，天子将酬厥庸而懋[②]赏焉，则继此以往，享公之利，谁复识公苦心者。昔朱司空治河功成，李于鳞先生赠以句云："春流无恙桃花水，秋色依然瓠子宫。"迄今故老传为佳话。丽愧乏白雪之才，无足扬徽标美。而公不朽之功，又不容以弗志也。用藉贞珉，以告方来。公讳藩，字介屏，山西太原府盂县人。

大尹创筑堤工记[③]

王　靖[④]

《禹贡》："九泽既陂。"陂，障也，筑堤之所由起也。贾让以"缮完故堤，增卑培薄"为治河之下策。然以今日之形势而论[⑤]，则治河之策不外乎此。武陟县南濒黄河，西接温县之平皋，而东与荥泽为界，相距皆五十里。城东一带自康熙六十年河决之后修筑大堤，梁溪嵇文敏公时为河使，有《河防奏议》，王犀川制府辑《河南通志》亦详载之，可考而知也。城西旧无堤岸，惟借清风岭以为屏藩，历年已久。北有沁水，南有黄河，每至桃花浪涌及伏秋大汛，往往泛溢，居民苦之。乾隆十六年夏，霪雨连旬，沁黄异涨，清风岭冲断数处，水如奔马，人将愁鱼，庐舍田畴漂没不少，呼号之声彻于远迩。邑令奉新赵侯开元，蒿目伤心，既请赈恤，并议筑护庄堤以卫之。明年，赵侯以卓异内迁，工未及举，代之者醴泉王侯肯穀，劝民输赀，为兴筑之计。上官委县丞戴涛司其事，而民绌于力，堤薄而卑，六月水涨复决。王侯丁艰[⑥]去任，海宁查侯开重来摄篆，下车之初，劝民补筑。八月大雨，堤复倾颓，郡守甄公与令丞跋涉于泥淖中，共相

① 蕤，通"丝"，云下垂的样子。

② 懋，勉励，鼓励。

③ 选自道光《武陟县志·卷二十三·文词志下》。

④ 王靖，字牧村，山东诸城人，乾隆十七年（1752 年）进士，乾隆二十年（1755 年）任武陟知县。

⑤ 论，原志为"谕"。

⑥ 丁艰，即丁忧，亦称丁家艰。

筹画，以为护庄堤既不足以资捍御，必将清风岭之残缺者修补完固，以作重门保障。查侯乃捐薪俸，以供竹楗，仍委戴丞及主簿顾秉衡、典史任经、驿丞马宗楷为之分修，而自董其成。盖其才识过人，无书不读，而尤熟于《河渠书》，固非徒补苴罅漏[①]者可同年而语矣。夫兴利除害，固长官分内之事，然往往视为故常，从未有勇于任事、思一民之溺若已、推而纳之沟中如查侯者。且民利民筑，岂非成例，亦何妨竟听之民。况以大清小廉之世，脂膏不润，指水盟心，犹惟恐民力之或竭，而裁冰割雪，以资于成，其德又何可及哉？癸酉之春，查侯以上官具疏题授，入觐枫宸，出而抚驭花、封、殷、怀蔀屋诸事，益加奋勉，所以报君恩而酬宪德，亦甚切也！频年以来，歌乐土而庆屡丰，幸免流离，各安耕凿，则查侯之利济斯民为甚溥。尝读《唐书·地理志》，凡一渠之开，一堰之立，无不记之于其县之下，论者谓其详而有体。前朝洪武末年，奏开天下郡县塘堰凡四万九百八十七处，陂渠堤岸五千四十八处，而明季怀庆有史公堤，则因沁水涨溢啮古阳堤，募夫兴筑，此又近事之见于志乘者也。余承乏是邦，习闻旧令尹之政成规具在，敢不夙夜竞力为保固，并望后之君子，念创始之最难，思守成之非易，当仁不让，而见义必为，亦如查侯，是则斯民万世之利也夫。

县尹七公筑护城堤记[②]

宋佩兰[③]

七十一公，号椿园，满洲正蓝旗人。由进士莅武，性至仁慈，政治深得民心。乾隆二十六年，寻村沁河决口，水东流而下，城内均成泽国，民人劝公徙居城上北顶高地，公曰："尔俱临颠危，我何忍独安！"诚之所感，水仅至署前而止。县东安居之民，日以柴米酒食，扶云梯而上以供公，公受之，始以其食分布于城内饥民。继自乘小舟，载以蒸食，散布于乡村不能举火者，经十数日不辍。水稍平，即详请赈济。又念武邑居南北黄沁之间，水患无定，不有以堤防之，害将胡底，遂倡捐廉俸，里民亦咸为乐输。始筑于乾隆二十七年冬，工竣于乾隆二十八年秋，北至麒麟塚，南至先农坛，蜿蜒数百丈，围绕如带，士民感其德而勒之石曰"七公堤"，所以其后虹桥决口，张村、寻村继决，城内固无恙。即至嘉庆五年，唐郭村黄河漫堰，水势甚大，又遇风浪汹涌冲突，堤几破。而根本坚固，稍为镶补，卒于无患，其遗泽不诚深且远欤？嘉庆十四年，城关绅民肖像，与永道宪、王县尹并祀焉。

---

① 补苴罅漏，补好裂缝，堵住漏洞。比喻弥补事物的缺陷。出自唐代韩愈《进学解》："觝排异端；攘斥佛老；补苴罅漏；张皇幽眇。"苴：鞋底的草垫；罅：缝隙。

② 选自道光《武陟县志·卷二十三·文词志下》。

③ 宋佩兰，字柚亭，河南武涉人，清乾隆、嘉庆年间贡生。

四、濮 阳 市

龙华区

石 川 桥 记[①]

王崇庆[②]

石川桥者，刺史石川张公之所建也。公以予年家[③]也，因滥托为记。记曰：桥以石川名，示本也，重初政也。夫澶之东门居下流，当霖潦辄成巨津，势也。始故老告愚病涉，未信也。乃丙戌岁三日雨，继而四日雨，城门之下行舟焉。会日暮大风起，咫尺莫之辨人，果有二童溺者。越翼日，愚过而问之，行者对以故。因感而悲，乃为文以吊。既而且告先刺史朱公子纯。子纯曰："吾有司之罪也，乃以致公忧乎！"方将经营，谋所以济往来，会子纯转官南都，事遂不果，则夫桥之成与否，其无乃数也乎。丁亥之秋八月，公始继守。来兹未几，百废就绪，开诚布公，考古敦教，礼贤课农，振兵恤孤。君子曰："良牧也。庶几王道矣。"一日，公以他事出，见旧桥圮塞，木石散落，乃愀然不悦，曰："是固我之责也，吾何修而可以继子纯也。"于是，命官择日鸠工，采石于黎阳，伐木于河源，资费于官帑，洼者填之使高，缺者补之使平，而桥告成，实戊子夏五月望日也。空以三，驾栏以十二，爰及周道，其直如矢，盖有目者罔不改观焉。病涉吾知免矣。今夫石石也，有介焉；川川也，有流焉。是故介以象公之操，则弗可援流而不息；以象公之量，则弗之能穷。从而上之，济川其有余地矣乎？独一郡也哉？公名寰，字允清，辛巳进士，昆山人，石川其号，今擢金台秋官员外郎云。

濮阳县

濮州河渠记[④]

明大学士　商辂[⑤]

正统戊辰秋，黄河徙荥泽，漫流州境，自临濮迤北至港上，地可万余顷，悉为巨

① 选自嘉靖《开州志・卷九・艺文》。

② 王崇庆，1484—1565 年，字德征，号端溪，明开州（今河南省濮阳县）人，明弘治三年（1490 年）举进士，曾任南京吏部尚书，著有《周易议卦》《南户部志》《开州志》等。

③ 年家，科举时代同年登科者两家之间的互称。明末以后，往来通谒，不论有无年谊，概称年家。

④ 选自万历《东昌府志・卷二十・艺文》。

⑤ 商辂，1414—1486 年，字弘载，号素庵，浙江淳安县人。商辂是明代近三百年科举考试中第二个"三元及第"（同时获得解元、会元、状元）（第一个是黄观，被朱棣除名。所以又说商辂是明代唯一"三元及第"），仕英宗、代宗、宪宗三朝，历官兵部尚书、户部尚书、太子少保、吏部尚书、谨身殿大学士、首辅。卒谥文毅，有《商文毅疏稿略》《商文毅公集》等。

津，民以失业。迨景泰丙子，河复故道，漫流稍息，临濮地间出，然无以泄其流。干溢靡常，患竟弗止。民不聊生，多转徙他所者。成化丁亥春，巡抚山东右副都御史原公杰行郡至濮，因民之艰，召官属谓曰："土地以养民，河渠以泄水，即如此地，农业所资，非有河渠，其浸淫之患，宁知纪极。况因民之利而利之，择可劳而劳焉，先王美政也。与其因循岁月，以坐受其害，孰若一劳永逸之，足以徽后功乎？"众皆曰"然"。于是，都宪躬为相度地势，指以开浚疏导之方。命东昌同知陈乔董其役。肇工于是岁二月，未逾年而告完。得河长九十里，深皆及泉，以防壅塞。两岸筑堤，广二丈，高半之，长与河等，以防泛溢。复令范县递相浚筑二十里许，下接故渠，以达张秋运河。是岁，水不为患，农业骤兴，获利者数千家。协成其功，本州判官徐伯良、齐谅典、科辛宽，抚绥有道，民不知劳。明年春，都宪复按濮，以水患虽息，河堤未固，又命新任知州张云益工浚筑，高深视旧倍之。两堤各植杨柳培护，以图坚久。州民相与语曰："自今以始，吾侪得享粒食之乐，以免于垫溺流离之苦者，实都宪之功与二三大夫之力也。安可以无述？"乃群请于州守，守不能抑，因述始末，走书求记。将刻石树之河堤之旁，使后之人得以考成嗣功，以永其利。其用心盖已苦矣。嗟乎？天下事未有不可以人力而成者，况河渠乎？昔者河决瓠子，濮民尝受害矣。已而武帝临幸，沉白马玉璧，令群臣负薪，卒以填塞，筑宫其上，导河北行，而水患遂息。盖以人力胜之也。今兹河流既顺而不之为患，特余津耳，然河渠一开，而水势有归，地利可兴，民生以遂，谓非人力成之而何？矧今朝旨丁宁，未始不以水利为有司当务之急。若都宪可谓能奉宣德意，而濮有司可谓能举其职业者矣。汉穿白渠，民歌之曰："田于池所，池阳谷口。郑国在前，白公起后。且灌且溉，长我禾黍。"虽彼以潴水，此以泄水，用或不同，而为利一也。濮之民，宁无继是而歌之者乎？用书此，以为之记，以复张守之请云。

第五编

山东省

山东省东临黄河，北靠渤海，南与江苏、安徽、河南为邻，西与河北接壤，地跨淮河、黄河、海河、小清河和胶东五大水系，其西北地区及西部部分地区属于海河流域。截至 2018 年底，山东省海河流域共有济南、聊城、德州、滨州、东营 4 个设区市的 25 个县市区（其中济南和东营两个市的主城区不在本流域内），总面积 29 713 为平方千米，占全省面积的 20%。山东省境内的海河水系主要有漳卫南运河水系和徒骇马颊河水系。漳卫南运河水系包括卫河、卫运河和漳卫新河，是主要的行洪河流。自称钩湾以下，卫河、卫运河、漳卫新河干流为河北、山东两省的界河（除德州市区外）。徒骇马颊河水系位于漳卫南运河水系以南，黄河以北，居海河流域的最南部，由徒骇河、马颊河、德惠新河和滨海小河等平原河道组成。山东省的海河流域西南高、东北低，地势平坦，坡降比小，泥沙淤积严重，又加上大下小的流域特征，所以自古洪涝灾害频发。明隆庆三年（1569 年）、明万历三十二年（1604 年）、明万历三十五年（1607 年）、清顺治九年至十一年（1652—1654 年）、清嘉庆六年（1801 年）、清道光二年（1822 年）、清同治十年（1871 年）、清光绪二十年（1894 年）、民国六年（1917 年）、民国二十八年（1939 年）等年份都发生严重的水灾。许多年份还发生严重旱灾。徒骇马颊河水系过去不属于海河流域，1962 年才划入海河流域。现在，水利部海河水利委员会漳卫南运河管理局就设在德州市德城区。

本编共选录山东省历代水利碑文 40 余篇，涉及山东省的全部 4 个设区市的 15 个县市区，其中包括济南市所辖的济阳区、商河县、临邑县，德州市及所辖的乐陵市、庆云县、平原县、夏津县、武城县，滨州市及所辖的滨城区、陵城区、无棣县，聊城市及所辖的东昌府区、莘县、冠县、阳谷县。本编所选碑文，从历史跨度上包括南北朝、元代、明代、清代、民国等历史时期。从作者身份而言，大部分为各级官员；还有少量举人；有的作者身份不详。从碑文主要内容来看，主要包括桥梁、河渠、堤埝、井泉、庙宇、纪念表彰等方面。其中关于桥梁的碑文最多，占到本编的半数，这也从不同方面反映出当时水灾对人们的交通、生产和生活造成的影响。堤埝方面的《武城民堰种柳记》记载了清道光二十一年（1841 年）武城县鼓励农民在河堤种植柳树，既护卫河堤，又增加农民收入的作法。另外，《秦台八角井记》记载了大旱祈雨的事。

一、济 南 市

商河县

高坧店新修桥梁记①

明　海丰知县 张镕②

高坧店间于商河济阳二邑，其北古河一道，当东海之冲，路通乎南北两畿，而凡往来于济南诸郡者之所必由也。岁时，水泛溢，害稼穑，坏民庐舍，驿传商旅每为其阻滞，而莫之前，前此岁溃岁筑。商河王侯下车之余，顾兹害之不可以坐视，而兹民之不可以常劳也，慨然欲建久远之计，乃命道人刘臻遍请诸二邑士大夫及庶人，岁得财物若干，纠工聚石，仅一载而石桥成。自北徂南约数丈，广约丈有奇，往来过者皆啧啧称叹，以为数百年规。邑掾王珏氏感侯有德于吾民，而惧后之人不能嗣而葺也，因予幕傅君尚德请予文，将劖诸石，用垂不朽。予惟天地人曰三才，雨在天，水在地，沾濡灌溉，厥利在人，浸淫泛滥其极，亦能为害。所望以因其利、避其害，而尽裁成，辅相之道者，则又在乎其人焉？其人事不修曰天之时未顺也，地之利未兴也，可乎哉？况今守官之事，以官为寄于民之休戚，事之利害若秦人视越人之肥瘠，漠然不加之意者岂少哉？甚者乘时射利，假公营私，内存苟且之计，外为粉饰之规，材未良，工未坚，不旋踵而溃坏如故者，又岂少哉？是桥，王侯发端于上，刘道人竭力于下，上不知举事，下亦罔闻苛扰，事有成绩，而民获永利，斯不亦均可重矣乎？王侯名瓒，字廷器，贯山西平阳府翼城人，领成化癸卯乡荐，迄弘治壬戌来宰商河，不惟于此用心，凡兴利除害者，无所不用其心也，政声远著，人心悦服。予固无容议道人刘臻，予未究厥行第，以今日之事观之，弃妻子而尽心于此，似亦义者之所为也。王珏氏又有此义举，亦可嘉，尚故牵联，书之，俾后览者得考征焉。时正德元年岁次丙寅九月十有八日立石。

商河西关卧龙桥碑记③

邑廪生　马忠潘

民国十五年，吾邑西关父老，因本关桥圮日久，意欲重修。是年，余馆于邑之北关，西关人士多与余为莫逆交，偶谈及修桥之举。余曰四关皆有桥，彼三桥皆完全，此桥独倾

① 选自民国《商河县志·卷十一·艺文志》。

② 张镕，明弘治十八年（1505年）乙丑科进士。

③ 选自民国《商河县志·卷十一·艺文志》。

圮，地当东西冲衢，既不便行人之来往，亦难壮宾旅之观瞻，果能重修，甚盛事也。皆曰唯唯。西关耆老公同商议禀明官府，变卖桥左右柳树数十株，以为修桥之资，度支不足，多方募捐。固赖仁人义士乐解囊金，尤喜万杵千夫共勤畚筑。虽功程浩大，而指日可成。即虑始维艰，而图终良。易六月二十四日兴工，七月十五日竣事。众思所以名是桥者，来商于余，且嘱为文纪其事，余谫陋无文辞，不获已。爰撮崖略志之于石桥成之日。周游环视，脊背隆起，低跨流水，似神龙卧于波上，乃取唐小杜“长桥卧波，未云何龙”之句，因名是桥为卧龙云。谨将捐钱诸君姓名勒诸贞珉，以示永久不忘之意。是为记。

重修黑龙潭龙王庙碑记[①]

商河县知事　冯振声[②]　长沙

龙潭黑水为商河八景之一，在县治东南三十五里路家庄北。相传有龙居此，岁旱祷雨辄应，载在邑志。胜地也，亦古迹也。潭西偏有龙王庙一区，创修不知何年，岁久倾圮，坛壝仅存。每逢岁旱，就坛之旁而奠瘗焉，屡蒙嘉应。宣统二年，自初春至孟夏，历四月不雨，旱暵[③]兴嗟。予适承乏权篆商邑。检邑志，知黑龙潭祷雨辄应，即赴龙王庙拈香致祭。旋车[④]之后不数日，甘霖普降，滂沛膏流。非龙神之默佑，曷克臻此，当诚祈之。初见瓦砾满地，遗迹岿然已，谕庄民募修，捐廉百金以为之倡。既而岁稔年丰，秋成有庆，乃相与竭虔妥灵，重修故址。派邑廪生路程诲司其事，而阖邑绅董亦踊跃输将，遂于九月初九日庀材鸠工，至十月三十日毕役。台上建龙王庙，台下砌龙泉，基扃固护，一复旧观，固所以仰答神贶，亦所以保存古迹也。工既讫功，咸思勒庙石以示永远，乞文于予，因叙其颠末而为之记。

重修贾桥碑记[⑤]

宣统己酉科邑拔贡　彭文炳[⑥]　星如

粤自天根星见，用治桥梁；司险官成，胥平道路。虎龙有节，罔或阻于山川；冰雪载涂，不致艰于厉揭。所由桥成六道，子瞻则遗爱葑湖；梁筑万安，君谟则著名泉邑。是知杠梁失修，旅宾相戒，固王政所孔急，亦贤臣所首谋也。商邑东南四十里，漯河中游，旧有贾桥，石制九孔，厥工甚伟，为河北惠阳诸邑赴省孔道。乃岁久失修，梁摧柱陷。五丁未遇真教，石窟难填六甲。谁驱长恨，风轮被裹。几等羊肠九折，王阳至此回车；难言鹊翼双栖，河鼓竟能稳步。行旌失驭，客路多艰。居人踌躇，恨莫如何。又贾

---

① 选自民国《商河县志・卷十一・艺文志》。

② 冯振声，湖南长沙人，监生，宣统二年（1910年）三月署商河县知县。

③ 旱暵，亦作“旱熯”，指不雨干热的天气。

④ 旋车，掉转车驾。

⑤ 选自民国《商河县志・卷十一・艺文志》。

⑥ 彭文炳，字星如，号痴僧、梨园遁叟，山东省商河县人。宣统拔贡，考授直隶州判。精书法，工诗词，家富藏书。著有《书法讲义》等，卒年六十三。

桥东北十里，支河中游，亦有石桥五孔，旧名龙湾。倾圮已久，废石仅存。附近居民，咸谓如移龙湾之石，接修贾桥之北。龙湾改修砖桥，挹彼注兹，两称便利，屡因巨款难筹，徒托空言。县长蒋君洁章，行部至斯，叹曰：“桥梁不修，守土之责。”爰集绅董，议决重修。呈明省宪，捐款补助。委任路君雪堂、李君矜皆、郭君星珊、张君永绍、李君藏修董其事，而不时亲往监视焉。于是鸠工庀材，两桥同修。贾桥则增修四孔，上安两栏，加宽桥墩，增长埝翅，共为十三孔，长一百余尺；龙湾则改修砖桥，三孔长五十余尺。复于贾桥迤北，修筑营垣，驻扎警队，以保行旅。自二月动工，至九月竣事，共费时八阅月，需财万余元。商邑瘠贫，复值亢旱。正赋难供，巨款无出。幸赖各界仁人，多方输助；并变通办法，以工赈奖券代捐。罗雀掘鼠，煞费无限经营；缩地补天，幸得不虞罅漏。从此玉栏构就，路认指南；同时月斧修成，室皆拱北。水光荡漾，恍疑新月印波；日色清明，偏有长虹饮涧。行见残照一鞭，不赋濡轨于匏叶；清霜五夜，无忧越货于萑苻。不必郑庄置驿，宾无留难；依然亭障书乌，行皆无恙。驱之过客，咸呼神君而颂佛；类我后人，须仿旧式以为模。共幸长桥告竣，定教卧有青龙；并看贞石新镌，尚望瑞来白鹤。

商河县重修郭桥碑记①

宣统己酉科邑拔贡　彭文炳　星如

自古桥梁之作，无论创修、重修、增修，莫不因地势之高下，度时势之缓急，揣人心之顺逆，量财力之盈余。而后始终画一，可以告厥成功。商邑东南五十里，漯水南来北注。凡北直商贾，赴烟潍诸路，懋迁往来之便，赖有郭桥。自乾隆二十一年，其间稍有损坏；复经嘉庆三年重修，得以不坠前人之烈。至光绪十二年，黄水北移，汹涌冲激，石梁倾坠，基础淤没。值夏秋霪雨，河水汛发。昔日坦平之路，变为修阻之险。惟都人士庶，每蒿目于斯，思欲重修，以免病涉者，已有年矣。顾功力浩繁，有志未逮。又承累年荒歉，时不静谧，曷敢轻举于竭蹶之日？自邑侯蒋公莅任，兹土岁较丰稔，政通人和。为谋经久之计，以贾桥为济武之通衢，倾圮已久。遂首先捐俸，与诸绅耆会议重修，以利官商，我辈乃以是桥敬请。公曰：“修举坠废，皆善事也。况地属治辖，余敢辞董率之劳乎？但功无辞难，事易滋弊。须择人之谙练勤敏者，司其事，谕以力。惟其便财，惟其便均，无勉强逼迫乃善。”于是群力鼓舞，士庶踊跃，募功劝输，和衷协力，落成若不日也。斯桥原基沉没，傍临深水。遂移于稍南数十武，以冀省工易举。工兴于旧历三月二十四日，越十月二十日告竣。高五尺，长六十尺，宽七尺。今而后，商贾便甚，居民便甚。斯举也，某捐粟、某助车牛，其间经营缔造，课功有人，持筹有人，司出入有人，各勤其事，各殚其心。而邑侯修坠举废之实心，亦可以彰彰也夫。

---

① 选自民国《商河县志·卷十一·艺文志》。

卧 龙 桥 记①

邑庠生　李严霖　傅卿

以卧龙名桥，志始也。始者何？旧有桥无名，至是始名之也。古有以龙名树者，邑之龙桑是也，因宋太祖微时，曾卧其下得名。有以龙名水者，邑之龙潭是也，以天旱汲水，祷雨辄验得名。亦有以龙名桥者，邑之龙湾桥是也，湾名龙湾，故以名桥。今邑西关有桥焉，斜卧波中，横枕郭外，形势蜿蜒起伏，似龙蟠藏头，隐寓待时而动之意。余于民国十三年甲子冬，因避乱卜居北关，与此桥相距数武。桥之左有于君洗尘，右有程君云卿，皆昔年老友；后又与马君干卿为忘年交，不时过访。相与徘徊桥上，不禁喟然叹曰："君子疾没世，而名不称焉。故子房纳履受书，卒能借箸运筹，佐成汉家数百年基业；而司马长卿亦云：'大丈夫不乘高车驷马，不复过此桥。'呜呼！何其壮也！自愧年近耳顺，毫无建树。徒颓然与此桥同归埋没，可胜慨哉！"一言甫，竟有二三父老从旁解曰："先生何言之悲也？岂寻板桥人跡，怀履霜之渐乎？见桥边草花，有吊古之思乎？且志在流水，叹知音之无人乎？抑利济有心，点金无术。亟欲吾侪同心，重新建筑。务既坚且好，永存以固，直至海涸山枯，而桥终历久不敝乎？果为是也。业禀蒙县尊，极颠赞成，准将沿桥树株变价作基础，又惠佛郎多尊为提倡之首善，以故邦人君子相观而善，争先捐输。余由本关按赋箕敛，均极乐从，无吝色。议于六月初旬开工，越月即竣事。届时，烦为文勒石，而先生之名，得与此桥相终古，足矣。何以悲为！"余壮其志，味其言，类有道者。今夫羲农以前，无书契浮沉，多事几同长空云雁，转瞬全无；自后儒笔参造化极。往古来今，凡天地之大，品类之繁，一切山川景物，推之一丘一壑，一草一花，随手点染，便成佳话。而吾邑乘，分八纲八十六目。所载古迹八景之类，穷象尽形，宛然逼肖。而此桥不与想造物者，姑留待吾之弥补也。桥成之后，再至其地，与父老复会桥上，而祝之曰：美哉诸公，有志竟成，功德远矣。向悲其泥蟠待时，等潜龙之无用；今则一孔横开，两槛倒挂，有口吸万壑、首矫九天、怒目扬眉、拏空飞去之势。初云卿名曰卧虹，荩卿改为卧龙，取小杜"长桥卧波，未云何龙"之意。余谓人杰地灵，向无诸葛南阳之冈，未必至今传也。所望豪杰志士，顾名思义，从此努力进行。则此桥当与升仙、圮桥并垂不朽。岂龙桑、龙潭、龙湾桥之名限一隅者，所可同日语哉？彭君星如题额，因援笔记之，而卧龙桥之名于是始。

① 选自民国《商河县志·卷十一·艺文志》。

济阳县

堕石桥记[①]

明 杜熿 邑人

堕石旧有桥，三十五年大水，荡然无存。夫是桥为燕齐通衢，济青登莱冠盖之客、约车往来者，日无停晷。章邱、长山一带郡邑麦米之输于德州仓者，率径此桥。桥崩而道壅。客有望洋之叹，民苦转运之艰。于斯时而动苍龙元鹤之思，不啻大旱之望雨。邑令侯公敷政之暇，捐俸若干，缗庀材鸠役，踰月而桥工成。长虹蜿蜒，轮蹄幅辏，缙绅之经历者坦若故道，而不知谁之功也。挽输者脱于旋泞之苦，而不知谁之功也。前之望修者何殷，而后之享其利者若忘。益信王道皞皞，不足以摶驩虞之效若此。藉令以乘舆济人，虽日亦不足，西向礼佛者众矣。杜生之记曰："凿井而饮，耕田而食，帝力何有于我哉？"于侯令之政亦然。

重修杜家水口桥记[②]

戴梦桂[③]

直邑治北之三，终所其弯，隈环界道，而无端者。胪言曰："土河河下而广，即田为溆，所以吞吐各潦，沃焦一方。"其道控崇期之巨，违总四封之微徼；阴指历下，而阳走天京，簦笠蹄轮，冲冲竞乱。其水盈缩无恒，春涸则涂以埴，秋霪则汹以衍，冬冱则泼以滑，刺船恐胶，于涸而方桴，宝稽于行日。尝以传递设杠，然栉木荫土，广不运轨，长不弥浔，秋潦兼芥。东去则渐车厉徒，人极于棘。杜君献造观顾，周君祥以戚曰嗟翁。其与而桥此矣，发所储以基，命鸠余费，以合卒程材奄林，穴山荦骨，引日以滋积也。乃屠洪荒以布基薄，黄垆而壮，趾长如葬之三，必于尽涂，宽及墨者再，期无错毂。旬越若干，浃而工讫；空明澈而涵青，萑窳环而映黛；徒无涴骭，车无濡轨；簿薄仙仙，野无留行者四十三年。是为正德戊寅，阴沴结夏首，越辰角而不止，洪流淼茫，潒射以武受不及洒积而上，羡冲风溅涛曹立山扑桥当其冲。横堰以梗，洄涡激转，斋入汩出，襄其背者，覆其高齿，其趾者圮，其固出者、入者、颓者、攲者漩，为坎者坼焉，堑者、行者之不能也。咫担弛辔，弭惋嗟翳路。而桴者、橇者乘水乘涂，渔征人以官利，君复造观，顾第经舆周君以戚曰嗟翁，其舆而桥此矣，华麦翁仲，碓磴硙碌礴，砧碣石具之。凡废者皆旁构而错蓄之，费与毁谋。佣因时暇，咸勤以躬呰茾乃革，出者夷之，入者复之，颓者约之，攲者绳之堙之，实其

① 选自民国《济阳县志·卷十六·艺文志·碑记》。

② 选自民国《济阳县志·卷十六·艺文志·碑记》。

③ 戴梦桂，山东省济阳县人，清嘉庆乙未年间进士。以孝闻名。抚养兄长的孩子就像抚养自己的孩子一样。戴梦桂知识渊博，所教学生成才者很多，著有《勤俭谦和四箴家训》。

坎，属之以络其堑，锢之以灰墐，渗之以客土，而隐之以椎。制之广狭修短也，仍之而崇之、固之、精之，也倍之。石不耆久以朴也，槛不张昉则哽也。隆其背模，状于腾虹，枵其复规圆于晕月。始于壬午二月，四月终。方其未桥也，行者病其未桥也。逮其既桥也，行者忘其既桥也。至于桥而废，废而复也，而后其往者其来者未至而戚其无已，至而愕其有跻焉，而利其便。遏之而诧其能义，其建仁，其心以诚，其人而意其后。于戏！昔也毁，余尝道是而难其复。今也复，则余下第春官，复道是，骑腾而上，巍然若魁陵，剖范突露，神冶檄流而淬之因子也。曰："天下之水，何限当桥者？何限富于其次者？亦何限。然彼方且营营，方且纤纤，方且遗人，而悻悻以自封之不暇。而是人也，方且仁且义，且数构不懈，而益虔，岂不适其适，而适人之适者欤？微人言，方且识之，况杜君之子诏亦下，第而谓余曰："戴子，子尝道是而文，盍为我记之乎者耶！"

杜家水口镇重修北桥记①

王琢璞

是桥校之西者，广延皆杀，然西以通东，西之跖趾，此以递南北之往来，其任均焉。河啮旁土久，四面皆成陳隈，人不能杯芦渡。西者圮或暂，而假涂于此；此圮亦暂，而假涂于西，然宛折滞淫，废务旷时，其棘已甚，故其杀于西也，以地适当其狭，其紧均焉。从来小有葺苴，皆土人因时肩之，以非大振饬不书石。乙亥夏秋间，祟于霖灏之不时，划然中断，土著与过旅几同长江所限，临河为之叹。孔为鸣犊，此以剥腹。居民冷尚文，耆而好义，与杜光显、叶谋议复其故，老阇黎某佐之，叩诚于附近诸村落，饶者拓赀，宴者贷力，石不辇山，位置其替者，土不举远，登跻其塴者，因佣于时暇，播和于竞劝。丙子发陈谢序而工讫，过者洋洋履砥道而省稽纡，则举手加额曰：谁实为此？济物者天必济之。舆颊所诵，故彼苍所骘矣。夫三人者，大雄能仁氏之徒，希心津梁，是其本业光显怵于其镇之所，由名犹曰恐蹈遏佚，为高曾羞。彼京兆氏者耄矣，颠毛种种，偷息视荫，宁不偷快而拮据荼租，急于效滨河之一捧，遂以一劳底众逸，假修混沌氏之术者耶。大柢是桥基攒石而背覆墟，为渝甚易历岁时当复烦任事者渠渠。若常踵三人之义而心其心，永劫可无虞也。书石以鼓后之人。诸捐助者鳞次碑阴。

重修垛石西北二桥碑记②

王守震　济南郡守

徒骇之水经济阳县治西北三十五里而近，旧跨二桥于上，曰"堕石西桥"，曰

① 选自民国《济阳县志·卷十六·艺文志·碑记》。

② 选自民国《济阳县志·卷十六·艺文志·碑记》。

“北桥”。后易其名曰“垛石”。鼎建之迹，纪者旧碑，迄今起仆相寻，中更凡几。乾隆辛巳、壬午间，河水溢出，桥复就圮。茂宰胡君倡捐增修，讫工于癸未夏五，谒余请记。余视其津，襟带燕齐，控引青、登、莱三郡，车徒邮递，往来如织。而郡东诸邑之输漕水次者，且于是求济焉。夫蚁穴之溃，及于江河；小池之颓，碍乎山岳。观徒骇经流之地，汹涌澎湃，不以疏之者障之，厥害尤甚，则二桥之修，其至艰且巨，功首繄谁耶？晋武帝时，河南尹杜预请桥富平津，众论不可。及成帝举酒属之曰：“非君不立。”当胡君议修之始，余虽往来，谛视，数为擘画，而臆计工费之伙、时日之需，辄不敢预期有济。无何而双虹偃卧，一水安流，上以体圣天子恤民之衷，下以拯群商旅徒涉之苦，余两载以来，时廑之怀亦藉以释。胡君之力伟哉。西桥旧十五空，今又增以五，高丈有二尺，广丈有九尺，袤十有四丈。今增其高之丈一倍，广不及一倍者，尺袤倍其丈之畸又六尺。北桥旧高丈有四尺，广丈有六尺，袤十有六丈。今之高增三尺，广增四尺，旧十空今仍之，而增其长各二尺，以畅水势。计工数万，约费千金以创为，因以继为。始不堕前修之，业永免踵事之劳，余故专美胡君，谓成二梁而诸政之平视此矣。乃君且谓今兹之役，禀承于太守，借力于氓庶，胠橐于衿绂，而董事于邑贡生陈生糈，卫千总杜凯等，于宰乎何有？余曰：此髯苏喜雨亭系歌之说耳。然群策群力，亦不可没也。遂并书之。乾隆二十八年岁次癸未仲冬谷旦。

二、滨　州　市

滨城区

秦台八角井记[①]

明　姚时策[②]

秦台在滨州城东十里，台无奇，在滨称奇，谓秦始皇至海上望仙而筑也。噫！有是哉？秦皇常曰东南有天子气，固东游以压之，信矣！太史公曰：“三神山在渤海中，诸仙人及不死之药在焉，此何以称也。”又闻秦皇东游海上，祀名山大川及八神并渤海，或筑台祀祈有年耶。岁庚寅，春徂夏不雨，雩坛东南郊，太守见华林君，斋心服形，帅诸吏奉祭具如法，不雨。令民通沟渠疏河堤，或曰秦台下有八角井，地近海穴，与海

① 选自咸丰《武定府志·卷三十二·艺文》，秦台八角井，在今滨州市滨城区秦皇台乡。

② 姚时策，河南省休宁县（今安徽省休宁县）人，明代举人，滨州学正。

通，天地一气尔。上蒸为云，下注为雨为水，浚之可以解旱，或曰西域方士禹步吹炁[1]，龙即浮出十余丈，更吹辄缩至数寸，掇取入壶之，旱处发之，得大雨。是井也，成化间有僧梦而浚，小青蛇见，人以为龙云，于是太守舍政事云直侍，召诸吏登焉，四顾荡然，野无青草。已而，疾风从西南起，尘霾蔽日，太守悄然悲忾，然叹也。诸吏曰："大夫何叹？"太守曰："韩子有言，维兹之旱兮，其谁之尤？我知其端兮。风伯是尤愧不能，如刘江陵之反之也，是以叹也。"诸吏曰："诸不肖无以解大夫之叹，请从事浚井。"及二角，有泉涌出，小青蛇复见，一以为雨征，一以为文兆。太守曰："吾望士如望岁焉，命筮之初，筮得咸，再筮，得恒。"诸吏曰："何义也？"太守曰："岂虚哉？一年之计莫如树谷速也，其咸乎？百年之计莫如树人久也，其恒乎？行将雨得之也。"四月戊戌，井报成，有云自东起，雷电皆至，雨祁祁下，太守曰："异哉！泉之灵，台之灵耶。多士振振起矣。"学正姚时策记之，继以颂曰：繄此渤滨，刊维所终。逶迤面东，有台斯崇。昔岁在寅，浚井导湮。大起斯文，百年于今。于维我公，单车来临。眷此滨民，培植以仁。岂惟以仁，剔蠹除凶。作士闵农，夙夜其勤。蕴隆虫虫，有事于神。必严必恭，昭假无赢。爰疏滞沉，酿此甘霖。灵贶载臻，岁复在寅。时和圻丰，郁郁雍雍。五星聚东，伊谁之功？

甘　井　记[2]

李钟麟[3]

吾州地多斥卤，水常苦咸，井泉之甘者，盖十不得二三也。余别业之西数步，有沮洳一，方雨潦横集，则成溪潭，冬春旱干，则可取土壤，以备板筑之用。今岁三月，余于后圃欲垒小山，命工徒操畚锸以往去泥沙，数尺即有泉出焉，饮之而甘。余大喜过望，因凿成一井，甃之幕之，置辘轳于其上，时启而汲之，不独可灌可澍也。又引之环绕书屋，则清泠之状与心目谋注于池沼，与锦鳞游泳以适。其灌于花木则荣，滋润日茂月新，在井之九，三可以汲。王明并受其福，施济之功固如是也，斥卤之地有甘泉，犹十室之邑必有忠信，谓齐俗急功利、喜夸诈，无诚明廉让之人，是渤海奥区，必无清冽之水矣，岂天地生物之情也哉？然兹泉伏于地中，非得人力不能上出，而余不得此泉，亦无以为恬养之资，作甘井记，所以贺予与泉之交相遇也。

清康熙年间。

---

① 炁（qì），同"气"。

② 选自咸丰《武定府志·卷三十三·艺文》。

③ 李钟麟，字玉书，号筠巢，山东武定府（府治今山东省惠民县）人，历官江南庐凤道副使，有《筠巢诗集》。

无棣县

重修福胜寺记[①]

万历辛卯 杨巍[②]

万历二年冬，余与弟岩、婿范赓、男尔士游海上诸村，其逃亡之屋、芜莱之田，真有掩泪不忍看者。过镇海寺，惟一病僧守香火，余皆乞食他方。读佛殿前一碑，称弘治时此处土地肥饶，人民富庶。夫弘治去今，虽八十余年，然土地人民无异，何丰歉悬殊若此！既宿清凉庵、青龙寺，皆在海上。宿福胜寺，在古黄河边，大有风景，但殿宇倾圮，僧舍萧条，犹之镇海寺然。夫民家内有俯仰之需，外有赋役之累，无怪其困苦流离；若僧家乃方以外者，亦复如是，殆所谓"禅宫亦销歇，尘世转堪哀"者矣。十年壬午，余再起官，至去岁庚寅，遂来归。见乡人有架屋者，有艺树者，有开垦荒田者，又闻青龙、福胜两寺，殿宇佛像修理庄严如故。盖由我圣天子轸念元元，一时贤有司仰承德意，抑气运流转，将渐如弘治时耶？福胜寺住持真富来请记，遂书此刻石，以俟于他日。余老矣，余婿与男犹或见之焉。助是役者为全有年，余少时同窗友也，并诸人姓名皆列于后。

海丰黎敬等庄蠲免钱粮记[③]

吴绍诗[④]

海丰、黎敬等五庄，天下之穷处也。民不知菽粟之甘室家之乐，无葺茅完堵之庐，而官日持其濒死沟壑之余，因而敲扑之，于是转徙流离，老弱孱然，罔知所自存。余家海丰，目击而神伤者盖已久矣。嗣以宦游远之滇，亦时时往来于怀，不可释去。此其力度非良，二千石勖贤牧令往而全之，卒不能救千万人蹈于穷饿之水火也。乙卯，有客自乡邑来，尘帽未脱，欢然为道吾太守赫公贤仁，实能赤子吾民而除此大害。如吾邑黎敬等五庄，其地最洼，土最坚，稍稍雨则潦，晴则独为槁壤，其人散之四方，存者形皆若鸠鹄，而重以追呼死其分也。公悯之，勉吾邑侯周君必履亩勘定，公为转请豁免积逋金三千五百，减赋则三分之二，议上宪驳者三，部驳者再，公持益坚，请益力。天子知民疾甚，命除之。继自今赋如下，则地著为令，而吾民困得日以苏公之盛意，民不忘，惟君子为能记之，以垂不朽。诗耸然起而曰，吾闻五庄者为明德府牧马地，虽召民耕无额

---

① 选自民国《无棣县志·卷二十·艺文·记》。

② 杨巍，1516—1608 年，字伯谦，号二山，又号梦山，山东海丰县（今山东省无棣县）人，明嘉靖二十二年（1543 年）中举，嘉靖二十六年（1547 年）中进士，官历嘉靖、隆庆、万历三朝，因保卫边防有功，曾任吏部尚书，有《梦山存家诗稿》八卷。

③ 选自民国《无棣县志·卷二十·艺文·记》。

④ 吴绍诗，？—1776 年，字二南，山东海丰人，清朝大臣，诸生。

赋，验其有苗则征之。无苗则否，赋缓且薄，无何而统为正供之输，且倍蓰下地，此吾邑蠹民之大者。夫公守吾郡久，余往者从公游，领公之议论，一郡之弊利甘苦，晰若掌文，每及此，则视公愀然，忧形于色，慨然义形于词，盖有以知公之必能除其蠹也。今之记敢谢不文欤。然吾又闻马颊河入无棣境，其东岸为堰，以防冲决，当事者欲畅河流议毁之，使非公力持不可，不且鱼吾东乡之民乎？若是者，公之有造于吾民，岂能一一书，况海丰特十邑之一耶，兹徒以余家海丰，感公颂公，敢记此以俟操笔者。公名达色，字素菴，满洲镶蓝旗人。

三、德　州　市

陵城区

迎春桥记[①]

武举　邑人刘应魁

邑东关外有古桥，经营创建，由来旧矣，其间奔蹄走毂行旅往来胥由是焉。每值春霖秋潦，河水骤至，其自东南与西南来者，至桥北汇为潴。又折而东北，有小桥以通之，上纳鬲津，下入马颊，水势澎湃，洵称要津，久将圮。道光岁乙酉春，邑人鸠工重修，规模增廓，焕然一新。又于桥西作门楼，以壮其势，不匝旬而工竣，虹梁修亘，云阁旭撑，行人过此者，庶无病涉矣。夫既以成利济之实，而不著其名奚自，志一时之胜，而使后君子增葺斯桥者得考。而知之桥之东南为先农坛，邑侯岁迎春于其地，以祀句芒，必经是桥，实为政之首典、兴农之急务也，因名之曰迎春桥，以见非吾人所敢专秉政斯邑者，所躬莅云尔。

重修谭家桥碑记[②]

治东北有村曰谭家屯，屯迤北有桥曰谭家桥。桥之创也，不知几何世年，而其圮也，亦不知几何世年。病涉者久，复故者谁？盖有是心者无是力，有是力者无是心，虽甚盛举，其若之何？释子宝祥，具菩萨之心，而有金刚之力，恻然发悲航普渡之愿，而又念不必出于已也。于是乎公诸人爰集老成好义者，相助为理，出募缘外，而以己力总其成，以数百金之举。不二年而告竣，宏规巨制，屹然与神头两桥相表里。自是，东南一带凡适德州而达都门者，涉马颊如履康庄焉。顾昔之圮者，今修之，而年修之不圮

① 选自光绪《陵县志·卷十六·艺文志二·文》。

② 选自光绪《陵县志·卷十七·艺文志·金石志三·外篇》。

乎？所当勒诸贞珉，以为后之好义者劝。

乾隆二年岁次丁丑本里廪生康坚撰文。

东岳神井记①

尝考临淄，有水曰天齐渊，论者以为东岳之所镇聚也，由是而知东岳之神升而为天，未尝不沉而为渊、止而为山，未尝不流而为川也。陵之东境，离城六十里，有天齐庙一所，巍然高峙，其神之所栖乎？三月二十八日大会舍茶，社首孔传琴等苦井泉不便，乾隆乙丑岁祷于神前，掘地于庙之东南，得井一同，渊然静深，其神之所钟乎？吾闻祀东岳于岱宗，坛而不庙，兹地之庙不知始于何时。然唐贞观间驾征高丽，军次于此，从军将校七人各于庙前手植杨树一株，故号曰“七官”，栽自唐，而五代，而宋，而元，而明，及我国朝，阅历数百余年，使非有护国佑民之功，兹地之民必不构庙而奠。其构庙而奠者，必不能历千百年而常新。庙为神之所鼓，而谓井非神之所施乎，且沙地易坍，兹何以深而不坍？沙性易塞，兹何以流而不塞？而且泉涌出而不穷其流，澄彻而无渣，汲取而饮之，甘淡清凉，立止烦渴。赶会人等莫不惊叹，以为是神之所以惠我众生也。余亦意其诚然，故号曰“东岳神井”。井号“东岳”者，亦犹渊系天齐之意云尔。吾于是而知神功之不可量矣，能止人之渴，岂其不能恤人之饥；能去人之暑，岂其不能御人之寒。则风雨之调顺、民物之安阜，可于是井而见其端，不可于是井而统其全哉？或曰，谷神常虚，有感斯应。非众善士之虔诚，无以得东岳神之灵，应其姓字固不可没云。

廪生庞铨撰，庠生曹可会书，章邱张起存刻。

乾隆十一年三月十八日立。

修通德桥记②

建修通德桥告成，首事人等公恳县案批准勒石，谨将将呈原批详载于左。

乾隆二十九年四月初三日禀：为桥工告成恳恩批准勒石以垂永远事切照：县治东三里许有古河一道，上接平原，下交马颊，每逢夏秋，霪雨连绵，水势浩大，行人病涉，甚至经冬不涸，运漕维艰。前任贺天慨德州之难，痛运漕之苦，爰集附近绅士商民，谋建桥梁以便来往。缘此，三十余村，或捐重赏，或出募化，以襄其事，于乾隆二十三年四月内贺天亲诣工所，相厥地势，见有东西通衢，两旁俱系古壕隙地，立定封址，不日告成。至廿七年，大水汪洋，桥空窄狭，不能遽泄。仁天驾临，目击情形，利民念切。兼经二十八年遵奉上宪开浚河道，遂论三十余村人等添桥二孔，更挑桥北河工六十五丈，且谕将来桥有损坏，河有淤浅，永着三十余村修理，免其河工他役。众等仰体天心，靡不踊跃。桥梁河道俱已成工，又买地一段，修理茶棚，内祀关

① 选自光绪《陵县志·卷十七·艺文志·金石志二》。

② 选自光绪《陵县志·卷十七·艺文志·金石志三·外篇》。

圣帝君，以龙王、财神配享，招募僧人看守，以图久远。此皆天台至诚所感，因而工成甚易，诚恐年远无稽，湮没天台盛心，谋勒贞珉，以垂永久。为此，恳恩批准，以便遵行，上呈蒙批桥工落成，勒石志胜，兼有茶棚洵堪垂久，足见首事诸人利济盛怀，如所禀行。

大清乾隆二十九年岁次甲申夏谷旦。

赐进士出身、文林郎、知陵县事，加三级纪录五次、记大功二次、黄安吴汧题。赐进士出身、文林郎、原任陵县、六合贺鸣谐，创始德州营驻防陵德二县汛司，加四级纪大功一次王廷臣，陵县督捕、厅军功纪录三次、记大功一次裘羽翙，儒学生员刘祚成书丹。

广济桥叙[①]

颊水之蜿蜒于吾邑也，旧来旧矣。向以通水利之事兴，而吾邑东关遂为众水之总汇焉。河每遇霪霖瀑涨，波澜汹涌，既乏南风五两[②]之吹，亦难烦东里一舆之载，此广济之建所以亟亟也。或曰："桥未架而拟以名，何也？"曰："有矣。往时寨东覆草桥若匡，曰非无济也，广犹未也。"邻河左右，姻邻长者，同心欲恢而大之，盖非一砖之置、一木之支矣。语云："长袖善舞，多财善贾。"欲为众腋之集，不独于深藏若谷，有厚望焉。略胪梗概，桥成，爰砻石以记其为功德，亦广于无量云。

乾隆三十八年岁次癸巳又三月谷旦立石。

赐同进士出身、候选知县赵铨[③]撰文。

平原生员潘腾蛟书丹。

马河通济桥建修茶棚记[④]

闻之，十一月徒杠成，十二月舆梁成。是修筑桥梁，古帝王为政之大体，实王政之急务也。陵县马河一路系淄川、章邱诸邑运漕之通衢也，古无桥梁，一遇大水，运漕至此卸载搬运，苦不堪言。前任卢侯劝修桥梁，资材不凑，未成而止。至贺侯见旧址，访由来，借库三百两，桥成还项。前首事人纠合二十余庄，按粮出钱，止修砖桥三孔。至二十七年大水，道宪查水至陵，见砖孔窄小，令再修二孔。前吴侯遵谕捐修，传前首事人督理，所以于家道口二十六庄，又按粮出钱，桥成详宪，吴侯遂施恩例，当年时值修河，凡修桥庄村免派夫差在案。至三十六年，大水冲坏添修之桥。赵侯捐修圮桥，以济漕运。三十七年，许侯因修小清河派民，春差批饬该房免修桥庄村夫差。嗣后，凡别项

---

① 选自光绪《陵县志·卷十七·艺文志·金石志三外篇》。

② 五两，古代测风器。

③ 赵铨，山东陵县（今山东省德州市陵城区）人，清乾隆三十六年（1771年）辛卯恩科进士。

④ 选自光绪《陵县志·卷十七·艺文志·金石志三·外篇》，原志注："乾隆四十年岁次乙未，永守马河通济桥建修茶棚文昌阁小引。"

杂徭仍即免派可也。桥头茶棚内旧有文昌小祠，年远损坏。许侯因谕首事人曰：“帝君权尊紫极，笔点青云，多士深为庇赖，诸生所宜尊崇者也，盍易祠修阁，以大其规乎？”爰遵谕，修阁。幸仁天莅陵，见茶棚修阁，捐俸施助，更查前案，遂指示马河桥，工程浩大，历年俱系于家道口等二十六庄捐资修整，以便漕运，实属急公可嘉，准循往例，一切杂项差徭免其派辦任案。是马河通济桥，虽行旅往来之桥，实运漕上任之桥，虽二十六庄坏而复修，永保运济不误之桥，实各仁天施恩锡差鼓舞，子民守而不坏之桥，深仁厚泽，累世难忘。爰勒石以垂千古，是为序。

赐进士文林郎、署陵县事、加三级纪录三次、记大功七次常熟赵王槐，赐进士文林郎、知陵县事、候补分府、加三级记录五次、记大功三次狄道吴镇，陵县儒学教谕、举人、候补知县、嘉祥梁祖成，训导拔贡、候补知县高密王可垠，勒授奋武郎、驻陵德二县把总、加一级、记大功三次、又记功二次李智麟，登仕郎、陵县监捕厅、加一级、山阴郑士均，陵县生员九旬刘深撰。陵县生员许城书。

重修登仙桥碑记[①]

吾邑为古厌次地，去县治东迤二十有五里，得野步曰神头镇，盖东方先生故里也。长河绕郭，自西南来，其势蜿蜒，邈然东注，士人指为马颊。按，九河故道，遗迹久湮，殆不可考，或曰即汉之笃马河云。河上有二桥，相去里余，西曰望仙，东曰登仙，世传东方为神仙中人，故桥之得名以此。登仙本徒杠，无以济车马。予家世居北村，夏秋之交，水潦降，先君子尝策杖步柳阴中，见而病之，谋于里人，醵钱得若干，不足乃益以私钱千余贯改作，裨成舆梁。乾隆甲戌桥成，乙卯圮于水。前邑侯北平徐公绍薪捐廉十两，议修之而未果。予慨然曰：“此先君子之志也。”因谋鸠工庀材，重为修建，桥由是复完。噫！予曼倩里人也，密迩于河，柳汀芦沜，烟水苍茫，而双桥东西对峙，如驾彩虹。每潦尽潭清，荻花飞雪，澄波似练。贩夫贩妇两两三三，或车声辚辚而过者，皆安驱行，不啻入明镜中，人马一一倒影水底，远近以为便。顾念及予之身，既亲见夫桥之成，而又亲见夫桥之毁，是用区区缮完修补，以勿忘先人之志，盖俯仰数十年间而予已衰且老矣。是役也，凡工用之费，计钱五百千有奇。功既竣，同里相与宴饮落成，爰谋伐石，书其始末，而为之记。

八十二岁太学生张诗撰，命从子增生次翀书。

嘉庆五年，岁在庚申春寎月[②]谷旦立。

① 选自光绪《陵县志·卷十七·金石志二》。

② 寎月，旧历三月的别称。

重修望仙桥记[①]

望仙桥者，衮州李公创也，于今迨百年矣。历来修残补缺，不知凡几，大约释纯瑕之功居多。延及嘉庆二十一年春，大梁折矣，车马遄阻；小桥覆矣，商旅却步。倘坐视不成，南北通衢将作断经截路，前人之一片苦心，岂不自我生之世化为乌有哉！幸兹戒衲僧隆德念谋始维艰，仍旧颇易，叩乞本镇出首，协力同心，栉风沐雨，募化四方，诸君子各施善财，徂秋来而功德以就。噫！作善之事何其多也，浩大之功宜其速也，半月之形古犹今也，七夕之应新犹旧也，丹邱之信复可探也，太乙之炉再可窥也，经于前者诚足羡也，继于后者尤足嘉也。由是，往过来续固，无人而不称之曰："良，甚便也。"李公其有知乎，亦未或不顾而乐之曰："吾人所留遗庶几，赖后人可永垂百代，以不斩也。"斯为记，石盘石撰并书。

嘉庆二十一年岁次丙子菊月谷旦立。

重修太平桥碑文[②]

盖闻神头镇之马颊河，《禹贡》九河之一也，自大河南徙而故道久塞，然众壑灌注，亦未尝不滔滔也。始则有舟以济之，后则有桥以通之。然恐水过汪洋，鼓荡斯桥，是以桥南有龙王庙，镇服斯桥，于是河水无泛滥之虞，行人有往来之便矣。此桥兴废，岂浅鲜哉？近岁霖雨过多，龙庙坍塌，大桥损坏，由街入斯桥者又有小桥四焉，亦于今倾坠。车马鲜飞渡之能，徒步有濡尾之惧。此虽天地之憾，抑亦居斯地者之羞也。兹者幸义士善人共积涓滴之费，不辞胼胝之劳，不数月而大功以举，将见河水洋洋忽掷仙人之杖，履道坦坦如步苏公之堤，荷锄负薪掉臂而往来，牵车服贾争扬策以驰驱。于是援笔而书，以韶来兹。里人康霄翩撰文。

大清道光十年岁次庚寅。

重修陵县通衢桥碑记[③]

陵县为山左严邑也。西北控冀州，南引会城，而东屏大海，中折而西走德州不二舍，迤为漕运要津。今大河虽南徙，而鬲津、马颊故道咸在境内，然而近郭无广泽钜薮，坟则洼，衍则浍。秋水大至，西郭尤当其冲，去西郭里许，故有桥，曰通衢，直看花寺之东，桥亘中流，偃若卧虹，岁月湮浸，不知兴创所由始。按郡志所载，看花台故址为今寺基，相传颜鲁公守郡时，偕宾从置酒汎舟，谋抗禄山处也。桥久圮于河，津途艰阻，凡西人之望，睥睨而欲东，与东人之策车骑而欲西者，咸

① 选自光绪《陵县志・卷十七・艺文志・金石志三・外篇》。
② 选自光绪《陵县志・卷十七・艺文志・金石志三・外篇》。
③ 选自光绪《陵县志・卷十七・艺文志・金石志二》。

失其便。夏秋之交，诸水灌河，湍悍激驶，望中流若天堑，即狂夫毋[1]敢厉揭，重以邮置稽程，行旅病涉其不便者，何可胜数。邑之人相与嗟吁呼叹，盖递举而递寝者数年于兹。道光二十三年，槜李[2]沈侯来莅县事，孳孳拊循，务与民休息，所以咨疾苦，恤民隐者，罔勿周于是邑。父老踵门，旅进请复西郭桥以便民，侯憬然兴曰："兹非吾职乎？顾今事力方诎，诸父老宁能任其劳乎？"对曰："君侯择可而劳之，虽死不敢避，况劳乎？"侯曰："噫！吾闻悦以使民，民忘其劳，然以益下悦民，则以损下悦民则难。兹事休大，劳且不赀，于民不无损矣。诸父老其悦之乎？"对曰："君侯以佚道，使民一劳永逸，胥此也，即百年享其利，一举足尚不敢忘，夫何不悦之有？"侯曰："噫！父老言是。昔人以乘舆济人，君子讥其非政。某诚不敢望子产矧津梁道路，有司责焉。"顾公帑不敢请，大役不易兴，与我共事者则维二三父老，是赖侯乃捐俸倡助，令下而邑人从乐趋之。于是举而属之，邑人士率缗钱，程土功，稽勤惰，辨良窳，经始于二月，迄四月乃告成功，其修三丈二尺，广杀其三之一。邑父老乐观厥成，咸欣欣有喜色，若冠盖，若负戴，若徒，若跣，若道康庄而登春台，是非悦以使民宜不及也，此乃相与伐石来请，愿纪其始末以永其侯之德。余惟陵固汉唐以来雄郡也，当禄山之乱河北，郡县望风降附，独平原太守颜真卿知其必反，因霖雨完成浚濠，与从兄常山太守杲卿连兵断禄山归路，以缓其西入之谋。当是时，河北诸郡县响应，恃平原为长城，推太守为盟主，功虽不就而孤忠亮节，屹然与此城同不休焉。曩余以计偕道陵县，登河梁，过看花寺，低徊瞻眺不忍去，犹想见当日酾酒誓众，慷慨激烈之概。则今日桥之建，岂惟行旅之利，将使过者凭吊，而兴起其忠义之心，其有裨于风俗人心甚大，然则为政之善孰有如此桥者乎？夫天下之事难有善者，必人与时相值而始能成。古之君子，先民之劳而后逸其躬，故虽不亟亟于崇缮修美居处，至于政成力暇，因民之欲而兴公役，贤者亦有取也，而况其大者乎！若侯之小大不遗，进尽奉职之能，退适民情之欲。役之不威，而政足以成物，劳之不私，而仁足以庇众类，非俗吏所能窥识。邑人来都门者，颇能道侯之兴学校，修邑乘，振孤寒，表节孝，他日英才济济，诗书礼乐一变之。鲁侯之有造于邦人士，又岂徒一桥而已哉。侯名淮，字胎簪，前宰临邑有政绩，通文学，其才力方向用于时，余故乐得记之，且以劝后之官是邑者。至于邑人士之出谋赞力及终始经营办治，是为张天阑、杨永明、张春和、邢毓粹、张义和、邢钧、张融和、邢培成，例得书。

道光二十五年冬十月朔立。

赐进士出身、翰林院编修、历城杨福祺[3]撰。

---

① 毋，原志中为"母"，编者注。

② 槜（zuì）李，古地名，在今浙江省嘉兴西南。

③ 杨福祺，字子厚，号润生，济南府历城县（今山东省济南市历城区）人，道光十七年（1837 年）举人，道光十八年（1838 年）进士，选庶吉士，散馆授编修，道光二十四年（1844 年）任福建乡试副考官，迁安徽凤阳知府。

武城县

武城民堰种柳记[①]

邑令　历秀芳[②]　仪征举人

卫水至伏秋而涨起，往往淹民田舍，故前人筑堤以防之。至今岁修无敢懈，而犹不免于溃决者，沙土松浮故也。余莅斯邑三年矣，往来堤上，相度既久，思所以固此堤者，惟种柳宜。今春政稍暇，将谕民之有田近堤者，各分段种柳。而言者乃疑为官地，所植之柳久将属官，民奚赖焉。余曰："不然。尝考旧志，金大令守谅[③]云：'堤本平地，系武城抛弃征粮，民田修筑，是向为民地也。'又遍稽文籍，无报豁卷，且载在公牍者必曰民堰。即以民堰二字释之，其非官地无疑。"余犹恐无以祛民惑也，爰令凡种柳者给印照，照根留工房备查。民乃忻然信从，不旬日，遍堤植柳矣。夫为政之道，不难于虑始，而难于图终。以今日之所植者，俾久而弗害，树日益茂，堤日益坚，幸已。乃若有树成材，即并根株而抉卖之者，又或有树回干，而弗一补植之者，虽今日新绿盈堤，转瞬之间已成陈迹。设遇水涨堤溃如故，则是余之为惠不终，岂不大可惜哉？他日贤令尹能以余之心，每岁省耕之暇，召谕之曰："尔有隙地补之，尔有僵树易之。"又谕之曰："尔单伐枝以取利，毋刨树以伤堤！"庶于民事河防两有裨益，岂第夹岸浓阴，参天翳日，为卫河生色已耶。至堤本闲地也，小民于利之所在，思展尺寸土往往难之，今而易无用之地为有用于野，无旷土之义，亦不无有合焉，是为记。道光二十一年七月。

碑阴：

一、柳根蟠结则堤根自固，可免岁修之扰；

一、偶用防险即经取挂，可无远伐之劳；

一、土与根附，不致冲卸，可泯决口之虞；

一、间遇冲决，树木排列，可省桩木之费；

一、种树挡沙，可保麦苗之损；

一、林木庇荫，可资风水之益；

一、冬日木材柳炭，可获利息；

一、夏日阴浓树密，可憩行旅；

一、入土辄活，便于树艺；

一、伐条即种，便于取材；

一、堤近河沿，便于浇灌；

---

① 选自民国《增订武城县志续编・十四・艺文志下》，民国《故城县志》名《武城民埝种柳记》。

② 历秀芳，江苏仪征（今江苏省仪征市）人，举人。自道光十九年（1839 年）始任武城知县。道光二十一年（1841 年）主持编写《续武城县志》。

③ 守谅，人名。

一、堤系闲地，无任废弃；

一、堤畔之树，无碍田禾；

一、手植之劳，无妨民事（以上原刊条示）；

一、典产近堤地于三年内回赎，每株认京钱三百文，每逾一年每株加京钱一百文；

一、印照所填堤地丈数，乃其时约略估计，倘日后有以丈尺为词者勿理（以上续示）；

一、东岸二十八庄村种柳三千六百七十四株，西岸二十五庄村种柳二千五百四十二株（以上按存查照根）。

乐陵市

乐陵县重修文庙记[①]（节选）

天顺八年 明内阁学士许彬[②] 益阳人

学校育材之地，王政所先，有司之急务也。近代有司迫于簿书期会，知以此为急务者鲜矣。矧吾夫子道涵覆载明，并昭临仪范，百王师表，万世天下国家可一日无哉？济南之乐陵，旧有庙学，在县治之西。先是，县城据赤河堰而筑，水流城内，岁久水涸，而河源未塞。每岁夏秋，潢潦汛涨，殿庑堂斋为其所坏，而圣贤像设碱卤剥勒，师生讲肄无所，风化不振者几年……

临邑县

夏河筑堤碑记[③]

南北朝 明僧绍[④] 邑处士

维有宋元嘉二年秋七月，平邑笃马河冲决古堤，民以柳笼土葺苇而为遏，壤溃无已，功消千百。县令周云霖雨省视上下形势，熟在心臆。乃达郡州，用集厥役，州许。立功乡境，茂绪前基云。以兹津远注大河，来经平原，往滥无棣，回流两岸；其势郁蒙涛怒，湍激急疾，一有浸啮弥原、漫野奔腾之变，害在庐田。盖昔有鬲君之所常蹙，而前平原相之所不能治。于以跋涉躬亲经之营之，比率百姓肇理畚挶，伐木北原，征匠责

① 选自乾隆《乐陵县志·卷七·艺文》。

② 许彬，1385—1461 年，字道中，号养浩，生于兖州府宁阳县，祖籍明丰县（今江苏省丰县）人。明朝大臣，著名学者，馆阁体代表作家。世称“东鲁先生”。少以文学知名，永乐九年（1411 年）中举，永乐十三年（1415 年）中进士，累官礼部侍郎兼翰林学士，明英宗天顺元年（1457 年）曾为内阁首辅。本文注“益阳人”，或误。

③ 选自光绪《德平县志·卷十一·艺文志》。

④ 明僧绍，？—483 年，字承烈，平原郡鬲县（在今山东省德州市附近）人。隐士，著名经学家。南朝宋文帝元嘉年间，举秀才，明经有儒术，不就朝廷征辟。隐居崂山，聚徒立学。淮北沦陷后，南渡长江，遁还摄山，建立栖霞寺。南朝齐永明元年（483 年），征国子博士，不就而卒。

治，迤立坚垒，以束洪波，随疏积土，以泻悍涛。当此之时，鼛鼓肆兴，登薨靡辍，而川无滞越，水土通演，未半年而工程攸毕，斯乃奠局之嘉绪而息土之永规也。昔禹修川河，《书》志其功；稷躬禾稼，《诗》列于雅。夫不惮劳，谦之勤奋，图其职定害安民、恶得浸没而不章焉。故伐石纪功，昭贤于后。

重修桥梁记[①]

乡贡进士杭州府同知致政济南蔡旻撰文

乡贡进士金华府通判致政济南卢月书篆

盖江、淮、河、汉，天下朝宗之主，而河渠乃地理之势要。淮汉必赖舟以度之，而桥梁必因河渠以建焉。今青阳邑西北隅违郡城仅百余里，北有地名下口店，百有余舍，则人尚善良者多，而风淳礼义者厚。傍有河津一路，旧有桥梁一座，稽其实也，未知始于汉晋，否知原于宋唐，何代以建之焉，是以无从而考之，今存于至元。我朝弘治之春，痕迹虽显然，但桥梁历载极久，岁月愈深，是以倾颓而势不坚也。凡遇水泉泾涨之际，则上下诸司之过临，则身无不乘，不免怀惊惧之念，车马难免涉水之苦，四方商贾之往来到彼也，则足无所履，难辞揭衣涉水之劳。何险阻甚焉？则失人以重建也。今弘治己未之岁，有济之德平善道郎□，并莱州府余福广，终年茹素，嗜善为念，经游于此，愿操心立行，竭力以重建之。又见济阳县善民庞名、任官道、张宏慨然舍木石，致多粟粮余石。另有为一方之纲领，上下劝道，悉皆共力提协，以成此也。今较之古迹也，丰险以充，工力甚大，成造尤坚也。不惟益于今，而功超于古。殆见历后将来，虽拥途万亿，济济商贾车马之多，则无昔焉缺乘度之忧，而舒情畅得其所也。是以善道，张富相助同修，南北人行桥梁，东西清龙江河。念圣天子在上，享万亿丰稔之岁。日月崇高，桥梁与之同悠久也欤！故不碑之于记，则泯其善道，不显功迹焉，故始末之由碑记于后。

大明弘治十三年岁次申仲春吉旦立。

朱洪猷修桥记[②]

钟大受[③]

永济桥跨鬲津上游，为往来孔道，久圮。先是，里人屡修，亦屡圮，缘所修之未能坚且久耳。行人病之。有义民朱洪猷者，素未知学，恻然动念，谓行道有梗皆吾里人之过也。遂捐赀五百余贯，经营二载。备坚且固，而桥以成，行人便之，复买地数

① 选自民国《临邑县志·卷三·金石志》，原志注："碑在城东南潘家桥南首庙内。"

② 选自光绪《德平县志·卷十一·艺文志》，德平县，原为山东省的一个县，1956 年 3 月 16 日，政务院经批准，撤消德平县，其所辖行政区域西部被划入德县，南部被划入临邑县，东部被划入商河县，北部被划入乐陵县。原县志注："旧志名朱家桥，年代建置无考，兹改名永济，以彰不朽。"该桥于乾隆五十九年（1794 年）修成。

③ 钟大受，字健庵，福建省上杭县人，解元，乾隆五十四年（1789 年）任德平县知县。

亩，为此桥久远修葺之计。近也长者所行若此者盖寡，而洪猷以匹夫好义，独立肩成，可谓难已。时余因公过从，得闻其概而韪[1]之。嗣后诣书院，间一道，及适朱孔彰在学，问之，则其胞叔父也。益稔其生平义行大率类此，且言伊叔年六十，尚未举嗣。余谓天佑善人，历历不爽，知必得麟儿以光大门闾者。世之好义君子闻之，亦可以兴矣。故记之。

修杨家桥记[2]

李根 邑孝廉

《书》载禹疏九河，相传吾邑得四焉。世远渐堙，类皆淤垫不可辨，惟邑西北俗呼土河者，疑或古徒骇也，西自陵州蜿蜒而来，委折经邑境凡六十余里，春冬枯涸，夏秋水涨，每冲溢民田，致孔瘨[3]焉。我朝殚心民瘼，爰彷禹疏遗意，划挑苇芦，浚淤决塞，于是淙淙浤浤，四时皆然，豁然巨川矣。河上旧多桥梁，隔不逾五六里，居民枪刈耨镈，夹岸而除田。为商者负任儋荷，服牛轺车马，褰裳无歌，若忘渠焉。自浚河而后坍圮者十有八九矣，近失其便，远夺所径，登途者以为叹。邑北十五里有杨家桥，土脉甚坚且厚，不随流以扬沙，不因窅以滋陷。当湍而冲激者阔凡十余丈，而木丁石柱辣然水底，曾无倾欹态，诚奇地也。但此桥东通商齐邹长诸邑，西达宁吴交景等处诸名镇，以北抵京师，业称通衢矣，兼积上下诸桥所由者，并臻于此，将毋桥亦有不胜任之忧耶。抑何渐见溃裂也，溯厥肇修，必辇山石，度土功，积柴木，傠而畚揭，旷而时日，疲极人力，乃可以有为也。今河底益深，河岸益峻。桥亦益下而益上，非大为更张，欲如从前之补罅苴漏，讵能永巩耶。诸生王子侣鹤暨居民王素寰等鸠工成事，予睹其壁砌之孔固，日任击摩之杂遝，心焉可之，而复恳立记于后也。于是乎和言。

增筑田家堰记[4]

知县 凌锡祺[5] 绍甫

邑西北十二里为土河，旧名笃马河。刘宋元嘉间，河流冲决古堤，邑令周云霖躬亲修筑，明居士僧绍为之记。其南为小河，今亦名鬲津河。考邑乘，自雍正五年开始，本名马河，俗亦谓之义河，以泄高唐、平原、陵县诸水。至德平西范家桥入焉，顾其河久未挑浚，往往泛溢为害。邑人由范家桥筑堤，上自基山，绵亘数里，名田家堰，以捍

① 韪，原县志中为“走”“韋”的左右结构合体字。

② 选自光绪《德平县志·卷十一·艺文志》。

③ 瘨（diān），灾害的意思。

④ 选自光绪《德平县志·卷十二·艺文志》。

⑤ 凌锡祺，字绍甫（黼），直隶宛平县监生，原籍浙江钱塘县（旧县名，在今浙江省杭州市附近）人，光绪十五年（1889年）任德平知县。

之，策善已。近十数年以来，黄流北与济合，濒河几无完土，德平去河较远，幸免于灾，则堤堰之修甚不可以不预也。光绪己丑，予捧檄宰是邑，公余之暇，循视河防。古堤浸已漫平，时方隐以为忧。次年五月间，河决上游，由陵县一带，两水合流于理合务，而泛滥于城北。亟谕绅董为堵筑计。会有齐东之调，未克蒇事，既而伏水溢涌，田家堰溃决尤甚，堰外诸村幸免漂没，而皆已无秋矣。夫黄流为齐鲁钜患，州邑波及殆遍，况笃马河自乾隆间壅决数次，非预防之吾民不其鱼乎？辛卯春，予重莅兹土，遂延绅董诸君，依基山碑所载，近堰修工。共一百六十三村，计村分段，派夫役，具桩料。自陵县王宣庙至范家桥接入笃马，河堤蜿蜒，修至韩家桥，凡六十余里而止。役既竣，董事诸君乞予一言，以志不朽。夫人情甘其所甚便，而苦于不及防。德邑自乾嘉以来，安澜者百有余年，两河之间民且田之矣。一旦卒遇溃决，近河者以堵筑为先，近洼者以瀹疏为急，呶呶争执，聚讼不休。何若未雨绸缪，相土地之宜，谨堤防时修筑，尤为事半而功倍也。兹以往尚其遵守成规，时加缮治，俾在基而勿坏焉，则利岂有涯哉？用备书其原委，俾勒之石。

平原县

重修城池记[①]

元　邑人　谢文禧[②]

县邑之不修藩屏者，肇自至元十三年平定江南之后，我皇元混一区宇治教休明民无奸宄故也。然承平迄今仅七十余年，蕞尔徐方绎骚不宁，国家乃有修理城堑之命。至正改元之十二年，监县文林郎也先不花奉中朝遴选乘驿，莅任及判簿将仕佐郎王庸、典史龙显祖来为僚属，躬督其版筑穿浚之役，循视故基，规画立法，惟役富厚有丁之家趋事赴功，工戒以勿亟单弱，小民咸得休息。城既高坚，池惟深广，则东西南北安置大门，创建重室，晨启关而夜钥，官民安堵如也。又于城之四周濠之两垠植柳四千余株，防护岸圮。公用心可谓详且远矣。县当驿达之冲，军士马驼经过浩繁，宿顿多于县治，蹂躏日久，房阶隳败，厅廊倾漏，几于不蔽风雨。监县公倡率僚或然，咸割俸币，以仍旧益新为己任。复劝谕里中义士李惟贤等，瓴甓砖石，随意乐输。凡正厅三间，两耳房四间，东西廊一十四间，后厅三间，两耳房四间，东廊房五间，西架阁库五间，厨舍三间，更鼓楼三间，并前甬路阶砌修复完固，轮奂一新，远际逾旧制，不终年而俱各落成。夫化识居牧民之长，当多事之际，万万供需曾不避难而能以精勤，办事有方如此，得非出于天性然也。于是伐石纪事，以垂不朽，可不伟哉！至正十三年五月记。

---

① 选自乾隆《平原县志·卷十·艺文》。

② 谢文禧，山东平原人，元代元统乡贡进士。

恩县丞杜君去思碑①（节选）

聊城丁懋儒②撰 时为举人

恩旧有水患，以城西地势污下，遇河水泛滥即湮没，连岁禾稼不登，征输莫办，民无宁居焉。嘉靖甲辰，水大至，郡守欧东泉翁委杜君治之。君殚厥心力，以开渠泄水为事，患底平。又为溃决之虑，厚筑河防凡五处，曰龙湾，曰浮云寺，曰新开口，曰滕家口，曰青州厂是已。其赋役之不能免者则先平土而后昏垫，故事集民安，得古人救灾恤患之义。民曰："噫！我公树茂德于民，民胥匡以生，匪有纪何以示不忘？"遂相率请于御史黄南渠公，报曰："事举于民，惟其称见任，立碑越制，曷俟其去乃图。"民情弗能直，遂咸缺然。

……

君讳杰，字汝兴，直隶镇江府丹徒县人。

恩邑侯孙公生祠记③（节选）

聊城王汝训④撰 右副都御史

……余进而问政状，雷君曰："公甫莅任，会天降淫雨，水潦没稼，酾小渠引入河，惨淡灾"。逾岁大旱，公徒步请以身祷甘澍，辄应已。又旱而祷，又应，曰："允哉！此积诚之以符也，勤恤之深仁也！"……

恩县修水次仓记⑤

邑人邹之魏⑥撰 虞城知县

今郡邑制仓近署者名预备，贮谷滨漕者名水次，储粟米以待兑运，其系视城仓无觭重焉。兆域有制，栋宇有式，缭垣有度，使委积者无暴露燥湿之虞，载在政典，遐方僻邑，罔敢有缺焉者。恩为邑，北接甸服，粟米之所供，漕艘之所集，视诸邑先焉。惟兹仓场宜备勿坏，而有司者袭陋承驰旷焉，弗意屋宇颓夷，垣墉阙倾，门階厄路，葺治靡时，上慢而玩，粟滋成蠹，盖三十年于兹矣。甲午冬，沁水孙公以名进士令吾邑，既和其民，乃循遗基，遵故制以嗣，岁三月即其地鼎新之。筑土以为垣，庀材以构室廒，以谨盖藏门，以专启闭。越再朔而功成，凡宇于地以楹计者二十有八阙，于垣以间计者凡二，为锁钥以固防者若干事。民不知劳，财不

---

① 选自宣统《恩县志·卷九·艺文》。恩县，旧县名，属山东省，1956年撤销，其辖地划归平原、夏津和武城三县。

② 丁懋儒，聊城人，嘉靖四十四年（1565年）进士，官至南直隶太平府知府。

③ 选自宣统《恩县志·卷九·艺文》。

④ 王汝训，1551—1610年，字师古，号泫阳，山东聊城县（今山东省聊城市东昌府区）人，明刑部侍郎，主编《东昌府志》二十二卷、《疏草》二卷，明儒"七先生"之一。

⑤ 选自宣统《恩县志·卷九·艺文》。

⑥ 邹之魏，山东恩县人，明嘉靖三十一年（1552年）壬子科进士，任河南虞城县知县。

至费，而邑之政典于是大备。部使者至，咸嘉奖焉。邑民悦其举，属余记之，以示永久。纪载之法，兴作之役，不经书。非时书其合于制者，不书也。合于制而书，必有故焉，谓可以训戒也。水次馈运，国之大事，而忽诸则何藉于令仓修而粟具馈运不乏，兵食以足国卫以壮是古贤令之政也，公其可训已，乃抚其实书之，俾董斯役者刻之石，继任者其尚勉乎哉。

曹公井碑记①

邑人　李新斋②

房豹治乐阳，苦地而变甜水；耿恭困绝域，拜井而涌甘泉。史论美之良经，《洪范·五行》水居首要。凡人烟丛聚，饮料之供给，固不容片刻少缺也。吾邑地厚土燥，鲜不息之川流，平时凿井而饮，端赖绠汲。惟城内穿井外周甘而中央苦，故水井多傍城垣，中区数方里无点滴之源泉，不第如云，安沽水悲，兴少陡升之仆，即消防营建诸要事亦深感不便，每筹议浚凿，辄以集资维艰而中止。县长曹公梦九下车以来，凡有利益人群之事，罔不竭力提倡，因面陈公门旁空地适宜穿井，以便居民。当蒙俞允，并助款百二十元，即动工。迨掘地及泉，水涩而苦，更令第四科提拔百九十五元复掘，深九仞，下铁管三十丈，周砌以砖，口敷以木，水既深达丈余，味亦渐变甘洌，此后汲之无穷，取之不竭。省长途之力矩，挹咫尺之甘浆，较诸房耿何多让焉？下短之费约二百元，商民均慷慨解囊，乐襄义举。工既竣，爰述其巅末，勒诸贞珉，使群晓然于饱德饮福其来有自云。

庆云县

纪 恩 碑 记③

总督　方观承

庆云为津郡属邑，僻处海滨，厥土卤瘠。乾隆八九年，畿南仍岁旱灾，而庆云尤重。余时偕陶公正中董账事，数数过其境，辄蒿目而伤心焉。仰赖皇上如天之仁，拯救多方，悉破常格，前后赈米几三十万，复以兹地商贩罕至，输河南大名之粮以赡者至再。于是人庆更生，流亡稍稍安集矣，然而未有长策也。越明年，大兴水利，疏邑之马颊河及其上游盐山之宣惠河，以蓄霖潦。又明年，俞钦使尚书刘公请大发帑金，开井泉，给牛力，并导以种树之利。会余备官藩司，率守令悉心区画，相其土泉之宜，度其溉引之便，均其服耕之候，谨其培护之方。而又为之检登耗，察勤惰，期有实效，以上承德意。凡官为穿井一千二百五十，给牛五百四十有六，种树三万，费帑

① 选自乾隆《平原县志·卷十·艺文》。

② 李新斋，山东平原县人，清末廪生。

③ 选自咸丰《庆云县志·卷三·艺文》。

一万三千九百两。是年，又奉旨免庆云额赋十分之三，永著为令。于戏！恩何渥也。后数年，余膺节制，尝因勘河之役往来于此，见夫邱墟烟树，蔚然成阴，辘轳相闻，蹄趾交错，抱瓮扶犁者行歌陇畔，不复知有昔年飈戾荒寒之象；盖圣天子至德鸿厖[①]，沦肌浃髓，感人心而成风俗，宜其转移之郊若斯神速已。今年春，邑之耆老因其令李君阴椿来请，谓曩者岁偶祲，朝廷倾廪藏以活我，复又资我井，养我力，耕毓我材用，薄我税敛。二十年来，室家保聚，衣食晏如，缓急无恐，吾侪身被之犹能蹈舞，言之恐后世子孙食其福而忘所自也。敢丐文勒石，以垂不朽。余嘉其诚，且亲见其人之濒于沟壑而遂得生养，以至今日也。为之雪涕而告曰：“尔知帝德之不可忘乎？”尔有井，勤浚治之，尔有牛，益孳息之，尔有树木，时封殖之，且赋已减矣，轮将宜亟也，老幼有养矣，礼教宜勉也，尔其率子弟力田孝弟，以上答天庥。而为之长吏者，视民如家，举凡良法，所在设诚而致行之，非直瘠土为腴，必且丰年屡庆于以被鸿惠于无穷，流膏泽于万祀，岂不休载？用是敬纪其本末，勒之学宫，俾士民有所观感，且以谂后之官斯土者。

乾隆三十一年岁次丙戌仲春之月。太子太保、总督直隶兼管巡抚事、桐城方观承撰并书。

夏津县

重修西门桥碑记[②]

光绪二十三年 知县 赵尔萃[③]

积小以成大，大者易见，小者不易见也。自卑以登高，高者乐为，卑者不乐为也。然而何小之非大，何卑之非高？何大之不由于小，何高之不由于卑？城之西有水荡然，水之上有桥翼然，修不知何日，圮不知何年。行人阗阗，车马駷駷，商贩樵牧砯揭而往来，都人士谋曰：“及今不修畴？”修之者相与鸠赀，葺而新之。呜乎！天下之事无竟何论乎一邑，一邑之事无竟何论乎一桥。而人当饮食作息醉饱酣嬉之日，于日用之细，眉睫之近，往往不及见，既见之而有创议为之者则又瞿瞿然顾，适适然惊。余嘉是邦之好义，急公而因叹人心之积习而相沿者，每见端于至小至卑之地，且愿邦人世世子孙以此相勖，以驯致于高大，以垂声于无穷也。工既竣，书之石以垂久远，后世必有兴礼乐之君子，徘徊太息，有取于斯文焉。

---

① 厖（máng），丰厚、厚重之意。

② 选自民国《夏津县志续编·卷九·艺文志》。

③ 赵尔萃，？—1917 年，字小鲁，襄平汉军正蓝旗人续编，光绪十五年（1889 年）进士，山东夏津县知县，颇有惠政，其兄是赵尔巽、赵尔丰。

燕窝堤工碑记[1]

民国十一年　县长　蓝晋琦　霍山

壬戌夏四月，县西宋家村与燕窝两月堤修筑既成，绅民群相进曰："堤成而水患御，纠纷解。工资取自一乡公费，而讼争泯息。"是举也，利兴害减，人咸感矣。虽然燕窝堤工积案至数十年，今兹雪融冰释，则此后划守尤不能不预计焉。其即以新堤北止，区分守护：迤南则柳园庄守之，迤北则李家庄守之。曩昔两村各守枣棵，石橛置其中而不顾者，今无虑也。议既定，佥曰："可宜立石记之，以垂永久。"先是，光绪年间，前令赵君尔萃误立石橛于今新堤之北，李家庄民据此放弃南段险工于不问，柳园庄民则据枣棵亦废视北段而不守。其间四十余丈，一遇卫河水涨，虽危险至溃决，立见莫或惜，积数十年无术以执。间者逮至宣统，邑令卢君树澜有建修月堤之议，资费无出。晋琦于今春二月奉檄移治此邦，相度形要，卢君月堤之议破的解锢，不可须臾缓也。适有敏字各团因摊存团费总计京钱一万余缗，告争省县，年余未决。谋诸绅民拟作十成计划，以六成拨修堤工，一成入第二高等小学校经费，三成缴存县库，待拨敏字团公用，询谋佥同。适东临道尹周公以视察卫河莅临，盛赞此举，爰委士绅择期。夏历三月始事，月余而两堤成。绅民等忘私亟公，成功敏速，俾数十年官民交虑之钜患除之。一旦有足多者，余何有焉。兹役也，调停息讼者有人，总理全功者有人，帮办监视者各有人，莫不和衷趋事。绅民和则致一邑之祥，益晋琦所深忘者，又仅欣忕[2]一堤之蒇事也哉。

蓝公堤纪念碑记[3]

民国十一年　地方财政管理员　李伯顺　邑人

壬戌之夏，宋村西暨燕窝两处套堤告成，乡民皆欣欣然喜相告曰："从此沿河数十村得免其鱼矣。"余因聚乡民而问之曰："嘻！尔知两堤之所由成与？关系綦重乎？居[4]，吾语汝。县长蓝公晋琦，字蔚青，安徽霍山人，以孝廉方正来宰是邦。下车伊始，首重河防，思筹款修筑。值沙河东西因团款起诉，公派余与韩绅增庆，李绅俊升作鲁仲连，幸双方谅解，官绅协议以团款一成入第二高小学校，三成留敏字二十一团公用，六成筹理河工，而修堤案遂定。公于是一面委管绅淑涵总其事更助之，以李绅绶先、黄绅法咏、袁绅国桢等，召夫兴工，克期举办；一面上呈省道，下催款项，悉心壁画。越四十日而工竣，自兹堤工坚固，人民可澹沉灾。团款案结，兄弟免致阋墙，且燕窝堤成，柳园庄与李家庄划界分守，言归于好，百年讼仇，一旦冰释。

---

① 选自民国《夏津县志续编·卷九·艺文志》。

② 忕（shì），习惯于。

③ 选自民国《夏津县志续编·卷九·艺文志》。

④ 居，坐下来。

呜呼！一举而三害除，设非公勤政爱民，精心果力，曷克臻此。公两宰曲阜，一任恩县，政迈龚黄，风同琴鹤，接篆数月，清积案，重公款，学务警务次第整理，修堤特善政之一端耳。”乡民闻言大悦，群起而对曰：“此堤命名为蓝公堤可也。”余援笔而书之于石，俾受赐者饮水知源云。

四、聊 城 市

东昌府区

奉敕撰会通河记[①]

元 杨文郁[②]

先孝皇帝在位之十七年，江南平，薄海内外，罔不拱北臣顺，奔走率职。乃置汶泗郡漕运使司，控引江淮岭海，以供亿京师。自东阿至临清二百里，舍舟而陆，车输至御河，徙民二万三千二百七十六户，除租庸调。道经茌平，其间，苦地势卑下，遇夏秋霖潦，牛偾辐脱，艰阻万状。或使驿旁午，贡献相望，负载底滞，晦冥呼警，行居骚然。公私以为病，为日久矣。

皇帝方图收太平之功。立尚书省，一新庶政，百废俱兴，士有出意见论利害者，咸得自效。寿张尹韩仲晖、前太史令边源，相继建言：“引汶水属之御河，比陆运利相十百”。时诏廷臣求其策，未得要便，以仲晖、源言为然。遂以都漕运副使马之贞同源按视。之贞等至，则循行地形，商度功用，参之众议，图上曲折，备言可开之状。政府信其可成，于是丞相桑哥合同寮敷奏，且以图进。上俞允，赐中统楮币一百五十万缗，米四万石，盐五万斤，以给庸直，备器用。征旁近郡丁夫三万。遣断事官忙速连儿、礼部尚书张孔孙、兵部尚书李处巽洎之贞、源，同主其役。

二十六年正月己亥，首事起须城安山之西南寿张，西北行过东昌，又西北至临清达御河，其长二百五十余里。吏谨督程，人悉致力，渠寻毕功，益加浚治。以六月辛亥决汶流以趣之，滔滔汩汩，洪通顺适，如迫大势，如复故道。仍起堰闸，以节蓄泄，完堤防，以备荡激。滨渠之民，老幼携扶，纵观徊翔，不违按堵之安，喜见泛舟之役。于是，须城、聊城两县父老各诣而治，致辞谓：“幸生长明时，获瞻仁政。纳大臣经济之谟，兴官民悠久之策。宜录纪成绩，被之金石。”治渠使者以父老之言为请。于时大驾幸临上都驿置，以闻，明诏翰林院，其为运河命名，且文其碑。臣等乞赐名会通，百拜

---

① 选自万历《东昌府志·卷二十·艺文》，民国《清平县志·艺文志一·碑记》名《会通河记》。

② 杨文郁，字从周，山东济阳人，元代翰林院直学士、承直郎。

稽首而属辞曰：

谨按，《书》以食货为八政之首，《易》称舟楫有济川之利，此古今之定理，而京师所系为最重。故大舜命禹既平水土，定九州之贡赋，皆浮舟达河以入冀都，功冠三代，为万世法。自兹以降，汉用郑当时之言，引渭至河，以利西都；唐用刘晏之策，由汴入河，以济关辅。盖京师者，四方辐奏，兆姓云集，六师所依以疆，百司所资以办。不丰储积，政将奚先？

我国家新大邑于析木之津，建万亿年无疆之业，规模宏远，治具周密。若夫漕远流通国之大计，舟车致远功利悬绝。所宜亟讲而行，虽费而不可省，劳而不可已者。臣窃迹近代辽氏、金源氏皆尝立国，当时经度，曾不是思。岂不以兴王之功，非僻陋者所能兴，而前修弗逮，乃所以启盛时也与？先儒有言："圣人在上，则兴利除害，易成而难废。"钦惟皇上开物成务，迈舜禹而轶汉唐，区区近代之君，固无以议为也。臣备属北门，职在记事之成，不敢以固陋辞，仰奉明旨志其岁月，且推衍舆诵，昧冒论著。至若深仁濊泽，普浸八荒，资始资生，上下与天地同流，盖非纂河渠沟洫者所能仿佛也。

九月□日，臣文郁谨记。

冠县

冠县补筑吉固堤记[①]

教谕　安庆　陈以道撰

陶丘滨于卫河，而冠氏比之河东，故有堤不知昉何时，甬起大名之南，而北亘临清，所以防河涨也。近维巨冲，往来车马践踏，因而颓决者若干处，所维兹吉固寺并礼菜诸口为冠患尤切且甚。嘉靖庚寅秋，河由兹口泛溢于冠，直东汩堂邑，与曹河合。客岁甲辰夏，又大雨水，闻诸父老，咸谓生发所未有。漕河之溢，已没堂半，而卫河涨入二口，视庚寅不啻倍剧。时维姚侯身亲亟治，而民从之，多方捍卫者三昼夜，冠始获免。侯进乡民而谕之曰："此特幸尔。堤不补筑，患不终无也。"乃度春二月民闲，可使并二口而填之。夫说以使民，民忘其劳，不见是图，有备无患，得兑与豫之道焉。工告竣，县佐张君、黄君嘱予为记。予曰："侯尹冠四年，惠化殷流，士民饫德，凡瘅彰兴革之政，皆足以永言百世，而民不能忘者，此其一耳，何拘拘于说云。"佥曰："非为侯也，前日之损焉知不再见于后世乎？记之以告来者，使知后日之补，不可有负于今日云尔。"碑面附水碧霞宫北，以宫之立，亦为堤计故也。

---

① 选自万历《冠县志・卷六・艺文》。

孙公遗爱碑记[1]（节选）

郭纯熙　邑人

毅所孙公令于冠者二载，贤声籍甚，民爱之如慈母……十三年春，春不雨，至于七月，侯以八罪自责，词极悽惋。三日，大雨注。……

南薰桥碑志[2]

邑令　虞际昌[3]

邑南当晋魏之冲，车徒往来者接踵。近郭地洼下，夏秋间霪霖浥，注潴蓄为患。旧有桥倚西偏，坍毁不葺，行者苦之。丁丑岁，余承乏兹土，相度地势，生旺之气钟于东方，询之居人，曰："前明时桥建东偏，民大和，会人文蔚兴，其易而西也。不记何年，而风俗浸以衰矣。"夫行李之往还，斯桥实利赖之，况运会所关，修葺尤不容缓。乃兴工役，而复营桥于东首。倡捐俸，邑之好义者从之，甫二旬而工竣，爰命之曰"南薰"，纪其时也。当筑基之始，掘尺许，得旧时石齿，磊磊犹在，与新址适符。洵人言之有征，而余见为不谬也。至鸣琴而治，余虽愧弗及。庶几，此邦之人解愠阜财，上应圣天子，挥弦雅化[4]，实有厚望焉。

莘县

建　桥　记[5]

明邑人张应奎　廪生

张公讳玉，字廷美，乃祖荆楚人也。由吏员初任仓宰，声价颇高，继擢朝城[6]判簿，迄今三世矣。公平生好施与，勤俭持身，家道隆盛。乡闾士夫羡其行，谓其克肖子也，遂入籍于秋五里。公一夕忽梦神人教曰："汝能积阴德，则胤嗣延长，福泽永远。子其图之？"公竟茫然自失，思无可图，偶想城之东郭外地最下，桥梁倾圮，每遇大雨，经历者病于涉焉，民甚不便。公乃曰："人之积德，不过起浮屠、营建庙宇，以求福报，于生民无毫发补，吾不为是也。"遂捐金数十两，雇石工，掘地筑基，修为桥梁通道。几一载而始就，其规模雄伟，豁人心目。观者谓其有无穷之福，邑人谓为盛事，多有助其功者。厥绩丕成，凡往来提携，骑乘运载者，不若畴曩之病于涉，皆公之德也。呜呼！公之设心利众而不为身谋，虽神人之教，固不足信，恐或有是，亦不负神人

① 选自道光《冠县志·卷九·艺文志》。

② 选自道光《冠县志·卷九·艺文志》。

③ 虞际昌，字采臣，浙江仁和（旧县名，在今浙江省杭州市附近）人，康熙三十六年（1697年）以军功授冠县知县。

④ 雅化，谓趋于文雅、高雅。

⑤ 选自康熙《朝城县志·卷九·艺文志》。

⑥ 朝城，旧县名，在山东省，1952年撤销，其辖地大部分属山东省莘县。

之所教耳。公之异日箕求[①]修远、福泽延长有必然矣。其视世之起造浮屠、营建庙宇者，其功为何如邪？愚乐公之志有成，而喜为众人道，于是乎书。

阳谷县

奉敕撰安平镇治水碑记[②]

明弘治 徐溥

安平镇旧为张秋，实运河要地也。景泰间，黄河支流决镇之沙湾，坏运河，朝廷命都察院右佥都御史徐有贞塞而堤之。弘治六年，复决于下流十里许，汶水从之由东阿旧盐河以入于海。厥后，霖涝大溢，广至九十余丈。运河自东昌而下，率多淤涸，舟楫不通。

今上以为忧，既敕右副都御史臣刘大夏往治之，又特敕内官监太监臣李兴、平江伯臣陈锐，总督山东兵民夫役与之共事。至则合志协虑，会财用计工力，厚加抚谕。俾小大趋事，期于成功。时夏且半，漕舟已集，一经决口，挽力数倍，稍失手辄覆溺不可救。佥谓宜急先务，乃于西岸稍南凿月河，长三里许，引舟由之，次第皆济，岁运赖以不失。及冬水向落，乃为塞决计。规仿古法，酌以时宜，筑东西二台，植木为表。多施大索，众埽交下，两岸渐合中流。用舟杂置土石，凿而沉之，压以巨埽，囊土以实其罅。役夫番代，阅三昼夜不息，而决始塞。其外则甃石树杙，累筑而固之。又于其南为石坝，以备宣节。于上流为重堤，以防奔溃。至是运道复通，而旧决皆为陆地矣。初议以为安平之上流为黄陵冈，黄陵未塞，则安平之功不易保。故二役并兴，而湍势悍激，再塞再决，群喙汹汹，莫知所定。迄八年之二月。皆以成告上。累遣赐奖劳，赐羊酒金币诸物，易镇名曰“安平”。又敕建神祠，以祈冥佑，名曰“显惠”，命有司春秋修祀事。是役也，凡用夫四万余，薪刍以束计者八十四万五千，竹木以根计者三万七千，麻铁以斤计者六十万四千有奇。而黄陵之役不与焉。比复命于朝，上喜，曰：“河决既塞，越惟尔二三臣之劳尔。”兴赐岁禄二十四石尔；锐加太保兼太子太傅，赐岁禄四百石尔；大夏升左副都御史，佐院事。分董其役者，山东左参政张缙擢通政司右通政，仍治河防；按察佥事廖中为副史；都指挥佥事丁全为署都指挥同知。暨文武官士，进秩加俸者，百数十人各有差。既又敕臣某为文记，功迹岁月，以诏后世。臣谨按，《虞书》水首六府，谓为财用所出也，府之利出乎天，而修之在乎人。故平成之功，必资府事，一或失修，则不能利民，而又病之，其势然也。运河之利，固国计所赖。而朝贡商旅，皆必由之，所系甚大。一坏于洪涛，再坏于霖雨，其为患甚剧。不二载间，变波涛为平地，化嗟怨为欢欣。昔之所难今甚易，然亦独何哉！圣天子致和达顺之功，中外臣

---

① 箕求，应作“箕裘”，比喻祖先的事业。《礼记·学记》云：“良冶之子，必学为裘，良弓之子，必学为箕。”

② 选自明嘉靖《漕运通志·卷十·漕文略》。

竭虑宣力之效，天道应祥，而地灵效职，有不期而合者也。然捍患固难，保功尤难，继是以后，修坏补敝之责，则有司存今官有特置，责有专任，方汲汲为久远计。前日之功，亦可以勿坏矣。臣故叙事纪日，俾刻金石，如宋灵平埽故事，用复朝命，且儆于有职者系之以铭。铭曰：

河出西域，亘行域中。土疏水迁，广武之东。虞周世邈，汉患尤数。历宋至元，治法益凿。我明北都，会为漕渠。再决张秋，四纪之余。自西徂东，赴海如注。渠流中涸，南北殊路。帝命在廷，惟内外臣。来咨来营，以拯艰屯。乃疏其源，乃塞其决。群工具兴，百虑咸竭。斫石于山，伐木于林。实土于囊，载积载沉。至再而三，功乃克就。故漕复通，万舰交辏。奏章北上，劳使南行。天子有命，锡之嘉名。坤灵效顺，河亦南徙。水灾告平，民乃宁止。民赞且颂，良臣之勋。臣拜稽首，天子圣神。皇不自圣，予民父母。匪天惠民，孰我能佑。堤石岩岩，川流淙淙。惟兹安平，永镇东邦。

弘治十年十月初三日记。

安平镇减水坝记①

李东阳

其略曰：

弘治初，河徙汴北，分为二支，其一东下张秋镇，入漕河，与汶水合而北行。六年，霖雨大溢，决其东岸，截流径趋，夺汶以入于海，而漕河中竭，南北道阻。上既命都察院右副都御史臣刘大夏治厥事，复特命内官监太监臣李兴、平江伯臣陈锐，总督兵民夫往共治之。佥议胥协疏塞并举，乃于上流西岸，疏为月河三里许，塞决口九十余丈，而漕始复通。又上则疏贾鲁河、孙家渡，塞荆隆口、黄陵冈，筑两长堤，蹙水南下，由淮徐故道。又议以为两堤绵亘甚远，河或失守，必复至张秋，为漕河忧。乃相地于旧决之南一里，用近世减水坝之制，植木为杙，中实砖石，上为衡木，着以厚板。又上墁以巨石屈铁以键之，液糯以埴之。坝成，广袤皆十五丈。又其上甃石为窦，五梁而涂之。梁可引缆，窦可通水，俾水溢则稍杀冲啮，水涸则漕河获存，庶几役不重费而功可保。工既告毕，上更命镇名为“安平”，赐兴岁禄二十四石；加锐太保兼太子太傅，增岁禄二百石；迁大夏为左副都御史，佐院事。又命工部伐石，敕内阁臣为文，各纪功迹。臣东阳当记兹坝之成。臣窃考之，治水之法，疏与塞而已矣。塞之说不见于经，中古以降，堤堰议起，往往亦以为利。利与害相值，必较多寡以为重轻。若驱役土石当水之怒，费多而利寡，此古人所深戒。惟水势未迫，后患尚未形，周思预制以为之备，则障之利亦不可诬。况兹坝者势若为障而实疏之，去水之患以成其利，暂劳而永逸，费虽不能无，而用则博矣。揆之善沟者水漱之，善防者水淫之，二者不亦兼而有之乎？

① 选自嘉靖《漕运通志·卷十·漕文略》，由于原文缺字太多，故据《明经世文编》卷五十四《李西涯文集》校补。

《易》象财成，《书》陈修和，君出其令，臣宣其力，虽小大劳逸不同，同是道也。今圣天子勤民思理，重馈饷，悯流垫，宵衣而南顾者累岁，非二三臣之贤，其孰克副之？当决之未塞也，水势冲激，深莫可测，每一舟至百夫弗能胜，则人船俱没。卷埽筑堰，垂成辄败，千金之费，累日之功，卒然失之，若未始有者。群议喧哄，皆欲弃而弗终，改而他图，盖方御患不暇，而何预备之有？及臣职就工而地灵顺轨，不逆性以制物，不后天以违时，而又从容优裕以图可久之利，销未然之患，诚事会之不可失者也。然则鉴往辙之覆，而思成功之艰，修废补罅以期不坠，庸讵非有司者之责哉？乌乎！天下之事莫患乎可以为而不为。彼宦成之大，交承之诿，遗智余力而莫为尽，未有不贻后日之悔者，独水也哉？人无于水监当于民监，斯言也，亦可以喻大矣。唐韦丹筑捍江堤，窦以疏涨，诏刻碑纪功，着在国史。臣不文，谨书此，为明命复。工始于乙卯春二月，毕于夏四月，凡用夫万六千，巨石一万有奇，粝者倍之，巨木三千，小者倍十而五，铁为斤万一千，他物称之。弘治十年十月初三日记。

第六编

山西省

山西省地处太行山之西，黄河之东，位于黄河中游东岸，华北平原西面的黄土高原上，跨黄河、海河两大流域，境内共有大小河流 1000 余条。山西省属于海河流域的主要河流有桑干河、滹沱河、漳河等 81 条，流域面积 59 133 平方千米，占全省总面积的 38%。山西省又是海河主要支流永定河、大清河、子牙河、漳卫河的发源地，因此也被誉为“华北水塔”。

截至 2018 年底，山西省海河流域共有 7 个设区市、53 个县市区，其中包括，大同市的平城区、云岗区、新荣区、云州区、阳高县、天镇县、广灵县、灵丘县、浑源县、左云县，朔州市的朔城区、平鲁区、山阴县、应县、右玉县、怀仁市，阳泉市的城区、矿区、郊区、平定县、盂县，长治市的城区、郊区、屯留县、潞城市、襄垣县、平顺县、黎城县、壶关县、长子县、武乡县、沁县，忻州市的忻府区、原平市、代县、繁峙县、静乐县、定襄县、五台县、神池县、五寨县、岢岚县、偏关县、河曲县、保德县、宁武县，晋中市的榆次区、寿阳县、昔阳县、和顺县、左权县、榆社县、介休市，晋城市的陵川县。

本编共选录山西省历代水利碑文 40 余篇，涉及山西省的 6 个设区市的 17 个县级行政单位，其中包括大同市所辖的平城区、南郊区、灵丘县、天镇县；阳泉市所辖的平定县、盂县；长治市所辖的城区、武乡县、沁县、襄垣县；朔州市所辖的朔城区、山阴县；晋中市所辖的左权县、榆社县；忻州市所辖的原平市、五台县。其中朔州市朔城区、灵丘县、襄垣县、五台县所选碑文较多。

本编所选碑文，最早为元代泰定元年（1324 年）的碑文，明代和清代的碑文较多，还有民国时期的碑文。从作者身份看，多数为各级官员所撰写，还有的是进士、禀生等人所撰写。由此可以看出，山西省海河流域历史上和水利相关的事业，主要还是以政府为主导开展的，一些官员的个人努力是推动当地水利事业发展的重要动力。从碑文主要内容来看，包括农田水利、河渠井泉、桥梁堤埝、庙宇祭祷等方面。

一、大 同 市

城区

兴云桥碑记①

虞 集

泰定元年秋，大同路城东新修石桥成。河东连率②图绵公题曰“兴云之桥”。明年，寓书京师，请于集贤王公，约以记来属焉。按旧记：“大同，古平城”。如浑之水循其城东而南行，河水盛，遇积雨益横，益阻行者。故自元魏以至唐，河流分合不同，率造桥以达。岁久，沿革不能详焉。其可知者，金天会壬子，留守高庆裔③所作。不一年，大雨震电，有怪物出，坏其十一二。后三年乙卯，居民高居安葺完之。事具宇文虚中记。后四十七年为大定辛丑，又以大雨震电，坏其十八九。明年壬寅，留守完颜褒重作之，事具边元忠记，今桥是也。至国朝至大三年，凡百三十年，又以水坏，官家葺焉。又有十二年，为时至治元年，又坏。郡吏考诸故府，取旧例以请，连率为达诸朝，得给钱市材，役民力如章，岁终会焉。连率属其副孙侯，偕大同路属其判官某、县属其主薄某，上下以次承事。于是孙侯曰：“财不可以数费，民不可以数劳，必究其所以坏，而求其所以长久者。”工曰：“桥凡二十有七间，其西不坏者二十有二，石柱也。东当水所趋，而柱皆木，乡徒取其易成，而不计其易坏也。”乃采石于宏山之下，凡为柱二十四，自上下流望之，屹然壁立。然后栈木甃石，植栏楯，表门阙，饰神祠，官舍之属皆以次成。始八月甲子，毕九月甲子，凡若干日。

养 泉 记④

傅 修⑤

治西南四十里，有口泉焉。其源出于凤山之峪，汇为池。凤山者，即志所谓坤云山也，青葱秀丽，下与池水相映。池方广仅三四尺，晶莹而澄澈，清可见底，不涸不溢，

---

① 选自道光《大同县志 · 卷十九 · 艺文志》，乾隆《大同府志》载该文在“皆以次成”之后有：“始八月甲子，毕九月甲子，凡若干日。”

② 连率，通作连帅，率，通帅，古诸侯十国之长，唐以来称观察使、按察使曰连率。

③ 高庆裔，金太宗时人，西京留守带大同府尹兼本路兵马都总管。

④ 选自道光《大同县志 · 卷十九 · 艺文志》。养泉，即口泉，发源于坤云山。俗名水头儿，在烟岭村西，现已涸。傅修名口泉为养泉，取“蒙以养正”之义。县志原注：“按：养泉水西南流入桑于，记谓注武川。误。”

⑤ 傅修，1739—1812 年，字俊成，号竹漪，广东海阳（今广东省潮安市潮安区）人，乙卯进士。自山阴县令调任大同知县，升直隶遵化州知州、大名府知府、保定府知府、迁山西冀宁道道台、署理山西按察使兼代理布政使、直隶按察使。

望若止水。而余流屈曲，渐行数十武，逶迤而下，锵然有声。东北注烟岭诸村，又北注武川水。其外皆平畴绿野，资以灌溉，邑称衍沃，乡之民盖重赖云。余奉调云中，于兹六年矣，自惭德薄，无以副朝廷牧养斯民之责。幸雨旸时若，而川泉之美又足以润地脉而补民力之穷。因叹造物者之设施，于吾邑为独厚也！今年春，小旱，焦劳夙夜，方窃忧之。适以公事道出西南，而麦陇青青，一望无际，水禽飞拍，时上下于绿云红树间。又叹吾邑之幸有斯泉，不独补民力之穷，而兼补吏治之拙也。志称："泉之上旧有亭，久已芜废。"年来土人相与神之，而题其额曰："潜龙"。余曰："嘻！此何可哉？"《乾》之初九曰："潜龙勿用。"①其象传云："遁世无闷，龙德而隐者也。"②方今"圣人作而万物睹""飞龙在天，利见大人"③，奚所取于遁世云者？且大《易》言"寒泉"之食，其象传则曰"井养不穷"；言"山下出泉"，其彖传则曰"蒙以养正"④。夫降膏露、出醴泉，使吾民无旱魃之灾者，天地之所以养民也。海隅向化，兵革不兴，使吾民得优游于耕凿之天者，帝王之所以养民也。若夫戒之董之，培养而植立之，使无负为圣世之民，而长享夫天地自然之利者，则守土者之事矣。为吾天⑤者，鉴斯泉之甘也，当思有以养其和；鉴斯泉之清也，当思有以养其廉，鉴斯泉之浩乎莫御也，则慨然有忠君爱国之念，而有以养其义勇。其或临池洒翰，歌咏太平，如泉之喷珠而溅玉也，则有以预养其华国之才。此"蒙养"之义，所以通诸"井养"也。然则余之所属望于民者，岂惟是年丰人乐，区区八口之养乎哉？其即以是为"养泉"，俾永志余言于勿谖⑥尔！乡人欣然谢曰："吾侪⑦小人，今始知'养'之为义大也。而今而后见兹泉者，如见我公之德焉。"咸愿镌之金石。遂次其说以贻之，并捐俸建亭，追旧制也。

创建河神庙碑记⑧

傅　修

夫工作之兴，有创有因；其成也，有众有独。因而出于众者，事成则揭其兴废之由，捐输之自，勒诸石以遗后，有示劝之义焉。若创而出于独，则其责固然无所为劝也。况建庙所以妥神，而必勒石以遗后者何？明素志也。今河神庙之建创也，余所独也，事成而表以石，则余之素志在是耳。余前宰山阴，其地有桑干之水，巨浸也。夏雨秋潦，奔徙无

① 潜龙勿用，《易·乾》初九爻辞。潜，藏；龙，阳物。勿用，不得其用。

② 遁世，避开世俗。无闷，不烦闷。龙德，圣人之德。隐，即潜龙勿用之意。

③ 飞龙在天，利见大人，是《乾》九五的爻辞。意思是，飞上天空的飞龙，可以见到高明伟大的人物。上下文连起来意思是：飞龙在天这个象征利于大人物有所作为，何必采取逃避现世的态度呢？

④ 指从童年开始就要施以正确的教育。

⑤ 天，应为误字，乾隆《大同府志》作"民"。

⑥ 勿谖，不忘。《诗·卫风·考槃》云："犹寐寤言，水矢弗谖。"

⑦ 吾侪，我、我们。

⑧ 选自乾隆《大同府志·卷二十八·艺文志》，又见道光《大同县志·卷十九·艺文志》，县志原注："傅修为大同知县时，于玉河畔建河神庙，而自作记。"

常，率为民病。戊戌[1]，量移大同，见东关玉河水势与桑干埒，而附近城垣尤患逼噬，盖一郡之休咎关焉。余思名山大川必有神焉主之，而其气常与人为感通。吾竭诚敬以事之，将必有格于幽冥者。歆吾祀，而虐吾人，神不为也。在山阴时，即欲庙祀河伯，以邀庇其民，而匆匆未暇。今至此。其容已乎？辛丑[2]三月，相地于河西，既除既治，建正殿三楹，辅以两庑，环以缭垣，匝月告成。悉出己货而不动众，又为之置官田若干亩。余之素志于是乎始伸矣。且余闻之土人，神旧有庙，基址亦在河西今之流水处也。盖前之日，庙存而河安于东，其去城也远；后之日，庙毁而河趋于西，其去城也近。庙之存亡，岂细故哉？自今以往，守土者岁修祀事。庶几邀灵河伯，使河流复归故道，永无逼噬之患，斯则余创之之意。而继此者，其亦因所因而相劝于无穷乎？既志其事，因并列租地于左。

重葺河神庙并建傅公祠壁记[3]

崔允昭[4]

云中古无河神庙，郡城东玉河水之东北来，涨溜冲突，由郛郭直奔城垣，为患颇巨。乾隆年间，吾师海阳壬午科举人傅菉猗先生[5]宰山阴，调任大同创建神庙，水得所主，顺轨息波。神之佑，公之力也。忆自乾隆四十七年壬寅，予入庠[6]时，先生即膺卓荐[7]，奉特旨由大同令折直隶磁州牧。予大名乡居，距磁不满百里。时肄业州书院，得蒙先生知遇，于年终散馆，召入署，伴公子晓山进士读，饮食教诲者，三年不倦。后先生迁任他所，予亦以副贡入成均[8]，肄业留京师，考取教习。嘉庆庚申，以教习班铨选潞城县。越五年，而先生自直隶来秉臬[9]全晋，犹复承训诲，谆谆以做好官相勉勖。事在嘉庆十年乙丑，盖迄今又二十余年矣。先生文章经济，在人耳目，所至有政声，虽经久，父老犹能言之，况亲炙德化如予者乎？予每愧一行作吏，未能免俗，不克有所设施，以副昔年先生期望之殷。岁丁亥，予以霍州知州谬荷恩旨，来守是邦[10]，下车即访求先生甘棠之遗。适郡人商旅皆以城东河桥倾圮，民苦病涉为词。今春偕首邑镰萝明府，亲履其地，憩于此间。呜呼！此即先生辛丑所建，以妥神灵，以奠生民。盖历四十有八年，瓣香无人，庙貌寡色，致足感也。夫礼，有其举之，莫敢废也，而谓予能已有事守土之责之何哉？当与镰萝明府商确桥梁兴作事，宜思所以追慰先生造福地方之意，而兴始于此庙之补葺焉、垩黝焉，亦

---

① 戊戌，清乾隆四十三年，即1778年。

② 辛丑，乾隆四十六年，即1781年。

③ 选自道光《大同县志・卷十九・艺文志》。

④ 崔允昭，字又村，直隶大名（今河北省大名县）人，官大同知府时重修玉河河神庙（1781年知县傅修建），并为傅修立祠，嵌记于壁。

⑤ 傅菉猗，即傅修，乾隆四十三年（1778年）任大同县知县。

⑥ 入庠，明清时读书人取得进入府、县学资格曰入庠，俗称进学，即秀才的别称。

⑦ 卓荐，清制，文官三年，武官五年，京察大计，考核官吏，提举才能优异的官吏，叫卓异，也叫卓荐。

⑧ 成均，古之大学，见《周礼・春官・宗伯》，后为国学的泛称。

⑨ 秉臬，指掌管臬司，明清时置提刑按察司，主管一省的司法刑狱和官吏考核，称臬司。

⑩ 来守是邦，指的是崔允昭于道光七年（1827年）自霍州知州调任大同府知府。

古之所谓先河后海[①]之义云尔。工成，即庙侧筑室，设先生之位以便瞻礼也。是役也，不纠众，不累民，予倡之而予成之，庶先生之灵眷兹土，永作慈云以佑后人。是为记。

南郊区

雷公山感应碑记[②]

姚拜延普华

至正二十一年，岁次辛丑，春泽沾濡，豆麦遍野，将欲秀实，值久不雨，民心忧疑。总兵官、中书暨有司职事，咸以祈祷为事，雨将作而复散者累日。大同分中书左右司官言曰："得雨以为民也。总兵官军马供给，动以万计，一歉则共失之。为公私计，岂得不敬诚恳于神，以纾目前之忧乎？"五月十一日辛酉，率同列齐[③]沐，祷雷山润济侯祠，焚香九拜，期于三日之内必遂所请，当备牲醴以酬神惠，绘像以肃其威仪，立石以记其本末。若祷而不应，是神居其位，而未能御灾捍患、礼旱干水溢，则变置社稷[④]，亦当行国法，以彰神之不灵也。翌日哺时，澍雨如注，彻夜达旦。霁而复雨，苗稼畅茂，四民欣忭，人人可免忧旱之苦。十七日丁卯，陈祝币，具三牲，行三献之礼，张伎乐百戏[⑤]，谢拜祠下。既而命某叙其事勒诸石。尝读《周礼·春官》"小祝掌小祭祀"，成周以降，斯礼行之久矣。夫风雨雪霜，天地之所权也；山川薮泽，鬼神之所伏也。故风雨雪霜之不时，则岁有饥谨，人有疾病，祷于山川薮泽而除之。是风雨雪霜果为鬼神所有也，明矣。天之高也，地之厚也，非高而不可自理，厚而不可自运，依于鬼神而能然乎？盖天地之间，山峙川流，孕灵毓秀，同一气耳。而人之精神与天地鬼神相感应者，亦一气耳。汤之祷于桑林而雨，周克殷而年丰，袁安决楚狱而甘雨滂沱，郡守祀孝妇而旱不为灾。[⑥]由是观之，天人感应之理，洵吻合而无间。语曰："人定者胜天，天定者亦

---

① 先河后海，河是海的本源，故先祭河，后祭海，后来指事物或学术的创始者为先河。《礼记·学记》云："三王之祭川也，皆先河而后海。"

② 选自道光《大同县志·卷十九·艺文志》，原志注："雷公山有雷公庙，匾额曰'润济侯'，因亦称润济侯庙。作者姚拜延普华，时官大同路行省中书分省左司都事。"

③ 齐，通"斋"，齐戒，祭祀前整洁身心，以示虔敬。

④ 礼旱于水溢，则变置社稷，出自《礼记·礼器》："礼也者，合于天时，设于地财，顺于鬼神，合于人心，理万物者也。"这里意思是说雷神理应管干旱水溢之事；如其不能，那末就更换庙神。变置社稷，本义为变换改立国家政权，这里是借指。社稷本义为土、谷之神，古时历代王朝要先立社稷坛，灭人之国，必变置所灭国的社稷。

⑤ 伎乐，音乐歌舞，这里指演戏。百戏，散乐杂技。

⑥ 汤以下这四个故事，是古人美化之辞。桑林，地名，传说商汤时，七年旱，汤王祷于桑林而雨。（见《淮南子·主术》）《太平御览》卷三五引《左传》曰："卫大旱，宁庄子曰：'昔周克殷而年丰。今邢（国名）方无道……'（卫）师兴而雨。"袁安，东汉汝南汝阳人，字邵公。州里敬重其为人。永平间，拜楚郡太守，时因楚王英谋反事，株连数千人，死者甚众。袁安到郡决狱，平反冤案，获释者四百余家。汉明帝感悟。《汉书·于定国传》载："父于公为县狱吏……郡中为立生祠。东海有孝妇少寡无子，养姑甚谨。姑欲嫁之，终不肯。姑谓邻人曰：'孝妇事我勤苦，我老，久累丁壮奈何里'后姑自经死，姑女告妇杀母。……孝妇自诬服，具狱上府……于公以为此妇以孝闻，必不杀也，太守不听竟论杀孝妇。郡中枯旱三年。后太守至，于公曰：'孝妇不当死，前太守强断之。'于是杀牛自祭孝妇家。天立大雨。"

能胜人。”斯言尽之矣。于是乎书。

灵丘县

灵丘风土记[①]

岳宏誉[②]

周邑二百余里。环邑皆山，山且险峻。河流经邑南，自西入东。相传邑治旧在北山之阳，地多鼠患，雉堞下摧。明天顺间，南徙三十二步，更筑城临河上，于南北两山巅凿石猫辟除，其祟遂绝。城止一门，在邑治南。瓮城东向出，过云中襟带坊，一街横亘，分东西关出入，凡贸易工作悉居之，士民亦杂处焉。双日为集，不过肩蔬负薪、粟粮布匹之类。集初设关厢内，近数载，贸易颇伙，往来拥挤，士民咸以市集起色。三十年未有，请移集于关外闲旷处为便，许之。地高下皆硗碛，山多川少，寒早暄迟。三月春尽，土脉始开；七月初凉，履秋霜至。农家耕耨，往往愆时。又无蓄泄浸灌之利，播种后，水旱一听于天，故艺获所入，即丰年不及腹地什之四五。自力穑外，商贾工艺皆所不事。富者计牧畜蕃息、藏谷多寡称最；然冬藏春粜，计岁入办公完私，蓄储无几。贫者以樵采、佣保自食其力，稍不遂，挈妻子他之他邑。民亦多至止为庄农、佃仆，大都迁徙无定，边俗之性使然。士人重耕轻读，稍习铅堑辄弃去。荒陬僻陋，无明师良友，不能多蓄坟典旧籍。谚云：“强一卷书，不如积一斗粟。”女子不纴织、不刺绣，井臼摻作维勤。俗尚俭朴，男女率褐衣布裳、缊袍敝裘，积岁不易。盛夏常衣皮，隆冬时有不蔽体者。土瘠民贫，忍寒耐暑，非特风气殊也，筋骸亦异焉。食谷粱、黍稷、油麦、苦莜不一种，以蒸面、芝饼为家常美馔。待达官上客，用稻米作饭不常有，俗亦不喜食。遇凶岁，杂草种糠作粥，名“糊糊”。五月后，羊渐入屠肆，九月尽宰，取皮为御寒计，老幼皆得烹羊。春则息羔，鬻羔皮于外贾，取其值供赋税。凡一岁中，沽羊者多，狍豕次之。此居民衣食之大概也。爨无石炭，析薪十山。卧室暖炕，冬夏不绝火。四时风霾间作，黄尘蔽天。夏秋雨雹，或山水骤决，漂没田禾、人畜。数地震，震必有声。晴十日苦旱，雨三日复苦潦。习俗好勇尚斗，且轻生。天时、人事之不齐又如此。吁！为长吏者，欲驯习而抚绥之，盖亦难矣。

增修龙兴寺碑记[③]

赵汉[④]撰　进士　代州人

龙兴，古上刹也。其山水秀甲他方，惟丛林首称胜概者必先焉。肇自前代，长城百

---

① 选自顺治《灵丘县志·卷四·艺文志》，该志清顺治十七年（1660年）宋起凤撰，清康熙二十三（1684年）年岳宏誉增订。

② 岳宏誉，字声国，号莴亭，别号蒿芦子，又号白云山人，清代江苏武进（今江苏省常州市武进区）人，顺治十八年（1661年）进士，历任山西大同府灵邱县知县、河北获鹿（今河北省石家庄市鹿泉区）县知县、提督湖广全省学政。

③ 选自光绪《灵丘县补志·第四卷之九·艺文志》。

④ 赵汉，代州人，明正德五年（1510年）庚午科乡试举人，知县。

里许，规模引远，制度壮丽。仰而高，峰岚叠翠，林木阴翳；珍禽调舌，奇兽奔蹄。俯而卑，激湍萦回，光影交灿；笙鸣簧鼓，沉璧耀金。盖天作而地藏之，以遗其人故。中之巍然而崛起者，正殿也；翼然而相向者，两廊也。殿之后有宫，廊之介有堂。崇台峻阶，浓妆艳采，允矣福地洞天，超尘绝俗。若夫风清月白之宵，乐音远迩，灯火上下，幽人墨客，多所往来，娱游而不知息。僧众举动亦异于常，诚佳境也。岁久易湮，不无颓腐，垣壁之脱落，栋宇之摧折，暴仪像于风雨，委炉篆于尘泥。行道嗟伤，僧徒悲感，非力量之弘，道业之盛，弗克有以起之也。历其颠末，溯其沿革，重修自我朝者，洪武三年，乃厥初也，其僧不可得而详。至正统八年，寺复沦毁，时则有僧净善、净信、净深、净昌奋而作之，鼎然一新。绵绵延延，及于成化念一载，因其缺补本其无创，则僧道通焉。甍倾洞颠，复越数十祀矣。正德庚午，僧德岩慨治理久废，悼庙貌失常，肃将一心，动感众善，捐金施两，诞肆营造。由殿而廊，金碧辉煌，檐牙高啄，极一时之美观，耸十方之瞻仰。然而未备者，则天王殿、钟鼓楼也。岩则倡而完之。集材鸠工，不日而成。自外及内，洁然整饬。凡有诣者，自不觉其敬谨中生矣。阅历滋远，变易罔定，设无尺碑寸碣以记之，则美于前者或不能传于后。由是，僧道才砻石基隅，迹其既往，悉其今来，具载手卷。爰托予友听选监生段续，以求纪于予。且道才之行，绰有祖风，予亦嘉其计深，视徒其目前而忘意远大者，天渊矣。其有功于浮图者，岂小补哉？呜呼！彼可谓知重其道者矣，惜乎无以吾儒之所谓道者语之，则未免惑于一偏。使彼而知吾之道，则将祝诩皇图，笃厚根本，以犹诸人也，奚足异哉？后有睹于斯者，必以吾言为是也，而才之续亦不贬也。谨记。

重修龙泉寺并龙王庙碑记[①]

李金台[②]撰　邑举人

尝谓：地之灵也，每借神之灵以为灵。灵邱为古成州地，高山大泽，古刹梵宫，其足以壮一邑之色，而动万世仰止之思者，何可胜道！乃考诸邑志，载有八景，惟龙泉寺独据城北之胜，山不高而秀，水不深而明。时见草本畅茂，鸟鹊飞鸣。猗欤休哉[③]！诚一邑之大观也。夫有其名者，必纪其实。此寺先有龙王庙，庙后有泉名龙泉，又建寺名龙泉寺。讵意代远年湮，寺庙倾颓，徒有名而无实，此有心者所为历其地而叹惜也。爰是，众善人等，捐资修葺，重修佛殿三楹，又重修龙王庙一所，以及各庙彩妆补葺。未及数月，工已告成。但见栋宇辉煌，庙貌森列，兼之山水相应，林木交罗。灵邑熙皞之象，丰年之兆，基于此矣。余于己亥冬尝过其地，瞻仰之余，见其道路盘曲，水声潺湲，峻宇雕墙，辉光夺目。知先王神道设教，众人一念之善感，即神之为灵昭昭也。工

① 选自光绪《灵丘县补志·第四卷之九·艺文志》。

② 李金台，山西灵丘人，乾隆四十四年（1779 年）己亥科举人，任安徽省婺源（今江西省婺源县）知县，先后代理安徽省英山及全椒知县。

③ 猗欤休哉，意思是多么美好呀。

峻，众善等时以记相嘱，余愧不能文，但以有善必彰，今日之乐善好施，用以垂鉴于后之嗣而葺之者，故以是永传不朽云。

捐修龙王庙坝台碑记[①]

代理邑令 程震佑[②]

灵丘城南，旧有龙王堂，处高台之上，当滱水之冲，为一县屏藩，不可一日无也。未知创自何年，旧碑已不可考，但闻为明时建耳。自嘉庆六年以来，屡修屡圮。每水至，则关厢居民仓皇莫措，虑庙台倾而祸莫测焉；水去，则畚筑补屋莫敢缓。不惟修庙之工屡费甚巨，即岁岁营巢，久形疲惫。非天祸于灵，实人事之未尽善也。余于本月十二日莅兹邑，望日谒庙，见倾颓已及榴楹，诚刻不容缓之工，犹人之有疾，可听其所患而休耶？盖庙与城关，如辅车相依。今仅存坏土，一旦滱水骤至，其荡析可立而待也。庙失，则关街不保；关街失，则城池不保。是城关有庙存则存、庙亡则亡之势。予不敢以援溺自居，实懔然有其鱼之惧。思防其患，窃虑修之不坚，仍蹈前辙，徒使伤财，与弗修无异也。爰集众士商，晓谕利害，示以南方修河限之法：用石条、铸铁衔锁两端，而后垒砌崇高，使台复其旧；台下及台西，须筑护台堰坝，重其御卫；护台堰坝之外，悉密排桩木，遍树垂杨，使层层保障。台形其圆，堰形其拱，而坝形绵亘。敌水溜，遏水势，兼弱水力，庶一劳而水患斯绝。台上拟建绰楔于中，建钟鼓亭于左右，凡神像、殿宇、禅房之关，捐善修葺，共佑需钱二千余千。今岁秋稼如云，年登大有，并阖邑之力，成一举之功，地虽褊小，事尚非难。兹与众士商订议，凡赀财出入、购材收料，于诸君子中公举谙练诚笃者董其事，不假书役之手，以防侵渔；仿南省河堤之法，以图坚久。余乃捐廉以为倡。所愿阖邑人等，勿存畏难苟安之见，毋怀修而复圮之疑；务奋踊跃急公之心，趁秋日以竣厥事，以妥神灵，以保城郭。努一时之力，免永远之患，享无穷之休，夫谁曰不然！

增筑龙王庙石坝碑记[③]

邑令 纪瑛璿[④]

盖闻有终原于有始，善作贵于善成，凡在盛举，类皆然也。况属要工，不尤急乎？灵邑旧有龙王堂，南临滱水，北护廛居，为两关之堤防，实一邑之保障。余甫下车，即谒祠宇，见台垣冲塌，庙貌倾圮；沿溪民舍，亦恐渐赴东流。为之怃然，谋欲修葺未

---

① 选自光绪《灵丘县补志·第四卷之九·艺文志》。

② 程震佑，清朝人，字春霆，号觉园，安徽人，官山西灵丘县代知县、河津知县，道光二十九年（1849 年）革职。工书能山水，因事戍新疆，后放归，著有《西行东归唱和集》。

③ 选自光绪《灵丘县补志·第四卷之九·艺文志》。

④ 纪瑛璿，直隶河间府献县（今河北省献县）人，嘉庆戊辰科举人，癸未科进士，道光十八年（1838 年）任灵丘县知县，卒于官。

果。适有晋闱同考之役，署篆者为古歙程公，与余有同志。集绅民捐钱二千七百余缗，鸠工采料，越两月，崇台巩固，庙貌重新。余闱竣归来，览之不胜欣然。因叹人心之好善咸同，众情之急，公甚勇，既作于始，可不成其终乎？距庙西里许，又增石坝二十余丈，迎流远御，以杀水势，最为要务。但坝工未成，前赀已罄，思图永固之屏藩，端赖成城之众志，不得不再行捐输，共襄盛事。已捐者，勿先易后难，堕成功于一篑；未捐者，冀众擎易举，克永奠夫千秋。贮见虹堤雁齿，带砺成州；柳线秧针，弥漫滱水。同歌乐利之休，蔚起人文之秀，皆在此一劳永逸之举，有以致之耳。各宜努力，共登善途，是则余之所厚望也夫。

天镇县

修建立涉通惠二石桥记[①]

胡元郎[②]　知县

尝思天道福善[③]，作善降祥[④]理固昭昭矣。而善以远垂数百年，普济千万人，斯为可大而可久。故《文昌帝君宝训》曰："修数百里崎岖之路，造千万人来往之桥。"诚以桥梁道路之有关于民生，其功为现在，其德非小补也。天镇路当孔道，东接神京，西通泰陇，行人车马，辐辏云屯。而河渠沟洫所在，多有当春雨泛滥之时、积雪坚冰之会，行路者不无叹褰裳而嗟陷溺。以故由东至枳儿岭，前人已建立石桥二座，土桥一座，至今民胥赖之。惟是，西关外一河，夏则洪波涌荡，冬则暖泉溢流，弥望皆水，虽有土堤，难免修阻之虞。越三四里许，地名样墩湾，有沟渠二水，从南而北，奔腾直突，故土人俗呼有大墩湾、小墩湾之名；一经雨雪，泥泞非常，其损辕轮而伤牛马者相望于道。由此至十里河，汪洋浩瀚，每当冬冰春解之际，临流兴慨。向曾架有浮桥，不过便樵采之人，而车马频烦仍病涉焉。余莅任之二年，岁癸丑，有云台寺僧照福来告之曰："数地也，皆不可以不建桥。僧愿倾钵中百金倡修之，第功程浩大，后恐不支，欲募尊官善士共成斯举，何如？"余应之，曰："唯唯。"斯时，天邑前典史徐君元善亦勇于从善人也，相与赞襄之。计簿敛金，士民商贾咸争先乐助，逾年而大墩湾之石桥与小墩湾之木桥相继告竣。众请石桥名，余颜之曰"利涉"，盖取大《易》"同人于野，利涉大川"之意也。又逾年，西关外之石桥亦成，颜之曰"通惠"，盖取《左氏传》卫文公通工惠商[⑤]之意也。惟十里河水势不常，河无一定，石工为难，因购木植若干，数

---

① 选自乾隆《天镇县志·卷八·艺文下》。

② 胡元郎，字丘溪，安徽桐城（今安徽省桐城市）人，雍正六年（1728 年）拔贡，雍正十年（1732 年）任天镇知县，乾隆四年（1739 年），胡元郎修纂《天镇县志》八卷完成。

③ 福善，福德善行。

④ 作善降祥，旧指平日行善，可获吉祥。

⑤ 通工惠商，应为"通商惠工"，使贸易畅通，给工商业者带来好处。出自《左传·闵公二年》："务材训农，通商惠工。"

每年霜降日则成梁，立夏日则拆梁。司其事者惟十里铺一村之居民，是间盖免其杂徭有奇，而天邑自是无西顾之忧矣。将善在一时，功及数百年，善肇诸君德溉于万人。余故备叙本末勒于石，而尤冀后之君子以似以续，毋使斯桥有倾败之患，以永垂不朽。斯则非徒余一人之幸也已。

开百文河记[①]

张坊[②]　清乾隆知县

治河有道，贾让三策，潘季驯[③]六事，其恺切[④]著明者也。余历官三晋，熟察地势，治法与江淮稍异，然要必先疏一支河，引水使流，而后筑堤故道，患乃可以徐治。天城南有八里河，旧由西而东，近岁南决，冲东南城池，前令筑堤捍之，水南决如故。庚午夏，冲南城根，止二丈；复转而东，冲城二日，则止二尺余，士民苦之。余率僚属相度高下，乃东西引绳，深开一渠，长百丈焉。又与近城东西开一渠，亦百丈焉。然后引水导之，使流其渠，深阔不及丈焉。随于故道叠堰筑堤以捍之。久之，渠岸沙崩成河，阔且数丈，安流如故，永无冲城之患矣。是役也，藉民之力，余费金钱五万，虽本古人治河之良法，然河神效灵，乌可不祀而报其功哉。

二、阳　泉　市

平定县

鹊山鼎建九龙桥记[⑤]

太学生　王交

鹊山吾郡之名山，古神应王之祠在焉。庙貌门观，各有故址，祠下有桥，初名回生，以王神于医术故也，后名曰龙登。其南有亭曰早参，以王王也。龙衮之章，朝见之仪，率由制尔。嘉靖乙亥岁，我郡守南衮高公，谒王吊古，乃名曰九龙桥。盖鹊山之西，其涧有九。若霖雨大作，九源之水鸣瀑扬波，会流于兹，昔称为九龙口，故易厥

---

① 选自光绪《天镇县志・卷二・山川志》。

② 张坊，1698 年—1774 年，字和五，湖南湘潭人，先后任天镇、曲沃县令。

③ 潘季驯，1521—1595 年，字时良，号印川，湖州府乌程县（今属浙江省湖州市吴兴区）人，明朝治理黄河的水利专家，嘉靖二十九年（1550 年）进士，曾在江西、广东等地任职。从嘉靖四十四年（1565 年）开始，到万历年间止，他奉三朝简命，先后四次出任总理河道都御史。官至太子太保、工部尚书兼右都御史，有《宸断大工录》《两河管见》《河防一览》《留余堂集》等。

④ 恺切，言辞诚恳真切。

⑤ 选自《西关志・故关・卷七・艺文》。

名。斯时，庙貌桥亭敝圮，公议新之未果，而迁宪副以去。逮辛丑岁，我三陵王公，继而为守，欲易朽兴颓，究其未备。二守省亭郭公，别驾南山白公，亦协心赞画。前我郡守月崖孙公，以今宪副兵备兹境，出戒于民，愿新者听于是。王白二公增以俸余，益以香币，资以工役，以为众倡。中丘邑人邢珠、李梅者，应命效诚，躬任其事。同邑葛瑞等从而辅之，远近施助者欣然而集。阅岁而庙貌成，数月而桥亭毕，其神乎。桥亭故址规制狭小，今大改作之。其桥高二丈七尺，阔二丈六尺，长二丈八尺。其亭绘以丹漆，饰以金碧，华逾于昔亭。至祠门十丈余，皆大石铺砌，增置石栏若干楹，数十年之废坠，一旦修举，焕然改观，厥功懋哉。邢珠辈因偕府吏李景稠，将叙诸公之绩，走予请纪其事，读若状作而叹曰：呜呼！今何时？今何时？北虏猖獗，深入山右，内外戒严，民穷财尽，征役不息，胡可当也？斯民不忘神应之功，乃剧赀数万，克修庙貌，兼成桥梁，有非刑驱势迫所能致。诸公且身率之，不以为异，而劝其成，非以人心之良，趋之善也邪！语有之曰：“君子之政不必专于法，要在宜于人。君子之教不必泥于古，要在入于善。”兹举也，盖得之矣，乌可以不志。按孙公讳锦，馁德人。高公讳港[①]，江都人。王公讳朝贤，太康人。郭公讳从道，徽州人。白公讳镇，平定人。故记于石，以垂永久云。

盂县

榆枣口木桥记[②]

王先声[③]

余少从县北榆枣口过滹沱，见河水汹涌，涉者苦之，至康熙三十七年复渡而木桥平坦，往来甚便，询其土人，曰：“此邑候蔡公于三十四年代篆五台取道于兹，目击渡河之艰，捐俸百金以成之者也。”因叹公之为政，济人利物不遗纤悉，而此桥又其一端也。昔宋祁作蚁渡，至今传为美谈，况作桥梁以济人者哉！则公之泽与河俱长，而公之福亦与河而俱远矣！里民李柲，乡之善士也，立石于滹沱之侧以纪厥事，欲后人郑重此桥，俾勿坏或从而增补之，以无忘我公之德云尔，志已复为之歌曰：滹沱之水深以寒，搴裳难渡兮惊危澜。徒杠既成往来安，我侯之政万民欢，流传百代兮名不刊！

待贤村河堤记[④]

王勋　邑人

谢安石以尚书仆射镇广陵，岁苦水涨没民田，乃筑埭蓄泄，民以召伯呼之。范文正

① 港，碑志为为左为“氵”旁，右为“西大巳”上中下结构。

② 选自乾隆《盂县志·卷九·艺文上·散文》。

③ 王先声，山西省盂县人，康熙四十四年（1705年）乙酉科乡试举人，官至内阁中书。

④ 选自乾隆《盂县志·卷九·艺文上·散文》。

为兴化令，海水为患，田不可耕，乃筑堤数百里以卫民田，岁享其利至今，啧啧人口。孟邑待贤村南当河之冲，旧有石堤为河啮，居民患之，恐其日浸月薄而田园庐舍作污莱也。邑侯蔡往来于兹，目击之乃捐俸鸠工补葺而长堤复固，村民感其德，欲征余言立石以垂不朽。余惟居官之道：曰清、曰慎、曰勤，清与慎相辅而勤尤要，且勤之所至有诚伪，或关考成或奉上檄，勉强酬报其勤也，为民半为已亦半。惟侯莅孟五载，补救无虚日，而沟洫树艺之事尤谆谆告诫，俾利于民而后即安。如此堤岂上游所督责而考成也者，何亟为？不则，令民自为之，亦奚不可。乃不欲费民一钱而捐俸为之，非所谓心诚求之者欤！然则是堤也，较之召伯、兴化虽有钜细之不同，而为民之心则一也，乃徇父老之请而为之记。

三、长 治 市

城区

永济桥碑记[①]

高 朴

桥当泽潞咽喉，北通燕鲁，南通雍豫，行李之往来，日无虚晷。先是，架木为梁，不能支涨涛之怒激，数捐数更，劳逸弗格也。议者曰："石之。"便故易木，而榜以永济。志久也，嗣是有重修之举，其岁月与其首事者载之贞珉，可考也，甚哉乎。昔人之为虑远，为德广也。迄今冲荡，若而年渐几颓圮，及庀不图，而日甚一日，浸假大坏不可收拾。居者罹垫溺之灾，旅人叹病涉之苦，害孰孔焉？且恶在其为永济者。释子性全见而咨嗟久之，噫嘻图之，此其时矣，谋之镇人郭时新、韩汝梅、原思臣、祁朴等，佥曰修之便。于是各度力捐赀，募工补葺，不日而巩固如其昔矣。经始落成，盖万历之丙辰春月也。既竣事，时新等将勒石以垂之后，征言于予。予家距郡郭门七十里许，而桥居其道之半，往来必由焉，荷其济与众均也，固乐观厥成者。尝闻匹夫为德不出于乡，惟桥梁津渡，凡夫冠盖驰驱商贾贩夫罔弗济焉。矧当燕鲁雍豫之冲，其所济者，人阅人，岁阅岁也，宁可更仆数哉？且一缕一粒德人，人争德之，何者？知所从也，乃若历斯桥者一瞬耳。蘧庐[②]逆旅之宿，犹且忘之。矧此一瞬息，遂受德之名，德于人受；受德之名，至于济人济于人者，不知所由往所由来，恶知名之于何归受也。嗟嗟！人尽利为而为耳。孰有捐利为之而德忘其德，名忘其名，如是举也者。然则释子性全曷为倡

① 选自光绪《长治县志·卷二·地理》。

② 蘧庐，传舍，犹今之旅馆，这句话是说不把沁州当旅馆，客舍。

之，时新等曷为既之也，于以征慈航之渡，好善之秉，彝不泯也。后之视今，亦犹今视昔，勒石以告后人，令其有基勿坏，人亡失此永济之意可也。

武乡县

修筑城堤碑记[①]

赵天麒[②]

堤之护城，犹唇之覆齿也。唇亡则齿寒，堤溃则城殆矣。故堤与城实相表里。吾邑南城一面，漳水经流其下，而西南隅首当其冲。明万历年间，邑侯南皮刘公讳联芳者筑堤百余丈以护之，岁久倾圮过半，斗大孤悬，如漏舟之泊江中，岂不寒心？时值州守程公宪兼摄兹土，巡视城垣，一见即廑杞忧[③]，进父老而谋之，谓灾切剥肤，适今不举，河水暴涨，载胥及溺，城坦何以自立？民生何以自全也？于是荐绅士庶莫不欢欣鼓舞，踊跃从事，而公则捐俸设处，不烦民间一钱一粒。莅政之余不张，盖设帏课治于风月之下，而学博奇桢范先生指画方略，传餐不暇，与民同事其劳最著而尔。忠林四公亦共襄厥成，曾不终月而金汤在目，巩若磐石矣。猗欤休哉！方今圣明奖录城工，风励[④]有位。以此保全阖城以固吾圉，岂可与小小补缉罅漏者同日语哉？夫公州守也，客岁修州城、兴州学，有百雉数仞之观，固其专间兹不过代庖五日，乃其为国为民，不以久暂易心，不以州县岐视。况后之尹兹土者及瓜乃代，可不思水患而豫远之于以禁粪厕，疏水道，无使蚁穴不塞，浸成滔天，则所以承先启后惜民力者为无算矣。公讳宪，字章世，关东人也，英姿妙敏，文武全才，惠政覃敷，轻徭役，罢勾摄，清积案，革陋规，禁赌劝农，厘奸剔蠹，善政班班，不可殚述，则为之咏乐只之章而已。爰镌于石，以志不朽云。

沁县

沁州水田记[⑤]

礼部侍郎　崔铣

岁丙申，御史赵子、张子遇于沁。张子道其郡之政曰：“源泉沸流，莫或浍之，亢坼溢襄，田不赖之。”赵子曰：“俞是诚在。”我乃相其水趋，乃物之土宜下。知州王良辅肇事道漳，泉自柯山南至于张仙祠沟，断之，横水乘沟空其中，引水又南，至于交口，灌田四千亩。道甲水，自溪亭东南至石陀，遂凿石渠。至甲里，灌田三千六百亩。

---

① 选自乾隆《武乡县志·卷四·艺文》。

② 赵天麒，字平符，山西省武乡县人，明朝政治人物、进士出身。崇祯十六年（1643 年）登进士，以养亲辞归，李自成派人聘请，赵天麒自杀，因挂树，未死，著有《北原山房稿》。

③ 杞忧，原为“杞人忧天”的略语，谓不必要的忧虑，也指殷忧，深忧。

④ 风励，指用委婉的言辞鼓励、劝勉。

⑤ 选自乾隆《沁州志·卷十·艺文志》。

道清源，自亦山灌田三千亩。盖达于官邮，围水环流，往沁止播，菽谷新田皆种秔，亩收二钟有奇。釜莳蔬、畜鱼鸟，白餐清酤乐岁。介胡考之休，凶岁亦获可引生。惟古帝下邦，国察其辟，地之等用，赏削诸臣已。觐于庙，询之曰：“如新畬，何受厥明？”今帝恭已以御史巡郡县，乃摘苛细繁文书厉，威严无言。及民事懿厥，赵子知务善听言，立沁丕富，基夫承且志趋，不引工扰民，则知州有勚。

柳　泉　记[①]

万历十年　杨可大[②]

出郡城北三百步许，有泉一泓，混混涌出，岁旱不竭。两岸夹柳已成荫矣，泉流其下，空靓停涵，吐纳光影。中畜锦鳞，或潜或跃。阴晴变候，态状倏殊。郡之人因泉构亭，遂以柳泉名云。亭久圮坏，泉之胜自若也。

是岁秋七月，少参济南锦川韩公按部过沁，观风考俗，暂驻于亭。徘徊四顾，心旷神怡，进郡守而言曰：“景则美矣，有亭弗新，等诸污莱。”爰命张守即修葺焉。中仍以亭，外匝以垣，剪荆辟芜，涤泉浚流，视昔改观已。于事竣，复命予记之，以纪岁月。

甃建石堤碑记[③]

明　刘光蔚[④]

郡伯程公[⑤]治沁之四年，不肯蘧庐吾沁也。子视民，家视国，百堵云兴[⑥]，无废不举。而最大者，莫如城工一役，业先次第告竣，已砻诸贞珉[⑦]。但城之西北隅，漳水南来，洪波浊浪，日夜啮其下。旧有石堤捍蔽，岁久冲激，杳不可寻。若惊涛飙至，城与民俱尽，不化为鱼鳖者几希。我公有忧之，片刻未尝去怀也。适西河狱幕张君以摄捕来，偶尔同心，遂周爰咨询，谋之沁父老，为一劳永逸计。佥复曰：“吾侪寄蜉蝣于此城，与河伯争如线也，无堤则无城矣。非使君活我而谁乎？堤之便。”公不避怨讟[⑧]，毅然倡输助议。不敢靡县官丝粒，亟请当道，咸报曰可。虽值四尽三空，比屋皆然，沁民德公平日卵翼恩，稍赢输资，窭甚者效力[⑨]。一时匠役鳞集，物料充牣[⑩]。而桩木采

---

① 选自乾隆《沁州志・卷十・艺文志》。

② 杨可大，字业甫，明嘉靖四十四年（1565 年）进士，沁州所官籍，历任洛阳知县、户部郎中、汝宁知府、湖广提察司副使、提督军校。致政未几，进阶中大夫。

③ 选自乾隆《沁州志・卷十・艺文志》。甃建，用砖砌（井、池子等）。

④ 刘光蔚，字赤霞，山西沁州（今山西省沁源县）人，明崇祯六年（1633 年）举人，未仕。

⑤ 郡伯程公，伯，古时领导一方的长官。郡伯，指沁州知州。程公，即顺治十六年（1659 年）任沁州知州的程宪，在任四年，后升平凉知府，湖南按察史。

⑥ 百堵云兴，兴办之事很多。

⑦ 砻诸贞珉，就是指刻石立碑。

⑧ 怨讟（dú），也称“怨黩”，指怨恨、诽谤。

⑨ 赢，赢余。窭甚者，极为贫困者。“稍赢输资，窭甚者效力”，这两句指有钱捐钱，有力出力。

⑩ 充牣，充满的意思。

之沁源，铁锭铸之武乡。至石灰，沁境并乏，乃远购于襄垣，皆平值见价，而毫无亏扰。奈工大费巨，不足则割俸金佐之，无少吝惜。公身任先劳，自朝至于日中昃[①]，不遑暇食，黾勉[②]从事，略无疲色。噫！亦勤矣哉！

自三月廿四经始，抵五月初五勒成，首尾四十日。共甃筑完石堤长六十二丈，高一丈二尺。且用青乌家[③]言，于堤畔迤东创建漳河神祠一楹，肖像其中以镇之，定每岁六月六日为祀期，以妥灵焉。欲邀惠神庥，安流效顺，奠此一方，永永勿替，以祚我沁人。

在昔，苏文忠公守杭日，开湖筑堤，为民兴利，杭人至今德之，号曰苏公堤，志不忘也。我公此举，保障全城，功德宁逊文忠？异日者，即名之曰程公堤可耳。

是役也，公一人督率于上，而朝夕拮据，赞襄如学博宣昭张君、泊千戎名山王君、权店营防守玉楼任君、捕厅占虹林君、署捕介石张君、沁阳驿宰黄君、权店驿宰陈君；而观政进士伯美吴君、孝廉名藩韩君、暨不佞蔚亦滥厕其间[④]；其明经翼创郝君、相邺郭君、临汝魏君、调元霍君；若青衿则张生讳应豹、秦生讳廷翰、牛生讳麟征、高生讳升、郝生讳奇观、张生讳驹；而独司收支管钥者，则医官卢三晋；共董匠役诸务者，则乡耆秦光全、秦家梁、车应斌、刘天祯、刘邦汉等，均著劳绩，例得并书。

襄垣县

重挽漳流记[⑤]

明　邑人　王基洪[⑥]

漳河之水，发源沁州之北，合鸠山之水而入襄邑。即《夏书》所称“衡漳”云。其水势自西北而南，由南而东，又由东而北，复转而西，潆洄百折[⑦]，始就东流。盖环邑如带，居然一伟观也。夫源于西则委于东，建瓴就下，水性固然。乃周环邑境若眷焉，不忍舍者。堪舆家所称源水有情，斯亦奇矣。以故乡先达孕钟灵秀、文章功业烂然竹帛，考之邑乘可知也。邑固称地瘠赋繁，而万石家[⑧]时或有之，水何负于邑哉！

今上御极之五年，有滨河居者，虑浸塌之患，复冀沃滩之利，用是驾为水势侵城之说，凿东北岗，令水经从此而东，不复向之回环矣。嗣后，科第寥寥，十室九空，甚至汲泉无水，邑人且疑而莫烛其故。时万历丙申，关中天虞刘公来守上党，登襄城而望，曰：“美哉！山河之秀，在此一折，奈何泄之使去也。”捐俸三百余金，严敕当事者，

① 昃（zè），指太阳偏西。
② 黾勉，勤勉、尽力的意思。
③ 青乌家，即堪舆家，旧称相地风水之术为青乌术，即堪舆术。
④ 滥厕其间，谦词，犹言混充其中。
⑤ 选自民国《襄垣县志·卷一·疆域略》。
⑥ 王基洪，明代万历辛丑年进士，山西襄垣县人，翰林庶吉士，官授监察御史，巡按关陕、浙江，应天府督学等。
⑦ 潆洄百折，水流曲折回旋。
⑧ 万石家，享受万石俸禄的官员。

劈画鞅掌，开渠为引，筑堤为障。三月而水复故道。不佞已数困公车[1]，刘公睹成事则辄喜，谓不佞曰："辛丑联璧，此其兆乎！"已而霖宇王君果联第，而不佞幸附骥程，盖不翅左券矣！邑士民忻忻捧额谓：气运兴衰之数，适当河水去往之期。即以达人之观，解众庶之口，谁其信之？矧北城之隍西，有小河旁溢于漳，秋霖涨水澎湃颇恶。漳水西环而流缓，则此河入漳之势亦缓；漳水经北而流急，则此河入漳之势亦急，急冲圮城。此一堤也，讵独关一方风气，金汤所系，良亦重矣。辛丑之秋，河伯不仁，堤倏溃决，向之所为殚千金，以日夜计者，一旦付之流水。惜哉！

邑侯武乘饥馑之后，甫至襄，即以民间疾苦为事，襄民幸免道殣[2]。目击时事，俯顺人情，几欲砥柱狂澜，如民力弗赡何？乃亟请于郡童公。童公盖昔共天虞公睹成绩者，深悼其废之速也，即躬履其址，殚力以筹。请于分守冀南项公，议得储谷千石、赈金五百。此请给于公者也。项公则给赎谷六十，童公捐俸金三百，邑侯武可则捐俸金七十，士大夫输金三十，共费一千五百有奇。其河渠长二百二十五丈，广五尺，深半之。堤长四十丈，广六尺有奇。堤帮石基，上筑以土，高三丈。其受役之夫，半系招募，半系饥民，盖以工兼赈，泽至渥矣。工始于是年春二月，讫于是年夏四月，岂不亦遄速哉！

邑侯乐成事而请于余，谓"宜有言以志不朽"。余方滥竽秘选，深愧无文，顾惟司马氏之志河渠也，极言水之为利害甚巨，而成功甚不易。则有叹于今日，曰："兴利除害当事者之责也。"然议工于再废，则人情易厌，劳民动众，长者之所忌也。矧议工于险岁，则怨诟易生之役也。财发之公帑，夫起于召募，既无倦勤之心，复多众善之集，盖一举而五美具焉。风气涣而复萃，人文闭而复彰，前之殚千金而若逝者，悉还故址，一美也；城之与堤实相表里，堤固则城坚，城坚则邑固，二美也；屡岁不登，枵腹[3]嗷嗷，兹日役千人，则千人得饷，且得饷之余，以饲其家，以役寓赈，功岂细哉，三美也；且河工剩费，悉置义仓，令二青衿之长年者掌其事，永为缉堤防患计，使后无劳，意深远矣，四美也；守土者难于兴事，亦不旋踵而告成功，令后人有所歆慕，不惮缮役，为邑覆庇，五美也。五美之具，仅仅属以一堤，一堤之外，何可更仆数！余不佞，为邑士民称幸，而重以诸父老之请，漫为记其颠末如此。

重修永济桥碑记[4]

民国　李儒林

襄垣县治西三十里许有镇曰夏店，镇之西旧有永济石桥一座，创建不知何时。其碑碣之可考者，自明万历年间迄本朝乾隆丁未，已两移建于此矣。斯桥也，当东西之要

① 公车，原指公家的车辆，因汉代曾用公家车马接送应举的人，后便以"公车"泛指入京应试的举人或代指代指举人进京应试，数困公车指屡试不第。

② 道殣，饿死在路上。

③ 枵腹，空腹，谓饥饿。

④ 选自民国《襄垣县志·卷六·营建考》。

道，为南北之通衢，外临漳水，内接深沟，是不可须臾离者，莫斯桥若陡。于光绪丁亥秋，阴雨连绵，其南一半忽为倾圮。若不为之重修，何以利行人而通往来乎？奈功大费繁，毫无积蓄，事难轻举，幸有李君文华、李君德榜等谋及绅商，先于本镇之盐当钱铺而借助焉。复有秦家坡村杨姓耀余者，愿舍其山之石而开焉。于是择日兴工大为补葺。桥之西行不数武有坡，名老马沟，每当七八月间水冲成渠，行人苦之，又增修石水漕十余丈。自乙未兴工至丙申九月告竣，所费二百余千。始募诸本镇、募诸四方，一时之好善者无不踊跃乐输焉，斯亦足见人有同心矣，诸公嘱予为序。予愧不文而亦身亲其事，因直记其始末并施舍芳名以垂不朽云。

补修永安桥碑记①

连廷元

桥上村古有大石桥两座，名曰永安。相传已久，屡经隳塌，随即补葺，所以绵绵而不坠者，赖有乡君子以维持之耳。迄今基址渐残，乘舆恐曳，往来行人每多苦之。经绅士王万琦在潞安府竭力募捐钱若干缗，督工修葺，不数月而告成，坚固如初。余不揣固陋，略叙始末，勒诸贞珉，以垂不朽云尔。是为记。

创建新民桥记②

严用琛

襄垣城西距虒亭③六十里，为往来省垣大道，蜿蜒随漳河行，中经龙凤山宝峰寺各名胜，悬崖斗壁，最壮瞻观。河水涨落不时，而路线亦变更无定。宝峰寺至虒亭镇一段，其变更也尤速。岁丁巳，用琛来守斯邦，数往来其间，深悯河滩水径，不利行人，将须改道坡上也。是年秋，虒亭赵绅宋之以暖泉村桥路引向琛募捐。琛询问得详，即佩赵绅热心公益，先我见而嘉惠行人也。且赵君虽邑之绅，然非公事未尝至公署。已未冬，琛将去任，赵君又嘱琛记桥路事。窃思东西各先进国对于路政特意讲求，以与交通有绝大关系也。赵君游日本，所得学识甚伙，而斧柯④莫断，未能展厥经纶。赵君不得志于国，而试验于地方，亦牛刀割鸡之意，其志岂在文明国伟人下哉？是路与桥之工起于民国六年十月，成于民国九年十一月。路自虒亭东坡底至马抱泉止，共长二十里许。石桥建在暖泉口，计二孔，高一丈五尺，宽一丈三尺余，长一十七丈余。其工程花费共一千六百余串，其款由募化而集，概未摊派。噫！吾国绅士皆能如赵君者，路政之发达讵有涯耶！是为记。

---

① 选自民国《襄垣县志·卷六·营建考》。

② 选自民国《襄垣县志·卷六·营建考》。

③ 虒（sī）亭，今虒亭镇，位于山西省襄垣县西部。

④ 斧柯，斧柄，比喻权力。

创建南邯板桥碑记①

董守身

邑治之西有漳水焉。出于沁州滑伏二山，异派而同流，下而会诸铜鞮、郝郭二水，经绕乎夏店镇之西南，其水虽不其澎湃，厥土惟觉涂泥。每于春冬凝泮之际，彼都人士视若畏途，历年来积薪而架，世属敝村之责。其河西南邻近所渡之村，亦不过助其半臂而已。光绪乙巳夏，有南底张姓者施舍木板二百余尺，村人爰是邀邻村之巨擘及好善诸君同为商议，将柴桥而易之以板，佥曰甚善。因而诸村愤力，各社捐赀，共积钱一百零六千。此十二月之舆梁遂成，而乡人之来往称便也。然木年久而易朽，宜筹善后之策。故又有董君子程施舍钱文，于河西南荒旷之地种树七十余株，以备将来添补之用。倘树株未成器用，而架板漂短，以及远年添补木质，花费多寡，仍按原有各社均摊钱文。至于每年拆桥之期，理宜清切著明。定于霜降前三日搭桥，清明后三日拆桥，届期即举，刻不容缓，此亦立宪之目的，夏周之要典也。是以登之碑碣屹屹，以垂不朽云。

四、朔　州　市

朔城区

龙王庙碑记②

嘉靖年　都御史　曹邦辅③　山东

龙变化不测，能乘风云雷雨，上下于天地间。初无定居，人何从而得庙貌之，从其感召而为之也。朔州城北旧古城，乾地，上有龙王庙，岁久浸坏。屡年以来，五谷不登，本州太守杨公启允以灾伤达之上官。辛酉岁转闻于九五。飞龙在天，膏泽下降，蠲免本州税粮二年，民沾实惠。不意司府造册误作拖久，以致内而户部照例奉降于他处。吏部即以另选黄公希周来代之。百姓闻之恐恐然，犹赤子之失乳母，无不吁天，乃虔心洁诚修醮于庙之旧址，冀神之鉴佑留之。既而，上官果慨然保留，慰民望也，乃起送黄公还部，而留杨公仍守兹土。杨公益谦恭不暇，励精为治，恐幽无以对扬神休，而明无

① 选自民国《襄垣县志·卷六·营建考》。

② 选自雍正《朔州志·卷十二·艺文》。

③ 曹邦辅，字子忠，号东村，定陶（今山东省菏泽市定陶区）人，明嘉靖年间抗倭名将，有《军机事宜》《名将方略》传于世。他曾历任元城（今河北大名）及南和（今属河北）知县、云南道御史、陕西巡按、都察院左都御史、兵部侍郎、南京户部尚书等职。

以答人心也，乃捐俸措材重修之。栋宇巍峨，金碧辉煌，焕乎一新，神像赫然，不阅月而落成。乃是年癸亥春也，适当播迨百谷之期，复为民祈祷田福，祭赛之。其年果风雨时若，田禾茂盛，岁将大熟，百姓相与庆于郊野，士夫相与欢于城市。时有守备曹觐臣者，亦曰："足食可以强兵。"学正崔君守义、训导王君斐、安君如松、林君琦亦曰："既富可以教人。"乃相与盛述杨公为民祈福之德意，及州耆老百姓前祷留杨公不去之情，来蕲[①]予文。予愧非人龙者，何能为风行水上之文。见其众情不容已，乃为之言曰："大易系龙于乾。乾，天也，即时言动口曰龙，天盖上天，非龙何以鼓元气而雷域中，腾百川而雨天下？则天之泽亦难降矣。人间非大人则小人，何以蒙至治之泽易不有云乎？见龙在田，利见大人。今者百姓祷太守于龙王庙，愿留不去，而太守竟得留。太守重修龙王庙，为民祈田福而百姓安享乐利，岂不犹'见龙在田，利见大人'乎？"太守闻而辞曰："吾岂敢当犹龙乎？大人，吾岂敢妄称乎？"又从而解之曰："凡有德如龙者，皆可谓之曰龙德。易言大人亦无定位，通上下大小皆可该之。昔人赞程子善为政，亦曰'龙德中正，厥施斯普'。故吾今亦云云。"杨公惕然良久，曰："命之矣，敢有不以龙为师而益神龙。"是为记。

创建井神祠记[②]

明万历年　王楫[③]　通判

大都神之有利于民，有功于世者，必崇其报，此祀典之所由设也。鄯阳[④]南门之内、逵道[⑤]之东有井一鉴，清泉甘冽，涓涓不竭，即旱干霪潦，略无增损，以故阖郡之民汲取如市，车毂击而人肩摩矣[⑥]。是必有神以司之，非有利于民、有功于世而庙祀之，不容已者乎。民之朝夕倚赖，凭依为生。二百年来，未有尸祝之举，意者百姓日用而不知耶。先是合肥龚公首为南路别驾，于世庙二十八年，见是井之有利于民、有功于世也。恐其飞尘积垢渣秽清泉，以故建亭于上，而勒碑于傍。迄今六十年来，亭且倾圮碑剥落矣。余不敏，于今上之三十八年，叨受云中别驾，待罪将及二载，一无善状。每过是井，见其群汲，如蚁往来，缰属不绝，遂询诸父老曰："围城之内止有此一井乎？何汲者取者之纷纷耶？"父老对曰："城中有井，而此井独王且甘，是以汲者如蚁也。"余曰："噫！昔也覆之以亭，今也不可崇之以祀乎？饮其利者图其报，有其功者享其祀，或亦古人报本之遗意欤。"遂与郡牧茅君及城守齐君商之，佥曰此举良善，各

---

① 蕲，祈求。

② 选自雍正《朔州志·卷十二·艺文》。

③ 王楫，？—1636 年，字济川，又字梦符，明泰安州（今山东省泰安市岱岳区）人，万历四十七年（1619 年）进士，历任（初授）柘城（今河南柘城县）、（再调）安邑（今山西运城）知县，后升任户部主事、宁夏巡按、固原（今宁夏固原县）县令、升宁夏巡抚、右佥都御史，崇祯九年（1636 年）饥兵哗变被害。

④ 鄯阳，古代朔州曾名鄯阳县。

⑤ 逵道，犹言大道。

⑥ 毂击肩摩，肩膀和肩膀相摩，车轮和车轮相撞，形容行人车辆往来拥挤。

捐俸以助之。卜曰鸠工，经营调度，责令督修，人役计日考成，至于土木工匠，糇粮日用之需，皆余设处焉，其不足者悉郡之属吏士民欣然愿施者也。前建井祠三楹，后设禅堂一座，仍觅僧住持永奉香火；且又金碧其像，朱丹其宇，绘其壁，颜其额，至若钟磬炉瓶等项，莫不毕具。不两月而告成，结构虽小，精彩倍常，入其祠者有不欢呼而祝颂者乎？由此推之，大而君亲恩宠期图报称，小而一饮明德必不敢忘，则今日建祠之意，倘亦风世[①]淑民之一助云。

复兴水利碑记[②]

明万历　知州　许尔忠[③]

州城东南三十里，离贾家庄约一射许，有泉出焉。始如清引，素练萦回，沙石丛薄，间鱼鸟之所凭藉。流数步潺潺有声，声渐扬，势渐大，渐积成河，取名沙楞，盖取义于《楞严》“恒河沙”也。志载，脉通海眼，晨夕三潮，大旱不涸，引以灌田，计画夜可溉田一顷，称沃壤云中。夺于下流，借口相府汲饮，壅则堵塞咽喉。呈道蒙委州县，凡四踏勘，拟罪有差，复勒石，恐之乡人莫敢谁何，行道之人莫不浩叹，谓贾庄之人弃美利而弗收也。乡贡士陈朝相破筑舍之谋，慨然兴复，约同乡贡士白日宣、生员刘秉仁、刘秉松等呈道，蒙批该路转行本州。时许尔忠为政，委捕厅溯流穷源。其水出自沙楞泉，道经贾庄，旧引以灌田，流至马邑东双碾儿村，沆沙伏流。申道蒙准允贾庄灌田，仍立石永为遵守。尔忠曰：“苏长公有云：‘天地间物各有主。’楞河之水朔所有也，而山阴人争之，虽楚弓楚得，不若人弓人得之为利溥。顾贾庄据水上流，纵上流不用伏流，灰河则在下流者，亦不获涓滴之用也。凡我士民毋登垄以专利，勿激水以害成，触造物之所深忌，犯众人之所必争，顺天地自然之利，为子孙经久之谋，使知作祖者之为谁。”佥曰唯唯。乃勒石更端，而立道左。

朔州西关外古城水利碑记[④]

明天启年　卢时泰

古来治水者不过蓄泄两法，凡以资其利而避其害耳。以故神禹之明德，惟其疏瀹决排，千古为烈。而历代之治河与夫开渠筑堰者，亦无非因势利导，鲜有出禹王之范围者。朔地高亢，无涓滴可以灌田，而崇山四绕，雨后奔流，在在而有。乃小北岔口一带西山雄峙，尤层叠高耸，水势乘雨而来，若匡庐之瀑布，而黄河之建瓴也。若不设为堤防，则奔溃四出，远近诸田不蒙其利，而近城庐舍反有冲突之虞，

---

① 风世，谓劝勉世人。

② 选自雍正《朔州志·卷十二·艺文》。

③ 许尔忠，1568—？年，字贞尔，号葵日，井陉（今河北省井陉县）人，万历二十二年（1594 年）举人，曾任山西夏县教谕、溯州知州、苏州府同知、陕西兴安州知州、陕西省藩司里。

④ 选自雍正《朔州志·卷十二·艺文》。

从来久矣。粤稽此山以东，朔城以西，地皆沙瘠，岁苦狂霾，每随风飏起，不宜禾。而惟雨后山水到处，则胶泥随涌，土脉融润，能使风伯不灾而播种无患。昔人有见及此者，于各要害处筑堤以杀其势，而浚渠以导其流，民颇赖之。不意岁久圮坏，山水之西来者，遂致有其害而无其利，识者慨焉。今上之庚午直指胡公持斧云中，加意民艰，访求兴革，孳孳不倦。朔刺史翁君应祥为条上利弊，中及水利一款，公报可。而于时大中丞张公视民如伤饥溺由已，犹公也。翁君亦援前议为请，而张公报可，一如胡公。在直指则立捐赎锾三十余金，在中丞则亟贷赎米二十余石，刻日鸠工，而兵使者参藩王公又力程督其间，于是畚锸具兴，庶民趋事，不几何时，遂告成事矣。计经始于二月之二十有六日，毕工于四月之十五日，凡费七十余金，皆取之两台公帑，民资无与焉。而拮据任劳，则刺史与幕僚张君实董厥事。中间为拒水及分水坝者以十数，若石庄窝四里梁则阻水东北而行，若高家庄、寺家庄并垒道则分南北而行水，若化家庄村东抛荒地则又引水各分而他；如石夹处、古城口俱设有护城坝，又开浚小渠二百余丈，凡以随其高下，曲折导行，使挹彼注兹，归于沟洫，而复疏其出口，俾总汇于朔城之西濠，以使田禾受灌溉，而关厢无冲啮。第数里之内坝堰若珠连，若星散，骤观之，茫茫无可指。按而其间布置之委曲与夫吐纳之中窾，各各自在。是役也，移檄于山灵，徼惠于河伯，乞灵于雨师，风雨骤至，潦水徐来，沾润九里，如机械之失巧也。汪洋千顷，觉桔槔之罔功也。而又狂雨之后，民舍郊关安堵无恙，始固不惊于非常之原，而后遂得臻于晏如之效也。事竣而刺史诣余请纪其事。予惟谈水利者率皆治水于水，而兹独治水于山。凡山水之所流而必归者，一一收为畎亩之用；而山水之所郁而必溃者，一一尽其疏泄之宜。继自今一方之获，有水利而免厥水患者，伊谁之力欤？且绣衣使者以一载为瓜期，或多传舍其官。而中丞公统辖军民于职掌甚夥，间有所不暇。至于监司者亦肩鸿任钜，于兴修诸务犹细耳。乃胡公凛凛简书，当奴插狂逞之际，诸搜军，实剔奸蠹，咸有埋轮揽辔之风，而又以诘戎之暇，讲究民生。中丞公朝夕戎马之是，饬疆域之是，问与夫一切征发期会之旁午，而加意吾民之利病。常若不给，下逌参藩相与左提右挈，损上益下，务为不刊之利，以垂诸永久，则俱无愧于奉天子命者，而后世颂群公之功，有不与河洛同不朽者哉？余辱胡公骥尾，知之最深，而三载沐浴于张公、王公之泽，亦最厚，聊为序其本末，勒诸贞珉，昭示来者。然特诸政事之一斑也。中丞名宗衡，别号石松，东省之清原人，直指名良机，别号念麓，豫章之南昌人，参藩名珍，别号渤生，东莱之潍人。三公以名进士起家，星聚云朔，为一时盛际，皆有大造于吾土者也。其诸有劳于兹役者，例得皆列之碑阴。

重修井楼碑记①

清康熙年 廪生 蔚珽 郡人

自有天地，即有水火木金土之五行具焉。而五行之运要，莫不根极于水。故丽水可以生金，瀵水可以滋木，合之火而成既济之象，配乎土而扬圣德之辉。生于一变，而成于六化，有由来也。矧凡民饮食之需，又有非此不生活者乎？第江汉河渎在一，皆水而静深，有本者必归诸井。夫井之为义昭昭也。天有井宿可以辨分野，地有井区可以正经界，人有井德可以处忧患。羲皇设卦，商周授田，孔子系《易》，亦曰井德之地也，曰井居其所而迁，曰井以辨义取类虽奢，大约以养而不穷者为断。

朔之城东西北面皆有井，而畸南一区称甘泉焉。其开凿不知始于何代，而修废补缺代有其人，以故寒泉可食也，不为射鲋之谷，勿幕可收也。不为元禽之旧，往来井井，并受其福，庸有既乎。无何，而泥涂壅于下，函盖敝于上，用汲者苦之。郡人柴梓等顾而叹曰："井泥不食，可以甃矣！亭盖敝损，可无修乎？"于是单心募化，苦志经营，习坎疏蒙，阴以新亭，而所称甘泉者始无汔至未繘之叹。事虽补修而利赖之贻，直可与渊泉而俱深矣。爰撮其颠末而勒诸石。

西 井 碑 记②

雍正年 庠生 刘焴 郡人

在昔陶唐氏之民鼓腹而歌曰"耕田而食"，即继以"凿井而饮"，是井之凿与田之耕其轻重缓急无以异也。公刘迁豳，《诗》曰："相其阴阳，观其流泉。"是都邑之建，必卜其井泉之便而后居之也，井之为用大矣哉。我州城内井虽多，唯南井味甘，东井味平淡，余皆苦涩不可食。国初，人民鲜少，俱汲于南，继之东，固养而不穷焉。厥后生齿渐繁，两井几穷于养，居东南者取携尚足，而西北则渴鲋莫苏。惟时有王君名沛者，于西街凿井灌园，得美泉焉，味稍逊南，差胜东，凡西北居者咸汲之，而恐其有德色也。王君曰："此胜国于川遗趾，沛虽疏凿有力，实官地，宁敢私？"众善其言，聚而谋曰："地虽官乎，若甃井，鸠工庀材，费亦不訾，当计直而偿之。"议偿所费十六金，而以请于州尊汪公。公曰可。于是王氏受若直，而西北居民往来井井，取携称便，视囊者争余沥于东南两井，其所济之多寡大小不侔矣。众谓宜勒诸石以垂永久，而丐余为文以记。因最（撮）其始末如此云。

① 选自雍正《朔州志・卷十二・艺文》。

② 选自雍正《朔州志・卷十二・艺文》。

山阴县

水 利 碑 记[1]

王珍　分守冀北道　山东人

按，《山阴县志》称："九岭拱围，二水吞纳。"此即桑干、黄水二河也。桑干由马邑绕山阴北，自西而东，其性不迁。黄水由朔流县南，数折而东，与桑干合，形家所谓"绕抱"也。且二水利民，春秋蓄泄，不啻膏液之润肢肤。邑之先达王文端，当国时即虑及此，且恐后之专利者不谙风气，以为士风农业病，刊立碑石于黄水等村，令单月上水截坝，以资溉沃；双月决之使下，令山阴共分膏源之利，行之数十年矣。后以北岸稍污，溃堤而北，复薄于城之西门。比及城，又反折而北行直去，不惟冲胸射胁，形家所忌。而隍乎城啮，似亦与保障争利害者、守土者患之，会本县父老子弟具原以请，余即批行路厅，令其速为查复，阻挠者绳之以法。于是，府判常三锡同县令刘以守暨二三父老相度地形，佥谓城南行水便，且周河于隍外，东南又增一险，遂因其高下以施培浚之功，故道顿复，委蛇曲折，复归于东。又询之故老，云："自文端没后，始有此水，而是县民贫且逋官之宦迹亦因以不扬，风气之说，理或有之，且水利水害彼此共之，强宗豪右昔之欣其利已而去其石者，又当重勒之石，以垂不朽。"而请序于余。余维山阴扆山带河，风气攸钟，代有闻人，其最显者如文端公，以书生为帝者师[2]，恩弛累世，实（三）朝（瑰琦），虽由天纵德产，未必专属，地灵而钟英毓秀，山（川之自亦不可诬。因谕）该县司民命者曰："水利所以救旱也，如一月一转，则禾焦叶剥矣，其定为例。每十日以为上下，庶旱苗获有七日之复，有挠法者，痛惩之。"余不文，又不屑为绮语，聊即其由，点缀数语，书之螭头，以告来者，使知此举。水利民风两者俱得，而先达后宦曲尽苦心，兹地之继文端而起者当有同念也。然而余有说焉，水于卦为比利兴害，除厥有攸好是矣。然目今□□□□，奔腾汹□，有水象疆域恃款忘战，弃备疏防，有溺象焉，则修武备以克绍文端。吾于山阴有厚望矣，不知父老何以复我。（是为记。）

书水利碑阴

按，水河旧行城南，转旋曲屈，深合水法，其笃生危，相非偶然也。迨后奔溃北折，来则直射，去复反背形，故非善患且啮城。识者詈之改道而南，周旋回濩气，咏用培行，当有继文端而应地灵者，可券而俟其耕者资溉居者贤饮种，种诸利又不暇言也。以溉为利者，上则元英。黑屹塔下，则五伏图李珠庄坛，利非一日矣。其近城前后可引可灌，宜麦且饶，第民溺于习俗，□安于惰窳，尚多遗利自奉。

---

① 选自崇祯《山阴县志·六·艺文志》，括号内文字补自乾隆《大同府志卷·二十七·艺文志·水利碑记》。

② 师，乾隆《大同府志》为"辅"。

五、晋 中 市

左权县

创建风云雷雨坛并八蜡庙碑记①

清 知州 沈绍祖②

癸卯冬，余自蔚萝移守辽阳。越明春，上戊③例祭八蜡祠，父老为余言曰："此前守王公为民祭风祷雨所创建也。"敢悉其详。公先时尝念切灾旱，采董仲舒《春秋繁露》集成一编，其法造土龙④，暴师巫，凿虾蟆池，诵木郎咒，屡祈辄应，民嘉赖之。岁在辛丑，自春徂夏，雨无涓滴，米价腾贵，民有饥色。公心忧之，跣足露顶，率文武属吏、绅士里民日夜祷于南郊。维时，但见彤云密布，忽而狂风骤起，云散雨收，如是者屡，村落中间有得雨者，冰雹又见告矣。公心疑之，曰："冰雹乃阴邪作祟。命焚虾蟆，多设火炮以御之。至于风雨之不调，毋乃风伯雨师之失祀与，想先王建邦启土，必设坛壝，凡以报神功而重民事也。今吾州山川坛乃风云雷雨之所主也，近为漳水漂没，每春秋致祭，设位于荒址颓岸中，殆非所以昭诚敬也，是余之责也夫！是余之责也夫！"遂虔牒祭风。祭毕，狂风顿息，阴云四合，滂沱大澍，远近沾足。士民归功，咸曰："太守！太守！"不有因以归之风云雷雨之神。于是，首捐清俸一百两，购地五亩，绅士里民踊跃乐输，不三月厥工告成。前殿祀风云雷雨神，后殿移城内八蜡庙神祀之，廓房、戏台丹垩一新，春秋赛享，商民云集，至今成胜会焉。余闻之，慨然曰：有是哉！惟德可以动民，惟诚可以格神。盖鬼神之道，有可信有不可信，泽不及于民生，功无关于社稷，无所为而祀之，则为淫，非其分而祭之，则为谄，此不利于稼穑。虽以虎之噬，猫之搏，昆虫堤防之属皆得列于烝尝⑤，况乎无云不雨，无雨不润，无雷不动，无风不散，惠万有⑥而施无穷，此尤鬼神之昭昭可信者。则是举也，公之反风得雨与昔之反风灭火，喜雨建祠与昔之喜雨名亭，孰轻孰重，固不待辨而可知矣。公讳绶，字佩可，号诚亭，陕西兰州人。

---

① 选自雍正《辽州志·卷八·艺文》。

② 沈绍祖，陕西永昌（今甘肃省永昌县）人，例贡，清雍正元年（1723 年）任辽州知州。

③ 上戊，农历每月上旬之戊日。

④ 造土龙，西汉的董仲舒在《春秋繁露》中，详载建造土龙以祈雨时，如何依五行学说的原则，在不同的季节，建造不同数量、不同大小的土龙，面对不同的方向，涂以不同的颜色，并以不同的人数去舞蹈。这种传统延续到近代，农民还要向海龙王求雨。

⑤ 烝尝，本指秋冬二祭，后泛指祭祀。

⑥ 万有，犹言万物。

创建河神庙碑记①

知州 徐三俊②

山川社稷之神有功德于民者则祀之，古之制也。前吏目徐正洛留心民事，念年来漳水泛涨，坏城垣，漂民田，愀然不乐。已而以漳河为一郡巨浸，民咸食其泽，而庙宇久废，祀事不举，甚非所以崇德而报功也。遂慨然以创建为己任，不劳民力，不伤民财，鸠工庀材，悉出己赀。肇修于八蜡祠之右，会以忧解任，务竣其工，佐贰得此，亦贤矣哉。辛亥春，余承乏兹土，谒庙时见栋宇聿新，金碧辉煌，询之父老，备知其详。因核其平日居官不取一钱，修举废坠颇多，此特其一也。自兹以往，神灵妥侑，河伯效顺，波臣安澜，凡兹郡人拜神赐者，有不归美于徐尉者乎？即余亦与有厚赖焉，惜余至也晚，不得相助为理，又念其居官若此，而浮沉末吏，未获大展其志，为可憾也。然位虽卑，而行事卓卓可表，徐尉不诚贤矣哉？爰勒正珉，以垂永久云。

重修高欢避暑宫桥记③

学正 许元卿④

尝读黄华老人⑤诗，有“人道高欢避暑宫”之句，以为高欢果有避暑宫，但不知其处所耳。余去年到州，询及州景，佥曰临观之美有八，而避暑宫居一，有嵬幽绝特之称。窃疑高欢胡为避暑于此也，意其事魏统六镇时驻节晋阳，后击尔朱氏，于邺立孝武为帝，自为大丞相。其道里往返，或多经贯，其避暑于此也。容有之，遂拟登山，椒而观所谓避暑宫者，得一至其处，窃寄目偿所愿焉，然又无事可假，而行者适值。庠生弓子讳贯斗，向余曰：“距州城五十里许有避暑宫，其上则丰山耸然而特立，其下则幽谷窈然而深藏。右有甘泉瀹然而喷出，怪石森然，周于四隅，或立或跪，或偃或仰，窍穴逶邃，堆阜突怒，有睥睨梁栭之形。迤南数武，有桥一座，创日已久，不无倾圮。忆昔荒涧险溪，起驾为桥，南北之商贾车马利有攸往，迄今不修，风雨之所推荡，狐虺之所伏窜，则桥之复为荒涧险溪可知也。”余因募赀鸠工，板槛之腐黑挠折者盖瓦级之，蹬道之垣陷者砖石甃之，无侈前人，无废后观，庶往来之负者、担者、骑者、步者，共快虹影卧川流，不叹羊肠湿路险。工既讫，先生其记之。余曰：“诺。”水涸成梁，雨毕除道，实利涉之一端，亦王政所不废，余既以未得造观为歉，窃喜载名其上，恍如身临其地，而信黄华老人之不余欺也。

---

① 选自雍正《辽州志·卷八·艺文》。

② 徐三俊，顺天大兴（今北京市大兴区）人，例监，雍正八年（1730年）任辽州知州。

③ 选自雍正《辽州志·卷八·艺文》。

④ 许元卿，山西省曲沃县人，清顺治三年（1646年）丙戌科举人，曾任辽州学正、长葛知县。

⑤ 王庭筠，1151—1202年，金代文学家、书画家。字子端，号黄华山主、黄华老人、黄华老子，别号雪溪。金代辽东人，米芾之甥。金大定十六年（1176年）进士，历官州县，仕至翰林修撰。文词渊雅，字画精美。

榆社县

县尹李公祈雨感应碑记①

元　王国宾②　邑人

榆社县东北隅有庙曰亚岳，以祀崔府君，庙无碑石，不审创自何代，梁记重修金泰和二年壬戌，后增东西两庑，并舞门、应门，用大元封号，榜曰“灵惠齐圣广佑王庙”。神既贵既灵，凡水旱厉疫，祷之，无不响应。苟令长得人，以时致祭，则雨旸时若，民不夭札；如或吏惰不恭，怪风剧雨，发作无节，人罹其害。至八年，朝廷慎选守令，于是绛人李僎公仪由国子上舍生释褐③，授榆社尹。公直谅廉明，中心和易，祗慎所识，事神治人，各得其道。至县之二年，夏大旱，草木焦卷，水泉竭涸，收麦十分之一，苗则槁矣。公忧形于色，食不下咽，乃问礼书，考祭法，会吏民，谓之曰：“尝闻山川之神，水旱厉疫，于是乎禜④之。盖以其崇高深广，能出风气为云雨，滋养润泽乎一方也。今广佑王庙在县，且旧有亚岳之号，是能御灾捍患以庇斯民者，盍往祷焉！”乃捐俸金，备牲醴，斋祓⑤一心，聿至庙下，请于神曰：“神之所依者人也，人之所庇者神也，当兹雨泽愆期，啬人焦劳，无以为命，不敢以不告。若县尹有罪，宜罚及其身。百姓无辜，诚可矜悯⑥。”遂暴身中庭，朝夕拜祝，期以五日不雨，当解印去职，不忍立视人民流亡以死也。其至诚恳切，难以言。既越四日，晨起祝酬，但见阴云四合，澍雨随至。公凝立雨中，衣履尽湿，且拜且祝不已，益虔。众固请少休，不听。至食时，雨渐密，众不堪其苦，遂叩头请曰：“君之精诚，已达于神明矣，何为苦身若是！”强扶之，不得已乃上堂。既而雨大集，众皆欢呼鼓舞，如自膏火中出。凡三次，得雨尺许，苗则尽活，秋田大穰，于是四邻乃州乃县祈祷者甚众，卒无显应，独是县先得，远近莫不叹服。大抵公之为政，不事刑威，专以诚信导民。至县甫二年，其所以兴利除害者不可殚记。故能克协神意，休应⑦如响⑧。盖公之祷也久矣，咸愿刻诸庙石，以著厥美，而系以诗。（下缺）

---

① 选自光绪《榆社县志·卷九·艺文志》。李僎，绛州人，至元六年（1340 年）任榆社知县。光绪《榆社县志·卷四·官志》载：“知县李僎，直谅和易，不事弄威，专务德化。值夏大旱，忧形于色，祷于崔府君之神，曰：‘县尹有罪，宜殃及身。百姓无知，诚可矜恻。’暴身烈日，朝夕拜恳，期以五日不雨，则解印绶去。越四日，果雨。公立雨中，衣履沾湿，且拜且祝，四境沾足，岁则大稔。邑人立石颂德焉。”

② 王国宾，山西省榆社县人，元大德年间进士，任翰林院学士。

③ 释褐，原指脱去平民衣服，比喻始任官职。

④ 禜（yíng），古代一种对于水灾和旱灾祈求神灵消除灾祸的祭祀。

⑤ 祓，洗濯，使清洁。斋祓，斋戒沐浴，祓除秽恶。

⑥ 矜悯，哀怜，怜悯。

⑦ 休应，指吉兆。

⑧ 如响，就像回声一样。

重修北泉寺记[①]

清　张斗杓[②]

环榆皆山也，北行五六里，径凡数曲，而始通山之麓，犹不见寺焉。寺之左断崖千寻，其下有泉，仰而睇之，梵刹一区，遂若碣石之在右矣。此地有崇岗峻岭、楼阁亭台之胜，星辰错落与黄岗之楼，宜雨瀑布，宜雪碎玉，宜琴和畅，宜诗清绝，宜棋丁丁，宜壶铮铮者，可并传胜概[③]也。是故烟风簇锦，若罗[④]谷[⑤]之艳人者，紫衣屏[⑥]也。涧水森流，独石而梁者，浴浪桥也。怒而兀，忽如悍夫之介[⑦]而自立者，射斗峰[⑧]也。峰之侧有如鸟状，若凝眸正羽而欲啄者，休鸾邱也。矗而倚霄，有松凌云。清崖邃谷之间，金玉杂屑者，潭喷珠也。龙之宫有泉一泓，白昼深深浑不见底，南山湲湲可灌田数弓者，育龙泉、星月沼也。住持僧官净祥前后修葺之力，如山门外断堑数十仞，有啮殿舍矣，不烦众鸠，匝以周石，缭以垣墉焉。然正殿五楹、五佛像，更复有三邑侯，张公改之。而比其所著缘簿[⑨]，有众人未见佛，不能发慈悲，未有既对佛，而反以长其不慈不悲者，则公之用意良深也。年艰不及尽修，岁久而土木之气不新，东西两廊，南殿五楹，风雨不蔽，盖斯宇者又岌岌忧之矣。邑庠生张真修七月五日来修祀事，悄怆久之，曰："谢玄晖游以双旌五马，李时可[⑩]犹能出赤玉盘盛脯，莲界一片土。予独吝割赀而一葺乎？"爰与信士周凤林、郭冲霄任为经理，更乃游生[⑪]定境、常生进德为会计。两生敬谨，铢铢两两无可溷也。前住持复出其钵头之获以佐之。于顺治十五年正月召匠鸠工，旧者新之，缺者完之，湫隘而荒僻者拓而大之，腐败不住鸟迹者坚好之，不六七月厥功告竣。时予借读于此，勉予为记。因思盛之不能不衰者，造物运之也，衰而不任其终，衰者人事胜之也。夫寺者，嗣也，言嗣续于无艾也。抑视也，后之视今犹今之视昔也。嗟乎！自宋元历明以迄今日，千余年之净土未尝或墟，前之人有待于后人也。自今兹振兴修举之力，张子诸人之后更有如张子诸人，住持净公之后更有如净公者，则后人之后更有待于后人也。

---

① 选自光绪《榆社县志·卷九·艺文志》。

② 张斗杓，山西省榆社南厢人，清康熙十一年（1672 年）壬子岁贡，考授县丞。

③ 胜概，指美景，美好的境界。

④ 罗，中国传统丝织物。

⑤ 谷，落叶乔木，树皮纤维可造纸。

⑥ 紫衣屏，与浴浪桥、射斗峰、休鸾邱、凌云松、喷珠潭、育龙泉、星月沼均为原榆社县著名风景。

⑦ 介，甲、铠甲的意思。

⑧ 峰，志中为"碎"。

⑨ 缘簿，指寺庙化缘的簿本。

⑩ 李时可，元末明初人，明万历末年衢州徐应秋撰《玉芝堂谈荟·自奉之侈》云："李时可，通傥善致客，客白杨维祯挟四青衣浮江过其家，时可延至舟中。舟之器黄金犀玭相半也。宴客樱桃下，玛瑙作埒，红氍毹覆之，三数丽人行酒，并绝代，以赤玉盘盛脯，白玉盘斗盛浆，皆盈尺。维祯为色动。后赏莲花，水晶为池，砌空其中，置金鳞翠藻，食器皆南越秘色磁。其豪侈如此。"

⑪ 游生，游学的学生。

六、忻　州　市

原平市

创开滹水渠堰记[①]

元好问

州倅定襄李侯，介于教官刘浚明之深，以《滹水新渠记》为请曰："滹水之源，出于雁门东山之三泉，过繁畤遂为大川。放而出忻口，并北山而东，去仆所居横山为不远。上世以来，知水利可兴，故尝兴之。由宋尔朱氏而下，凡三人焉。尔朱丘，村人，家有赐田百顷，因以雄吾乡。役家之僮奴，欲从忻口分支流为渠，乡之人以是家公为较固之计，莫有助之者，且姗笑之，因自沮而罢。大定戊子，无畏庄信武乔公，号称'十万乔氏'者，度其财力易于兴造，复以渠为事。开及日阳里，农民以盗水致讼。有避罪而就死者。事出于暧昧，甲乙钩连，无从开释，役夫散归，至以水田为讳。承安中，吾里齐全羡率乡曲大家，按乔公故迹，欲终成之，而竟亦不成。仆不自度量，以先广威尝与齐共事，思卒前业。赖县豪杰、乡父兄子弟佽助之，历二年之久，仅有所立。盖经始于壬寅之八月，起汤头岭西之白村，上下逾六十里，经建安口乃合流。又明年之三月既望，合乡人豫议洎执役者，置酒张乐以落之。老幼欣快，欢呼动地，出平昔所望之外。宜有文辞以垂示永久，幸吾子留意焉。"余以为，立功立事，必天时人事合而后可，然系于人事者为尤多。曩余官西南邓之属邑，多水田，业户余三万家，长沟大堰，率因故迹而增筑之，而其用力有不可胜言者。试一二考之，夫水在天壤间为至平，且善利万物而不争；有余者损之，不足者补之，时乃天之道。兼并之家，力足以制单贫，而贿足以侮文法。身私九里之润，人无一溉之益者多矣。以至平为不平，不争为必争，补有余、损不足，伤水之性，逆天之道；覆车之辙，前后相接。田野细民，有敢复与大豪共公者乎？矧夫非大变之后，无不争之田；非屡丰之年，无供役之食。事艰于虑始，人习于恶劳，贤否异情，理难脗合，彼己分利，孰为纲维？故虽有万折必东之心，而终屈于七遇皆北之势。使临之以公上之命，且无望于必成。况创始于乡社二三之议乎？有其时而乏其人，有其人而无其志；力不前胜，事必后艰，大哉志乎！唯强也故能立天下之懦；唯坚也故能易天下之难。由是而充之，关辅之三白襄樊之黔芦，皆此物也。故尝谓江乡泽国，巧于用水，凡可以取利者无不尽。举锸投袂，遂为丰年。今河朔州郡非无川泽，而人不知有川泽。捐可居之货，失当乘之机，如愚贾操金，昧于贸迁之术。旱暵为虐，乃无以疗之。求象龙、候商羊、坐为焚尪，暴巫禳禬；家之所误，搏手困穷。咎将谁执？

① 选自《遗山先生文集·卷第三十三·记》。

方新渠之成也，余往观焉，流波沄沄，净濏[1]盈沟，若大有力者拥之而前。农事奋兴，坐享丰润，禾麻菽麦，郁郁弥望。计所收拾，如有以相之。夫孤倡而合众力，一善而兼万夫，暂劳而有亡穷之利，若李侯者其可谓有志之士矣！虽然，水利之在吾州者，非特滹河而已也。出东门一舍，少折而南，由三霍而东，尽南邢之西，其间无片邑，无聚落，无丘垄，特沮洳之烁而已。诚能引牧马之水，以合三会于蒙山之麓，堤障有所。出内有限；才费数千人之功，平湖渺然，当倍晋溪之十。惜无大农尺一之版，使扁舟落吾手中耳！因记侯兴建始末，慨然有感于中，故兼及之。侯名子成，先广威用承直郎荫，当补官，州牒已上吏曹矣。而新令限至，朝请大夫者乃系班。广威诣登闻鼓院自陈，道陵从之。预供奉者四百二十人，仕至蠡州酒务使。李侯，所谓是以似之者欤？

年　月　日记。

五台县

均平水道碑记[2]

明襄阳府推官　智几先[3]

五台，晋僻邑也。滹沱为带，环绕西南，奔涌浩瀚，地高而水下，殊无补于灌溉。北有泉岩河，细流不及沱十分之一。由郭家寨、大兴沛流于槐阴、东冶等村，洋洋浩浩，颇大便利。乃据上流，凿沙滩为水地，数日频灌而膺。朝廷重税者，坐视干燥间，有一溉则其借姻亲也；不则携鸡酒而啖亡命豪雄也。河边民徐光宇，泣诉本道分数稍定，楚人杜议日期，而里中豪横益肆。邑侯李公自陕右来守是邑，胸中泾渭分明，有澄清芦淲之志。量地之多寡，分水之日期，自上而下，周而复始，仍遣牌以巡守防河。上之元咺，刻印以封提，禁晨昏之盗，决弹压豪横之心，杜塞后来之口。郭家寨二顷地，水一日；大兴地八顷，水二日半；槐阴地十七顷，水三日半；东冶等村地三十一顷，水六日。一分派而三都称便矣。伟哉！伟哉！昔西门豹治邺十二渠，邑人苦役。豹曰："百岁后，父老子孙思我。当其苦劳费时，沮者非一，不禁不挠，渠竟就厥。"后汉长史，以十二渠桥绝驰道，相近欲合二桥为一桥。父老不肯，曰："贤君之法式不可改也。"豹借民之力，兴民之利，民且永世不谖。矧公行所无事，因民之所利而利之者乎！若夫善催征而鞭笞不用，审均徭而颂声交作；招流亡而集泽飞鸿，抚邦屯而复邦啄鸟；重根本则修学校，设禹门云路。严保甲则缮城郭建演武敌楼；葺社仓以预赈货之所，编保甲而申盗贼之禁，公皆行之，而无难焉。岂特分水一事哉？予以为分水一事，非一时之利，固贻万世之泽者也。于是敬为之铭，曰：华岳之峰秀而巍，黄河之水清而奇。天以河山之秀气，流入李公心与脾。去泾涉渭守台邑，沛乎德泽渊然思。量地多寡分水期，汪洋千顷谁

① 濏（nà），影动、水动貌。

② 选自乾隆《五台县志·卷八·艺文志·碑记》。

③ 智几先，山西省五台县人，明万历戊子科举人，两任湖广推官。

及几？禹甸南山河洛思，郧守西门马史纪。祝公福寿多男儿，台人亦永有荣施。

通济桥碑记[1]

明保定知县　田龙[2]

县南有地名孤屿沟。距县十五里，其各府州县往来宾旅暨本县士民商贾莫不率由斯路，是吃紧咽喉，最要关津也。无如山势嵯峨，水机澎渤。履其地者，率皆以跋涉为苦。旧架木以济，第颠险不宁。且木易朽蠹，岂不拔之基哉？关中念公李父母来莅兹邑，目击此险，即勃然注念。爰督义民刘道，捐俸市材，筮日鸠工，从上御下，约三丈余，专用石条以甃之，横顺布之以石，左右卫之以栏，不两月而厥工告成，远迩腾欢。猗欤休哉！此正所谓一劳永逸，万世利济之泽耶！昔人曰："睹河洛而思禹功。"余亦曰："过此桥者，当亦思李公之功。"谨勒石，以识不朽。

修虒河碑记[3]

邑庠生　吕先声

台城[4]负郭，虒河带其前，河水西北来，势迅甚。北门去河计仅五十步，旧缘城址有堤，水顺流东下转南，蜿蜿而去。近以秋潦涨溢，渐啮城下。癸亥岁，复值坤舆不宪之变，倾毁不一，河水益近，去城仅数武，而北门几圮。当是时，邑侯周父师方莅兹土，睹城垣之颓坠，悯闾阎之愁苦，百方抚绥，兴废补阙。越明年，政通人和，案课多暇，览雉堞之威回，睇河水之萦泊，而戚然有忧色曰："此岂城之所恃以为固者耶？城砌碎石，而水蚀其下，虽细流尚不可御，若经秋，洪波浩瀚，则城不可为矣。"乃捐俸出镰买地疏渠，顺其性而理之。而台之民亦且感公之恩，怀公之德，而乐与公以相成焉。于是挟畚锸，负笄笼，云来星集，风应月作，工不匝旬。忽雷雨，一夕河北徙百余步，而台之缙绅士庶咸欢然称颂，以为公忠爱之诚足以格天地、感鬼神。故民不劳而事竣，工不费而告成。奠斯城于磐石之安，而与斯民保宅此土也，非公之德，足以与此，其谁与耶？而公则谦抑逊退，漠然不自有其功焉。夫发泉幽谷，犹著其名，凿池官署，尚纪以颂。况我侯德泽加于百姓，精诚通于神明者乎？乃为之铭，曰："台城之北，虒水迅奔。秋波澎湃，啮蚀崇墉。我侯戾止，惕然于心。自甘藜藿，慨出俸金。爰作之障，以防巨浸。风雷夜作，怒涛驯行。土堤石堰，底定成平。重阐雉堞，磐石永宁。惟侯之德，参合天人。惟侯之行，动合鬼神。屏藩孔固，湍漭无惊。千秋砥柱，为国之桢。永贞于珉，用垂颂声。"

---

① 选自乾隆《五台县志·卷八·艺文志·碑记》，光绪《五台新志·卷二·山水》有此文，且注："通济桥，在县南孤屿沟。知县李承祖创建。县人田龙为之记。"

② 田龙，明代山西省五台县人，贡生，曾任保定县知县。

③ 选自乾隆《五台县志·卷八·艺文志·碑记》。

④ 台城，五台县城。

神武泉碑记①

穆尔赛②

康熙二十有二年春二月，皇帝西巡清凉山，为太皇太后祈景福也。事毕。由菩萨顶遵长城岭而旋，有虎伏丛薄蓊翳中，骇而跃，皇帝亲挽繁弱，一发殪之。盖此虎为患兹山久矣，居民行旅，闻而欢忭，咸谓宜锡嘉名，永志皇泽。巡抚山西副都御史臣穆尔赛等以民情奏请，陈乞至再，诏乃许之。方将修除荒芜，忽有清泉涌出林莽，甘洌澄泓，经冬不竭，猗与休哉！臣尔赛等拜手稽首曰："臣闻天之化育万物也，煦之以春日，凛之以秋霜；圣人之治天下也，兴之以礼乐、惩之以刑罚，故天以至神之化运于上，使庶类不测其端。圣人以至详之法晓于下，使群情知有所避，彼贪墨横暴之徒犹虎也，闻之能无滋惧乎？皇帝道德仁义，光被四表，凡所举动，皆以惠保元元为念。用是宇内乂安，人心吏治莫不鼓舞变易弃其旧而开其新。唐虞夏商之盛，且复见于今日，故灵源纪异昭湛恩汪□于靡涯。岂神爵醴泉，所可同而语耶？"因书射虎川于石谨志之。

重修西门外阖县风水土桥记③

张　暄④

风水桥者，西关外圈马沟之土桥也。非城垣之所依，四境之所通也；又非名区胜地，可以具玩尝而壮观瞻也夫。然毋宁不修可也，而乃有不可不修，且不容以缓其修者，则以是桥之建。形家言为一邑之接龙过峡也。盖自西山蜿蜒而来，至峰而结，穴而开，障邑城，实坐巽地，一河湾环，映带左右。地灵人杰，实由于此。国初山水横决，穿蚀城沟山脉，来自西峰者遂以中绝，历三十年不登一乡榜；且遭兵燹。岁丙子，前令方太翁精于地理，谕台人从断沟补筑土桥，以通县脉，不数月而工成。是秋八月，即达殷孝廉，嗣是累科决胜，或同袍二三人以及五六人，联镳⑤接踵。而土著生资亦尽复旧焉。八九年来，土桥复中断，数科无登榜者。癸卯乡试，邑之绅士集会城，同声合辞，以修筑此桥为务。兹当秋成，又值贤父师整饬振动之。于是，鼛鼓不烦而桥再成也。谨序。

---

① 选自光绪《五台新志·卷二·山水》，原志注："神武泉，在县治东北一百三十里之射虎川、康熙二十二年，清圣祖巡幸五台、亲御雕弧、殪猛虎于此、锡山名为射虎川、抚臣穆尔赛、将磨崖镌字于石壁、山下剪除荒秽、忽有清泉涌出林莽中、甘洌澄泫、经冬不涸、因名其泉曰神武泉。"

② 穆尔赛，清康熙年间山西巡抚。

③ 选自乾隆《五台县志·卷八·艺文志·碑记》。

④ 张暄，五台人，雍正十年（1732 年）壬子科乡试进士。

⑤ 连镳，骑马同行。

重修风水石桥碑记[①]

王秉韬[②]

五行生克，制化之道；天地四时，万物俱不得而外之。虽形家者为一家言，本属小道，而其言往往多中。五台西关外，相传有风水石桥，县志缺焉。后之为随时补苴计者，只修土桥，十余年辄圮，今并土桥遗迹亦不得而见之矣。乾隆丙申九月，韬承乏兹土，簿书之暇，拟续修县志。征求前人著述，见张孝廉暄于雍正初年有《续修风水土桥记》，备言桥为全邑之接龙过峡，乃一邑士民所关系，重修之举是不可缓。爰择董事数人，捐赀倡始。丁酉春融，开山取石，庀材鸠工，深去淤泉，厚筑根底。工兴于三月十九日，竣于六月十三日。宽长高厚若干，具载碑左。落成之日，偕学博平公暨监工绅耆辈周视色喜。咸请勒石垂久，遂书以为记。

① 选自乾隆《五台县志·卷八·艺文志·碑记》。

② 王秉韬，？—1802 年，字含溪，汉军镶红旗人，举人，曾任三原知县、河南光州直隶州知州、山西保德知州、颍州知府、奉天府尹、河南布政使、河东河道总督。嘉庆七年（1802 年）防汛，卒于工次。

后　记

《海河流域历代水利碑文选》一书的编写起始于我主持的国家社科基金项目："新中国海河流域水环境变迁与经济发展关系研究"，在研究的进程中，需要认真梳理区域的历代文献，随之，水利碑刻进入了我们的视野。历时三年多的时间，编著此书，作为该项目的阶段性成果，也是我河北省社科基金重大项目："雄安新区三县历史文化挖掘与保护研究"的子项目成果。

在本书的编写过程中，我们面临着水利碑刻文献如何搜集和选择的问题。本书主要以历代方志和相关书籍中刊印的水利方面的碑文为依据，数量众多。这些历史文献分散保存在各地的图书馆、档案馆、博物馆及个人手中，查找起来难度较大。有的同一篇碑文在多部方志和其他历史文献中出现，我们尽量选用最早的版本；有的同一碑文在不同的文献中标题不一，甚至标题相去甚远；有的碑文在不同的方志中存在，还有的碑文虽然出现在海河流域的方志中，但并非海河流域的碑文，对此，我们都做了认真取舍。

虽然，我们做了很大努力，但是，由于时间和篇幅的问题，该流域最新发现的水利碑刻并未收入本书，这是一个缺憾，也是本书作者下一步继续完成的一个任务。

本书的出版，得到了河北大学历史学院领导的关心和河北大学历史学强势特色学科学术出版基金的资助；海兴县档案馆李宝春馆长为本书的文献搜集、整理做了大量的基础性工作；博士生高志勇跟随我多次深入河北、天津、河南、山东等地进行实地调查走访，校勘文字，对资料进行了认真的核实。廊坊师范学院的时培磊教授、李建武副教授、张磊博士、时亮博士、纪海龙博士、韦彦博士、王雅洁博士等在百忙中对书稿进行了认真的校对，在此，一并致以诚挚的谢忱。

杨学新

2019 年 11 月 10 日